반영 최신 개정판

금융투자 분석사

핵심정리문제집

김경동 편저

합격으로 가는 하이패스
토마토패스

저자직강 동영상강의 **www.tomatopass.com**

PROFILE
저자약력

김경동

현) 토마토패스 금융전문강사
중앙회계법인 근무
(주)삼정회계법인 근무
(주)화인파트너스 투자영업부
(주)오로라파트너스 투자팀
(주)유비온 와우패스 강사

■ 자격
  공인회계사
  투자자산운용사
  신용분석사
  증권투자권유대행인

GUIDE
시험 가이드

개요

금융투자분석사(Certified Research Analyst)란 금융투자회사(법 제22조에 따른 겸영금융투자업자는 제외)에서 조사분석자료(금융투자상품의 가치에 대한 주장이나 예측을 담고 있는 자료)를 작성하거나 이를 심사, 승인하는 업무를 수행하는 자를 말한다.

응시대상

응시제한대상 (응시부적격자)	• 시험에 합격한 후 동일 시험에 재응시하려는 자 • 「금융투자전문인력과 자격시험에 관한 규정」 제3-13조 및 제3-15조의 자격제재에 따라 응시가 제한된 자 • 「금융투자전문인력과 자격시험에 관한 규정」 제4-21조제3항 및 제4항에 따라 부정행위 등으로 시험응시가 제한된 자 ※ 상기 응시 부적격자는 응시할 수 없으며, 합격하더라도 추후 응시 부적격자로 판명되는 경우 합격 무효 처리함. 또한 5년의 범위 내에서 본회 주관 시험응시를 제한할 수 있음
과목면제대상	2009년 2월 4일 이후 시행된 증권투자상담사 시험 및 증권투자권유자문인력 적격성 인증시험 합격자에 대해서는 증권법규 및 직무윤리과목(제4과목)을 면제

시험과목

과목명		세부과목	문항수	총 문항수	과락
1과목	증권분석기초	계량분석	5	25	10
		증권경제	10		
		기업금융/포트폴리오 관리	10		
2과목	가치평가론	주식평가/분석	10	35	14
		채권평가/분석	10		
		파생결합증권평가/분석	5		
		파생상품평가/분석	10		
3과목	재무분석론	재무제표론	10	20	8
		기업가치평가/분석	10		
4과목	증권법규 및 직무윤리	자본시장 관련 법규	10	20	8
		회사법	5		
		직무윤리	5		

※ 시험시간 : 120분

합격기준

응시 과목별 정답 비율이 40% 이상인 자 중에서, 응시 과목의 전체 정답 비율이 70%(70문항) 이상인 자

GUIDE
합격 후기

2024 금융투자분석사 합격 후기 - 김*혁

1. 취득 동기
저는 투자자산운용사 다음으로 취득할 자격증으로 조금 더 증권 쪽에 가까운 금융투자분석사를 취득하고자 하였고, 금융투자분석사랑 투자자산운용사 시험이 겹치는 부분이 소폭 있기에 조금 가벼운 마음으로 접근해 봤습니다.

2. 인강&교재의 장점
토마토패스를 통해 성공적으로 투자자산운용사 자격증을 취득해 본 경험이 있기에, 의심의 여지 없이 이번에도 토마토패스 인강을 통해 준비하게 되었습니다. 교재의 장점이라 하면 협회 기본서와는 다르게 시험에 나올 포인트 들만 축약이 되어있기에 시험합격이라는 목적에 조금더 효율적으로 다가갈 수 있고, 교재와 연동된 인강과 함께 어려운 개념들이나 용어들을 쉽게 익힐 수 있다는 것입니다.

3. 공부 방법
일단 1회독을 끝내는 것이 중요합니다. 1회독을 끝낸 후에, 한번 다시 모르는 개념들을 인강을 보며 복기합니다. 그 이후부턴 인강을 보지 않고 빠르게 책을 리뷰하는 식으로 진행였습니다. 1회독 진행 시에 전체적으로 개념만 잡고 넘어가면 됩니다. 어차피 회독을 하다보면 모르는 개념들은 자연스레 이해하게 되어 있습니다. 너무 지엽적인 개념을 달달 외우려고 하지 말고, 중요한 부분(ex. 듀레이션 계산, 재고자산의 원가 계산, eva 계산 등)들과 필수로 나오는 계산 공식 몇 개만 외워가세요. 계산 문제들은 꼭 잡고 가야 된다고 생각합니다!

4. 합격 팁
저는 개인적으로 1과목 통계 파트가 약간 생소하고 어려웠는데 개념을 익히시면서 어려운 부분이나 이해가 힘든 부분이 있으면 모바일 기기나 메모지 등을 활용하여 개념을 적어둔 뒤 평상시에도 한 번씩 흘러가듯이 쳐다보세요. 열심히 하시는 분들은 90점 이상의 고득점도 충분히 가능하다고 봅니다! 모두 합격을 위해서 화이팅입니다.

2024 금융투자분석사 합격 후기 - 심*우

1. 취득 동기
애널리스트를 목표로 하고 있는 대학생입니다. 애널리스트가 되기 위해 금융투자분석사 자격증은 필수라서 시험에 응시하게 되었습니다.

2. 인강 혹은 교재의 장점
교수님이 정말 합격만을 위한 강의를 하십니다. 필요한 것만 알짜배기로 설명해 주시고 쉽게 알려주십니다. 교재의 경우 증권경제 파트와 파생상품 파트에서 그래프를 통한 설명을 해주시는데 이 점 덕분에 혼자 볼 때도 이해하기 쉬웠습니다. 투자자산운용사랑 범위는 비슷한데 깊이가 훨씬 깊고 특히 회계 파트는 처음 접할 경우 굉장히 어려울 수 있습니다.

3. 공부 방법
처음 2주는 개념학습을 위해 핵심 강의로 1회독을 하였습니다. 나머지 2주는 문제를 풀고 틀린부분은 교재로 보고 그래도 헷갈리면 강의를 다시 보는 식으로 개념을 체화했습니다. 또한 교수님이 제공하는 교안과 교재는 자료가 서로 보완하는 형식이기 때문에 교재를 꼭 보시는 것을 추천드립니다. 과목마다 깊이가 있는 시험인 만큼 꾸준한 복습으로 꼭 개념을 체화하시기를 바랍니다!

4. 합격 꿀팁
저는 경제학과라서 증권경제랑 계량분석은 수업에서 배웠지만 그 외 과목은 처음 접하는 개념들이었습니다. 특히 회계파트는 완전 문외한이였는데 혹시 시험을 준비하는데 시간이 있고 대학생이라면 회계원리 수업 듣는 것을 추천드립니다. 이는 교수님도 강조하시는 부분입니다. 만약 시간이 부족하다면 교재와 문제풀이로 익히시면 됩니다. 1년에 한 번밖에 없는 시험인데 열심히 공부하셔서 꼭 합격하셨으면 좋겠습니다.

GUIDE
이 책의 구성

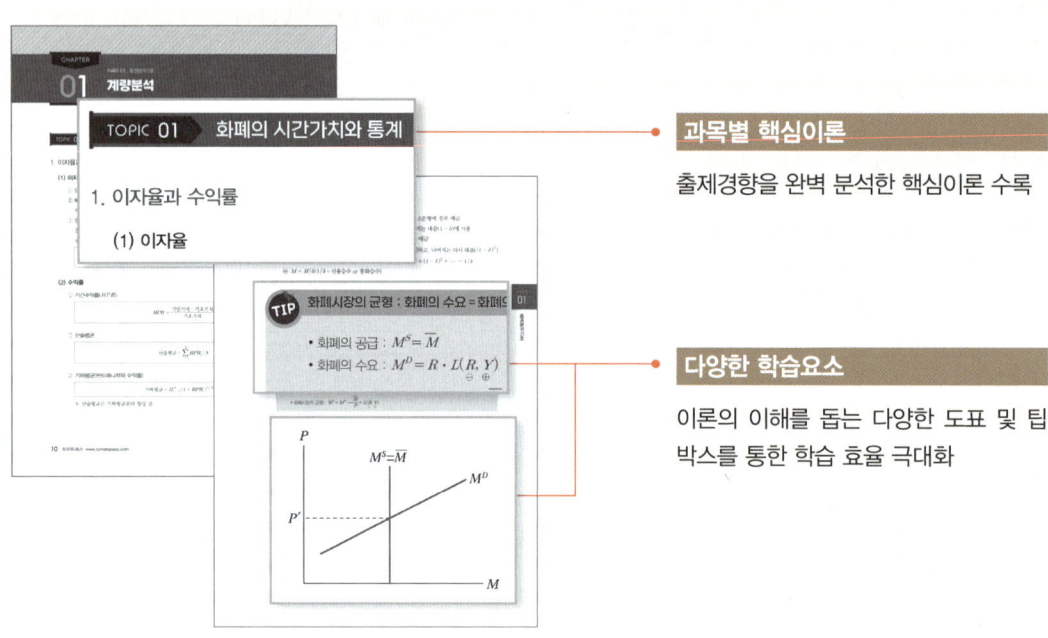

과목별 핵심이론
출제경향을 완벽 분석한 핵심이론 수록

다양한 학습요소
이론의 이해를 돕는 다양한 도표 및 팁 박스를 통한 학습 효율 극대화

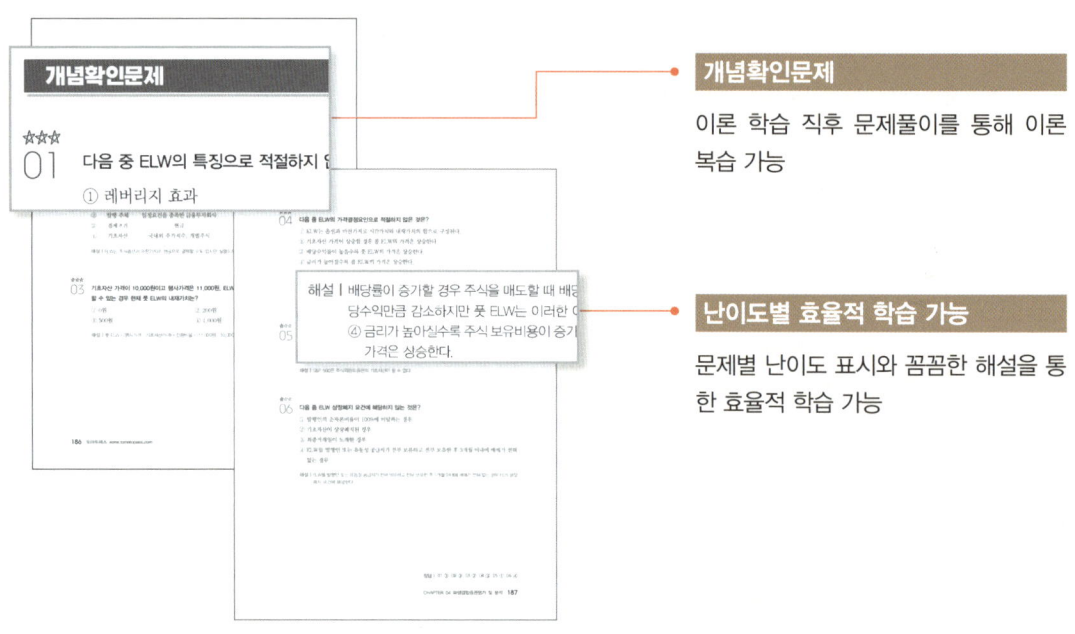

개념확인문제
이론 학습 직후 문제풀이를 통해 이론 복습 가능

난이도별 효율적 학습 가능
문제별 난이도 표시와 꼼꼼한 해설을 통한 효율적 학습 가능

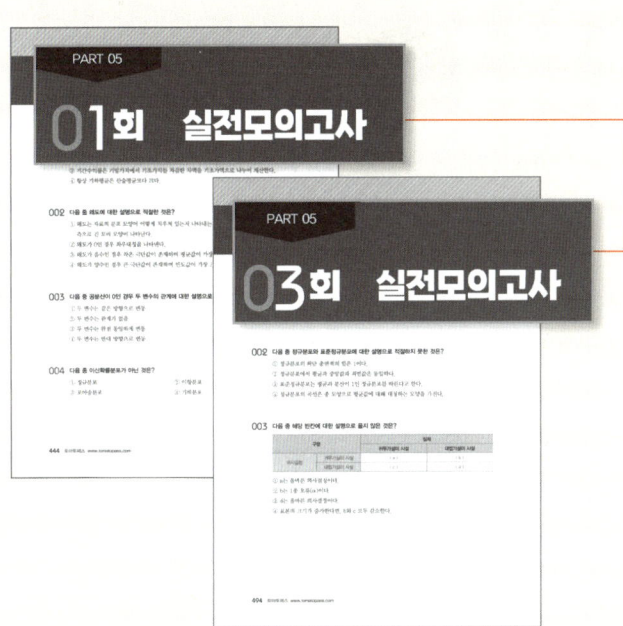

실전모의고사 3회분

기출문제를 철저히 분석·반영한 실전모의고사 3회분을 통한 실전 대비 가능

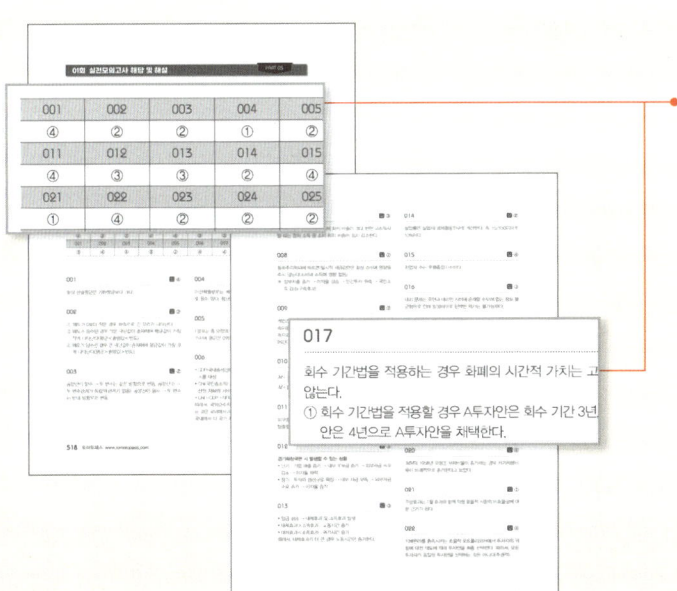

정답 및 해설

한눈에 확인하는 전체 정답표와 정답해설+오답해설을 포함한 양질의 해설 수록

CONTENTS 목차

PART 01 증권분석기초

CHAPTER 01 계량분석 … 10
CHAPTER 02 증권경제 … 28
CHAPTER 03 기업금융 … 67
CHAPTER 04 포트폴리오 관리 … 92

PART 02 가치평가론

CHAPTER 01 주식평가 및 분석 … 112
CHAPTER 02 채권평가 및 분석 … 142
CHAPTER 03 파생상품평가 및 분석 … 161
CHAPTER 04 파생결합증권평가 및 분석 … 180

PART 03 재무분석론

CHAPTER 01 재무제표론 … 196
CHAPTER 02 기업가치평가 및 분석 … 247

PART 04 증권법규 및 직무윤리

CHAPTER 01 자본시장 관련 법규 … 266
CHAPTER 02 회사법 … 369
CHAPTER 03 금융투자업 직무윤리 … 410

PART 05 실전모의고사

01회 실전모의고사 … 444
02회 실전모의고사 … 469
03회 실전모의고사 … 494
01회 실전모의고사 정답 및 해설 … 518
02회 실전모의고사 정답 및 해설 … 525
03회 실전모의고사 정답 및 해설 … 532

PART 01

증권분석기초

CHAPTER 01_ 계량분석
CHAPTER 02_ 증권경제
CHAPTER 03_ 기업금융
CHAPTER 04_ 포트폴리오 관리

CHAPTER 01 계량분석

PART 01_ 증권분석기초

TOPIC 01 화폐의 시간가치와 통계

1. 이자율과 수익률

(1) 이자율

① 단리이자율 : 초기투자액(원금)에 대해서만 이자를 지급
② 복리이자율 : 초기투자액(원금) 및 발생한 이자에 대해서도 이자를 지급, 이자에 대한 재투자 수익까지 고려하며 보편적으로 사용함
③ 연속복리이자율 : 이자를 지급하는 주기가 연속적인 이자율로 파생상품의 가격결정과 이론 가격결정에 주로 적용

※ 원금 : S, 표면이자율 : r, 연간 n번에 걸쳐 복리로 이자가 지급될 경우

$$S\left(1+\frac{r}{n}\right)^n$$

(2) 수익률

① 기간수익률(HPR)

$$HPR = \frac{기말가치 - 기초가치}{기초가치}$$

② 산술평균

$$산술평균 = \sum_{i=1}^{N} HPR_i / N$$

③ 기하평균(펀드매니저의 수익률)

$$기하평균 = \Pi_{i=1}^{N}(1+HPR_i)^{1/N} - 1$$

※ 산술평균은 기하평균보다 항상 큼

④ **내부수익률** : 화폐의 시간가치를 고려한 수익률(투자자의 수익률)
⑤ **만기수익률(YTM)** : 채권의 현금흐름의 현재가치와 채권의 시장가격을 일치시키는 수익률
⑥ **금액가중수익률** : 측정기간 중 누적금액이 증가할 때 연율로 계산한 내부수익률
⑦ **시간가중수익률** : 기하평균수익률
⑧ **연평균수익률** : 총투자수익률을 연 단위로 산술평균한 수익률
⑨ **실효수익률** : 현재가치와 미래가치의 관계를 복리 기준에 따라 산출한 수익률
  예 표면이자율 12%로 분기(3개월)마다 이자 지급 시 → $(1+12\%/4)^4 - 1 = 12.55\%$

2. 통계

(1) 표본(자료)의 형태

① **명목척도** : 측정대상에 수치나 부호를 부여. O/× 가능
  예 주민등록번호 : 김금융의 주민등록번호 : 980101−1111111
② **서열척도** : 개체 간의 서열관계 표시. O/×, big−small 가능
  예 선호도 : 서열전자는 제품선호도 1위로, 2위인 명목전자보다 선호도가 높다.
③ **구간척도** : 명목척도와 서열척도의 의미를 포함하며, 숫자 간의 간격이 산술적인 의미를 가짐
  예 온도 : 현재 서울의 온도는 15도로, 20도인 대구에 비해 5도 낮다.
④ **비율척도** : 명목척도, 서열척도, 구간척도를 포함하며, 숫자 간의 비율이 산술적 의미를 가짐. 사칙연산이 가능
  예 키 : 강아지의 키는 30cm로, 키가 180cm인 영수의 키에 비해 1/6배 작다.

(2) 중심경향 척도

① 산술평균

$$\overline{X} = \frac{X_1 + X_2 + \cdots + TX_n}{n} = \frac{1}{n}\sum_{i=1}^{n} X_i$$

② **가중평균** : 각 사례의 중요성에 따라 비중을 달리 책정하여 수치가 계산되는 평균

$$\overline{X} = \sum_{i=1}^{n} W_i X_i / \sum_{i=1}^{n} W_i, \quad \sum_{i=1}^{n} W_i = 1$$

W_i : 관찰치에 대한 가중치

③ **중앙값** : 중앙에 위치한 수로 극단값에 의해 크게 영향을 받는 평균의 한계 보완
④ **최빈값** : 빈도수가 가장 많이 나타나는 관찰치

(3) 산포의 척도

① 분산 : 평균을 중심으로 자료의 흩어진 정도를 측정

$$\sigma^2 = \frac{1}{N}\sum_{i=1}^{N}(X_i - \mu)^2$$

$$S^2 = \frac{1}{n-1}\sum_{i=1}^{n}(X_i - \overline{X})^2$$

N : 모집단 크기, σ^2 : 모분산, μ : 모평균
$\overline{X}$: 표본의 크기, S^2 : 표본분산

② 표준편차 : 분산에 양의 제곱근을 취한 값

$$\sigma = \sqrt{\sigma^2} = \sqrt{\frac{1}{N}\sum_{i=1}^{N}(X_i - \mu)^2}$$

$$S = \sqrt{S^2} = \sqrt{\frac{1}{n-1}\sum_{i=1}^{n}(X_i - \overline{X})^2}$$

σ : 모표준편차, S : 표본 표준편차

③ 변동계수 : 평균과 표준편차를 결합한 것으로 표준편차와 평균이 상당히 다른 두 분포를 비교하는데 유용

$$v = \frac{s}{x}, \quad CV = \frac{표준편차}{평균} \times 100$$

CV : 표준편차를 표준화한 값

④ 범위 : 최댓값과 최솟값의 차이
⑤ 사분위 범위 : 사분위수의 제1사분위수와 제3사분위수의 차이

사분위 범위 = 제3사분위수 − 제1사분위수 = $Q_3 - Q_1$
Q_1 : 작은 수부터 크기대로 늘어놓은 경우, 왼쪽에서 $(n+1) \times 1/4$번째 수
Q_3 : 작은 수부터 크기대로 늘어놓은 경우, 왼쪽에서 $(n+1) \times 3/4$번째 수

(4) 기타 척도

① 왜도 : 자료의 분포 모양이 어떻게 치우쳐 있는지 나타내는 척도

$$S_k = \sum_{i=1}^{n} \frac{[(X_i - \overline{X})/s]^3}{n-1}$$

$S_k = 0$: 좌우대칭
$S_k < 0$: 좌측으로 긴 꼬리(부적 비대칭)
$S_k > 0$: 우측으로 긴 꼬리(정적 비대칭)

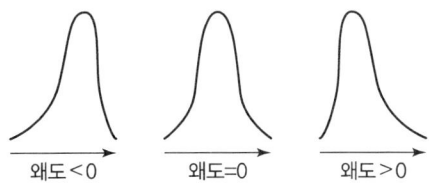

㉠ 왜도 음수 : 작은 극단값이 존재(평균<중앙값<빈도)

㉡ 왜도 양수 : 큰 극단값이 존재(평균>중앙값>빈도)

② **첨도** : 자료의 분포 모양 중간 위치의 뾰족한 정도를 나타내는 척도. 첨도의 값은 뾰족할수록 크며, 표준정규분포와 비교

$$K = \sum_{i=1}^{n} \frac{[(X_i - \overline{X})/s]^4}{n-1} - 3$$

$K = 0$: 표준정규분포와 뾰족한 정도가 같다.
$K < 0$: 표준정규분포보다 납작하다.
$K > 0$: 표준정규분포보다 뾰족하다.

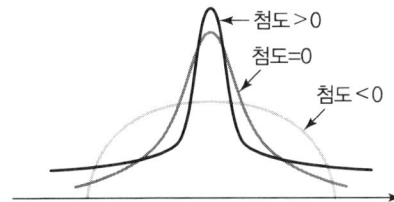

(5) 표준정규분포(Z-scores)

① 정규분포를 따르는 확률변수 X의 평균이 0, 분산이 1일 때 N(0, 1)로 표시
② 일반적으로 표준정규분포를 따르는 확률변수를 Z로 나타내며, $Z \sim N(0, 1)$로 표현
③ 어떠한 분포의 값이라도, Z값으로 환산할 경우 평균은 0, 표준편차는 1로 전환

$$N(\mu, \sigma^2) \Rightarrow f(x) = \frac{1}{\sigma\sqrt{2\pi}} e^{\frac{-(x-\mu)^2}{2\sigma^2}}$$

정규분포의 확률 밀도 곡선

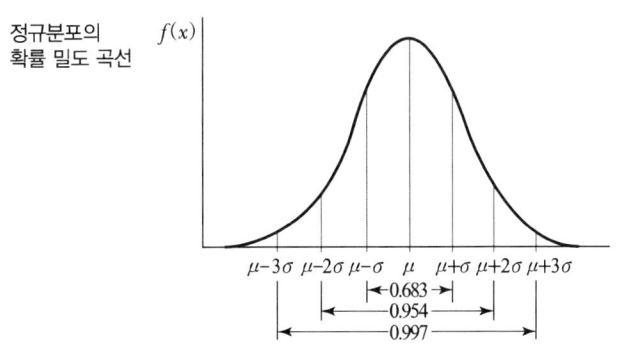

(6) 공분산과 상관계수

① 공분산
  ㉠ 두 개의 확률변수의 분포가 결합된 결합 확률분포의 분산
  ㉡ 방향성에 대한 정보를 표현
   • 공분산이 양수 → 두 변수는 같은 방향으로 변동
   • 공분산이 0 → 두 변수관계가 독립적
   • 공분산이 음수 → 두 변수는 반대 방향으로 변동

② 상관계수
  ㉠ 공분산을 두 변수의 표준편차로 나눈 표준화된 공분산
  ㉡ 범위는 -1과 1 사이

개념확인문제

01 다음 중 이자율에 대한 설명으로 옳지 않은 것은?

① 이자를 계산하는 방법은 크게 단리이자율과 복리이자율로 나눌 수 있으며, 주로 발생한 이자에 대해서도 이자를 지급하는 복리이자율을 적용한다.
② 투자를 1년만 집행할 경우 단리이자율과 복리이자율 간의 원리금 차이는 발생하지 않는다.
③ 일정기간 동안의 평균 수익률을 구하기 위해 산술평균과 기하평균을 적용하며 항상 기하평균은 산술평균보다 크다.
④ 연속복리이자율은 파생상품의 계산에 주로 적용한다.

해설 | 일정기간 동안의 평균 수익률을 구하기 위해서는 산술평균과 기하평균을 사용하며, 산술평균은 분산으로 인해 항상 기하평균보다 크다.

02 다음과 같은 채권이 존재할 경우, 해당 채권을 1년간 보유할 때 수령하게 되는 원리금은 얼마인가?

- 액면가 : 10,000,000원
- 표면이자율 : 8%
- 이자지급주기 : 반기

① 10,400,000원
② 10,800,000원
③ 10,816,000원
④ 10,000,000원

해설 | • 실효이자율 : $(1+8\%/2)^2 - 1 = 8.16\%$
• 원리금 : 10,000,000원(원금) + 10,000,000원 × 8.16%(이자) = 10,816,000원

03 다음 중 척도에 대한 설명으로 옳지 않은 것은?

① 명목척도는 측정대상에 수치나 부호를 부여하는 방법으로 주민등록번호가 대표적인 예이다.
② 서열척도는 서열 관계를 나타내는 것으로 대표적으로 올림픽 순위 등이 있다.
③ 구간척도는 숫자 간의 간격이 산술적 의미를 가지며 덧셈과 뺄셈 등이 가능하다.
④ 비율척도는 숫자 간의 비율이 산술적 의미를 가지지만, 곱하기 및 나누기는 불가능하다.

해설 | 비율척도는 숫자 간의 비율이 산술적 의미를 가지며 키, 무게, 압력 등이 대표적이다. 사칙연산이 가능하다는 특성이 있다.

정답 | 01 ③ 02 ③ 03 ④

04 다음 중 $Z \sim N(0, 1)$의 의미로 가장 올바른 것은?

① 표준정규분포를 따르는 확률밀도함수(Z)의 평균이 1이고, 분산이 0
② 표준정규분포를 따르는 확률밀도함수(Z)의 평균이 0이고, 분산이 1
③ 확률밀도함수(Z)의 표준편차가 0
④ 확률밀도함수(Z)의 평균이 1

해설 | 정규분포를 따르는 확률변수 X의 평균이 0이고 분산이 1인 경우, N(0, 1)을 표준정규분포라고 하며, 일반적으로 $Z \sim N(0, 1)$로 표현한다.

05 다음 중 왜도 및 첨도에 대한 설명으로 옳지 않은 것은?

① 왜도는 자료의 분포 모양이 어떻게 치우쳐 있는지를 보여주는 척도로 왜도의 값이 0인 경우 좌우대칭으로 분포가 나타난다.
② 왜도가 0.5인 경우 왜도가 0인 경우와 대비하여 우측으로 긴 꼬리 모양을 나타낸다.
③ 첨도는 분포 모양의 뾰족한 정도를 표현한 것으로 첨도의 값이 0인 경우 표준정규분포와 뾰족한 정도가 일치한다.
④ 소수에게 부가 집중되어 빈부격차가 크게 존재할 때의 소득의 분포 경향을 보기 위해서는 중앙값보다는 평균을 적용한다.

해설 | 평균은 개별 사례들의 합으로 산출함에 따라 극단적인 최댓값 및 최빈값에 영향을 받을 수 있으므로, 비대칭인 분포의 경향을 보기 위해서는 평균보다는 중앙값을 적용한다.

정답 | 04 ② 05 ④

TOPIC 02 확률 및 통계적 추정과 검정

1. 확률분포

(1) 이산확률분포

① 베르누이 분포 : 두 가지 가능한 결과 중 하나를 가짐

② 이항분포
  ㉠ 베르누이 분포의 일반화된 분포로써 베르누이 시행을 여러 번 할 경우의 분포
  ㉡ 확률변수 X는 독립적으로 n번 반복된 베르누이 시행에서 얻어지는 성공의 횟수를 의미

$$P(X=x) = {}_nC_x p^x q^{n-x} (X=0, 1, \cdots, n)$$
$$평균 : p, 분산 : pq$$

③ 포아송 분포 : 이항분포에서 시행횟수가 크고 성공확률이 극히 적은 경우 포아송 분포를 적용하며, 단위 시간 내에서 발생하는 사건의 수를 확률변수 X로 표현할 때 포아송 분포를 따름

$$P(X=x) = \frac{\lambda^x e^{-\lambda}}{x!} (x=0, 1, 2, \cdots)$$
$$평균, 분산 : \lambda$$

④ 기하분포 : 확률변수 X가 첫 번째 성공을 하는 데 필요한 시행의 수

$$P(X=x) = q^{x-1} p (x=1, 2, \cdots)$$
$$평균 : 1/p, 분산 : q/p^2$$

(2) 연속확률분포

① 균등분포 : 특정 구간 내의 값들에 대한 확률이 균등한 분포를 이룰 때

$$N(\mu, \sigma^2)$$

② 정규분포 : 연속 확률변수를 갖는 집단 평균이 μ, 분산이 σ^2인 확률밀도함수 $f(x)$가 다음과 같을 때

$$f(x) = \frac{1}{\sigma\sqrt{2\pi}} e^{-\frac{1}{2}\left(\frac{x-\mu}{\sigma}\right)^2}, -\infty < x < \infty$$

  ㉠ 곡선은 종 모양으로 $X=\mu$에 대해 대칭
  ㉡ $-\infty$에서 $+\infty$까지 나타난 곡선 아래의 총면적의 합은 1
  ㉢ 평균=중앙값=최빈값=μ

③ **표준정규분포** : 확률변수가 평균=0, 분산=1인 정규분포를 가지면 표준정규분포를 따른다고 하며 N(0, 1)로 표시

④ **지수분포** : 어떤 사건이 발생하기 전까지 경과한 시간의 분포를 나타낼 경우 적용

2. 표본 이론과 통계적 검증

(1) 표본 관련 이론

① **표본**

㉠ 표본 관련 오차
- 표본추출오차(표본오차)
- 비표본추출오차(측정오차)

㉡ 표본추출방법
- 확률표본추출법(예 단순확률추출법, 층별표본추출법, 군집표본추출법)
- 비확률표본추출법(예 판단추출, 편의추출)

② **중심극한정리**

㉠ $X_1, X_2, X_3, \cdots, X_n$의 평균이 μ, 표준편차가 σ인 모집단으로부터 선택된 표본 크기 n이 클 때 모집단에서 어떤 표본을 추출하더라도 표본평균은 모집단의 평균으로 접근

㉡ 이항분포에서 n이 무한히 커지는 경우, 표준 정규분포 N(0, 1)에 접근

㉢ 자유도 : 주어진 여건하에서 일련의 변수 중 자유롭게 변할 수 있는 변수의 수

③ **카이자승 분포** : 모집단이 정규분포일 때, S^2의 분포는 카이자승 분포를 이용하여 표현하며, 카이자승 분포의 평균은 자유도의 수 $q = n - 1$이고, 분산은 자유도의 2배인 $2q$

④ **t분포**

㉠ 표준 정규분포의 확률변수 Z에서 σ를 표본 표준편차인 S로 대체하면 $T = \dfrac{\overline{X} - \mu}{S/\sqrt{n}}$이 되며, 확률분포변수 t는 자유도가 $n - 1$인 t분포를 따름(t분포는 n이 커짐에 따라 표준정규분포에 접근)

㉡ t분포는 종 모양의 형태로 표준 정규분포와 대체로 같은 모양을 가지며 평균은 0

㉢ t분포는 분포의 자유도라 불리는 ν에 의존하며, 모평균에 대한 신뢰구간을 구성할 때 적절한 자유도는 $\nu = (n-1)$(n : 표본 크기)

㉣ t분포의 분산은 $\nu(\nu-2)$로 항상 1보다 크며($\nu > 2$), ν가 증가함에 따라 분산은 1에 접근하고 모양도 표준정규분포에 접근

㉤ 표준정규변수 Z의 분산이 1인 반면 t의 분산이 1보다 크므로, t분포는 표준정규분포보다 중간에서 약간 더 평평하고 두터운 꼬리를 가짐

(2) 추정

① 추정치의 특성

㉠ 불편성 : 추정량의 기댓값은 모수와 일치

$$E[\overline{\theta}] = \theta$$
($\overline{\theta}$를 각각 다른 표본으로부터 무수히 구할 경우 평균은 θ와 같아짐)

㉡ 효율성 : 불편 추정량 중 효율성을 위해서는 추정량의 분산(변화폭)이 가장 작은 것을 선택[최소 분산 불편 추정량(MVUE ; Minimum Variance Unbiased Estimator) 또는 최량 추정량]

㉢ 일치성 : 표본의 크기가 점차 커짐에 따라 추정량의 값이 모수와 거의 일치하게 되는 성질

$$\text{일치추정량} : \lim_{n \to \infty} P(|\widehat{\theta_n} - \theta| < \varepsilon) = 1$$
ε은 임의의 양수

② 구간추정(모평균 μ에 대한 추정 및 모분산 σ^2에 대한 추정)

㉠ 모분산을 알고 있는 경우 : 크기 n인 확률 표본 $X_1, X_2, \cdots, X_n$을 추출하는 경우

모평균 μ에 대한 $100(1-a)\%$의 신뢰구간은
$$\left(\overline{X} - Z_{a/2}\frac{\sigma}{\sqrt{n}},\ \overline{X} + Z_{a/2}\frac{\sigma}{\sqrt{n}}\right)$$
90%에 대한 신뢰구간에 따른 신뢰계수 $Z_{0.05} = \pm 1.645$
95%에 대한 신뢰구간에 따른 신뢰계수 $Z_{0.025} = \pm 1.96$
99%에 대한 신뢰구간에 따른 신뢰계수 $Z_{0.005} = \pm 2.58$

㉡ 모분산을 모르고, 표본의 수가 30 이상인 경우

$$\left(\overline{X} - z_{\alpha/2}\frac{8}{\sqrt{n}},\ \overline{X} + z_{\alpha/2}\frac{8}{\sqrt{n}}\right)$$

㉢ 모분산을 모르고, 표본의 수가 30 미만인 경우(t분포 사용, 자유도 $n-1$)

$$\left(\overline{X} - t_{\alpha/2}\frac{8}{\sqrt{n}},\ \overline{X} + t_{\alpha/2}\frac{8}{\sqrt{n}}\right)$$

(3) 가설 검정

① 가설 검정의 단계

㉠ 귀무가설과 대립가설의 설립
- 귀무가설 : 검정의 대상이 되는 가설 또는 기각하고자 하는 가설(H_0)
- 대립가설 : 귀무가설 기각 시 받아들여지는 가설(H_a)

㉡ 유의수준과 기각역의 설정

㉢ 검정 통계량의 계산

ⓔ 검정력 : 귀무가설이 사실이 아닐 때 실제로 기각할 수 있는 정도$(1-\beta)$

구분		실제	
		귀무가설이 사실	대립가설이 사실
의사결정	귀무가설이 사실	올바른 의사결정	2종 오류(β)
	대립가설이 사실	1종 오류(α)	올바른 의사결정

※ α 증가 시 β가 감소(반대도 성립)하는 관계이지만, 표본의 크기가 증가한다면 1종 오류(α)와 2종 오류(β) 모두 감소 가능

② 비모수적 검증을 사용하는 경우
  ㉠ 분석의 대상이 되는 자료가 모수적 방법의 가정을 만족시키지 못하는 경우
  ㉡ 자료가 순위로 되어 있는 경우
  ㉢ 답을 요하는 질문이 모수와는 무관할 때
  ㉣ 조사연구의 시간 제약(비모수적 방법에 의한 계산이 모수적 방법보다 빠름)

개념확인문제

★★☆ 01 다음 중 확률분포에 대한 설명으로 옳지 않은 것은?

① 베르누이 분포 및 이항분포, 포아송 분포는 모두 이산확률분포로 분류된다.
② 표준정규분포는 평균=0, 분산=1인 정규분포를 의미한다.
③ 정규분포는 평균과 중앙값, 최빈값이 모두 다른 특성을 지닌다.
④ 정규분포는 평균을 중심으로 좌우대칭인 특성을 지닌다.

해설 | 정규분포는 평균과 중앙값, 최빈값이 모두 동일한 특성을 가지고 있다.

★★☆ 02 다음 중 확률표본추출법이 아닌 것은?

① 단순확률추출법
② 층별표본추출법
③ 군집표본추출법
④ 판단추출법

해설 | 판단추출법은 편의추출법과 함께 대표적인 비확률표본추출법이다.

★★☆ 03 가설검정에 대한 설명으로 옳지 않은 것은?

① 귀무가설은 검정의 대상이 되는 가설로, 가설검정을 위해서는 귀무가설과 대립가설을 먼저 설정해야 한다.
② 의사결정상 대립가설을 지지하였지만 귀무가설이 사실인 오류는 1종 오류이다.
③ 검정력은 귀무가설이 사실이 아닌 경우 이를 실제로 기각할 수 있는 정도를 의미한다.
④ 표본의 크기를 증가시키면 1종 오류는 감소하지만 2종 오류에는 영향이 없다.

해설 | 1종 오류와 2종 오류는 서로 상쇄하는 관계이지만, 표본의 크기를 증가시킬 경우 1종 오류와 2종 오류를 모두 감소시킬 수 있다.

정답 | 01 ③ 02 ④ 03 ④

TOPIC 03 회귀분석과 예측

1. 회귀분석과 상관분석

회귀분석 (Regression analysis)	한 변수 혹은 여러 변수가 다른 변수에 미치는 영향력의 크기를 수학적 관계식으로 추정 및 분석
상관분석 (Correlation analysis)	두 변수가 관련된 정도에만 초점

2. 단순 선형 회귀분석

$$Y_i = \beta_0 + \beta_1 x_i + \varepsilon_i$$
$$\beta_0, \beta_1 = 상수, \ \varepsilon_i = 오차항$$

① 정규성(Normality) : 설명변수(독립변수) X의 고정된 어떠한 값에 대하여 피설명변수(종속변수) Y는 정규분포를 따름(오차가 정규분포를 따름)

② 독립성(Statistical Independence) : 피설명변수(종속변수) Y_i들은 통계적으로 서로 독립이어야 함 $[Cov(\varepsilon_i, \varepsilon_j), i \neq j]$

③ 등분산성(Homoskedasticity) : 설명변수(독립변수) X의 값에 관계없이 피설명변수(종속변수) Y의 분산은 일정(ε_i가 동일한 분산을 지님)

3. 다중 회귀분석

(1) 개요

$$Y_i = \alpha + \beta_1 X_{i1} + \beta_2 X_{i2} + \cdots + \beta_k X_{ik} + \varepsilon_i$$

※ 다중 회귀분석의 추가가정 : 각 독립변수 간의 상관관계가 높아서는 안 되며, 표본을 이루는 관측치의 수는 독립변수의 수(k)보다 최소한 2 이상 커야 함($n \geq k+2$)

(2) 다중 회귀분석 시 고려해야 할 변수

① 독립변수 간의 다중 공선성(Multicollinearity)
  ㉠ 독립변수 간의 상관관계가 높은 경우에 발생하며, 독립변수들의 역행렬이 존재하지 않거나, 추정량의 표준오차가 커져 귀무가설 기각이 어려워짐
  ㉡ 다중 공선성의 검사 : 상관계수 행렬을 통해 검사 가능
  ㉢ 대안 : 어느 표본이든 어느 정도의 다중 공선성을 지니고 있으며, 특히 심한 경우 한 변수를 제거

② 자기상관(Autocorrelation)
  ㉠ Time-series 자료에서 흔히 발견되며, $Cov(\varepsilon_i, \varepsilon_j) = E(\varepsilon_i, \varepsilon_j) \neq 0$인 경우 발생($\varepsilon_i$와 ε_{ij}가 독립이 아닌 경우)
  ㉡ 자기상관 검사 : Durbin-Watson Test, Von Neumann Test 등
  ㉢ 대안 : GLS를 이용하거나, AR(p)모형으로 변환

③ 이분산(Heteroskedasticity)
  ㉠ Time-series 자료 및 Cross-section 자료에서도 자주 발견되며 $E(\varepsilon\varepsilon') = \sigma^2 i$에서 이분산이 있는 경우 ε_i는 $Var(\varepsilon_i) = E(\varepsilon_i^2)$인 정규분포를 따르는 것으로 가정하며, 이때 σ_i^2는 상수가 아님
  ㉡ 문제점 : 이분산이 존재할 경우 OLS를 적용시키면, 분산이 큰 관측치에 가중치를 주게 되어 $\hat{\beta}$의 불편성과 일치성은 유지되지만 최소분산을 가지지는 못하게 됨
  ㉢ 이분산의 검사 : Goldfeld-Quandt Test, Breusch-Pagan Test, White Test 등
  ㉣ 대안 : WLS, GLS 등을 적용함

④ 기타 발생 가능한 문제점
  ㉠ 모형에 꼭 포함되어야 하는 독립변수가 빠진 경우 : 불편성과 일치성을 상실
  ㉡ 필요없는 변수가 포함 : 불편성과 일치성에는 영향을 미치지는 않지만 추정치의 분산을 과소 추정하여 기각되지 않아야 할 귀무가설(H_0)을 기각할 수 있음
  ㉢ 비선형성 : 실제 독립변수와 종속변수 간의 관계가 선형이 아님에도 선형이라고 가정하고 분석하는 경우 추정의 불편성과 일치성을 상실
  ㉣ 가성 회귀분석 : 불안정 시계열을 이용한 회귀분석에서 실제로는 변수 간에 아무런 상관관계가 없는데도 불구하고 외견상 의미 있게 보이는 현상(예 유가지수와 A 농구팀의 승률)

(3) 적합성 검정

$$\underbrace{\sum(y_i - \bar{y})^2}_{SST_{Total}} = \underbrace{\sum(y_i - \hat{y})^2}_{SSE_{Error}} + \underbrace{\sum(\hat{y_i} - \bar{y})^2}_{SSR_{Model}}$$

SST_{Total} : 실제값과 적합된 값과의 차이에 대한 제곱합

SSE_{Error} : 총변동 중 회귀선으로 설명이 불가능한 오차에 기인한 변동

Source	SS(변동)	df(자유도)	MS(평균값)	F값
Model	SSR	1	MSR	MSR/MSE
Error	SSE	$n-2$	MSE	$\sim F(1, n-2)$
Total	SST	$n-1$	–	–

(4) 결정계수

① 전체 제곱합(SST) 중 회귀 제곱합(SSR)이 차지하는 비율, 총 변동을 설명하는 데 있어서 회귀선에 의해 설명되는 변동이 기여하는 비율

$$R^2 = \frac{\text{회귀모형에 의해 설명되는 변동}}{\text{총 변동}} = 1 - \frac{\text{회귀모형에 의해 설명되지 않는 변동}}{\text{총 변동}}$$

$$R^2 = \frac{SSR}{SST} = 1 - \frac{SSE}{SST},\ 0 \le R^2 \le 1$$

$$\sqrt{R^2} = R : \text{상관계수}$$

② 회귀선이 잘 적합되면 결정계수의 값은 1에 가까울 것이고, 그렇지 않으면 결정계수의 값은 0에 가깝게 되며, 결정계수는 두 변수 사이의 피어슨 상관계수의 제곱과 같음

(5) 수정결정계수

설명변수의 수가 다른 경우, R^2이 적절하지 않음. 즉, 설명변수의 수가 추가될 때마다 결정계수 R^2의 값이 증가하는 경향이 있어 이런 단점을 보완

$$Adj \cdot R^2 = 1 - \frac{SSE/(n-k)}{SST/(n-1)} = 1 - \frac{n-1}{n-k} \cdot \frac{SSE}{SST}$$

$$k \uparrow \rightarrow Adj \cdot R^2 \downarrow\ (SSE,\ SST\text{가 일정할 때})$$

(6) t검정

회귀계수가 피 설명변수를 설명하는 데 있어서 통계적으로 유의하게 기여하는지의 여부를 검정

$$H_0 : \beta = 0\text{을 검정하기 위한 t통계량}$$

$$T = \frac{b - \beta_0}{s_b} = \frac{b - 0}{s_b} = \frac{b}{s_b}$$

(s_b의 추정치, a, b가 포함되어 있으므로 자유도는 $n-2$)

(7) F검정

설명변수 x가 피설명변수 y를 설명하는 데 있어서 통계적으로 유의하게 기여하는지의 여부를 검정

$$F = \frac{\text{회귀선에 의해 설명되는 변동}}{\text{회귀선에 의해 설명되지 않는 변동}}$$

$$= \frac{\frac{SSR}{\text{자유도}}}{\frac{SSE}{\text{자유도}}} = \frac{MSR}{MSE},\ F = \frac{MSR}{MSE} \sim F(k-1, n-k)$$

4. 잔차분석

① 회귀모형에 대한 가정의 충족 여부에 대한 검토, 또한 이상값의 개입 여부에 대한 검토
② 잔차(e_i)는 실제 관측치(Y_i)와 추정 회귀선에 의한 적합값($\hat{Y_i}$)과의 차이로서 회귀 추정식으로 설명할 수 없는 부분임
  ㉠ 정규성(Normality)
  ㉡ 등분산성(Homogeneity)
  ㉢ 독립성(Independence) : Durbin−Watson(DW) 검정으로 검토
   • DW의 값이 2에 가까우면 인접한 오차항들이 무상관, 즉 독립성을 충족
   • DW의 값이 0에 가까우면 양의 자기상관, 4에 가까우면 음의 자가상관
   • 독립성의 가정을 위반하면 Cochrane−orcutt 변환을 사용

$$DW = \sum_{i=2}^{n}(e_i - e_{i-1})^2 / \sum e_i^2$$

5. 예측

① 독립변수 X가 주어지면 추정된 회귀모형에 의해 종속변수에 대한 예측치를 얻을 수 있음

$$\text{단순 회귀모형의 경우 예측치 : } \hat{Y} = \alpha + \beta_1 X_1$$
$$\text{다중 회귀모형의 경우 예측치 : } \hat{Y} = \alpha + \beta_1 X_1 + \beta_2 X_2 + \cdots + \beta_k X_K$$

② **시계열 자료 분석과 예측**
  ㉠ 시계열 자료는 일정한 시간 간격으로 배열된 자료의 집합을 의미
  ㉡ 시계열 자료는 추세변동, 순환변동, 계절변동, 불규칙변동(추세변동, 순환변동, 계절변동을 제외한 나머지 부분)으로 구성

6. 평활기법

① 불규칙 변동을 제거하는 방법
② **이동평균법** : 여러 기간 동안의 실제 관측치를 더해 그 합을 기간의 수로 나누어 구한 값
③ **지수평균법** : 이동평균법의 단점을 보완. 평활상수가 1에 가까워지면 최근값이 많이 반영되어 평활화가 덜 이루어지며, 0에 가까워지면 과거의 값이 많이 반영되어 평활화가 많이 됨

개념확인문제

01 다음 중 회귀분석의 가정으로 적절하지 않은 것은?

① 다중 공선성　　② 정규성
③ 독립성　　　　④ 등분산성

해설 | 회귀분석의 가정은 정규성, 독립성, 등분산성으로 구성되며, 다중 공선성은 독립변수 간의 상관관계가 높은 경우에 독립변수들의 역행렬이 존재하지 않거나, 추정량의 표준오차가 커져서 귀무가설 기각이 어려워지는 문제점이다.

02 단순 회귀모형을 검토하던 중 총변동은 10, 회귀모형에 의해 확인되는 변동은 7이다. 이때 결정계수(R^2)는 얼마인가?

① 1　　　　② 0.3
③ 0.7　　　④ 0

해설 | 결정계수는 총변동 대비 회귀모형에 의해 설명되는 변동으로 표현할 수 있으며 0과 1 사이의 값을 가진다. 또한, 전체 제곱합(SST) 중 SSR(회귀 제곱합)로 표현할 수도 있다.

03 다중 회귀분석에 대한 설명으로 옳지 않은 것은?

① 각 독립변수들 간의 상관관계가 높아서는 안 되며, 표본을 이루는 관측치의 수는 독립변수의 수 (k)보다 최소한 2 이상 커야 한다.
② 다중 회귀분석을 통해 자기상관, 이분산성 등의 문제가 나타날 수 있다.
③ 자기상관은 시계열 자료에서 주로 발견되며, 서로 다른 잔차가 독립이 아닐 때 발생한다.
④ 이분산은 시계열 자료 및 Cross-section 자료에서 흔히 발견되며, 이분산이 존재할 때 OLS를 적용시키면 분산이 작은 관측치에 가중치를 주게 된다.

해설 | 이분산이 존재할 때 OLS를 적용시키면 분산이 큰 관측치에 가중치를 두게 되어 $\hat{\beta}$의 불편성과 일치성은 유지되지만 최소 분산을 갖지는 못하게 되는 문제점이 있다.

04 다음 표를 참고할 때 빈칸에 들어갈 값으로 가장 적절한 것은?

구분	SS(변동)	df(자유도)	MS(평균값)	F 값
Model	200	1	200	10
Error	80	xx	( )	

① 20 ② 10
③ 1 ④ 2.5

해설 | $F = \dfrac{MSR}{MSE}$ 로 표현할 수 있으며, F는 10, MSR은 200이므로 MSE는 20이다.

정답 | 01 ① 02 ③ 03 ④ 04 ①

CHAPTER 02 증권경제

PART 01_ 증권분석기초

TOPIC 01 거시경제의 기초, 소비 및 투자 이론

1. 거시경제의 기초

(1) GDP와 GNI

① GDP(국내총생산) : 경제지역을 기준으로 생산한 재화와 서비스를 대상
② GNI(국민총소득) : 경제주체의 국적을 기준으로 자국 국민이 생산한 재화와 서비스를 대상
③ GNI = GDP + NFI(국외순수치 요소소득)

(2) 고전학파

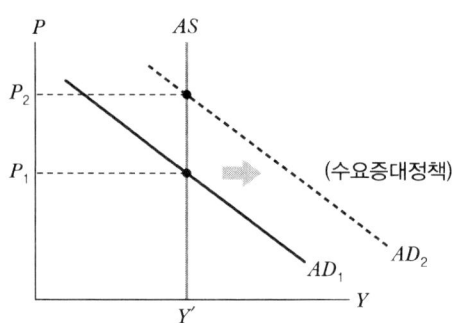

① 가정 : 가격의 신축성을 가정하고 시장기능의 역할을 강조(세이의 법칙 : 공급이 수요를 창출)
② 정부지출 증가 → AD(총수요곡선) 이동 → P(가격) 상승 → Y(GDP) 불변
③ 이후 새고전학파에 영향
④ 작은 정부 지향

(3) 케인즈학파

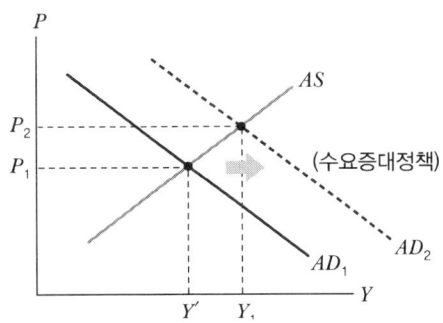

① 가정 : 가격의 비신축성을 가정하여 초과공급이 가능하며 정책당국이 적극적으로 유효수요를 증대시켜야 함
② 정부 지출 증가 → AD(총수요곡선) 이동 → P(가격) 상승 → Y(GDP) 증가
③ 1920년 대공황 이후 대두
④ 이후 새케인즈학파에 영향
⑤ 큰 정부 지향

2. 소비이론

(1) 절대소득가설(케인즈)

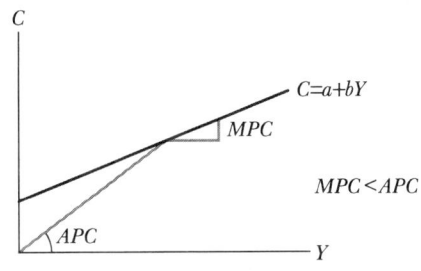

① 개별 경제주체가 현재 시점에서 얻고 있는 절대소득(가처분소득)과 한계소비성향(MPC)에 의해 소비가 결정

$$C = a + bY (0 < b < 1)$$
a : 소득이 0인 경우에도 생존을 위해 필요한 최소한 소비
b : 한계소비성향(MPC)
평균소비성향(APC) = C/Y

② 절대소득가설의 주요 특징
  ㉠ 소비는 현재 소득 Y(가처분소득)의 증감에 영향
  ㉡ 평균소비성향(APC) > 한계소비성향(MPC)

ⓒ 저소득자일 때는 소득 중 소비 차지 비중 多, 고소득자일 때는 점차 소득 중 소비 차지 비중이 점차 감소
ⓔ 경기 수축기의 소비성향 > 경기 확장기의 소비성향

(2) 상대소득가설(듀젠베리)

소비는 절대소득이 아니라 동류집단의 소득과 비교한 상대소득에 의해 결정됨

전시효과	사람들의 소비는 자기 자신의 소득뿐만 아니라 주위 사람들의 소비행위에도 영향
톱니효과	사람들의 소비는 현재 소득뿐만 아니라 과거의 최고 소비 수준에도 영향(비가역적)

(3) 생애주기가설(안도와 모딜리아니)

① 소비자들은 일생에 걸친 소득의 할인가치에 근거하여 소비를 결정
② 개인의 소득은 인생의 중기에 비해 초기와 말기에 상대적으로 작은 경향이 있으며, 소득의 흐름과 연결하여 평생소득가설 전개
③ 소비의 경우 소득의 흐름에 비해 시간에 걸쳐 서서히 증가하기를 원함

(4) 항상소득가설(프리드만)

① 소득을 항상소득(영구소득)과 일시소득으로 나누고, 소비를 항상소비(영구소비)와 일시소비로 나눔
② 소비는 항상 소득의 함수
 ㉠ $Y = Y^P + Y^T$ (Y^P : 항상소득, Y^T : 일시소득), Y^P와 Y^T는 상관관계가 없음
 ㉡ $C = C^P + C^T$ (C^P : 항상소비, C^T : 일시소비), C^P와 C^T는 상관관계가 없음
 ㉢ 일시소득과 일시소비는 상관관계가 없음
 ㉣ 항상소득만이 항상소비를 결정

(5) 랜덤워크 소비가설과 유동성 제약모형

① 랜덤워크 소비가설 : 소비의 변화는 항상소득에 대한 예측치의 변화에만 반응, 예측치의 변화는 과거에는 몰랐던 현재의 새로운 정보이므로 소득의 변화는 확률적
② 유동성 제약모형 : 현실적으로 어떤 개인이 원하는 만큼을 빌릴 수 없을 수 있으며, 유동성 제약이 발생

3. 투자 이론

(1) 케인즈의 투자이론 : MEI 이론

① 가정 : 투자는 투자의 한계효율(MEI), 즉 내부수익률에 의해 투자가 결정
② 내부수익률(ρ, 투자수익률) > 시장이자율(r) → 투자 집행
③ 내부수익률(ρ) < 시장이자율(r) → 투자 기각

(2) 투자자의 한계비용 이론

① 기업의 내부자금 또는 유동성이 적정 자본량의 결정 요인
② 기업은 투자계획에 필요한 자금을 조달하기 위해 이익의 사내유보, 외부차입, 주식발행 등의 방법을 사용(자금조달 비용 : 사내유보 < 외부차입 < 주식발행)

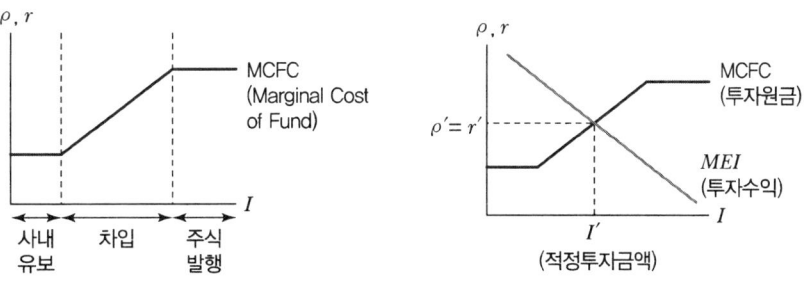

(3) 신고전학파 투자 이론

① 기업의 생산량(Y)을 노동(N)과 자본(K)의 생산함수로 표현
② 기업의 이윤은 총수입 − 생산비용

$$Y = F(N, K)$$
$$\pi(\text{이윤}) = PY - wN - rK$$
(PY : 수익, P : 가격, Y : 생산량, w : 노동 1단위당 비용, r : 자본 1단위당 비용)

③ 기업의 이윤극대화 조건 : 자본의 한계생산물가치 자본비용까지 투자

(4) 토빈(Tobin)의 q

- $q = \dfrac{\text{주식시장에서 평가된 기업의 시장가치}}{\text{기업의 실물자산 대체비용}} = \dfrac{\text{자본재 시장가치}}{\text{자본재 구입가격}} = \dfrac{\text{자본생산성}}{\text{실질이자율}}$
- $q > 1$ → 투자의 이득이 투자비용을 능가하므로 투자 증가
- $q < 1$ → 투자의 이득이 투자비용에 미달하므로 투자 감소

① 장점 : 투자행위에 대한 시장의 평가를 반영
② 주식시장이 비효율적이면 q값 자체가 의미가 없으며, 투자의 결정과 집행 사이에 시차가 존재하고 그 사이에 주가가 큰 폭으로 변동하는 경우 의미가 희석됨

개념확인문제

01 다음 중 거시 경제 지표에 대한 설명으로 옳지 않은 것은?

① GDP와 GNI는 국외요소 및 외국인의 생산을 고려하지 않은 경우 동일하다.
② GDP에 국외순수치 요소소득을 반영할 경우 GNI를 산출할 수 있다.
③ 해외에서 자국민이 생산에 참여한 경우 GDP는 증가하는 반면, GNI는 불변이다.
④ GDP는 지역을 기준으로 생산한 재화와 서비스를 대상으로 한다.

해설 | 해외에서 자국민이 생산에 참여한 경우 지역을 기준으로 하는 GDP는 불변인 반면, 국적을 기준으로 하는 GNI는 증가한다.

02 다음 중 소비에 대한 설명으로 옳지 않은 것은?

① 케인즈에 따르면 소비는 사람들의 가처분소득과 한계소비성향(MPC)에 의해 결정된다.
② 절대소득가설에 따르면 고소득자의 경우 저소득자에 비해 소득 중 소비의 비중이 크다.
③ 소득의 톱니효과에 따르면 소비는 현재 소득과 함께 과거 소비 수준에도 영향을 받는다.
④ 일시적으로 소득이 증가하더라도 항상 소비는 영향을 받지 않는다.

해설 | 절대소득가설에 따르면 고소득자에 비해 저소득자일수록 소득 중 소비의 비중이 커진다.

03 다음 중 토빈(Tobin)의 q비율이 1.5일 때의 상황으로 올바르지 않은 것은?

① 투자가 증가한다.
② 자본재의 시장가치가 자본재의 구입가격보다 크다.
③ 실질이자율은 자본생산성보다 크다.
④ 투자의 이익이 투자비용을 능가한다.

해설 | 토빈의 q비율이 1보다 큰 경우 자본생산성은 실질이자율보다 크다.

04 다음 중 항상소득가설에 대한 설명으로 옳지 않은 것은?

① 항상소득가설에서 소득을 항상소득과 일시소득으로 나누고 소비도 항상소비와 일시소비로 나눈다.
② 항상소득가설에서 소비는 항상소득의 함수이다.
③ 항상소득가설에서 일시소득은 일시소비에만 영향을 미친다.
④ 일시적인 세금 감면은 소비에 영향을 미치지 않는다.

해설 | 항상소득가설에서는 일시소득과 일시소비는 서로 영향을 미치지 않는다.

정답 | 01 ③ 02 ② 03 ③ 04 ③

TOPIC 02 IS−LM 모형 및 AD−AS 모형

1. IS−LM 모형

(1) 개념

① IS : 재화시장의 균형 조건 I(투자) $= S$(저축)이 성립
② LM : 화폐시장의 균형 조건 L(화폐수요) $= M$(화폐공급)이 성립

(2) 재정정책

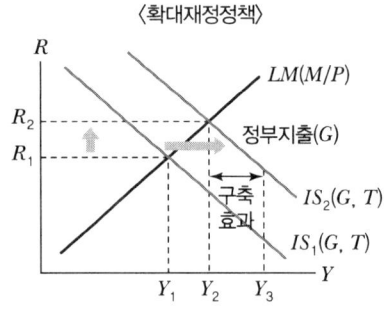
〈확대재정정책〉

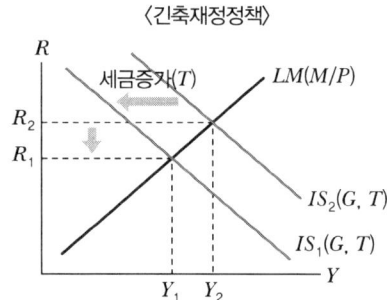
〈긴축재정정책〉

(3) 통화정책

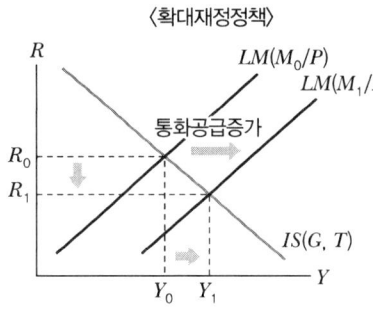
〈확대재정정책〉

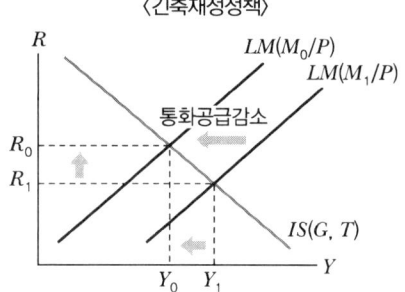
〈긴축재정정책〉

(4) 케인즈학파

① LM 곡선이 수평(무구축효과, 유동성 함정)
② 재정효과의 효과가 최대화됨[이자율의 상승 없이 정부지출(G)만큼 총생산(Y) 증가]
③ 통화정책의 효과는 없음

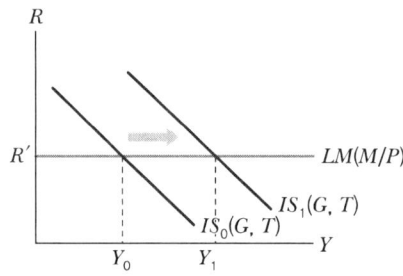

(5) 고전학파

① LM곡선이 수직(완전구축효과)
② 재정정책은 효과가 없고 통화정책만 효과가 있음
　※ 현실은 불완전한 구축효과 발생한다고 볼 수 있음

(6) 유동성 함정

① 이자율이 낮을 경우 투기적 화폐 수요가 증가함
② 극심한 불황 시 이자율이 충분히 낮아, 화폐 수요가 폭발적으로 증가하여 통화정책이 무력화(유동성 함정)
③ 재정정책을 통해서만 정책효과가 있으며 구축효과는 발생하지 않음

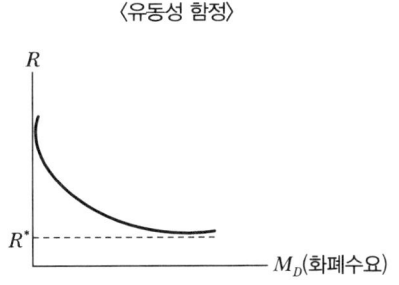
〈유동성 함정〉

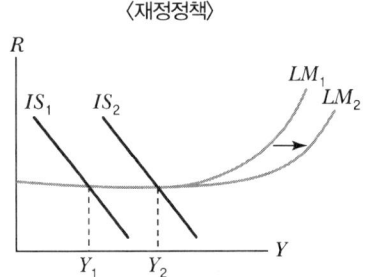
〈재정정책〉

(7) 피구효과(실질잔액효과)

① 피구효과 존재 시 경제 주체의 부를 증가시켜 유동성 함정에서 탈출할 수 있음(고전학파)

$$W(부) = M/P(실질보유\ 화폐가치) + B + K(화폐 + 채권 + 자본)$$
$$C(소비) = C(Y, W)$$

② 불황 → 물가 하락 및 실질보유 화폐가치 증가 → 부 증가 → 소비 증가 → IS, LM곡선 우측 이동 → 유동성 함정 탈출
③ 물가하락 → 실질부채 증가 → 소비 감소 → 경기불황(피셔, 부채-디플레이션 이론)

(8) 정책 유효성 논쟁

① **케인즈학파** : 세금 감면은 소비 증가 및 국민소득 증가
② **통화주의학파**
　• 일시적 세금 감면은 항상 소비에 영향을 주지 않음(소비와 소득에 영향 없음)
　• 정부지출 증가 → 이자율 상승 → 민간투자 위축 → 국민소득 감소(구축효과)
③ **리카르도 불변정리** : 단기 세금 인하는 장기적인 미래 세금 인상을 의미하므로 미래 세금을 내기 위해 세금 인하로 발생한 자금을 저축하여 소비 증가 효과 없음
④ 소득효과와 피셔효과로 인해 장기적으로는 정부의 경기부양 정책효과가 없음

2. AD-AS 모형

(1) 확대재정 및 통화정책을 적용할 경우($G\uparrow$, $T\downarrow$)

① 고전학파 관점

  ㉠ 정부지출 증가는 세금감소에 의한 확대재정정책 → IS곡선을 오른쪽으로 이동 → AD곡선을 오른쪽으로 이동 → 초과수요 발생 → 초과수요에 의한 물가의 상승은 LM곡선을 왼쪽으로 초과수요가 사라질 때까지 이동하여 원래의 국민소득 균형까지 이동

  ㉡ 확대재정정책은 국민소득의 변동 없이 이자율과 물가의 상승만 가져옴

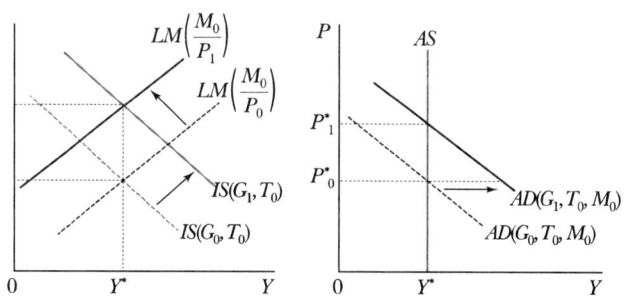

〈확대재정정책($G_0 < G_1$)의 효과(고전학파)〉

② 케인즈학파 관점

  ㉠ 확대재정정책에 의한 IS곡선의 우측 이동으로 초과수요 발생 → 물가 상승 → LM곡선이 일부만 좌측으로 초과수요가 없어질 때까지 이동 → 국민소득 증가

  ㉡ 국민소득은 증가하고 이자율과 물가는 상승

  ㉢ 정책효과는 존재하지 않고 물가만 상승, 화폐중립성

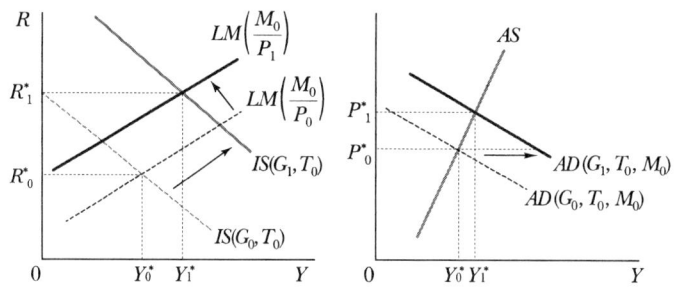

〈확대재정정책($G_0 < G_1$)의 효과(케인즈학파)〉

(2) 통화정책을 적용할 경우($M\uparrow$)

① 고전학파 관점

  ㉠ 화폐량의 증가는 LM곡선을 우측으로 이동 → AD곡선을 우측으로 이동 → 주어진 물가에서 초과수요가 발생 → 물가 상승 → LM곡선이 좌측으로 초과수요가 없어질 때까지 이동하여 원래 LM곡선으로 복귀

  ㉡ 국민소득 Y와 이자율 R은 변동시키지 못하고 물가만을 상승시킴

ⓒ 화폐공급의 증가가 명목 변수인 물가만을 증가시키고, 국민소득에는 아무 영향도 미치지 못하는 화폐의 중립성이 성립

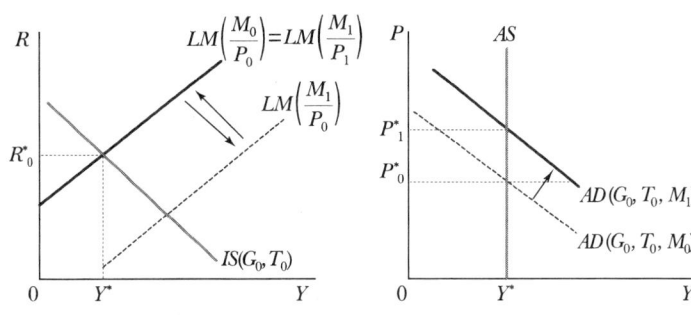

〈확대통화정책($M_0 < M_1$)의 효과(고전학파)〉

② 케인즈학파 관점
  ㉠ 정책효과는 존재하며 물가 상승, 화폐중립성은 성립하지 않음
  ㉡ 화폐량의 증가는 LM곡선을 우측으로 이동 → AD곡선을 우측으로 이동 → 주어진 물가 수준에서 초과수요 발생 → 물가 상승 → LM곡선을 좌측으로 초과수요가 없어질 때까지 이동
  ㉢ 임금과 가격의 경직성으로 인해 물가 상승률이 통화증가율에 미치지 못하기 때문에 LM곡선이 원래 수준으로 복귀시키지 못하고 일부만 이동
  ㉣ 국민소득 Y는 증가, 이자율은 하락, 물가는 상승
  ㉤ 화폐의 중립성이 성립하지 않음

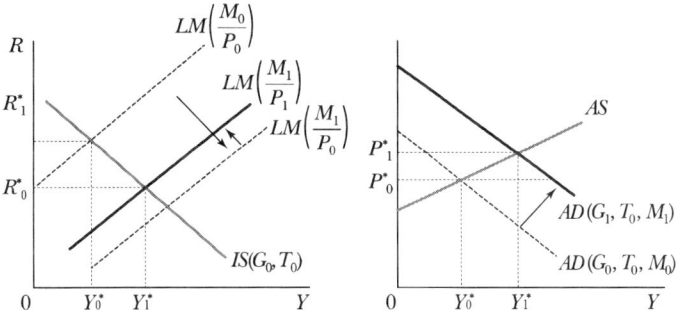

〈확대통화정책($M_0 < M_1$)의 효과(케인즈학파)〉

개념확인문제

01 다음 중 $IS-LM$ 모형에 대한 설명으로 올바르지 않은 것은?

① IS는 재화시장의 균형 조건을, LM은 화폐시장의 균형 조건을 의미한다.
② 고전학파는 LM곡선이 수직인 상황을 가정하며, 케인즈학파는 LM곡선이 수평인 상황을 가정한다.
③ 케인즈학파에 따르면 통화정책을 시행할 경우 구축효과는 발생하지 않으며 따라서 국민소득(Y)를 증가시키기 위해서는 통화정책이 효과적이다.
④ 리카르도에 따르면 단기적인 세금 인하는 소비 증가 효과가 발생하지 않는다.

해설 | 케인즈학파에 따르면 LM곡선이 완전한 수평인 상황을 가정하며, 따라서 재정정책을 시행할 경우 구축효과가 발생하지 않는다고 가정하였다. 따라서 Y(국민소득)를 증가시키기 위해서는 재정정책이 효과적인 것으로 가정하였다.

02 다음 중 $AD-AS$모형에 대한 설명으로 올바르지 않은 것은?

① 고전학파의 경우 확대재정정책을 사용하더라도 정책효과는 존재하지 않고 물가만 상승한다.
② 케인즈학파의 경우 확대재정정책을 사용하면 물가 상승 없이 정책효과가 발생한다.
③ 케인즈학파의 경우 통화정책을 사용하면 화폐의 중립성은 성립하지 않는다.
④ 고전학파의 경우 통화정책을 사용하더라도 국민소득에는 영향을 미치지 못한다.

해설 | 케인즈학파의 경우 확대재정정책을 사용하면 물가 상승은 발생하지만 LM곡선이 일부만 좌측으로 이동하므로 정책효과가 발생하여 국민소득이 증가한다.

정답 | 01 ③ 02 ②

TOPIC 03 화폐의 수요 및 공급

1. 고전학파의 화폐수요 이론

① 교환방정식

$$MV = PY, \quad MV = PT$$
M : 통화량, V : 화폐의 유통속도, P : 물가, T : 총 거래량, Y : 국민소득

② V는 사회적인 지불 관습에 의존하므로 일정, Y도 완전 고용산출량 수준에서 일정

$$\hat{M} + \hat{V} = \hat{P} + \hat{Y}$$
$\hat{M}$: 통화증가율, $\hat{P}$: 인플레이션율, $\hat{Y}$: 경제성장률, $\hat{V} = 0$
장기적으로 경제의 장기균형에서 $\hat{Y} = 0$이므로 $\hat{M} = \hat{P}$
화폐공급은 인플레이션으로 연결

> **TIP 마샬의 k**
>
> $MV = PY \rightarrow M = \left(\dfrac{1}{V}\right)PY = kPY$, k는 화폐 유통속도의 역수(마샬의 k)

2. 케인즈의 화폐수요 이론(유동성 선호설)

① 화폐의 수요는 거래적, 예비적, 투기적 동기로 구분
② 소득 및 지출이 증가하는 경우 거래적 화폐수요는 증가하며 투기적 화폐수요는 화폐 보유의 기회비용으로 설명
③ 예비적 수요는 일정한 것으로 가정하며, 실질 화폐수요는 거래적 수요와 투기적 수요로 구성

$$\frac{M^d}{P} = k(Y) + l(R) = L(R, Y)$$

3. 보몰-토빈의 거래적 화폐수요 이론 : 재고 이론 모형

① 화폐를 재고로 간주하고 화폐와 예금 간의 적정 배분 문제를 통해 화폐 수요를 설명
② 화폐보유비용 = 화폐보유의 기회비용 + 예금보유의 거래비용으로 총 화폐보유 비용을 최소화하는 관점에서 화폐수요를 결정(소득과 양의 상관관계, 이자율과 음의 상관관계)

4. 현대적 화폐수량설

① 화폐수요는 부(W)의 크기 및 여러 자산들의 수익률에 의해 영향

- ㉠ 부의 크기가 증가하면 화폐수요가 증가한다. ── 항상소득
- ㉡ 부 중 인적부가 차지하는 비율이 커지면 화폐수요가 증가한다. ─┘
- ㉢ 주식의 수익률이 증가하면 화폐수요는 감소한다. ── 이자율
- ㉣ 채권의 수익률이 증가하면 화폐수요는 감소한다. ─┘
- ㉤ 실물자산의 수익률이 증가하면 화폐수요는 감소한다. ── 인플레이션

② 실질 화폐수요

$$\frac{M^d}{P} = f(\underset{\oplus}{W}, \underset{\oplus}{h}, \underset{\ominus}{r_e}, \underset{\ominus}{r_b}, \underset{\ominus}{\hat{P}})$$

5. 화폐의 공급

> **TIP 지급준비금**
> 일반 상업은행은 예금자 요구가 있을 경우 이를 지급하기 위해 일정 부분을 은행 내부에 유보(보유)해야 함

(1) 통화의 정의

① 본원통화(H) : 화폐발행액 + 지준예금 = 민간화폐보유액 + 지급준비금
② 협의의 통화(M_1) = 현금 + 요구불예금(당좌예금)
③ 광의의 통화(M_2) = M_1 + 저축성예금(정기예금), $M_3 = M_2$ + 비은행금융

(2) 화폐공급(신용창조)

> **TIP 신용창조**
> 부분지급준비금 제도로 인해 일반 은행에서 발생하는 경제 행위

① 민간이 현금을 보유하지 않는 경우

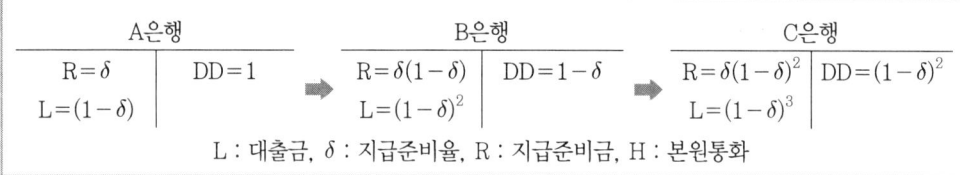

㉠ 중앙은행이 본원통화 1단위를 공급하고 발행된 1단위를 A은행에 전부 예금
㉡ A은행은 예금을 지급준비금으로 일부 예치(δ)하고 나머지는 대출($1-\delta$)에 사용
㉢ ($1-\delta$)만큼 대출받은 민간은 다시 B은행에 대출금 전액 예금
㉣ B은행도 예금을 지급준비금으로 일부 예치[$(1-\delta) \times \delta$]하고, 나머지는 다시 대출[$(1-\delta)^2$]
㉤ 이러한 절차를 계속 진행할 경우 $1 + (1-\delta) + (1-\delta)^2 + (1-\delta)^3 + \cdots = 1/\delta$
㉥ $M = H/\delta$ ($1/\delta$ = 신용승수 or 통화승수)

② 민간이 일부 현금을 보유하는 경우
㉠ $H = C + R$ (H : 본원통화), $M = C + DD$ (M : 협의의 통화, C : 현금, DD : 당좌예금)
$R = \delta \times DD$ (지급준비금 = 지급준비율 × 당좌예금)
㉡ $DD = M - C$, $R = \delta \times (M - C)$
㉢ M(협의의 통화 = 민간이 보유한 통화량) $= \dfrac{H \times 1}{[c + \delta(1-c)]}$, 통화승수 $= \left[\dfrac{1}{c + \delta(1-c)}\right]$

(3) 화폐시장의 균형

> **TIP** 화폐시장의 균형 : 화폐의 수요 = 화폐의 공급
>
> - 화폐의 공급 : $M^S = \overline{M}$
> - 화폐의 수요 : $M^D = R \cdot L(\underset{\ominus}{R}, \underset{\oplus}{Y})$
> - 화폐시장의 균형 : $M^S = M^D \rightarrow \dfrac{\overline{M}}{P} = L(\underset{\ominus}{R}, \underset{\oplus}{Y})$

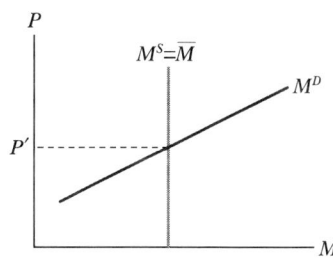

① 통화량의 조절(중앙은행의 화폐량 조절)

- 본원통화의 증가 : $H \uparrow \rightarrow M \uparrow$ (화폐량은 본원통화의 승수배만큼 증가)
- 지준율의 인하 : $\delta \downarrow \rightarrow M \uparrow$ (법정 지불준비율의 인하로 대출 가능 금액 증가)
- 재할인율 인하 : $r \downarrow \rightarrow M \uparrow$ (중앙은행이 시중은행에 대출할 때 적용되는 금리로 재할인율이 낮아질수록 민간이 보유하게 되는 통화의 양 증가)

② 공개시장조작 : 중앙은행이 금융시장을 통해 간접적으로 통화량 조절

- 중앙은행이 국채 판매 : 민간이 보유하는 통화량 감소
- 중앙은행이 국채 매입 : 민간이 보유하는 통화량 증가

③ 내생적 화폐공급

㉠ R(지급준비금) = RR(법정지준금) + ER(초과지준금)

㉡ ER(초과지준금) = FR(자유지준금) + BR(차입지준금)

∴ $R = RR + FR + BR$

㉢ H(본원통화) = $R + C$(민간화폐 보유액) = $RR + ER + C$

∴ $H - ER = RR + C$

㉣ 통화량의 증가

$$M = \left[\frac{1}{c + \delta(1-c)}\right] \times (H - ER)$$

초과지준금이 없는 경우, $M = \left[\dfrac{1}{c + \delta(1-c)}\right] \times H$

㉤ 의의

- 신용승수가 동일하더라도 초과지준금의 크기에 따라 화폐의 공급량은 달라짐
- 초과지준금은 이자율 상황에 따라 증가 또는 감소할 수 있으며 이자율의 변화는 화폐공급의 변화를 초래(화폐공급이 외생적으로 주어지는 것이 아닌 시장이자율에도 영향)
- 이자율의 변화에 의해 화폐공급이 영향을 받을 경우 LM 곡선의 기울기가 완만해지며, 내생적 화폐공급의 상황하에서는 금융정책의 효과가 감소하며 재정정책이 더 유효

개념확인문제

01 ★★☆ 다음 중 통화량(M)은 100, 물가(P)는 5, 국민소득(Y)이 1,000인 경우 마샬의 K는?

① 0.01
② 0.02
③ 0.1
④ 1

해설 | 마샬의 k에 따르면 통화량(M)은 $k \times$물가(P)$\times$국민소득(Y)에서 역산하여 도출할 수 있다.
따라서 $100 = k \times 5 \times 1,000$ ∴ $k = 0.02$

02 ★★☆ 지급준비율이 5%, 현금통화비율이 20%, 민간화폐 보유액이 100억원, 지급준비금이 5억원인 경우 화폐량은 얼마인가?

① 105억원
② 237.5억원
③ 337.5억원
④ 437.5억원

해설 | $M = \left[\dfrac{1}{c + \delta(1-c)}\right] \times H$이므로, $1/[(0.2 + 0.05 \times (1-0.2)] \times (100억원 + 5억원) = 437.5억원$

03 ★★☆ 다음 중 통화량이 증가하는 상황으로 적절하지 않은 것은?

① 본원통화 증가
② 지급준비율 인하
③ 재할인율 증가
④ 대출가능금액 증가

해설 | 재할인율은 중앙은행이 시중은행에 대출할 때 적용되는 금리로, 낮아질수록 민간이 보유하게 되는 통화의 양은 증가한다.

정답 | 01 ② 02 ④ 03 ③

04 다음 중 화폐 수요에 대한 설명으로 옳은 것은?

① 고전학파의 경우 화폐의 유통속도와 국민소득이 어느 정도 일정하다고 가정하여 물가가 화폐수요를 결정한다고 보았다.
② 케인즈의 경우 화폐수요를 거래적 동기, 예비적 동기, 투기적 동기로 구분하고 실질 화폐수요는 거래적 수요와 예비적 수요로 이루어진다고 보았다.
③ 보몰-토빈의 경우 화폐수요는 이자율과 양의 상관관계를 가진다고 보았다.
④ 현대적인 관점에서 부(W)만 화폐수요를 결정한다고 보았다.

해설 | 고전학파의 경우 $MV=PY$에서 화폐의 유통속도(V)와 국민소득(Y)는 일정하다고 가정하여 화폐수요(M)을 결정하는 것은 물가(P)로 보았다.
② 케인즈의 화폐수요 이론은 화폐수요를 거래적 동기, 예비적 동기, 투기적 동기로 구분하고 실질 화폐수요는 거래적 수요, 투기적 수요에 의해 결정된다고 보았다.
③ 보몰-토빈의 경우 화폐수요는 이자율과 음의 상관관계를 가진다고 보았다.

05 다음 중 민간화폐 보유액이 100, 지급준비금이 10, 당좌예금이 10, 정기예금이 5인 경우 협의의 통화(M_1)금액은?

① 100
② 110
③ 120
④ 125

해설 | M_1 = 현금 + 요구불예금(당좌예금)으로 구성된다. 즉, 통화(M_1)금액은 100(현금) + 10(당좌예금)으로 구성된다.

정답 | 04 ① 05 ②

TOPIC 04 이자율, 인플레이션과 실업

1. 이자율의 결정과 변화

(1) 이자율의 결정이론

① 고전학파의 저축 · 투자설
  ㉠ 이자율은 재화시장에서 저축과 투자에 의해 결정
  ㉡ 이자율은 투자자금의 기회비용으로 이자율과 투자는 역의 관계에 있음

② 케인즈의 유동성 선호설
  ㉠ 이자율이 상승하면 화폐 보유의 기회비용이 상승하여 화폐수요가 감소
  ㉡ 이자율을 화폐의 공급과 수요에 의해 결정되는 화폐적 현상으로 파악

〈유동성 선호설에서 이자율의 결정〉

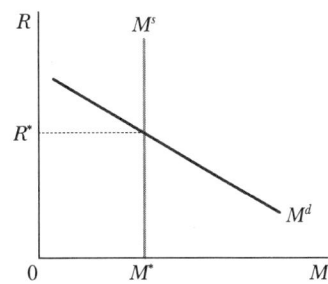

③ 현대적 대부자금설 : 자금의 수요와 공급이 균형을 이루는 수준에서 이자율이 결정된다는 점에서 고전학파의 견해와 유사하나 자금의 수요와 공급 결정 요인을 확장하여 케인즈학파의 이론도 반영

(2) 경기와 통화정책 변화에 의한 이자율 변동

① 경기 변동 국면과 이자율 변동
  ㉠ 경기 확장 국면

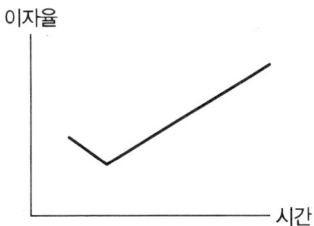

- 단기 : 기업 매출 증가 → 내부 유보금 증가 → 외부자금 수요 감소 → 이자율 하락
- 장기 : 투자와 생산규모 확장 → 내부 자금 부족 → 외부자금 수요 증가 → 이자율 증가

ⓒ 경기 수축 국면

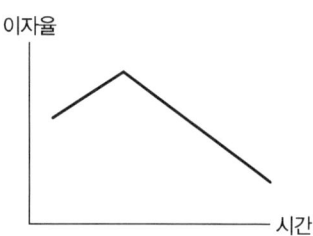

- 단기 : 기업 매출 감소 → 내부 유보금 감소 → 외부자금 수요 증가 → 이자율 증가
- 장기 : 투자와 생산규모 감소 → 외부자금 수요 감소 → 이자율 하락

② 경기 확장기의 대부자금 수요 공급

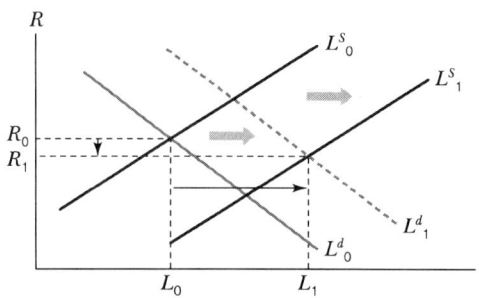

- 경기 확장 → 가계소득 증가 → 저축 증가 → 대부자금 공급 증가 → 공급 곡선 우측 이동($L_0^S \to L_1^S$)
- 경기 확장 → 투자 및 생산규모 증가 → 대부자금 수요 증가 → 수요곡선 우측 이동($L_0^d \to L_1^d$)
- 경기 확장기의 이자 변동은 대부자금의 수요와 공급 중 변동 폭이 큰 쪽에 영향(경기 확장기에 이자율은 상승할 수도, 하락할 수도 있음)

③ **통화정책과 이자율의 변동**
  ㉠ 통화량 증가 → 이자율 하락 → 투자 증가 → 산출량 증가
  ㉡ 프리드만 비판
  - 이자율 하락 → 투자 증가 → 지출량 증대 → 화폐수요 증가 → 이자율 상승(소득효과)
  - 유동성 효과(확장적 통화정책이 이자율 하락을 야기)는 일시적
  ㉢ 피셔효과 : 현재의 물가 상승 → 장래의 물가 상승 예상 → 이자율 상승

$$R = r + \pi^e \text{(명목이자율 = 실질이자율 + 기대인플레이션)}$$

  ∴ 이자율을 조정하기 위한 통화정책은 단기적으로는 효과가 있지만, 장기적으로는 실질이자율에 영향을 미치지 못하며 명목이자율만 상승

④ 이자율 기간구조이론 : 채권 만기까지의 기간과 채권수익률 사이의 관계
  ㉠ 불편 기대 이론
    • 투자자들이 모든 채권을 완전 대체재로 인식한다는 가정하에 장기채권을 한 번 운용하는 것과 단기채권을 다수 운용하는 경우 수익률이 서로 일치해야 함
    • 만기가 n인 장기채권의 만기수익률은 현재 단기채권금리와 미래 단기채권금리의 가중평균으로 결정
    • 미래 단기채권 수익률 기대치 : 선도이자

    - 단기금리 상승 예상 → 미래 장기금리 상승(수익률 곡선은 우상향)
    - 단기금리 하락 예상 → 미래 장기금리 하락(수익률 곡선은 우하향)

  ㉡ 유동성 프리미엄 이론
    • 장기채권의 수익률에는 미래수익률에 대한 불확실성에 따른 유동성 프리미엄이 포함
    • 유동성 프리미엄은 미래로 갈수록 커짐
    • 불편 기대 이론에서 설명하지 못하는 수익률 곡선의 유상향 패턴에 대해 설명 가능
    • 단기 수익률이 일정할 것으로 예상하더라도 유동성 프리미엄으로 수익률 곡선은 우상향

  ㉢ 시장분할 이론
    • 투자자들은 채권만기에 따라 선호대상이 다름
    • 채권 시장은 단기 · 중기 · 장기의 분할 시장으로 구성되며 각 분할된 시장에서의 채권 수요와 공급에 따라 채권수익률이 결정
    • 단기채권에 대한 수요가 장기채권에 대한 수요보다 상대적으로 많으므로 장기금리가 단기금리보다 높아 수익률 곡선이 우상향한다고 설명
    • 채권 시장의 완전한 분리를 가정하고 있어 단기금리가 변할 때 장기금리가 어떠한 영향을 받게 되는지에 대한 설명은 어려움

2. 실업과 인플레이션

(1) 노동의 수요와 공급

① 노동의 수요
  ㉠ 노동의 수요는 기업에 의해 결정
  ㉡ 기업은 주어진 가격에서 이윤 극대화를 위한 산출량을 결정하고 생산요소로 노동을 수요
  ㉢ 노동의 수요는 기업의 생산과정에서 파생되는 수요(파생수요)

$$\text{MAX } \pi = PY - wN$$
P : 가격, Y : 생산량, w : 노동 1단위당 비용

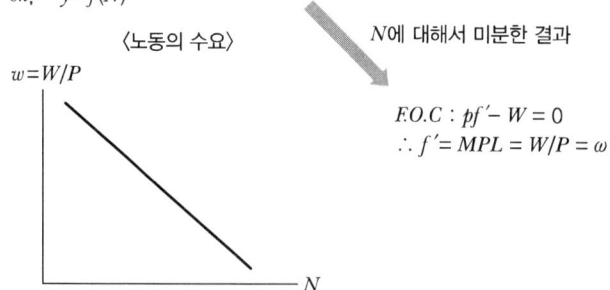

② 노동의 공급
  ㉠ 노동의 공급은 개인의 효용극대화 과정에서 결정(노동시간과 여가시간은 상충)
  ㉡ 임금 상승 → 대체효과 및 소득효과 발생
    • 대체효과 > 소득효과 : 노동시간 증가
    • 대체효과 < 소득효과 : 여가시간 증가

> **TIP 대체효과와 소득효과**
> • 대체효과 : 임금이 상승하면 여가에 대한 기회비용이 증가하여 여가시간 ↓
> • 소득효과 : 임금이 상승하면 소득 증가에 따라 여가시간 ↑

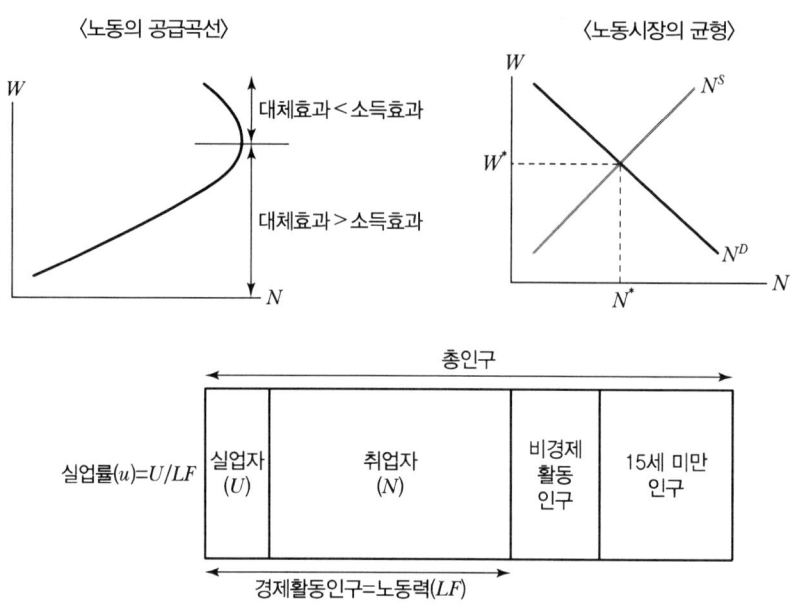

(2) 실업

① **케인즈학파** : 명목임금의 하향 경직성으로 인해 실업이 발생(구조적인 원인)

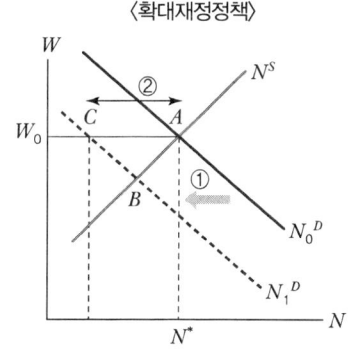

〈확대재정정책〉

㉠ 경기불황으로 물가가 하락하여 노동수요가 감소하더라도 하향 경직성으로 임금수준은 계속 W_0로 유지되므로 균형(A → B)로 이동할 수 없음

㉡ 실업은 $\overline{AC}$ 만큼 발생

② **고전학파**

㉠ 실업은 마찰적 · 자발적인 요인에 의해 발생

㉡ 노동자는 물가를 완전히 예측하기 때문에 명목임금은 물가에 신축적으로 반응(가격의 신축성)

㉢ 노동시장은 균형에 있지만 정보의 불완전성으로 인해 일시적으로 실업이 발생

(3) 인플레이션

① 물가가 지속적으로 상승하는 현상(예 수요 견인 인플레이션, 비용 상승 인플레이션)

② **피셔방정식** : R_t(명목이자율) = r_t(실질이자율) + 물가 상승률

③ **필립스곡선** : 실업률과 명목임금상승률 사이의 관계(상충관계)

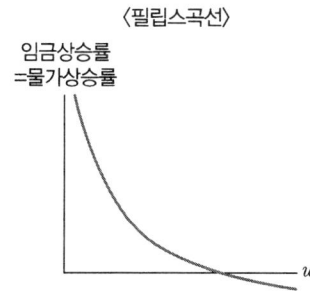

〈필립스곡선〉

㉠ 노동의 초과수요 증가 → 임금상승률이 증가

㉡ 노동의 초과수요는 실업률과 역(−)의 관계가 있음

㉢ 케인지안 경제학자들의 관심은 필립스곡선상 어떤 점을 선택할지 초점

㉣ 브론펜브레너 – 홀즈먼 정책기준 : 실업률과 물가 사이에서 무엇을 더 선택할지 결정

④ 스태그플레이션
  ㉠ 실업률 ↑, 물가 ↑(불경기+물가 상승)
  ㉡ 스태그플레이션 현상으로 필립스곡선의 안전성 ↓
  ㉢ 통화주의 학파 : 필립스곡선을 장·단기로 구분하여 단기에는 실업률과 인플레이션 사이에 역의 관계가 존재하지만(경제주체의 불완전 기대), 장기적으로는 아무 관계가 없음(경제주체들의 완전한 정보 제공에 따른 기대로 단기필립스곡선이 우상향하여 스태그플레이션 발생)

〈장기필립스곡선〉

  ㉣ 장기적으로 필립스곡선은 수직
    • 단기적으로는 실업률은 정책당국에서 조정 가능
    • 장기적으로는 실업률을 통제할 수 없으며, 균형실업률(자연실업률) 이하로 실업률을 낮추는 것은 물가 상승만 초래(자연실업률 가설)

개념확인문제

01 ★★☆ 다음 중 이자율 결정이론에 대한 설명으로 옳지 않은 것은?

① 고전학파는 이자율이 저축과 투자에 의해 결정된다고 보았다.
② 이자율을 화폐의 공급과 수요에 의해 결정되는 화폐적 현상으로 파악하였다.
③ 현대적 대부자금설은 케인즈학파의 견해를 기반으로 고전학파의 견해를 일부 받아들였다.
④ 케인즈에 의하면 이자율 상승 시 화폐보유의 기회비용이 상승하여 화폐수요가 감소된다.

해설 | 현대적 대부자금설은 자금의 수요와 공급이 균형을 이루는 수준에서 이자율이 결정된다고 보는 점에서 고전학파의 견해를 기반으로 한다고 할 수 있으나 자금의 수요와 공급 결정 요인을 저축, 투자뿐만 아니라 여타 요인들로 확장시켜 케인즈이론도 반영하고 있다.

02 ★★☆ 다음 중 경기확장국면에서의 변화 요인을 제대로 설명한 것은?

① 단기적으로는 경기가 확장 국면에서 매출이 증가하며 내부 유보금이 감소한다.
② 단기적으로는 외부 자금 수요가 증가하고 이자율이 상승한다.
③ 장기적으로는 투자와 생산규모가 확장되며, 외부자금 수요가 증가하여 이자율이 증가한다.
④ 장기적으로는 내부 유보금이 증가한다.

해설 | 경기확장국면에서는 장기적으로 투자와 생산규모 확장 → 내부자금 부족 → 외부자금 수요 증가 → 이자율 증가가 발생한다.
①, ② 경기확장국면에서는 단기적으로 기업 매출이 증가 → 내부 유보금 증가 → 외부자금 수요 감소 → 이자율 하락이 발생한다.

03 ★★★ 다음 중 통화정책과 이자율과의 관계에 대해 설명한 것으로 올바르지 않은 것은?

① 통화정책을 사용하는 경우 통화량이 증가함에 따라 이자율이 하락한다.
② 통화정책을 사용하는 경우 이자율이 하락함에 따라 투자가 증가한다.
③ 프리드만에 따르면 통화정책을 사용하는 경우 이자율이 하락함에 따라 투자증가에 따른 화폐수요가 증가하여 다시 이자율이 상승한다.
④ 프리드만에 따르면 단기적으로도 통화정책은 발생하지 않는다.

해설 | 프리드만에 따르면 통화정책을 사용하는 경우 통화량 증가에 따른 이자율 하락 → 투자 증가 → 지출량 증대 → 화폐수요 증가 → 이자율 상승의 소득효과가 발생한다. 따라서 단기적으로 유동성효과(확장적 통화정책이 이자율 하락을 야기)는 일시적이다.

정답 | 01 ③ 02 ③ 03 ④

04 다음 중 이자율 기간구조이론에 대한 설명으로 옳지 않은 것은?

① 이자율 기간구조이론은 채권 만기까지의 기간과 채권수익률 사이의 관계를 나타낸다.
② 불편기대이론은 장기채권을 한번 운용하는 것과 단기채권을 다수 운용하는 경우의 수익률은 동일해야 한다.
③ 유동성 프리미엄 이론은 미래수익률에 대한 불확실성에 따른 유동성 프리미엄이 포함되어 있다고 보고 있다.
④ 시장분할 이론은 장기채권에 대한 수요가 단기채권에 대한 수요보다 상대적으로 많아 장기금리가 단기금리보다 높아져 수익률 곡선이 우상향한다고 설명하고 있다.

해설 | 시장분할 이론은 투자자들은 채권만기에 따라 선호대상이 다르다는 것에 초점을 두고 있으며 채권시장은 단기·중기·장기의 분할 시장으로 구성되며 각 분할된 시장에서 채권 수요와 공급에 따라 채권수익률이 결정된다고 하였다. 수익률 곡선이 우상향하는 것은 단기채권에 대한 수요가 장기채권에 대한 수요보다 상대적으로 많으므로 장기금리가 단기금리보다 높아 수익률 곡선이 우상향한다고 보고 있다.

05 다음 중 노동과 실업에 대한 설명으로 옳지 않은 것은?

① 노동의 수요는 기업에 의해 결정되며, 노동의 공급은 개인의 효용극대화 과정에서 결정된다.
② 케인즈학파는 명목임금의 하향 경직성으로 인해 실업이 발생한다고 보았다.
③ 고전학파는 실업이 마찰적·자발적·구조적 요인으로 발생한다고 보았다.
④ 고전학파는 노동자는 물가를 완전히 예측하기 때문에 명목임금은 물가에 신축적으로 반응하며 노동시장은 균형에 있지만 정보의 불완정성으로 인해 일시적으로 실업이 발생한다고 보았다.

해설 | 고전학파는 실업이 마찰적·자발적 요인으로 발생한다고 보았다. 노동자는 물가를 완전히 예측하여 명목임금은 물가에 신축적으로 반응한다고 보았으며 노동시장은 균형에 있지만 정보의 불완정성으로 일시적으로 실업이 발생한다고 보았다.

06 A국가의 총인구는 100명이며, 그중 경제활동인구는 80명, 취업자는 72명, 실업자는 8명, 비경제활동인구는 10명, 15세 미만 인구는 10명이다. A국가의 실업률은 몇 %인가?

① 10%
② 8%
③ 18%
④ 28%

해설 | 실업률은 실업자/경제활동인구로 계산한다. 따라서 실업자(8명)/경제활동인구(80명)으로 10%이다.

07 다음 상황에서 물가 상승률은 몇 %인가?

- A국가의 명목이자율 10%이다.
- A국가의 실질이자율은 일반적으로 6%이다.

① 4% ② 6%
③ 5% ④ 10%

해설 | 피셔방정식은 명목이자율 = 실질이자율 + 물가 상승률로 나타낸다. 따라서 물가 상승률은 명목이자율(10%) − 실질이자율(6%)로 4%이다.

08 다음 중 인플레이션에 대한 설명으로 옳지 않은 것은?

① 필립스곡선 상 실업률과 명목임금상승률 사이의 관계가 상충관계인 것을 나타낸다.
② 노동의 초과수요가 증가할 경우 실업률은 감소한다.
③ 스태그플레이션은 실업률이 증가함과 동시에 물가도 함께 상승하는 현상이다.
④ 통화주의 학파는 필립스곡선을 장기와 단기로 구분하여 경제주체들이 정보를 얻게 됨에 따라, 장기 필립스곡선이 우상향하여 스태그플레이션이 발생한다고 보았다.

해설 | 통화주의 학파는 단기에는 실업률과 인플레이션 사이에 역의 관계가 존재하지만(경제주체가 불완전한 기대를 하고 있음, 필립스곡선 성립) 장기적으로는 아무 관계가 없다고 보았다(장기적으로는 수직). 스태그플레이션이 발생한 이유는 경제주체들이 경제에 대한 정보를 얻게 됨에 따라 경제체제 변화에 대한 기대를 형성하게 되면 단기 필립스곡선 자체가 우상향 이동을 하여 발생하는 것으로 분석하였다.

정답 | 04 ④ 05 ③ 06 ① 07 ① 08 ④

TOPIC 05 환율의 결정과 변화

1. 환율 : 자국 통화로 표시된 외국 통화 1단위의 가치

(1) 마샬-러너 조건

① 환율로 인한 외국의 수입 수요 탄력성(자국 수출)과 자국의 수입 수요 탄력성(자국 수입)의 합이 1보다 크면(환율 변동에 충분히 반응) 외환시장의 안정조건이 성립
② 환율을 평가절하하는 경우 무역수지가 개선되기 위해서는 양국의 수입 수요의 탄력성의 합이 절댓값 1보다 커야 함

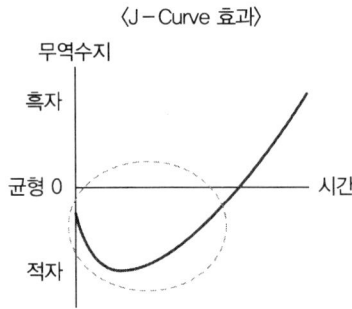

〈J-Curve 효과〉

③ 정부의 평가절하 → 무역수지가 개선(단기) → 수출↑, 수입↓로 외환 유입량이 증가 → 국내 화폐량이 증가 → 인플레이션 발생 → 무역수지 악화

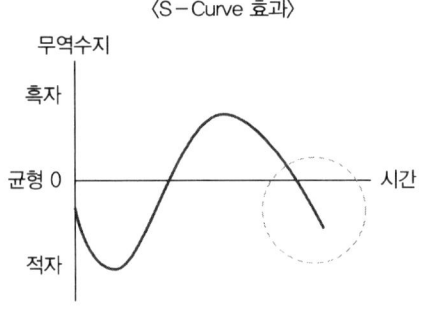

〈S-Curve 효과〉

(2) 환율결정이론

① 고전적 환율 결정 이론 : 구매력 평가설(환율은 양국 통화의 구매력 비율 변화에 의해 변동)
② 현대적 환율 결정 이론
  ㉠ 통화론적 모형 : 화폐의 수요와 공급에 의해 시장에서 환율이 결정
  ㉡ 오버슈팅 모형(돈부쉬) : 예상치 못한 화폐량 증가와 같은 외부적인 교란요인으로 일시적으로 환율이 장기적인 균형 수준에서 이탈하였다가 점차 장기 균형 수준으로 복귀하는 현상
  ㉢ 단기적으로는 화폐시장의 조정속도가 재화시장의 조정속도보다 빠름
  ㉣ 금융시장에서의 이자율 반응 > 재화시장의 물가와 생산량 반응

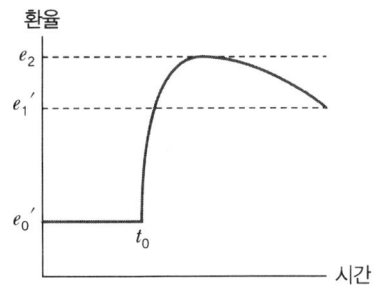

(3) 환율제도

① 고정환율제도
  ㉠ 중앙은행이나 정부가 외환시장에 개입하여 명목환율을 일정 수준에서 유지시키는 제도
  ㉡ 장점
    • 환율의 안정을 유지할 수 있음
    • 환투기를 노린 국제 단기자본 이동이 억제 → 환위험이 제거되어 국제무역과 국제 간 자본거래가 확대
  ㉢ 단점
    • 국제수지 불균형이 발생할 때 불균형이 자동적으로 조절이 어려움(비용 과다 소요)
    • 충분한 외환준비금이 필요
    • 명목환율과 실질환율의 괴리가 크게 발생하면 불법적인 외환거래를 하는 암시장이 발생

② 변동환율제도
  ㉠ 외환시장의 수요와 공급에 의해 환율이 결정
  ㉡ 장점
    • 국제수지 불균형 발생 시 환율 변동에 의해 자동적으로 조절
    • 국제수지를 고려하지 않고 재정 및 금융정책의 실시가 가능(통화정책을 고용과 국민소득에 영향을 미치는 데 이용)
    • 해외에서 발생한 경제 충격을 환율이 흡수하여 국내이자율, 생산량 수준에 대한 안정 도모
  ㉢ 단점
    • 환율변동에 따른 환위험으로 국제투자, 국제무역이 저해
    • 외환시장 여건에 따라 환율이 변화하여 환투기가 성행할 수 있음

> **TIP** 고정환율제도와 변동환율제도하에서의 재정정책과 통화정책
>
> | 구분 | 고정환율 | 변동환율 |
> | --- | --- | --- |
> | 재정정책 | 효과 大 | 효과 小 |
> | 통화정책 | 효과 小 | 효과 大 |

③ 관리변동환율제도
　㉠ 정부가 환율을 통제하되 어느 정도의 범위를 설정하고 한도 내에서 환율의 변동을 용인
　㉡ 일반적으로 사용하는 제도로 고정환율제도와 변동환율제도의 장점을 받아들임(환위험을 어느 정도 통제하며 환율 결정은 시장에 맡김)

개념확인문제

01 다음 중 환율이 증가하는 경우에 해당하는 것은?

① 국내 수입의 증가
② 국외 수출의 증가
③ 해외여행의 감소
④ 해외 송금의 감소

해설 | 환율은 곧 자국 통화로 표시된 외국 통화 1단위의 가치를 의미하며, 한마디로 외국 돈의 가치를 의미한다. 국내 수입의 경우 외국 돈을 지급해야 하므로 외환에 대한 수요가 증가하여 환율이 증가한다. 국외 수출의 증가, 해외여행의 감소, 해외 송금의 감소의 경우 외화의 공급이 증가하거나 외화의 유출이 감소됨에 따라 외화의 수요가 감소하여 환율이 감소한다.

02 마샬-러너 조건에 대한 설명으로 옳지 않은 것은?

① 마샬-러너 조건이 성립하는 경우 환율에 대한 외국의 수요탄력성이 0.6, 자국의 수입수요 탄력성이 0.5인 경우 외환시장의 안정조건이 성립한다.
② 외국의 수요탄력성이 0.3, 자국의 수입수요 탄력성이 0.4일 때 환율을 평가절하하는 경우 무역수지가 개선되지 않는다.
③ 마샬-러너 조건이 성립하는 경우 단기적으로는 무역수지가 개선되지만 국내화폐량이 감소하여 무역수지가 다시 악화된다.
④ 마샬-러너 조건이 성립하는 경우 단기적으로 무역수지가 개선되며 외환유입량이 증가한다.

해설 | 환율을 평가절하하는 경우 무역수지가 개선되기 위해서는 양국의 수입 수요의 탄력성의 합이 절댓값 1보다 커야 하며, 해당 조건상에서 마샬-러너 조건이 성립한다. 마샬-러너 조건이 성립하는 경우 정부의 평가절하 → 무역수지가 개선(단기) → 수출 ↑, 수입 ↓로 외환 유입량이 증가 → 국내 화폐량이 증가 → 인플레이션 발생 → 무역수지 악화의 과정을 거치므로 국내화폐량은 증가한다.
   ①, ② 마샬-러너 조건상 환율로 인한 외국의 수입 수요 탄력성(자국 수출)과 자국의 수입 수요 탄력성(자국 수입)의 합이 1보다 크면(환율 변동에 충분히 반응) 외환시장의 안정조건이 성립한다.

정답 | 01 ① 02 ③

TOPIC 06 국민소득 결정 모형 및 경기변동이론

1. 국민소득 결정 모형(국민소득의 기본 항등식)

> Y(국민소득) $= C$(소비) $+ I$(투자) $+ G$(정부지출) $+ (X - M)$(해외수요, X : 수출, M : 수입)
> $Y = C + S$(저축) $+ T$(세금) $+ R_f$(해외이전지출)
>
> 폐쇄경제를 가정할 경우,
> $C + I + G = Y = C + S + T$
> $I + G = S + T$
> $\therefore I = S + (T - G)$

2. 경기변동이론

① **경기변동** : 국내총생산, 소비, 투자, 고용, 이자율, 물가 등 주요한 거시경제변수들이 같은 방향으로 움직이는 현상(공행성)

② **경기변동의 특징**
  ㉠ 경기변동은 특정 경제변수의 변화가 아닌 경제 전반의 총체적 변화
  ㉡ 확장, 수축 국면으로 이루어지며 경기국면이 한번 시작되면 오랜 기간 지속
  ㉢ 경기변동은 모든 국가에서 공통적으로 나타나는 현상(보편성)
  ㉣ 수축과 확장을 계속 반복(주기성)
  ㉤ 확장국면과 수축국면이 서로 다른 패턴을 보임(비대칭성)

③ **경기순환과 성장순환** : 경제변수 Y는 추세요인(T), 순환요인(C), 계절적 요인(S), 불규칙 요인(I)으로 구성

> $Y_t = T_t + C_t + S_t + I_t$

④ **우리나라의 성장순환**

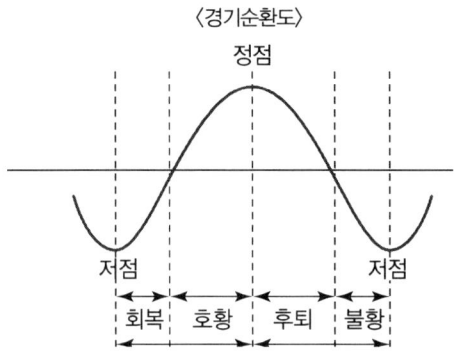

㉠ 우리나라는 확장국면과 수축국면으로 구분되는 2분법 적용
㉡ 확장국면에서 수축국면 → 정점, 수축국면에서 확장국면 → 저점
㉢ 기준순환일은 국민경제 전체의 순환변동에서 국면전환이 발생하는 경기전환점
㉣ 기준순환일은 사후적으로 발표

⑤ 경기지수
㉠ 경기지수 : 경기동향을 알기 위해 작성되는 지수(예 경기종합지수)
㉡ 선행종합지수, 동행종합지수, 후행종합지수

구분	의의	예시
선행종합지수	경기순환에 앞서 변동	• 재고순환지표 • 경제심리지수 • 기계류내수출하지수 • 건설수주액(실질) • 수출입물가비율 • 코스피 • 장단기금리차
동행종합지수	경기순환과 함께 변동	• 비농림어업취업자수 • 광공업생산지수 • 서비스업생산지수 • 소매판매액지수 • 내수출하지수 • 건설기성액(실질) • 수입액(실질)
후행종합지수	경기순환 이후 변동	• 취업자 수 • 생산자제품재고지수 • 소비자물가지수변화율(서비스) • 소비재수입액(실질) • CP유통수익률

㉢ 기업경기실사지수(BSI)
- 기업가의 의견을 직접 조사하여 이를 기초로 경기동향을 파악 및 예측하는 지수

$$기업경기실사지수 = \frac{긍정적\ 기업\ 수 - 부정적\ 기업\ 수}{전체\ 기업\ 수} \times 100 + 100$$

- 범위 : 0~200
- BSI가 100보다 크면 낙관적, 100보다 작으면 비관적으로 보는 기업의 수가 많음을 의미

㉣ 경기확산지수(경기동향지수, DI)
- 경기종합지수와는 달리 경기변동의 진폭이나 속도는 측정하지 않고 경기의 변화 방향만 예측

$$기업확산지수(DI) = \frac{증가지표\ 수 + 보합지표\ 수 \times 0.5}{구성지표\ 수} \times 100$$

- 선행, 동행, 후행지수의 3개 그룹으로 구분하여 작성
- 0~100의 값을 가지며, 50 초과 시 확장 국면, 50 미만 시 수축국면, 50이면 경기전환점

⑥ 경기변동이론
  ㉠ 케인즈의 경기변동이론
    - 경기변동의 원인은 독립지출인 투자의 불안정성
    - 케인지안 경제학자들은 승수 – 가속도 모형으로 경기변동을 정형화
    - 시장의 실패에 따른 불균형 모형에 기반을 두고 경기변동을 설명
    - 스태그플레이션 현상을 설명하지는 못함
  ㉡ 균형경기변동이론
    - 합리적 기대를 하는 과정에서 나타나는 경제주체들이 최적 선택을 하는 과정에서 경기변동 발생
    - 외부적인 충격이 발생하는 경우 경제충격에 대한 조정을 하는 과정에서 경기변동 발생
    - 화폐적 균형 경기변동 : 예상치 못한 화폐량의 변동이 경기변동의 원인
    - 실물적 균형 경기변동 : 실물 요인으로 인해 경기변동이 발생. 실물 충격 발생 시 산출물의 변화가 발생하여 추세에 직접적인 영향을 줌(경기변동의 지속성을 설명)

개념확인문제

★★☆
01 다음 중 균형국민소득 결정에 대한 설명으로 옳지 않은 것은?

① 폐쇄경제를 가정할 경우 저축이 증가하면 투자가 증가한다.
② 국민소득은 소비와 저축, 세금, 해외이전지출로 결정된다.
③ 폐쇄경제를 가정할 경우 투자는 재정지출이 증가하는 경우에 같이 증가한다.
④ 국민소득은 수출이 증가하는 경우 증가한다.

해설 | 폐쇄경제를 가정할 경우 최종적으로는 I(투자) = S(저축) + [T(세금) − G(정부지출)]로 결정된다. 따라서 정부지출이 증가하는 경우 투자는 감소한다.

★★☆
02 다음 중 경기변동이론에 대한 설명으로 옳지 않은 것은?

① 경기변동은 국내총생산, 소비, 투자, 고용, 이자율, 물가 등 주요 거시경제변수들이 같은 방향으로 움직이는 현상을 의미한다.
② 경제변수는 추세요인, 순환요인, 계절적 요인, 불규칙 요인으로 구성된다.
③ 경기변동은 특정 국가에서만 나타나는 현상으로 국지성의 성격을 가진다.
④ 경기변동은 수축과 확장을 계속 반복하는 주기성을 가진다.

해설 | 경기변동은 모든 국가에서 공통적으로 나타나는 현상으로 보편성을 띤다.

★★★
03 다음 중 경기순환에 앞서서 변동하는 지수로 적절하지 않은 것은?

① 건설기성액
② 재고순환지표
③ 코스피
④ 건설수주액

해설 | 경기순환에 앞서서 변동하는 지수는 경기지수 중 선행종합지수이다. 선행종합지수의 예는 재고순환지표, 경제심리지수, 기계류내수출하지수, 건설수주액(실질), 수출입물가비율, 코스피, 장단기금리차 등이다. 건설기성액은 경기순환과 함께 변동하는 동행종합지수의 예이다.

정답 | 01 ③ 02 ③ 03 ①

04

경기동향을 조사하기 위해 기업가 100명을 모집하여 의견을 조사하였다. 경기가 긍정적일 것으로 평가하는 기업가는 60명, 부정적일 것으로 평가하는 기업가는 40명일 때 경기 동향 예상과 BSI 지수는?

① 낙관적, 60
② 낙관적, 160
③ 낙관적, 120
④ 비관적, 160

해설 | 기업경기실사지수(BSI)는 기업가의 의견을 직접 조사하여 이를 기초로 경기동향을 파악 및 예측하는 지수로, 범위는 0~200이다.

$$\text{기업경기실사지수} = \frac{\text{긍정적 기업 수} - \text{부정적 기업 수}}{\text{전체 기업 수}} \times 100 + 100$$

BSI가 100보다 크면 낙관적, 100보다 작으면 비관적으로 보는 기업의 수가 많음을 의미한다.
해당 문제에서의 기업경기실사지수는 (60 − 40)/100 × 100 + 100으로 120이며, 100 이상이므로 긍정적으로 예상하고 있다.

05

다음 중 경기변동이론에 대한 설명으로 옳지 않은 것은?

① 균형경기변동에서는 사람들이 합리적 기대를 하는 과정에서 나타나는 경제주체들이 최적 선택을 하는 과정에서 경기변동이 발생한다.
② 균형경기변동에서는 외부적인 충격이 발생하는 경우 경제충격에 대한 조정을 하는 과정에서 경기변동이 발생하며 개별 경제주체의 최적화 행위를 통해 확산된다.
③ 케인즈는 경기변동의 원인을 투자의 불안정성으로 보았다.
④ 케인즈학파는 시장 실패에 따른 불균형을 기반으로 경기변동을 설명하였으며 스태그플레이션의 원인에 대해서도 설명하였다.

해설 | 케인즈학파는 시장 실패에 따른 불균형을 기반으로 경기변동을 설명하였지만 스태그플레이션의 원인에 대해서는 설명하지 못하였다.

정답 | 04 ③ 05 ④

TOPIC 07 경제성장이론

1. 경제성장

$$g(경제성장률) = \frac{Y_t - Y_{t-1}}{Y_{t-1}} \times 100$$

2. 해로드 – 도마 모형

① 케인즈 이론을 동태화하여 자본주의 경제의 장기적 성장 경로 제시
② 주요 가정
  ㉠ 생산함수는 고정계수 생산함수(레온티에프 생산함수)
  ㉡ 저축 S는 산출량의 일정 비율로 나타남($S = sY$)
  ㉢ 인구증가율은 외생적으로 결정
③ 보증성장률
  ㉠ 경제성장률과 자본증가율이 일치하는 성장률(완전고용상태). 자연성장률과 보증성장률이 일치하는 수준에서 최적 성장경로가 결정됨
  ㉡ n(인구성장률, 노동증가율) $= s$(저축)$/v$(자본계수, K/Y)
④ 해로드 – 도마 균형조건에서 이탈되면 주요 변수가 외생적으로 결정되어 회복이 불가능함(면도날 균형)

3. 신고전학파 성장모형

① 솔로우 – 스완 모형
  ㉠ 면도날 균형 문제를 해결하기 위해 제시
  ㉡ 생산요소 간 대체가 기술적으로 가능하며 생산요소 가격을 신축적으로 조정 가능

$$Y = F(N, K)$$
N : 시간에 따른 노동의 변화량, K : 자본
이를 1인당으로 나타내기 위해 N으로 나누면 $y = f(k)$

  ㉢ 기본방정식 : 자본증가율 $= sf(k) - nk$

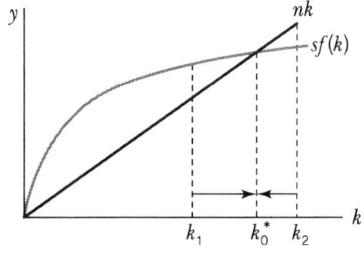

- 저축과 자본이 동일한 점에서 균형 자본량이 결정
- 균형 자본량에 비해 자본(k)이 많으면 자본이 감소, 자본(k)이 적으면 자본이 증가하여 균형 자본량에 도달

② **황금률**

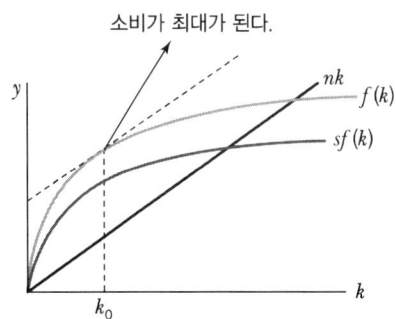

㉠ 1인당 소비를 극대화시키는 조건(신고전학파 성장모형 이용)
㉡ 1인당 소비는 인구증가율과 한계 생산성(생산함수의 기울기)이 같아지는 점에서 최대
㉢ 최적 경제성장은 1인당 소비를 최대화하는 것

4. 내생적 성장이론

① 솔로우 모형이 대표적 성장모형이었으나 실제 경제성장과 관련된 문제들을 설명하지 못하는 한계 → 내생적 성장이론 발생

② **수확체증모형**

㉠ 로머와 루카스가 제시한 모형으로 기존 생산함수에 인적자본을 도입

$$y = f(k, K, x)$$
k : 인적자본 또는 지식, K : 사회전체의 자본량, x : 실물자본 및 노동

㉡ K가 증가할 때 동일한 인적 자본량과 투입물의 양에 대해 산출물이 증가(생산함수는 수확체증)
㉢ 인적자본의 외부효과로 인적 자본의 축적이 이루어진다면 생산함수가 규모에 대해 체감

③ **한계 생산성 접근 모형** : 자본의 한계 생산성이 일정한 값을 가진다면 후진국의 성장률이 선진국의 성장률을 능가하는 현상은 발생하지 않음

④ **신슘페터 모형**

㉠ 주요 특성
- 기술진보를 내생적인 것으로 가정하며, 기술진보는 기업들의 이윤추구 과정에서 발생하는 연구개발투자의 결과로 간주
- 개발된 기술은 특허 및 지적재산권에 의해 독점권을 부여. 단, 독점권의 유지는 새로운 기술이 개발되면 소멸(창조적 파괴)

- 신고전학파 모형의 완전경쟁 가정을 포기하고 기업이 독점이윤을 얻을 수 있는 불완전경쟁모형을 설정

ⓒ 인적 자본량이 많고 연구부문의 생산성이 높은 선진국이 후진국에 비해 성장률이 높을 수 있음

ⓒ 그로스만 – 헬프만 : 재화의 질을 높이는 기술진보를 모형에 도입하여, 기술개발은 점진적으로 발생(질적 사다리)

ⓔ 기업의 독점이윤을 허용하는 불완전경쟁하의 분석이므로 파레토 최적 미달성

개념확인문제

01 다음 중 헤르드-도마 모형 및 신고전학파 성장모형에 대한 설명으로 옳지 않은 것은?

① 헤르드-도마 모형은 케인즈 이론을 동태화하여 성장 모형을 제시하였으며 저축은 산출량의 일정비율로 나타난다.
② 헤르드-도마모형은 인구증가율, 자본계수, 저축률 모두 외생변수이므로 한번 균형에서 이탈하는 경우 회복이 불가능하다.
③ 솔로우-스완 모형은 면도날 균형 문제를 해결하기 위해 제시되었으며, 생산요소 간 대체가 가능한 것으로 파악하였다.
④ 솔로우-스완 모형에서 황금률은 1인당 투자를 극대화시키는 조건으로, 최적의 경제성장은 1인당 투자를 최대화하는 것이다.

해설 | 솔로우-스완 모형에서는 저축과 자본이 동일한 점에서 균형자본량이 결정된다고 보았으며, 최적 경제성장은 1인당 소비를 극대화하는 것으로 해석하였다. 1인당 소비를 극대화시키는 조건으로 황금률을 제시하였다.

02 다음 중 신슘페터 모형에 대한 설명으로 적절하지 않은 것은?

① 신고전학파와 마찬가지로 완전경쟁 시장을 가정하였다.
② 신슘페터 모형에 따르면 기술진보를 내생적인 것으로 보고 기술진보를 기업들의 이윤추구 과정에서 발생하는 연구개발투자의 결과로 간주하였다.
③ 개발된 기술은 특허 및 지적재산권에 의해 독점권이 부여되었으며 독점권의 유지는 새로운 개발로 소멸되었다.
④ 연구부문의 생산성 증가로 인해 선진국이 후진국에 비해 경제 성장률이 높을 수 있다고 보았다.

해설 | 신슘페터 모형은 기업의 독점이윤을 허용하는 불완전경쟁의 상황을 가정하여 신고전학파의 완전경쟁 가정을 포기하였다. 이에 따라 신슘페터 모형상으로는 파레토 최적을 달성할 수 없다.

정답 | 01 ④ 02 ①

CHAPTER 03 기업금융

PART 01_ 증권분석기초

TOPIC 01 증권분석 기초

1. 기업금융의 목표 및 내용

① 기업금융의 목표 : 주주가치의 극대화
② 기업금융의 내용
  ㉠ 실물투자결정 : 재무상태표의 차변을 구성하는 실물자산을 선택하여 주주가치를 극대화
  ㉡ 자금조달결정 : 재무상태표의 대변을 구성하는 자금조달 방법을 선택하여 주주가치를 극대화

〈실물투자 결정과 자금조달 결정〉

재무상태표(FS)

실물투자 결정	자금조달 결정
(자본예산)	(재무구조이론) (배당 이론)

2. 기업의 형태

구분	내용
개인기업	한 개인이 기업의 모든 소유권을 보유한 경우로, 기업의 모든 권리를 취하는 동시에 의무에 대해 무한책임을 짐
합명(자)회사	소수의 소유자가 기업의 모든 권리를 취하는 동시에 기업의 의무에 대해 무한책임(무한책임사원) 혹은 유한책임(유한책임사원)을 짐
주식회사	• 다수의 소유자가 주주로서 회사를 공유하며 모든 주주는 기업의 의무에 대해 유한책임을 짐 • 소유와 경영의 분리를 통해 기업 존속 기간의 영속성을 제도적으로 뒷받침 • 기업 규모가 커지며 추가적인 자금이 소요될 경우 기업공개를 함으로써 주식시장에 주식을 상장함

3. 대리 문제

(1) 주식회사의 대리 문제
① 소유와 경영이 분리되기 때문에 경영자와 주주 사이의 대리 문제가 발생함
② 경영권은 주주에 의해 독점되므로 주주와 채권자 사이에서도 대리 문제가 발생함

(2) 해결방안
① 경영자와 주주의 이해관계를 일치시킬 수 있도록 성과급제 형태의 보상체계를 설계하여 제도적인 장치를 마련해야 함
② 경영자의 주주가치 극대화 실패 경우, 주가가 하락하여 매수합병의 대상이 됨
③ 채권자의 경우, 돈을 빌려주기 전에 채권 약정서를 작성하여 대리 문제에 대한 법적인 조치를 취해야 함

> **대리 문제 해결 방안의 한계**
> 주인과 대리인 사이에 존재할 수밖에 없는 정보 불균형으로 인해 대리 문제를 완벽하게 해결할 수 없음

4. 순현가

① **순현가**(NPV) : 특정 기간의 순현금흐름의 현재가치 합으로 산정, 특정 재무적 의사결정으로 기업가치를 증가시킨 크기
② 실물투자에 관한 의사결정이 기업가치에 미치는 영향은 곧 주주가치의 변화를 의미. 순현가에 의해 직접적으로 평가될 수 있음
③ 순현가를 통해 자본시장 안에서 주식회사의 소유와 경영을 분리할 수 있음

5. 할인율

화폐의 시간적 가치에 대한 보상(무위험 이자율) + 위험에 대한 보상(위험보상률)

$$k = r_f + r_p$$
k : 할인율, r_f : 무위험 이자율, r_p : 위험보상률

6. 영구채권과 연금

① **영구채권** : 일정한 시차로 무한히 반복되며 동일한 크기의 현금흐름을 만들어내는 금융상품. 즉, 원금의 반환은 없고 소정의 이자만 영원히 지급하는 것

② **영구연금의 현재가치 계산**

$$P_1 = \frac{C}{(1+k)} + \frac{C}{(1+k)^2} + \frac{C}{(1+k)^3} + \cdots = \frac{C}{k}$$

P : 영구채권의 가격, C : 현금흐름, k : 할인율

개념확인문제

01 다음 중 주주와 경영자의 대리인 비용을 줄이는 방법으로 적절하지 않은 것은?

① 경영자에게 스톡옵션을 제공한다.
② 경영자의 배임에 대한 처벌을 강화한다.
③ 적대적 M&A가 실행되기 어렵도록 제도적인 장치를 마련한다.
④ 기업 성과에 따라 경영자에게 성과급을 제공한다.

해설 | 적대적 M&A가 가능한 경우 주주가치 극대화를 하지 못한 경영자의 기업은 적대적 M&A의 대상이 되며, 적대적 M&A를 통해 대리 문제를 완화시킬 수 있다.

02 다음 중 기업의 형태에 대한 설명으로 옳지 않은 것은?

① 합명회사 : 소수의 소유자들이 기업의 모든 이익을 취득할 권리를 보유
② 개인회사 : 한 개인이 기업의 모든 사항에 대해 투자한 부분까지 책임을 짐
③ 주식회사 : 다수의 소유자가 주주로서 회사를 공유
④ 주식회사 : 소유와 경영의 분리 가능

해설 | 개인회사는 한 개인이 기업의 모든 권리를 취하는 동시에 기업의 의무에 있어서 유한책임이 아닌 무한책임을 진다.
※ 선지 ②의 내용은 투자한 부분까지 책임을 진다고 표현하였는데, 작성한 의도는 개인회사에 대해 투자자(개인)가 유한책임을 진다는 의미로 표현하였음. 하지만 개인회사의 경우 본인이 투자한 건(사업)에 대해 무한책임을 지므로 해당 선지를 답으로 기재하였음

정답 | 01 ③ 02 ②

TOPIC 02 현금흐름의 분석

1. 자본예산

(1) 자본예산

① 기업의 1년 이상 장기 현금흐름을 창출하는 자본자산의 구성과 연계하여 기업 전체의 현금 유입/유출에 대해 중·장기적인 계획을 세우는 작업
② 실질적으로 주주가치의 극대화 관점에서 자본자산에 대한 의사결정을 의미

(2) 투자안의 성격

① **상호배타적 투자** : 두 투자안 A, B안이 있는 경우, A와 B 중에서 하나를 선택하여야 하는 동시에 나머지 하나를 포기해야 함. 의사결정을 위해서는 두 투자안에 대한 정보가 모두 필요(예 국내와 해외 중 생산 기지 선정)
② **상호독립적인 투자** : 두 투자안 A, B안이 독립적으로 이루어짐. A투자안에 대한 선택에 B의 정보는 필요하지 않음(예 총예산이 2억원일 때, 반도체 부문에 1억원을 투자하고 디스플레이 부문에 1억원을 투자하는 것을 고려)
③ **상호의존적인 투자** : A투자안 실행 시 반드시 B투자안 실행(예 공장과 폐수처리 시설)

2. 현금흐름 추정원칙

① **현금흐름 추정원칙** : 투자로 발생하는 수익 > 투자금액인 투자안 중 가장 큰 투자안 실행
② **현금흐름 추정을 위한 가정**
  ㉠ 세후 기준으로 조정된 현금흐름을 적용
  ㉡ 투자안으로부터의 직접적인 현금흐름 + 간접적인 현금흐름을 동시에 고려
  ㉢ 현금흐름에서 감가상각비, 배당금, 지급이자는 제외
  ㉣ 매몰원가는 고려하지 않음

3. 분석 방법

(1) 회수기간법

① 특정 투자안의 회수기간이 투자 주체가 설정한 기준치보다 짧으면 채택
② 회수기간 : 투자안에 대한 현금유입으로 현금유출을 전액 회수하는 데 걸리는 기간

구분	최초	1년	2년	3년	4년	5년
A투자안	(−)100	(+)30	(+)40	(+)40	(+)20	(+)20
B투자안	(−)150	(+)60	(+)40	(+)30	(+)20	(+)150

예 설정한 투자기간이 3년인 경우에는 B투자안을 기각하고, A투자안을 선정

③ 장점 : 이해하기 쉬움
④ 단점
   ㉠ 화폐의 시간적 가치와 위험 보상을 고려하지 않음
   ㉡ 회수시간의 기준치 설정이 주관적

(2) 회계적 이익률법

① 자체적으로 설정한 기준치보다 크면 채택

② 회계적 이익률(BRR) = $\dfrac{\text{내용연수기간 동안의 연평균 이익}}{\text{연평균 투자금액}}$

③ 장점 : 이해하기 쉬움

④ 단점
   ㉠ 화폐의 시간적 가치와 위험 보상을 고려하지 않음
   ㉡ 회수시간 기준치 설정이 주관적

(3) 순현가법(NPV법)

① 특정 투자안의 순현가가 0보다 크면 채택
② 순현가(NPV) : 특정 투자안으로부터 현금유입의 현재가치 - 현금유출의 현재가치
③ 특정 투자안을 채택함에 따른 NPV는 그 자체가 기업가치(주주가치)의 증가분을 의미

$$NPV = \sum_{t=1}^{T} \frac{CI_t}{(1+k_t)^t} - \sum_{t=1}^{T} \frac{CO_t}{(1+k_t)^t}$$

- CI_t : t시점의 현금유입
- CO_t : t시점의 현금유출
- k : 할인율(투자안의 위험과 화폐의 시간가치를 반영)

(4) 내부수익률법(IRR법)

① 내부수익률법 : 특정 투자안의 내부수익률이 투자안의 적정 k(자본비용)보다 크면 채택

> **내부수익률(r)**
>
> NPV의 값을 0으로 만드는 할인율 k, 특정 투자안으로부터 현금흐름을 현재가치로 전환할 때 '현금유입의 현재가치'와 '현금유출의 현재가치'를 같게 하는 할인율

② 장점 : 투자안의 내부수익률이 투자안의 자본비용보다 큰 경우, 결과적으로 기업가치(주주가치)가 증가함

③ 단점
  ㉠ 비교 대상인 k가 단위기간별로 다를 때 내부수익률을 어떤 k와 비교해서 투자의사결정을 해야 하는지 불명확함
  ㉡ 내부수익률(r)은 단일해를 보장하지 않음(r은 여러 개가 나올 수도 있고, 아예 나오지 않을 수도 있음)
  ㉢ 현금흐름 양상에 따라 IRR의 경제적 의미가 달라질 수 있으며, 잘못된 투자판단을 유도할 수 있음[예 초기(+) 현금흐름→(−) 현금흐름]
  ㉣ 상호배타적 투자안의 경우 잘못된 투자판단을 유도할 수 있음

(5) NPV법과 IRR법의 비교
 ① 단일투자안의 경우 : NPV법과 IRR법의 결과가 동일
 ② 상호배타적인 투자안

〈상호배타적 투자〉

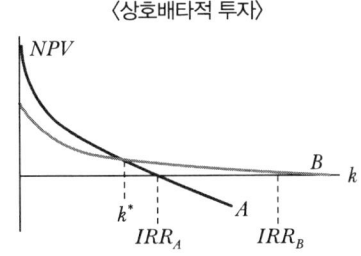

  ㉠ $IRR_b > IRR_a$이나 k^*의 왼편에서는 A투자안의 NPV가 B투자안의 NPV보다 높음
  ㉡ IRR로 투자의사결정을 하면, NPV로 투자의사결정과 다른 결론을 가져올 수 있음(예 A투자안 : 100, B투자안 : 150, 1기간, 자본비용 : 10%, A수익률 : 15%, B투자안 : 14%일 때, IRR의 경우는 A투자안을 선택하지만, NPV상에서는 A투자안은 4.5, B투자안은 5.4이므로 B투자안을 선택함)
  ㉢ NPV법을 사용하는 이유
   • NPV 극대화는 주주가치 극대화에 부합(IRR로 투자의사결정을 할 경우 주주가치 극대화에 부합하지 않을 수 있음)
   • NPV법은 비교대상인 k가 미래의 단위기간별로 다를 때에도 적용 가능함
   • IRR은 단일해가 없거나 해가 존재하지 않을 수도 있음

> **TIP** IRR과 NPV의 차이점
>
> • IRR은 재투자수익률을 IRR로 가정
> • NPV는 재투자수익률을 k(자본비용)로 가정

(6) 자본할당(수익성지수)

① 기업 내에 투자자금 제약이 있으면 자본할당이 필요
② 투자효율이 가장 높은 투자안에 우선적으로 투자해야 함
③ 투자자금의 제약이 있다는 전제하에 수익성지수가 가장 큰 투자안부터 투자
④ 수익성지수 $= \dfrac{NPV}{C_o}$

(7) 연간동등비용(비용최소화)

① 현금유입이 고정된 상태에서 현금유출을 최소화하는 방식
② 각 설비의 사용과 관련된 모든 비용의 현가를 구한 후 특정 설비의 연평균 비용을 비교(EAC)

개념확인문제

01 ★★☆ 다음 중 회수기간법으로 두 투자안을 평가할 경우 적절한 설명은? (단, 두 투자안은 상호배타적인 투자안이며, 회사가 정한 목표기간은 3년이다.)

구분	최초	1년	2년	3년	4년	5년
A투자안	(−)1,000	(+)300	(+)200	(+)300	(+)300	(+)600
B투자안	(−)1,500	(+)600	(+)500	(+)500	(+)100	(+)100

① A투자안 선택
② B투자안 선택
③ A, B투자안 모두 선택
④ A, B투자안 모두 기각

해설 | 회수기간법은 특정 투자안의 회수기간이 투자 주체가 설정한 기준치보다 짧으면 투자안을 채택하게 된다. A투자안의 경우 회수기간은 4년이며(−1,000 투자금 이상을 회수하는데 1년 300, 2년 200, 3년 300, 4년 300이 필요함), B투자안의 경우 회수기간은 3년이므로(−1,500 투자금 이상을 회수하는데 1년 600, 2년 500, 3년 500이 필요함) 회사가 정한 목표기간을 충족하는 투자안은 B이다.

02 ★★★ 투자안의 현금흐름 추정을 위한 가정으로 적절하지 않은 것은?

① 세전 기준의 현금흐름을 적용함
② 직접적인 현금흐름과 간접적인 현금흐름을 동시에 고려함
③ 현금흐름에서 감가상각비, 배당금, 지급이자는 제외함
④ 매몰원가는 고려하지 않음

해설 | 투자안의 현금흐름 추정을 위해서는 세후 기준으로 조정된 현금흐름을 적용한다.

03 ★★★ 다음 중 순현가법과 내부수익률에 대한 설명으로 옳지 않은 것은?

① 순현가법으로 투자안을 평가한 경우 순현가가 0보다 크면 투자안을 채택한다.
② 내부수익률은 NPV의 값을 0으로 만드는 할인율이며 특정 투자안의 현금유입의 현재가치와 현금유출의 현재가치가 같도록 하는 할인율이다.
③ 단일투자안이라도 순현가법과 내부수익률의 결과가 다를 수 있다.
④ 내부수익률은 여러 개의 값이 나올 수 있고 값이 도출되지 않을 수도 있다.

해설 | 단일투자안의 경우 투자안에 대한 순현가법과 내부수익률의 결과는 같다.

정답 | 01 ② 02 ① 03 ③

04 다음 두 투자안이 있을 경우 투자안의 채택과 관련하여 적절한 설명은? (단, 두 투자안은 상호 배타적인 투자안이다.)

구분	NPV(순현가)	IRR(내부수익률)
A투자안	1,000	12%
B투자안	900	15%

① 순현가로 평가하여 A투자안 채택
② 내부수익률로 평가하여 A투자안 채택
③ 순현가로 평가하여 B투자안 채택
④ 내부수익률로 평가하여 B투자안 채택

해설 | IRR은 재투자수익률을 IRR로 가정하며, NPV는 재투자수익률을 k(자본비용)으로 가정하여 NPV법으로 투자안을 평가할 경우 주주가치극대화에 부합한다. 하지만 IRR로 투자안을 평가할 경우에는 주주가치 극대화에 부합하지 않을 수 있다. 따라서 상호배타적인 투자안일 경우에는 NPV법으로 투자안을 평가해야 하며, 해당 문제에서는 두 투자안 중 순현가 기준으로 더 큰 A투자안을 채택한다.

05 투자안을 선택하는 과정에 대한 설명으로 옳지 않은 것은?

① 회계적이익률법은 화폐의 시간적 가치와 위험 보상을 고려하지 못하는 단점이 있다.
② 기업 내에 투자자금 제약이 있으면, 자본할당이 필요하며 투자안을 선택하는 과정에서 수익성지수로 평가할 수 있다.
③ 현금유입이 고정된 상태에서 현금유출을 최소화하는 방식으로 투자안을 평가하는 것은 연간동등화(EAC)이다.
④ 투자자금의 제약이 있다는 전제하에 수익성 지수가 가장 작은 투자안부터 투자해야 한다.

해설 | 투자자금의 제약이 있는 경우 수익성지수로 투자안을 평가할 수 있으며, 수익성지수는 'NPV/투자금액'으로 산출한다. 따라서 수익성지수가 큰 투자안부터 투자를 실행해야 한다.

정답 | 04 ① 05 ④

TOPIC 03 재무구조 이론 I - 원천별 자본비용

1. 타인자본

원금(PN)에 대한 지급이자(CI)의 비율

$$k_d = \frac{CI}{PN}$$

기업의 지급이자는 비용으로 처리되어 법인세의 과세소득에서 공제

$$k_d = \frac{CI \times (1-t)}{PN}, \quad t : 법인세율$$

2. 자기자본

① 보통주의 자본비용은 주주 입장에서의 기대수익률
② 기대수익 = 배당 수익 + 주가 차익

3. 가중평균자본비용($WACC$)

$$k_{wacc} = \frac{D}{D+E} \times k_d + \frac{E}{D+E} \times k_e$$

k_d : 타인자본, k_e : 자기자본, D : 타인자본, E : 자기자본

예 k_d : 8%, k_e : 10%, 부채 100억원, 자기자본 50억원

$$WACC = 8\% \times \frac{100억원}{100억원 + 50억원} + 10\% \times \frac{50억원}{100억원 + 50억원} = 8.67\%$$

4. MM (1958)

① 재무구조는 기업가치를 변화시키지 않는다는 사실을 완전 자본 시장 가정하에서 증명
② 주요가정
  ㉠ 완전자본시장을 가정
  ㉡ 법인세가 존재하지 않음
③ MM의 제1명제 : 부채를 사용하는 기업과 무부채 기업의 가치는 동일
④ MM의 제2명제 : 자기자본비용은 부채비율이 증가함에 따라 비례적으로 증가

> **TIP 재무레버리지 효과**
>
> 타인자본의 존재로 인해 '주주에게 귀속되는 현금흐름의 변동성'이 '영업이익 현금흐름의 변동성'보다 증폭되는 현상

⑤ 부채비율과 자본비용

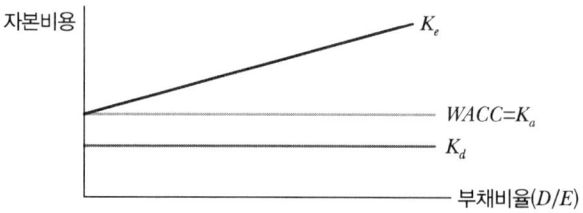

5. MM(1963)

① 완전자본시장 가정하에서 법인세를 예외로 허용하면 타인자본의 사용에 따라 기업가치가 증가

② 주요가정
   ㉠ 완전자본시장을 가정
   ㉡ 법인세가 존재

③ 타인자본을 사용하면 기업가치가 증가하며 무차입을 사용한 기업의 가치는 타인자본을 사용하는 기업가치를 능가할 수 없음(부채의 법인세효과)

④ $WACC = K_d \times (1-t) \times \dfrac{D}{D+E} + K_e \times \dfrac{E}{D+E}$

> **TIP Miller(1977)**
>
> 완전자본시장 가정하에서 법인세와 개인소득세를 예외로 허용하면 타인자본의 사용과 관계없이 기업가치는 일정(무관련정리)

6. 회사채의 시장 균형

① 법인세와 이자수입의 소득세율이 동일한 것을 가정
② 면세채권과 과세채권이 동시에 존재할 경우 과세채권인 회사채 수요와 공급은 면세채권 이자율 k_0에 의해 영향
③ 채권투자자는 면세채권과 자신의 소득에 따른 과세채권의 수익률을 비교하여 선택
④ 기업입장에서는 회사채 발행 시 자금조달비용(세후이자비용)과 면세채권 수익률의 수익률을 비교 : 자금조달비용이 면세채권 수익률보다 작은 경우 기업은 자금을 조달하여 면세채권 구입
⑤ 면세채권의 수요 증가 → 면세채권의 가격 상승
⑥ 기업은 회사채 발생 시 과세채권 수익률과 면세채권 수익률이 동일한 지점을 선택
⑦ 회사채 시장의 균형 : 법인세율과 이자소득의 개인소득세율이 같은 지점

개념확인문제

★★★ 01
토마토기업의 정보는 다음과 같다. 토마토기업의 가중평균자본비용($WACC$)는 얼마인가?

- 자기자본가치 : 100억원
- 자기자본비용 : 12%
- 법인세율 : 20%
- 타인자본가치 : 150억원
- 타인자본비용 : 10%

① 9.2%
② 9.6%
③ 10.2%
④ 10.6%

해설 |
- $k_{wacc} = \dfrac{D}{D+E} \times k_d + \dfrac{E}{D+E} \times k_e$
- k_d : 타인자본, k_e : 자기자본, D : 타인자본, E : 자기자본
- 토마토기업의 $WACC$ = 100억원/(100억원 + 150억원)×12% + 150억원/(100억원 + 150억원)×10%×(1 − 20%)
  = 9.6%

★★★ 02
무부채기업인 토마토기업의 영업이익은 5억원이며 영구히 발생할 것으로 가정한다. 현재 토마토기업의 자본비용이 10%이고 한계법인세율이 20%인 경우 토마토기업의 기업가치는 얼마인가?

① 20억원
② 40억원
③ 60억원
④ 100억원

해설 | 무부채기업인 경우 이자비용 등은 고려하지 않아도 된다. 따라서 무부채기업가치는 $EBIT$×(1 − 법인세)/자본비용으로 구한다. 5억원×(1 − 20%)/10%로 기업가치를 구하면 40억원이다.

★★★ 03
토마토기업은 자기자본 200억원, 타인자본 100억원으로 자금을 조달하였다. 법인세율은 30%이며 토마토기업과 자본구조를 제외한 영업 관련 모든 사항이 유사한 패스기업의 가치는 300억원일 때, 토마토기업의 가치는 얼마인가?

① 200억원
② 300억원
③ 330억원
④ 400억원

해설 | 부채기업가치는 다음과 같이 구한다.
- 부채기업가치 = 무부채기업가치 + 부채가치×법인세율
- 따라서 토마토기업의 가치는 300억원(패스기업 가치) + 100억원(타인자본)×30% = 330억원

정답 | 01 ② 02 ② 03 ③

04 다음 중 자본구조이론에 대한 설명으로 옳지 않은 것은?

① 1958년에 발표한 MM모형에 따르면 부채를 사용하는 기업과 무부채 기업의 가치는 동일하다.
② 1958년에 발표한 MM모형에 따르면 자기자본비용은 부채비율이 증가하더라도 변하지 않는다.
③ 1963년에 발표한 MM모형에 따르면 타인자본을 사용하면 기업가치가 증가하며 무차입을 사용한 기업의 가치는 타인자본을 사용하는 기업가치를 능가할 수 없다.
④ 1977년에 발표한 Miller모형에 따르면 완전자본시장 가정하에서 법인세와 개인소득세를 예외로 허용하면 타인자본의 사용 여부에 관계없이 기업가치는 일정하다.

해설 | 1958년에 발표한 MM모형에 따르면 자기자본비용은 부채비율이 증가함에 따라 함께 증가한다.

05 다음 상황에서 투자안의 가중평균자본비용($WACC$)를 계산하면 몇 %인가?

- 채권자들은 원금 100억원을 타 투자안에 투자할 경우 5억원의 이자수익을 얻을 수 있다.
- 주주들은 타 투자안에 투자할 경우 배당수익은 3%, 추후 주식을 매매할 때 2%의 매매차익을 얻을 수 있다.
- 법인세율은 40%이며, 목표자본구조는 부채비율 100%이다.

① 3% ② 4%
③ 5% ④ 6%

해설 |
- 채권자의 타인자본비용 : 5억원(이자수익)/100억원(원금)×(1−40%)=3%
- 주주의 자기자본비용 : 배당수익 3%+매매차익 2%=5%
- $WACC$: 50%×3%+50%×5%=4%

정답 | 04 ② 05 ②

TOPIC 04 재무구조이론 II

1. *MM*과 Miller의 한계

① 완전자본시장은 파산비용과 정보비용이 있는 현실에서 존재하지 않음(완전자본시장은 거래비용, 정보비용이 없는 것을 가정)

② **파산비용 발생** : 기업이 파산상태로 진입하게 되면, 해당 기업의 가치는 시장가치에서 청산가치로 하락
  ㉠ 무형자산의 가치는 0
  ㉡ 유형자산의 가치도 시장 가격 대비 압박 가격으로 하락
  ㉢ 청산과정 자체의 비용 발생

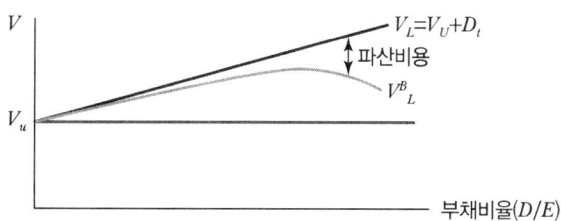

2. 최적 자본구조

타인자본의 사용은 기업가치에 영향을 미칠 수 있으며, 기업가치를 최대화하는 최적 자본구조가 존재

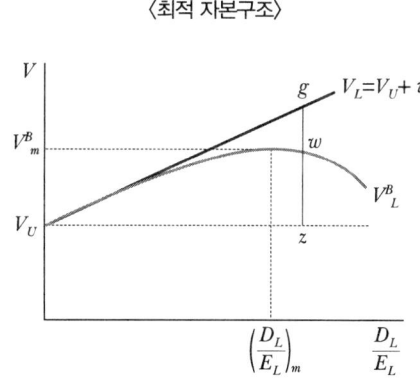
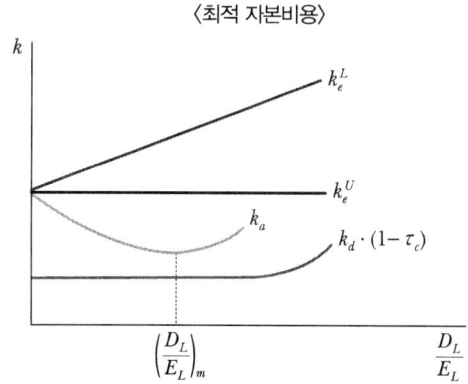

3. 대리비용

① 정보비용이 존재하면 정보불균형이 발생하고, 그로 인한 이해관계의 충돌 발생
  ㉠ 주주 ↔ 채권자
  ㉡ 주주 ↔ 경영자

② 대리비용의 내용
  ㉠ 감시비용 : 위임자가 대리인을 감시
  ㉡ 확증비용 : 대리인이 최선을 다하고 있다는 사실을 보여주기 위한 과정에서 발생하는 비용
  ㉢ 잔여비용 : 감시비용, 확증비용 외의 이해관계충돌로 인해 발생하는 비용

③ 자기자본 대리비용
  ㉠ 경영자가 자신의 이익을 위해 주주의 이익을 희생시키는 과정에서 발생하는 비용
  ㉡ 경영자가 본인 소유부지 토지 인근에 공장부지 선택

④ 타인자본 대리비용
  ㉠ 부의 이전 : 채권의 시장 가격 하락 시 채권 가격 하락분은 주주가치로 이전
  ㉡ 과소투자 : NPV가 0보다 크더라도 투자하지 않음
  ㉢ 과대투자 : NPV가 0보다 작더라도 투자를 함

⑤ 대리비용이 존재하는 상황에서는 총대리비용을 최소화하는 자본구조에서 최대의 기업가치를 달성

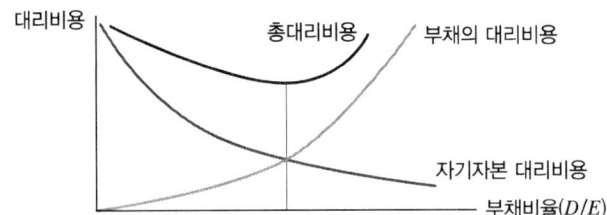

4. 신호 효과

① 정보불균형 상태에서 경영자 혹은 내부 주주는 대리비용을 최소화하기 위한 노력(신호)을 하게 됨
② 타인자본 증가(긍정적 신호) : 고정적인 현금유출(지급이자의 증가) → 실물 투자안이 있는 것으로 해석

개념확인문제

01 다음 중 재무구조이론에 대한 설명으로 옳지 않은 것은?

① 현실적으로 MM모형에서 가정하고 있는 완전자본시장은 존재하지 않는다.
② 타인자본의 사용은 기업가치에 영향을 미칠 수 있으며, 기업가치를 최대화하는 최적 자본구조가 존재한다.
③ 대리비용 측면에서는 총대리비용을 최소화하는 자본구조에서 최대의 기업가치를 달성할 수 있다.
④ 대리인이 최선을 다하고 있다는 사실을 보여주기 위한 과정에서 발생하는 대리비용은 감시비용이다.

해설 | 대리인이 최선을 다하고 있다는 사실을 보여주기 위한 과정에서 발생하는 대리비용은 확증비용이다.
① 완전자본시장은 파산비용과 정보비용이 있는 현실에서 존재하지 않는다.

02 다음 중 대리비용에 대한 설명으로 옳지 않은 것은?

① 경영자가 자신의 이익을 위해 주주의 이익을 희생시키는 과정에서 대리비용이 발생할 수 있다.
② 채권의 시장 가격 하락 시 채권 가격 하락분은 주주가치로 이전되어 채권자의 가치가 감소한다.
③ 타인자본가치가 기업가치 중 과도한 경우에도 순현재가치가 0 이상인 투자안인 경우 투자를 실행한다.
④ 정보불균형 상태에서는 경영자 혹은 내부 주주는 대리비용을 최소화하기 위해 노력하며 외부에 신호를 제시한다.

해설 | 타인자본가치가 과도한 경우 NPV가 0 이상인 투자안이더라도 순현재가치가 타인자본에 지급할 가치를 초과하지 못하는 경우 투자를 기각한다. 또한, NPV가 0 미만이더라도 주주가치를 증가시킬 가능성이 있는 경우 투자를 채택하는 등 채권자와 주주 간의 대리비용이 발생할 수 있다.

정답 | 01 ④ 02 ③

TOPIC 05 배당 이론 및 자본조달, 재무분석

1. 배당 이론

① 친배당 이론
　㉠ 주주에게 귀속되는 순이익을 배당의 형태로 지급하면 주가 상승을 유도하는 것보다 주주에게 더 높은 효용을 제공
　㉡ 동일한 순이익을 효용이 높은 배당으로 실현하며 주주가치의 극대화

② 반배당 이론
　㉠ 배당소득에 대한 세율이 주가 차익의 세율보다 높다는 것을 전제로 하며, 배당금 세후 실소득은 주가 차익의 세후 소득보다 낮게 됨(배당의 세금 효과)
　㉡ 배당 소득보다는 세후 실소득이 상대적으로 높은 주가 차익으로 실현하며 주주가치의 극대화에 부합함

③ MM(1961) : 완전자본시장을 전제로 배당정책은 기업가치를 변화시키지 않음

④ 배당 관행
　㉠ 기업은 일시적인 이유로 순이익이 변화하더라도 현재의 배당 수준을 유지하려 함
　㉡ 배당은 현금배당, 주식배당, 자사주 매입 등의 형태로 지급

⑤ 신호 효과 : 기업이 현금배당을 증가시키면 투자자는 증가된 배당이 앞으로도 지속될 것으로 가정하여 현금유출의 증가를 감당할 만큼 매력 있는 실물 투자안이 있는 것으로 해석함 → 기업의 주가 상승

⑥ 대리비용
　㉠ 내부 주주 혹은 경영자는 배당을 적게 하고 내부 보의 비중을 극대화하려는 유인(대리비용)
　㉡ 배당을 하는 경우 내부유보가 감소하여 주주 ↔ 경영자의 대리비용이 감소됨

⑦ 고객 효과
　㉠ 일반적으로 배당수입에 대한 세율은 주가 차익에 대한 세율보다 높음
　㉡ 기업이 배당정책을 변화시키면 기존 투자자는 동 기업의 주식을 매각, 새로운 투자자가 진입하는 과정에서 거래비용과 탐색비용이 발생하므로 기업은 배당정책의 변화를 꺼리게 됨

> **TIP 소득세율에 따른 선호**
> - 소득세율이 높은 투자자 : 주가차익을 선호
> - 소득세율이 낮은 투자자 : 배당수익을 선호

2. 자본조달 및 재무분석

① **자본조달** : 부도위험을 최소화하면서 자본을 조달하는 것

㉠ 단기자금조달
- 단기자금조달방법 : 외상매입, 은행차입, 신종 기업어음(CP) 등
- 운전자금관리 : 생산과 판매를 하며 기술적 지급불능을 회피할 수 있도록 유동성을 확보

> **운전자금**
> - 유동자산(1년 이내에 현금화 가능) 혹은 유동부채를 초과한 유동자산의 크기
> - 유동성과 수익성은 상호 대립 관계(Trade off)
> - 공격적 전략 : 유동성보다 수익성에 중점
> - 방어적 전략 : 수익성보다 유동성에 중점

- 현금관리 : 현금 전환 사이클 단축(받을 돈은 빨리, 줄 돈은 늦게)

㉡ 장기자금조달
- 장기자금조달방법 : 회사채, 은행차입, 주식 등
- 조달비용 + 기업지배구조가 의사결정에 영향

② **리스금융**

㉠ 돈 대신 물건을 빌리는 것(타인자본의 사용과 동일)
㉡ 금융리스와 운용리스로 구분

3. 비율분석

① **재무비율**

구분	내용
유동성 비율	단기부채 상환능력을 측정 예 유동비율, 당좌비율 등
레버리지 비율	장기부채 상환능력을 측정 예 부채비율, 자기자본비율, 이자보상비율 등
안전성 비율	경기변동에 따른 기업의 적응력 측정 예 고정비율, 고정장기적합률 등
수익성 비율	기업 경영성과 측정 예 매출액순이익률, 자기자본순이익률, 총자본순이익률 등
활동성 비율	자산 이용의 효율성을 측정 예 재고자산회전율, 고정자산회전율, 총자산회전율, 매출채권회전율 등
성장성 비율	경영활동의 증가 정도를 측정 예 순이익증가율, 매출액증가율, 총자산증가율 등
기타	생산성비율, 주가수익비율(PER), 주가장부가치비율(PBR), 주가장부가치비율(토빈의 q비율) 등

② **표준비율** : 재무비율과 비교할 수 있는 이상적인 기준치(예 산업평균, 해당 기업의 과거 평균, 목표비율 등)

③ 재무비율의 장점과 단점
  ㉠ 장점 : 기업의 경영성과와 재무상태를 쉽게 파악
  ㉡ 단점
    • 회계방법의 선택에 따라 동일한 현상이 다른 재무비율로 표현될 수 있음
    • 과거 자료를 분석했으므로 미래 예측에는 한계가 존재
    • 표준비율 산정이 어려움

개념확인문제

01 다음 중 배당이론에 대한 설명으로 옳지 않은 것은?

① 1961년에 발표된 MM이론에 따르면 완전자본시장을 전제로 한 배당정책은 기업가치를 변화시키지 않는다.
② 기업은 일시적인 이유로 순이익이 변화하더라도 현재의 배당 수준을 유지하려고 노력한다.
③ 배당의 고객이론에 따르면 소득세율이 높은 투자자의 경우 고배당을 주는 기업을 선호한다.
④ 배당의 고객이론에 따르면 기업이 배당정책을 변화시킬 경우 기존 투자자는 동 기업의 주식을 매각한다.

해설 | 배당의 고객이론에 따르면 소득세율의 누진성으로 인해 소득세율이 높은 고소득 투자자의 경우 고배당을 주는 기업 보다는 주가차익을 선호하며, 소득세율이 낮은 저소득 투자자의 경우 고배당을 주는 기업을 선호한다.

02 다음 중 자본조달 방법에 대한 설명으로 옳지 않은 것은?

① 단기적으로 필요한 자금을 조달하기 위해서는 외상매입, 은행차입 등의 방법을 활용한다.
② 단기자금조달에는 운전자본에 대한 관리도 포함된다.
③ 리스금융도 큰 범위에서 자금조달방법에 포함된다.
④ 자금조달을 통해서 기업구조의 변동은 발생하지 않는다.

해설 | 장기자금조달의 경우 회사채, 주식발행 등이 포함되며 자금조달을 통해 기업구조의 변동이 발생한다.

03 다음 중 비율분석에 대한 설명으로 옳지 않은 것은?

① 유동성 비율은 기업의 단기부채의 상환능력을 측정하는 지표로, 유동비율과 당좌비율 등이 해당한다.
② 레버리지 비율은 기업의 장기부채의 상환능력을 측정하는 지표로, 부채비율, 자기자본비율 등이 해당한다.
③ 안정성 비율은 경기변동에 따른 기업의 적응력을 측정하는 지표로, 고정비율, 고정장기적합률, 이자보상비율이 해당한다.
④ 기업에 대한 토빈의 q비율이 1과 차이가 날수록 기업의 가치에 대한 시장가격과 회사의 가치 사이에 괴리가 발생했다고 할 수 있다.

해설 | 안정성 비율은 경기변동에 따른 기업의 적응력을 측정하는 지표로 고정비율, 고정장기적합률 등이 해당하며, 이자보상비율은 기업의 장기부채 상환능력을 측정하는 지표인 레버리지 비율에 포함된다.

정답 | 01 ③ 02 ④ 03 ③

04 다음 중 운전자금관리 및 현금관리에 대한 설명으로 옳지 않은 것은?

① 현금관리를 위해서는 지급할 돈은 최대한 늦게 지급하고 받을 돈은 빨리 지급받는 현금 사이클 단축이 필요하다.
② 운전자금관리상 유동성과 수익성은 상호 의존 관계이다.
③ 운전자금관리는 기술적 지급불능을 회피할 수 있도록 유동성을 확보하는 것이다.
④ 방어적 운전자금 관리는 유동성에 초점을 두는 것이다.

해설 | 운전자금관리에서 유동성과 수익성은 상호 대립 관계(Trade off)이다. 따라서 운전자금관리에서 공격적 전략은 유동성보다 수익성에 중점을 두는 것이며, 방어적 전략은 수익성보다 유동성에 중점을 둔다.

05 다음 중 재무비율에 대한 설명으로 옳지 않은 것은?

① 표준비율은 재무비율과 비교할 수 있는 이상적인 기준치로 산업평균, 해당 기업의 과거 평균, 목표비율 등이 있다.
② 재무비율을 통해 기업의 경영성과와 재무상태를 쉽게 파악할 수 있는 장점이 있다.
③ 재무비율은 미래예측에도 적절히 적용할 수 있다.
④ 재무비율은 표준비율 산정이 어려운 단점이 있다.

해설 | 재무비율은 과거 자료를 분석한 것으로 과거의 특정 시점과 특정 기간을 대상으로 하고 있다. 따라서 미래예측에는 한계가 존재한다.

정답 | 04 ② 05 ③

TOPIC 06 기업 M&A(인수&합병)

1. 기업 M&A(인수&합병)의 개요

① 기업 자체 혹은 기존 기업이 영위하고 있는 사업의 일부에 투자
② M&A의 유인
  ㉠ 시너지 효과
   • 세금 절약(성숙기업 + 성장기업)
   • 거래비용을 절약하고 규모의 경제 혹은 범위의 경제 보유
   • 시장지배력 확대
   • 효율성 극대화
   • 자금조달비용 절감(재무적 시너지 효과)
  ㉡ 가격 교정 효과 : 일시적 혹은 구조적으로 회사의 주식 가치가 적정 수준 이하가 될 경우 M&A의 대상이 됨으로써 주식시장의 정보 비효율성을 교정함
  ㉢ 대리 문제 통제 : 적대적 M&A를 통해 기존 경영진을 교체하면서 대리 문제를 통제할 수 있음

2. M&A 방법

① 공격 전략
  ㉠ 주식 공개매수 : 적대적 매수·합병의 의사를 공개적으로 밝히고 경영권 확보에 필요한 대상 주식의 가격, 양, 시한 등을 제시하는 방법. 가격은 일반적으로 시가에 프리미엄이 포함됨
  ㉡ 백지위임장 : 일반주주들의 의결권 위임장 확보
  ㉢ 차익협박(Green mail) : 경영권 인수보다는 주가 차익을 목적으로 적대적 매수·합병을 이용
  ㉣ 차입매수 : 적대적 인수·합병에 필요한 자금을 대부분 차입으로 조달

② 방어 전략
  ㉠ 황금낙하산 전략 : 대상 기업의 기존 경영진이 적대적 인수·합병으로 중도 퇴사하는 경우 상당 규모의 보상금을 받을 수 있도록 고용계약에 규정함
  ㉡ 독약 전략 : 적대적 인수·합병 시 대상 기업의 기존 주주가 잔존기업의 주식을 할인 매입할 수 있는 권리를 부여함
  ㉢ 억지 전략 : 적대적 인수·합병 시 필요한 법적 요건을 어렵게 하는 방법(정관상 결의사항)
  ㉣ 초토화 전략 : 인수·합병 목표인 특정 사업 부문을 매각하여 적대적 인수·합병의 매력을 감소시킴 (크라운주얼리)
  ㉤ 팩맨 전략 : 적대적 인수·합병을 하려는 기업을 대상 기업이 오히려 인수·합병함
  ㉥ 백기사 전략 : 제3자에게 우호적 인수·합병을 시도하거나 매입 선택권을 부여함
  ㉦ 사기업화 전략 : 주식시장에서 자사주식을 모두 매입함

3. M&A의 회계처리 방법

① **매수법** : 대상 기업의 자산을 매입한 것으로 보고 실제로 지급한 비용과 대상 기업의 자산 시장가치 차이를 영업권으로 계상
② **풀링법** : 재무상태표를 단순합계 처리

개념확인문제

01 다음 중 M&A를 유발하는 동기로 적절하지 않은 것은?

① 정보불균형으로 이론적인 기업가치와 적정가치의 차이가 클 경우 가격교정
② 규모의 경제
③ 시장지배력 강화
④ 유동성 개선

해설 | M&A를 유발하는 동기는 시너지효과(예 세금절약, 규모의 경제 혹은 범위의 경제, 시장지배력을 통한 가격결정력 획득, 운영효율성 극대화, 부채비율 개선), 가격교정효과, 대리 문제 완화 등이다.

02 다음 중 M&A의 공격전략으로 적절하지 않은 것은?

① 황금낙하산 전략
② 주식 공개매수
③ 백지위임장
④ 그린메일

해설 | M&A의 공격전략은 주식 공개매수, 백지위임장, 차익협박(Green mail), 차입매수이다. 황금낙하산 전략은 M&A 방어 전략이다.

03 다음 중 M&A의 방어 전략에 대한 설명으로 적절히 연결된 것은?

① 독약 전략 – 기존 주주가 잔존 기업의 주식을 할인 매입
② 초토화 전략 – 적대적 인수·합병을 하려는 기업을 대상 기업이 오히려 인수·합병
③ 백기사 전략 – 주식시장에서 자사주식을 모두 매입
④ 억지 전략 – 기존 경영진이 인수·합병으로 중도 퇴사하는 경우 상당 규모의 보상금을 받을 수 있도록 고용계약

해설 | ② 초토화 전략은 인수·합병 목표인 특정 사업부문을 매각하여 적대적 인수·합병의 매력을 감소시키는 전략이다.
③ 백기사 전략은 인수·합병의 목표가 된 경우 대상기업에서 제3자에게 우호적 인수·합병을 시도하거나 매입선택권을 부여하는 전략이다.
④ 억지 전략은 적대적 인수·합병 시 필요한 법적 요건을 어렵게 하는 방법으로 정관상 결의사항 등을 강화하는 것이다.

정답 | 01 ④ 02 ① 03 ①

CHAPTER 04 포트폴리오 관리

PART 01_ 증권분석기초

TOPIC 01 투자수익과 위험 및 효율적 분산 투자

1. 투자수익과 위험

(1) 최적 투자결정의 체계

투자대상들의 투자가치를 기대수익과 위험 두 가지 요인을 고려하여 평가

$$투자가치 = f(기대수익, 위험)$$

(2) 투자위험

① 투자위험의 정의 : 투자수익의 변동 가능성(실제 결과가 기대 예상과 다를 가능성)
② 투자위험의 측정 : 분산, 표준편차로 투자위험 측정

(3) 최적증권의 선택

① 최적 투자결정방법
  ㉠ 투자가치는 기대수익과 위험 요인에 의해 결정
  ㉡ 기대수익이 동일한 투자대상들 중에서는 위험이 가장 낮은 투자대상을 선택
  ㉢ 위험이 동일한 투자대상들 중에서는 기대수익이 가장 높은 것을 선택
  ㉣ 지배원리를 충족시키는 효율적 포트폴리오하에서 투자자의 위험에 대한 태도에 따라 투자안 최종 선택

지배원리와 효율적 포트폴리오

- 지배원리 : 기대수익률이 동일하면 위험이 낮고, 위험이 동일하면 기대수익률이 높은 자산
- 효율적 포트폴리오 : 지배원리를 충족하는 투자안들의 집합

② 투자자의 위험 성향 : 투자자 유형에 따른 효용함수

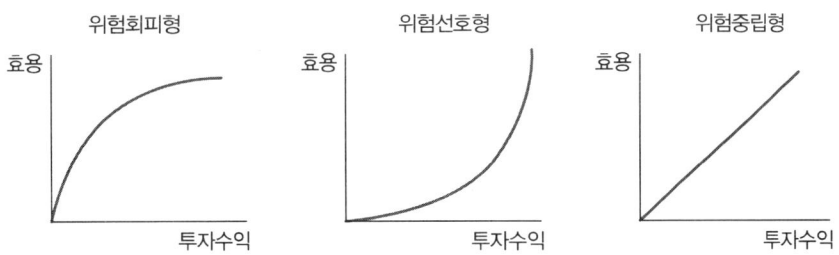

③ 최적 투자안 선택
   ㉠ 지배원리에 의해 투자안 중 효율적 포트폴리오 선정
   ㉡ 선택된 투자대상 중 투자자의 효용곡선과 적합한 최적 투자대상을 선택

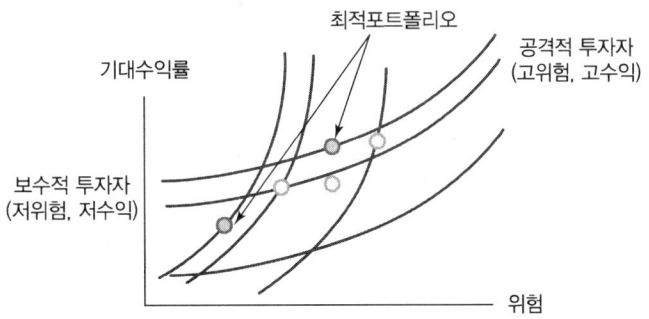

2. 효율적 분산 투자

(1) 포트폴리오 기대수익률

$$E(R_p) = \sum_{t=1}^{m} p_i r_\pi$$

$E(R_p)$: 포트폴리오의 기대수익률
p_i : 상황 i가 발생할 확률
r_{pi} : 상황 i가 발생할 때의 포트폴리오 예상수익률

$$E(R_p) = \sum_{j=1}^{n} w_j E(R_j)$$

$E(R_p)$: 포트폴리오의 기대수익률
w_j : 개별 투자안 j에 대한 투자비율
$E(R_j)$: 개별 투자안 j에 대한 기대수익률

(2) 포트폴리오 위험(분산)

$$\sigma_p^2 = \sum_{i=1}^{m} [r_\pi - E(R_p)]^2 \cdot p_i$$

(3) 상관관계와 포트폴리오 위험

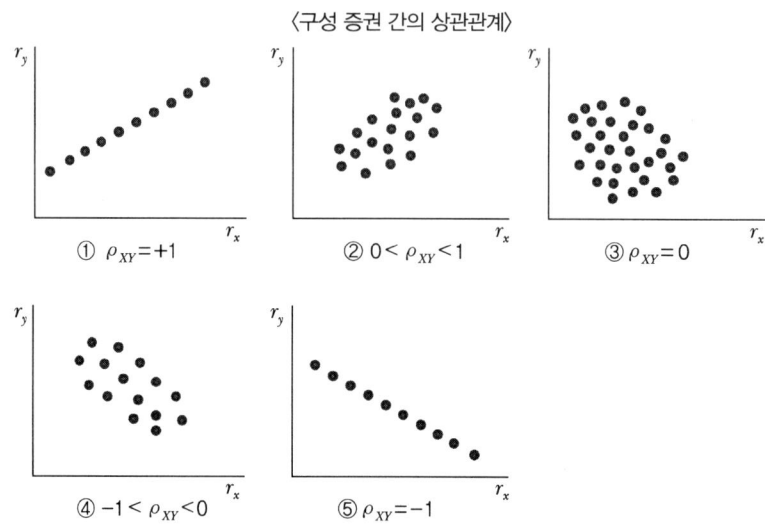

〈구성 증권 간의 상관관계〉

① $\rho_{XY} = +1$ ② $0 < \rho_{XY} < 1$ ③ $\rho_{XY} = 0$
④ $-1 < \rho_{XY} < 0$ ⑤ $\rho_{XY} = -1$

① 포트폴리오를 구하는 공식(주식 X와 Y로 구성된 포트폴리오)

$$\sigma_p^2 = w_x^2 \sigma_x^2 + w_y^2 \sigma_y^2 + 2w_x w_y cov(r_x, r_y)$$

$cov(r_x, r_y)$: 주식 X수익률과 Y수익률 사이의 공분산

② 상관관계를 구하는 공식

$$\rho_{xy} = \frac{cov(r_x, r_y)}{(\sigma_x \sigma_y)}$$

ρ_{xy} : 주식 X와 Y의 상관계수
상관계수의 범위는 $-1 \leq \rho_{XY} \leq +1$

③ 포트폴리오 위험

㉠ 상관계수가 1인 경우 : 분산투자를 하더라도 투자위험이 감소하지 않음

$$cov(R_p) = (w_x \sigma_x + w_y \sigma_y)^2, \sigma^2 = w_x \sigma_x + w_y \sigma_y$$

㉡ 상관계수가 −1인 경우 : 분산투자 시 투자위험 감소량 大

$$cov(R_p) = (w_x \sigma_x - w_y \sigma_y)^2, \sigma^2 = w_x \sigma_x - w_y \sigma_y$$

ⓒ 상관계수가 0인 경우 : 분산투자 시 투자위험 감소량 小

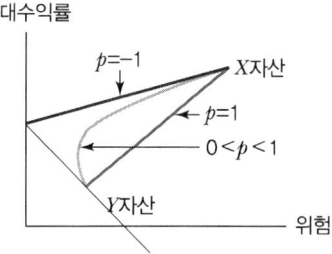

④ **최소분산 포트폴리오** : 포트폴리오 결합선에서 위험이 최소가 되는 포트폴리오(수익최대화, 분산 최소화)

개념확인문제

01 ☆☆☆

투자자 A씨는 공모형 채권형 펀드에 투자하고 있으며, 해당 펀드는 순자산가치에 따라 언제든 환매를 요구할 수 있으며 필요에 따라 언제든지 추가적인 자금을 펀드에 투자할 수 있다. 투자자 A씨의 1년 간 펀드 수익률을 계산하기 위한 가장 적절한 수익률 계산 방법은 무엇인가?

① 기하평균수익률 ② 내부수익률
③ 만기수익률   ④ 연평균수익률

해설 | 투자자 입장에서 언제든지 자금의 인출과 투입이 가능하기 때문에 현금의 유출입까지 고려하여 수익률 계산방식으로 투자자의 성과평가를 해야 하며 이러한 투자자의 수익률을 계산하기 위해서는 내부수익률을 적용한다.

02 ☆☆☆

보기에 주어진 투자안 이외에는 없다고 가정할 경우 다음 중 위험 중립형 투자자가 선택할 것으로 가장 적절한 투자안은 무엇인가?

- A투자안 : 기대수익률 10%, 예상위험 5%
- B투자안 : 기대수익률 5%, 예상위험 5%
- C투자안 : 기대수익률 15%, 예상위험 10%
- D투자안 : 기대수익률 5%, 예상위험 10%

① A ② B
③ C ④ D

해설 | 위험 중립형 투자안의 경우 위험에 대해 무차별하므로 의사결정에 영향을 주는 변수는 기대수익률밖에 없다. 따라서 위험 중립형 투자자는 기대수익률이 가장 높은 투자안인 C에 투자한다.

03 ☆☆☆

다음 두 주식으로 포트폴리오를 구성할 경우 포트폴리오 위험을 최소로 만들려고 할 때 A 주식에 투자하는 투자비율은 얼마인가? (단, 소수점 셋째 자리에서 반올림한다.)

- A투자안 : 표준편차 10%
- B투자안 : 표준편차 8%
- 두 주식의 공분산은 0.2이다.

① 0.3 ② 0.4
③ 0.5 ④ 0.6

해설 | $W_A = (0.08^2 - 0.2)/(0.1^2 + 0.08^2 - 2 \times 0.2) = 0.5$

04 ★★☆ 다음 중 최적의 투자안을 결정하는 방법에 대한 설명으로 옳지 않은 것은?

① 투자자는 기대수익과 예상위험을 고려하여 투자안을 결정한다.
② 투자위험은 분산 및 표준편차로 측정한다.
③ 투자자들은 기대수익률이 동일하면 예상 위험이 낮고, 예상 위험이 동일하면 기대수익률이 높은 자산에 투자하며 그러한 자산을 효율적 포트폴리오라 한다.
④ 투자위험은 투자수익의 변동 가능성으로서 실제 결과가 기대 예상치보다 낮을 가능성만을 고려한다.

해설 | 투자위험은 투자수익의 변동 가능성으로서 실제 결과가 기대 예상치보다 높거나 낮을 가능성을 의미한다.

05 ★★☆ 다음 중 서로 다른 두 주식으로 구성된 포트폴리오 위험을 최소로 만드는 경우에 해당하는 것은?

① 상관계수 -1
② 상관계수 -0.5
③ 상관계수 0
④ 상관계수 1

해설 | 상관계수의 범위는 $-1 \leq \rho \leq 1$이며, 두 주식의 상관계수가 최솟값인 -1인 경우 두 주식으로 구성된 포트폴리오의 위험을 최소로 만들 수 있다.

정답 | 01 ② 02 ③ 03 ③ 04 ④ 05 ①

TOPIC 02 단일지표모형과 $CAPM$

1. 단일지표모형

① **정의** : 특정 개별 주식과 시장 전체의 움직임을 나타내는 단일 시장지표와의 공분산만을 고려한 모형

② **분산의 측정**

$$\sigma^2(R_j) = \beta^2\sigma^2(R_m) + \sigma^2(\varepsilon_j)$$

$\sigma^2(R_j)$: 증권시장률(CML)의 분산

β_j : 시장모형에서 추정되는 기울기, 베타계수

$\sigma^2(\varepsilon_j)$: 잔차항의 분산

$\beta^2\sigma^2(R_m)$: 체계적 위험(시장 포트폴리오의 분산에 연동된 특정주식의 변동성)

$\sigma^2(\varepsilon_j)$: 비체계적 위험(시장 전체 변동에 관련되지 않는 주식 j의 고유한 변동성)

※ 총위험 = 개별증권고유위험 + 공분산위험 = 비체계적 위험 + 체계적 위험 = 분산가능위험 + 분산불가능위험

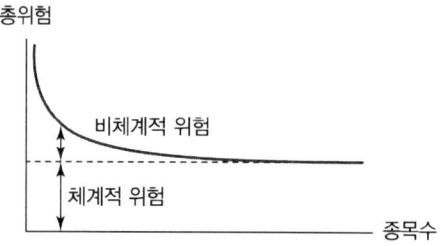

③ 단일지표모형의 응용

  ㉠ 인덱스펀드
- 종합주가지수 수익률 정도를 확보하고자 하는 펀드
- 종합주가지수와 동일한 종목의 수와 가중치로 펀드를 구성하며, 종합주가지수 변동 시 주식을 사고팔아 종합주가지수와 동일하게 유지. 잔차 분산이 최소화되도록 관리해야 함

  ㉡ 다지표 모형 : 증권 수익률의 변동을 두 개 이상의 공통요인과의 공분산관계에서 파악

④ 마코위츠모형으로 포트폴리오 구성 시 문제점 : 필요한 데이터 양이 너무 많음

> **TIP 단일지표모형과 마코위츠모형의 차이점**
> - 샤프의 단일지표모형 : 단일지표모형은 n개의 수익률, n개의 베타, n개의 잔차분산, 1개 시장수익률 분산 → 총 정보량은 3n + 1개
> - 마코위츠모형 : n개의 자산 각각에 대해서 기대수익률 및 분산을 추정하고, 각 자산들 간의 공분산을 n(n−1)/2 만큼 추정하는 것이 필요함 → 총 정보량은 2n + [n(n−1)]/2개

2. CAPM(자본자산가격결정모형)

① **정의** : 자본시장이 균형 상태를 이룰 때 자본자산의 기대수익과 위험과의 관계를 예측한 모형

> **TIP** *CAPM 주요가정*
> - 투자자는 기대수익과 분산기준에 의해 포트폴리오를 선택
> - 모든 투자자는 투자기간이 동일하고 증권 수익률의 확률분포에 대하여 동질적으로 예측
> - 개인투자자는 자본시장에서 가격 순응자이고, 거래비용과 세금이 존재하지 않음
> - 무위험자산이 존재함
> - 자본시장이 균형 상태에 있음

② **자본시장선(CML)**
  ㉠ 조건 : 투자자들이 투자대상으로서 위험이 포함된 주식뿐만 아니라 무위험자산도 포함시켜 효율적 분산 투자를 하는 경우
  ㉡ 의의 : 균형 자본 시장에서 효율적 포트폴리오의 기대수익과 위험의 선형관계를 표시

> **TIP** 효율적 포트폴리오와 시장포트폴리오(M)
> - 효율적 포트폴리오 : 일부에는 무위험자산에, 나머지는 위험이 포함된 자산에 투자하는 것으로 시장에 존재하는 모든 투자자산을 포함함(완전분산투자)
> - 시장포트폴리오(M) : 위험 있는 포트폴리오 중 유일한 효율적인 포트폴리오(기대수익과 위험의 관계)
>   - 합리적 투자자라면 모두 동일하게 선택하게 되는 포트폴리오
>   - 개별 투자자들은 무위험자산과 시장포트폴리오 M의 투자비율만 결정
>   - M은 모든 위험자산을 포함하는 전체 시장의 시가 총액의 구성비율별로 구성(개별자산에 대한 투자비율은 시장 전체 주식의 총 시장가치 중 개별자산의 총 시장가치 비율로 구성)
>   - 종합주가지수를 시장포트폴리오의 대용치로 사용

⟨CML⟩

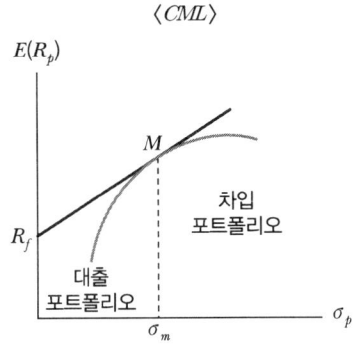

$$E(R_p) = R_f + \frac{E(R_m) - R_f}{\sigma_m} \times \sigma_p$$

R_f : 무위험자산의 기대수익률
$E(R_m)$: 시장포트폴리오의 기대수익률
σ : 표준편차

③ 증권시장선(SML)
  ㉠ 개별 투자자산의 체계적 위험과 기대수익의 관계를 표현
  ㉡ 개별 투자자산과 β의 관계
    • 시장포트폴리오의 $\beta=1$
    • 개별 투자자산의 $\beta>1$: 체계적 위험이 시장포트폴리오의 위험보다 큼
    • 개별 투자자산의 $\beta<1$: 체계적 위험이 시장포트폴리오의 위험보다 작음

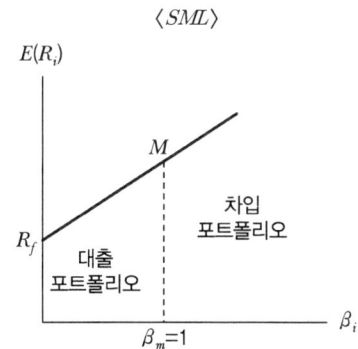

$$E(R_i) = R_f + [E(R_m) - R_f] \times \beta_i$$

④ CML과 SML
  ㉠ 효율적 포트폴리오만 CML선상에 위치하며, 개별 증권의 경우 CML 아래에 위치
  ㉡ 비효율적인 개별 증권은 SML선상에는 위치(SML선은 체계적 위험만 고려)

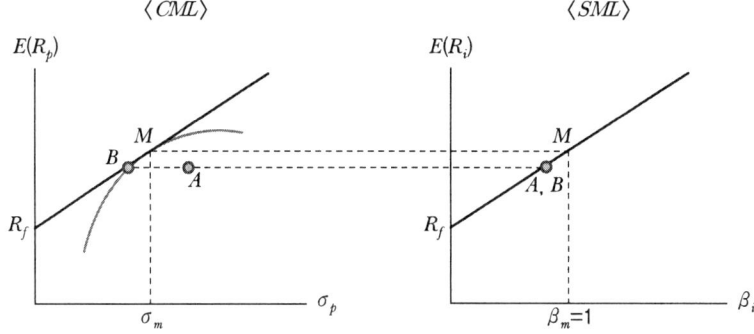

⑤ $CAPM$에 의한 투자결정 : SML선을 통해 주식의 과대, 과소평가에 활용

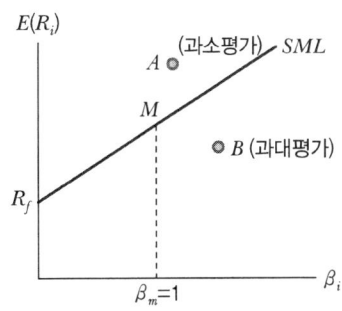

㉠ A주식은 SML보다 위에 위치 → 과소평가 → 매입
㉡ B주식은 SML보다 아래에 위치 → 과대평가 → 매도

⑥ 자기자본비용으로 주식의 가치 추정

$$P_0 = \frac{d_1}{k_e - g}$$

P_0 : 주식의 내재가치
d_1 : 차기 주식의 배당금
k_e : 주주의 기회 투자수익률(자기 자본비용)
g : 이익성장률(일정)

3. 자본예산 결정

① SML은 불확실성 하에서 자본적 지출의 경제적 타당성을 검토할 때 활용
② 주주의 요구수익률(k)와 투자사업의 예상 수익률(IRR)과 비교

4. APM(차익가격결정모형)

① 여러 개의 시장공통요인(예 이자율, 인플레이션, GDP 성장률)에 의해 주식 수익률이 결정되는 다요인모형
② APM의 특징
㉠ 균형 상태에서는 차익거래에 의한 초과이익 실현이 불가능
㉡ 관찰 가능하게 잘 분산 투자된 포트폴리오의 구성 하에 균형 가격결정 원리를 설명
㉢ 다수의 공통요인으로 증권 수익률의 움직임을 선형 관계에 표시

> **TIP** APM에서의 차익거래
> 균형 상태 시장에서는 일물일가의 법칙이 성립하여 차익거래가 발생할 수 없음

③ $CAPM$과 APM의 비교

구분	$CAPM$	APM
가정	투자대상 수익률의 확률분포가 정규분포인 것을 가정하거나 투자자의 효용이 2차 함수의 형태를 가정	특별한 가정 없음
시장 포트폴리오	투자자의 최적 투자대상으로 고려	잘 분산된 포트폴리오만 있어도 적용 가능 (시장포트폴리오가 필요하지 않음)
무위험자산	무위험자산에 대한 가정	무위험자산에 대한 가정이 필요하지 않음
다기간모형	다기간모형으로 확장이 어려움	다기간모형으로 확장이 가능
적용 여부	APM보다 투자결정에 적용 가능성 높음	공통요인을 찾기 어려움

 롤(Roll)의 비판

현실적으로 진정한 의미의 시장포트폴리오 관찰은 불가능 → 진정한 의미의 $CAPM$은 불가능

개념확인문제

01 ☆☆☆

A기업과 시장포트폴리오의 공분산은 100이다. 시장포트폴리오의 분산이 40이라면 A기업의 베타는 얼마인가?

① 1.5 ② 2
③ 2.5 ④ 1

해설 | 기업의 베타는 'A기업과 시장포트폴리오의 공분산/시장포트폴리오 분산'으로 계산한다. 따라서 100/40 = 2.5

02 ☆☆☆

A기업의 표준편차가 20%이고 베타가 1, 시장포트폴리오의 표준편차가 10%일 때 토마토기업의 비체계적 위험은 얼마인가?

① 0.01 ② 0.02
③ 0.03 ④ 0.04

해설 | 기업의 위험은 체계적 위험과 비체계적 위험으로 구성되어 있으며 비체계적 위험은 잔차위험으로 표시할 수 있다.
- 총위험 = $\beta_i^2 \sigma_m^2$ + 잔차위험
- $0.2^2 = 1 \times (0.1)^2$ + 잔차위험, 잔차위험 = 0.03

03 ☆☆☆

A운용사의 펀드매니저는 총 3개의 주식에 균등하게 투자한 포트폴리오를 운영하고 있다. 포트폴리오의 평균 베타는 0.8이며, 포트폴리오 중 베타가 0.5인 주식을 전량 매도하고 대신 해당 자금으로 B주식을 포트폴리오에 편입하였다. 포트폴리오의 베타가 1.3이 되었을 때, B주식의 베타는 얼마인가?

① 0.5 ② 1
③ 1.5 ④ 2

해설 |
- 포트폴리오 베타의 B주식 투자 전 베타 총 합계 : 0.8×3 = 2.4
- 베타 0.5인 주식을 제외하고 B주식을 편입한 후 총 베타값은 1.3×3 = 3.9이므로
- 2.4 − 0.5 + B주식의 베타값 = 3.9, 따라서 B주식의 베타는 2가 된다.

정답 | 01 ③ 02 ③ 03 ④

04 다음 중 $CAPM$ 모형의 주요 가정으로 적절하지 않은 것은?

① 투자자는 기대수익과 분산기준에 의해 포트폴리오를 선택한다.
② 거래에 대한 거래비용이 존재하지 않으며 세금은 일률적으로 적용된다.
③ 무위험 자산이 존재한다.
④ 자본시장은 균형 상태에 존재한다.

해설 | $CAPM$ 모형은 자본시장이 균형 상태를 이룰 때 자본자산의 기대수익과 위험과의 관계를 예측한 모형이다.
  $CAPM$ 모형의 주요 가정
  - 투자자는 기대수익과 분산기준에 의해 포트폴리오를 선택
  - 모든 투자자는 투자기간이 동일하고 증권 수익률의 확률분포에 대하여 동질적으로 예측함
  - 개인투자자는 자본시장에서 가격 순응자이고, 거래비용과 세금이 존재하지 않음
  - 무위험자산이 존재함
  - 자본시장이 균형 상태에 있음

05 다음 중 $CAPM$ 모형에 대한 설명으로 적절하지 않은 것은?

① 합리적인 투자자의 경우 분산투자를 할 때 CML선상에서만 투자한다.
② 시장포트폴리오는 모든 위험자산을 포함하는 전체 시장의 시가 총액의 구성비율별로 구성되어 있다.
③ 개별 투자자산의 체계적 위험과 기대수익의 관계를 표현한 것은 SML(증권시장선)이다.
④ 개별주식이 SML선(증권시장선)보다 위에 위치한 경우 과대평가된 것으로 매도해야 한다.

해설 | 개별주식이 SML선보다 위에 위치한 경우 과소평가된 것으로 매입해야 한다. SML선보다 아래에 위치한 경우 과대평가된 것으로 매도해야 한다.

06 다음 중 $CAPM$ 모형과 APM 모형의 특징을 비교한 것으로 적절하지 않은 것은?

① $CAPM$ 모형은 단일지표모형인 반면 APM 모형은 여러 개의 시장 공통요인에 의해 주식 수익률이 결정되는 다요인모형이다.
② APM 모형 상 균형 상태에서는 차익거래에 의한 초과이익 실현이 불가능하다.
③ $CAPM$ 모형과 APM 모형 모두 시장포트폴리오를 필요로 한다.
④ $CAPM$ 모형은 다기간으로 확장이 어려운 반면 APM 모형은 다기간으로 확장이 가능하다.

해설 | 투자자의 최적 투자대상으로 시장포트폴리오가 필요한 $CAPM$ 모형과 달리 APM 모형은 시장포트폴리오가 아니더라도 잘 분산된 포트폴리오만 있어도 적용할 수 있다.

$CAPM$과 APM의 비교

구분	$CAPM$	APM
가정	투자대상 수익률의 확률분포가 정규분포인 것을 가정하거나 투자자의 효용이 2차 함수의 형태를 가정	특별한 가정 없음
시장 포트폴리오	투자자의 최적 투자대상으로 고려	잘 분산된 포트폴리오만 있어도 적용 가능 (시장포트폴리오가 필요하지 않음)
무위험자산	무위험자산에 대한 가정	무위험자산에 대한 가정이 필요하지 않음
다기간모형	다기간모형으로 확장이 어려움	다기간모형으로 확장이 가능
적용 여부	APM보다 투자결정에 적용가능성 높음	공통요인을 찾기 어려움

정답 | 04 ② 05 ④ 06 ③

TOPIC 03   증권시장의 효율성

1. 효율적 시장가설

① **효율적 시장가설** : 정보의 효율성 측면에서 접근
② 증권시장이 효율적이라면 새로운 정보가 발생하는 경우 신속하고 정확하게 반영
③ 효율적 시장에서는 이용 가능한 정보를 이용하여 초과수익을 얻을 수 없음

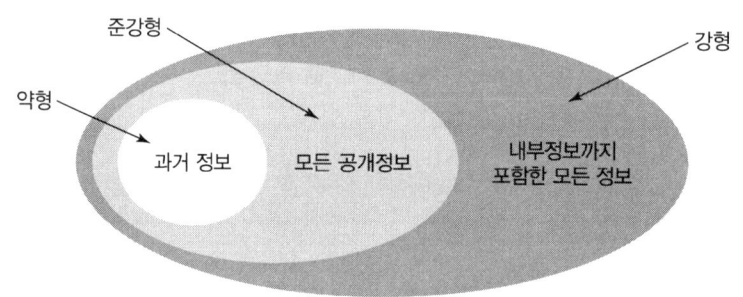

약형	준강형	강형
• 현재의 주가는 과거 역사적 정보를 완전히 반영 • 과거 정보를 이용하여 투자하더라도 초과수익을 얻을 수 없음 • 연속적인 주가의 움직임은 독립성(무작위성)	• 현재의 주가에는 현재 공개된 모든 정보가 완전히 반영 • 현재 공개된 정보를 이용하여 투자를 해도 초과수익을 얻을 수 없음(예 공시자료, 정부정책, 기업의 배당 등)	• 미공개된 모든 정보까지 증권가격에 반영 • 투자자는 어떠한 정보에 의해서도 초과수익을 얻을 수 없음

2. 효율적 시장 특성

(1) 주가는 무작위적으로 변화(Random Walk)

① 주가는 무작위적으로 변화하며 과거 가격 변화와 현재 시점의 변화와는 상관관계가 없음
② 새로운 정보는 바로 주가에 반영됨
③ 평균 투자수익률 이상의 투자성과를 지속적으로 획득할 수 있는 성공적인 투자전략은 부재
④ 전문투자자라 하더라도 의미 있는 차이는 없음

(2) 효율적 시장가설 검증

① **약형 효율적 시장가설 검증**
 ㉠ 단기 수익률의 시계열 상관관계 : 단기 수익률 자료의 연속적 움직임은 시계열 상관성 ↓
 ㉡ 장기 수익률의 시계열 상관관계 : 장기 수익률의 상관관계는 부의 시계열 상관관계

② **준강형 효율적 시장가설 검증** : 주식분할 발표에 의한 주가 반응(발표 전까지 주가가 변동하다가 발표 직후에는 초과 수익을 얻기 어려움)

> **약형 효율적 시장과 준강형 효율적 시장의 비효율성 주장 근거**
> - 약형 효율적 시장의 비효율성 주장 근거 : 주말효과, 1월 효과
> - 준강형 효율적 시장의 비효율성 주장 근거 : 저 PER효과, 기업규모 효과, 소외기업 효과, 저 PBR효과

③ 강형 효율적 시장가설 검증 : 내부자의 소유지분 변동(내부자의 집중적인 주식 매입·매각 이후에 주가는 변동)

3. 통합적 투자관리

(1) 소극적 투자관리
① 시장 전체 평균 수준의 투자수익을 얻거나 투자 위험을 감수하고자 하는 투자관리 방법
② 시장 전체의 일반적 예측을 그대로 받아들여 정보비용을 극소화시키며, 거리비용 최소화
③ 소극적 투자관리 방법 : 단순한 매입·보유 전략, 주식 인덱스펀드, 채권 인덱스펀드, 평균 투자법 등

(2) 적극적 투자관리
① 투자자의 독자적인 증권분석과 예측이 시장 전체의 예측에 의한 기대수익보다 초과수익을 얻을 수 있다는 전제하에 투자전략을 행사하는 것
② 초과수익이 가능하다고 보는 소수 종목 등에 집중 투자
③ 적극적 투자관리 방법
  ㉠ 시장 투자 적기 포착
  ㉡ 포뮬러 플랜(일정한 규칙에 따라 기계적으로 자산 배분)

불변금액법	주식, 채권으로 나누어 투자하며 주식 투자 금액을 동일하게 유지
불변비율법	주식, 채권으로 나누어 투자하며 투자 비율을 동일하게 유지
변동비율법	주식, 채권으로 나누어 투자하며 시장 상황에 따라 변동

④ 종목선정
  ㉠ 저평가 자산 매입, 고평가 자산 매도
  ㉡ 내재가치를 추정
   - $RVAR$비율 이용(위험 1단위당 변동성 비율이 가장 높은 종목을 선택)
   - β계수 : 강세시장이 예상될 때는 위험(β계수)이 큰 종목을 선택, 약세시장이 예상될 때는 위험(β)이 작은 종목을 선택
   - 트레이너-블랙모형

   > 평가비율=초과수익/잔차분산(비체계적 위험)

⑤ 시장의 이례적 현상을 이용한 투자전략 : 기업규모효과, 저 PER효과, 저 PBR효과, 소외기업효과, 상대적 강도, 1월 효과, 주말효과, 예상외 이익 발표 효과, 장기 수익률 역전효과 등

(3) 포트폴리오 수정

① **포트폴리오 리밸런싱** : 포트폴리오가 갖는 원래 특성을 그대로 유지 목적

② **포트폴리오 업그레이딩** : 위험에 비해 높은 기대수익을 얻고자 하거나 기대수익에 비해 낮은 위험을 부담하고자 포트폴리오의 구성을 수정

4. 포트폴리오 투자성과 평정

① 샤프지수 : $\dfrac{\overline{R_p} - \overline{R_f}}{\sigma_P}$

② 트레이너지수 : $\dfrac{\overline{R_p} - \overline{R_f}}{\beta_p}$

③ 젠센지수(젠센의 α) : $R_P - [R_f + (R_m - R_f) \times \beta_p]$

④ 평가비율(비체계적 위험 1단위당 초과 수익률) : $\dfrac{\alpha_p}{\sigma(\varepsilon_p)}$

개념확인문제

01 다음 중 효율적 시장가설에 대한 설명으로 옳지 않은 것은?

① 약형 : 효율적 시장이 성립하는 경우 과거 정보를 이용하여 투자하더라도 초과수익을 얻을 수 없다.
② 준강형 : 효율적 시장이 성립하는 경우 공시자료를 활용하더라도 초과수익을 얻을 수 없다.
③ 강형 : 효율적 시장이 성립하더라도 미공개된 정보를 이용하여 초과수익을 얻을 수 있다.
④ 준강형 : 효율적 시장이 성립하는 경우 연속적인 주가의 움직임은 독립적이다.

해설 | 강형 효율적 시장이 성립하는 경우 미공개된 모든 정보를 활용하더라도 이미 모든 정보가 증권 가격에 반영되어 있으므로 투자자는 초과수익을 얻을 수 없다.

02 다음 중 효율적 시장가설에 대한 설명으로 옳은 것을 모두 고른 것은?

ㄱ. 약형 효율적 시장이 성립하는 경우 단기 수익률 자료는 시계열 상관성이 떨어진다.
ㄴ. 주말효과, 1월효과가 성립하는 경우 약형 효율적 시장이 성립하지 않는 근거가 된다.
ㄷ. 저 PER 효과가 성립하는 경우 준강형 효율적 시장이 성립하지 않는 근거가 된다.
ㄹ. 효율적 시장에서는 전문투자자의 평균적인 투자수익률과 일반투자자의 평균적인 투자수익률이 크게 차이 나지 않는다.

① ㄱ
② ㄱ, ㄴ
③ ㄴ, ㄷ, ㄹ
④ ㄱ, ㄴ, ㄷ, ㄹ

해설 | 모두 옳은 지문이다.

03 다음 중 소극적 투자관리 방법으로 적절하지 않은 것은?

① 매입&보유 전략
② 인덱스펀드 투자 전략
③ 포뮬러플랜
④ 평균투자법

해설 | 단순 매입&보유 전략, 주식 및 채권 인덱스펀드 투자 전략, 평균투자법은 모두 소극적 투자 전략이다. 포뮬러플랜은 일정한 규칙에 따라 기계적으로 자산을 배분하는 방법으로 적극적 투자관리 방법에 해당한다.

정답 | 01 ③ 02 ④ 03 ③

04 ★★☆

다음 정보를 이용하여 샤프비율과 트레이너 비율을 올바르게 계산한 것은? (단, 소수점 둘째 자리에서 반올림한다.)

- 포트폴리오 투자수익률 : 15%
- 무위험이자율 : 5%
- 포트폴리오의 표준편차 : 8%
- 포트폴리오 베타 : 1.5

	샤프%	트레이너%
①	1.5	6.0
②	1.25	6.7
③	1.25	5.0
④	1.5	5.7

해설 | 샤프비율은 '(시장포트폴리오 수익률 − 무위험이자율)/포트폴리오 표준편차'로 계산하며 트레이너비율은 '(시장포트폴리오 수익률 − 무위험이자율)/포트폴리오 베타'로 계산한다.
따라서 샤프비율은 '(15% − 5%)/8%' = 1.25, 트레이너비율은 '(15% − 5%)/1.5 = 6.7'이다.

05 ★★☆

다음 중 비체계적 위험 1단위당 초과 수익률을 올바르게 계산한 것은? (단, 소수점 셋째 자리에서 반올림한다.)

- 포트폴리오의 초과수익 : 3%
- 포트폴리오의 표준편차 : 10%
- 포트폴리오의 체계적 위험 부분 : 0.8%

① 6%   ② 6.67%
③ 7%   ④ 8%

해설 | 평가비율은 비체계적 위험 1단위당 초과 수익률을 측정하는 것으로 포트폴리오 초과수익을 잔차표준편차로 나누어 계산한다.
- $0.1^2 = 0.008 + (잔차표준편차)^2$, 잔차표준편차 = 0.45
- 초과수익 0.03/잔차표준편차 0.45 = 6.67%

정답 | 04 ② 05 ②

PART 02

가치평가론

CHAPTER 01_ 주식평가 및 분석
CHAPTER 02_ 채권평가 및 분석
CHAPTER 03_ 파생상품평가 및 분석
CHAPTER 04_ 파생결합증권평가 및 분석

CHAPTER 01

PART 02_ 가치평가론

주식평가 및 분석

TOPIC 01 주식시장과 주식

1. 주식

(1) 보통주와 우선주

① 보통주(Common stock) : 회사의 관리와 경영에 참여할 수 있는 권리와 경제적 이익을 얻을 수 있는 권리를 나타내는 주식
  ※ 경제적 이익 : 이익배당청구권, 잔여재산분배청구권, 신주인수권, 주식전환청구권 이익이 발생할 경우 이익 배당에 무제한적으로 참여가 가능

② 우선주(Preferred stock) : 재산적 이익을 받는 데 있어서 보통주 주주보다 우선하는 주식
  ※ 주식회사의 주주(보통주와 우선주 투자자)는 인수가액을 한도로 유한책임을 짐

(2) 액면주식과 무액면주식

① 액면주식 : 주권상 액면가액이 표시
② 무액면주식 : 주식수만 표시

(3) 기명주와 무기명주

① 기명주식 : 주권과 주주명부에 주주의 이름이 명시
② 무기명주식 : 주주의 이름이 표시되지 않는 주식

2. 증권시장의 기능

(1) 발행시장의 기능

① 발행시장 : 기업, 정부 등 자금 수요자가 자본을 조달하기 위해 발행주체가 되어 유가증권을 투자자에게 최초로 매각하는 시장

② 증권시장의 장점
  ㉠ 일반투자자들의 유휴자금이 장기의 안정성 있는 생산자금화가 됨

ⓒ 발행시장을 통해 기업이 자기자본을 조달하여 재무구조를 개선시켜 기업의 체질과 대외경쟁력을 강화시킬 수 있으며 부채차입에 따른 이자부담 감소
　　ⓒ 증권시장에서 많은 기업의 주식이 공개 및 거래됨에 따라 분산투자로 투자위험 감소
　　ⓔ 소유와 경영의 분리 가능
　　ⓜ 기업투자를 통해 기업의 성과배분에 참여

　③ 증권시장의 단점
　　㉠ 적은 자본으로 많은 기업을 지배·소유 가능
　　ⓒ 대기업으로의 경제력 집중화 및 독점화

(2) 유통시장의 기능

① 유통시장
　㉠ 발행된 증권이 매매 및 거래되는 곳으로 투자자가 증권을 취득하여 투자자금을 운용하거나 보유증권을 처분하여 투자자금을 회수하는 조직적·구체적 시장
　ⓒ 발행된 증권의 시장성과 유동성을 높임

② 유통시장의 장점
　㉠ 증권에 유동성을 부여하여 새로운 증권의 발행을 통한 기업의 자금조달 능력을 향상
　ⓒ 증권의 공정한 가격 형성 기능을 통해 증권발행 주체의 경영효율성을 유도
　ⓒ 유통시장이 발달할수록 다양한 포트폴리오 구성이 가능해져 위험분산 및 투자효과가 커짐
　ⓔ 자산가치 평가의 객관적 기준
　ⓜ 유가증권의 시장성 제고를 통해 유가증권의 담보력을 향상시켜 자금의 융통을 촉진

3. 증권의 발행제도

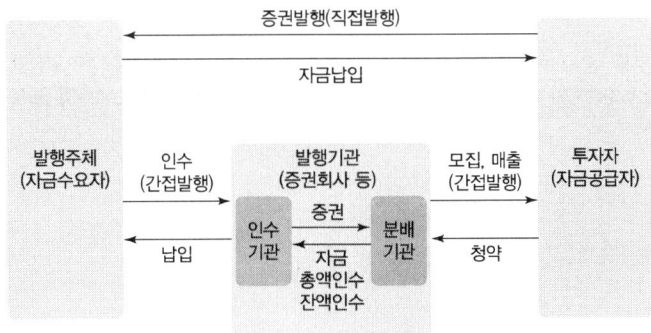

(1) 직접발행과 간접발행

① 직접발행 : 발행사무의 담당 주체에 따라 자기모집과 위탁모집으로 분류
② 간접발행 : 증권의 발행위험이나 발행사무를 계약에 따라 제3의 인수기관이 맡는 방법

구분	내용
총액인수	인수기관이 증권발행에 대한 모든 위험을 부담하고 증권발행 총액을 인수하여 인수회사가 자기 책임하에 투자자에게 매출
잔액인수	일정기간 발행자를 대신하여 신규로 발행하는 증권의 모집 혹은 위탁판매하지만, 기간 경과 후에는 미판매분이 있는 경우 자기 책임으로 인수하여 투자자에게 매각
모집주선	인수기관이 발행에 따른 위험을 부담하지 않고 모집에 대한 주선과 발행업무만을 담당(미매각분은 발행주체가 부담)

(2) 사모와 공모

① 사모
  ㉠ 49인 이하의 소수 투자자만을 대상으로 권유하여 증권을 발행
  ㉡ 발행절차가 간단하고 발행비용이 상대적으로 적게 드는 이점이 있음
② 공모 : 50인 이상의 다수 투자자를 대상으로 증권을 발행

(3) 모집과 매출

① 모집 : 신규 발행 증권 판매
② 매출 : 기발행 증권 판매

(4) 기업공개(IPO)

① 기업공개(IPO)의 의의 : 주식회사의 주식 소유를 분산되도록 하기 위함

 주식 소유의 분산
- 주식회사가 새로이 발행한 주식(신주) : 일반투자자로부터 균등한 조건으로 모집함
- 이미 발행되어 대주주가 소유하고 있는 주식(구주) : 구주의 일부 또는 전부를 공개 시장에서 불특정 다수에게 매출시킴

② 소유와 경영의 분리를 통해 경영전문화
③ 대규모 자금을 저렴하고 안정적으로 조달

(5) 무상증자와 유상증자

① 무상증자
  ㉠ 주주들의 실질적인 주금의 납부 없이 회사의 자본준비금을 자본금으로 전입하는 방법

ⓒ 기업의 실질가치는 변하지 않고 발행주식수만 증가

　　　　※ 권리락 주가 계산식

$$권리락\ 주가 = \frac{권리부\ 주가}{1+무상증자비율}$$

　　　ⓒ 주식배당 : 주주에게 현금으로 배당하는 것 대신 그에 상당한 주식을 발행하여 지급

　② 유상증자

　　　㉠ 현금으로 주금의 납입을 받고 자본금을 증가시키는 것

배정방식		내용
사모	주주배정 (구주할당)	발행주식의 20%를 우리사주 조합에 배정하고 나머지 80%를 기존 주주에게 소유주식에 비례하여 배정
	제3자배정 (연고자 할당)	주주총회의 특별결의가 있거나 정관에 제3자 배정이 명시되어 있을 때 종업원, 임원 등 특정인에게 배정
공모	주주우선공모	주주와 우리사주 조합에 배정하고 권리 포기로 인한 실권주를 인수단이 인수한 후 일반인에게 공모
	일반공모	• 불특정 다수인을 상대로 모집 혹은 매출하는 방법 • 주주총회의 특별결의 혹은 정관에 기존 주주의 신주인수권 배제에 관한 규정이 있는 경우 허용

　　　ⓒ 유상증자 신주발행 가격 : 시가발행제도

　　　　• 현재 시장 가격을 기준으로 발행가격을 결정
　　　　• 권리락 주가 혹은 기존 주가의 30% 내에서 할인하여 발행할 수 있음

$$-신주발행\ 가격 = 기준주가 \times (1-할인율)$$
$$-권리락\ 주가 = \frac{기준주가 + 주당납입금(=증자비율 \times 신주발행가격)}{1+증자비율}$$

　　　※ 유상증자 시 소유 지분율에 변함이 없도록 증자를 실행하는 경우 유상증자 전후 투자자의 보유 주식 가치는 동일

4. 증권매매거래제도

(1) 유통시장 구조

구분	규제 영역					비규제 영역
	조직화된 시장				조직화되지 않은 시장	
	유가증권	코스닥	코넥스	K-OTC 시장	금융투자회사 장외거래	기타 장외거래
거래대상	상장주식 상장채권 선물·옵션	상장주식	상장주식	등록/지정 주식	채권 주식(단주)	투자자 사이에 직접 거래 비상장·비등록주식
참가자	거래소 회원	거래소 회원	투자자	투자자	금융투자회사 투자자	투자자

매매방법	경쟁매매	경쟁매매	경쟁매매	상대매매	상대매매	상대매매
가격발견	O	O	O	O	△	X
운영주체	거래소	거래소	거래소	협회	금융투자회사	–
감독기관	기획재정부 금융위	기획재정부 금융위	기획재정부 금융위	기획재정부 금융위	금융위	금융위

(2) 증권매매거래의 일반절차

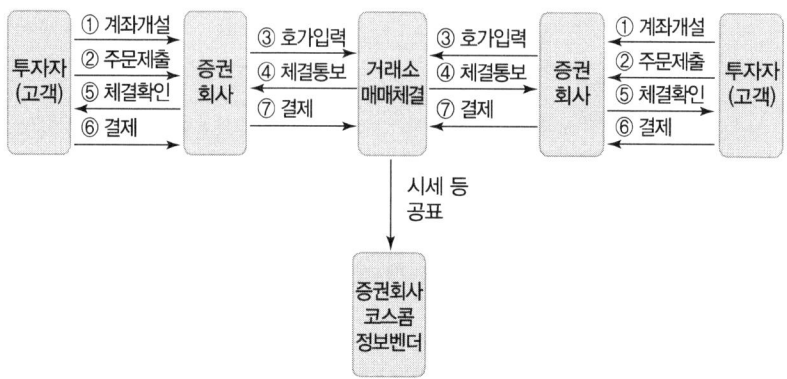

(3) 매매가격의 지정

구분	내용
지정가주문	지정한 가격 혹은 이보다 유리한 가격으로 매매거래하는 주문
시장가주문	종목과 수량은 지정하지만, 가격은 지정하지 않는 유형으로 현 시점에서 가장 유리한 가격조건 또는 시장에서 형성되는 가격으로 즉시 매매거래를 하는 주문
조건부지정가주문	매매거래시간 중에는 지정가주문으로 참여하지만 잔여 수량은 종가 결정 시 시장가주문으로 자동 전환
최유리지정가주문	• 상대방 최우선호가로 즉시 체결이 가능하도록 주문 시점 상대방 최우선호가 가격으로 지정 • 매도 시 가장 낮은 매도주문 가격/매수 시 가장 높은 매수주문 가격으로 지정
목표가 주문	투자자가 목표로 하는 가격에 최대한 근접하여 체결될 수 있도록 하는 방법
경쟁대량매매주문	• 투자자가 종목 및 수량은 지정하되 당일의 거래량 가중평균 가격으로 거래 • 정규시장과는 별도의 시장에서 비공개로 매매체결

(4) 집중거래제도와 계속거래제도

① 계속거래제도 : 장중거래
② 집중거래제도 : 08:30~09:00, 15:20~15:30 사이 동시호가 매매 제도 적용
③ 계속거래 시 가격체결 원칙

구분	내용
가격우선 원칙	팔 때는 낮은 가격의 주문 우선, 살 때는 가장 비싼 가격 우선
시간우선 원칙	동일 가격 호가의 경우 먼저 주문한 거래가 체결
수량우선 원칙	같은 가격, 동시호가인 경우 수량이 많은 거래가 우선 체결
위탁매매 우선 원칙	고객이 주문한 위탁매매 호가가 증권회사의 자기매매 호가에 우선

(5) 증권거래매매의 관리와 규제

① 1일 최대 가격변동폭 : 전일종가대비 ±30%
② 매매거래중단 : 주가지수가 일정폭 이상 급락하는 경우 매매거래를 일시적으로 중단
③ 불공정행위에 대한 규제 : 내부자거래, 통정매매, 가장매매 등을 규제
④ 관리종목, 감리종목 지정
　㉠ 관리대상 : 상장폐지에 해당하는 사유가 발생
　㉡ 감리대상 : 주가의 급격한 변화가 발생
⑤ 주문 전 예상 매입금액의 40%를 위탁증거금으로 예치해야 함

(6) 주가지수

① 주가지수의 의의
　㉠ 미래의 경제를 예측하는 선행지표
　㉡ 개별 투자자의 투자성과를 평가하는 기준
　㉢ 주가지수의 기술적 분석을 통해 미래의 주가 예측, 시장 동향을 예측
　㉣ 시장포트폴리오의 대용치로 적용

② 주가지수

$$주가지수 = \frac{비교\ 시점에서의\ 시장\ 전체의\ 주가\ 수준}{기준\ 시점에서의\ 시장\ 전체의\ 주가\ 수준} \times 100$$

　㉠ 주가지수 종목
　　• 전반적인 주가 움직임을 잘 대변하는 종목이어야 함
　　• 우리나라 종합주가지수는 전 종목을 채택
　㉡ 주가지수 작성방법
　　• 주식가격 가중방법 : 어느 특정 시점의 주가 평균을 단순히 채용종목의 주가를 합한 다음 종목수로 나누어 지수를 산출(다우존스산업지수, Nikkei 225)

> **TIP 주식가격 가중방법의 문제점**
> • 무상증자 등 채용종목의 발행주식수에 변동이 생기면 나누어 주는 수를 수정하면서 현실과의 괴리감이 발생
> • 고가 주식의 가격변동이 저가 주식의 가격변동보다 지수에 더 큰 영향
> • 고가 주식이 저가 주식이 되는 경우 (주식분할 등) 지수의 일관성 유지가 어려움

　　• 시가총액 가중방법
　　　- 주식의 시가총액 기준으로 가중치를 부여하고 주가지수를 작성(S&P500, 종합주가지수, KOSPI 200)

- 주식분할 등 주식 수가 변경되더라도 영향을 미치지 않음
    - 시가 총액이 높은 종목이 지수에 많이 반영되어 현실을 반영함
  • 동일가중방법 : 모든 주식의 중요도를 동일하게 가중하는 방법

(7) 종합주가지수와 KOSPI 200

① 종합주가지수는 기준시점을 1980년 1월 4일로 하고, 전 종목의 시가총액식 주가지수
② 대형주, 중형주, 소형주의 규모별 지수, 산업별 지수를 작성 및 발표
③ KOSPI 200은 1994년 6월부터 발표하기 시작한 주가지수로, 상장증권 200종목을 시가총액식으로 산출하는 지수. 전체 시가총액의 70% 이상이 되도록 선정하며 기준일을 100으로 선정

개념확인문제

01 다음 중 증권시장 중 발행시장에 대한 설명으로 옳지 않은 것은?

① 발행시장을 통해 기업은 부채차입 대신 자기자본으로 자금을 조달할 수 있어 재무구조를 개선할 수 있다.
② 많은 기업의 주식이 공개되고 거래됨에 따라 투자자들은 분산투자로 투자위험을 감소시킬 수 있다.
③ 증권시장을 통해 대기업뿐만 아니라 중소·중견 기업으로 자금 투자가 분산될 수 있다.
④ 증권시장을 통해 지분이 분산됨에 따라 기업의 소유와 경영의 분리가 가능해진다.

해설 | 증권시장을 통해 대기업으로 경제력이 집중되는 단점이 있다.

증권시장으로 인한 장점과 단점

장점	• 일반투자자들의 유휴자금이 장기의 안정성 있는 생산자금화 • 발행시장을 통해 기업이 자기자본을 조달하여 재무구조를 개선시켜 기업의 체질과 대외경쟁력을 강화시킬 수 있으며 부채차입에 따른 이자부담 감소 • 증권시장에서 많은 기업의 주식이 공개 및 거래됨에 따라 분산투자로 투자위험 감소 • 소유와 경영의 분리 가능 • 기업투자를 통해 기업의 성과 배분에 참여
단점	• 적은 자본으로 많은 기업을 지배·소유 가능 • 대기업으로의 경제력 집중화 및 독점화

02 증권시장 중 유통시장에 대한 설명으로 적절하지 않은 것은?

① 유통시장을 통해 증권에 유동성이 부여되어 증권의 발행을 통한 기업의 자금조달 능력이 향상된다.
② 유통시장이 발달할수록 위험분산 및 투자 효과가 커지게 된다.
③ 유가증권의 시장성이 향상되어 유가증권의 담보력이 향상된다.
④ 투자자들이 자의적인 기준으로 투자를 함에 따라 증권 가치에 대한 객관적인 평가는 할 수 없다.

해설 | 유통시장으로 인해 증권의 공정한 가격 형성이 가능해지며, 유통시장에서 형성된 가격을 통해 자산가치의 객관적인 평가가 가능해진다.

정답 | 01 ③ 02 ④

03 다음 중 보통주 및 우선주에 관한 설명으로 옳지 않은 것은?

① 보통주를 통해 회사의 관리와 경영에 참여할 수 있는 권리와 경제적 이익을 얻을 수 있는 권리를 행사할 수 있다.
② 보통주와 우선주 모두 인수가액을 한도로 유한책임을 진다.
③ 우선주의 경우 일반적으로 보통주보다 회사의 경영에 참여할 수 있는 권리와 경제적 이익을 얻을 수 있는 권리에 우선한다.
④ 보통주는 재산권 행사가 마지막으로 행사되므로 위험부담이 크다.

해설 | 우선주의 경우 일반적으로 보통주보다 경제적 이익을 얻을 수 있는 권리에는 우선하지만, 회사의 경영에 참여할 수 있는 권리는 제한적이다.

04 다음 중 금융시장에 대한 설명으로 옳지 않은 것은?

① 유상증자 및 회사채 등은 장기적인 자금조달로 분류된다.
② 자금의 공급자와 수요자가 참여하여 필요한 곳에 자금이 투자된다.
③ 직접금융시장은 발행 주체가 투자자로부터 직접 자금을 조달하는 방식이다.
④ 간접발행을 하는 경우 직접발행에 비해 발행 주체의 자금조달 계획에 대한 차질 위험이 증가한다.

해설 | 직접발행을 하는 경우 발행예정액이 전액 소화될 수 없을 때 자금조달 계획의 차질 위험이 증가한다. 이에 비해 간접발행의 경우 총액인수 및 잔액인수 방법을 택할 경우 자금조달 계획의 차질 위험이 감소한다.

05 다음 중 증권의 발행 형태에 대한 설명으로 적절하지 않은 것은?

① 총액인수의 경우 인수기관이 증권발행에 대한 모든 위험을 부담한다.
② 잔액인수의 경우 일정기간 발행자를 대신하여 인수기관이 증권에 대해 위탁판매한다.
③ 모집주선의 경우 인수기관이 모집에 대한 주선과 발행업무만을 담당하여 단순히 증권의 매출을 도와주는 방법이다.
④ 위탁모집의 경우 간접발행방법 중 하나로 제3자에게 발행사무를 대행시키는 방법이다.

해설 | 위탁모집과 자기모집은 직접발행방법이다. 간접발행으로는 총액인수, 잔액인수, 모집주선 등의 방법이 존재한다.

06. 다음 중 증권의 모집 방법에 대한 설명으로 적절하지 않은 것은? ★★★

① 사모 모집의 경우 공모에 비해 발행절차가 간단하고 발행비용이 적게 드는 장점이 있다.
② 110명의 투자자를 대상으로 증권발행에 대한 권유를 할 경우 사모에 해당한다.
③ 공모의 경우 다수 투자자를 대상으로 증권을 발행하는 것이다.
④ 신규로 발행하는 증권을 판매하는 것은 모집에 해당한다.

해설 | 기본서상 50명 미만의 투자자를 대상으로 증권발행에 대한 권유를 할 때 사모에 해당한다. 따라서 110인의 투자자에게 권유를 할 경우에는 공모에 해당한다.

07. 다음 중 기업공개에 대한 설명으로 적절하지 않은 것은? ★★☆

① 기업공개를 통해 주식회사는 새로 발행한 주식을 일반투자자에게 차등한 조건으로 모집할 수 있다.
② 기업공개를 통하는 경우 대규모 자금을 저렴하고 안정적으로 조달할 수 있다는 장점이 있다.
③ 기업공개를 통해 기존의 대주주에게 집중된 주식회사의 지분은 분산될 수 있다.
④ 기업공개는 사회 전체적인 부의 재분배에 도움이 된다.

해설 | 기업공개를 통해 주식회사는 새로 발행한 주식을 일반투자자에게 균등한 조건으로 모집할 수 있다.

08. A기업의 주식은 현재 1주당 12,000원에 거래되고 있다. A기업의 발행주식수는 현재 200주이며 40주에 해당하는 무상증자를 고려할 경우 A기업의 무상증자 후 권리락 주가는 얼마인가? ★★★

① 9,000원
② 10,000원
③ 11,000원
④ 12,000원

해설 | 권리락 주가 = 권리부 주가/(1 + 무상증자비율)이고, 현재 발행된 200주 대비 무상증자될 40주는 20%에 해당한다. 따라서 권리락 주가는 12,000원/(1 + 20%) = 10,000원이다.

09 다음 중 실제 기업가치가 증가하는 경우를 고르면?

① 회사 지분에 대해 유상감자를 실시하였다.
② 주주들에게 무상증자를 통해 주식을 지급하였다.
③ 당기에는 주주들에게 주식배당을 실시하였다.
④ 유상증자를 통해 새로운 주주들이 회사에 유입되었다.

해설 | 유상증자의 경우 주주들이 주급을 납입하고 유상증자에 참여하게 되므로 전체 기업가치는 증가한다.

10 A기업은 유상증자를 실시하기로 한다. 유상증자의 기준주가는 10,000원, 할인율은 10%를 적용하기로 하였으며, 증자비율은 30%일 경우 A기업의 권리락 주가는 얼마인가?

① 9,769원
② 10,000원
③ 11,979원
④ 9,000원

해설 | 신주발행가격 = 기준주가×(1 − 할인율)이므로 신주발행가격은 10,000원×(1 − 10%)인 9,000원이다. 권리락 주가는 (기준주가 + 주당 납입금)/(1 + 증자비율)이므로 A기업의 권리락 주가는 (10,000원 + 30%×9,000원)/(1 + 30%)이므로 9,769원이다.

11 다음 중 매매거래시간 중에는 지정가주문으로 참여하지만, 주문이 체결되지 않은 잔여 수량은 종가 결정 시 시장가 주문으로 자동 전환되는 증권매매방식은?

① 조건부 지정가주문
② 최유리 지정가주문
③ 지정가주문
④ 시장가주문

해설 | 매매거래시간 중에는 지정가주문으로 참여하지만, 잔여수량은 종가 결정 시 시장가 주문으로 자동전환되는 증권매매방식은 조건부 지정가주문이다.

12 다음 중 증권매매의 계속 거래 중 거래 체결 원칙의 순서로 적절한 것은?

① 시간우선 – 가격우선 – 수량우선
② 가격우선 – 시간우선 – 수량우선
③ 시간우선 – 수량우선 – 가격우선
④ 가격우선 – 수량우선 – 시간우선

해설 | 증권매매를 하는 경우 가격우선, 같은 가격인 경우 시간우선, 같은 가격, 동시호가인 경우 수량우선 원칙이 적용된다.

13 ★★★ 다음 중 주가지수의 의의에 대한 설명으로 옳지 않은 것은?

① 주가지수는 미래의 경제를 예측하는 선행지표의 역할을 한다.
② 개별 투자자의 투자성과를 평가하는 기준이 된다.
③ 시장포트폴리오의 대용치로 사용될 수 있다.
④ 주가지수의 기본적 분석을 통해 미래의 주가를 예측하는데 적용할 수 있다.

해설 | 주가지수의 기술적 분석을 통해 미래의 주가를 예측하거나 시장동향 분석에 적용할 수 있다.

기술적 분석과 기본적 분석
- 기술적 분석 : 과거와 현재의 주가 및 지수 움직임에 따라 미래의 가격이 어떻게 움직일지를 예측 및 분석
- 기본적 분석 : 기업의 재무제표, 건전성, 경영, 경쟁우위성, 경쟁상대, 시장 등을 분석

14 ★★★ 다음 중 상장주식을 거래하지 않는 증권 유통시장은?

① 유가증권시장(코스피) ② 코스닥시장
③ 코넥스시장 ④ K-OTC시장

해설 | 상장주식을 거래하지 않는 유통시장은 K-OTC시장이다. K-OTC시장에서는 등록되거나 지정된 주식을 거래한다.

15 ★★★ 다음 중 주가지수를 작성하는 방법으로 적절하지 않은 것은?

① 주식가격 가중방법은 특정 시점의 주가 평균을 단순히 채용종목의 주가를 합한 후 시장 전체의 종목수로 나누어 지수를 산출하는 방법으로 대표적으로 다우존스산업지수 등이 있다.
② 주식가격 가중방법은 무상증자 등으로 채용 종목의 발행주식수에 변동이 생기면 현실과의 괴리감이 발생한다.
③ 시가총액 가중방법은 주식의 시가총액 기준으로 가중치를 부여하여 주가지수를 작성하는 방법으로 대표적으로는 S&P500, 종합주가지수, KOSPI 200이 있다.
④ 시가총액 가중방법도 주식분할 등 주식 수가 변경되는 경우 현실과의 괴리감이 발생하는 문제점이 있다.

해설 | 시가총액 가중방법의 경우 주식분할 등 주식 수의 변경이 발생하더라도 시가총액 전체로 계산하므로 영향을 받지 않는다.

정답 | 09 ④ 10 ① 11 ① 12 ② 13 ④ 14 ④ 15 ④

TOPIC 02 경제·산업·기업분석

1. 증권분석의 체계

> **TIP 기본적 분석과 기술적 분석**
> - 기본적 분석 : 거시경제변수, 산업변수, 기업 자체 변수 등을 분석하여 내재가치 확인
> - 기술적 분석 : 과거 주가변동을 분석하며 주가는 시장에서의 수요와 공급에 의해 결정

(1) 기업의 가치를 찾기 위한 분석
① Top-down 방식 : 경제분석 → 산업분석 → 기업분석
② Bottom-up 방식 : 기업분석 → 산업분석 → 경제분석

(2) 경제분석
① 국내총생산(GDP)
  ㉠ 일정기간 일국의 경제활동에 의해 창출된 최종 재화와 용역의 가치로서 그 나라의 경제력, 경제성장률, 국민소득 평가의 기초
  ㉡ 연평균 주가 상승률은 명목 GDP성장률에 접근할 것으로 기대

② 이자율
  ㉠ 이자율의 상승 시 주식의 투자매력도는 하락하고 요구수익률 또한 상승하면서 주식 가격이 하락하기도 함
  ㉡ 금융비용에 영향을 주며 특히 타인자본 의존도가 높은 기업의 경우 이익에 큰 변동성을 띰
  ㉢ 시중금리는 투자자들의 소비에 대한 시차 선호도, 기업들이 생산기회에 대해 갖는 자본의 한계효율, 국내총생산, 정부의 재정금융정책, 구매력 감소를 가져오는 미래 기대 인플레이션에 영향을 받음

③ 인플레이션
  ㉠ 명목 수익률과 실질 수익률 : 명목 수익률 = 실질 수익률 + 기대 인플레이션
  ㉡ 인플레이션 시 명목 매출액은 과대계상되어 자기자본순이익률(ROE)이 증가하고 사내유보율은 명목 성장률의 증가로 증가될 필요성이 있음
  ㉢ 주가수익비율은 주당이익이 과대계상되므로 하락
  ㉣ 실제 인플레이션과 기대 인플레이션의 차이도 인플레이션에 영향을 미치며 실제 인플레이션이 기대 인플레이션보다 높은 경우 순화폐성 자산가치가 (+)인 기업은 순채권자 입장이 되어 부가 감소(실제 인플레이션이 기대 인플레이션을 초과하면 채권자는 손실, 채무자는 이득)

④ 환율, 무역수지
　㉠ 환율은 개별기업 수익성의 주요 결정요인으로 국제수지, 물가, 금리 등의 복합적인 요인에 의해 결정
　㉡ 자국 통화 평가절하 시 수입 감소, 수출 증가 효과(내수물가 증가)
　㉢ 자국 통화 가치 절하 시 수입제품의 원가 상승, 국내 제품 가격의 상승으로 인플레이션을 높임
　㉣ 환율과 주가는 일반적으로 (−)의 관계
⑤ **정부 경제정책** : 재정정책과 통화정책을 통해 국민소득 Y에 영향
⑥ **경기순환**
　㉠ 국민경제 활동은 반복적인 규칙성을 지니고 변동하는 경향
　㉡ 회복 → 활황 → 후퇴 → 침체
　㉢ 국내경기순환은 확장기가 수축기보다 길고, 확장기는 길고 완만, 수축기는 짧고 가파름
　㉣ 주가는 경기에 대한 선행지표 역할을 함

(3) 산업 경쟁구조

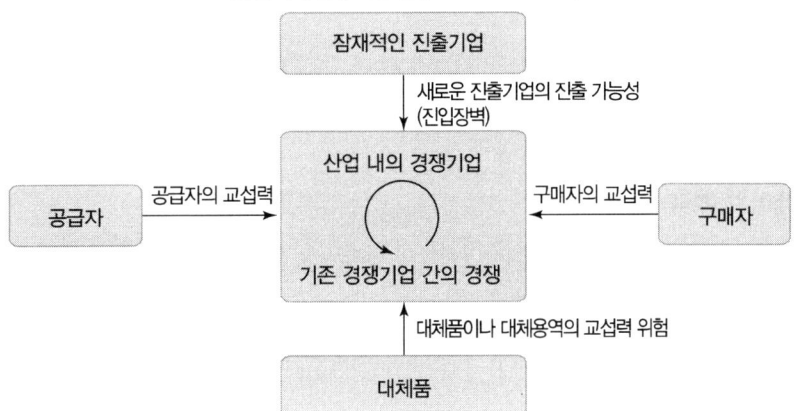

〈산업의 경쟁강도를 결정짓는 구조적 요인〉

① **진입장벽** : 규모의 경제, 제품 차별화, 진입 소요자금 大, 기존 판매망이 견고함, 기존 업체의 절대비용 우위, 정부의 규제 多
② **경쟁강도** : 경쟁기업 수 多, 산업의 성장이 완만, 가격 경쟁의 가능성 ↑, 제품 차별화 ↓, 고정비 비중 높음, 시설확장이 대규모로 필요한지 여부
③ **대체가능성** : 대체품의 품질 등
④ **구매자 교섭력** : 구매자 집중도 > 공급자 집중도, 제품의 차별화 ↓(규격화), 구매자의 후방 계열화
⑤ **공급자 교섭력** : 공급자 집중도 > 구매자 집중도, 제품의 차별화 ↑, 교체비용 소요, 공급자의 전방 계열화

(4) 제품수명주기이론

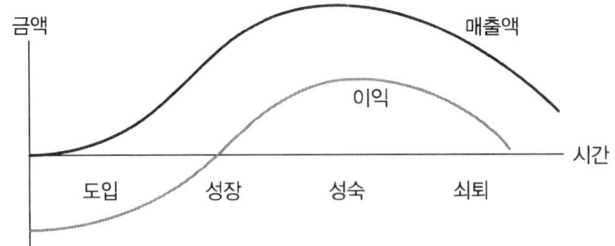

(5) 기업분석

① 재무비율 : 수익성비율, 활동성비율, 성장성비율, 안정성비율, 유동성비율
② ROE 변동원인 분석(Du Pont System 분석)

$$ROE = 당기순이익/자기자본$$
$$= (당기순이익/매출액) \times (매출액/총자산) \times (총자산/자기자본)$$
$$= 매출액순이익률 \times 총자산회전율 \times 부채비율$$
$$= 수익성비율 \times 활동성비율 \times 안정성비율$$

③ EVA 분석

$$EVA = 세후영업이익(\text{Net Operating Profit After Tax}) - 자본비용(k) \times 투하자본(IC)$$

(6) 미래이익 예측 시 고려 사항

① 실증적으로 주가변동은 기업의 미래이익 변화와 밀접한 관련이 있기 때문에 미래이익 예측은 초과수익률을 높일 수 있는 방법 중 하나
② 경제적 이익이 아닌 회계적 이익으로 미래 예측
③ 회계처리방법의 다양성
④ 과거 자료뿐만 아니라 여러 질적 요인도 고려해야 함
⑤ 예측의 신뢰성을 높이기 위해 정상적 주당이익에 근거(Normalized EPS)
　㉠ 미래에 반복될 경상적 항목을 근거로 예측
　㉡ 보수적 회계처리 방법을 근간
　㉢ 기업의 장기 수익력과 밀접한 관계가 있는 임의적 비용지출의 크기 및 시기 고려

개념확인문제

01 다음 중 기본적 분석에 해당하지 않는 것은?

① 인플레이션 분석
② 환율 분석
③ 기업 자체 이슈 분석
④ 과거 주가 패턴 분석

해설 | 기본적 분석은 거시경제변수, 산업변수, 기업이 자체적으로 직면한 변수 등을 분석하는 것으로, 과거 주가 패턴을 분석하는 것은 기술적 분석이다.

02 다음 중 증권분석에 대한 설명으로 옳지 않은 것은?

① 증권분석은 크게 기술적 분석과 기본적 분석으로 나눌 수 있다.
② 기업을 둘러싸고 있는 경제를 분석하고 다음으로 기업의 산업, 마지막으로 기업을 분석하는 방식은 Bottom-up 방식이다.
③ 기본적 분석은 기업의 내재가치를 찾아내는 것을 목표로 한다.
④ 기술적 분석에서 주가는 주가 시장의 수요와 공급에 의해 결정된다고 본다.

해설 | 경제 분석 → 산업 분석 → 기업 분석 순으로 분석하는 것은 Top-down 방식이다.

03 다음 중 경제분석에 대한 설명으로 옳지 않은 것은?

① 인플레이션은 물가가 지속적으로 상승하는 현상으로 인플레이션 발생 시 ROE는 증가한다.
② 연평균 주가 상승률은 명목 GDP 성장률에 접근할 것으로 기대한다.
③ 환율과 주가는 일반적으로 정(+)의 상관관계를 보인다.
④ 주가는 경기에 대한 선행지표 역할을 한다.

해설 | 환율과 주가는 일반적으로 (−)의 상관관계를 보인다.

정답 | 01 ④ 02 ② 03 ③

04 다음 중 마이클 포터의 5 Forces Model에 대한 설명으로 옳지 않은 것은?

① 규모의 경제가 성립하거나 진입 소요자금이 큰 경우 진입장벽이 발생한다.
② 공급자 집중도가 큰 경우 구매자 교섭력은 상승한다.
③ 교체비용이 소요되는 경우 공급자 교섭력은 상승한다.
④ 경쟁기업의 수가 많을수록 경쟁강도는 상승한다.

해설 | 공급자 집중도가 큰 경우 공급자 교섭력이 상승한다.

05 다음 중 마이클 포터의 5 Forces Model의 주요 외부요인으로 적절하지 않은 것은?

① 밸류체인
② 경쟁강도
③ 공급자 교섭력
④ 구매자 교섭력

해설 | 5 Forces Model의 주요 외부요인으로는 진입장벽, 경쟁강도, 대체가능성, 구매자 교섭력, 공급자 교섭력이다.

06 다음 중 제품수명주기의 특징에 대한 설명으로 옳지 않은 것은?

① 도입기에는 매출이 거의 발생하지 않으며 (-)의 이익이 발생한다.
② 성장기에는 매출이 상승하기 시작하며 이익은 거의 발생하지 않는다.
③ 성숙기에는 매출액과 이익이 극대화된다.
④ 쇠퇴기에는 매출액이 감소하기 시작하며 (-)의 이익이 발생한다.

해설 | 쇠퇴기에는 성숙기에 비해 매출액이 감소하며 이익은 점차 0에 수렴하게 된다.

07 다음 중 듀폰 분석을 통해 ROE를 분석할 때 적용되는 주요 재무비율이 아닌 것은?

① 부채비율
② 이자보상비율
③ 총자산회전율
④ 매출액순이익률

해설 | ROE = 당기순이익/자기자본
= 당기순이익/매출액 × 매출액/총자산 × 총자산/자기자본
= 매출액순이익률 × 총자산회전율 × 부채비율
= 수익성비율 × 활동성비율 × 안정성비율
이므로 듀폰 분석은 매출액순이익률, 총자산회전율, 부채비율로 나눌 수 있다.

08 다음 자료를 바탕으로 EVA를 계산하면 얼마인가?

- 영업이익 : 10,000
- 자기자본비용 : 12%
- 부채비율 : 100%
- 적용세율 : 20%
- 타인자본비용 : 10%
- 총투입자본 : 50,000

① 2,000 ② 3,000
③ 4,000 ④ 5,000

해설 |
- 세후영업이익 : 10,000×(1−20%)=8,000
- 자본비용 : 50%×12%+50%×10%×(1−20%)=10%
- EVA = 세후영업이익 8,000 − 10%×50,000=3,000

09 미래이익 예측 시 고려 사항으로 적절하지 않은 것은?

① 회계적 이익이 아닌 경제적 이익으로 미래를 예측한다.
② 회계처리방법의 다양성을 고려한다.
③ 과거 자료뿐만 아니라 여러 질적 요인도 고려해야 한다.
④ 정상적 주당이익에 근거하여 미래이익을 예측한다.

해설 | 경제적 이익이 아닌 회계적 이익을 통해 미래를 예측한다.

정답 | 04 ② 05 ① 06 ④ 07 ② 08 ② 09 ①

TOPIC 03 주식가치평가모형

 기본적 분석의 특징

- 내재가치를 결정짓는 요인인 주당이익, 배당, 재무구조, 성장성 등의 분석에 초점
- 개별 종목별로 분석 수행

1. 보통주 평가모형의 종류

```
┌─ 현금흐름할인(DCF) 모형(계속기업의 가치)
│   1) 수익가치에 근거한 보통주 평가
│       ① 배당평가모형 ┬ 정률성장모형
│                      ├ 제로성장모형
│                      └ 고속성장모형
│       ② 이익평가모형
│   2) 잉여현금흐름 평가모형(FCF)
├─ 자산가치에 근거한 보통주 평가(청산가치)
└─ 주가배수주식평가모형 : PER, PBR, PSR, EV/EBITDA
```

2. 현금흐름할인모형(Discounted CashFlow)

① 수익가치를 근거로 미래 투자수입을 적절한 할인율로 할인한 현재가치로 기업가치를 추정
② 현재가치를 내재가치로 추정
  ㉠ 배당평가모형 : 현금흐름은 투자기간 중 배당의 크기 + 매각 시점의 처분 가격으로 구성
  ㉡ 정률성장모형 : 미래배당금이 일정 %로 성장

$$P_o = \frac{d_1}{k-g} = \frac{d_0(1+g)}{k-g}$$

d_1 : 1기 시점의 배당금, d_0 : 현재배당금, k : 자본비용, g : 배당성장률
단, 미래배당금이 성장하지 않는다고 가정하면 $P_0 = d_0/k$

 정률성장모형의 가정

- 성장에 필요한 자금은 내부자금으로만 조달
- 투자자금의 재투자수익률은 항상 일정
- 기업 내 유보율(f)와 배당성향($1-f$) 또한 일정
- 요구수익률(k)이 일정하며, 요구수익률은 항상 성장률보다 큼

  ㉢ 다단계성장모형 : 초기 n년 동안은 고속성장, 이후에는 성장률이 안정되어 일정 성장

ⓒ 이익평가모형

> - 성장기회가 없는 경우 $P_0 = \dfrac{EPS}{k}$
> - 성장기회를 감안한 경우 = 성장기회가 없는 경우의 가치 + 성장기회의 현재가치

3. 자산가치에 근거한 주식가치 평가

① 순자산을 발행주식수로 나눈 주당순자산가치를 계산하여 1주에 귀속되는 자산가치로 평가(주당장부가치 BPS)
② 기업의 청산을 전제로 한 청산가치에 근거하여 대차대조표로부터 추정
③ 미래의 수익 발생 능력이 반영된 것은 아님

> **TIP 토빈의 q비율(순자산의 대체원가)**
>
> - 토빈의 q비율 = $\dfrac{\text{주식의 시장가격}}{\text{순자산의 대체원가}}$
> - 비율과 1 사이 간의 괴리로 시장가격 가치 추정

4. FCF(잉여현금흐름)모형에 의한 가치평가(영업현금흐름접근법)

(1) FCF 모형의 장점

① 영업활동에서 창출되는 현금흐름이 기업가치를 결정짓는 원천적 현금흐름
② 주주 몫의 현금흐름(배당 등)은 배당정책 등에 영향
③ 영업현금흐름은 재무구조(부채비율)의 차이에 영향을 받지 않음
④ 특정 부문이나 특정 사업부의 가치를 따로 추정할 수 있음
⑤ 실증적으로 영업현금흐름은 어느 지표보다 주가와 높은 상관관계

(2) FCF의 의의

① 기업가치를 결정짓는 순현금흐름 = 현금유입(영업현금흐름) − 현금유출(신규 총투자액)
② 재무활동으로 인한 현금흐름은 제외
③ 미래 가치창출에 필요한 신규 투자액까지 차감한 금액으로 추정

> 잉여현금흐름(FCF) = 총영업현금흐름 − 총투자액
> = 세후 영업이익 + 감가상각비 − [$\triangle IC$(투하자본증가액) + 감가상각비]
> = 세후 영업이익 − $\triangle IC$(투하자본증가액)

(3) 현금흐름추정

① 투하자본(IC) = 영업고정자산 + 영업관련순운전자본
                = 영업고정자산 + (매출채권 + 재고자산 - 비이자발생 유동부채)

※ 단, 투하자본에는 비영업자산(투자자산, 건설중인자산, 이연자산, 시장성 유가증권, 적정시재 이상의 예금) 등은 제외

② 세후영업이익($NOPLAT$) = $BEIT \times (1-t)$

③ $FCF = NOPLAT - \triangle IC$

④ $ROIC$(투하자본 대비 세후영업이익률) = $NOPLAT$/투하자본

⑤ ROA(영업이익/총자본) = (영업이익/매출액) × (매출액/총자산)
   = (영업마진 × 총자산회전율) × (비용효율성 × 자산투자의 효율성)

5. 자본비용의 추정

※ 자본비용 : 기업이 조달한 자본에 대해 사용대가로 지불하는 비용

① 자본제공자(채권자와 주주)의 기회투자수익률을 충족시켜야 함. 자본비용은 투자사업에 대한 요구수익률

② 자본비용 = $\dfrac{\text{기회투자수익}}{\text{자본제공액(자본 제공자 측면)}}$ = $\dfrac{\text{지급대가}}{\text{자본조달액(자본 사용자 측면)}}$

$$WACC = k_d(1-t) \times \left(\dfrac{B}{B+S}\right) + k_e \times \left(\dfrac{S}{B+S}\right)$$

k_d : 세전부채비용, k_e : 자기자본비용, t : 법인세율, B : 부채의 시장가치, S : 자기자본의 시장가치

> **TIP** **$WACC$의 측정상 유의점**
> - FCF의 현재가치를 구할 때 사용되는 할인율은 $WACC$
> - 납세 후 기준으로 측정
> - 명목가치 기준으로 측정
> - 시장가치에 따라 가중치 부여

6. 부채비용 측정

① 해당 기업이 발행하고 있는 채권의 만기수익률을 부채비용으로 적용

② 무위험이자율에 일정 스프레드를 더해 계산

> 부채비용 = 무위험이자율 + 유사 회사채 신용등급의 스프레드

③ 부채비용 = 세전 부채비용 × (1 - 유효법인세율)

7. 자기자본비용추정

① 배당평가모형 : 배당수익률(배당수익)과 이익성장률(시세차익)을 합하여 자기자본비용으로 측정

$$k_e = d_1/P_0 + g$$

② 이익평가모형 : 성장성을 가정하지 않은 이익평가모형이 성립, PER의 역수를 측정하여 자기자본비용으로 계산

$$k_e = E/P_o$$

③ $CAPM$의 이용

$$k_e = R_f + [E(R_m) - R_f] \times \beta \text{ (무위험이자율+시장위험프리미엄×베타)}$$
$$= R_f + \text{(글로벌위험보상율+국가위험보상율)}$$

8. 목표자본구조 적용

① 장기적 목표치를 적용하여, S/V, B/V에 가중치를 적용
② 현재의 시장가치 기준으로 자본구조 적용
③ 비교 가능 기업의 자본구조 적용
④ 재무구조를 감안

9. 잔존가치 추정

① 명시적 예측기간 이후 현금흐름의 현재가치
② 잔존가치 추정을 위해서는 명시적 예측기간이 설정되어야 함
③ 명시적 예측기간 설정 시 고려할 점
  ㉠ 경쟁우위 유지 가능 기간
  ㉡ $ROIC = WACC$ 되는 시점
  ㉢ 고속성장 후 안정적 성장 유지 시작 시점
④ 잔존가치 $= \dfrac{FCF_{n+1}}{(WACC - g)}$
⑤ 예측기간 최종 수년간 FCF의 평균 수준을 영구히 유지한다고 가정
⑥ 대체원가, 청산가치 기준으로 추정하며 PER, PBR모형으로도 추정할 수 있음

10. 적정주가의 추정

$$V_0 = \text{추정기간 현금흐름의 현재가치} + \text{잔존가치의 현재가치} + \text{영업 외 가치}$$
$$\text{주당 주식가치} = (V_0 - B_0)/\text{발행주식수}$$

11. 주가배수 평가모형

① PER 평가 : 주당이익에 비해 주가가 몇 배 인지를 나타냄(P/PER). 주당이익 1원당 시장이 보상하는 가격으로 PER의 차이는 수익력의 질(Quality)을 반영

② PER가 차이나는 요인(수익력의 질적 차이)을 가져오는 요인
  ㉠ 기업의 미래성장률 차이
  ㉡ 영업위험, 재무위험 차이
  ㉢ 회계처리방법의 차이
  ㉣ 시장에서의 경쟁적 지위 차이
  ㉤ 경영자 능력 등의 비정량적 요소의 차이

③ PER는 각 증권의 수익력에 대한 질적 평가가 반영된 것으로 신뢰도 지수의 의미도 있음. 따라서 증권시장 전체의 평균 PER이나, 특정 산업의 평균 PER은 종합적인 신뢰도를 반영

④ PER를 이용한 이론주가의 추정

$$P = PER(\text{정상적 이익 승수, Normalized } PER) \times EPS$$

> **TIP** 이론적인 PER 계산 방법
> - 동류 위험을 지닌 주식들의 PER를 이용
> - 동종 산업의 평균 PER 이용
> - 과거 수년간의 평균 PER 적용
> - 배당평가모형을 이용하여 PER계산
>
> $$P_0 = \frac{d_1}{k-g} = \frac{EPS_0(1-b) \times (1+g)}{k-g}$$
> $$PER(P/EPS) = \frac{(1-b) \times (1+g)}{(k-g)}$$
> b : 유보율, g : 성장률, k : 자본비용

⑤ PEG비율, 상대적 PER 평가
  ㉠ $PEG = PER/\text{기대 성장률}$
  ㉡ 주식 간 PER의 가장 큰 차이가 나는 요인은 미래 성장률 차이
  ㉢ 주가의 과소·과대평가 판단 기준

⑥ PER의 유용성과 한계점
  ㉠ 기업 간 상대적 주가 수준 평가 시 유용
  ㉡ 저 PER 주식의 경우 과소평가되어 있어 투자수익률이 높아짐(S. Basu)
  ㉢ 분자 주가 자료의 적용 일자 선택 문제
  ㉣ 분모 주당이익 자료의 기간 선택 문제
  ㉤ 어떤 이익을 기준으로 계산할지 선택 문제(비경상 포함 여부)
  ㉥ 전환증권의 발행이 있으면 희석화되는 주식수를 포함하여 계산(전환사채 등)
  ㉦ 음의 주당이익 처리 문제
  ㉧ 경기순환에 취약한 기업이나 적은 이익을 낸 기업의 PER는 변동성이 커서 신뢰성이 하락
  ㉨ 국가 간 회계처리방법, 세제 등 기업 환경의 차이가 있음
  ㉩ 경제적 이익보다는 회계적 이익을 적용(인플레이션 상황에서 회계적 이익이 과대계상)

⑦ PER 평가모형
  ㉠ PER = 주가/주당순자산(BPS) = 주당 시장가격/주당 장부가치
  ㉡ 기업들의 PER은 주가와 주당 순자산이 같지 않으므로 1과 차이가 있음
  ㉢ 기업 간 PBR 차이는 기업의 주당순자산의 질적 차이 반영

$$P_0 = P/B \times BPS$$
$$= ROE \times PER = ROA \times (총자본/자기자본) \times PER$$
$$= (순이익/매출액) \times (매출액/총자본) \times 총자본/자기자본 \times PER$$
$$= 마진 \times 활동성 \times 부채레버리지 \times 이익승수$$
$$P_0 = P/B \times BPS$$

  ※ 고 ROE, 저 PER 주식 → 저평가, 저 ROE, 고 PER 주식 → 고평가

⑧ PSR, EV/EBITDA 평가모형
  ㉠ PSR : 주당매출액에 비교하여 상대적 주가 수준을 평가
    • PSR = P/1주당 매출액
  ㉡ EV/EBITDA

$$\frac{EV}{EBITDA} = \frac{기업가치}{이자 \cdot 세금 \cdot 감가상각비 차감 전 이익} = \frac{(주식시가총액 + 순차입금)}{EBITDA}$$

  ㉢ PCFR 비율

$$PCFR = \frac{P}{CF} = \frac{주가}{주당현금흐름}$$

  ※ 현금흐름 : 당기순이익 + 현금유출 없는 비용(감가상각비 등) − 현금유입 없는 수익

개념확인문제

01 ★★☆ 다음 자료를 이용하여 ROE를 올바르게 계산한 것은?

- 매출액 : 20,000
- 매출액 순이익률 : 10%
- 기초 자기자본 : 20,000
- 기말 자기자본 : 30,000

① 8% ② 9%
③ 10% ④ 12%

해설 | ROE = 매출액 20,000 × 매출액 순이익률 10% ÷ [(20,000 + 30,000) ÷ 2] = 8%

02 ★★☆ 다음 중 가치평가방법에 대한 특징으로 적절하지 않은 것은?

① 수익가치를 근거로 미래 투자수입을 적절한 할인율로 할인하여 현재가치로 추정한다.
② 수익가치를 할인하여 산출한 현재가치를 내재가치로 추정한다.
③ 배당평가모형상 현금흐름은 배당의 크기로 구성한다.
④ 정률성장모형은 미래배당금이 일정 성장률로 성장한다.

해설 | 배당평가모형상 현금흐름은 배당의 현금흐름과 매각 시점의 처분 가격으로 구성한다.

03 ★★★ 패스기업의 작년 배당금은 1주당 1,000원이었다(D_0). 패스기업의 이익은 5%로 일정하게 성장할 것으로 예상한다. 패스기업의 주주자본비용은 10%일 때 올해 초 기준으로 패스기업의 1주당 적정가치는 얼마인가?

① 20,000 ② 21,000
③ 22,000 ④ 23,000

해설 |
- $P_o = \dfrac{d_1}{k-g} = \dfrac{d_0(1+g)}{k-g}$

  d_1 : 1기 시점의 배당금, d_0 : 현재배당금, k : 자본비용, g : 배당성장률
- 단, 미래배당금이 성장하지 않는다고 가정하면 $P_0 = d_0/k$

  $1,000(D_0) \times (1+0.05) \div (10\% - 5\%) = 21,000$

04 ★★☆ 다음 중 정률성장 모형의 가정에 해당하지 않는 것은?

① 투자자금의 재투자수익률은 항상 일정하다고 가정한다.
② 기업 내 유보율과 배당성향은 항상 일정하다고 가정한다.
③ 주주의 요구수익률은 일정하다.
④ 요구수익률은 항상 성장률보다 같거나 크다.

해설 | 요구수익률은 항상 성장률보다 커야 한다.

05 ★★☆ 토마토기업은 작년 1주당 10,000원의 이익이 발생하였으며, 우선주와 보통주 2종류의 주식으로 구성되어 있다. 회사의 이익은 매년 5%씩 일정하게 성장하며, 우선주는 매년 5,000원을 일정하게 배당한다. 주주의 요구수익률은 10%일 때 우선주의 적정 주가는?

① 50,000원   ② 60,000원
③ 100,000원 ④ 200,000원

해설 | 우선주는 매년 5,000원을 일정하게 배당한다. 따라서 5,000원/10% = 50,000원이 적정주가이다.

06 ★☆☆ 다음 중 자산가치에 근거한 주식가치평가로 적절하지 않은 것은?

① 주당순자산이 시장가치 기준으로 측정된 청산가치라면 주식 내재가치의 하한 가격이 될 수 있다.
② 재무상태표로부터 추정하는 것은 기업의 청산을 전제로 한 청산가치에 근거하여 추정한다.
③ 현재의 자산가치와 미래 수익발생능력을 일정 부분 반영하여 주식가치평가를 수행한다.
④ 자산가치는 회계기준 혹은 회계처리 방법에 영향을 받는다.

해설 | 현재의 자산가치만을 토대로 주식가치평가를 수행하며 미래의 수익발생능력이 반영된 것은 아니다.

정답 | 01 ① 02 ③ 03 ② 04 ④ 05 ① 06 ③

07 다음 중 토빈의 q비율에 대한 설명으로 적절하지 않은 것은?

① 토빈의 q비율이 1보다 크다면 순자산의 대체원가보다 해당 자산과 동일한 주식의 시장가격이 더 크다고 할 수 있다.
② 토빈의 q비율이 1보다 작은 경우에는 주식을 취득하여 회사를 인수하는 것보다 신규 투자를 하여 동일한 자산을 취득하는 것이 더 유리하다.
③ 토빈의 q비율이 1로 산출되는 경우 주식을 취득하여 자산을 취득하는 것과 신규 투자를 하는 것은 무차별하다.
④ 토빈의 q비율과 1 사이 간의 괴리를 통해 시장가격의 가치를 추정한다.

해설 | 토빈의 q비율이 1보다 작은 경우에는 주식을 취득하여 회사를 인수하는 것이 신규 투자를 통해 동일한 자산을 취득하는 것보다 유리하다.

08 다음 중 잉여현금흐름모형에 대한 설명으로 옳지 않은 것은?

① 주주 몫의 현금흐름으로 기업가치를 추정하는 경우 배당정책에 영향을 받을 수 있다.
② 영업현금흐름은 재무구조 및 이자비용 지출의 차이에 영향을 받을 수 있다.
③ 잉여현금흐름모형은 특정 부문이나 특정 사업부의 가치를 따로 추정할 수 있는 장점이 있다.
④ 실증적으로 영업현금흐름은 어느 지표보다 주가와 높은 상관관계를 가진다.

해설 | *FCF*모형의 특성
- 영업활동에서 창출되는 현금흐름이 기업가치를 결정짓는 원천적 현금흐름
- 주주 몫의 현금흐름(배당 등)은 배당정책 등에 영향을 받으나 *FCF*모형은 배당정책의 영향을 받지 않음
- 영업현금흐름은 재무구조(부채비율)의 차이에 영향을 받지 않음
- 특정 부문이나 특정 사업부의 가치를 따로 추정할 수 있음
- 실증적으로 영업현금흐름은 어느 지표보다 주가와 높은 상관관계를 가짐

09 패스기업의 *ROA*가 8%이고 부채비율이 150%인 경우 패스기업의 *ROE*는 얼마인가?

① 8%
② 10%
③ 15%
④ 20%

해설 | $ROE = ROA \times (1 + 부채비율) = 8\% \times (1 + 1.5) = 20\%$

10 패스기업의 자료가 다음과 같을 때 가중평균자본비용은 얼마인가?

- 법인세율 : 30%
- 자기자본비용 : 15%
- 타인자본비용 : 10%
- 목표부채비율 : 150%

① 10% ② 10.2%
③ 10.4% ④ 15%

해설 | $WACC = 10\% \times (1-30\%) \times (3/5) + 15\% \times (2/5) = 10.2\%$

11 토마토기업의 이익성장률은 8%이다. 토마토기업의 현재 주가는 20,000원이고 내년 배당은 1,000원으로 예상된다. 토마토기업의 자기자본비용은 얼마인가?

① 10% ② 11%
③ 12% ④ 13%

해설 | 20,000 = 1,000/(자기자본비용 − 8%)
∴ 자기자본비용 = 13%

12 다음 정보에 따르면 토마토기업의 적정 시가총액은 얼마인가?

- 순운전자본 : 500억원
- 비영업용자산 : 300억원
- 영업고정자산 : 1,000억원
- 차입금가치 : 1,000억원

① 800억원 ② 1,000억원
③ 1,300억원 ④ 1,500억원

해설 | 내재가치 = 영업자산가치 − 부채가치 + 비영업용자산 가치
= 순운전자본 500억원 + 영업고정자산 1,000억원 − 차입금가치 1,000억원 + 비영업용자산 300억원
= 800억원

정답 | 07 ② 08 ② 09 ④ 10 ② 11 ④ 12 ①

13

토마토기업의 20×5년도 자료는 다음과 같다. 잉여현금흐름을 구하면 얼마인가?

- 영업이익 : 1,000,000원
- 감가상각비 : 200,000원
- 적용세율 : 20%
- 신규 투자금액 : 500,000원

① 500,000원
② 700,000원
③ 1,000,000원
④ 1,200,000원

해설 | 잉여현금흐름(FCF) = 총영업현금흐름 - 총투자액
= 세후 영업이익 + 감가상각비 - [ΔIC(투하자본증가액) + 감가상각비]
= 세후영업이익 - ΔIC(투하자본증가액)
∴ FCF = 1,000,000 × (1 - 20%) + 200,000 - 500,000 = 500,000

14

토마토기업과 패스 기업은 동종업을 영위하고 있으며 토마토기업은 상장 기업, 패스 기업은 비상장 기업이다. 토마토기업은 PER 10를 적용받으며 패스 기업의 EPS는 10,000원일 경우 1주당 적정 주가는 얼마인가?

① 100,000원
② 10,000원
③ 110,000원
④ 120,000원

해설 | 적정주가는 EPS(주당순이익)과 비교대상 회사의 PER를 곱하여 산출한다. 따라서 10,000원 × 10 = 100,000원

15

다음 정보를 이용하여 토마토기업의 이론적인 PER를 계산하면 얼마인가?

- 유보율 : 40%
- ROE : 10%
- 주주의 자본비용 : 14%

① 6
② 6.24
③ 6.5
④ 10

해설 | 이론적인 PER 계산
PER = (1 - 유보율) × (1 + 성장률) / (자본비용 - 성장률)
= (1 - 40%) × (1 + 4%) / (14% - 4%)
= 6.24

16 ☆☆☆ 다음 중 PER에 대한 설명으로 적절하지 않은 것은?

① PER는 기업 간 상대적 주가 수준을 평가할 때 유용하다.
② 주가 자료 및 주당이익의 적용 일자 선택의 문제가 발생할 수 있다.
③ 전환증권의 발행이 있더라도 전환 전까지는 해당 희석주식을 계산하지 않는다.
④ 음의 주당이익이 발생할 경우 PER를 계산할 수 없다.

해설 | 전환증권의 발행이 있는 경우 해당 희석화되는 주식수를 포함하여 계산해야 한다.

17 ☆☆☆ 다음 평가모형에 대한 설명 중 적절하지 않은 것은?

① 기업들의 주가는 일반적으로 주당 순자산과 일치하지 않으므로 1과 차이가 발생한다.
② 저 PER주식 및 저 PBR 주식은 일반적으로 저평가되었다고 볼 수 있다.
③ $EV/EBITDA$모형을 계산하는 경우 기업가치(EV)는 주식시가총액과 총차입금을 합쳐 산출한다.
④ PEG 비율은 주가의 과소·과대평가의 판단기준이 될 수 있다.

해설 | EV는 주식시가총액과 순차입금을 합쳐 산출할 수 있다. 따라서 총차입금에서 현금 및 현금성자산을 차감하여 순차입금을 반영해야 한다.

18 ☆☆☆ 다음 중 기업가치 평가를 할 때 잔존가치 추정 시 고려해야 할 요소가 아닌 것은?

① 명시적 예측기간 이후의 현금흐름의 현재가치를 추정한다.
② 잔존가치 추정 전 명시적 예측기간이 설정되어야 한다.
③ 경쟁우위 유지 가능 기간을 고려해야 한다.
④ $ROIC$가 $WACC$보다 작아지는 시점까지 명시적 예측기간으로 설정하고 이후 기간에 대해 잔존가치 추정을 한다.

해설 | $ROIC$와 $WACC$가 같아지는 시점까지 명시적 예측기간으로 설정하고 이후 기간에 대해 잔존가치 추정을 한다.

정답 | 13 ① 14 ① 15 ② 16 ③ 17 ③ 18 ④

CHAPTER 02 채권평가 및 분석

PART 02_ 가치평가론

TOPIC 01 채권의 종류

1. 발행 주체에 따른 분류

국채	국채법 등에 의거하여 국회의 동의를 받아 정부가 발행하는 채권 예 국고채, 재정증권, 외국환평형기금채권, 국민주택채권
지방채	지방자치단체가 재원확보를 목적으로 발행하는 채권
특수채	• 특별법에 의해 설립된 법인이 발행한 채권 • 비금융특수채 : 한국전력, 한국토지주택공사 등 비금융 특별법인이 발행한 채권 • 금융특수채 : 산업금융채권, 중소기업금융채권, 수출입은행채권 등 특별법에 의해 설립된 금융기관이 발행한 채권
회사채	• 주식회사가 자금을 조달하기 위해 발행하는 채권 • 비금융회사가 발행하는 일반회사채와 금융회사가 발행하는 금융회사채로 분류

※ 발행인의 내용이 잘 알려져 있거나, 정형화된 유가증권으로 공시를 강제하지 않더라도 투자자에게 피해가 없는 증권 발행 시 유가증권신고서의 제출이 면제됨(국채, 지방채, 특수채)

2. 보증 여부에 따른 분류

① **보증사채** : 원금 상환, 이자지급을 발행회사 이외의 금융기관 등 제3자가 보장하는 회사채
② **무보증사채**
  ㉠ 원리금 상환에 대해 발행회사가 자기신용을 근거로 발행하는 회사채
  ㉡ 주로 신용도가 우수한 기업이 주로 발행(2개 이상 복수의 신용평가기관에서 신용평가를 받아야 함)

3. 이자 및 원금지급에 따른 분류

① **원금상환방식**
  ㉠ 수의상환사채(Callable bond) : 만기상환일 이전 발행자가 원금을 임의로 상환 가능
  ㉡ 수의상환청구채권(Putable bond) : 만기상환일 이전 채권의 보유자가 발행자에게 원금의 상환을 요구할 수 있는 채권

② **복리채** : 원리금을 만기에 한꺼번에 지급하며 이자를 복리로 재투자
③ **단리채** : 이자와 원금을 단리로 재투자하여 만기에 한꺼번에 지급

④ 할인채 : 만기 시까지의 이자를 선지급(예 통화안정채권, 금융채)
⑤ 이표채 : 정해진 기간에 이자를 지급

4. 만기기간에 따른 분류

① 단기채 : 만기기간이 1년 이하인 채권(통화안정증권, 금융채 중 일부)
② 중기채 : 만기기간이 1년 초과 10년 미만(대부분의 회사채 및 금융채를 포함한 특수채와 제1종 국민주택채권, 국고채권 중의 일부)
③ 장기채 : 만기기간이 10년 이상이며 10년, 20년, 30년, 50년물이 속함

5. 표시통화에 의한 분류

① **자국 통화표시 채권**
  ㉠ 국내에서 원화표시로 발행되는 채권
  ㉡ 외국채 : 외국인들에 의해 발행되는 원화채권
    예 아리랑본드, 양키본드, 팬더본드, 사무라이본드, 불독본드

② **외화표시 채권(유로본드)** : 자국 내에서 타국의 통화로 발행되는 외국통화 표시로 발행되는 채권
  예 김치본드, 쇼군본드, 딤섬본드

6. 자산유동화증권

① 유동화의 대상이 되는 각종 자산(예 채권, 부동산, 유가증권) 등의 자산에서 발생하는 집합화된 현금흐름을 기초로 원리금을 상환하는 증서
② 금리변동부채권(FRN ; Floating Rate Note)
  ㉠ 일정 단위기간마다 정해진 기준금리에 연동된 표면 이율에 의해 이자를 지급하는 채권
  ㉡ 지표금리의 변동에 연동되므로 일반채권에 비해 수익률 변동 위험에서 헷지
  ㉢ 기준금리 + 가산금리(발행자의 신용위험에 따라 결정)

7. 채권발행시장

① **발행주체** : 중앙정부, 지방자치단체, 특별법에 의해 설립된 법인, 상법상 주식회사
② **발행방법** : 직접발행(발행자가 직접 발행), 간접발행(주관기관을 통해 발행)
③ **발행기관**
  ㉠ 주관회사 : 채권발행에 대한 사무처리, 자문등채권발행업무 총괄(대표주관회사)
  ㉡ 인수기관 : 채권을 직접 매입하는 회사
  ㉢ 청약기관 : 신규발행채권을 매입하고자 하는 불특정 다수의 투자자들에게 청약업무만 대행

8. 채권의 발행방법

① **사모발행** : 주로 기관투자자를 대상으로 하며 50인 미만을 대상으로 모집
　※ 전문투자자는 50인에 포함되지 않음

② **공모발행**

직접발행	• 매출발행 : 채권의 만기기간, 발행이율, 원리금지급방법 등 발행조건을 미리 정한 후 일정기간 내에 개별적으로 투자자들에게 매출하여 매도한 금액 전체를 발행총액으로 삼는 방식 • 공모 입찰발행 　- 미리 발행조건을 정하지 않고 가격이나 수익률을 다수의 투자자로부터 입찰 응모를 받아 발행조건을 결정하는 방법 　- 복수 가격(수익률) 경매방식, 단일 가격(수익률) 경매 방식, 차등 가격 경매(낙찰) 방식, 비경쟁입찰 등
간접발행	• 위탁발행 • 잔액인수발행 • 총액인수발행

③ **국고채전문딜러**
　㉠ 일정 규모 이상 인수할 수 있는 능력을 갖춘 기관투자자들만이 국고채 인수에 참여할 수 있음(국고채전문딜러)
　㉡ 국고채 입찰에 독점적으로 참여할 수 있으며, 시장조성의무가 있음
　㉢ 발행예정물량의 30%까지 인수

9. 채권 유통시장

① **유통시장 기능** : 유동성 부여, 공정한 가격형성, 채권의 가격결정 지표 제공
② **채권매매방법**
　㉠ 국채전문유통시장
　　• 시장참가자 : 거래소의 채무증권회원인가를 취득한 은행, 금융투자회사, 기타금융기관
　　• 거래대상채권 : 국고채, 통화안정증권, 예금보험기금채권
　　• 호가 및 매매수량단위 : 액면 1만원, 매매수량 10억원
　　• 매매체결 : 개별 경쟁매매원칙(동시호가제도 없음)
　　• 매매확인 및 결제 : 익일 결제방식
　㉡ 일반채권시장
　　• 거래소에 상장된 국채, 지방채, 특수채, 전환사채, 신주인수권부사채, 교환사채, 일반사채권 등 모든 채권이 거래됨. 시장참가에 자격 제한이 없음
　　• 매매시간 : 오전 9시~오후 3시 30분
　　• 호가 및 가격폭 제한 : 매매호가 10,000원, 가격제한폭 제도가 없음
　　• 매매수량단위 : 1,000원 단위
　　• 매매체결방법 및 거래의 결제 : 개별경쟁매매(가격 우선, 시간 우선)
　　• 시장조성제도 : 시장조성자 있음

③ 유통시장현황
  ㉠ 국고채와 통화안정증권의 거래가 전체 채권거래의 85% 이상 차지, 회사채 : 2~3% 수준
  ㉡ 기관투자가 중심의 시장
  ㉢ 새로운 채권관련상품 도입
    • Repo제도 : 환매조건부 채권 매매
    • 채권대차거래 : 채권을 필요로 하는 기관에 채권을 빌려주고 일정기간 후 상환
    • 채권전문 자기 매매업자 : 채권에 대한 시장조성(매도, 매수수익률 제시)

개념확인문제

01 다음 중 발행주체별로 채권을 구분할 때 적절하지 않은 것은?
① 국채 : 국채법 등에 의거하여 국회의 동의를 받아 정부가 발행하는 채권
② 특수채 : 특별법에 의해 설립된 법인이 발행한 채권
③ 회사채 : 주식회사가 자금을 조달하기 위해 발행하는 채권
④ 회사채 : 금융회사채와 일반회사채로 구분할 수 있으며, 금융회사채의 대표적인 예는 수출입은행채권임

해설 | 수출입은행채권은 금융특수채로 분류할 수 있다.

02 다음 중 채권에 대한 설명으로 옳지 않은 것은?
① 단기채는 만기기간이 1년 이하인 채권으로 통화안정증권과 금융채 중 일부가 해당된다.
② 외국채는 외국인들에 의해 발행되는 원화채권으로 유로본드 등이 대표적이다.
③ 보증사채는 발행회사 이외의 제3자가 원리금의 지급을 보장하는 회사채이다.
④ 무보증사채는 주로 신용도가 우수한 기업이 발행한다.

해설 | 유로본드는 외화표시 채권으로 분류할 수 있으며 자국 내에서 타국의 통화로 발행하는 채권이다.

03 다음 중 채권의 분류에 대한 설명으로 옳지 않은 것은?
① 수의상환사채는 만기상환일 이전 발행자가 원금을 임의로 상환할 수 있는 발행자에게 콜옵션이 부여된 채권이다.
② 수의상환청구채권은 만기상환일 이전 채권 보유자가 발행자에게 원금의 상환을 요구할 수 있는 풋옵션이 부여된 채권이다.
③ 할인채는 만기 시까지의 이자를 만기 종료 후 지급한다.
④ 이표채는 정해진 기간에 이자를 지급하는 구조이다.

해설 | 할인채는 만기 시까지의 이자를 선지급하는 형태로 통화안정채권과 금융채가 대표적이다.

04 다음 중 종류가 다른 채권으로 적절한 것은?

① 아리랑본드 ② 양키본드
③ 불독펀드 ④ 딤섬본드

해설 | 외국채는 외국인들에 의해 발행되는 원화채권으로 대표적으로는 아리랑본드, 양키본드, 팬더본드, 사무라이본드, 불독본드 등이 있다. 딤섬본드는 외화표시 채권으로 분류된다.

05 다음 중 채권의 사모발행 및 공모발행에 대한 설명으로 적절하지 않은 것은?

① 사모발행은 주로 기관투자자를 대상으로 하며 50인 미만을 대상으로 모집한다.
② 사모발행 시 전문투자자는 50인 모집 기준에 포함된다.
③ 공모발행은 50인 이상을 대상으로 모집할 때 적용한다.
④ 공모발행은 크게 직접발행과 간접발행으로 구분할 수 있다.

해설 | 사모발행 시 전문투자자는 50인 모집 기준에 포함되지 않는다.

06 다음 중 국고채 전문딜러의 역할에 대한 설명으로 적절하지 않은 것은?

① 일정 규모 이상 인수할 수 있는 능력을 갖춘 기관투자자들만이 국고채 인수에 참여할 수 있다.
② 국고채 전문딜러는 국고채 입찰에 독점적으로 참여할 수 있다.
③ 국고채 전문딜러는 국고채 입찰에 독점적으로 참여할 수 있지만 시장조성의무도 존재한다.
④ 국고채 전문딜러는 발행예정물량의 20%까지 인수할 수 있다.

해설 | 국고채 전문딜러는 발행예정물량의 30%까지 인수할 수 있다.

07 다음 중 공모 방식으로 채권을 발행할 경우 간접발행 형식이 아닌 것은?

① 위탁발행 ② 잔액인수발행
③ 비경쟁입찰 ④ 총액인수발행

해설 | 비경쟁입찰 발행 방식은 공모 입찰발행 방식이다.

정답 | 01 ④ 02 ② 03 ③ 04 ④ 05 ② 06 ④ 07 ③

08 다음 중 채권 유통시장의 기능이 아닌 것은?

① 채권의 유동성 부여
② 채권의 공정한 가격형성
③ 채권의 가격결정 지표 제공
④ 채권 원리금 위험 완화

해설 | 채권 유통시장의 기능은 유동성 부여, 공정한 가격형성, 채권의 가격결정지표 제공이다.

정답 | 08 ④

TOPIC 02 채권투자분석

1. 채권투자의 위험

채무불이행위험, 가격변동위험, 재투자위험, 유동성위험, 인플레이션위험, 환율변동위험, 수의상환위험

2. 채권가격 결정 – 말킬(B. Malkiel)의 '채권가격 정리'

① 채권가격은 수익률과 반대방향으로 움직임
② 채권의 잔존기간이 길수록 동일한 수익률 변동에 대한 가격 변동률은 커짐
③ 채권의 잔존기간이 길어짐으로써 발생하는 가격 변동률은 체감함
④ 동일한 크기의 수익률 변동 발생 시, 수익률 하락으로 인한 가격 상승폭은 수익률 상승으로 인한 가격 하락폭보다 큼
⑤ 표면이율이 높을수록 동일한 크기의 수익률 변동에 대한 가격 변동률은 작아짐

3. 듀레이션

(1) 듀레이션(또는 매콜리 듀레이션) 개념

① 채권에서 발생하는 현금흐름을 각기 발생하는 해당 기간으로 가중하여 현재가치의 값을 채권의 가격으로 나눈 것
② 채권에 투자된 원금의 가중평균 회수기간이며 수익률 변동에 대한 채권가격 민감도

$$듀레이션 = -dP/dr \times (1+r)/P$$
dP : 채권가격의 변화, dr : 채권의 만기수익률 변화, P : 채권의 가격, r : 채권의 만기수익률

(2) 듀레이션에 영향을 주는 요인들과 듀레이션과의 관계

① 만기 시 채권의 듀레이션은 채권의 잔존기간과 동일
② 표면이율이 낮을수록 듀레이션이 커지지만 듀레이션이 커지더라도 잔존기간보다는 작음
③ 이표채는 만기수익률이 높을수록 듀레이션은 작아짐
④ 잔존기간이 길수록 듀레이션은 커짐

(3) 듀레이션과 채권가격의 관계

$$\triangle P/P(채권가격변동률) = -Duration/(1+r) \times \triangle r(시장만기수익률 변동폭)$$
$$수정듀레이션(D_M) = Duration/(1+r)$$
$$\triangle P/P(채권가격변동률) = -D_M \times \triangle r$$

※ 수정듀레이션 : 수익률 1% 포인트가 변화할 때의 가격 변동률의 추정치

(4) 듀레이션의 한계
① 수익률 변동이 클 경우 실제 가격 변동치와 비교하여 오차가 증가
② 만기수익률 하락 시 : 실제 채권가격 상승폭보다 과소
③ 만기수익률 상승 시 : 실제 채권가격 하락폭보다 과대

(5) 볼록성
① 볼록성이란 채권의 가격과 만기수익률은 원점에 대해 볼록한 비선형성을 가짐
② 채권가격은 수익률 곡선 기울기의 변화를 나타냄

$$\triangle P = \frac{1}{2} \times P \times \text{Convexity} \times (\triangle r)^2$$

채권가격변동 = 듀레이션변동 + 볼록성변동

㉠ 만기수익률과 채권 잔존기간이 일정한 경우 표면이율이 낮아질수록 볼록성은 커짐
㉡ 만기수익률과 표면이율이 일정한 경우 잔존기간이 길어질수록 볼록성은 커짐
㉢ 표면이자율과 채권 잔존기간이 일정한 경우 만기수익률의 수준이 낮을수록 볼록성은 커짐

4. 채권투자수익성 측정

채권의 수익 구성은 다음과 같음
① 가격 손익 = 채권 매도(만기) - 채권 매수(인수)
② 표면이자손익
③ 재투자수익

5. 채권투자환경

(1) 수익률 곡선의 개념
동일한 발행주체에 의해 발행된 채권의 잔존기간과 수익률과의 관계를 수익률의 기간구조라고 하며, 이를 그래프로 표현한 것

(2) 수익률 곡선 이론
① 불편 기대가설
  ㉠ 장기채권의 수익률은 미래의 단기채권 수익률의 기하평균과 같음
  ㉡ 현재의 수익률 곡선에는 미래의 단기 수익률에 대한 기대가 반영

② 유동성 선호가설 : 장기채에 투자하기 위해서는 유동성을 포기해야 하므로 이에 대한 프리미엄이 반영되며, 채권의 만기가 길어질수록 프리미엄도 증가

③ 시장분할가설 : 채권만기에 따라 몇 개의 시장으로 구분되며, 각 시장의 수요·공급에 따라 수익률 결정
④ 선호영역가설 : 투자자별, 특정 만기별로 선호영역이 존재하며, 타 영역 투자 시에는 추가적인 보상이 필요

6. 채권투자전략

> **TIP 적극적 투자전략과 소극적 투자전략**
> - 적극적 투자전략 : 현재 형성된 채권가격에 모든 시장정보가 충분히 반영되어 있지 못하므로, 우월한 정보나 예측능력을 이용해 초과수익을 얻을 수 있다는 관점을 기초
> - 소극적 투자전략 : 지속적인 초과수익의 획득은 어렵다는 관점을 기초

(1) 적극적 투자전략

① 수익률 예측전략
 ㉠ 수익률 하락 예측 시에는 채권을 매입하며, 수익률 상승 예측 시에는 채권을 매도
 ㉡ 듀레이션이 긴 채권을 주로 이용

② 채권 교체 전략
 ㉠ 시장 불균형을 이용한 동종 채권 간 교체 전략
 ㉡ 스프레드를 이용한 이종채권 간 교체 전략, 수익률 획득교체 전략, 수익률 포기교체 전략
 ㉢ 문제점 : 스프레드 기준 설정이 주관적, 데이터 설정 기간에 따라 통계적 추정량들의 값이 상이, 과거의 데이터에 의존

③ 수익률 곡선의 형태를 이용한 전략
 ㉠ 수익률곡선타기전략(롤링효과와 숄더효과)
 ㉡ 나비형 투자전략
 ㉢ 역나비형 투자전략

(2) 소극적 투자전략

① 만기보유전략 : 매입 후 만기까지 보유
② 사다리형 운용전략 : 포트폴리오 채권별 비중을 각 잔존기간별로 동일하게 유지
③ 바벨형 운용전략 : 보유채권 만기의 단순화를 통해 포트폴리오 구성비용을 최소화. 단기채와 장기채 두 가지로만 만기를 구성
④ 인덱스전략 : 일정한 채권지수를 따를 수 있도록 채권 포트폴리오를 구성
⑤ 면역전략 : 투자기간과 채권포트폴리오의 듀레이션을 일치(현금흐름을 일치시킴)

(3) 복합전략

① 강화된 인덱스전략(소극적 + 적극적)

② 상황대응적 면역전략(목표수익률보다 높은 수익 달성 시 적극적 투자전략, 목표수익률보다 늦은 수익 달성 시 면역전략)

7. 기타 채권 및 관련 금융투자상품

① **수의상환채권**
  ㉠ 채권의 만기일 이전 해당 채권을 매입할 수 있는 권리를 채권발행자가 보유하는 채권(만기 이전 조기상환 가능)
  ㉡ 이자율이 하락하더라도 채권가격이 수의상환가격 이상으로는 채권가격이 상승할 수 없음

  > 수의상환채권가치 = 일반채권가치 − 콜옵션 가치

② **수의상환청구채권**
  ㉠ 채권의 만기일 이전 채권투자자가 채권의 발행자에게 해당 채권을 매도할 수 있는 권리를 보유하는 채권(만기 이전 조기상환 요구 가능)
  ㉡ 이자율 상승 시 수의상환청구가격 이하로 채권가격이 하락할 수 없음

  > 수의상환청구채권가치 = 일반채권가치 + 풋옵션 가치

③ **전환사채**
  ㉠ 투자자가 일정기간 일정한 가격으로 발행기업 주식으로 바꿀 수 있는 권리가 부여된 채권
  ㉡ 전환대상 주식의 주가 상승 시에는 전환권을 행사하며, 그렇지 않을 경우 채권으로서 안정적인 투자수익 가능
  ㉢ 전환가격 : 전환사채를 주식으로 전환할 때 전환대상 주식 1주당 지불해야 할 가격
  ㉣ 전환주수 = 채권액면금액/전환가격
  ㉤ 전환가치 = 패리티가치 = 주식의 시장가격 × 전환주수
  ㉥ 패리티 = (주식의 시장가격/전환가격) × 100
  ㉦ 전환프리미엄 = 전환사채의 시장가격 − 전환 가치

④ **신주인수권부사채** : 채권의 발행회사가 발행하는 신주식을 일정한 가격으로 인수할 수 있는 권한이 부여된 회사채

> **TIP 전환사채와 신주인수권부사채**

구분	전환사채	신주인수권부사채
부가된 권리	전환권	신주인수권
권리행사 후 사채권	전환권 행사 후 사채 소멸	신주인수권 행사 후에도 사채 존속
추가 자금소요 여부	전환권 행사 시 추가 자금 불필요	신주인수권 행사를 위한 별도의 자금 필요
신주 취득 가격	전환 가격	행사 가격
취득의 한도	사채 금액과 동일	사채 금액 범위 내
권리 이전	사채와 일체	• 비분리 : 사채와 일체 • 분리형 : 채권과 분리 가능

⑤ **교환사채** : 사채 소유자에게 일정기간 경과 후 일정기간까지 교환 가격으로 발행 회사 보유 주식으로 교환청구할 수 있는 권리가 있는 채권(예 오페라본드)
⑥ **조건부자본증권(코코본드)** : 특정 사유가 발동 하는 경우 채무가 자본으로 바뀌는 채권
⑦ **단기 확정이자부 유가증권**
  ㉠ 양도성예금증서(CD) : 은행이 발행하는 무기명식 정기예금증서로 만기는 대체로 3개월 혹은 6개월
  ㉡ 기업어음(CP) : 신용평가기관 중 2개 이상의 기관으로부터 B등급 이상을 받은 상장법인이 단기 운용자금을 조달하기 위해 발행하는 어음
  ㉢ 전자단기사채 : 기존의 기업어음 대체

⑧ **자산유동화증권(ABS)**
  ㉠ 유동화의 대상이 되는 각종 자산에서 발생하는 현금흐름을 기초로 원리금을 상환하는 증서
  ㉡ 자산보유자가 보유한 자산을 SPC(Special Purpose Company, 유동화전문회사)에 양도하고 SPC는 이 자산을 기초로 자산유동화증권(ABS)을 발행하여 투자자에게 판매
  ㉢ 기초자산 보유자와는 분리된 기초자산 자체의 현금흐름으로 유동화증권의 신용이 결정
  ㉣ 유동화증권에 대한 신용보강이 가능하여 유동화증권의 신용은 자산보유자의 신용보다 더 높게 형성
  ㉤ 자금조달 수단 다변화 가능
  ㉥ 자체 신용으로 채권을 발행하는 것 대비 자금조달 비용을 줄일 수 있으며 재무비율 관리 용이
  ㉦ CBO, CLO, MBS, SLBS, 장래채권 ABS, PF ABS 등
  ㉧ 자산유동화 발행구조
    • 발행참여자 : 자산보유자, 특수목적기구(SPC), 자산관리자, 수탁기관, 신용평가기관, 주간사
    • 신용보강 : 내부적 신용보강, 외부적 신용보강

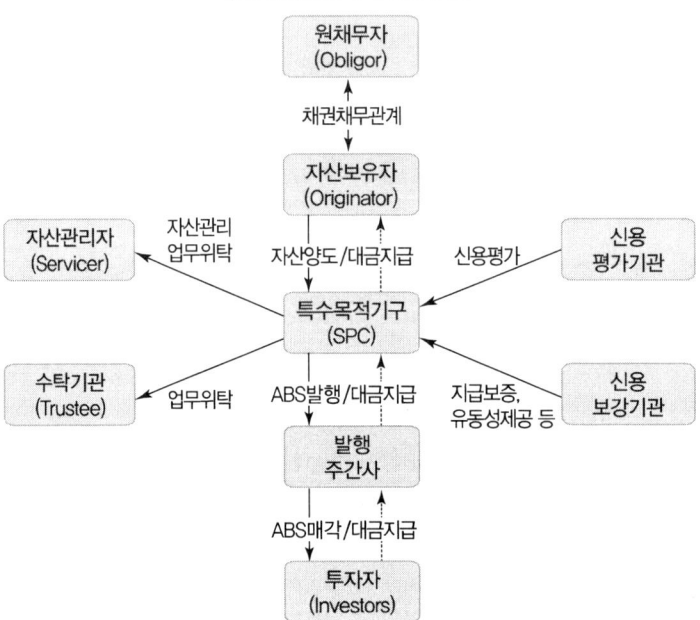
〈자산유동화증권의 발행구조〉

개념확인문제

01 다음 중 채권투자 시 발생할 수 있는 위험으로 적절하지 않은 것은?

① 채무불이행위험
② 가격변동위험
③ 인플레이션위험
④ 시장실패위험

해설 | 채권투자 시 발생할 수 있는 위험은 채무불이행위험, 가격변동위험, 재투자위험, 유동성위험, 인플레이션위험, 환율변동위험, 수의상환위험을 들 수 있다.

02 다음 중 말킬의 채권가격 정리에 대한 내용으로 적절하지 않은 것은?

① 채권가격은 수익률과 반대방향으로 움직인다.
② 채권의 잔존기간이 길수록 동일한 수익률 변동에 대한 가격 변동률은 작아진다.
③ 채권의 잔존기간이 길어짐으로써 발생하는 가격 변동률은 체감한다.
④ 동일한 크기의 수익률 변동 발생 시, 수익률 하락으로 인한 가격 상승폭은 수익률 상승으로 인한 가격 하락폭보다 크다.

해설 | 말킬의 채권가격정리
- 채권가격은 수익률과 반대방향으로 움직인다.
- 채권의 잔존기간이 길수록 동일한 수익률 변동에 대한 가격 변동률은 커진다.
- 채권의 잔존기간이 길어짐으로써 발생하는 가격 변동률은 체감한다.
- 동일한 크기의 수익률 변동 발생 시, 수익률 하락으로 인한 가격 상승폭은 수익률 상승으로 인한 가격 하락폭보다 크다.
- 표면이율이 높을수록 동일한 크기의 수익률 변동에 대한 가격 변동률은 작아진다.
따라서 채권의 잔존기간이 길수록 동일한 수익률 변동에 대한 가격 변동률은 커진다.

03 액면가가 10,000원, 액면이자율은 10%이며, 만기는 3년이다. 매 반기마다 1번씩 이자를 지급할 때, 이 채권의 실효이자율은 얼마인가?

① 10%
② 10.25%
③ 10.38%
④ 10.43%

해설 | $(1 + 10\%/2)^2 - 1 = 10.25\%$

정답 | 01 ④ 02 ② 03 ②

04 다음 중 채권가격의 움직임에 대한 설명으로 올바른 것은?

① 채권가격은 수익률과 같은 방향으로 움직인다.
② 채권의 잔존기간이 길어질수록 발생하는 가격 변동률은 체증한다.
③ 동일한 크기의 수익률 변동 발생 시, 수익률 하락으로 인한 가격 상승폭은 수익률 상승으로 인한 가격 하락폭보다 작다.
④ 표면이율이 높을수록 동일한 크기의 수익률 변동에 대한 가격 변동률은 작아진다.

해설 | 말킬의 채권가격 정리에 따른 채권가격의 움직임에 대한 올바른 설명은 ④이다.

05 다음 중 듀레이션에 영향을 주는 요인들과 듀레이션과의 관계에 대한 설명으로 옳지 않은 것은?

① 만기 시 채권의 듀레이션은 채권의 잔존기간과 동일하다.
② 표면이율이 낮을수록 듀레이션이 커지지만 듀레이션이 커지더라도 잔존기간보다는 작다.
③ 이표채는 만기수익률이 높을수록 듀레이션은 작아진다.
④ 채권의 잔존기간이 길수록 채권의 듀레이션은 작아진다.

해설 | 채권의 잔존기간이 길수록 채권의 듀레이션은 커진다.

06 맥컬리 듀레이션은 5, 채권의 만기수익률은 10%, 시장만기수익률 변동률은 5%인 경우 채권가격변동률은 얼마인가?

① -22.7%
② 22.7%
③ 20%
④ -20%

해설 | $\triangle P/P$(채권가격변동률) = $-$Duration$/(1+r) \times \triangle r$(시장만기수익률 변동폭)으로 계산한다.
따라서 $\triangle P/P = [-5/(1+10\%)] \times 5\%$, 채권가격변동률 = -22.7%

07 채권가격변동률이 −10%, 채권의 만기수익률이 5%, 시장만기수익률변동률은 10%인 경우 맥컬리 듀레이션은 얼마인가?

① 1
② 1.05
③ 1.5
④ 2

해설 | △P/P(채권가격변동률) = −Duration/(1+r) × △r(시장만기수익률 변동폭)으로 계산한다.
따라서 −10% = −Duration/(1+5%) × 10%, (−10%/10%) × (1+5%) = −Duration
∴ Duration = 1.05

08 다음 중 듀레이션에 대한 설명으로 적절하지 않은 것은?

① 듀레이션은 수익률 변동이 클 경우 실제 가격 변동치와 비교해 보았을 때 오차가 증가한다.
② 만기수익률 하락 시 채권가격 상승폭보다 과소하게 변동할 수 있다.
③ 듀레이션은 채권에서 발생하는 현금흐름을 각기 발생하는 해당 기간으로 가중하여 현재가치의 값을 채권의 가격으로 나눈 것이다.
④ 수정듀레이션은 채권에 투자된 원금의 가중평균 회수기간으로 볼 수 있다.

해설 | 수정듀레이션은 수익률 1% 포인트가 변화할 때의 가격 변동률의 추정치로, 채권에 투자된 원금의 가중평균 회수기간으로 볼 수 있는 것은 듀레이션이다.

09 다음 중 볼록성에 대한 설명으로 적절하지 않은 것은?

① 채권의 가격과 만기수익률은 원점에 대해 볼록한 비선형성의 관계를 보여주며 볼록성은 채권가격−수익률 곡선 기울기의 변화를 나타낸다.
② 만기수익률과 채권 잔존기간이 일정한 경우 표면이율이 낮아질수록 볼록성은 커진다.
③ 만기수익률과 표면이율이 일정한 경우 잔존기간이 길어질수록 볼록성은 커진다.
④ 표면이자율과 채권 잔존기간이 일정한 경우 만기수익률의 수준이 낮을수록 볼록성은 작아진다.

해설 | 표면이자율과 채권 잔존기간이 일정한 경우 만기수익률의 수준이 낮을수록 볼록성은 커진다.

정답 | 04 ④ 05 ④ 06 ① 07 ② 08 ④ 09 ④

10. 듀레이션으로 인한 채권가격 변동이 10이며, 만기수익률 변동이 5%인 경우 채권가격변동은 얼마인가?

① 2.5%
② 5%
③ -2.5%
④ 0%

해설 | 채권가격변동액 = 듀레이션으로 인한 채권가격 변동 $10 \times 5^2\% = 2.5\%$

- $\Delta P = \frac{1}{2} \times P \times Convexity \times (\Delta r)^2$
- 채권가격변동 = 듀레이션변동 + 볼록성변동

11. 다음 중 수익률 곡선에 대한 설명으로 적절하지 않게 연결된 것은?

① 불편기대가설 : 현재의 수익률 곡선에는 미래 단기 수익률에 대한 기대가 반영되어 있다.
② 유동성 선호가설 : 장기채에 투자하기 위해서는 이에 대한 프리미엄이 반영되어야 한다.
③ 시장분할가설 : 채권만기에 따라 채권 시장은 몇 개의 시장으로 구분된다.
④ 선호영역가설 : 투자자별로 특정 만기에 따른 채권의 선호가 존재하며, 투자자는 타 영역에 대한 투자는 하지 않는다.

해설 | 선호영역가설은 투자자별로 특정 만기에 따른 선호영역이 존재하며, 타 영역 투자 시에는 추가적인 보상이 필요한 것으로 보았다. 따라서 타 영역에 투자하는 경우 추가적인 보상(프리미엄)이 필요하며, 투자가 불가능하지는 않다.

12. 다음 중 채권에 대한 적극적 투자전략에 해당하는 투자전략은?

① 수익률곡선타기전략
② 만기보유전략
③ 사다리형 운용전략
④ 인덱스전략

해설 | 수익률곡선타기전략은 적극적 투자전략에 해당하며, ②~④ 모두 소극적 투자전략에 해당한다.

13 다음 중 투자전략에 대한 설명으로 옳지 않은 것은?

① 소극적 투자전략을 선택하는 투자자는 채권의 수익률 예측 등을 통하여 추가적인 초과수익을 달성할 수는 없다고 보았다.
② 바벨형 운용전략은 단기채와 장기채 두 가지로만 만기를 구성하는 투자전략 방식이다.
③ 복합전략은 소극적 투자전략과 적극적 투자전략을 복합하여 구성한다.
④ 복합전략 중 상황대응적 면역전략은 목표수익률보다 낮은 수익 달성 시 적극적 투자전략을 구사하는 투자전략이다.

해설 | 상황대응적 면역전략은 목표수익률보다 높은 수익 달성 시 적극적 투자전략을 구사하는 투자전략이다.

14 다음 설명 중 적절하지 않은 것은?

① 일반적으로 수의상환채권은 채권의 만기일 이전 해당 채권을 발행자가 임의로 상환할 수 있는 채권이다.
② 수의상환채권은 만기일 이전 임의로 상환 가능하므로 이자율이 하락하는 경우라도 채권가격이 수의상환가격 이상으로는 채권가격이 상승할 수 없다.
③ 수의상환채권은 일반채권보다 일반적으로 고가에 발행된다.
④ 수의상환채권은 일반채권에 콜옵션이 부여된 채권으로 볼 수 있다.

해설 | 수의상환채권은 콜옵션 프리미엄의 성격으로 인해 일반채권보다 일반적으로 저가에 발행된다.

15 A기업은 전환사채 1,000,000원을 발행하였다. 전환조건은 액면가 10,000원당 보통주 1주로, 현재 A기업의 시가는 15,000원에 거래되고 있다. 해당 전환사채의 패리티는 얼마인가?

① 100
② 150
③ 1.5
④ 15

해설 | 전환사채의 패리티는 주식의 시장가격/전환가격×100으로 계산할 수 있다. 전환가격은 10,000원, 주식의 시장가격은 15,000원이므로 패리티는 15,000/10,000×100=150이다.

정답 | 10 ① 11 ④ 12 ① 13 ④ 14 ③ 15 ②

16 다음 중 신주인수권부사채와 전환사채를 비교한 내용으로 적절하지 않은 것은?

① 전환사채와 신주인수권부사채는 모두 일정 권리가 부가된 사채의 형태이다.
② 전환사채와 신주인수권부사채의 경우 보유자가 추가적인 자금을 부담할 수 있다.
③ 전환사채의 신주 취득 가격은 전환 가격과 동일하다.
④ 분리 가능한 신주인수권부사채는 신주인수 권리만 따로 분리하여 거래할 수 있다.

해설 | 신주인수권부사채의 경우 신주를 취득하는 과정에서 추가적인 자금을 부담하지만, 전환사채는 사채권이 보통주로 전환되는 형태이므로 추가적인 자금 부담은 존재하지 않는다.

17 다음 중 단기 확정이자부 유가증권에 대한 설명으로 적절하지 않은 것은?

① 양도성예금증서는 은행이 발행하는 무기명식 정기예금증서로 만기는 대체로 3개월 혹은 6개월이다.
② 기업어음은 신용평가기관 중 2개 이상의 기관으로부터 B등급 이상을 받은 주식회사가 단기 운용자금을 조달하기 위해 발행하는 어음으로 비상장법인도 발행할 수 있다.
③ 전자단기사채는 기존의 기업어음을 대체하는 형태이다.
④ 양도성예금증서는 이자를 할인하여 발행 후 만기 액면가로 만기 시 지급하는 형태로 발행된다.

해설 | 기업어음은 신용평가기관 중 2개 이상의 기관으로부터 B등급 이상을 받은 상장회사가 단기 운용자금을 조달하기 위해 발행하는 어음이다.

18 다음 중 자산유동화증권(ABS)에 대한 설명으로 적절하지 않은 것은?

① 자산유동화증권(ABS)이란 유동화의 대상이 되는 각종 자산에서 발생하는 현금흐름을 기초로 원리금을 상환하는 증서이다.
② 자산 유동화증권상 자산보유자가 보유한 자산을 SPC에 양도하고 SPC는 이 자산을 기초로 자산유동화증권(ABS)을 발행하여 투자자에게 판매한다.
③ 자산유동화증권은 기초자산 보유자의 신용과 증권의 신용이 연동되는 특징이 있다.
④ 기업 입장에서는 자산유동화증권(ABS)을 통해 자금조달 수단을 다변화할 수 있다.

해설 | 자산유동화증권은 기초자산 보유자와는 분리된 기초자산 자체의 현금흐름으로 유동화증권의 신용이 결정된다.

정답 | 16 ② 17 ② 18 ③

CHAPTER 03 파생상품평가 및 분석

PART 02_ 가치평가론

TOPIC 01 금융선물 및 옵션거래의 개요

1. 금융선물거래

(1) 금융선물거래의 개요

① 선물거래 : 계약 체결일로부터 일정기간 후에 거래대상물과 대금이 교환되는 매매예약거래
② 선물거래와 선도거래 : 거래소를 통한 거래(선물)와 거래소를 통하지 않은 거래(선도)
③ 선물거래는 거래대상물에 따라 상품선물거래와 금융선물 거래로 분류
④ 금융선물거래의 특성 : 계약 체결방법이 정형화(표준화), 대부분 만기일 이전 반대거래에 의해 청산, 거래소에서 거래, 청산기관, 공개경쟁입찰 방식에 의해 거래, 가격 변동폭 제한, 일일정산제도, 레버리지 효과
⑤ 주요 계약조건 : 기초자산, 계약단위, 결제월, 가격제한폭, 최소호가단위 고려
⑥ 선물거래의 경제적 기능 : 가격 변동 위험의 전가, 가격발견, 금융상품거래 활성화, 효율적 자원 배분
⑦ 선물가격의 특성
　㉠ 선물가격 = 현물 가격 + 계약 시점으로부터 약정된 인도 시점까지 해당 현물을 보관하는 데 드는 비용(재고유지비용)
　㉡ 선물 가격은 해당 인도기일이 가까워질수록 유지비용이 감소하여 현물가격에 근접하며 인도 시점에는 현물 가격과 일치
　㉢ 금융선물가격은 미래의 예상 가격이 아닌 현물시장에서처럼 순금융비용에 입각한 이론적 가격을 기준으로 결정
　㉣ 금융선물시장에서는 투기적인 기대요소가 작용
　㉤ 금융선물시장의 거래량이 현물시장의 거래량을 크게 상회하여 거래량 측면에서 선물시장은 현물시장의 수급에 영향을 미쳐 현물시장 가격을 선도할 수 있음

(2) 금융선물거래의 활용

① 헤지거래 : 현물시장에서 가격변동위험 관리 목적
② 투기거래 : 장래 가격변동을 예상하여 이익 획득 목적

2. 옵션거래

(1) 옵션거래의 개요

① **옵션거래** : 기초자산을 정해진 가격으로 사거나 팔 수 있는 권리를 발행하거나 매입하는 것
② **콜옵션** : 매입자에게 정해진 가격으로 일정 기한 내에 기초자산을 매입할 수 있는 권리
③ **풋옵션** : 매입자에게 정해진 가격으로 일정 기한 내에 기초자산을 매도할 수 있는 권리
④ **옵션매입자** : 옵션 매도자에게 옵션 프리미엄 대금 지급
⑤ **미국식 옵션과 유럽식 옵션** : 미국식 옵션은 옵션 만기일 이전에 언제든 옵션 행사 가능하며, 유럽식 옵션은 옵션 만기일에만 옵션을 행사

(2) 옵션가격결정 요인

① **옵션 행사가격** : 행사가격이 높으면 콜옵션 프리미엄 ↓, 풋옵션 프리미엄 ↑
② **기초자산가격** : 현재가격이 높으면 콜옵션 프리미엄 ↑, 풋옵션 프리미엄 ↓
③ **무위험 단기이자율** : 이자율 상승 시 콜옵션 프리미엄 ↑, 풋옵션 프리미엄 ↓
④ **잔존기간** : 잔존기간이 길수록 옵션 프리미엄 ↑
⑤ **기초자산의 가격변동성** : 변동성이 높을수록 옵션 프리미엄 ↑
⑥ **옵션가격** = 내재가치 + 시간가치
⑦ **내가격** : 옵션의 내재가치 > 0, **등가격** : 기초자산의 현재 시세 = 옵션 행사 가격, **외가격** : 옵션의 내재가치가 없는 상태

> **TIP 파생상품의 조건**
>
> 파생상품은 다음의 요건을 모두 충족하는 금융상품
> - 기초변수 및 계약단위의 수량(또는 지급규정)이 필요
> - 최초 계약시 순투자금액을 필요로 하지 않거나 적은 순투자금액 필요
> - 차액결제가 가능

개념확인문제

01 ★★☆ 다음 중 금융선물거래에 대한 설명으로 적절하지 않은 것은?

① 선물거래는 계약 체결일로부터 일정기간 후에 거래대상물과 대금이 교환되는 매매예약거래이다.
② 금융선물거래의 경우 계약 체결방법이 정형화되어 있다.
③ 금융선물거래의 경우 대부분 만기까지 해당 계약은 유지된다.
④ 금융선물거래는 공개경쟁입찰 방식을 따른다.

해설 | 금융선물거래의 경우 대부분 만기일 이전 반대매매에 의해 청산된다.

02 ★★☆ 다음 중 금융선물거래의 경제적 기능이 아닌 것은?

① 자산 가격 변동 위험의 전가
② 자산 가격 발견
③ 실물 보유 가능성 증가
④ 효율적 자원 배분

해설 | 선물거래의 경제적 기능은 가격 변동 위험의 전가, 가격 발견, 금융상품거래 활성화, 효율적 자원 배분을 들 수 있다.

03 ★★☆ 다음 선물에 대한 설명 중 적절하지 않은 것은?

① 일반적으로는 현물 거래가 선물 거래에 비해 거래량이 더 많다.
② 선물가격에는 현물가격에 재고유지비용이 합쳐져 있다.
③ 금융선물시장에서는 투기적인 기대요소가 작용되어 있다.
④ 금융선물가격은 현물시장과 동일하게 순금융비용에 입각한 이론적 가격을 기준으로 결정된다.

해설 | 일반적으로 선물 거래가 현물 거래보다 더 많으므로 거래량면에서 선물시장은 현물시장의 수급에 영향을 미쳐 현물시장 가격을 선도할 수 있다.

정답 | 01 ③ 02 ③ 03 ①

04 다음 중 옵션에 대한 설명으로 옳지 않은 것은?

① 옵션매입자는 옵션 매도자에게 옵션 프리미엄을 지급한다.
② 미국식 옵션은 옵션 만기일 이전 언제든 옵션을 행사할 수 있다.
③ 옵션이 내가격 상태인 경우 옵션의 내재가치는 없다.
④ 옵션의 가격은 내재가치와 시간가치로 구성된다.

해설 | 옵션이 내가격인 경우 옵션의 내재가치가 0보다 큰 상태이다. 등가격인 경우 현재 기초자산의 시세와 옵션 행사 가격이 동일한 상태를 의미하며, 외가격은 옵션의 내재가치가 없는 상태를 의미한다.

05 다음 중 옵션가격 결정 요인으로 적절히 연결되지 않은 것은?

① 행사가격 높음 : 풋옵션 프리미엄 증가
② 기초자산가격 높음 : 콜옵션 프리미엄 증가
③ 잔존기간이 장기 : 옵션 프리미엄 감소
④ 기초자산의 가격변동성 : 변동성이 높을수록 옵션 프리미엄 증가

해설 | 잔존기간이 장기일수록 옵션 프리미엄은 증가한다.

06 다음 중 옵션의 가치가 가장 큰 경우는?

① 기초자산 잔존기간 5년, 내재가치는 내가격
② 기초자산 잔존기간 3년, 내재가치는 내가격
③ 기초자산 잔존기간 5년, 내재가치는 외가격
④ 기초자산 잔존기간 3년, 내재가치는 외가격

해설 | 옵션의 가치는 내재가치와 시간가치로 구성되며, 시간가치는 잔존기간이 길수록 커지며 내재가치는 내가격 상태일 때 가치가 발생한다. 따라서 잔존기간이 5년이며, 내재가치가 내가격에 존재하는 ①의 옵션 가치가 가장 클 것으로 예상된다.

정답 | 04 ③ 05 ③ 06 ①

TOPIC 02 금융선물거래

1. 우리나라 국채선물

국채선물 상품 : 국고채를 기초자산으로 하는 3년, 5년, 10년 국채선물이 상장

구분	세부사항
거래대상	표면금리 연 5%, 6개월 이표지급 방식의 3년 · 5년 · 10년 만기 국채
거래단위	액면가 1억원
결제월	3, 6, 9, 12월
최소가격변동폭	10,000원
가격제한폭	기준 가격대비 3년물 1.5%, 5년물 1.8%, 10년물 2.7%
최종 결제방법	현금결제

2. 주가지수 선물

(1) 주가지수 선물계약

① 만기일에 실물을 인수하지 않고 현금에 의해 차액 결제를 함
② 국내에선 KOSPI 200지수, 코스닥 150지수를 대상으로 선물거래를 개시
　㉠ 거래절차 : 거래소 회원인 금융투자회사를 통해 거래소 선물매매시스템에 주문이 전달되면 연속적으로 매매가 체결
　㉡ 회원제도 : 매매거래를 위해서는 거래소의 회원이 되어야 함
　㉢ 매매체결원칙 : 가격우선 → 시간우선
　㉣ 단일 가격에 의한 개별 경쟁매매 : 일정시간 동안 접수한 모든 호가를 동시에 접수된 것으로 보아 하나의 가격으로 매매를 체결(장 개시 및 장 종료 시, 거래 중단 후 재개 시의 가격 결정에 적용)
　㉤ 접속매매 : 단일 가격에 의한 개별 경쟁매매로 가격을 결정한 직후부터 거래시간 중의 가격 결정 방법
　㉥ 서킷브레이커
　　• 선물가격이나 KOSPI가 크게 하락하는 경우 매매를 일시 중단
　　• 코스피지수가 8%, 15%, 20% 이상 하락하고 지속되는 경우 모든 주식매매를 중단
　㉦ 임의 매매거래중단 : 선물매매시스템 등의 장애로 정상적으로 매매거래를 할 수 없는 경우 전부 또는 일부 종목의 매매거래를 중단
　㉧ 일일가격제한비율 : 시세 급변에 따른 손실확대 방지 등을 목적으로 일일가격제한비율 설정
　㉨ 프로그램매매 규제(Side Car) : 전일 거래량이 가장 많은 종목의 가격이 기준가격 대비 5% 이상 변동하여 1분간 지속되는 경우 5분간 중단

3. 선물가격의 결정

$$F = 현물가격 + (현물가격 \times 차입이자율) + 보관비용$$
$$F = 현물가격 + 순보유비용$$
$$F = S[(1+r+d)+t]$$

F : 예상선물가격, S : 현물가격, r : 단기 시장이자율, d : 채권표면이자율, t : 계약기간

(1) 보유비용

① 베이시스 : 현물가격과 선물가격의 차이
② 선물계약의 만기일까지 현물을 보유하는데 발생하는 비용에 의해 보유비용이 결정됨
③ 금융자산의 경우 차입 이자비용만 고려

(2) 캐리모델

① 미래 선물 매입 가격과 미래 특정기간 동안의 현물을 보유하는 가격은 같아야 함
② 선물가격 수렴현상 : 선물의 만기가 다가올수록 선물가격은 현물가격에 수렴함(베이시스가 0에 수렴)

(3) 통화선물가격

① 선물환율과 현물환율의 관계는 금리평가이론에 기반
② 추가적인 보관비용 및 거래비용은 고려하지 않음

$$F = S + S(I - I^*)$$

I : 한국금리, I^* : 외국금리

$$F = S + \frac{S(I-I^*) \times d/360}{I + I^* \times d/360}$$

$I > I^*$: 선물환율은 현물환율 대비 프리미엄
$I < I^*$: 선물환율은 현물환율 대비 디스카운트

(4) 주가지수선물가격

① 현물 보유비용은 주식매입에 필요한 금융비용, 보유수입은 만기시점에서 환산된 미래가치인 배당수입

$$주가지수선물\ 이론가격 = 현물\ 주가지수 - (배당수익 - 이자비용)$$
$$F = S[1 + (r-d) \times t/365]$$

② 주가지수선물 가격 결정 요소
　㉠ 현물주가지수 ↑ → 선물 가격 ↑
　㉡ 이자율 ↑ → 선물가격 ↑
　㉢ 배당률 ↑ → 선물가격 ↓
　㉣ 잔존만기 ↑ → 선물가격 ↑

③ 시장이 균형 상태에서는 베이시스＝보유비용(정상적 시장)
④ 콘탱고 시장 : 베이시스가 +, 선물지수는 현물지수에 비해 프리미엄 가산
⑤ 백워데이션 시장 : 베이시스가 −
⑥ 지수선물 만기 시점에는 베이시스가 0으로 수렴

4. 선물거래 : 헤지

(1) 헤지거래의 개요
① **헤지거래** : 자산의 가치 하락을 가져오는 가격 변동 위험을 없애거나 축소하려는 거래
② **선물거래를 통한 헤지** : 현물 포지션과 반대되는 포지션을 선물시장에서 취하며, 유리한 가격 변동으로부터 얻을 수 있는 기대이익은 포기

(2) 헤지거래의 종류
① **매도헤지** : 현재 현물을 보유하고 있거나 미래에 현물을 불확실한 가격으로 팔아야 하는 경우 해당 현물에 대응하는 선물을 팔기로 계약하는 거래
② **매입헤지** : 미래 현물을 불확실한 가격으로 매입할 상황에서 현물에 대응하는 선물을 매입하기로 하는 계약하는 거래
③ **직접헤지** : 현물상품과 동일한 상품을 통해 헤지
④ **교차헤지** : 현물에 대한 직접적인 선물시장이 존재하지 않고 유사한 선물상품이 존재하는 경우 유사한 현물에 대응하는 선물을 이용한 헤지
⑤ **현물헤지** : 보유하고 있는 현물의 가격 변동 위험 헤지
⑥ **선행헤지** : 앞으로 발생할 것으로 예상되는 현물 포지션 가격 변동 위험 헤지
⑦ **완전헤지** : 선물 가격 변동액＝현물 가격 변동액
⑧ **헤지비율** : 선물계약수 $= \dfrac{\text{현물수량} \times \text{단위 현물 가격 변동액}}{\text{계약단위} \times \text{단위 선물 가격 변동액}}$

(3) 금리선물을 이용한 헤지
① **스트립헤지** : 헤지해야 할 대상의 금리 포지션이 장기간에 걸쳐 존재할 때, 연속된 현금흐름의 가격 변동위험을 헤지
② **스택헤지** : 헤지 대상물의 가액 전체 규모에 해당하는 근원물을 일괄매입(매도)한 후 이월될 때까지 기간 경과분을 제외한 나머지를 차기 근원물로 치환하여 헤지

(4) 주가지수선물을 이용한 헤지
① 주가지수선물을 이용한 헤지거래의 경우 위험을 회피하려는 현물 주식 및 포트폴리오와 대상 주가지수가 일치하지 않기 때문에 교차헤지 방법 적용

② 필요 선물계약 단위 수 = $\dfrac{\text{보유 포트폴리오 가치} \times \text{희망헤지비율}}{\text{선물가격} \times \text{선물계약승수}} \times \text{보유 포트폴리오 베타}$

  예 포트폴리오의 베타가 1.2라면 주가지수가 2% 하락할 때 2.4단위의 주가지수를 매도

5. 투기거래

(1) 단순 투기거래
① 미래 선물가격 변화를 예측하여 가격 상승 시 선물 매입
② 가격 하락 시 선물 매도. 반대포지션을 취하지 않으므로 손실을 입을 위험도가 높음

(2) 복합 투기거래
① **베이시스거래** : 선물 가격과 현물 가격 간의 차이인 베이시스가 이론 가격과 차이가 발생할 경우 발생하는 무위험 차익거래. 선물 가격 고평가 시에는 선물 매도 현물 매입, 선물 가격 저평가 시에는 선물 매입 현물매도
  ㉠ 베이시스 매입 : 채권 현물 매입, 선물 매도
  ㉡ 베이시스 매도 : 채권 현물 매도, 선물 매입

② **스프레드거래** : 특정 선물의 실제 가격과 다른 선물의 실제 가격 차이를 이용
  ㉠ 결제 월간 스프레드 : 현물이 동일하지만 만기가 다른 두 선물의 가격 차이를 이용한 거래
    • 강세스프레드(매입) : 만기가 가까운 선물계약 매입, 만기가 먼 선물계약 매도
    • 약세스프레드(매도) : 만기가 가까운 선물계약 매도, 만기가 먼 선물계약 매입
  ㉡ 상품 간 스프레드 : 서로 다른 상품이지만 경제적으로 관련되어 있는 두 상품에 대해 만기가 같은 각각의 선물계약 이용
  ㉢ NOB(Notes over Bonds) 스프레드 거래 : 중기채권인 T-note 선물과 장기채권인 T-Bond 선물의 가격 차이 이용
  ㉣ TED 스프레드 : T-bill 선물과 유로달러(ED) 선물의 가격차이 이용

개념확인문제

01 다음 중 우리나라의 국채 선물 시장에 대한 설명으로 적절하지 않은 것은?

① 국채 선물 시장은 국고채를 기초자산으로 하는 선물로서 3년, 5년, 10년 국채 선물이 상장되어 있다.
② 표면금리는 연 5% 수준이다.
③ 액면가는 1억원이며 최소가격변동폭은 100,000원이다.
④ 최종 결제방법은 현금결제를 기준으로 한다.

해설 | 액면가는 1억원이며 최소가격변동폭은 10,000원이다.

02 다음 중 주가지수선물 거래제도에 대한 설명으로 적절하지 않은 것은?

① 주가지수선물 만기일에 거래를 종료하기 위해서는 실물 인수 방식과 현금에 의한 차액결제 방식 중 선택할 수 있다.
② 주가지수선물 거래를 하기 위해서는 거래소의 회원이 되어야 한다.
③ 국내에서는 KOSPI 200지수 및 코스닥 150지수를 대상으로 선물거래를 개시하였다.
④ 가격우선 원칙 → 시간우선 원칙 순서로 거래가 이루어진다.

해설 | 주가지수선물 만기일에는 실물을 인수하지 않고 현금에 의한 차액 결제를 한다.

03 다음 중 용어에 대한 설명으로 적절하지 않은 것은?

① 서킷브레이커 : 선물가격이나 KOSPI가 크게 하락하는 경우 매매를 일시 중단하는 제도
② 사이드카 : 전일 거래량이 가장 많은 종목의 가격이 기준가격 대비 5% 이상 변동하여 1분간 지속되는 경우 5분간 거래를 중단하는 제도
③ 접속매매 : 일정시간 동안 접수한 모든 호가를 동시에 접수된 것으로 보아 하나의 가격으로 매매를 체결하는 방식
④ 임의 매매거래중단 : 선물매매시스템 등의 장애로 정상적으로 매매거래를 할 수 없는 경우 전부 또는 일부 종목의 매매거래를 중단하는 제도

해설 | 해당 설명은 단일 가격에 의한 개별 경쟁매매 방식으로, 접속매매 방식은 단일 가격에 의한 개별 경쟁매매이며, 가격을 결정한 직후부터 거래시간 중에 가격을 결정하는 방법이다.

정답 | 01 ③ 02 ① 03 ③

04 ★★★

현재 현물가격은 10,000원, 차입이자율은 5%, 현물에 대한 보관비용은 1,000원인 경우 선물가격은 얼마인가?

① 10,000원
② 9,000원
③ 9,500원
④ 11,500원

해설 | 선물가격 = 현물가격 + (현물가격 × 차입이자율) + 보관비용
            = 현물가격 + 순보유비용
∴ 선물가격 = 10,000원 + (10,000원 × 5%) + 1,000원 = 11,500원

05 ★★☆

다음 중 주가지수 선물가격 결정 요소에 대한 설명으로 적절하지 않은 것은?

① 현물주가지수 ↑ → 선물가격 ↑
② 이자율 ↑ → 선물가격 ↓
③ 배당률 ↑ → 선물가격 ↓
④ 잔존만기 ↑ → 선물가격 ↑

해설 | 이자율이 상승하는 경우 현물을 보유했을 때의 이자비용도 함께 증가함에 따라 선물가격도 함께 상승한다.

06 ★★★

선물계약의 만기가 1년이고, 1년 동안의 무위험이자율이 5%, 현재 현물가격은 10,000원이고 선물 가격이 11,000원인 경우의 차익거래 방법은?

① 선물 매도, 현물 매수, 대출
② 선물 매도, 현물 매수, 차입
③ 선물 매수, 현물 매도, 대출
④ 선물 매수, 현물 매도, 차입

해설 | 선물가격의 이론적 산출방법으로 선물가격을 산출하면 선물가격 = 10,000원 × (1 + 5%)이므로 선물가격의 이론적 적정가격은 10,500원이다. 현재 선물가격은 11,000원에 거래되고 있으므로 선물을 매도하고 현물을 매입해야 하며 현물 매입을 위해 10,000원을 차입한다.

07 다음 중 복합 투기거래에 대한 설명으로 적절하지 않은 것은?

① 베이시스 매입 : 채권 현물 매입, 선물 매도
② 베이시스 매도 : 채권 현물 매도, 선물 매입
③ 강세스프레드 : 만기가 가까운 선물계약 매도, 만기가 먼 선물계약 매입
④ 상품 간 스프레드 : 서로 다른 상품이지만 경제적으로 관련되어 있는 두 상품에 대해 만기가 같은 각각의 선물계약을 이용

해설 | 강세스프레드와 약세스프레드는 결제 월간 스프레드(현물이 동일하지만 만기가 다른 두 선물의 가격 차이를 이용하는 방법)이다.
- 강세스프레드(매입) : 만기가 가까운 선물계약 매입, 만기가 먼 선물계약 매도
- 약세스프레드(매도) : 만기가 가까운 선물계약 매도, 만기가 먼 선물계약 매입

정답 | 04 ④ 05 ② 06 ② 07 ③

TOPIC 03 옵션거래

1. 옵션가격 이론

> **TIP 기본 용어**
> - S : 현재 옵션 기초자산 가격
> - X : 행사가격
> - r : 무위험 이자율
> - t : 만기일까지의 잔존기간
> - σ : 기초자산의 가격 변동성
> - S_T : 만기일까지의 기초자산 가격
> - C : 콜옵션가격
> - P : 풋옵션가격

(1) 내재가치와 시간가치

① 옵션가치 = 내재가치 + 시간가치

② 내재가치 : 옵션이 행사될 경우 가지게 되는 가치(기초자산의 가격과 행사 가격 차이) 차이가 0이거나 0보다 작은 경우 내재가치는 0

구분	콜옵션	풋옵션
내가격(ITM, 내재가치>0)	$S>X$	$S<X$
등가격(ATM, 내재가치=0)	$S=X$	$S=X$
외가격(OTM, 내재가치<0)	$S<X$	$S>X$

③ 시간가치 : 옵션 기초자산의 가격이 향후 옵션에 유리하게 형성될 가능성

(2) 콜옵션 가치

〈옵션프리미엄이 없을 경우〉

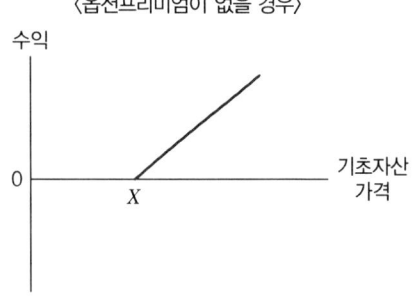

〈옵션프리미엄이 있을 경우〉

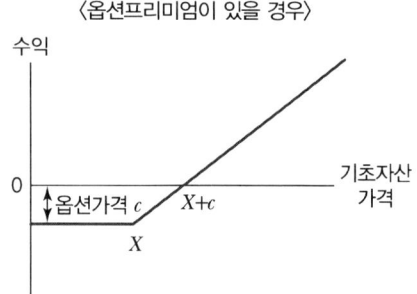

(3) 풋옵션 가치

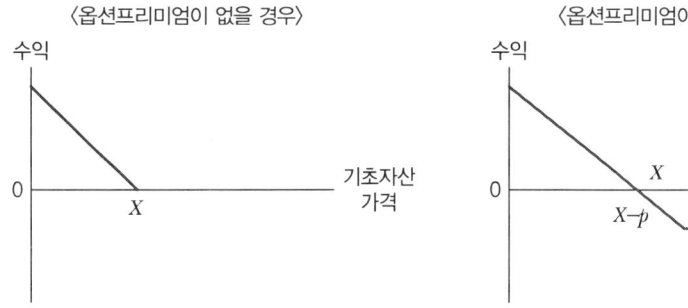

2. 풋 – 콜 등가(Put – Call Parity)

① 같은 기초자산에 대해 발행된 만기와 행사가격이 같은 콜옵션과 풋옵션의 가격 사이의 관계식을 의미
② 주식을 매입하고 콜옵션 발행, 풋옵션 매입 시 미래 주가와 관계없이 포트폴리오의 가치는 X로 일정 (무위험 포트폴리오)

$$(S+P-C)e^{rt} = X$$

③ 무위험 포트폴리오는 시장 균형 시 무위험 수익률을 얻을 수 있음

포트폴리오 구성	만기 시 수익	
	$S_T < X$	$S_T > X$
주식매입	S_T	S_T
콜옵션 발행($-C$)	0	$-(S_T - X)$
풋옵션 매입(P)	$X - S_T$	0
$S + P - C$	X	X

3. CRR(Cox – Ross – Rubinstein) 모형

① 기초자산의 가격이 일정한 확률로 오르거나 내리는 이항분포를 따른다는 가정하에 적용
② 매 거래기간마다 주가가 일정한 확률로 오르거나 일정한 확률로 내리는 상황만 가정
③ 무위험 포트폴리오를 구성(기초자산 h주 보유, 콜옵션 발행), 주가 상승 확률은 u, 하락률은 d인 경우

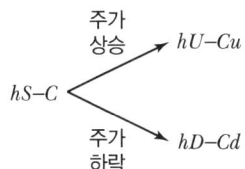

④ $C = [(P \times C_u) + (1-P) \times C_d]/(1+r)$
⑤ 이항모형하에서의 옵션 가치 결정
　㉠ 옵션의 가치는 주가가 상승 또는 하락할 확률과는 무관하게 결정
　㉡ 옵션의 가치는 투자자들의 위험선호도와 관계없이 결정
　㉢ 옵션의 가치를 설명하는 확률변수는 기초자산(주식)의 가격만 있음
　㉣ 다기간 이항모형으로 확장 가능(매 기간 주가는 1번만 변동하는 것으로 가정)

4. 블랙–숄즈 옵션가격 모형

① 기초자산의 가격은 지속적으로 변동함
② 기초자산의 일일 가격 변동은 로그 정규분포를 따름
③ 옵션 잔존기간 동안 무위험 이자율은 변하지 않음
④ 가격의 변동성은 옵션의 잔존기간 동안 고정
⑤ 옵션 잔존기간 동안 배당금 지급은 없음
⑥ 옵션 행사는 만기일에만 할 수 있는 유러피언 옵션 가정

5. 변동성

① 옵션의 변동성은 관찰하기 어려움
② 변동성이 과대평가되어 있는 경우 옵션의 시장가격도 과대평가, 변동성이 과소평가되어 있는 경우 옵션의 시장가격도 과소평가
③ 주식옵션의 경우 만기일까지의 잔존기간이 긴 옵션의 변동성은 잔존기간이 짧은 옵션의 변동성보다 큼
④ 변동성은 과거 옵션 기초자산 가격 변화로부터 변동성을 추정하는 방법과, 옵션가격을 이용하여 내재된 변동성을 추정하는 방법으로 계산

6. 옵션 투자기법–단순투자기법

① 콜옵션 매입(주가 상승 예상)
② 콜옵션 매도(주가 약세 예상)
③ 풋옵션 매입(주가 약세 예상)
④ 풋옵션 매도(주가 상승 예상)

7. 옵션 투자기법 – 헤지거래

(1) 정태적 헤지(옵션 기초자산과 옵션을 결합)

① 보증된 콜(Covered Call)
  ㉠ 기초자산을 보유하고 기초자산과 연동된 콜옵션 매도
  ㉡ 강세시장에서 기초자산 매입포지션의 가격 상승으로 인한 이익을 일정 수준으로 제한하고, 기초자산의 하락손실을 일정부분 헤지
  ㉢ 약보합세의 장일 경우 유용

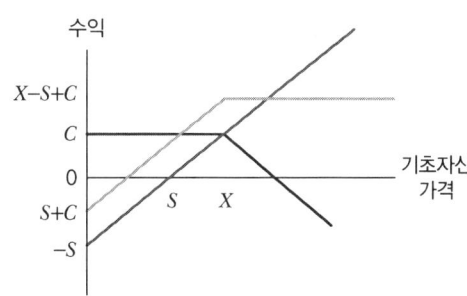

② 보호적 풋
  ㉠ 기초자산을 보유하고, 기초자산을 매도할 수 있는 풋을 매수(기초자산 매입, 풋옵션 매입)
  ㉡ 약세시장에서 기초자산의 가격 하락위험을 헤지하고 강세시장에서 가격상승도 기대
  ㉢ 최초 투자 시 옵션 프리미엄 지급

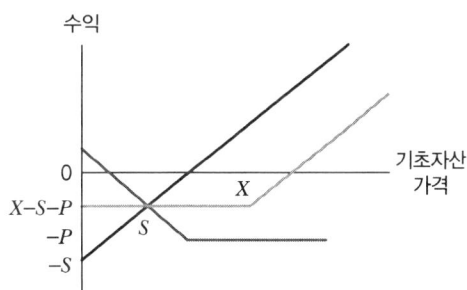

③ 펜스
  ㉠ 기초자산을 보유, 낮은 행사가격의 외가격 풋 매입, 높은 행사가격의 등가격 콜 매도
  ㉡ 주가지수 상승 시 콜 매도의 경우 프리미엄 수입으로 일정부분 손실 감소 가능하며 주가지수 하락 시 콜옵션 가치는 0에 수렴, 주가지수 상승 시 풋 매입의 경우 가치는 0에 수렴하지만 지수 하락 시 옵션 행사의 이익 발생
  ㉢ 강세장 : 주식 포트폴리오의 가치 상승, 콜매도 포지션에서 일정 부분 손실 발생
  ㉣ 약세장 : 주식 포트폴리오의 가치 하락, 풋매입 포지션에서 이익 발생

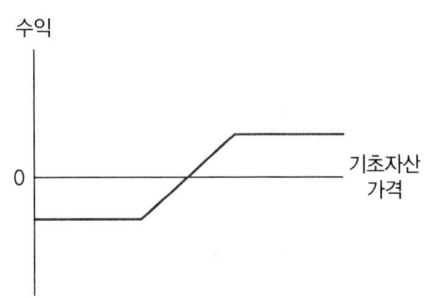

(2) 동태적 헤지

① 헤지기간 동안 옵션의 계약수를 탄력적으로 변화

② 델타헤지

  ㉠ 델타 : 기초자산의 변동에 다른 옵션가격 변화율
  ㉡ 일정기간 주가지수 변화에 영향을 받지 않는 포트폴리오 구성 목표
  ㉢ 보유하고 있는 주식포트폴리오의 가치변동 위험을 옵션가격 변동으로 상쇄
  ㉣ 옵션계약수 = 포트폴리오 베타 × (포트폴리오 가치/지수가치) × 1/델타(헤지비율)

③ 포트폴리오 보험

  ㉠ 주식포트폴리오 매수 + 주가지수선물 매도
  ㉡ 주가지수선물의 경우 만기에 다가가더라도 시간가치가 감소하지 않으므로 주가지수 선물 계약수 조정 필요

8. 스프레드 거래

① 동일한 기초자산을 대상으로 하는 옵션 중 행사가격 또는 만기일이 서로 다른 동일한 종류의 옵션을 각각 같은 단위로 매입 또는 매도하는 전략

② 수직 스프레드 : 옵션 간 행사가격의 차이를 이용

수직 강세스프레드 (bull)	• 강세시장에서 이익 • 행사가격이 높은 옵션을 발행하고 행사가격이 낮은 옵션을 매입
수직 약세스프레드 (bear)	• 약세시장에서 이익 • 행사가격이 높은 옵션을 매입하고 행사가격이 낮은 옵션을 발행

③ 수평 스프레드 : 옵션 간 만기 기간의 차이를 이용

④ 나비스프레드, 콤비네이션(스트래들, 스트랩, 스트립, 스트랭글, 거트) 등

9. 옵션포지션 관리지표

① 델타 : 기초자산의 변동에 따른 옵션가격 변동
② 감마 : 기초자산 변동에 따른 옵션델타 변화(델타 값 변화 속도)
③ 베가(카파) : 기초자산 변동성에 따른 옵션가격 변화
④ 쎄타 : 옵션 잔존만기 변화에 따른 옵션가격 변화. 옵션보유에 따른 비용의 정도
⑤ 로우 : 이자율의 변화에 대한 옵션가격의 변화. 단, 이자율의 변화는 옵션가격에 미치는 영향은 미미함

개념확인문제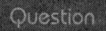

01 다음 중 옵션에 대한 설명으로 옳지 않은 것은?

① 옵션의 가치는 내재가치와 시간가치로 구성된다.
② 콜옵션이 내가격이라는 것은 기초자산 가격이 옵션 행사가격보다 큰 것을 의미한다.
③ 풋옵션이 외가격이라는 것은 기초자산 가격이 옵션 행사가격보다 큰 것을 의미한다.
④ 등가격은 옵션의 시간가치와 내재가치가 모두 0이라는 의미이다.

해설 | 등가격은 옵션의 내재가치가 0이라는 의미이며 시간가치는 옵션 만기에 도달하지 않는 이상 0보다 크다.

02 다음 중 옵션에 대한 설명으로 옳지 않은 것은?

① 풋콜패리티는 주식을 매입하고 콜옵션을 발행하며 풋옵션을 매입하는 경우 미래 주가와 관계없이 포트폴리오의 가치는 항상 일정한 무위험포트폴리오를 구성할 수 있다는 것이다.
② 블랙-숄즈 옵션가격 모형상 기초자산의 가격은 지속적으로 변동한다.
③ CRR 모형은 기초자산의 가격이 일정한 확률로 오르거나 내리는 이항분포를 따른다는 가정하에 적용하였다.
④ CRR 모형은 매 기간 주가가 2번만 변동하는 것으로 가정하여 다기간 이항모형으로 확장 가능하다.

해설 | CRR 모형은 매 기간 주가가 1번만 변동하는 것으로 가정하여 다기간 이항모형으로 확장 가능하다.

03 다음 중 옵션의 변동성에 대한 설명으로 옳지 않은 것은?

① 옵션의 변동성은 일반적으로 관찰하기 어렵다.
② 변동성이 과대평가되어 있는 경우 옵션의 시장가격도 과대평가되어 있다.
③ 변동성은 과거 옵션 기초자산 가격 변화로부터 변동성을 추정하는 방법과 옵션가격을 이용하여 내재된 변동성을 추정하는 방법으로 계산할 수 있다.
④ 주식옵션의 경우 만기일까지의 잔존기간이 긴 옵션의 변동성은 잔존기간이 짧은 옵션의 변동성보다 작다.

해설 | 주식옵션의 경우 만기일까지의 잔존기간이 긴 옵션의 변동성은 잔존기간이 짧은 옵션의 변동성보다 크다.

04 다음 중 옵션 투자전략으로 적절하게 연결되지 않은 것은?

① Covered Call : 기초자산 보유＋연동된 콜옵션 매도
② 보호적 Put : 기초자산 매입＋풋옵션 매입
③ 펜스 : 기초자산을 보유＋낮은 행사가격의 외가격 풋 매입＋낮은 행사가격의 등가격 콜 매도
④ 포트폴리오 보험 : 주식포트폴리오 매수＋주가지수선물 매도

해설 | 펜스 : 기초자산을 보유, 낮은 행사가격의 외가격 풋 매입, 높은 행사가격의 등가격 콜 매도

05 다음 중 옵션 전략에 대한 설명으로 적절하지 않은 것은?

① 기초자산을 보유하고 있는 경우 보증된 콜(Coverd Call) 전략은 추가적인 지급금액이 발생하지 않는다.
② 보호적 풋의 경우 풋을 매입하는 과정에서 옵션 프리미엄을 지급한다.
③ 펜스 전략을 취할 경우 강세장일 때 콜 매도 포지션에서 손실이 발생한다.
④ 펜스 전략을 취할 경우 약세장일 때 주식 포트폴리오와 풋 매입 포지션 모두에서 이익이 발생한다.

해설 | 펜스 전략을 취할 경우 약세장일 때 주식 포트폴리오의 가치는 하락하지만 풋 매입 포지션에서 이익이 발생한다.

06 다음 중 옵션 포지션 관리지표에 대한 설명으로 적절하지 않은 것은?

① 델타 : 옵션 잔존만기 변화에 따른 옵션가격 변화
② 감마 : 기초자산 변동에 따른 옵션델타 변화
③ 베가 : 기초자산 변동성에 따른 옵션가격 변화
④ 로우 : 이자율의 변화에 대한 옵션가격의 변화

해설 | 델타는 기초자산 변동에 따른 옵션가격 변동을 의미하며 ①은 쎄타에 대한 설명이다.

정답 | 01 ④ 02 ④ 03 ④ 04 ③ 05 ④ 06 ①

CHAPTER 04 파생결합증권평가 및 분석

PART 02_ 가치평가론

TOPIC 01 파생결합증권의 개요 및 주요 파생결합증권

1. 파생결합증권의 개념

기초자산의 가격, 이자율, 지표, 단위 또는 이를 기초로 하는 지수 등의 변동과 연계하여 미리 정해진 방법에 따라 지급금액이 결정됨

2. 주요 파생결합증권

① **ELW(주식워런트증권)** : 특정주가 또는 주가지수의 변동과 연계하여 미리 정해진 방법에 따라 만기 시 주권의 매매 또는 현금 수수 권리가 부여
② **ELS(주가연계증권)/DLS(기타파생결합증권)** : 주식시장에서 거래되는 주권의 가격이나 주가지수의 변동과 연계(ELS)하거나 이자율, 환율, 원자재, 신용위험 등을 기초로 하는 지수와 연계(DLS)하여 증서의 가치에 해당하는 금전의 지급청구권 표시
③ **ETN(상장지수증권)** : 기초자산 변동과 수익률이 연동되도록 증권회사가 발행한 파생결합증권으로 거래소에 상장되어 거래
④ **파생결합사채** : 원금이 보장되면서 기초자산의 변동과 연계하여 이자가 변동, 채무증권으로 분류(ELB, DLB)

3. 파생결합증권 발행

① 파생결합증권의 발행은 투자매매업으로 분류되며, 해당 인가를 받아야 발행 가능함
② 파생결합증권의 발행방법은 공모와 사모로 구분
③ **증권신고서**
  ㉠ 발행자가 작성 및 제출하며 일반사항, 증권의 권리내용, 투자위험요소, 기초자산 관련 사항 기재
  ㉡ 수리된 날로부터 15일 경과 후 효력 발생
  ㉢ 증권 발행 전 미리 일괄신고서를 제출하여 발행기간 단축 및 신고 간소화 가능
    • 최근 1년간 모집 또는 매출실적 + 사업보고서 및 반기보고서 제출한 자 또는 업무보고서를 제출한 금융투자업자
    • 회계감사의견이 적정 혹은 한정
    • 최근 1년 이내에 증권발행 제한을 받은 사실이 없음

개념확인문제

01 다음 중 파생결합증권에 대한 설명으로 적절하지 않은 것은?

① ELW : 특정주가 또는 주가지수의 변동과 연계하여 미리 정해진 방법에 따라 만기 시 주권의 매매 또는 현금 수수 권리가 부여된다.
② ELS : 주식시장에서 거래되는 주권의 가격이나 주가지수의 변동과 연계하여 증서의 가치에 해당하는 금전의 지급청구권이 표시된다.
③ ETN : 기초자산 변동과 수익률이 연동되도록 증권회사가 발행한 파생결합증권으로 거래소에 상장되어 거래된다.
④ 파생결합사채 : 기초자산의 변동과 연계하여 원금과 이자가 변동되며, 채무증권으로 분류된다.

해설 | 파생결합사채는 원금이 보장되면서 기초자산의 변동과 연계하여 이자가 변동되며, 채무증권으로 분류된다. 따라서 이자는 변동되지만 원금은 보장된다.

02 다음 중 파생결합증권에 대한 설명으로 적절하지 않은 것은?

① 파생결합증권은 기초자산의 가격, 이자율, 지표, 단위 또는 이를 기초로 하는 지수 등의 변동과 연계하여 미리 정해진 방법에 따라 지급금액이 결정되는 증권이다.
② 파생결합증권은 공모와 사모의 방법으로 발행할 수 있다.
③ 파생결합증권의 발행은 투자매매업으로 분류된다.
④ 파생결합증권은 자본시장법상 신고 후 발행할 수 있다.

해설 | 파생결합증권은 자본시장법상 금융투자업 인가를 받아야 발행할 수 있다.

03 다음 중 파생결합증권의 증권신고서에 대한 내용으로 적절한 것은?

① 증권신고서는 수리된 날로부터 20일 경과 후 효력이 발생한다.
② 증권 발행 전 미리 일괄신고서를 제출하여 발행기간을 단축할 수 있다.
③ 회계감사의견이 적정인 경우만 일괄신고서를 제출할 수 있다.
④ 증권신고서는 금융감독원이 해당 파생결합증권의 권리 내용, 투자위험요소, 기초자산 관련 사항 등을 조사 및 기재한다.

해설 | ① 증권신고서는 수리된 날로부터 15일 경과 후 효력이 발생한다.
③ 회계감사의견이 적정 및 한정인 경우에 일괄신고서를 제출할 수 있다.
④ 증권신고서는 발행자가 작성 및 제출하며 해당 파생결합증권의 일반사항, 권리 내용, 투자위험요소, 기초자산 관련 사항 등을 기재한다.

정답 | 01 ④ 02 ④ 03 ②

TOPIC 02 ELW(주식워런트증권)

1. ELW 개념

① 개별 주식 및 주가지수 등의 기초자산을 만기 시점에 미리 정해진 가격으로 사거나 팔 수 있는 권리를 나타내는 옵션
② 일정 요건을 갖출 경우 상장되어 주식과 동일하게 매매 가능

2. ELW 특징

① 레버리지 효과 : 적은 투자금액으로도 큰 수익을 얻을 수 있음
② 한정된 손실 위험 : 투자위험은 투자원금으로 한정
③ 위험 헤지 : 보유자산 가격이 원하지 않는 방향으로 움직이는 위험을 회피
④ 양방향성 투자수단
⑤ 유동성의 보장 : 유동성 공급자가 존재하여 매수 또는 매도 호가 제공

> **TIP 주식옵션(주가지수옵션 포함)과의 차이점**
>
> | 구분 | ELW | 주식옵션 |
> |---|---|---|
> | 법적 특성 | 파생결합증권 | 파생상품(장내) |
> | 발행 주체 | 일정요건을 충족한 금융투자회사 | 포지션 매도자(개인도 가능) |
> | 의무 이행자 | 발행자 | 매도 포지션 보유자 |
> | 계약이행보증 | 발행자의 자기신용 | 거래소의 결제이행보증 |
> | 유동성 공급 | 유동성 공급자 존재 | 시장의 수요와 공급에 따라 결정 |
> | 기초자산 | 국내외 주가지수, 개별주식 | 주가지수, 개별주식 |
> | 결제조건 | 현금 또는 실물 | 현금 |

3. ELW 종류

① 권리 종류 : 콜 ELW, 풋 ELW
② 구조 : 기본구조(플레인 바닐라), 디지털옵션, 배리어옵션

4. 권리행사

① 내재가치

- 콜 ELW = (S − X) × 전환비율
- 풋 ELW = (X − S) × 전환비율

② **자동권리행사** : 권리행사 만기일에 이익이 발생하는 경우 신청이 없어도 자동으로 권리가 행사되어 보유자의 이익을 보호현금결제방식의 ELW에만 적용되며 상장된 ELW는 현금결제방식을 채택하고 있음)

5. ELW 가격결정요인

> ELW = 시간가치 + 내재가치

① **기초자산 가격** : 주가 상승 시 콜 ELW 가격 상승, 주가 하락 시 풋 ELW 가격 상승
② **권리행사가격** : 높을수록 콜 ELW 가격 하락, 낮을수록 풋 ELW 가격 하락
③ **변동성** : 변동성이 커질수록 ELW의 가격 상승
④ **잔존만기** : 잔존만기가 증가할수록 ELW의 가격 상승
⑤ **금리** : 금리가 높아질수록 콜 ELW 가격 상승, 풋 ELW 가격 하락
⑥ **배당** : 배당수익률이 높을수록 콜 ELW 가격 하락, 풋 ELW 가격 상승

6. ELW 투자지표

① **전환비율** : 만기에 ELW 1증권을 행사하여 얻을 수 있는 기초자산의 수
   예 전환비율이 0.2인 ELW : ELW 행사 시 주식 0.2주에 대한 권리 얻음

② **프리미엄**
   ㉠ ELW의 시간가치를 현재 기초자산 가격 대비 백분율로 표시
   ㉡ ELW가 행사될 가능성, 시간가치가 기초자산 가격에서 차지하는 비율

   - 프리미엄 $= \dfrac{\text{ELW 가격} - \text{내재가치}}{\text{기초자산가격}} \times 100$
   - 콜 ELW의 내재가치 $= (S - X) \times$ 전환비율
   - 풋 ELW의 내재가치 $= (X - S) \times$ 전환비율

③ **손익분기점** : 투자자 입장에서의 손익분기점의 기초자산 가격
   ㉠ 콜 ELW 손익분기점 : 행사가격 + ELW 가격/전환비율
   ㉡ 풋 ELW 손익분기점 : 행사가격 − ELW 가격/전환비율

④ **자본지지점**(CFP ; Capital Fulcrum Point) : 기초자산과 ELW의 수익률이 같아지는 시점까지 도달하기 위해 필요한 기초자산의 연간 기대상승률. 동일한 투자원금으로 기초자산 또는 ELW 중 어느 것을 보유하더라도 최종 실현가치가 같게 되는 기초자산의 연간 기대수익률

$$S_T = S_0 \times (1 + CFP)^T$$
$$ELW_T = S_0 \times (1 + CFP)^T - X$$
$$S_0 \times (1 + CFP)^T - X = ELW_0 \times (1 + CFP)^T$$

㉠ 만기구조가 서로 다른 개별 ELW의 자본지지점을 통해 ELW 간 비교 가능
㉡ 주식과 ELW 중 한 가지에만 투자해야 하는 경우 양자 간 비교 가능

7. 패리티

① 행사가격과 기초자산 가격의 상대적 크기로 1이면 등가격(ATM), 1보다 크면 내가격(ITM), 1보다 작으면 외가격(OTM)
② 콜 ELW 패리티 = 기초자산가격/행사가격
③ 풋 ELW 패리티 = 행사가격/기초자산가격

8. ELW 시장구조

(1) 발행절차

① **증권신고** : 발행시 마다 매번 증권신고서를 제출하거나 일괄신고 시 추가서류 제출(일괄신고 시 총 발행물량이 정해져 있으며 발행 예정 기간 내에 필요한 부분만큼 발행)
② **상장절차** : 주식 상장절차와 동일
③ **발행조건**
㉠ 발행조건은 표준화되어 있으며, 결제방식은 현금결제방식, 자동권리행사 채택
㉡ 유러피안 방식을 채택하여 만기 시점에만 권리행사가 가능
㉢ 개별 주식 ELW는 최종 거래일 포함 5 매매거래일 종가 산술평균 가격, 국내 주가지수 ELW는 최종 거래일 주가지수 종가 적용
④ ELW 기초자산

기초자산 구분	개별주식	주가지수
국내 기초자산	• KOSPI 200 구성종목 중 분기별로 선정된 종목 • KOSDAQ 150 구성종목 중 매월 선정된 종목	• KOSPI 200 • KOSDAQ 150
해외 기초자산	–	• 일본 NIKKEI 225 • 홍콩 HSI지수

⑤ 모집 또는 매출 요건
㉠ 현실적으로 ELW는 발행물량의 100%를 LP가 청약하고 있으며, 발행사는 LP 중 1개사 이상과 유동성 공급 계약 체결
㉡ 발행총액은 10억원 이상, 상장 신청일 현재 행사기간 3개월~3년 이내

⑥ 추가상장 및 변경상장
　㉠ 추가상장 : 발행사가 추가로 신속히 ELW를 발행하는 것으로 발행물량의 80% 이상이 시장에 매출되어 있어야 하며, 잔존권리 행사기간이 1개월 이상 남아 있어야 함. 또한 추가 상장 시 발행총액은 신규상장할 때의 발행총액 이내
　㉡ 변경상장 : 이미 발행한 ELW의 종목 또는 수량 변경

⑦ ELW 상장폐지
　㉠ 발행인 요건 : 순자본비율이 100%에 미달하는 경우 등
　㉡ 기초자산 요건 : 기초자산이 상장폐지
　㉢ 권리행사 : 권리행사기간 만료, 최종거래일이 도래
　㉣ 유동성공급 : 유동성공급자가 없어지거나 새로운 유동성공급 계약을 체결하지 않은 경우
　㉤ ELW의 전부보유 : 발행인 또는 유동성 공급자가 해당 ELW를 전부 보유하고 전부 보유한 날부터 1개월 이내에 매매가 전혀 없는 경우
　㉥ 신고의무 위반

개념확인문제

01 다음 중 ELW의 특징으로 적절하지 않은 것은?

① 레버리지 효과
② 한정된 손실 위험
③ 단방향성 투자수단
④ 유동성의 보장

해설 | 기초자산인 주식이 상승할 때는 콜 ELW, 하락할 때는 풋 ELW에 투자하면 되므로 ELW는 시장 상황에 따른 양방향성 투자수단을 제공할 수 있다.
④ 유동성공급자(LP)가 존재하며 해당 유동성공급자가 매수 또는 매도호가를 제공한다.

02 다음 중 ELW와 주식옵션의 차이점으로 적절하지 않은 것은?

	구분	ELW	주식옵션
①	법적 특성	파생결합증권	장내파생상품
②	발행 주체	일정요건을 충족한 금융투자회사	포지션 매도자
③	결제조건	현금	실물
④	기초자산	국내외 주가지수, 개별주식	주가지수, 개별주식

해설 | ELW는 주식옵션과 마찬가지로 현금으로 결제할 수도 있지만 실물로도 거래할 수 있다.

03 기초자산 가격이 10,000원이고 행사가격은 11,000원, ELW 1개당 0.2개의 기초자산을 매입할 수 있는 경우 현재 풋 ELW의 내재가치는?

① 0원
② 200원
③ 500원
④ 1,000원

해설 | 풋 ELW = (행사가격 - 기초자산가격) × 전환비율 = (11,000원 - 10,000원) × 0.2 = 200원

04 다음 중 ELW의 가격결정요인으로 적절하지 않은 것은?

① ELW는 옵션과 마찬가지로 시간가치와 내재가치의 합으로 구성된다.
② 기초자산 가격이 상승할 경우 콜 ELW의 가격은 상승한다.
③ 배당수익률이 높을수록 풋 ELW의 가격은 하락한다.
④ 금리가 높아질수록 콜 ELW의 가격은 상승한다.

해설 | 배당률이 증가할 경우 주식을 매도할 때 배당수익을 얻을 수 없으므로 주식 매도대금에서 발생하는 이자수익이 배당수익만큼 감소하지만 풋 ELW는 이러한 이자수익 감소가 없으므로 풋 ELW의 가격은 상승한다.
④ 금리가 높아질수록 주식 보유비용이 증가하지만 콜 ELW 매수자는 직접 주식을 매수한 것이 아니므로 콜 ELW의 가격은 상승한다.

05 다음 중 주식워런트증권의 기초자산이 될 수 없는 것은?

① S&P 500
② KOSPI 200
③ KOSDAQ 150
④ 일본 NIKKEI 225

해설 | S&P 500은 주식워런트증권의 기초자산이 될 수 없다.

06 다음 중 ELW 상장폐지 요건에 해당하지 않는 것은?

① 발행인의 순자본비율이 100%에 미달하는 경우
② 기초자산이 상장폐지된 경우
③ 최종거래일이 도래한 경우
④ ELW를 발행인 또는 유동성 공급자가 전부 보유하고 전부 보유한 후 3개월 이내에 매매가 전혀 없는 경우

해설 | ELW를 발행인 또는 유동성 공급자가 전부 보유하고 전부 보유한 후 1개월 이내에 매매가 전혀 없는 경우 ELW 상장폐지 요건에 해당한다.

정답 | 01 ③ 02 ③ 03 ② 04 ③ 05 ① 06 ④

07 다음 중 ELW 관련 용어에 대한 설명으로 적절하지 않은 것은?

① 자본지지점은 기초자산과 ELW의 수익률이 같아지는 시점까지 도달하기 위해 필요한 기초자산의 연간 기대상승률을 의미한다.
② 손익분기점은 발행자 입장에서의 ELW의 손익분기점에 도달하는 기초자산 가격이다.
③ 패리티는 행사가격과 기초자산 가격의 상대적 크기이다.
④ 프리미엄은 ELW가 행사될 가능성으로 볼 수 있다.

해설 | 손익분기점은 투자자 입장에서의 손익분기점의 기초자산 가격이다.

08 주어진 정보가 다음과 같을 때, 콜 ELW 패리티를 구하면 얼마인가?

- 현재 기초자산 가격 : 11,000원
- 행사가격 : 10,000원
- 전환비율 : 0.2
- 현재 ELW 가격 : 11,200원

① 1.1
② 0.9
③ 200
④ 220

해설 | 콜 ELW 패리티는 기초자산가격을 행사가격으로 나누어 산출한다. 따라서 11,000원/10,000원 = 1.1로 산출된다.

정답 | 07 ② 08 ①

TOPIC 03 ELS/DLS

1. ELS/DLS 개념과 특징

(1) 개념

ELS/DLS는 상품설계가 유연하고 다양한 지급구조 및 기초자산의 선택이 가능

(2) 특징

① CB(전환사채), BW(신주인수권부사채)와의 비교

구분	ELS	CB, BW
옵션 형태	다양한 형태	주식전환권, 신주인수권
이자 지급	특정 지급주기와 형태를 따를 필요 없음	행사 이전에는 고정적 이자 지급
발행 이유	위험선호도에 따른 맞춤 설계	기업체의 자금 조달
발행기관	금융투자회사	개별 기업

② ELS, ELD(주가연동예금), ELF(주가연계펀드)와의 비교

구분	ELS	ELD	ELF
발행기관	증권사	은행	집합투자기구
투자형태	파생결합증권	정기예금	수익증권
예금보호	–	보장	–
원금보장	사전 약정	100% 보장	보장 없음
만기수익률	사전 약정수익률	사전 약정수익률	실적배당

③ ELS 발행시장
   ㉠ 일반적인 증권의 발행시장과 전체적으로 동일
   ㉡ 발행사가 다양한 위험선호도를 갖고 있는 투자자에게 위험을 이전하고 대가를 받는 구조이며 발행을 통해 들어온 투자금은 대부분 상환금을 준비하는 목적으로 사용
   ㉢ 백투백 헤지 : 외국계 금융기관으로부터 동일한 상품을 매입
   ㉣ 자체 헤지 : 다양한 금융상품의 매매를 통해 ELS 지급구조를 복제

2. 상품구조

(1) 유로피언 구조

① Bull Spread : 행사가격이 낮은 콜옵션 매입, 행사 가격이 높은 콜옵션 매도
   ㉠ 주가가 낮은 행사가격 이하 : 원금수령
   ㉡ 주가가 높은 행사가격 이상 : 원금＋이익(고정)

② Reverse Convertible : 풋옵션 매도로 수수료 수익을 얻을 수 있지만 원금 손실 가능

(2) 배리어구조

① Up-and-Out Call with Rebate
  ㉠ 만기까지 기초자산 가격이 기준(배리어) 이상 올라간 적이 있는 경우 : 원금+이익
  ㉡ 기준 이상 올라간 적이 없는 경우 : 원금+콜옵션 현금흐름

② Down-and Out Put
  ㉠ 만기까지 기초자산 가격이 기준(배리어) 이하로 내려간 적이 있는 경우 : 원금
  ㉡ 기준(배리어) 이하로 내려간 적이 없는 경우 : 원금+풋옵션 현금흐름

③ 양방향 구조 : 콜+풋

(3) 조기상환구조

① 기본구조
  ㉠ 발행 후 6개월 단위로 기초자산의 주가가 기준가격 또는 기준지수 대비 상승할 때 사전 약정 수익을 액면금액과 함께 투자자에게 지급하고 계약 종료
  ㉡ 6개월이 지난 시점에 기준가격 이하인 경우 다음 조기상환 기간(6개월)까지 기다림
  ㉢ 만기시점까지 조기상환을 하지 못할 경우 만기 시점의 가격에 따라 상환금액 결정

② Step-down ELS : 조기상환 시점마다 조기상환 기준지수를 완화

3. ETN(상장지수증권)

(1) ETN 개요

① 기초지수 변동과 수익률이 연동되도록 증권회사가 발행하는 파생결합증권으로서 거래소에 상장되어 거래
② 금융기관이 1년에서 20년 이하의 만기 동안 이자 없이 사전에 정의된 벤치마크지수에 연동된 수익을 투자자에게 지급하고, 자기신용으로 발행하면서 별도의 담보나 보증을 받지 않는 선순위 무보증 채권

(2) ETN 특징

① 신상품에 대한 접근성 : 일반투자자의 경우 직접투자 대비 저렴한 수수료를 대가로 지불하고 다양한 자산에 투자 가능
② 유연성/신속성 : 채권형식으로 발행되므로 공모펀드 신규 발행 대비 신속 및 유연한 구조
③ 추적오차 최소화 : 발행사가 제시한 가격을 보장하여 공모펀드 대비 추적오차 감소
④ 유통시장 : 거래소 상장을 통해 유통시장이 존재
⑤ 가격 투명성 : 명확한 벤치마크 지수 설정
⑥ 기타 : 증권거래세 면제, 국내주식 기반 ETN의 경우 매매차익 비과세 등의 세제상 장점

(3) ETN 기초지수

① 기초지수 : ETN이 투자 대상으로 삼는 기초지수로 지수는 주식, 채권, 파생상품 등 특정 자산의 흐름을 종합적으로 나타낸 지표
② ETF와 비교(국내 ETN 시장은 ETF 시장과 직접적 경쟁을 지양)

구분	ETN	ETF
투자대상	기초자산 가격, 지수	기초자산 가격, 지수
기초자산 구성종목 수	5종목(해외주식인 경우 3종목) 이상	10종목 이상
핵심 시장	맞춤형 지수 등 신규 개발지수 활용 중심	주식, 채권, 상품 등 기존 지수 활용 중심

(4) ETN 시장참가자

① 발행회사 : 투자수요에 맞는 ETN을 기획하고 발행하는 업무, 마케팅 활동, 만기 또는 중도 상환 시 지수 수익률을 투자자에게 지급하고 이를 위해 자산을 운용, 중요 사항 발생 시 신고·공시 등의 업무 수행. ETN 상품은 무담보 상품이므로 발행회사의 재무안정성 및 신용도가 중요
② 유동성 공급자 : 발행된 ETN을 최초로 투자자에게 매도(매출)하며 상장 이후에도 지속적으로 유동성 공급호가 제출
③ 지수산출기관, 한국예탁결제원 등

(5) ETN 시장구조

① 발행제도
  ㉠ 신용등급, 재무안정성 등이 우수한 증권회사가 발행하며 유동성공급자에게 일괄 배정하는 형태로 발행
  ㉡ 주식과 발행절차는 동일하며, 일괄신고서를 통해 절차 간소화 가능

② 상장제도
  ㉠ 기본적으로 주식의 신규상장절차와 동일. 상장예비심사 시 15일 이내에 결과 통지
  ㉡ 상장요건

발행회사 자격	• 증권 및 장외파생상품 매매업 인가를 받은 금융투자업자 • 자기자본 5,000억원, 신용등급 AA-, 순자본비율 150% 이상 • 최근 3사업연도의 감사의견 적정
기초지수 요건	• KRX시장에서 거래되는 기초자산의 가격 변동을 종합적으로 나타내는 지수 • 외국거래소 시장 등 거래소가 인정하는 시장에서 거래되는 기초자산 가격 변동을 나타내는 기초지수 • 기초지수에 국내외 주식 또는 채권이 포함된 경우 주식, 채권 각각 최소 5종목 이상, 동일종목 비중 30% 이내로 분산된 것
발행규모와 발행한도	• 발행총액은 최소 70억원 이상, 발행증권수 10만 증권 이상 • ETN 발행자의 자기자본 50% 한도
만기, 지수이용계약 및 유동성 공급계약	• 1년 이상 20년 이내 만기로 발행 가능 • 공모로 발행해야 하며 간주모집 이용 • 유동성 공급계약을 체결하거나 자신이 직접 유동성을 공급

ⓒ 추가상장과 변경상장 가능
② 상장폐지 : 발행회사 자격 요건 미달, 기초지수 요건 미달, 유동성 공급능력 부족, 상장규모 및 거래규모 부족, 신고의무 위반 시 상장 폐지

TIP ETN 진입 및 퇴출 요건

구분	진입 요건	퇴출 요건
인가	인가	인가취소
자기자본	5,000억원 이상	2,500억원 미만
신용등급	AA- 이상	투자적격등급(BBB-) 미만
순자본비율	150% 이상	100% 미만 3개월 지속 or 50% 미만
감사의견	최근 3년 간 모두 적정	최근 사업연도 부적정 또는 의견거절

(6) 유동성 공급자 제도
① ETN을 발행한 증권회사 또는 제3의 증권사가 담당
② 가격 괴리(ETN 시장 가격이 지표 가치에서 벗어나는 현상) 조정 기능

(7) 투자지표
① 일일지표가치(IV ; Indicative Value) : ETN 1증권당 실질가치로 ETF의 순자산가치(NAV)와 유사한 개념
② 실시간지표가치(IIV ; Intraday Indicative Value) : 일일 지표가치를 보완하기 위해 실시간으로 변하는 ETN의 가치 변화를 나타냄
③ 괴리율 : ETN 시장 가격과 지표가치의 차이로 발행회사의 신용위험이 부각되거나 유동성 공급이 원활하지 않은 경우 커짐

$$괴리율 = (시장가격 - 지표가치)/지표가치 \times 100$$

(8) ETN 투자 위험
① 발행회사 신용위험
② 기초자산 가격변동위험 : 해당 지수 하락 시 손실 발생(원금 비보장 상품). 분산 투자하므로 기업 고유 위험은 감소하지만 시장 전체의 변동에 따른 지수 하락 위험은 회피할 수 없음
③ 유동성 부족 위험 : 호가가 충분히 제시되어 있지 않아 즉각적으로 거래하지 못할 가능성
④ 단기거래 비용증가 위험 : 매매가 빈번할 경우 위탁수수료 부담이 커짐
⑤ 상장폐지 위험 : 발행회사 부도가 아닌 경우 상장폐지 시 최종 거래일의 지표가치에 해당하는 금액을 투자자에게 지급
⑥ 일별 복리화 효과 위험, 롤오버 위험 등

개념확인문제

01 다음 중 ELS와 전환사채를 비교한 것으로 적절하지 않은 것은?

① ELS는 상품설계가 유연한 반면, 전환사채는 주식전환권을 보유한 사채의 형태로 발행된다.
② ELS는 전환사채와 달리 이자에 대해 특정 지급주기와 형태를 따를 필요는 없다.
③ ELS와 전환사채는 모두 개별기업에서 자금 조달 목적으로 발행할 수 있다.
④ ELS는 투자자의 위험선호도에 따른 맞춤 설계가 가능하다.

해설 | ELS는 금융투자회사에서만 발행할 수 있으며 전환사채는 개별 기업에서 발행한다.

02 다음 중 ELS, ELD, ELF를 비교한 것으로 적절하지 않은 것은?

	구분	ELS	ELD	ELF
①	발행기관	증권사	은행	집합투자기구
②	투자형태	파생결합증권	정기예금	수익증권
③	원금보장	사전 약정	보장 없음	보장 없음
④	만기수익률	사전 약정수익률	사전 약정수익률	실적배당

해설 | ELD(주가연동예금)은 ELS, ELF(주가연계펀드)와 달리 원금에 대해서 100% 보장한다.

03 다음 중 ELS 발행 시장에 대한 설명으로 적절하지 않은 것은?

① 발행사가 다양한 위험선호도를 가진 투자자에게 위험을 이전하고 대가를 받는 구조이다.
② ELS 발행을 통해 들어온 투자금은 대부분 기초자산을 매입하는 용도로 사용된다.
③ 백투백 헤지는 외국계 금융기관으로부터 동일한 상품을 매입하여 헤지하는 방식이다.
④ 자체 헤지는 다양한 금융상품의 매매를 통해 ELS 지급구조를 복제 후 헤지하는 방식이다.

해설 | ELS 발행을 통해 들어온 투자금은 대부분 상환금을 준비하는 목적으로 사용된다.

정답 | 01 ③ 02 ③ 03 ②

04.
ELS 상품으로 액면금액이 100,000원, 만기 기초자산 지수 100, 행사지수는 150일 경우 투자자가 이 ELS 상품을 통해 만기에 받게 되는 금액은 얼마인가?

① 66,667원
② 100,000원
③ 150,000원
④ 0원

해설 | 투자자의 만기 수취금액 = 액면금액 × 만기지수/행사지수 = 100,000원 × 100/150 = 66,667원

05.
다음 중 ETN의 특징으로 적절하지 않은 것은?

① 신상품에 대한 접근성
② 추적오차 최소화
③ 명확한 벤치마크 지수 설정
④ 주식형식으로 발행되므로 공모펀드 신규 발행 대비 신속 및 유연한 구조

해설 | ETN은 채권형식으로 발행된다.

06.
다음 중 ETN의 상장 요건으로 적절하지 않은 것은?

① 발행회사 : 증권 및 장외파생상품 매매업 인가를 받은 금융투자업자
② 발행방식 : 공모와 사모의 방식으로 발행
③ 발행규모 : 발행총액은 최소 70억원 이상
④ 만기 : 1년 이상 20년 이내 만기로 발행 가능

해설 | ETN은 공모의 방식으로만 발행되며 간주모집 방식을 이용한다.

07.
다음 중 ETN에 투자할 경우 발생할 수 있는 투자 위험으로 적절하지 않은 것은?

① 발행회사 신용위험
② 기초자산 가격변동위험
③ 유동성 부족 위험
④ 장기거래 수익감소 위험

해설 | ETN에 투자할 경우 발생할 수 있는 위험은 발행회사 신용위험, 기초자산 가격변동위험, 유동성 부족위험, 단기거래 비용증가 위험, 상장폐지 위험 등이 있다.

정답 | 04 ① 05 ④ 06 ② 07 ④

PART 03

재무분석론

CHAPTER 01_ 재무제표론
CHAPTER 02_ 기업가치평가 및 분석

CHAPTER 01 재무제표론

PART 03_ 재무분석론

TOPIC 01 재무회계의 개요

1. 회계의 정의

회계란 특정한 경제적 거래에 대하여 정보이용자들에게 합리적인 의사결정을 하는 데 유용한 재무정보를 제공하기 위한 일련의 과정을 의미함

2. 회계의 분류

(1) 회계정보 이용자

정보이용자	관심 있는 내용
투자자	• 매수, 보유 또는 매도에 관한 의사결정을 위한 정보 • 배당 능력을 평가할 수 있는 정보가 필요
종업원	고용주인 기업의 안정성과 수익성에 관한 정보에 관심
채권자	원리금 상환 능력
공급자 등	기업의 지급기일 내의 지급능력
고객	기업의 존속 가능성에 대한 정보에 관심
정부 등	자원의 배분과 기업의 활동에 관심을 가지며 특히 조세정책 결정을 위한 자료 필요

(2) 회계정보 이용자에 따른 회계의 분류

재무회계	외부보고 목적의 회계로서 현재 및 잠재 투자자가 합리적인 의사결정을 하는 데 유용한 정보를 제공하는 것을 목적
관리회계	내부보고 목적의 회계로서 기업의 내부 이해관계자인 경영자에게 유용한 정보를 제공하는 것을 목적
세무회계	과세당국이 세금 부과를 위해 기업의 과세소득을 계산하는 것을 목적으로 하는 회계분야

3. 회계의 목적

① 현재 및 잠재적 투자자, 채권자, 기타 이용자가 합리적인 투자, 신용 결정을 하는데 유용한 정보를 제공
② 투자자, 채권자, 기타의 이용자가 배당금의 지급, 대출금의 상환 등 미래의 현금흐름 전망을 평가하는 데 유용한 정보를 제공

③ 기업의 경제적 자원과 기업 자원에 대한 청구권 및 변동에 관한 정보를 제공
- ㉠ 경제적 자원, 채무 및 소유주 지분에 관한 정보의 제공
- ㉡ 기업성과와 이익에 관한 정보의 제공
- ㉢ 유동성, 지급능력, 자금흐름에 관한 정보의 제공
- ㉣ 경영수탁 및 성과에 관한 정보의 제공
- ㉤ 경영설명과 해석에 관한 정보의 제공

4. 재무제표

① **재무상태표** : 특정 시점의 재무현황을 알려주는 보고서
② **포괄손익계산서** : 특정 기간의 경영성과를 알려주는 보고서
③ **자본변동표** : 자본의 크기와 그 변동에 대해 알려주는 보고서
④ **현금흐름표** : 특정 기간의 현금 및 현금성 자산의 증감원인을 알려주는 보고서
⑤ **주석** : 재무제표의 내용에 대한 추가적인 설명을 제공

5. 회계기준

① K-IFRS(한국채택국제회계기준) : 상장 기업 등이 적용
② 일반기업회계기준 : 중소기업 등이 적용

6. 재무제표 작성 및 표시를 위한 고려사항

① **공정한 표시** : 재무제표는 기업의 재무상태, 재무성과 및 현금흐름을 공정하게 표시해야 함
② **계속기업** : 경영진은 재무제표를 작성할 때 계속기업으로서의 존속 가능성을 평가해야 하며, 계속기업의 기준하에 작성되지 않은 경우 그 사실을 재무제표가 작성된 기준 등과 함께 공시해야 함
③ **발생기준** : 현금흐름 정보를 제외하고는 발생기준 회계를 사용하여 재무제표를 작성
④ **중요성과 통합표시** : 유사한 항목은 중요성 분류에 따라 재무제표에 구분하여 표시하며, 상이한 성격이나 기능을 가진 항목은 구분하여 표시
⑤ **상계** : 회계기준에서 요구하지 않는 경우 자산과 부채, 수익과 비용은 상계하지 않고 구분하여 표시
⑥ **보고빈도** : 전체 재무제표는 적어도 1년마다 작성
⑦ **비교정보** : 당기 재무제표에 보고되는 모든 금액에 대해서는 전기 비교정보를 표시하며 목적 적합하다면 서술형 정보의 경우에도 비교정보를 포함
⑧ **표시의 계속성** : 재무제표 항목의 표시와 분류는 다른 표시나 분류방법이 더 적절한 것이 명백한 경우 등을 제외하고는 매기 동일해야 함

개념확인문제

01 다음 중 회계의 목적 및 회계의 분류에 대한 설명으로 적절하지 않은 것은?

① 회계는 현재 및 잠재적 투자자, 채권자, 기타 이용자가 합리적인 투자 및 신용 결정을 하는데 유용한 정보를 제공한다.
② 관리회계는 내부보고 목적의 회계로서 기업의 경영자에게 유용한 정보를 제공하는 것을 목적으로 한다.
③ 재무회계는 외부보고 목적의 회계이다.
④ 회계는 기업의 미래 현금흐름 및 성과에 대한 예측 자료를 제시한다.

해설 | 회계는 미래의 현금흐름 전망을 평가하는데 유용한 정보를 제공하지만, 기업의 미래 예측 자료를 제공하지는 않는다.

02 다음 중 재무제표를 작성하는 데 있어서 고려해야 할 사항이 아닌 것은?

① 공정한 표시 : 재무제표는 기업의 재무상태, 재무성과 및 현금흐름을 공정하게 표시해야 함
② 계속기업의 가정 : 경영진은 재무제표를 작성할 때 계속기업으로서의 존속 가능성을 평가해야 함
③ 발생기준 : 현금흐름 정보를 제외하고는 발생기준 회계를 사용하여 재무제표를 작성해야 함
④ 보고빈도 : 전체 재무제표는 적어도 분기마다 작성해야 함

해설 | 전체 재무제표는 적어도 1년마다 작성해야 한다.

03 다음 중 재무제표의 종류로 적절하지 않은 것은?

① 재무상태표
② 포괄손익계산서
③ 사업보고서
④ 주석

해설 | 재무제표는 재무상태표, 포괄손익계산서, 자본변동표, 현금흐름표, 주석으로 구성된다.

정답 | 01 ④ 02 ④ 03 ③

TOPIC 02 재무제표

1. 재무상태표

① 재무상태표의 개념 : 보고시점의 기업의 자산, 부채, 자본에 대한 정보를 제공

② 재무상태표의 한계점
  ㉠ 역사적 원가로 표시되어 있으므로 현재의 가치를 반영하지 못함
  ㉡ 추정이 사용되므로 자의적인 해석이나 판단이 개입될 수 있음
  ㉢ 인적자원, 이미지 등 계량화할 수 없는 자산이 포함되지 않음

③ 재무상태표의 구성요소

구분	요소의 정의
자산	과거 사건의 결과로 기업이 통제하고 있고, 미래 경제적 효익이 기업에 유입될 것으로 기대되는 자원
부채	과거 사건에 의해 발생했으며 경제적 효익이 내재된 자원이 기업으로부터 유출됨으로써 이행될 것으로 기대되는 현재 의무
자본	자산 - 부채

④ 유동자산 및 비유동자산의 구분
  ㉠ 유동자산
    • 기업의 정상 영업주기 내에 실현될 것으로 예상하거나, 정상 영업주기 내에 판매하거나 소비할 의도가 있음
    • 주로 단기매매 목적으로 보유
    • 보고기간 후 12개월 이내에 실현될 것으로 예상
  ㉡ 유동부채
    • 정상 영업주기 내에 결제될 것으로 예상
    • 주로 단기매매 목적으로 보유
    • 보고기간 후 12개월 이내에 결제하기로 예정
    • 보고기간 후 12개월 이상 부채의 결제를 연기할 수 있는 무조건의 권리를 가지고 있지 않음

2. 포괄손익계산서

① 일정기간 동안의 기업의 경영성과에 대한 정보를 제공
② 수익 : 일정 회계기간 동안 발생한 경제적 효익의 증가
  ㉠ 광의의 수익의 정의에는 수익과 차익이 모두 포함
  ㉡ 좁은 의미의 수익은 기업의 정상 영업활동의 일환으로 발생하며 차익은 기업의 정상 영업활동 이외의 활동에서 발생

③ 비용 : 일정 회계기간 동안 발생한 경제적 효익의 감소
  ㉠ 광의의 비용의 정의에는 비용과 차손이 모두 포함
  ㉡ 좁은 의미의 비용은 기업의 정상 영업활동의 일환으로 발생하며 차손은 기업의 정상 영업활동 이외의 활동에서 발생

④ 포괄손익계산서 분류방법
  ㉠ 성격별 분류(주로 주석에 표시)
  ㉡ 기능별 분류(재무제표상 표시)

⑤ 포괄손익
  ㉠ 총포괄이익 : 당기순이익 + 기타포괄손익
  ㉡ 포괄손익계산서는 당기순손익과 기타포괄손익을 한 개의 보고서에 보여주는 방법과 각각 나누어서 두 개의 보고서에 보유자는 방법 중 하나를 선택하여 표시할 수 있도록 규정
  ㉢ 기타포괄손익 : 유형자산의 재평가잉여금, 확정급여제도의 보험수리적 손익, 해외사업장의 재무제표 환산 손익, FVOCI 금융자산 평가손익, 현금흐름위험회피의 위험회피 수단의 평가손익 중 효과적인 부분

3. 현금흐름표

① 기업의 현금흐름을 나타내는 재무제표
② 기업의 현금 변동 내용을 영업활동으로 인한 현금흐름, 재무활동으로 인한 현금흐름, 투자활동으로 인한 현금흐름으로 구분

4. 자본변동표

자본의 크기와 변동에 관련된 정보를 제공하는 보고서

5. 주석

① 재무제표 작성 근거와 재무제표 작성 시 사용한 구체적인 회계정보에 대한 정보 제공
② 한국채택국제회계기준에서 요구하는 정보이지만 재무제표 어느 곳에도 표시되지 않는 정보
③ 재무제표 어느 곳에도 표시되지 않지만 재무제표를 이해하는 데 목적 적합한 정보

개념확인문제

01 재무상태표의 한계점으로 적절하지 않은 것은?

① 재무상태표는 역사적 원가로 표시되어 있으므로 현재의 가치를 반영하지 못한다.
② 재무상태표는 추정이 사용되므로 자의적인 해석이나 판단이 개입될 수 있다.
③ 인적자원 등의 계량화가 될 수 없는 자산이 포함될 수 없다.
④ 개별재무제표가 주재무제표이므로 피투자기업의 정보가 제대로 반영되지 않는다.

해설 | 재무상태표의 한계점
- 역사적 원가로 표시되어 있으므로 현재의 가치를 반영하지 못함
- 추정이 사용되므로 자의적인 해석이나 판단이 개입될 수 있음
- 인적자원, 이미지 등 계량화할 수 없는 자산이 포함되지 않음

02 다음 중 재무상태표의 구성요소에 대한 설명으로 적절하지 않은 것은?

① 자산과 부채는 과거 사건의 결과로 발생한다.
② 자산은 기업이 통제할 수 있어야 한다.
③ 부채는 경제적 효익이 내재된 자원이 기업으로부터 유출됨으로써 이행될 것으로 기대되는 과거의 의무이다.
④ 자본은 자산에서 부채를 차감한 잔여지분을 의미한다.

해설 | 부채는 경제적 효익이 내재된 자원이 기업으로부터 유출됨으로써 이행될 것으로 기대되는 현재의 의무이다.

03 다음 중 유동부채로 분류되지 않는 것은?

① 2년 이내에 결제될 것으로 예상되는 부채(정상영업주기 3년)
② 단기매매 목적의 부채
③ 1.5년 이내에 결제될 것으로 예상되는 부채(정상영업주기 1년)
④ 3개월 후 만기가 도래하지만 채무자가 보고기간 후 12개월 이상 부채의 결제를 연기할 수 있는 무조건의 권리를 가지고 있음

해설 | 유동부채는 보고기간 후 12개월 이내에 결제하기로 예정된 부채이며 정상영업주기 내에 결제하기로 예정된 부채이다.

정답 | 01 ④ 02 ③ 03 ③

04 다음 중 포괄손익계산서에 대한 설명으로 적절하지 않은 것은?

① 포괄손익계산서는 일정기간 동안의 기업의 경영성과에 대한 정보를 제공한다.
② 수익은 일정 회계기간 동안 발생한 경제적 효익의 증가를 의미한다.
③ 총포괄이익은 당기순이익과 기타포괄손익으로 구성된다.
④ 포괄손익계산서는 당기순손익과 기타포괄손익을 하나의 보고서에 보여주어야 한다.

해설 | 포괄손익계산서는 당기순손익과 기타포괄손익을 한 개의 보고서에 보여주는 방법과 각각 나누어서 두 개의 보고서에 보유자는 방법 중 하나를 선택하여 표시할 수 있도록 규정하고 있다.

05 다음 중 기타포괄손익 항목으로 분류되지 않는 것은?

① FVOCI 금융자산 평가손익
② 유형자산 재평가손익
③ 현금흐름위험회피의 위험회피 수단의 평가손익 중 비효과적인 부분
④ 확정급여제도의 보험수리적 손익

해설 | 현금흐름위험회피의 위험회피 수단의 평가손익 중 효과적인 부분이 기타포괄손익으로 분류된다.

06 다음 중 주석에서 제공하고 있는 정보로 적절하지 않은 것은?

① 재무제표 작성 근거
② 재무제표 작성 시 사용한 구체적인 회계정보
③ 재무제표를 이해하는 데 목적 적합한 정보
④ 비교 가능한 다른 기업의 정보

해설 | 주석에서 제공하는 정보
- 재무제표 작성 근거와 재무제표 작성 시 사용한 구체적인 회계정보에 대한 정보 제공
- 한국채택국제회계기준에서 요구하는 정보이지만 재무제표 어느 곳에도 표시되지 않는 정보
- 재무제표 어느 곳에도 표시되지 않지만 재무제표를 이해하는 데 목적 적합한 정보

정답 | 04 ④ 05 ③ 06 ④

TOPIC 03 금융상품

1. 금융상품의 의의

① 금융자산과 금융부채를 포괄하는 개념으로 현금 및 현금성 자산, 매출채권, 대여금 및 다른 기업의 지분증권 등의 금융자산과 매입채무, 차입금 및 파생상품 등의 금융부채를 의미

〈금융상품 발행자〉 금융상품 〈금융상품 보유자〉

② **금융자산**
　㉠ 현금
　㉡ 다른 기업의 지분상품
　㉢ 다음 중 하나에 해당하는 계약상 권리
　　• 거래상대방에게서 현금 등 금융자산을 수취할 계약상 권리
　　• 잠재적으로 유리한 조건으로 거래상대방과 금융자산이나 금융부채를 교환하기로 한 계약상 권리

③ **금융부채** : 다음 중 하나에 해당하는 계약상 의무
　㉠ 거래상대방에게 현금 등 금융자산을 인도하기로 한 계약상 의무
　㉡ 잠재적으로 불리한 조건으로 거래상대방과 금융자산이나 금융부채를 교환하기로 한 계약상 의무

④ 금융리스자산과 금융리스채권은 금융자산과 금융부채가 될 수 없음

⑤ 우선주 발행자가 특정 시점에 상환하기로 약정했거나 보유자의 선택에 의해 상환하여야 하는 우선주 : 금융부채로 분류

⑥ 현금으로 상환할 수 있는 권리가 발행자에게 있는 우선주 : 지분상품으로 분류

⑦ 확정된 금액으로 확정된 수량의 자기지분상품을 발행하기로 한 워런트(Warrant) : 지분상품으로 분류

⑧ **복합금융상품**
　㉠ 자본요소와 부채요소를 모두 가지고 있는 파생상품이 아닌 금융상품
　㉡ 자본요소와 부채요소를 분리하여 회계처리

ⓒ 전환사채, 신주인수권부사채

구분		전환사채	신주인수권부사채
자본요소		전환권 대가	신주인수권 대가
부채요소		발행금액 – 전환권 대가	발행금액 – 신주인수권 대가
권리행사 시		현금 납입이 없고 사채로 대환	신주인수금액을 납입
만기상환액	권리행사분	없음	액면금액
	권리미행사분	액면금액 + 상환할증금	액면금액 + 상환할증금

⑨ 금융자산과 금융부채의 상계
  ㉠ 상계하지 않는 것이 원칙
  ㉡ 단, 법적으로 상계권리를 보유하거나, 순액으로 결제하는 금융자산과 부채는 상계처리

2. 금융자산

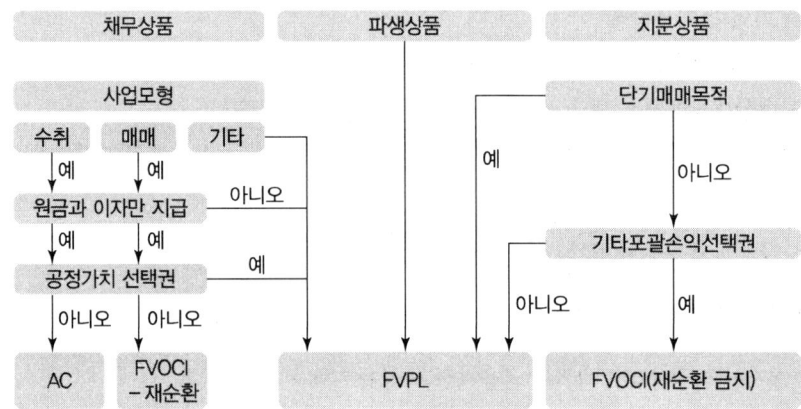

① 사업모형
  ㉠ 계약상 현금흐름을 수취하기 위해 금융자산을 보유하는 것이 목적인 사업모형
  ㉡ 계약상 현금흐름의 수취와 금융자산의 매도 둘 다를 통해 목적을 이루는 사업모형
  ㉢ 기타의 사업모형

② 파생상품자산은 FVPL로 금융자산으로 분류(위험회피 분류 시 FVOCI 금융자산으로 분류)

③ **지분상품의 회계처리**
  ㉠ 최초 인식 및 측정 회계처리
    • FVPL 금융자산 : 최초 인식 시 공정가치로 측정하고 취득과 관련된 원가는 발생 즉시 당기비용으로 처리
    • FVOCI 금융자산 : 최초 인식 시 공정가치로 측정하고 취득과 직접 관련된 거래원가는 최초 인식하는 금융자산의 공정가치에 가산

ⓒ 보유기간 중 회계처리
　　　• FVPL 금융자산 : 결산일 현재의 공정가치로 평가하고 공정가치와 장부가액의 차액은 당기손익으로 처리
　　　• FVOCI 금융자산 : 결산일 현재의 공정가치로 평가하고 공정가치와 장부가액의 차액은 기타포괄손익으로 인식
　　　• 배당 선언 시 미수배당금 인식
　　ⓒ 처분 시 회계처리
　　　• FVPL 금융자산 : 처분금액과 장부금액과의 차액은 당기손익으로 인식
　　　• FVOCI 금융자산 : 처분손익과 장부금액과의 차액은 기타포괄손익으로 반영

④ **채무상품의 회계처리**
　　㉠ 최초 인식 및 측정 회계처리
　　　• FVPL 금융자산 : 최초 인식 시 공정가치로 측정하고 취득과 관련된 원가는 발생 즉시 당기비용으로 처리
　　　• AC 금융자산, FVOCI 금융자산 : 최초 인식 시 공정가치로 측정하고 취득과 직접 관련된 거래원가는 최초 인식하는 금융자산의 공정가치에 가산
　　ⓒ 보유기간 중 회계처리
　　　• FVPL 금융자산 : 결산일 현재의 공정가치로 평가하고 공정가치와 장부가액의 차액은 당기손익으로 처리
　　　• FVOCI 금융자산 : 결산일 현재의 공정가치로 평가하고 공정가치와 장부가액의 차액은 기타포괄손익으로 인식
　　　• AC 금융자산 : 유효이자율법에 따른 이자수익 인식 및 장부가액 인식
　　ⓒ 처분 시 회계처리
　　　• FVPL 금융자산 : 처분금액과 장부금액과의 차액은 당기손익으로 인식
　　　• FVOCI 금융자산 : 처분금액과 장부금액과의 차액은 기타포괄손익에 인식하였다가 기타자본구성요소에 있는 FVOCI 금융자산평가손익 누적액을 당기손익으로 대체

⑤ **손상**
　　㉠ 기업이 계약상 이자와 원금흐름을 수취할 금융자산을 보유하고 있는 경우 해당 금융자산 발행자의 신용위험이 높아져서 계약상 현금흐름을 계약기간 동안 모두 수취하지 못할 가능성이 높아질 때 나타남
　　ⓒ 지분상품은 계약상 현금흐름이 존재하지 않기 때문에 손상 규정을 적용하지 않음
　　ⓒ 채무상품의 손상
　　　• 신용위험의 유의적 증가로 인한 기대신용손실 추정액을 손실충당금으로 인식
　　　• 손상차손 인식 후 이자수익의 인식은 손실충당금 차감 후 금융자산의 상각 후 원가에 최초 인식 시 유효이자율을 적용하여 인식

ㄹ 손상의 회복
- 손상인식 후 손상환입이 손상의 사건과 객관적으로 관련된 경우 이미 인식한 손상차손을 환입
- 회복 후 장부금액은 해당 손상을 인식하지 않았다면 회복일 현재 인식하였을 상각후원가를 초과할 수 없음

⑥ 채무상품의 재분류
㉠ 채무상품은 사업모형을 변경하는 경우에만 금융자산의 재분류를 허용
㉡ 사업모형의 변경은 유의적인 활동을 시작하거나 변경한 경우에만 허용
㉢ 재분류하는 경우 재분류를 재분류일로부터 전진적으로 적용

재분류 전	재분류 후	회계처리
AC 금융자산	FVPL 금융자산	재분류일의 공정가치로 측정하고 차이는 당기손익으로 인식
	FVOCI 금융자산	재분류일의 공정가치로 측정하고 차이는 기타포괄손익으로 인식
FVOCI 금융자산	AC 금융자산	재분류일의 공정가치로 측정하고, 재분류 전에 인식한 기타포괄손익누계액은 자본에서 제거하고 재분류일의 금융자산 공정가치에서 조정
	FVPL 금융자산	재분류 전에 인식한 기타포괄손익누계액은 재분류일에 재분류조정으로 자본에서 당기손익으로 재분류
FVPL 금융자산	AC 금융자산	재분류일의 공정가치가 새로운 총장부금액으로 인식하며 이를 기초로 유효이자율 계산
	FVOCI 금융자산	계속 공정가치로 측정하고, 재분류일의 공정가치에 기초하여 유효이자율 계산

개념확인문제

01 다음 중 복합금융상품에 대한 설명으로 적절하지 않은 것은?

① 복합금융상품은 자본요소와 부채요소를 모두 가지고 있는 파생상품이 아닌 금융상품을 의미한다.
② 복합금융상품은 자본요소와 부채요소를 결합하여 회계처리한다.
③ 복합금융상품은 대표적으로 전환사채와 신주인수권부사채로 분류할 수 있다.
④ 전환사채의 자본요소는 전환권 대가로 분류할 수 있다.

해설 | 복합금융상품은 자본요소와 부채요소를 분리하여 회계처리한다.

02 다음 중 금융상품에 대한 설명으로 적절하지 않은 것은?

① 파생상품자산은 FVPL 금융자산으로 분류한다.
② 채무상품 중 계약기간까지 원금과 이자만 수취하는 사업모형을 선택하는 경우 AC 금융자산으로 분류할 수 있다.
③ FVPL 금융자산의 취득과 관련된 원가는 최초 인식하는 금융자산의 공정가치에 가산한다.
④ FVPL 금융자산과 FVOCI 금융자산은 결산일 현재의 공정가치로 해당 금융자산을 평가한다.

해설 | FVOCI 금융자산은 최초 인식 시 공정가치로 측정하고 취득과 관련된 원가는 발생 즉시 당기비용으로 처리한다.

03 다음 중 금융상품에 대한 설명으로 적절하지 않은 것은?

① FVPL 금융자산을 처분하는 경우 처분금액과 장부금액과의 차액은 당기손익으로 인식한다.
② 채무상품 및 지분상품의 FVOCI 금융자산을 처분하는 경우 기타자본구성요소에 있는 FVOCI 금융자산평가손익 누적액을 당기손익으로 대체할 수 있다.
③ AC 금융자산은 유효이자율법에 따른 이자수익 및 장부가액을 인식한다.
④ 보유기간 중 배당이 선언된 경우 미수배당금으로 인식한다.

해설 | FVOCI 금융자산 처분 시 채무상품의 경우 기타자본구성요소에 있는 FVOCI 금융자산평가손익 누적액을 당기손익으로 대체할 수 있지만 지분상품의 경우 대체할 수 없다(재순환 금지).

정답 | 01 ② 02 ③ 03 ②

04 다음 중 금융상품을 재분류하는 경우에 대한 설명으로 적절하지 않은 것은?

① 상각후원가금융자산(AC 금융자산)을 FVPL 금융자산으로 재분류하는 경우 재분류일의 공정가치로 측정하고 차이는 당기손익으로 인식한다.
② 채무상품의 경우 사업모형을 변경하는 경우에만 금융자산의 재분류를 허용한다.
③ 재분류하는 경우 해당 금융자산을 취득한 시점부터 소급하여 적용한다.
④ FVPL 금융자산을 FVOCI 금융자산으로 재분류하는 경우 계속 공정가치로 측정하며 재분류일의 공정가치에 기초하여 유효이자율을 계산한다.

해설 | 재분류하는 경우 금융자산의 재분류를 재분류일로부터 전진적으로 적용한다.

정답 | 04 ③

TOPIC 04 재무상태표

1. 재고자산

① **재고자산의 정의** : 통상적인 영업과정에서 판매를 위해 보유 중인 자산, 통상적인 영업 과정에서 판매를 위하여 생산 중인 자산 및 생산이나 용역제공에 사용될 원재료나 소모품을 의미
② **재고자산의 측정(저가법)** : Min(취득원가, 순실현가능가치)
③ **취득원가** : 재고자산 구입금액 + 구입 관련 부대비용
④ **취득원가에 포함되지 않는 항목**
  ㉠ 재료원가, 노무원가 및 기타 제조원가 중 비정상적으로 낭비된 부분
  ㉡ 후속 생산단계에 투입하기 전에 보관이 필요할 경우 이외의 보관 원가
  ㉢ 재고자산을 현재의 장소에 현재의 상태로 이르게 하는 데 기여하지 않은 관리 간접원가
  ㉣ 판매원가
⑤ **순실현가능가치** : 영업 과정에서 재고자산의 판매를 통해 실현할 것으로 기대하는 순 매각금액

2. 재고자산의 물량 흐름의 가정 및 평가

(1) 재고자산의 물량 흐름의 가정

① 개별법
② 선입선출법
③ 가중평균법

(2) 재고자산의 평가

① **저가법** : 취득원가와 순실현가능가치 중 낮은 금액으로 측정
② 재고자산으로부터 획득할 수 있는 금액이 취득 원가보다 낮은 상황
  ㉠ 물리적으로 손상
  ㉡ 완전히 또는 부분적으로 진부화
  ㉢ 판매 가격 하락
  ㉣ 완성하거나 판매하는 데 필요한 원가가 상승
③ 저가법은 원칙적으로 항목별로 적용해야 하지만, 서로 유사하거나 관련 있는 항목들을 통합하여 적용하는 것도 가능함
④ 완성될 제품이 원가 이상으로 판매될 것으로 예상되는 경우 생산에 투입하기 위해 보유하는 원재료 및 기타 소모품에 대해서는 저가법을 적용할 필요가 없음

⑤ 매 후속기간에 순실현가능가치를 재평가하며, 재고자산의 감액을 초래했던 상황이 해소되거나 경제상황의 변동으로 순실현가능가치가 상승한 명백한 증거가 있는 경우 최초의 장부금액을 초과하지 않는 범위 내에서 평가손실을 환입
⑥ 재고자산 감모손실 : 재고 수량이 장부금액보다 작은 것으로 정상적인 감모손실은 매출원가로, 비정상적인 감모손실은 기타비용으로 회계처리

3. 유형자산

① **유형자산의 정의** : 재화나 용역의 생산이나 제공, 타인에 대한 임대 또는 관리활동에 사용할 것으로 보유하는 물리적 형태가 있는 자산으로 한 회계기간을 초과하여 사용할 것이 예상되는 자산
② **유형자산의 인식기준**
  ㉠ 자산으로부터 발생하는 미래 경제적 효익이 기업에 유입될 가능성이 높음
  ㉡ 자산의 원가를 신뢰성 있게 측정할 수 있음
③ **유형자산의 원가** : 유형자산을 매입하거나 건설할 때 최초로 발생하는 원가 + 후속적인 증설, 대체, 수선 및 유지와 관련하여 발생하는 원가
④ **후속원가**
  ㉠ 일상적인 수선 및 유지와 관련하여 발생하는 원가는 발생 시점에 당기비용으로 인식
  ㉡ 유형자산의 정기적인 교체가 필요한 경우 및 정기적인 검사가 필요한 경우 이를 해당 유형자산의 장부금액에 포함
⑤ **유형자산의 원가를 구성하지 않는 항목의 예**
  ㉠ 새로운 시설을 개설하는 데 소요되는 원가
  ㉡ 새로운 상품과 서비스를 소개하는 데 소요되는 원가(예 광고 및 판촉활동과 관련된 원가)
  ㉢ 새로운 지역에서 또는 새로운 고객층을 대상으로 영업을 하는 데 소요되는 원가(예 직원 교육훈련비)
  ㉣ 관리 및 기타 일반 간접 원가
⑥ **자산의 교환**
  ㉠ 공정가치로 평가하며, 동종자산의 교환은 교환으로 인한 손익인식하지 않으며, 이종자산인 경우 교환으로 인한 손익을 인식하지 않음
  ㉡ 교환거래에 상업적 실질이 결여된 경우 및 취득한 자산과 제공한 자산 모두의 공정가치를 신뢰성 있게 측정할 수 없는 경우에는 제공한 자산의 장부가액으로 평가
⑦ **유형자산의 후속 측정**
  ㉠ 원가법 : 감가상각방법에 의해 장부가로 평가
  ㉡ 재평가법 : 회계기간말 공정가치로 평가(재평가손익은 기타포괄손익으로 인식), 특정 유형자산을 재평가하면, 해당 자산이 포함되는 유형자산 분류 전체를 재평가
    • 장부금액 < 재평가금액 : 재평가잉여금(기타포괄이익)의 과목으로 자본에 가산

- 장부금액 > 재평가금액 : 유형자산 재평가손실(당기 손실)로 인식
- 유형자산 항목과 관련하여 자본에 계상된 재평가잉여금은 자산이 제거될 때 이익잉여금으로 직접 대체할 수 있음(당기손익으로 인식되지 않음)

⑧ **유형자산의 감가상각방법** : 원가는 그 유형자산을 구성하고 있는 유의적인 부분에 배분하여 각 부분별로 감가상각
  ㉠ 유형자산의 감가상각은 자산이 사용 가능한 때(경영진이 의도하는 방식으로 자산을 가동하는 데 필요한 장소와 상태에 이른 때)부터 시작함
  ㉡ 정액법 : 자산의 내용연수 동안 매 기간 일정액의 감가상각액을 계상, (취득원가 − 잔존가치)/내용연수
  ㉢ 정률법 : 감가상각액이 매년 점차적으로 체감
  ㉣ 생산량비례법 : 자산의 예상조업도에 근거하여 감가상각액을 계상

4. 무형자산

① **무형자산의 정의** : 물리적 실체는 없지만 식별 가능한 비화폐성 자산
② **무형자산의 충족 요건**
  ㉠ 식별 가능성
    - 자산이 분리 가능
    - 자산이 계약상 권리 또는 기타 법적 권리로부터 발생
  ㉡ 자원에 대한 통제
    - 미래 경제적 효익을 확보할 수 있고 그 효익에 대한 제3자의 접근을 제한할 수 있다면 기업이 자산을 통제하고 있는 것
    - 법원에서 강제할 수 있는 법적 권리 등으로부터 통제능력 발생
  ㉢ 미래 경제적 효익
③ 사업결합으로 취득하는 무형자산의 취득 원가는 취득일의 공정가치로 하며, 사업결합 전에 그 자산을 피취득자가 인식했는지에 관계없이 취득자는 취득일에 피취득자의 무형자산을 영업권과 분리하여 인식
④ 내부적으로 창출한 영업권은 자산으로 인정하지 않음
⑤ **내부적으로 창출한 무형자산** : 연구단계에서 발생한 원가는 당기비용으로 인식하며, 개발단계에서 발생한 원가는 특정 요건을 충족하는 경우 무형자산의 취득 원가에 포함
⑥ **후속측정** : 원가법 혹은 재평가 중 하나를 선택하여 실행
⑦ **감가상각**
  ㉠ 무형자산 내용연수＝Min(경제적 내용연수, 통제 가능 기간)
  ㉡ 자산의 경제적 효익이 소비될 것으로 예상되는 형태를 반영해야 하며, 형태를 신뢰성 있게 측정할 수 없는 경우 정액법을 사용

ⓒ 잔존가치 : 내용연수 경과 후 자산을 매각할 수 있는 활성시장, 혹은 매각하는 약정이 있지 않는 한 0으로 봄

⑧ 내용연수가 비한정인 무형자산
  ㉠ 내용연수 '비한정' : 특정 자산이 순현금유입을 창출할 것으로 기대되는 기간에 대해 예측 가능한 제한이 없다는 것
  ㉡ 상각하지 않지만, 매 보고기간 말 및 손상 시사 징후가 있을 때마다 회수 가능액과 장부금액을 비교하여 손상검사를 수행
  ㉢ 비한정이라는 평가를 계속 적용할 수 있는지 매 회계기간에 검토

5. 리스회계

① 리스제공자가 자산의 사용권을 합의된 기간 동안 리스 이용자에게 이전하고 리스 이용자는 그 대가로 사용료를 리스 제공자에게 지급하는 계약
② 리스의 용어

구분	정의
리스약정일	리스계약일과 리스의 주요 사항에 대한 계약당사자들의 합의일 중 이른 날
리스개시일	리스계약조항에 따라 리스자산의 사용권을 행사할 수 있게 된 날. 모든 권리와 의무의 개시일이며 회계처리의 기준이 되는 날
리스기간	리스이용자가 특정자산을 리스하기로 약정을 맺은 기간 • 리스이용자가 리스 연장선택권을 행사할 것이 확실할 경우 그 선택권의 대상 기간 • 리스이용자가 리스 종료선택권을 행사하지 않을 것이 확실한 경우 그 선택권의 대상 기간
무보증잔존가치	리스기간 종료 시 추정잔존가치 중 리스이용자가 보증하지 않은 금액
리스개설직접원가	리스의 협상 및 계약과 직접적으로 관련되어 발생하는 증분원가
내재이자율	리스약정일 현재 리스료 및 무보증잔존가치와 기초자산의 공정가치 및 리스제공자의 리스개설직접원가의 합계액과 동일하게 하는 이자율

③ **금융리스** : 실질적으로 해당 자산의 효익과 위험을 리스이용자가 부담함
  ㉠ 리스기간 종료시점에 리스자산의 소유권이 리스이용자에게 이전
  ㉡ 염가구매권을 리스이용자가 행사할 가능성이 높음
  ㉢ 리스자산 소유권이 이전되지 않더라도 리스기간이 리스자산의 경제적 내용연수의 상당부분
  ㉣ 최소리스료(리스금액 + 보증잔존가치)의 현재가치가 리스자산 공정가치의 대부분
  ㉤ 리스이용자만이 중요한 변경 없이 사용할 수 있는 특수한 성격의 리스자산
④ **운용리스** : 금융리스가 아닌 리스
⑤ 리스제공자의 회계처리
  ㉠ 운용리스 회계처리 : 운용리스자산으로 대체하고 운용리스자산의 감가상각비도 계상
  ㉡ 금융리스 회계처리 : 리스개시일에 금융리스채권으로 인식하고 원금과 이자를 회수하는 회계처리 수행

⑥ 리스이용자의 회계처리
  ㉠ 운용리스 회계처리 : 매기 균등하게 배분된 금액을 비용으로 인식
  ㉡ 금융리스 회계처리
   • 리스기간 개시일에 리스료의 현재가치를 사용권자산과 리스부채로 기록
   • 리스료 지급 시 유효이자율법 적용하여 원금과 이자비용으로 구분하여 회계처리
   • 리스기간과 내용연수 중 짧은 기간에 걸쳐 감가상각
⑦ **판매형리스** : 제조자 또는 판매자가 자신이 제조하거나 구매한 자산을 금융리스계약의 형태로 판매하는 리스계약
⑧ **판매후리스(부외금융효과)** : 기업이 보유하는 자산을 상대방에게 판매하고 그 자산을 즉시 리스하여 계속 사용하는 거래
  ㉠ 금융리스로 재리스 : 판매손익을 즉시 인식하지 않고 리스기간 동안 이연하여 인식
  ㉡ 운용리스로 재리스 : 판매손익을 판매할 때 인식

6. 자산손상

① 장부금액이 회수가능액을 초과할 때 자산은 손상
② 손상 징후가 있으면 회수가능액을 측정하여 손상 여부를 결정(외부정보, 내부정보)
  ㉠ 외부정보
   • 회계기간 중에 자산의 시장가치가 시간의 경과나 정상적인 사용에 따라 하락할 것으로 기대되는 수준보다 유의적으로 더 하락하였다는 관측 가능한 징후
   • 시장에서 기업에 불리한 영향을 미치는 유의적 변화가 회계기간 중에 발생하였거나 가까운 미래에 발생할 것으로 예상
   • 시장이자율이 회계기간 중에 상승하여 자산의 사용가치를 계산하는 데 사용되는 할인율에 영향을 미쳐 자산의 회수 가능액을 중요하게 감소시킬 가능성이 높음
   • 기업의 순자산 장부금액이 당해 시가총액보다 많음
  ㉡ 내부정보
   • 자산이 진부화되거나 물리적으로 손상된 증거가 있음
   • 기업에 불리한 영향을 미치는 유의적 변화가 자산의 사용범위 및 사용방법에서 발생하였거나 가까운 미래에 발생할 것으로 예상되는 상황. 자산의 유휴화, 영업부문의 중단, 구조조정 계획 등을 포함
   • 자산의 경제적 성과가 기대 수준에 미치지 못하거나 못할 것으로 예상되는 증거를 내부 보고를 통해 얻을 수 있음
   • 종속기업 또는 관계기업 등에 대한 투자의 경우, 그 투자로부터 수취한 배당금이 종속기업 또는 관계기업 등의 배당이 선언된 기간의 총포괄이익을 초과
   ※ 주가하락은 자산손상의 징후가 아님

③ 회수가능액 = Max(순공정가치, 사용가치)
  ㉠ 순공정가치 혹은 사용가치 중 둘 중 하나라도 자산의 장부금액보다 크면 자산이 손상되지 않았음
    • 순공정가치 : 시장 참여자 사이의 정상거래에서 거래비용을 차감한 가치
    • 사용가치 : 자산의 사용으로 인해 기대되는 미래 현금흐름의 현재가치
  ㉡ 내용연수가 비한정인 무형자산, 영업권에 대해서는 매년 손상검사를 함
  ㉢ 손상차손 = 장부금액 - 회수가능액
    • 발생 즉시 당기손익으로 인식함
    • 예외 : 유형자산 재평가 모형 선택하는 경우 이전에 발생한 재평가이익(기타포괄손익누계액)에서 먼저 차감하고, 재평가이익이 없을 경우 당기손익으로 인식
  ㉣ 할인율 : 자산의 특유한 위험에 대한 시장의 평가를 반영한 세전할인율로 평가

④ 손상차손환입
  ㉠ 영업권을 제외한 자산에 대해 과거기간에 인식한 손상차손이 더 이상 존재하지 않거나 감소된 것을 시사하는 징후가 있는지를 검토함
  ㉡ 징후가 있는 경우 당해 자산의 회수 가능액을 추정함
  ㉢ 손상환입 금액한도 : 손상이 없었을 경우의 장부가액
  ㉣ 손상환입 분류
    • 원칙적으로 당기손익으로 인식함
    • 유형자산 재평가 모형을 선택할 때 손상환입이 된 경우, 과거 손상차손을 당기손익에 인식한 금액까지는 당기손익으로 인식하고, 이를 초과한 것은 기타포괄손익으로 인식함

7. 충당부채, 우발부채 및 우발자산

① **충당부채**
  ㉠ 과거사건에 의해 발생하였으며, 경제적 효익을 갖는 자원이 기업으로부터 유출됨으로써 이행될 것으로 예상되는 현재의 의무나, 자원의 지출 시기 또는 금액이 불확실한 부채를 의미
  ㉡ 현재의 의무 : 보고기간 종료일 현재 의무의 이행을 회피할 수 없는 법적 의무(명시적 또는 묵시적 계약이나 법률 또는 기타 법적 효력에 의해 발생하는 의무) 또는 의제 의무(기업이 발표한 경영방침 또는 구체적이고 유효한 약속 등)를 의미
  ㉢ 인식 요건
    • 과거의 사건으로 현재의 의무(법적 의무 또는 의제 의무)
    • 의무를 이행하기 위해 경제적 효익을 갖는 자원이 유출될 가능성이 높음(자원의 유출 가능성이 50%를 초과하는 경우)
    • 의무 이행에 소요되는 금액을 신뢰성 있게 측정할 수 있음

② 우발부채
   ㉠ 과거사건에 의해 발생했으나, 기업이 전적으로 통제할 수 없는 하나 이상의 불확실한 미래사건의 발생 여부에 의해서만 그 존재가 확인되는 잠재적인 의무
   ㉡ 과거사건이나 거래의 결과로 발생한 현재의 의무이나, 그 의무를 이행하기 위해 경제적 효익을 갖는 자원이 유출될 가능성이 높지 않거나, 또는 그 가능성은 높으나 해당 의무를 이행해야 할 금액을 신뢰성 있게 측정할 수 없는 경우
③ 우발자산 : 과거의 사건에 의해 발생하였으나 기업이 전적으로 통제할 수 없는 하나 이상의 불확실한 미래사건의 발생 여부에 의해서만 그 존재가 확인되는 잠재적인 자산
④ 우발부채는 주석공시하며, 재무제표에는 표시하지 않음
⑤ 우발자산은 금액 측정의 신뢰성, 자원의 유입가능성 둘 중 하나 이상만 가능하면 우발자산으로 주석공시하며, 재무제표에는 표시하지 않음

구분		금액 추정의 가능성	
		신뢰성 있게 추정 가능	추정 불가능
자원의 유출 가능성	높음	충당부채	우발부채
	높지 않음	우발부채	우발부채
	거의 없음	부채 아님	부채 아님

⑥ 충당부채의 측정
   ㉠ 충당부채로 인식하는 금액은 현재 의무를 보고기간 말에 이행하기 위해 소요되는 지출액에 대한 최선의 추정치
   ㉡ 화폐의 시간가치가 중요한 경우 현재의 의무를 이행하기 위해 예상되는 지출액을 세전 할인율로 할인하여 현재가치로 평가

8. 주식기준 보상

① 기업이 재화나 용역을 제공받은 대가로 기업의 지분상품을 부여하거나, 기업이 재화나 용역을 제공받는 대가로 주식이나 다른 지분상품의 가격에 기초한 금액만큼 부채를 부담

주식결제형 주식기준 보상거래	재화나 용역을 제공받는 대가로 지분상품을 부여. 자본의 증가로 인식
현금결제형 주식기준 보상거래	재화나 용역을 제공받는 대가로 기업의 주식이나 다른 지분상품의 가격에 기초한 금액만큼의 현금을 지급하는 방법. 부채의 증가로 인식
주식결제형과 현금결제형의 선택형 주식기준 보상 거래	기업 또는 재화나 용역의 공급자가 주식 또는 현금을 선택할 수 있는 방법

② 가득기간 : 주식보상 약정에서 지정하는 가득조건이 충족되어야 하는 기간

③ **가득조건** : 주식기준 보상 약정에 따라 거래 상대방이 현금, 그 밖의 자산 또는 기업의 지분상품을 받을 권리를 획득하게 하는 용역을 기업이 제공받는지를 결정짓는 조건
　㉠ 용역제공조건
　㉡ 성과조건(시장조건, 비시장조건)
　㉢ 보상원가 : 기업이 주식기준 보상거래를 통해서 거래 상대방으로부터 제공받는 재화나 용역의 원가
　　　• 기업이 제공받는 재화나 용역의 공정가치로 측정
　　　• 보상원가를 신뢰성 있게 측정할 수 없을 경우 부여한 지분상품의 공정가치로 측정

④ 주식기준보상 거래는 기업은 재화나 용역을 제공받는 날에 인식함

⑤ **보상원가의 가득 기간별 인식**
　㉠ 근무기간과 관계없이 주식 선택권을 지급하였다면, 종업원은 가득요건을 충족한 것으로 지분상품 부여일의 지분상품 공정가치를 전액 비용으로 인식함
　㉡ 가득 조건 및 용역 제공 기간을 약정하는 경우 가득 조건에 따라 가득 기간에 걸쳐 배분하여 인식

⑥ **가득조건이 별도로 있는 경우 보상원가**
　㉠ 당기인식할보상원가＝당기말누적보상원가－전기말누적 보상원가
　㉡ 누적보상원가＝지분상품의 공정가치×지분상품 부여 수량×경과된 가득 기간비율
　㉢ 용역 제공조건 : 거래상대방이 특정 기간의 용역을 제공하여야 부여된 지분상품이 가득된다면, 지분상품의 대가에 해당하는 용역을 미래 가득 기간에 제공받는 것으로 봄
　㉣ 성과조건
　　　• 시장조건 : 가득조건을 공정가치 측정 시 고려하며 미래 가득 기간에 걸쳐 배분하여 인식
　　　• 비시장조건 : 가득조건을 공정가치 측정 시 고려하지 않으며 지분상품 부여일 현재 가장 실현 가능성이 높은 성과 조건의 결과에 기초하여 추정한 미래 가득 기간에 걸쳐 배분

⑦ **가득기간 이후 권리행사**
　㉠ 권리행사 시
　　　• 신주발행 : 자본금 또는 주식발행초과금으로 대체
　　　• 자기주식교부 : 자기주식 처분손익으로 대체
　㉡ 권리 미행사 시 : 계속 자본항목으로 분류

⑧ **현금결제형 주식기준 보상거래** : 행사가격과 공정가치 차액을 현금으로 지급, 기업은 행사 전까지 부채로 인식

9. 차입원가 자본화

① 특정 자산을 취득하기 위해 차입한 차입금의 이자를 비용으로 인식하지 않고 자산의 취득원가에 가산하는 것

② **적격자산** : 의도된 용도로 사용하거나 판매 가능한 상태에 이르게 하는 데 상당한 기간을 필요로 하는 자산으로 유형자산, 재고자산, 무형자산 등

③ **자본화가능 차입원가** : 적격자산의 취득과 직접 관련된 것으로 적격자산 취득이 없었으면 발생하지 않았을 차입원가

④ **자본화 기간**
  ㉠ 자본화 개시 요건
    - 적격자산에 대하여 지출
    - 차입원가를 발생
    - 적격자산을 의도된 용도에 사용하거나 판매 가능한 상태에 이르게 하는 데 필요한 활동 수행
  ㉡ 자본화 중단 : 적격자산에 대한 적극적인 개발활동을 중단한 기간에는 차입원가 자본화 중단
  ㉢ 자본화 종료 : 적격자산을 의도된 용도로 사용하거나 판매 가능한 상태에 이르게 하는 데 필요한 대부분의 활동이 완료된 시점에서 차입원가 자본화는 종료

⑤ **차입금 종류**
  ㉠ 특정 차입금 : 적격자산 취득과 관련한 직접적인 차입금(이자비용 − 이자수익)
  ㉡ 일반차입금 : 적격자산 취득으로 추가로 증가한 차입금
    - 차입원가 = (적격자산 연평균 순지출액 − 특정 차입금 지출액) × 자본화 이자율
    - 자본화 이자율 = 일반차입금에 대한 연평균 차입원가 / 일반차입금 연평균 차입액

10. 파생상품

① **파생상품의 요건**
  ㉠ 기초변수의 변동에 따라 가치가 변동
  ㉡ 최초 계약 시 순투자금액이 필요하지 않거나, 적은 순투자금액이 필요
  ㉢ 미래에 결제

② **파생상품의 종류** : 선도거래, 선물거래, 옵션거래, 스왑거래

③ **내재파생상품(전환사채, 신주인수권부사채)**
  ㉠ 파생상품이 아닌 주계약을 포함하는 복합상품의 구성요소
  ㉡ 복합상품의 현금흐름 중 일부를 독립적인 파생상품의 경우와 유사하게 변동
  ㉢ 주계약과 내재파생상품을 분리(예 전환사채 중 사채 부분과 자본 부분 분리)

② 내재파생상품의 요건
- 내재파생상품의 경제적 특성 및 위험이 주계약의 경제적 특성 및 위험과 밀접하게 관련되어 있지 않음
- 내재파생상품과 동일한 조건을 가진 별도의 금융상품 등이 파생상품의 정의를 충족함
- 복합상품의 공정가치 변동이 당기손익으로 인식되지 않음

④ 위험회피회계
 ㉠ 위험회피 대상 항목과 위험회피 수단 사이에 위험회피 관계를 설정하여 위험회피 활동이 재무상태에 적절히 반영될 수 있도록 한 것
 ㉡ 위험회피 회계의 종류 : 공정가치 위험회피, 현금흐름 위험회피, 해외사업장 순투자위험회피
 ㉢ 위험회피 회계 요건
- 위험회피의 개시 시점에 위험회피 관계, 위험관리 목적 및 위험회피 전략을 공식적으로 지정하고 문서화해야 함
- 회피대상 위험으로부터 높은 위험회피 효과를 기대할 수 있어야 함
- 현금흐름 위험회피의 경우 관련 현금흐름의 발생 가능성이 매우 높아야 함
- 위험회피 효과를 신뢰성 있게 측정할 수 있어야 함
- 위험회피 기간 동안 실제로 높은 위험회피 효과가 있었는지 입증해야 함

구분	위험회피 대상의 공정가치 변동	위험회피 수단의 공정가치 변동		위험회피 효과 인식시점
		효과적	비효과적	
공정가치위험회피	당기손익 인식	당기손익 인식		매 평가 시
현금흐름 위험회피	해당 사항 없음	기타포괄손익	당기손익 인식	위험회피 현금흐름의 발생 시
해외사업장 순투자위험회피	해당 사항 없음	기타포괄손익	당기손익 인식	해외사업장 처분 시

⑤ 위험회피 회계의 중단
 ㉠ 위험회피 수단의 소멸, 매각, 청산, 행사된 경우
 ㉡ 위험회피의 적용요건을 더 이상 충족하지 못하는 경우
 ㉢ 예상거래가 더 이상 발생하지 않을 것으로 예상되거나 위험회피 수단의 지정을 철회할 때

개념확인문제

01 다음 중 재고자산에 대한 설명으로 적절하지 않은 것은?

① 재고자산은 통상적인 영업과정에서 판매를 위해 보유 중인 자산을 의미한다.
② 재고자산의 장부가가 1,000원, 순실현가능가치가 900원인 경우 재고자산은 900원으로 측정한다.
③ 일반적인 보관원가는 재고자산의 취득원가에 포함한다.
④ 재고자산의 취득원가는 재고자산의 구입가액과 구입 관련 부대비용이다.

해설 | 일반적인 보관원가는 재고자산의 취득원가에 포함되지 않는다. 다만, 후속 생산단계에 투입하기 전 보관이 필요한 경우는 재고자산으로 포함된다.

02 다음 중 K-IFRS에서 인정하고 있는 재고자산의 물량 흐름의 가정으로 적절하지 않은 것은?

① 후입선출법
② 개별법
③ 선입선출법
④ 가중평균법

해설 | K-IFRS에서는 재고자산의 물량 흐름의 가정으로 개별법, 선입선출법, 가중평균법을 인정하고 있으며, 후입선출법은 인정하지 않는다.

03 재고자산의 저가법 및 감모손실에 대한 설명으로 적절하지 않은 것은?

① 저가법은 원칙적으로 항목별로 적용해야 한다.
② 완성될 제품이 원가 이상으로 판매될 것으로 예상되는 경우라도 생산에 투입하기 위해 보유하는 원재료 및 기타 소모품에 대해서도 저가법을 적용해야 한다.
③ 저가법이 적용되어 손실을 인식한 재고자산은 매 후속기간에 순실현가능가치를 재평가해야 한다.
④ 재고자산의 감모손실은 재고 수량이 장부금액보다 작은 것으로 정상적인 감모손실 분은 매출원가로 인식한다.

해설 | 완성될 제품이 원가 이상으로 판매될 것으로 예상되는 경우 생산에 투입하기 위해 보유하는 원재료 및 기타 소모품에 대해서는 저가법을 적용할 필요가 없다.

정답 | 01 ③ 02 ① 03 ②

04 다음 중 유형자산의 취득원가를 구성하는 것으로 적절하지 않은 것은?

① 유형자산의 매입원가
② 유형자산 취득 후 후속적인 증설 원가
③ 유형자산의 정기적 교체가 필요한 경우 해당 원가
④ 새로운 시설을 개설하는 데 소요되는 원가

해설 | 새로운 시설을 개설하는 데 소요되는 원가는 발생 시점에 당기비용으로 처리한다.

05 다음 중 유형자산의 감가상각에 대한 설명으로 적절하지 않은 것은?

① 유형자산의 감가상각은 자산이 사용 가능한 때부터 시작한다.
② 정액법은 자산의 내용연수 동안 매 기간 일정액의 감가상각액을 계상한다.
③ 정률법을 적용한 경우 감가상각액은 매년 점차적으로 증가한다.
④ 생산량비례법은 자산의 예상조업도에 근거하여 감가상각액을 계상한다.

해설 | 정률법을 적용한 경우 감가상각액은 매년 점차적으로 감소한다.

06 다음 중 무형자산에 대한 설명으로 적절하지 않은 것은?

① 무형자산은 물리적 실체가 없지만 자산이 식별 가능하다.
② 기업 내부적으로 창출한 영업권은 자산으로 인정되지 않는다.
③ 연구 및 개발단계에서 발생한 원가는 일정 요건을 충족한 경우 자산성을 인정받아 무형자산으로 인정될 수 있다.
④ 일반적으로 무형자산의 감가상각은 정액법을 적용하며 잔존가치는 0으로 본다.

해설 | 연구 단계에서 발생한 원가는 비용으로 계상하며 개발단계에서 발생한 원가는 일정 요건을 충족한 경우 무형자산으로 계상할 수 있다.

07 다음 중 리스 관련 용어에 대한 설명으로 적절하지 않은 것은?

① 리스약정일 : 리스계약일과 리스 계약당사자들의 합의일 중 이른 날
② 리스기간 : 리스이용자가 리스 연장선택권을 행사할 것이 확실할 경우 그 선택권 대상기간
③ 내재이자율 : 리스약정일 현재 리스료 및 보증잔존가치와 기초자산의 공정가치 및 리스제공자의 리스개설직접원가의 합계액과 동일하게 하는 이자율
④ 보증잔존가치 : 리스기간 종료 후 추정잔존가치 중 리스이용자가 보증하는 금액

해설 | 내재이자율은 리스약정일 현재 리스료 및 무보증잔존가치와 기초자산의 공정가치 및 리스제공자의 리스개설직접원가의 합계액과 동일하게 하는 이자율이다.

08 다음 중 금융리스로 분류할 수 없는 상황은?

① 리스기간 종료시점에 리스자산의 소유권이 리스이용자에게 이전된다.
② 염가구매권을 리스이용자가 행사할 가능성이 높다.
③ 리스자산 소유권이 이전되지 않더라도 리스기간이 리스자산의 경제적 내용연수의 상당 부분을 차지한다.
④ 범용적으로 사용될 수 있는 자산이다.

해설 | 리스이용자만이 중요한 변경 없이 사용할 수 있는 특수한 성격의 리스자산일 경우 금융리스로 분류할 수 있지만, 범용성 있는 자산 요건일 경우 금융리스로 분류할 수 없다.

09 다음 중 자산 손상 징후로 적절하지 않은 것은?

① 자산의 진부화
② 물리적 손상
③ 시장가치가 정상적인 하락 기대치보다 더 하락한 경우
④ 시장이자율 하락

해설 | 시장이자율 상승 시 자산의 사용가치를 계산하는 데 사용되는 할인율에 영향을 미쳐 자산의 회수 가능성을 중요하게 감소시킬 가능성이 높다.

정답 | 04 ④ 05 ③ 06 ③ 07 ③ 08 ④ 09 ④

10 다음 중 충당부채와 우발부채에 대한 설명으로 적절하지 않은 것은?

① 충당부채는 자원의 지출 시기 또는 금액이 불확실한 부채를 의미한다.
② 충당부채는 현재 기업이 부담하고 있는 의무로 법적 의무만 포함되고 기업이 발표한 구체적 약속 등은 포함되지 않는다.
③ 일반적으로 자원의 유출가능성이 50%를 초과하는 경우 충당부채로 분류한다.
④ 우발부채는 재무제표에는 표시하지 않고 주석으로 공시한다.

해설 | 충당부채는 현재 기업이 부담하고 있는 의무로 법적 의무 및 기업이 발표한 경영방침 또는 구체적이고 유효한 약속 등 의제의무를 포함한다.

11 다음 중 주식기준 보상에 대한 설명으로 적절하지 않은 것은?

① 주식결제형 주식기준 보상거래는 재화나 용역을 제공받는 대가로 지분상품을 부여하는 것으로 자본의 증가로 인식한다.
② 보상원가를 신뢰성 있게 측정할 수 없는 경우 부여한 지분상품의 공정가치로 인식한다.
③ 가득조건이 별도로 있는 경우 비시장조건이더라도 가득조건을 해당 보상원가에 대한 공정가치 측정 시 고려한다.
④ 당기인식할 보상원가는 당기 말 누적보상원가에서 전기 말 누적 보상원가를 차감하여 계산한다.

해설 | 가득조건이 별도로 있는 비시장조건의 경우 가득조건을 공정가치 측정 시 고려하지 않는다.

12 적격자산의 연평균 지출액은 1,000,000원이며, 특정차입금 지출액은 600,000원, 특정차입금 이자율은 5%, 자본화 이자율은 6%이고 공사기간은 1월 1일부터 12월 31일까지라 할 때, 차입원가 자본화를 할 이자비용 발생액은 얼마인가?

① 54,000원
② 30,000원
③ 24,000원
④ 50,000원

해설 | 차입원가 자본화는 특정차입금과 일반차입금으로 구분할 수 있으며, 특정 차입금은 적격자산 취득과 관련한 직접적인 차입금, 일반차입금, 적격자산 취득으로 추가로 증가한 차입금으로 구분할 수 있다.
- 특정차입금 부분 : 600,000원×5%×365일/365일=30,000원
- 일반차입금 차입원가=(적격자산 연평균 순지출액－특정 차입금 지출액)×자본화 이자율
  =(1,000,000원－600,000원)×6%×365일/365일=24,000원
∴ 특정차입금 이자비용 발생액 30,000원+일반차입금 이자비용 발생액 24,000원=54,000원

13 다음 중 파생상품 – 위험회피회계에 대한 설명으로 적절하지 않은 것은?

① 현금흐름 위험회피의 경우 관련 현금흐름의 발생 가능성이 매우 높아야 한다.
② 위험회피 회계를 적용하기 위해서는 위험회피 개시 시점에 위험회피 관계, 위험관리 목적 및 위험회피 전략을 공식적으로 지정하고 문서화해야 한다.
③ 공정가치위험회피와 현금흐름위험회피 중 효과적인 부분은 기타포괄손익으로 분류한다.
④ 위험회피 적용 요건을 더 이상 충족하지 못하는 경우 위험회피 회계를 중단한다.

해설 | 공정가치위험회피는 효과적인 부분과 비효과적인 부분 모두 당기손익으로 인식한다. 현금흐름위험회피의 경우 효과적인 부분은 기타포괄손익으로, 비효과적인 부분은 당기손익으로 인식한다.

정답 | 10 ② 11 ③ 12 ① 13 ③

TOPIC 05 손익계산서

1. 수익(매출)

    ① **수익의 개념** : 기업이 일정기간 동안 창출한 경영성과 중 제품, 상품, 용역 등에서 발생된 수익
    ② **수익 인식 시점**
        ㉠ 어느 한 시점에 또는 일정기간에 걸쳐 이행되며 수행의무의 진행률을 합리적으로 측정할 수 있는 경우에만, 기간에 걸쳐 이행되는 수행의무에 관한 수익을 진행기준으로 인식
        ㉡ 일반적으로 물건을 판매하는 시점(물건에 대한 효익과 위험이 이전)
        ㉢ 일반적으로 용역을 제공하는 경우
        ㉣ 용역제공이 장기간일 경우 진행기준으로 수익을 인식
        ㉤ 재매입약정 : 판매 후 다시 구입하기로 하는 것은 수익으로 인식할 수 없음
    ③ **일반기업회계기준상 수익 인식 요건**
        ㉠ 재화의 소유에 따른 유의적인 위험과 보상이 구매자에게 이전
        ㉡ 판매자는 판매된 재화의 소유권과 결부된 통상적 수준의 지속적인 관리상 관여를 하지 않을 뿐만 아니라 효과적인 통제를 할 수 없음
        ㉢ 수익금액을 신뢰성 있게 측정할 수 있음
        ㉣ 거래와 관련된 경제적 효익의 유입가능성이 높음(할부매출)
        ㉤ 거래와 관련하여 발생했거나 발생할 원가를 신뢰성 있게 측정할 수 있음
    ④ **국제회계기준 IFRS15** : 고객과의 계약에서 생기는 수익
        ㉠ 고객과의 계약에서 생기는 수익을 인식할 때의 단계별로 확인 필요

1단계	고객과의 계약 식별 : 고객과의 계약인지를 확인
2단계	수행의무 식별 : 고객에게 수행할 의무가 무엇인지 확인
3단계	거래 가격 산정 : 고객에게 받을 대가를 측정
4단계	거래 가격을 계약 내 수행 의무에 배분 : 거래 가격을 수행 의무별로 배분
5단계	수행 의무 이행 시 수익의 인식 : 수행 의무의 이행에 따라 수익을 인식

㉡ 수익인식 시점과 자산에 대한 통제
   • 기업은 고객에게 약속한 재화나 용역을 이전하여 수행 의무를 이행하며, 자산은 고객이 그 자산을 통제하는 때에 이전
   • 수행 의무는 어느 한 시점 혹은 일정기간에 걸쳐 이행되며 수행 의무의 진행률을 합리적으로 측정할 수 있는 경우에만, 기간에 걸쳐 이행되는 수익을 진행기준으로 인식

⑤ 유형별 수익인식 요건

유형	수익인식
미인도 청구판매	다음 조건이 충족 시 구매자가 소유권을 가지는 시점에 인식 가능 • 재화가 인도될 가능성이 높음 • 판매자가 해당 재화를 보유하고, 재화가 식별되며, 구매자에게 인도될 준비가 되어 있음 • 통상적인 대금지급 조건을 적용함
제한적인 반품권이 부여된 판매	공식적으로 재화 선적을 수락한 시점이나 재화를 인도받은 후 반품기간이 종료된 시점
위탁판매	위탁자는 수탁자가 제3자에게 재화를 판매한 시점에 수익을 인식
완납인도예약판매	재화를 인도하는 시점에만 수익을 인식
판매후재매입약정	소유에 따른 위험과 보상이 구매자에게 실질적으로 이전되었는지에 대한 검토 후 인식
재판매를 목적으로 하는 중간상에 판매	소유에 따른 위험과 보상이 구매자에게 이전되는 시점에 인식
분할수취되는 할부	이자 부분을 제외한 판매가격에 해당하는 수익을 판매시점에 인식

2. 용역의 제공

① 용역의 제공으로 인한 수익은 보고기간 말에 용역제공의 결과를 신뢰성 있게 추정할 수 있을 때 그 거래의 진행률에 따라 인식함
  ㉠ 수익금액을 신뢰성이 있게 측정할 수 있음
  ㉡ 거래와 관련된 경제적 효익의 유입 가능성이 높음
  ㉢ 보고기간 말에 그 거래의 진행률을 신뢰성 있게 측정할 수 있음
  ㉣ 이미 발생한 원가 및 거래의 완료를 위한 원가를 신뢰성 있게 측정할 수 있음

② **용역수익의 인식** : 거래와 관련된 경제적 효익의 유입 가능성이 높은 경우에만 인식

③ **진행률 결정 방법**
  ㉠ 작업 수행 정도의 조사
  ㉡ 총 예상 용역량 대비 현재까지 수행한 누적 용역량의 비율
  ㉢ 총 추정 원가 대비 현재까지 발생한 누적 원가의 비율

④ 용역제공의 성과를 신뢰성 있게 추정할 수 없는 경우에는 인식된 비용의 회수 가능한 범위 내에서의 금액만을 수익으로 인식

⑤ 유형별 용역 수익인식 요건

유형	수익인식
설치 수수료	설치의 진행률에 따라 수익으로 인식
제품판매가격에 포함된 용역 수수료	제품 판매 가격에 판매 후 제공할 용역에 대한 식별 가능한 금액이 포함되어 있는 경우 그 금액을 이연하여 용역수행기간에 걸쳐 수익 인식
프랜차이즈 수수료	• 설비 등 자산 : 해당 자산을 인도하거나 소유권을 이전할 때 제공하는 자산의 공정가치에 기초한 금액을 수익으로 인식 ※ 창업 지원용역과 운영지원 용역의 제공은 용역제공에 따라 수익 인식 • 프랜차이즈 운영지원 수수료 : 권리를 사용하는 시점이나 용역을 제공하는 시점에 수익으로 인식

광고 수수료	• 광고매체 수수료 : 광고가 대중에게 전달될 때 인식 • 광고제작 수수료 : 광고제작의 진행률에 따라 인식
입장료	행사가 개최되는 시점
강의료	강의기간에 걸쳐 수익으로 인식

⑥ 건설계약

ⓐ 계약수익 : 수령하였거나 수령할 대가의 공정가치
- 최초에 합의한 금액
- 공사변경, 보상금, 장려금에 따라 추가되는 금액

ⓑ 계약수익의 변경
- 공사 내용의 변경이나 보상금에 양자가 서로 합의
- 물가 연동 조항에 따라 수익금액이 증가
- 위약금 부담으로 계약 수익이 감소
- 산출물이 증가하여 계약 수익이 증가

ⓒ 계약원가 : 계약체결일로부터 계약의 최종 완료일까지의 기간에 당해 계약에 귀속될 수 있는 원가
- 특정계약에 직접 관련한 원가
  - 현장감독을 포함한 현장인력의 노무원가
  - 건설에 사용된 재료
  - 계약에 사용된 건설장비의 감가상각비
  - 생산설비, 장비, 재료 등을 현장으로 운반하는 데 소요되는 원가
  - 생산설비와 건설장비의 임차원가
  - 계약과 직접 관련된 설계와 기술지원 원가
  - 예상하자보수 원가, 복구 및 보증공사의 추정원가
  - 제3자의 보상금 청구
- 공통원가(배부를 통해 원가로 인식)

ⓓ 진행률 산정 시 누적 발생원가에서 제외되는 원가
- 현장에 인도되었으나 아직 투입되지 않은 원가
  ※ 단, 해당 재료가 해당 공사만을 위해 제작된 것은 제외
- 하도급계약자에게 선급한 비용
- 발주에게서 수령한 기성금
  ※ 진행률 계산이 어려울 때에는 투입된 원가를 한도로 수익을 인식함

ⓔ 건설 계약 전후 지출 비교
- 건설 계약 전 지출 : 공사체결과 직접적인 관련이 있고 체결가능성 높음 → 계약원가(식별, 추정)
- 건설 계약 후 지출 : 하자보수 충당금(계약원가에 포함하여 계산)

ⓑ 계약의 병합 : 별개의 계약이라도 하나의 계약으로 봄
- 공사에 대해서 별개의 공사제안서가 제출됨
- 각 공사에 대해서 개별적 협상이 이루어짐
- 각 공사별로 원가와 수익의 식별이 가능함

ⓢ 계약의 분할 : 하나의 계약이라도 서로 다른 계약으로 봄
- 복수 계약이 일괄적으로 협상됨
- 복수 계약이 상호 밀접하게 연계되어 있어 전체 프로젝트의 부분으로 역할
- 복수 계약이 동시 혹은 계속하여 순차적으로 수행됨

ⓞ '총 계약원가 > 총 계약수익'으로 손실이 예상될 경우, 예상되는 손실을 즉시 비용 인식함

3. 비용

① **매출원가** : 수익비용의 대응원칙
② **판매비와 관리비**
   ㉠ 판매와 관리활동으로 발생한 비용
   ㉡ 예시 : 급여, 퇴직급여, 복리후생비, 임차료, 접대비, 광고선전비 등
③ **기타손익**
   ㉠ 기업의 주된 활동이 아닌 다른 활동에서 발생하는 수익과 비용
   ㉡ 예시 : 배당금 수익, 외화환산손익, 유무형자산 처분손익
④ **금융손익 예시** : 이자수익, 이자비용, 금융자산에서 발생하는 외화환산손익 등
⑤ **종업원 급여 예시**
   ㉠ 선급비용(미리 지급한 비용)
   ㉡ 미지급비용(아직 지급하지 않은 비용)
   ㉢ 퇴직급여, 해고급여, 단기종업원급여, 상여금 등
⑥ **퇴직급여**

구분	확정기여제도	확정급여제도
정의	기업이 별개의 기금에 고정된 기여금을 납부하는 퇴직급여	• 확정기여제도를 제외한 모든 퇴직급여제도 • 기업이 약정한 급여를 종업원에게 지급하는 퇴직급여

특징	• 종업원이 운용
	• 회사 밖에 기금을 납부함
	• 퇴직급여 지급 시 비용처리(후속 관리 없음)
		• 회사가 운용
		  - 운용수익이 퇴직급여보다 높으면 당기이익, 반대면 손실
		  - 보험수리적 방법으로 추정하며 예상
		• 퇴직금, 근무기간에 따라 배분
		
		확정채무의 현가 ×××
		사외적립자산의 공정가치 (×××)
		순확정급여부채 ×××

⑦ **법인세회계** : 재무회계와 세법의 차이로 인한 법인세 비용의 차이
  ㉠ 재무회계 : 법인세 차감 전 순이익×법인세율=법인세 비용
  ㉡ 세법 : 법인세 차감 전 순이익+세무조정=과세소득
  ㉢ 과세소득×법인세율=법인세 비용(익금산입, 손금불산입, 손금산입, 익금불산입)

일시적 차이	차기 이후 회계기간에 해소되는 차이
영구적 차이	영구히 해소되지 않는 차이

  ㉣ 이연법인세자산 : 현재 법인세를 많이 지급하여 미래에 세금을 적게 부담(차감할 일시적 차이)
  ㉤ 이연법인세부채 : 현재 법인세를 적게 납부하여 미래에 세금을 더 많이 부담(가산할 일시적 차이)

법인세비용 차감 전 순손익	×××
(+) 익금산입·손금불산입	×××
(−) 손금산입·익금불산입	(×××)
과세소득	×××
(−) 이월결손금	(×××)
비과세소득	(×××)
소득공제	(×××)
과세표준	×××
법인세율	%
산출세액	×××
(−) 세액공제	(×××)
결정세액	×××
(−) 기납부세액	(×××)
납부세액	×××

  ㉥ 이연법인세자산과 부채는 원칙적으로 상계하지 않으며, 관할 세무서가 동일하면 이연법인세자산과 부채는 상계할 수 있음
  ㉦ 당기손익으로 인식하는 항목 및 당기손익 이외로 인식되는 항목
    • 대부분의 당기 법인세 및 이연법인세는 수익이나 비용으로 인식하여 당기손익에 포함
    • 기타포괄손익이나 자본에 직접 인식되는 항목과 관련된 당기 법인세와 이연법인세는 기타포괄손익이나 자본에 직접 인식
  ㉧ 이연법인세자산이 있는 경우 미래 충분한 이익 혹은 가산할 일시적 차이가 있어야 하며 매 보고기간 말 인식되지 않은 이연법인세자산에 대해 재검토
  ㉨ 이익 혹은 가산할 일시적 차이가 충분하지 않다면 미래의 예상되는 이익 수준 한도 혹은 가산할 일시적 차이 한도까지만 이연법인세자산으로 인식함(결손금, 세액공제)

4. 주당순손익

① 보통주에 귀속되는 당기순손익에 대해 기본 주당이익을 계산
② 무상증자 등 실질적인 자본 변화가 없는 것은 연초에 발생한 것으로 가정
③ 행사 가능한 전환사채, 신주인수권부 사채 등이 있으면 이를 고려하여 희석주당이익 계산

기본주당순이익	기본당기순이익/가중평균 유통보통주식수
희석주당순이익	희석당기순이익/(가중평균 유통보통주식수 + 희석증권수)

개념확인문제

01 다음 중 고객과의 계약에서 생기는 수익을 인식할 때의 단계별로 확인해야 하는 요인이 아닌 것은?

① 1단계 : 고객과의 계약을 식별
② 2단계 : 수행의무를 식별
③ 3단계 : 거래가격을 산정
④ 4단계 : 거래가격을 고객별로 배분

해설 | 4단계는 거래가격을 계약 내 수행의무로 배분하는 과정이다.

02 다음 중 유형별 수익인식 요건으로 적절하지 않은 것은?

① 제한적인 반품권이 부여된 판매 : 공식적으로 재화 선적을 수락한 시점에 수익을 인식
② 위탁판매 : 위탁자는 수탁자에게 재화를 이전한 시점에 수익을 인식
③ 완납인도예약판매 : 재화 인도 시점에 수익을 인식
④ 분할수취되는 할부 : 이자 부분을 제외한 판매가격에 해당하는 수익을 판매시점에 인식

해설 | 위탁판매의 경우 위탁자는 수탁자가 제3자에게 재화를 판매한 시점에 수익을 인식한다.

03 다음 중 유형별 수익인식 요건으로 적절하지 않은 것은?

① 설치수수료 : 설치의 진행률에 따라 수익으로 인식
② 광고제작수수료 : 광고 완료 시점에 수익으로 인식
③ 입장료 : 행사가 개최되는 시점에 수익으로 인식
④ 프랜차이즈 운영지원 수수료 : 권리를 사용하는 시점이나 용역을 제공하는 시점에 수익으로 인식

해설 | 광고제작수수료는 광고제작의 진행률에 따라 인식한다.

04 다음 중 건설계약에 대한 설명으로 옳지 않은 것은?

① 건설계약의 계약수익은 수령하였거나 수령할 대가의 공정가치로 최초에 합의한 금액에 공사변경 등으로 추가되는 금액을 포함한다.
② 하자보수충당금은 건설 계약 후 지출되는 지출이므로 발생 시점에 비용으로 처리한다.
③ 총계약원가가 총 계약수익보다 더 클 것으로 예상되는 경우 예상되는 손실을 즉시 비용으로 인식한다.
④ 건설계약은 일반적으로 진행률에 따라 수익을 인식한다.

해설 | 하자보수충당금은 건설 계약 후 지출되는 지출이지만 지출될 가능성이 높으므로 계약원가에 예상금액을 포함하여 계산한다.

05 다음 중 퇴직급여에 대한 설명으로 적절하지 않은 것은?

① 확정기여제도는 회사 외부에 기금을 납부하는 방식이다.
② 확정급여제도는 기업이 약정한 급여를 종업원에게 지급하는 퇴직급여 제도이다.
③ 확정기여제도하에서 운용수익이 불입한 퇴직급여보다 높으면 회사가 당기손익으로 인식한다.
④ 확정급여제도는 퇴직급여를 보험수리적 방법으로 추정하여 예상한다.

해설 | 확정기여제도의 경우 종업원이 퇴직금 운용에 대한 책임을 진다. 따라서 확정기여제도하에서는 운용수익이 불입한 퇴직급여보다 높으면 해당 차익은 종업원이 가져간다.

06 다음 중 법인세 회계에 대한 설명으로 적절하지 않은 것은?

① 이연법인세자산과 부채는 원칙적으로 상계하지 않는다.
② 이연법인세자산과 부채는 해당 금액에 대한 재검토를 할 필요가 없다.
③ 기타포괄손익이나 자본에 직접 인식되는 항목과 관련된 당기 법인세와 이연법인세는 기타포괄손익이나 자본에 직접 인식한다.
④ 이연법인세부채는 현재 법인세를 적게 납부하며, 미래에 세금을 더 부담하게 되어 가산할 일시적 차이라고도 부른다.

해설 | 이연법인세자산의 경우 인식하기 위해서는 미래 충분한 이익 혹은 가산할 일시적 차이가 있어야 하며 매 보고기간 말 인식되지 않은 이연법인세자산에 대해 재검토해야 한다.

정답 | 01 ④ 02 ② 03 ② 04 ② 05 ③ 06 ②

07 다음 자료를 바탕으로 희석주당순이익을 계산하면 얼마인가?

- 발행보통주식수 : 100주
- 당기순이익 : 100,000,000원
- 현재 내가격 상태에 있는 전환사채는 500,000원이며, 사채 액면가 20,000원당 1주로 전환할 수 있다. 전환사채의 표면이자는 0%이다.

① 800,000원 ② 1,000,000원
③ 250,000원 ④ 500,000원

해설 | 희석주당순이익은 희석당기순이익을 가중평균 유통보통주식수와 희석증권의 합으로 나누어 산출한다. 따라서 100,000,000원÷[100주+(500,000원÷20,000원)]=800,000원

정답 | 07 ①

TOPIC 06 현금흐름표

1. 현금흐름표의 정의와 현금성 자산

① **현금성 자산** : 취득 시 만기까지 3개월 이내로 현금화할 수 있는 자산(결산일 기준 아님)
② 순현금흐름＝현금유입의 총량－현금유출의 총량
③ **현금흐름표 중요성**
    ㉠ 미래 현금흐름 창출능력에 대한 정보
    ㉡ 이익의 질에 대한 정보
    ㉢ 영업활동 수행능력에 대한 정보(영업현금흐름 창출능력)
    ㉣ 재무탄력성과 유동성에 대한 평가(지급능력)
    ㉤ 투자활동 및 재무거래가 재무상태에 미치는 영향에 대한 정보

④ **현금흐름표의 한계**
    ㉠ 현금주의로 작성(not 발생주의)
    ㉡ 미래의 현금전망에 대한 불완전한 기준
    ㉢ 현금 개념보다는 순운전자본이나 총재무자원 개념이 더 유용할 수 있음

2. 현금흐름표의 작성

① 현금흐름표는 회계기간 동안 발생한 현금흐름을 영업활동, 투자활동, 재무활동으로 구분하여 표시하고 기초 현금 및 현금성 자산과 외화표시 현금 및 현금성 자산의 변동효과를 반영하여 기말 현금 및 현금성 자산을 산출
② 국제회계기준에서는 구체적인 현금흐름표 양식을 예시하고 있지 않음
③ **영업활동 현금흐름 표시**
    ㉠ 직접법 : 총현금유입과 총현금유출을 주요 항목별로 구분하여 표시
    ㉡ 간접법 : 당기순이익에 당기순이익 조정항목(포괄손익계산서 조정항목과 재무상태표 조정항목)을 가감하여 표시
    ㉢ 두 가지 방법 중 하나의 방법을 선택하여 적용
    ㉣ 이자의 수취 및 지급에 따른 현금흐름과 배당금 수취 관련 현금흐름, 법인세 납부 관련 현금흐름은 영업활동 현금흐름에서 별도로 구분 표시
       • 간접법 작성

> 1. 영업활동으로 인한 현금흐름
>   당기순이익
>   현금유출이 없는 비용 등의 가산
>   현금유입이 없는 수익 등의 차감

```
        영업활동 자산·부채의 변동
        기타수취·납부(배당금 수취)
    2. 투자활동으로 인한 현금흐름
        투자활동 현금유입액
        투자활동 현금유출액
    3. 재무활동으로 인한 현금흐름
        재무활동 현금유입액
        재무활동 현금유출액(배당금 지급)
    4. 현금의 증가(1+2+3)
    5. 기초의 현금
    6. 기말의 현금
```

- 직접법 작성

```
    1. 영업활동으로 인한 현금흐름
        매출 등 수익활동으로 인한 현금유입
        매입 및 종업원에 대한 유출액
        이자수익 유입액
        배당금 수익/유출액
        기타 유입/유출액
    2. 투자활동으로 인한 현금흐름
        투자활동 현금유입액
        투자활동 현금유출액
    3. 재무활동으로 인한 현금흐름
        재무활동 현금유입액
        재무활동 현금유출액(배당금 지급)
    4. 현금의 증가(1+2+3)
    5. 기초의 현금
    6. 기말의 현금
```

④ **비현금거래** : 현금흐름을 수반하지는 않지만 아래의 거래는 중요한 거래이므로 현금흐름표의 주석으로 기재

　㉠ 현물출자로 인한 유형자산의 취득

　㉡ 유형자산의 연불 구입

　㉢ 무상증자

　㉣ 무상감자

　㉤ 주식배당

　㉥ 전환사채의 전환 등 현금의 유입과 유출이 없는 거래 중 중요한 거래

　　※ 자산의 증가는 현금의 감소, 자산의 감소는 현금의 증가, 부채의 증가는 현금의 증가, 부채의 감소는 현금의 감소

개념확인문제

01 다음 중 현금흐름표에 대한 설명으로 적절하지 않은 것은?

① 현금흐름표는 미래 현금흐름 창출 능력에 대한 정보를 제공한다.
② 현금흐름표는 이익의 질에 대한 정보를 제공할 수 있다.
③ 현금흐름표는 현금주의로 작성된다.
④ 현금흐름표는 기업의 현금흐름을 영업활동, 관리활동, 투자활동, 재무활동 등 총 4가지 활동으로 구분한다.

해설 | 현금흐름표는 기업의 현금흐름을 영업활동, 투자활동, 재무활동으로 구분한다.

02 다음 중 현금흐름표 작성에 관한 설명으로 적절하지 않은 것은?

① 국제회계기준에서는 구체적인 현금흐름표 양식을 제공하고 있지 않다.
② 영업활동 현금흐름을 표시하는 방법은 크게 직접법과 간접법으로 구분할 수 있다.
③ 영업활동현금흐름 중 이자의 수취 및 지급에 따른 현금흐름, 배당금 수취 관련 현금흐름, 법인세 납부 관련 현금흐름은 영업활동 현금흐름에서 별도로 구분 표시해야 한다.
④ 간접법은 영업이익에 영업이익 조정항목을 가감하여 표시한다.

해설 | 간접법은 당기순이익에 당기순이익 조정항목을 가감하여 표시한다.

03 다음 자료를 바탕으로 A기업의 매출 관련 현금흐름을 구하면 얼마인가?

- 매출액 : 1,000,000원
- 기초 매출채권 : 200,000원(대손충당금 40,000원)
- 기말 매출채권 : 300,000원(대손충당금 50,000원)

① 1,000,000원
② 910,000원
③ 1,090,000원
④ 1,100,000원

해설 | 매출액 1,000,000원, 순 매출채권 변동액 : (300,000원 − 50,000원) − (200,000원 − 40,000원)으로 기초대비 매출채권 90,000원 증가
∴ 매출액 1,000,000원 − 자산의 증가 90,000원 = 910,000원

정답 | 01 ④ 02 ④ 03 ②

04 다음 자료를 바탕으로 A기업의 재무 관련 현금흐름을 구하면 얼마인가?

- 배당금의 지급 : 50,000원
- 차입금의 상환 : 600,000원
- 배당금의 수취 : 30,000원
- 유상증자 : 700,000원

① 50,000원
② 80,000원
③ 130,000원
④ 700,000원

해설 | A기업의 재무 관련 현금흐름은 유상증자 700,000원 – 차입금의 상환 600,000원 – 배당금의 지급 50,000원이다.

05 다음 중 비현금거래로 주석에 기재하지 않는 항목은?

① 현물출자로 인한 유형자산의 취득
② 유형자산의 연불 구입
③ 전환사채의 전환
④ 유상감자

해설 | 유상감자의 경우 실제로 현금이 지출되는 건이므로 비현금거래가 아니다.

정답 | 04 ① 05 ④

TOPIC 07 자본변동표 및 이익잉여금처분계산서

1. 자본변동표

① 자본의 크기와 그 변동에 관한 정보를 제공하는 기본 재무제표
② 자본을 구성하고 있는 자본금, 자본잉여금, 기타자본구성요소, 기타포괄손익누계액, 이익잉여금의 변동에 대한 포괄적인 정보를 제공
③ 자본금, 자본잉여금, 기타자본구성요소, 기타포괄손익누계액, 이익잉여금의 각 항목별로 기초잔액, 변동사항, 기말잔액을 표시

구분	자본금	자본잉여금	기타자본구성요소	기타포괄손익누계액	이익잉여금	총계
회계정책 변경 누적효과	-	-	-	-	-	-
전기오류 수정손익	-	-	-	-	-	-
배당	-	-	-	-	-	-
유상증자	-	-	-	-	-	-
당기순이익	-	-	-	-	-	-
자기주식취득	-	-	-	-	-	-

2. 이익잉여금처분계산서(결손금처리계산서)

① 기업의 한 회계기간 동안 발생한 이월이익잉여금의 처분으로 인한 총변동사항을 명백하게 보고하기 위해 작성
② 재무제표가 아니며 주석으로 표시
③ 구성내역
  ㉠ 미처분이익잉여금
    • 전기이월미처분이익잉여금, 전기오류 수정손익, 중간배당액, 당기순이익
  ㉡ 임의적립금등의 이입액
  ㉢ 이익잉여금처분액
    • 이익준비금, 기타법정적립금, 이익잉여금처분에 의한 상각 등(주식발행초과금 등)
    • 배당금, 임의적립금
④ 차기이월미처분이익잉여금
⑤ 결손금처리 순서 : 임의적립금이입액 → 기타법정적립금이입액 → 이익준비금이입액 → 자본잉여금이입액

개념확인문제

01 다음 중 자본변동표를 구성하고 있는 항목이 아닌 것은?
① 자본금
② 자본잉여금
③ 기타포괄손익누계액
④ 자본준비금

해설 | 자본변동표는 자본금, 자본잉여금, 기타자본구성요소, 기타포괄손익누계액, 이익잉여금의 각 항목별로 기초잔액, 변동사항, 기말잔액을 표시한다.

02 다음 중 이익잉여금처분계산서에 대한 설명으로 적절하지 않은 것은?
① 이익잉여금처분계산서는 기업의 한 회계기간 동안 발생한 이월이익잉여금의 처분으로 인한 총 변동사항을 명백하게 보고하기 위해 작성한다.
② 이익잉여금처분계산서는 미처분이익잉여금, 임의적립금 등의 이입액, 이익잉여금처분액, 차기이월미처분이익잉여금 순으로 구성되어 있다.
③ 당기에 발생한 당기순이익은 차기이월미처분이익잉여금으로 분류된다.
④ 이익잉여금 처분액은 이익준비금, 기타법정적립금, 이익잉여금처분에 의한 상각 등으로 구성되어 있다.

해설 | 당기에 발생한 당기순이익은 미처분이익잉여금으로 먼저 구성된다.

정답 | 01 ④ 02 ③

TOPIC 08 연결재무제표

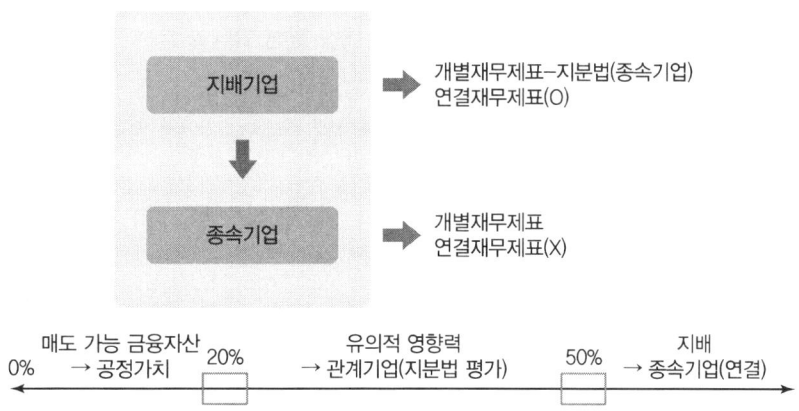

1. 연결재무제표와 별도재무제표

(1) 연결재무제표

① 지배기업과 그 종속기업의 자산, 부채, 자본, 수익, 비용, 현금흐름을 하나의 경제적 실체로 표시하는 연결실체의 재무제표
② 지배기업, 모든 종속기업, 관계기업, 공동지배기업의 지분법 회계처리를 포함하여 작성
③ 지배기업에게 귀속되지 않는 지분인 비지배지분을 포함하여 작성

(2) 별도재무제표

① 지배기업, 관계기업의 투자자 또는 공동지배기업의 참여자가 투자자산을 피투자자의 보고된 성과와 순자산에 근거하지 않고 직접적인 지분투자에 근거한 회계처리로 표시한 재무제표
② 종속기업이나 관계기업의 처리는 원가법, 공정가치법 또는 지분법으로 회계처리

2. 연결재무제표 작성 면제

아래 조건을 모두 충족하는 지배기업은 연결재무제표를 작성 면제
① 지배기업이 다른 기업의 종속이면서, 그 지배기업이 연결재무제표를 작성하지 않는다는 사실을 그 지배기업의 다른 소유주들에게 알리고 그 다른 소유주들이 반대하지 않는 경우
② 지배기업이 채무상품 또는 지분상품이 공개된 시장에서 거래되지 않는 경우
③ 지배기업이 공개된 시장에서 증권을 발행할 목적으로 증권감독기구나 그 밖의 감독 기관에 재무제표를 제출한 적이 없으며 제출하는 과정에 있지도 않은 경우
④ 지배기업의 최상위 지배기업이나 중간 지배기업이 한국채택국제회계기준을 적용하여 일반목적으로 이용 가능한 연결재무제표를 작성한 경우

3. 지배력의 평가 – 피투자 지배조건

① **피투자자에 대한 힘** : 피투자기업의 이익에 유의적으로 영향을 미치는 활동을 지시할 수 있는 권리를 투자자가 보유하고 있는 때, 투자자는 피투자자에 대한 힘이 있다고 볼 수 있음
② 피투자자에 대한 관여로 인한 변동이익에 대한 노출 또는 권리
③ 투자자의 이익금액에 영향을 미치기 위하여 피투자자에 대하여 자신의 힘을 사용하는 능력

4. 연결재무제표 작성 절차

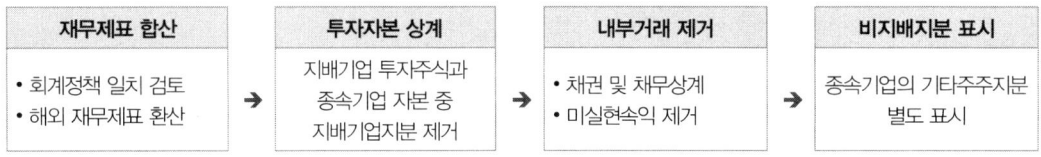

5. 연결재무제표 작성 기준

① **보고기간** : 지배기업과 종속기업의 보고기간 종료일 차이가 3개월을 초과하는 경우 보고기간을 일치시켜야 함
② **회계정책** : 지배기업과 종속기업의 회계정책이 동일해야 함
③ **해외재무제표** : 지배기업의 통화로 종속기업의 재무제표를 환산
④ **투자, 자본 상계**
  ㉠ 지배기업의 투자주식과 종속기업의 자본 중 지배기업지분을 제거
  ㉡ 순자산지분해당금액 < 지불금액 : 영업권
  ㉢ 순자산지분해당금액 > 지불금액 : 염가매수차익(당기손익으로 처리함)
⑤ **내부거래 제거**
  ㉠ 상향거래 : 종속기업이 지배기업에 판매하는 경우
  ㉡ 하향거래 : 지배기업이 종속기업에 판매하는 경우
  ㉢ 가장 빈번한 내부거래 유형은 재고자산 판매이며, 매입한 기업이 재고자산을 외부에 판매하기 전에는 관련 손익은 내부미실현손익으로서 내부거래 제거대상이며, 외부에 판매되었을 때 연결재무제표에 관련 손익을 인식

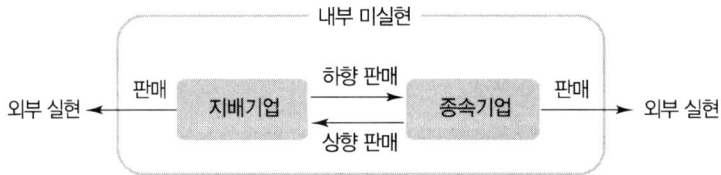

⑥ 비지배지분표시
  ㉠ 비지배지분 : 종속기업의 지분 중 지배기업에게 직간접으로 귀속되지 않는 지분
  ㉡ 비지배지분은 연결재무상태표에서 자본에 포함하되 지배기업의 소유주지분과는 구분하여 표시
  ㉢ 당기순손익과 기타포괄손익의 각 구성요소는 지배기업의 소유주와 비지배지분에 귀속

TIP 연결재무제표 작성 예

구분	합산 BS	투자자본상계	내부거래제거	비지배지분	연결BS
매출채권	50,000		(−)12,000		38,000
재고자산	70,000		(−)2,000		68,000
종속기업투자주식	50,000	(−)50,000			
유형자산	140,000				140,000
영업권		10,000			10,000
자산총계	310,000	(−)40,000	(−)14,000		256,000
매입채무	40,000		(−)12,000		28,000
차입금	70,000				70,000
자본금	70,000	(−)20,000			50,000
자본잉여금	50,000	(−)10,000			40,000
이익잉여금	80,000	(−)20,000	(−)2,000	(−)2,000	56,000
비지배지분		10,000		2,000	12,000
부채 및 자본총계	310,000	(−)40,000	(−)14,000		256,000

⑦ 종속기업 지분매각

구분	회계처리
지배력 변동이 아닌 일부 지분처분	자본거래로 회계처리하며 매매차액은 지배 주주 지분 자본에 인식
지배력 상실	종속기업 관련 자산, 부채 및 비지배지분을 제거하고, 회계처리에 따른 모든 차이는 지배기업에 귀속하는 당기손익으로 인식

개념확인문제

01 다음 중 연결재무제표에 대한 설명으로 적절하지 않은 것은?

① 연결재무제표는 지배기업과 그 종속기업의 자산, 부채, 자본, 수익, 비용, 현금흐름을 하나의 경제적 실체로 표시하는 연결실체의 재무제표이다.
② 연결재무제표에는 지배기업에게 귀속되지 않는 지분인 비지배지분은 포함되지 않는다.
③ 별도재무제표는 지배기업의 직접적인 지분투자에 근거한 회계처리로 작성한 재무제표이다.
④ 국제회계기준에서는 연결재무제표를 주 재무제표로 인정하였다.

해설 | 연결재무제표에는 지배기업에게 귀속되지 않는 지분인 비지배지분도 포함하여 표시한다.

02 다음 중 연결재무제표에 대한 설명으로 적절하지 않은 것은?

① 지배기업이 되기 위해서는 피지배기업에 대한 지배력이 있어야 하며 지배력은 피투자기업의 이익에 유의적으로 영향을 미치는 활동을 지시할 수 있는 권리를 투자자가 보유하고 있을 때 지배력이 있다고 한다.
② 지배기업과 종속기업의 보고기간 종료일 차이가 3개월을 초과하는 경우 보고기간을 일치시켜야 한다.
③ 지배력 획득 과정에서 순자산지분해당금액이 지불금액보다 큰 경우 염가매수차익으로 인식하고 (−)의 영업권으로 인식한다.
④ 지배기업과 비지배기업 간 내부거래는 제거해야 한다.

해설 | 순자산지분해당금액이 지불금액보다 큰 경우 염가매수차익으로 인식하고 당기손익으로 처리한다.

정답 | 01 ② 02 ③

TOPIC 09 사업결합 및 지분법, 환율변동효과

1. 사업결합

① **사업결합** : 기업이 사업을 구성하는 순자산을 취득하거나 하나 이상의 다른 기업에 대한 지분을 취득함으로써 그 기업 또는 기업들에 대해 지배력을 획득하는 것

구분	고려사항
취득자의 식별	사업결합 참여기업 중 지배력을 소유한 기업
취득일의 결정	• 취득자가 지배력을 획득한 날로 합병기일이나 지배력 이전일 • 취득자가 법적으로 대가를 이전하여 피취득자의 자산을 취득하고 부채를 인수한 날의 종료일
식별 가능한 자산, 부채 및 비지배지분의 인식과 측정	• 식별 가능한 피취득회사의 자산, 부채를 공정가치로 평가 • 비지배지분의 인식 및 측정 • 우발부채 포함
영업권 및 염가매수차익의 인식	• 식별 가능한 순자산 공정가치와 인수대가의 차이 • 단, 법률수수료 등 자문비용은 즉시 비용화

② **취득자의 식별**
　㉠ 이전 대가가 현금, 그 밖의 자산이거나 부채를 부담하는 사업결합 : 현금 등의 이전과 부채의 부담을 주로 하는 기업
　㉡ 이전 대가가 지분 교환인 사업결합 : 지분을 발행하는 기업

③ **취득일의 결정**
　㉠ 취득일 : 피취득자에 대한 지배력을 획득한 날
　㉡ 일반적으로 취득자가 법적으로 대가를 이전하여 피취득자의 자산을 취득하고 부채를 인수한 날의 종료일

④ **영업권 및 염가매수차익의 인식**
　㉠ 영업권 : 취득일의 이전 대가가 식별 가능한 취득 자산과 인수부채의 순액보다 클 경우 해당 초과금액을 영업권으로 인식
　㉡ 염가매수차익 : 취득일의 이전 대가가 식별 가능한 취득 자산과 인수부채의 순액보다 작은 경우 해당 초과금액은 염가매수차익으로 인식

2. 관계기업 투자

① **관계기업** : 모회사가 투자회사의 지분을 직접 혹은 간접적으로(종속기업을 통해서) 20% 이상을 소유하고 있는 경우 일반적으로 유의적인 영향력을 행사할 수 있음

② **유의적인 영향력**
　㉠ 피투자자의 이사회나 이에 준하는 의사결정기구에 참여
　㉡ 배당이나 다른 분배에 관한 의사결정에 참여하는 것을 포함하여 정책결정과정에 참여

ⓒ 기업과 피투자자 사이의 중요한 거래
　　　ⓓ 경영진의 상호교류
　　　ⓔ 필수적 기술정보의 제공

③ **잠재적 의결권** : 주식으로 전환할 수 있는 증권이 행사가능할 때 해당 잠재적 의결권을 고려(무조건 행사한다고 가정)
④ **관계기업 최초 취득** : 취득원가로 인식
　　ⓐ 취득가액 > 공정가액 : 차이금액은 영업권
　　ⓑ 취득가액 < 공정가액 : 염가매수차익(취득일에 지분법이익으로 인식)
⑤ **관계기업의 당기순손익 발생** : 모기업의 지분법손익으로 인식(당기순이익에 반영)
⑥ **배당금 지급** : 투자자산의 장부금액 감소
⑦ **기타포괄손익 변동** : 기타포괄손익 변동액 중 모기업의 몫은 모기업의 기타포괄손익으로 인식
⑧ **지분법 적용중지** : 관계기업의 손실이 누적되어 손실이 모회사의 관계기업투자주식보다 클 경우
⑨ **지분법 손상** : 관계기업의 회수가능액(순공정가치와 사용가치 중 큰 금액)이 장부금액에 미달할 경우 관계기업주식 손상차손으로 하여 당기손실에 반영
⑩ **유의적인 영향력 상실**

구분	처분 지분	잔여 지분
유의적인 영향력의 상실	처분한 지분의 장부금액과 수취한 대가의 차액을 손익으로 인식하며, 기타포괄손익으로 인식했던 손익도 당기손익으로 인식	잔여 보유지분을 공정가치로 측정
유의적인 영향력의 유지	처분한 지분의 장부금액과 수취한 대가의 차액을 손익으로 인식하며 기타포괄손익으로 인식했던 손익도 당기손익으로 인식	지분법을 계속 적용하며 잔여 보유지분을 재측정하지 않음

3. 환율변동효과

① **기능통화** : 실제 영업이 이루어지는 국가의 영업통화(외국기업이 국내에서 사실상 원화로 중요한 영업이 이루어질 경우, KRW이 기능통화)
② **표시통화** : 재무제표를 만들 때 사용한 통화(외국기업이 USD로 재무제표를 만들면 USD가 표시통화, KRW으로 만들면 KRW이 표시통화)
③ **외화거래 인식** : 기능통화로 외화거래를 최초로 인식하는 경우 거래일의 외화와 기능통화 사이의 현물환율을 외화금액에 적용
④ **기말 외화환산방법**
　　ⓐ 화폐성 항목은 마감환율로 환산
　　ⓑ 역사적 원가로 측정하는 비화폐성 외화항목은 거래일의 환율로 환산
　　ⓒ 공정가치로 측정하는 비화폐성 외화항목은 공정가치가 측정된 날의 환율로 환산

⑤ 화폐성 항목 및 비화폐성 항목

주요 계정항목	적용환율
현금, 매출채권, 유동부채	마감환율
재고자산, 투자자산	역사적 환율 또는 마감환율
유형자산	역사적 환율 또는 공정가치가 결정된 환율
장기채권, 채무	마감환율
자본, 자본잉여금	역사적 환율
수익, 비용	역사적 환율(평균 환율)

⑥ **표시통화로의 환산** : 해외사업장의 재무제표를 보고기간의 재무제표에 포함하기 위해 해외사업장의 경영성과와 재무상태를 해외사업장의 기능통화와 다른 표시통화로 환산
  ㉠ 재무상태표의 자산과 부채는 해당 보고기간말의 마감환율
  ㉡ 포괄손익계산서의 수익과 비용은 해당 거래일의 환율
  ㉢ 재무상태표와 손익계산서의 환산에서 생기는 외환차이는 기타포괄손익으로 인식

개념확인문제

01 다음 중 유의적인 영향력을 보유하고 있는 예로 적절하지 않은 것은?

① 투자자는 피투자자의 이사회에 참여할 수 있다.
② 투자자는 배당 등의 분배에 대한 의사결정을 포함하여 정책결정과정에 참여할 수 있다.
③ 경영진 사이의 상호교류가 있는 경우 유의적인 영향력을 보유하고 있는 것으로 볼 수 있다.
④ 잠재적 의결권이 있는 경우 해당 의결권이 내가격인 경우에만 유의적인 영향력이 있는지 고려한다.

해설 | 잠재적 의결권이 있는 경우 해당 의결권이 행사가능할 때 무조건 행사한다고 가정하며 잠재적 의결권을 고려한다.

02 다음 중 지분법 회계처리에 대한 설명으로 적절하지 않은 것은?

① 해당 피투자기업에 대한 지분의 취득금액이 공정가액보다 큰 경우 차이금액은 영업권으로 인식한다.
② 해당 피투자기업에서 배당금이 발생하는 경우 당기손익으로 인식한다.
③ 관계기업 손실이 누적되어 손실이 모회사 관계기업투자주식보다 클 경우 지분법 적용을 중지한다.
④ 피투자기업의 기타포괄손익 변동액 중 모기업의 몫은 모기업의 기타포괄손익으로 인식한다.

해설 | 해당 피투자기업에서 배당금이 발생하는 경우 투자자산의 장부가액에서 차감한다.

03 다음 중 화폐성 항목이 아닌 것은?

① 현금
② 매출채권
③ 금융자산
④ 자본잉여금

해설 | 화폐성 항목은 현금, 매출채권, 유동부채, 금융자산 등이며 마감환율로 환산한다.

정답 | 01 ④ 02 ② 03 ④

CHAPTER 02 기업가치평가 및 분석

PART 03_ 재무분석론

1. 기업가치평가 개요

① 기업가치 = 채권자가치 + 주주가치
② **기업가치평가 목적** : 투자의사결정, 기업공개, 과세목적, 합병비율, 사업타당성, 가치경영, 기술가치평가, 재무보고, 기업회생

2. 기업가치평가법

① **자산가치평가법** : 총자산 − 총부채 = 자본, 청산가치, 장부가치, 시장평가가치
② **수익가치평가법** : DCF, EVA, DDM(배당평가모형)
③ **상대가치평가법** : PER, $EV/EBITDA$, PBR, PSR
④ **법률적 평가법** : 자본시장법, 상속세, 증여세법

평가방법	장점	단점	비고
자산가치평가법	• 신뢰성 높음 • 보수적 평가방법	미래 수익가치를 반영하지 못함	• 청산목적회사에 적합 • 벤처(Venture)기업에 부적절
수익가치평가법	• 미래수익가치를 반영 • 이론적 우수성	• 미래추정의 불확실 • 신뢰성의 문제	• 안정적 성장기업 • 성숙기에 접어든 산업 • M&A 등 개별적 협상
상대가치평가법	• 평가방법의 용이성 • 시장 상황 변동을 평가에 반영	유사 상장회사가 없을 경우 적용 곤란	상장사에 대해 업계 평균 대비 분석에 많이 사용
법률적 평가법	자산가치와 수익가치평가를 절충	• 가중치의 적절성문제 • 이론적인 기반 없음	• 합병가액산정에 이용 • 상속 및 증여 시 과세가액산정

3. 상대가치평가법

(1) PER

① **계산방법** : PER = 주가/주당순이익(EPS)
② **한계점**
   ㉠ 과거의 이익을 기초로 계산
      ※ 보완 : 실무적으로 예상 EPS를 기준으로 평가

ⓒ 순이익이 적자일 경우 사용할 수 없으며, 비교대상 회사의 숫자가 적을 경우 신뢰성 상실
　　　　기업 간 회계처리 방법이 달라서 EPS를 그대로 비교하기 어려움
　　　ⓒ 순이익 외에 시장지배력, 대외신인도 등 비계량적 변수 고려되지 않음

(2) $EV/EBITDA$

① $EV/EBITDA = $ (시가총액 + 순차입금) / $EBITDA$
② $EV = $ 시가총액 + 이자지급부채 − 현금, $EBITDA = $ 영업이익 + 감가상각비
③ 장점
　　ⓐ 비교대상 회사 혹은 평가회사의 EPS가 음이어서 PER을 사용하지 못할 경우 사용 가능
　　　※ $EBITDA$가 적자인 기업은 상대적으로 적기 때문에 보다 많은 유사회사 비교 가능
　　ⓑ 감가상각방식에 $EBITDA$는 영향을 받지 않음(상이한 감가상각비 방식일 경우 적용 가능)
　　ⓒ 재무레버리지 다른 기업 간 비교가 적합함
　　ⓓ 투자회수기간이 장기인 대규모 장치산업에 속한 기업을 분석하는 데 유용
④ 한계점
　　ⓐ 평가 혹은 비교대상 회사의 $EBITDA$가 적자이면 사용하지 못함
　　ⓑ 설비 등 유형자산의 자본적 지출을 고려하지 않아 실질적인 영업현금흐름 반영이 어려움
　　ⓒ 과거의 $EBITDA$가 사용됨

(3) PBR

① $PBR = $ 주가/주당순자산
② $PBR > 1 \rightarrow $ 현재의 주가가 장부상 순자산가치보다 더 높은 수준에서 거래
③ $PBR < 1 \rightarrow $ 주가가 장부상 순자산가치에도 못 미치고 있음
　　※ $PBR < 1$인 것이 절대적 저평가라고 볼 수 없음(우발부채, 부외부채 등)
④ 경기변동이 큰 기업이라도 PBR 변동은 크지 않아 PER보다는 유용함
⑤ 한계점
　　ⓐ 적자가 누적되어 순자산가치가 음인 경우 PBR 사용 곤란
　　ⓑ 기업 간 회계처리 방식이 다를 경우 비교한 결과가 왜곡될 수 있음
　　ⓒ 유형자산이 적은 IT 등 서비스기업은 순자산가치가 낮아서 결과를 왜곡
　　ⓓ 과거 장부자료이기 때문에 미래의 성장성, 수익성 변화가 급격히 이루어질 경우 부적절
　　ⓔ 자산을 재평가한 기업과 그렇지 않은 기업 간 비교가 어려움

(4) PSR

① PSR = 주가/주당매출액
② PER, EV/EBITDA, PBR은 적자기업 혹은 순자산이 음인 기업에는 사용할 수 없으나 PSR은 대부분의 기업에서 사용할 수 있음(벤처기업 등 초창기 회사, 부실)
③ 상대적으로 기업 간 회계처리 방법에 영향을 덜 받음
④ PSR은 PER보다 변동성이 낮음
⑤ 한계점
　㉠ 손실을 보는 기업일지라도 가치가 높게 나올 수 있음
　㉡ 비교 대상 회사와의 수익성구조의 차이, 재무레버리지 차이 등이 있으나 이러한 차이 무시
　㉢ 수익구조와 자본구조가 유사한 기업 간 비교 시에만 유의적
　　※ 실무적으로 다른 투자지표의 보조지표로 사용되며, 제한된 범위에서 사용

> **TIP 유사회사 선정기준**
> - 사업내용의 유사성
> - 일반기준의 유사성(결산일, 상장일, 관리종목 지정 유무 등)
> - 경영성과의 질적 유사성(자본잠식 없음, 수익성 양호 등)
> - 재무사항의 유사성과 적절성(예 유사회사 자본금 or 매출액이 비교대상 회사의 5배 이내)
> - 이해관계적 적정성 및 주가 유의성(예 특수관계가 아닌 회사, 거래량이 너무 적지 않음 등)

(5) 상대가치평가의 장단점

① 장점
　㉠ DCF보다 더 적은 가정을 하며, 상대적으로 단기간에 적용이 가능
　㉡ DCF보다 더 적은 변수 도입으로 설명이 쉽고 이해 가능성이 높음
　㉢ 현재 주식시장의 상황을 잘 반영하며, 인터넷, 정보통신, 바이오 등 산업에 있어 적용 가능성이 높음

② 단점
　㉠ DCF보다 상대적으로 단기간에 비교만을 통해 가치평가가 이루어져서 기업 고유의 영업, 재무위험과 성장 가능성 등의 가치평가의 핵심요소가 간과될 수 있음
　㉡ 시장에서 비교평가의 기준이 되는 기업이 일시적으로 과대평가되거나 과소평가되는 경우, 그러한 기준치에서 출발한 상대가치 평가도 일관성이 떨어지는 모습을 보임
　㉢ 평가자 편의의 존재 가능성과 가치산출과정에 대한 투명성의 부족 등에 의해 조작 가능함
　㉣ 주식매매가 쉽지 않은 비상장주식의 평가에 있어서 단순한 배수적용에 의한 가치평가는 실제 개별기업의 가치를 반영하기 어려움

4. 현금흐름할인법

$$기업가치 = CF_1/(1+r)^1 + CF_2/(1+r)^2 + CF_3/(1+r)^3 + \cdots$$
만약 현금흐름이 매 기간 일정하다면, 기업가치 $= CF_1/r$

① 기업가치 = 채권자가치 + 주주가치
② 기업가치 = 영업가치 + 비영업자산가치
③ 현금흐름할인법으로 기업가치 추정하는 방법

1단계	특정기간까지 FCF를 추정
2단계	영구적인 현금흐름의 가정으로 Terminal Value 추정
3단계	$WACC$ 추정
4단계	영업가치추정(1단계 + 2단계 + 3단계)
5단계	비영업자산추정
6단계	기업가치 추정 = 영업가치 + 비영업가치추정
7단계	주주가치 추정 = 기업가치 − 채권자지분

④ $FCFF$ = 영업이익 $\times (1-t)$ + 감가상각비 $- CAPEX + \triangle$운전자본, $WACC$으로 할인
$WACC = K_d(1-t) \times D/V + K_e \times E/V$, Terminal value $= FCF_{(명시적\ 추정기간+1)}/(WACC - g)$
V = 추정한 $FCFF$의 현재가치 + TV의 현재가치 + 비영업자산가치 − 채권자가치

⑤ $FCFE$ = 세후영업이익 + 감가상각비 $- CAPEX + \triangle$운전자본 − 세후이자비용 $+ \triangle$차입금, K_e로 할인하여 주주가치 계산, 주주의 Terminal value 계산

⑥ EVA
  ㉠ EVA는 투하된 자본의 기회비용까지 고려한 이익
  ㉡ EVA = 세후영업이익 − 자본비용 = 세후영업이익 − 영업투하자본 $\times WACC$
     = [(세후영업이익/영업투하자본) $- WACC$] $\times$ 영업투하자본
     = $(ROIC - WACC) \times$ 영업투하자본
  ㉢ 기업가치 = 영업투하자본 + 미래 EVA의 현재가치의 합 = 영업투하자본 + MVA

> **TIP** EVA 고려사항
> - $ROIC$는 감가상각에 영향을 많이 받으며, 감가상각이 많이 진행된 자산을 보유할 경우 EVA는 높게 평가됨
> - EVA는 장기간에 걸친 기업가치를 일정기간 동안의 성과평가를 위해 기간별로 분해한 것이기 때문에 특정 연도의 EVA의 수치만으로는 기업의 장래 경영성과나 가치 창출 여부를 제대로 파악하기 어려움
> - EVA는 증가된 부가가치의 크기를 비율이 아닌 금액으로 표시하기 때문에 투하자본의 크기에 따라 EVA의 크기도 달라짐
> - 기업 간 절대적인 EVA 크기의 비교 시 기업규모에 따른 효과도 고려함

⑦ *RIM*(Residual Income Model)
  ㉠ 초과이익을 통해 기업가치를 평가
  ㉡ 주주가치 = 자기자본 장부가치 + 미래초과이익의 현재가치 − 초과이익
  ㉢ 초과이익 = 당기순이익 − 자기자본 × 자기자본비용
  ㉣ 장점
    • 자기자본의 장부가액을 활용하여 추정의 주관성을 최소화하여 *DCF*의 단점을 보완
    • 배당의 예측이 어렵거나 *FCF*가 음수인 경우에도 적용 가능
    • 잔존가치(Terminal value) 추정의 자의성을 최소화
  ㉤ 초과이익의 지속성에 대한 가정 : 초과이익의 지속성 계수가 1보다 작을 경우 초과이익은 점차 소멸되어 감
    예 지속성계수 0.5 → 현재 초과이익 100, 1년 후 50, 2년 후 25, 3년 후 12.5, …
  ㉥ *RIM* 가치평가 방법

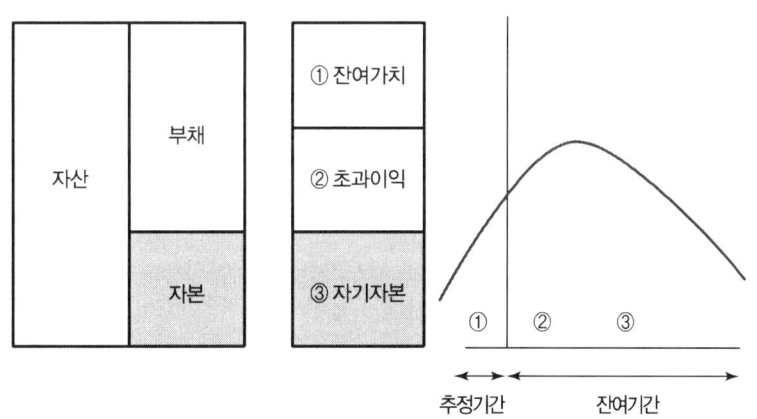

TIP *RIM*모형과 *EVA* 모형의 비교

RIM	*EVA*
관점 : 주주	관점 : 채권자 및 주주
RI = 당기순이익 − 자기자본 × K_e	EVA = 세후영업이익 − IC × $WACC$
RI = 자기자본 × $(ROE - K_e)$	EVA = 영업용투하자본 × $(ROIC - WACC)$
주주가치 = 자기자본 + 미래 RI 현재가치의 합	• 기업가치 = 투하자본 + MVA + 비영업용자산 • 주주가치 = 기업가치 − 차입금

5. 공모주식 가치평가

① 공모주식은 IPO할 때 해당 주식을 평가하는 방법
② 현재는 주관사와 IPO하는 회사가 완전 자율에 의해 공모가를 결정
③ 주로 상대가치평가법을 많이 사용하며, 비교대상회사로 해외기업도 많이 사용함

④ 공모가격 가치평가 방법
  ㉠ 공모가격은 여러 가치평가 방법으로 산정함
  ㉡ 할인율을 활용하여 기준공모 가격을 결정함(할인율은 대략 10~30%)
  ㉢ 공모희망가격 : 주관사가 수요예측 시 공모희망가격을 제시(공모기준가격대비 약 90~110%)
  ㉣ 확정공모가격 : 수요예측 결과와 시장상황을 고려하여 최종 확정

6. 자본시장법상 합병가액

구분	자본시장법 시행령	
상장법인 간 합병	기준주가	
상장법인, 비상장법인 간 합병	상장법인 : 기준주가	비상장법인 : 자산가치와 수익가치 가중평균
비상장법인 간 합병	규정 없음(당사자 간 자율)	

① 상장법인 기준주가=Min[산술평균(1개월 평균종가, 1주일 평균종가, 기산일 종가), 기산일 종가]
  ※ 기산일 : 이사회 결의일과 합병계약 체결일 중 앞서는 날의 전일

② 본질가치 산정방법(비상장법인)
  ㉠ 본질가치 = [(자산가치 × 1) + (수익가치 × 1.5)] / 2.5
  ㉡ 자산가치 : 순자산가치 결정
    • 분석기준일 현재 실질가치가 없는 무형자산 및 회수 가능성이 없는 채권 차감
    • 분석기준일 현재 투자주식 중 취득원가로 평가하는 시장성 없는 주식의 순자산가액이 취득원가보다 낮은 경우에는 순자산가액과 취득원가와의 차이를 차감
    • 분석기준일 현재 퇴직급여채무 또는 퇴직급여충당부채의 잔액이 회계처리기준에 따라 계상해야 할 금액보다 적을 때에는 그 차감액을 차감
    • 최근 사업연도 말 이후부터 분석기준일 현재까지 손상차손이 발생한 자산의 경우 해당 손상차손을 차감
    • 분석기준일 현재 자기주식은 가산
    • 최근 사업연도 말 이후부터 분석기준일 현재까지 유상증자, 전환사채의 전환권 행사 및 신주인수권부사채의 신주인수권 행사에 의하여 증가한 자본금을 가산하고, 유상감자에 의하여 감소한 자본금 등을 차감
    • 최근 사업연도 말 이후부터 분석기준일 현재까지 발생한 주식발행초과금 등 자본잉여금 및 재평가잉여금을 가산
    • 최근 사업연도 말 이후부터 분석기준일 현재까지 발생한 배당금 지급, 전기오류수정손실 등을 차감
    • 기타 최근 사업연도 말 이후부터 분석기준일 현재까지 발생한 거래 중 이익잉여금의 증감을 수반하지 않고 자본총계를 변동시킨 거래로 인한 중요한 순자산 증감액을 가감

ⓒ 수익가치
- DCF, DDM 등 미래의 수익가치 산정에 관하여 일반적으로 공정하고 타당한 것으로 인정되는 모형을 적용하여 합리적으로 산정함
- 수익가치 산정방식 자율화
  - 비상장 법인의 수익가치는 향후 2개년의 주당 추정이익을 3:2(3이 1년 차 이익, 2가 2년 차 이익)로 가중평균한 후 자본환원율로 나누어 산정함
  - 자본환원율은 차입금 가중평균이자율의 1.5배와 상속세 및 증여세법상 고시이율 중 높은 이율을 의미함
  - 이러한 방식의 수익가치는 업종특성, 금리변동에 따른 시장상황을 적절히 반영하지 못함
  - 업종의 특성을 고려하여 일반적으로 인정된 수익가치 산정모델에 따라 수익가치를 산정하고 외부평가기관이 작성한 합병가액평가의견서에 수익가치 산정모델의 적합성에 대한 의견을 포함하도록 개정되었음

ⓓ 본질가치의 한계
- 본질가치를 구성하는 자산가치와 수익가치의 가중치를 1:1.5로 획일적으로 적용함으로써 이론적 근거가 취약함
- 자산가치는 경제적 관점에서 공정가치로 평가되어야 하나, 일부 항목에 대해서만 조정하고 있으며, 부동산 과다 보유법인이나 비상장주식 과다 보유법인의 경우에는 적합한 자산가치를 산정하는 데 한계점이 있음

개념확인문제

01 다음 중 기업가치에 대한 설명으로 적절하지 않은 것은?

① 기업가치란 기업의 미래 수익창출력이라 할 수 있다.
② 기업가치는 채권자가치와 주주가치의 합으로도 볼 수 있다.
③ 기업가치 평가의 목적은 투자의사결정, 기업공개, 과세목적 등 다양하다.
④ 기업가치는 순운전자본, 영업용 고정자산의 합으로 볼 수 있으며, 비영업용 투자자산은 기업가치 평가에서 제외된다.

해설 | 비영업용 투자자산도 기업이 보유하고 있는 것이므로 기업가치 평가에 포함된다.

02 다음 중 기업가치 평가방법에 대한 설명으로 적절하지 않은 것은?

① 자산가치평가법은 미래 수익가치를 반영하지 못하는 단점이 있다.
② 수익가치평가법은 미래 추정이 불확실하다는 한계가 존재한다.
③ 상대가치평가법은 유사 상장회사가 없을 경우 적용하기가 곤란하다.
④ 이론적으로는 법률적 평가방법이 가장 근거가 있다.

해설 | 법률적 평가방법은 자산가치와 수익가치 평가를 절충하는 방법으로 이론적인 기반이 없어 가중치의 적절성 문제 등의 단점이 있다.

03 다음 중 상대가치평가법에 해당하지 않는 것은?

① PER
② $EV/EBITDA$
③ EVA
④ PSR

해설 | 상대가치평가법의 대표적인 항목은 PER, $EV/EBITDA$, PBR, PSR 등이 있으며 EVA는 수익가치로 분류할 수 있다.

04 다음 중 수익가치평가법의 특징으로 적절하지 않은 것은? ★★★

① 수익가치평가법은 미래수익가치를 반영한다.
② 수익가치평가법은 안정적 성장기업을 평가하기에 적합하다.
③ 수익가치평가법은 자산가치평가법에 비해 보수적인 평가방법이다.
④ M&A 등 개별적인 협상 시 수익가치평가법을 근거로 협상할 수 있다.

해설 | 자산가치평가법이 수익가치평가법 대비 보수적인 평가방법이다.

05 다음 중 PER에 대한 설명으로 적절한 것은? ★★☆

① PER는 주가를 주당순이익으로 나누어 산출한다.
② PER는 미래 예상 이익을 기초로 계산한다.
③ 순이익이 적자인 경우에도 사용할 수 있다.
④ 기업 간 회계처리 방법이 다른 상황에서 더욱 유용한 평가방식이다.

해설 | ② 실무적으로는 예상 EPS를 기준으로 평가할 수는 있지만 원칙적으로는 과거의 이익을 기초로 계산한다.
③ PER는 순이익이 적자인 경우, 비교대상 회사의 숫자가 적을 경우 사용하기가 어렵다.
④ 기업 간 회계처리의 차이로 인해 EPS를 그대로 적용하기는 어렵다.

06 다음 자료를 바탕으로 A기업의 $EV/EBITDA$를 계산하면 얼마인가? ★★★

- $EBIT$: 1,000,000원
- 상각비 : 100,000원
- 이자지급부채 : 4,000,000원
- 현재 1주당 시가 : 2,000원
- 감가상각비 : 100,000원
- 부채총액 : 500,000원
- 현금 및 현금성 자산 : 1,000,000원
- 총발행주식수 : 2,000주

① 5
② 5.8
③ 6
④ 10

해설 | • $EBITDA$: 1,000,000원 + 100,000원 + 100,000원 = 1,200,000원
• EV : 이자지급부채 4,000,000원 − 현금 및 현금성 자산 1,000,000원 + 2,000원 × 2,000주 = 7,000,000원
∴ $EV/EBITDA$ = 7,000,000원 ÷ 1,200,000원 = 5.8

정답 | 01 ④ 02 ④ 03 ③ 04 ③ 05 ① 06 ②

07 다음 중 $EV/EBITDA$의 장점으로 적절하지 않은 것은?

① $EBITDA$가 음수인 경우에도 적용할 수 있다.
② 감가상각방식에 $EBITDA$는 영향을 받지 않는다.
③ 재무레버리지가 다른 기업 간 비교에 적합하다.
④ 투자회수기간이 장기인 대규모 장치산업에 속한 기업을 분석하는 데 유용하다.

해설 | $EBITDA$가 음수인 경우에는 적용할 수 없다.

08 다음 중 PBR에 대한 설명으로 적절하지 않은 것은?

① PBR은 주가를 주당순자산으로 나누어 산출한다.
② PBR이 1보다 큰 경우 현재의 주가가 장부상 순자산가치보다 더 높은 수준에서 거래되는 것을 의미한다.
③ 경기변동이 큰 기업의 경우에는 PER보다 변동이 커 적합하지 않다.
④ PBR이 1보다 작더라도 무조건 저평가되었다고는 볼 수 없다.

해설 | 경기변동이 큰 기업의 경우 PBR이 PER에 비해 경기변동의 영향이 적으므로 PBR이 좀 더 적합하다.

09 다음 중 PSR에 대한 설명으로 적절하지 않은 것은?

① 매출이 0인 기업은 거의 없으므로 실무적으로 주된 투자지표로 활용된다.
② 초창기 회사에 적합한 평가 방식이다.
③ 상대적으로 기업 간 회계처리 방법에 영향을 적게 받는다.
④ 손실을 보는 기업일지라도 가치가 높게 나올 수 있는 한계가 있다.

해설 | 수익구조와 자본구조가 유사한 기업 간 비교 시에만 유의적이므로 실무적으로는 다른 투자지표의 보조지표로 활용된다.

10. 다음 중 상대가치평가의 장·단점으로 적절하지 않은 것은? ★★★

① 상대가치로 평가하는 경우 DCF법보다 더 적은 가정으로 평가할 수 있다.
② 현재 주식 시장의 상황을 잘 반영하는 장점이 있다.
③ 기업 고유의 영업, 재무위험과 성장 가능성 등의 요소를 DCF법보다 더 많이 반영할 수 있다.
④ 비교대상 기업이 일시적으로 과대평가되거나 과소평가되는 경우 해당 평가도 왜곡될 수 있다.

해설 | 기업 고유의 영업, 재무위험과 성장 가능성 등의 요소를 DCF법보다 반영하기가 어려워 기업 가치평가의 핵심요소가 간과될 수 있다.

11. 다음 중 현금흐름할인법에 대한 설명으로 적절하지 않은 것은? ★★★

① 기업가치는 영업가치와 비영업자산가치로 구분할 수 있다.
② $FCFF$는 기업 측면에서 현금흐름을 분석하는 방식이다.
③ $FCFE$는 주주 측면에서 현금흐름을 분석하는 방식이다.
④ 명시적 추정기간 이후의 현금흐름은 없는 것으로 가정한다.

해설 | 명시적 추정기간 이후에는 영구성장현금흐름을 가정하여 현금흐름을 추정한다.

12. 다음 자료를 이용하여 패스기업의 $FCFF$(기업잉여현금흐름)을 구하면 얼마인가? ★★★

- 매출액 : 10,000,000원
- 감가상각비 : 200,000원
- 순운전자본증가액 : 100,000원
- 영업이익률 : 10%
- 법인세율 : 20%
- 필요자본적지출액 : 250,000원

① 650,000원
② 750,000원
③ 800,000원
④ 1,000,000원

해설 | $FCFF = EBIT \times (1-20\%) +$ 감가상각비 $+$ 운전자본변동 $-$ 자본적 지출액
$= 1,000,000 \times (1-20\%) + 200,000 + (-)100,000 - 250,000 = 650,000$원

정답 | 07 ① 08 ③ 09 ① 10 ③ 11 ④ 12 ①

13. 다음 자료를 이용하여 토마토기업의 기업가치를 올바르게 계산한 것은?

- 향후 5년간 토마토기업의 $FCFF$의 현재가치 합 : 2,000,000원
- 토마토기업의 6년 말 예상 $FCFF$: 300,000원
- 토마토기업의 가중평균자본비용 : 10%
- 토마토기업의 $FCFF$의 영구성장률 : 3%
- 비영업용 투자자산의 현재가치 : 500,000원
- 현재가치계수(5년, 10%) : 0.6

① 5,071,429원 ② 5,000,000원
③ 2,000,000원 ④ 4,071,429원

해설 | 미래 5년간의 명시적 기간의 추정현금흐름의 현재가치 + PV + 비영업용자산 가치
= 2,000,000 + 300,000/(10% − 3%) × 0.6 + 500,000 = 5,071,429원

14. 다음 자료를 이용하여 토마토기업의 가중평균자본비용을 계산하면 얼마인가?

- 주식의 자본비용 : 12%
- 채권자의 자본비용 : 10%
- 법인세율 : 20%
- 목표부채비율 : 150%

① 10% ② 9.6%
③ 12% ④ 15%

해설 | $WACC = K_d \times (1-t) \times D/V + k_e \times E/V$ = 10% × (1 − 20%) × 3/5 + 12% × 2/5 = 9.6%

15. 다음 중 자본비용 계산과 관련한 다음의 설명 중 옳지 않은 것은?

① 국채의 수익률을 무위험자산 수익률의 대용치로 사용할 수 있다.
② 베타값이 1보다 크다는 것은 시장 평균적 수준보다 높은 위험도를 갖는 주식이라는 의미이다.
③ 비상장 회사의 베타를 계산하기 위해서는 해마다 모델을 이용할 수 있다.
④ 타인자본비용은 평가대상 회사가 평가기준일 현재 사용하고 있는 타인자본에 대한 평균 자본비용을 의미하며, 회사가 부담하고 있는 현재의 차입이자율을 적용해야 한다.

해설 | 타인자본비용은 평가대상 회사가 현재 부담하고 있는 현재의 차입이자율이 아닌 현행시장이자율로 측정해야 한다.

16 ★★★ 다음 자료를 이용하여 패스기업의 가중평균 자본비용을 계산하면 얼마인가?

- 5년 만기 국채수익률 : 5%
- 타인자본비용 : 8%
- Rm : 10%
- 법인세율 : 30%
- 목표부채비율 : 100%
- 베타 : 1.5

① 9% ② 10%
③ 11% ④ 12%

해설 | 세후타인자본비용 : 8%×(1−30%)=5.6%, 자기자본비용=무위험이자율+베타×시장위험프리미엄=5%+1.5×(10%−5%)=12.5%, 목표부채비율이 100%이므로 5.6%×1/2+12.5%×1/2=9%이다.

17 ★★☆ 토마토기업은 비상장기업이며, 토마토기업의 부채비율은 100%이다. 토마토기업과 사업위험이 동일한 기업의 사업위험만 반영한 베타가 1.5, 법인세율이 20%일 때 토마토기업의 베타는 얼마인가?

① 2.5 ② 2.7
③ 2.9 ④ 3.1

해설 | 토마토기업의 베타=영업위험만 반영된 베타×$[1+(1−t)×D/E]$=1.5×(1+0.8×1)=2.7

18 ★★★ 다음 정보를 이용하여 토마토기업의 주주잉여현금흐름을 계산하면?

- 영업이익 : 1,000,000원
- 감가상각비 : 300,000원
- 전기대비 운전자금 : 100,000원 증가
- 순차입금 증가 : 600,000원
- 법인세율 : 20%
- 자본적지출 : 500,000원
- 이자비용 : 100,000원

① 1,000,000원 ② 1,020,000원
③ 1,050,000원 ④ 1,100,000원

해설 | $FCFE=EBIT×(1−t)+D−CAPEX−$운전자금변동$−$이자비용$×(1−t)+$차입금변동=1,000,000원×0.8+300,000원−500,000원−100,000원−100,000원×0.8+600,000원=1,020,000원

정답 | 13 ① 14 ② 15 ④ 16 ① 17 ② 18 ②

19 다음 중 EVA에 대한 설명으로 올바르지 않은 것은?

① EVA는 투하된 자본의 기회비용까지 고려한 이익이다.
② 미래 EVA의 현재가치의 합을 통해 기업가치를 산출할 수 있다.
③ 기업 간 절대적인 EVA 크기 비교 시 기업규모에 따른 효과는 고려할 필요가 없다.
④ 감가상각이 많이 진행된 자산을 보유할 경우 EVA는 높게 평가되는 경향이 있다.

해설 | EVA로 평가할 경우 기업규모에 따른 효과도 고려해야 한다.

20 EVA를 이용하여 토마토기업의 적정가치를 계산하면?

- 토마토기업의 총자산 1,000,000원, 비영업용자산 200,000원
- 토마토기업의 매출액 1,000,000원, 영업이익률 15%, 법인세율 20%
- 토마토기업의 $WACC$ 10%
- 토마토기업의 EVA는 영구적으로 동일한 금액이 발생한다고 가정

① 1,000,000원
② 1,200,000원
③ 1,400,000원
④ 1,600,000원

해설 | EVA = 세후영업이익 − 자본비용 = 세후영업이익 − 영업투하자본 × $WACC$
MVA = EVA / $WACC$
EVA = 1,000,000 × 15% × 0.8 − 800,000 × 0.1 = 40,000
MVA = 40,000 / 0.1 = 400,000원
∴ 400,000원 + 800,000원 + 200,000원 = 1,400,000원

21 다음 중 EVA의 한계점에 대한 것으로 올바르지 않은 것은?

① EVA는 장기간에 걸친 기업가치를 일정기간 동안의 성과평가를 위해 기간별로 분해한 것이기 때문에 특정 연도의 EVA의 수치만으로는 기업의 장래 경영성과나 가치 창출 여부를 제대로 파악하기 어렵다.
② EVA는 증가된 부가가치의 크기를 비율이 아닌 금액으로 표시하기 때문에 투하자본의 크기에 따라 EVA의 크기도 달라진다. 따라서 기업 간 절대적인 EVA 크기 비교 시 기업 규모에 따른 효과도 고려해야 한다.
③ 감가상각이 많이 진행된 자산을 보유할 경우 EVA는 높게 평가되므로 EVA로 평가할 경우 과잉투자를 진행할 우려가 있다.
④ 투하자본이 회계지표를 토대로 계산되므로 감가상각방법에 따라 EVA 값이 다르게 나올 수 있다.

해설 | 감가상각이 많이 진행된 자산을 보유할 경우 EVA는 높게 평가되므로 EVA로 평가할 경우 신규 투자를 축소할 우려가 있다.

22 다음 중 RIM 모형과 EVA 모형을 비교한 것으로 적절하지 않은 것은?

① RIM은 주주를 중심으로 평가하지만, EVA 모형은 채권자 및 주주, 즉 기업 전체를 대상으로 기업가치를 평가한다.
② RI는 당기순이익을 사용하며, EVA는 세후영업이익을 사용한다.
③ RI는 $ROIC$를 적용하지만 EVA는 ROE를 적용한다.
④ RI에서 주주가치는 자기자본과 미래 RI 현재가치의 합으로 나타낼 수 있다.

해설 | RI는 ROE를 사용하여 계산하지만, EVA는 $ROIC$를 적용하여 계산한다.

23 다음 중 RIM 모형에 대한 설명으로 옳지 않은 것은?

① RIM 모형은 초과이익을 통해 기업가치를 평가한다.
② RIM 모형으로 기업가치를 평가하는 경우 자기자본의 장부가액을 활용하여 추정의 주관성을 최소화하여 DCF법의 단점을 보완하였다.
③ FCF가 음수인 경우에는 RIM 모형을 적용할 수 없다.
④ 초과이익의 지속성 계수가 1보다 작은 경우 초과이익은 점차 소멸되어 간다.

해설 | RIM 모형은 배당의 예측이 어렵거나 FCF가 음수인 경우에도 적용할 수 있다.

24 다음 중 공모주식 가치평가 방법에 대한 설명으로 옳지 않은 것은?

① 공모주식 가치평가 방법은 기업의 IPO(기업공개)를 할 때 해당 주식을 평가하는 방법이다.
② 주로 상대가치평가법을 많이 사용하며, 비교대상회사로 해외기업도 많이 활용한다.
③ 공모주식 가치평가 방법에서 공모희망가격은 최고가격과 최저가격의 차이가 150% 이내여야 한다.
④ 공모가격을 정할 때 적용하는 할인율은 대략 10~30%에서 결정한다.

해설 | 공모희망가격은 주관사와 IPO를 하는 회사가 협의하여 완전자율로 공모가를 결정한다.

정답 | 19 ③ 20 ③ 21 ③ 22 ③ 23 ③ 24 ③

25 다음 중 공모주식에 대한 설명으로 적절하지 않은 것은?

① 실무적으로는 주식공모 시 상대가치는 과거 2개년 사업연도를 각각 산정하는 것이 일반적인 방법이다.
② 기관투자자를 대상으로 수요예측을 실시하고, 그 결과를 감안하여 인수회사와 IPO를 하는 회사가 협의하여 가격을 결정한다.
③ 실무적으로는 기준 공모 가격의 90~110% 범위 내에서 희망가격을 제시한다.
④ 실무적으로는 PER, $EV/EBITDA$, PBR, PSR을 폭넓게 사용하여 상대가치를 산정한다.

해설 | 실무적으로는 PER와 $EV/EBITDA$를 단순평균한 상대가치를 폭넓게 적용하며 PBR과 PSR은 거의 사용되지 않는다.

26 다음 중 상장기업인 A기업의 정보가 다음과 같을 때, 자본시장법상 A기업의 합병 기준주가는 얼마인가?

- 합병 이사회 결의일 : 3/20(화), 주가 : 10,500원
- 합병 계약 체결일 : 3/21(수), 주가 : 10,800원
- 3/20 이전 1개월간 평균 종가 : 10,000원
- 3/21 이전 1개월간 평균 종가 : 9,900원
- 3/20 이전 1주일간 평균 종가 : 11,000원
- 3/21 이전 1주일간 평균 종가 : 11,100원
- 1주당 자산가치 : 9,000원, 1주당 수익가치 : 10,200원

① 10,000원
② 10,500원
③ 10,800원
④ 11,000원

해설 | • A기업은 상장기업이므로 기준주가를 산정해야 하며, 기산일은 이사회 결의일과 합병계약 체결일 중 앞서는 날의 전일을 기준으로 한다. 따라서 기산일은 3/20이다.
• 상장법인 기준주가 = Min[산술평균(1개월 평균종가, 1주일평균종가, 기산일종가), 기산일 종가]이므로, Min[산술평균(10,000원, 11,000원, 10,500원), 10,500원] = 10,500원이다.

27 다음 중 자본시장법에 의한 합병가액 산정 방법으로 올바르지 않은 것은?

① 상장법인과 상장법인 간 합병을 하는 경우에는 기준주가로 한다.
② 상장법인과 비상장법인의 합병 시에는 상장법인은 기준주가, 비상장법인은 자산가치와 수익가치의 가중평균으로 평가한다.
③ 비상장법인 간 합병을 하는 경우 상증세법에 따른 기업 가치 평가 방법을 따른다.
④ 상장법인과 비상장법인이 합병하는 경우, 상장법인의 기준주가가 자산가치에 미달하는 경우 자산가치를 적용한다.

해설 | 비상장법인 간 합병을 하는 경우 정해진 규정은 없다.

28 다음 중 본질가치에 대한 설명으로 적절하지 않은 것은?

① 본질가치는 자산가치를 1배, 수익가치를 1.5배한 후 2.5로 나누어 산출한다.
② 본질가치 중 자산가치는 순자산가치에서 일정 항목들을 조정하여 산출한다.
③ 본질가치 중 수익가치는 DCF 모형, DDM(배당평가모형) 등 미래의 수익가치 산정에 관하여 일반적으로 공정하고 타당한 것으로 인정되는 모형을 적용하여 합리적으로 산정한다.
④ 비상장법인의 수익가치는 향후 2개년의 주당 추정이익을 2:3(2가 1년 차 이익, 3이 2년 차 이익)으로 가중평균한 후 자본환원율로 나누어 산출한다.

해설 | 비상장법인의 수익가치는 향후 2개년의 주당 추정이익을 3:2(3가 1년 차 이익, 2가 3년 차 이익)로 가중평균한 후 자본환원율로 나누어 산출한다.

정답 | 25 ④ 26 ② 27 ③ 28 ④

MEMO

PART 04

증권법규 및 직무윤리

CHAPTER 01_ 자본시장 관련 법규
CHAPTER 02_ 회사법
CHAPTER 03_ 금융투자업 직무윤리

CHAPTER 01

PART 04_ 증권법규 및 직무윤리

자본시장 관련 법규

TOPIC 01 자본시장법 개관

1. 법 제정 기본 철학

① **열거주의에서 포괄주의로 전환**
  ㉠ 금융상품의 개념을 추상적으로 정의하는 포괄주의로 규제체계를 전환함
  ㉡ 원금 손실 가능성(투자성)이 있는 금융상품을 금융투자상품으로 정의

② **기관별 규제에서 기능별 규제로 전환** : 각 기관들이 동일한 금융서비스를 제공하더라도 다른 규제를 적용받았으나 경제적 실질이 동일한 금융서비스를 동일하게 규제하는 기능별 규제체계를 채택

③ **업무범위의 확장**
  ㉠ 엄격히 제한되어 있던 금융투자업 간 겸업을 허용하고 열거주의로 제한하던 부수 업무의 범위를 포괄주의로 전환함
  ㉡ 증권회사 선물업 및 집합투자업을 추가적으로 겸영 가능
  ㉢ 투자권유대행인 제도를 도입하여 판매망을 확충
  ㉣ 금융투자업자는 고객의 이익을 저해시키는 이해상충이 발생하지 않도록 필요한 준법감시 및 내부통제 체계를 갖추도록 함
  ㉤ 감독당국은 투자자의 피해를 최소화하기 위해 투자권유대행인의 자격 제한, 금융투자업자의 배상책임 부여 등 안전장치 마련

④ **원칙중심 투자자 보호 제도 도입** : 금융투자업자에게 적용되는 공통 영업행위 규칙과 금융투자업자별 특성을 고려하여 세분화된 업자별 영업행위 규칙으로 구분하여 규정

2. 제도적 의의 및 기대효과

① **자본시장의 유연성 및 효율성 제고**
  ㉠ 이전보다 다양한 유형의 증권 발행 가능
  ㉡ 기업 자금조달 수단이 다양해지고 투자자의 투자 선택의 폭이 넓어짐
  ㉢ 다양한 파생상품이 가능해져 기업의 위험을 효율적으로 해지 가능
  ㉣ 자본시장의 자율성 제고와 자금중개 효율화 기대

② 자본시장의 지속가능성 제고 : 원칙중심의 영업행위 규칙은 투자자를 공정하게 대우하여 자본시장의 신뢰도는 높아지고 자본시장의 지속가능성이 커짐
③ 종합적인 금융투자서비스 제공 가능
　㉠ 겸업 허용으로 금융선진국처럼 종합금융투자서비스 제공 가능
　㉡ 금융투자회사는 여러 회사를 설립하지 않고도 다양한 금융투자서비스를 한 번에 고객에게 제공 가능
　㉢ 금융투자회사는 영업비용을 절감하고 투자자는 거래비용 절감(범위의 경제)
④ 금융투자업자의 규제차익 유인 최소화
　㉠ 기능별 규제체계는 업자별 규제격차를 이용해 규제를 회피하고자 하는 규제차익 행위를 최소화하는 데 효과적임
　㉡ 포괄주의 규제체계는 규제회피를 목적으로 새로운 금융투자상품이 출현하지 못하도록 사전 방지 가능

3. 감독기관

① 금융위원회
　㉠ 금융위원회는 금융산업의 선진화와 금융시장의 안정을 도모하고, 건전한 신용질서와 공정한 금융거래 관행을 확립하며, 금융소비자를 보호하기 위해 설치
　㉡ 국무총리 소속 중앙행정기관으로 금융정책, 외국환 업무 취급 기간의 건전성 감독 및 금융당국에 관한 업무를 독립적으로 수행

② 증권선물위원회
　㉠ 자본시장 및 기업회계와 관련된 주요 업무를 수행하기 위하여 설치된 의결기구
　㉡ 자본시장의 불공정거래 조사, 기업회계의 기준 및 회계 감리에 관한 업무, 자본시장 관리·감독 및 감시 등과 관련된 주요 사항에 대한 사전 심의, 자본시장의 관리·감독이나 감사 등을 위하여 금융위로부터 위임받은 업무 등 수행

③ 금융감독원
　㉠ 금융감독원은 금융위 및 중선위의 지도·감독을 받아 금융기관에 대한 검사·감독업무를 수행
　㉡ 무자본 특수법인으로, 정부, 한국은행 예금보험공사 등의 출연금, 금융회사가 지급하는 감독분담금, 기타수입으로 경비 충당
　㉢ 금융기관의 업무 및 재산 상황에 대한 검사, 검사 결과에 관련한 제재, 금융위, 중선위, 사무처에 대한 업무지원, 금융 민원 해소 및 금융분쟁 조정 업무 수행

4. 금융투자업 관계기관

① 한국거래소 시장감시위원회
- ㉠ 유가증권·코스닥·파생상품·코넥스 시장에서의 시세 조정 등 불공정거래를 감시하기 위해 자본시장법에 따라 설립된 자율규제기관
- ㉡ 불공정거래행위를 사전적으로 예방하기 위해 실시간으로 시장을 연계하여 감시하고 있으며, 이상거래 종목, 풍문 수집, 지분변동 신고 등 시장에 대한 상시 감시체계를 구축

② 한국금융투자협회
- ㉠ 회원 상호 간의 업무 질서 유지, 공정한 거래 질서 확립, 투자자 보호 금융투자업의 건전한 발전을 목적으로 설립
- ㉡ 회원 간의 건전한 영업 질서 유지 투자자 보호를 위한 자율규제업무, 회원의 영업행위와 관련된 분쟁의 자율조정업무 등 수행

③ 한국예탁결제원
- ㉠ 증권의 집중예탁과 계좌 간 대체, 매매거래에 따른 결제업무 및 유통의 원활을 위하여 설립
- ㉡ 증권 등의 집중예탁업무, 계좌 간 대체 업무, 예탁결제원이 증권시장의 매매거래에 따른 증권인도 및 대금 지급 업무 등 수행

④ 증권금융회사
- ㉠ 자기자본 500억원 이상의 주식회사로 금융위 인가를 받아 설립할 수 있으며, 현재 ㈜한국증권금융이 유일하게 인가받은 증권금융회사임
- ㉡ 자금 또는 증권을 거래소를 통하여 대여, 증권을 담보하는 대출업무 등 수행

⑤ 금융투자상품거래 청산회사
- ㉠ 청산업 인가업무 단위 전부나 일부를 택하여 금융투자상품거래 청산업 인가를 얻은 회사
- ㉡ 장외파생상품의 거래, 증권의 장외거래 중 환매조건부 매매 증권의 대차거래·채무증권의 거래 등 업무 수행

⑥ 신용평가회사
: 신용 상태를 평가하여 그 결과에 대하여 기호, 숫자 등을 사용하여 표시한 등급을 부여하고 그 신용등급을 발행인, 인수인, 투자자, 그 밖의 이해관계자에게 제공하거나 열람하게 하는 행위를 영업으로 하는 회사

5. 금융 법규 체계의 이해

① 금융 법규 체계
- ㉠ 국회에서 제정되는 법, 대통령인 시행령, 국무총리령인 시행규칙, 금융위가 제정하는 감독규정, 금감원이 제·개정하고 금융위에 보고하는 시행세칙으로 이루어짐

ⓒ 법원의 판례, 비조치의견서, 법규 유권해석, 행정지도, 실무해석·의견, 모범규준, 업무해설서, 검사 매뉴얼 등이 금융 법규를 보완함

② 법규 유권해석과 비조치의견서
  ㉠ 법규 유권해석 : 금융회사가 금융위가 소관하는 금융 법규 등과 관련된 사안에 대해 법규 적용 여부를 명확하게 확인하기 위하여 요청하는 경우, 관련 금융 법규를 유권으로 해석하는 것을 말함
  ㉡ 비조치의견서 : 금융회사 등이 수행하려는 행위에 대해 금융감독원장이 법령 등에 근거하여 향후 제재 등의 조치를 취할지 여부를 회신하는 문서

> **TIP** 비조치의견서가 적용되는 경우
> - 당해 행위에 적용할 법령 등의 공백이 있는 경우
> - 법령 제·개정 당시에는 예상하지 못했던 상황이 발생하여 당해 행위에 적용할 수 있는지의 여부가 불명확한 경우
> - 법령 등의 처음 취지에 비추어 당해 행위에 법령 등을 문리적인 해석에 따라 적용하는 것이 불합리한 경우
> - 금융당국이 공문 등을 통해 한 의사표명에 따른 행위가 법령 등에 따라 제재조치를 받을 우려가 있는 경우
> ※ 금융이용자도 법령해석, 법제처 의견서를 신청할 자격이 있음

  ㉢ 금융감독원장은 해당 행위가 법령 등에 위반되지 않는다는 비조치의견서를 회신하는 경우 해당 행위에 대해서는 사후에 회신 내용의 취지에 부합하지 않는 법적 조치를 취하지 않아도 다음의 경우에는 비조치의견서의 내용과 다른 법적 조치를 취할 수 있음
    - 문의한 사항에 대해서 사실이 다른 경우
    - 중요한 자료 제출을 하지 않을 경우
    - 관계법령 등이 변경되었을 경우
    - 비조치의견서의 내용과 다른 경우
  ㉣ 비조치의견서를 회신할 때 사후에 비조치의견서의 회신 내용과 다른 법적 조치를 취할 수 있음을 명시

③ 행정지도
  ㉠ 금융위 및 금감원이 금융 관련 법규 등에 의한 소관 업무를 수행하기 위해 금융회사 등의 임의적 협력에 기초하여 지도·권고·지시·협조 요청 등을 하는 것
  ㉡ 행정지도는 필요한 최소한도로 이뤄져야 함
  ㉢ 행정지도 시 취지, 내용, 행하는 자의 신분을 명시하도록 하고 있으며, 구두로 하는 경우에도 동 사항을 서면 교부 요청 가능
  ㉣ 행정지도를 한 경우 그 내용을 원칙적으로 공개함

④ 그 외 기타 : 실무해석·의견, 모범규준, 해설서, 매뉴얼 등

개념확인문제

01 다음 중 자본시장법 제정의 기본 철학에 해당하지 않는 것은?

① 열거주의에서 포괄주의로 전환
② 기관별 규제에서 기능별 규제로 전환
③ 업무 범위의 확장
④ 규칙 중심 투자자 보호 제도 도입

해설 | 자본시장법 제정의 기본 철학은 열거주의에서 포괄주의로 전환, 기관별 규제에서 기능별 규제로 전환, 업무 범위의 확장, 원칙 중심의 투자자 보호 제도 도입이다.

02 다음 중 자본시장법의 업무 범위에 대한 설명으로 적절하지 않은 것은?

① 증권회사에서 선물업 및 집합투자업을 추가로 겸영할 수 있게 되었다.
② 열거주의로 제한하던 부수 업무의 범위를 포괄주의로 전환하였다.
③ 투자권유대행인 제도를 도입하여 판매망을 확충하였다.
④ 감독 당국은 투자자의 피해를 최소화하기 위해 투자권유대행인의 자격 요건을 완화하여 투자 권유대행인 수를 증가시키게 되었다.

해설 | 감독 당국은 투자자의 피해를 최소화하기 위해 투자권유대행인의 자격 제한, 금융투자업자의 배상책임 부여 등 안전장치를 마련하였다.

03 다음 중 자본시장법에 대한 설명으로 적절하지 않은 것은?

① 금융투자상품의 개념을 추상적으로 정의하는 포괄주의 규제체계를 따르고 있다.
② 경제적 실질이 동일한 경우 동일하게 규제하는 기능별 규제체계를 채택하였다.
③ 금융투자업자에게 적용되는 공통 영업행위 규칙과 금융투자업자별 특성을 고려하여 세분화된 업자별 영업행위 규칙으로 구분하여 규정하였다.
④ 원금 이상의 손실 가능성이 있는 금융상품을 금융투자상품으로 정의하였다.

해설 | 원금 손실 가능성(투자성)이 있는 금융상품을 금융투자상품으로 정의하였다.

★★★
04 다음 중 자본시장의 제도적 의의에 대한 설명으로 옳지 않은 것은?

① 자본시장의 유연성 및 효율성 제고
② 자본시장의 지속가능성 제고
③ 부분적인 금융투자 서비스 제공 가능
④ 금융투자업자의 규제차익 유인 최소화

해설 | 자본시장의 제도적 의의는 자본시장의 유연성 및 효율성 제고, 자본시장의 지속가능성 제고, 종합적인 금융투자 서비스 제공 가능, 금융투자업자의 규제차익 유인 최소화 등을 들 수 있다.

★★★☆
05 다음 중 국무총리 소속 중앙행정기관으로 금융정책, 외국환 업무 취급 기간의 건전성 감독 및 금융당국에 관한 업무를 독립적으로 수행하는 감독기관은?

① 금융위원회   ② 증권선물위원회
③ 금융감독원   ④ 예탁결제원

해설 | 국무총리 소속 중앙행정기관으로 금융정책, 외국환 업무 취급 기간의 건전성 감독 및 금융당국에 관한 업무를 독립적으로 수행하는 감독기관은 금융위원회이다.

★★★
06 다음 중 자본시장법상 감독기관 및 관계기관과 그 업무에 대한 설명으로 적절하지 않은 것은?

① 증권선물위원회 : 자본시장 및 기업회계와 관련된 주요 업무를 수행
② 금융감독원 : 금융위원회 또는 증권선물위원회의 지도 및 감독을 받아 금융기관에 대한 검사·감독업무를 수행
③ 한국거래소 시장감시위원회 : 불공정거래행위를 사후적으로 처벌
④ 한국금융투자협회 : 회원 상호 간 업무 질서 유지, 공정한 거래 질서 확립

해설 | 한국거래소 시장감시위원회는 불공정거래를 감시하기 위해 자본시장법에 따라 설립된 자율규제기관으로 불공정거래행위를 사전적으로 예방하는 것에 초점을 둔다. 예방을 위해 실시간으로 시장을 연계하여 감시한다.

정답 | 01 ④ 02 ④ 03 ④ 04 ③ 05 ① 06 ③

07 다음 중 자본시장법 관련 감독기관 및 관계기관에 대한 설명으로 올바르지 않은 것은?

① 금융감독원은 무자본 특수법인으로 정부, 한국은행, 예금보험공사 등의 출연금, 금융회사가 지급하는 감독분담금, 기타수입으로 경비를 충당한다.
② 금융 민원에 대한 해소는 증권선물위원회에서 담당한다.
③ 증권선물위원회는 금융위로부터 위임받은 업무를 수행한다.
④ 금융감독원은 금융기관의 업무 및 재산 상황에 대한 검사, 검사 결과에 관련한 제재에 대한 권한을 부여받는다.

해설 | 금융 민원에 대한 해소는 금융감독원에서 담당한다.

08 다음 중 금융투자업 관계기관에 대한 설명으로 적절하지 않은 것은?

① 금융투자협회는 회원 간의 건전한 영업 질서 유지 또는 투자자 보호를 위한 자율규제업무를 수행한다.
② 예탁결제원은 증권의 집중예탁과 계좌 간 대체, 매매거래에 따른 결제업무 및 유통의 원활을 위해 설립되었다.
③ 증권금융회사는 자기자본 1,000억원 이상의 주식회사로 금융위원회의 인가를 받아 설립할 수 있다.
④ 금융투자상품거래 청산회사는 청산업 인가업무 단위 전부나 일부를 택하여 금융투자상품거래 청산업 인가를 얻은 회사를 의미한다.

해설 | 증권금융회사는 자기자본 500억원 이상의 주식회사이다.

09 다음 중 비조치의견서가 적용되는 상황으로 적절하지 않은 것은?

① 해당 행위에 적용할 법령 등의 공백이 있는 경우
② 법령 제·개정 당시 예상하지 못했던 상황이 발생하여 해당 행위에 적용할 수 있는지 여부가 불명확한 경우
③ 법령 등의 최초 취지에 비추어 볼 때 문리적인 해석에 따라 적용하는 것이 불합리한 경우
④ 금융당국이 공문 및 구두로 한 의사표명에 따른 행위가 법령 등에 따라 제재조치를 받을 우려가 있는 경우

해설 | 금융당국이 공문으로 한 의사표명에 따른 행위가 법령 등에 따라 제재조치를 받을 우려가 있는 경우가 비조치의견서가 적용될 수 있는 상황으로 구두로 한 의사표명은 적용되지 않는다.

10 다음 중 행정지도에 대한 설명으로 적절하지 않은 것은?

① 행정지도는 필요한 최대한도로 이루어져야 한다.
② 행정지도 시 취지, 내용, 행하는 자의 신분을 명시하도록 하고 있다.
③ 행정지도를 한 경우 그 내용을 원칙적으로 공개해야 한다.
④ 행정지도 시 구두로 하는 경우에도 행정지도의 취지, 내용, 행하는 자의 신분에 대한 사항에 대한 서면 교부 요청이 가능하다.

해설 | 행정지도는 필요한 최소한도로 이루어져야 한다.

정답 | 07 ② 08 ③ 09 ④ 10 ①

TOPIC 02 금융투자상품 및 금융투자업

1. 금융투자상품

(1) 정의

금융투자상품이란 이익을 얻거나 손실을 회피할 목적으로 현재 또는 장래의 특정 시점에 금전, 그 밖의 재산적 가치가 있는 것을 지급하기로 약정함으로써 취득하는 권리로, 그 권리를 취득하기 위하여 지급하였거나 지급하여야 할 금전 등의 총액이 그 권리로부터 회수하였거나 회수할 수 있는 금전 등의 총액을 초과하게 될 위험이 있는 것을 말함

(2) 투자성 판단

① 투자성 : 원금 손실 가능성을 의미함
② 투자금액 산정 시 제외 항목 : 투자자가 지급하는 판매 수수료 및 보수, 보험계약에 따른 사업비, 위험 보험료 등은 투자금액에 불포함
③ 회수금액 산정 시 포함 항목 : 투자자가 중도해지 등에 따라 지급하는 환매, 해지 수수료, 각종 세금, 발행인, 거래상대방이 채무불이행으로 지급하지 않은 미지급액은 회수금액에 포함

(3) 금융투자상품 불인정 대상

① 원화 표시 양도성예금증서(CD)
② 수탁자에게 신탁재산의 처분 권한이 부여되지 아니한 관리형 신탁의 수익권
③ 주식매수 선택권(스톡옵션)

2. 증권과 파생상품

(1) 증권

① 취득과 동시에 어떤 명목으로든 추가적인 지급 의무를 부담하지 아니함
② 채무증권, 지분증권, 수익증권, 투자계약증권, 파생결합증권, 증권예탁증권으로 분류

(2) 파생상품

① 취득 이후에 추가적인 지급의무를 부담할 수 있는 금융투자상품
② 시장 거래 여부에 따라 장외파생상품과 장내파생상품으로 분류되며 거래 구조에 따라 선도, 옵션, 스왑으로 분류됨

3. 금융투자업

(1) 금융투자업의 개요

금융투자업은 투자매매업, 투자중개업, 집합투자업, 투자자문업, 투자일임업 및 신탁업으로 분류됨

(2) 금융투자업의 분류

① **투자매매업** : 누구의 명의로 하든지 자기의 계산으로 금융투자상품의 매매, 증권의 발행, 인수 또는 그 청약의 권유, 청약, 청약의 승낙을 영업으로 하는 것

투자매매업 적용이 배제되는 경우

- 자기가 증권을 발행하는 경우
- 투자매매업자를 상대방으로 하거나 투자중개업자를 통하여 금융투자상품을 매매하는 경우
- 국가·지방자치단체가 공익을 위하여 관련 법령에 따라 금융투자상품을 매매하는 경우
- 한국은행이 공개시장조작을 하는 경우
- 특정 전문투자자 간 환매조건부 매매를 하는 경우
- 외국투자매매업자가 일정 요건을 갖추고 국외에서 파생결합증권을 발행하는 경우

② **투자중개업** : 누구의 명의로 하든지 타인의 계산으로 금융투자상품의 매매, 그 중개나 청약의 권유, 청약, 청약의 승낙 또는 증권의 발행, 인수에 대한 청약의 권유, 청약, 청약의 승낙을 영업으로 하는 것

투자중개업 적용이 배제되는 경우

- 투자권유대행인이 투자권유를 대행하는 경우
- 거래소가 증권시장 또는 파생상품시장을 개설·운영하는 경우
- 협회가 장외 주식 중개 시장(K-OTC)을 개설·운영하는 경우
- 외국 투자중개업자가 국외에서 투자매매업자 또는 투자중개업자를 상대로 투자중개업을 하는 경우
- 외국 투자중개업자가 국내 거주자를 상대로 투자권유 또는 투자 광고를 하지 아니하고 국내 거주자의 매매주문을 받아 그 사람을 상대방으로 투자중개업을 하는 경우

③ **집합투자업(Fund)** : 2인 이상의 투자자로부터 모은 금전 등 또는 「국가재정법」에 따른 기금관리주체 등으로부터 위탁받은 금전 등을 투자자 또는 기금관리 주체 등으로부터 일상적인 운용지시를 받지 않고, 재산적 가치가 있는 투자대상 자산을 취득, 처분, 혹은 그 밖의 방법으로 운용하고, 그 결과를 투자자 또는 기금관리 주체 등에게 배분하여 귀속시키는 것

집합투자업 적용이 배제되는 경우

- 다른 법률에 따른 펀드 중 사모펀드, 투자자예탁금을 예치, 신탁하는 경우
- 종합금융투자사업자의 종합투자계좌업무
- 종합재산신탁 등의 효율적 운용을 위하여 예외적으로 신탁재산 중 금전을 공동으로 운용
- 투자목적회사, 종합금융회사 예금관리계좌(CMA), 프로젝트 파이낸싱법인, 지주회사, 가맹사업, 다단계판매사업, 비영리목적의 계, 종중 등의 비영리사업 등

④ 투자자문업 : 금융투자상품, 그 밖의 대통령령으로 정하는 투자대상 자산의 가치 또는 금융투자상품에 대한 투자 판단에 관하여 자문에 응하는 것을 영업으로 하는 것

 투자자문업 적용이 배제되는 경우
- 불특정 다수를 대상으로 발행·송신되고 불특정 다수가 수시로 구입·수신할 수 있는 간행물, 출판물, 통신물, 방송 등을 통하여 조언하는 경우(유사 투자자문업)
- 역외 영업 특례적용에 해당하는 역외 투자자문업
- 대가 없이 다른 영업에 부수하여 금융투자상품의 가치나 금융투자상품에 대한 투자 판단에 관한 자문에 응하는 경우
- 집합 투자기구평가회사, 공인회계사, 채권평가회사, 감정인, 신용평가업자, 변호사, 세무사 등이 자문용역을 제공하고 있는 자가 해당 업무와 관련된 분석정보 등을 제공하는 경우

⑤ 투자일임업 : 투자자로부터 금융투자상품 등에 대한 투자 판단의 전부 또는 일부를 일임받아 투자자별로 구분하여 그 투자자의 재산 상태나 투자 목적 등을 고려하여 금융투자상품 등을 취득, 처분, 그 밖의 방법으로 운용하는 것을 영업으로 하는 것

 투자일임업 적용이 배제되는 경우
- 투자중개업자가 투자자로부터 매매거래일에 그 매매거래분의 총매매 수량이나 총매매 지정금액을 지정한 경우로, 투자자로부터 그 지정범위에서 금융투자상품의 수량, 가격 및 시기에 대한 투자 판단의 일임을 받는 경우
- 투자중개업자가 투자자의 여행, 질병 등으로 일시적으로 부재하는 중에 금융투자상품 가격폭락 등 불가피한 사유가 있는 경우로서 투자자로부터 약관 등에 따라 미리 금융투자상품의 매도 권한을 일임받는 경우
- 투자중개업자가 투자자의 금융투자상품의 매매, 그 밖의 거래에 따른 결제나 증거금 추가예탁, 신용공여와 관련한 담보 비율 유지의무나 상환 의무를 이행하지 않는 경우 약관에 따른 매도 권한이 있음

⑥ 신탁업 : 신탁설정자(위탁자)와 신탁을 인수하는 자(수탁자)의 특별한 신임관계를 근거로 하여 위탁자가 특정의 재산권을 수탁자에게 이전하거나 기타의 처분을 하고 수탁자에게 일정한 자(수탁자)의 이익을 위하여 또는 특정의 목적을 위하여 그 재산권을 관리, 처분하게 하는 신탁을 영업으로 하는 것

 신탁업 적용이 배제되는 경우
- 담보부사채에 관한 신탁업
- 저작권신탁관리업

⑦ 전담중개업무(프라임 브로커) : 일반 사모집합투자기구 등에 대하여 아래 업무를 효율적인 신용공여와 담보 관리 등을 위하여 일정 방법에 따라 연계하여 제공하는 업무를 말하며, 종합금융투자사업자가 아니면 전담중개업무를 영위할 수 없음

 전담중개업무(프라임 브로커)의 업무 내용
- 증권의 대여 또는 그 중개·주선이나 대리업무
- 금전의 융자, 그 밖의 신용공여
- 일반 사모집합투자기구 등의 재산 보관 및 관리
※ 종합금융투자사업자는 이 법 또는 다른 금융 관련 법령에도 불구하고 기업에 대한 신용공여 업무를 영위할 수 있음

⑧ 온라인 소액투자 중개업 : 온라인 소액투자 중개업자란 온라인상에서 누구의 명의로 하든지 타인의 계산으로 채무증권, 지분증권, 투자계약증권의 모집 또는 사무에 관한 중개를 영업으로 하는 투자중개업자를 말하며, 증권형 크라우딩펀딩업자로 불리기도 함
　㉠ 인가 : 금융위에 등록한 경우 인가를 받은 것으로 봄
　㉡ 주요 등록 요건
　　• 상법에 따른 주식회사 또는 지점 또는 영업소를 설치한 외국 온라인 소액투자 중개업자
　　• 5억원 이상의 자기자본을 갖출 것
　　• 사업계획이 타당하고 건전할 것
　　• 사업을 하기 위한 물적, 인적 설비를 갖출 것
　㉢ 영업행위 규제
　　• 온라인 소액투자 중개업자는 자신이 온라인 소액투자 중개를 하는 증권을 자기의 계산으로 취득하거나, 증권의 발행 또는 그 청약을 주선 또는 대리하는 행위 금지
　　• 온라인 소액투자 중개를 통하여 증권을 발행하는 자의 신용 또는 투자 여부에 대한 투자자의 판단에 영향을 미칠 수 있는 자문을 할 수 없음
　　• 온라인 소액증권 발행인의 요청에 따라 투자자의 자격 등을 합리적이고 명확한 기준에 따라 제한할 수 있음
　　• 증권의 청약 기간이 만료된 경우에는 증권의 청약 및 발행에 관한 내역을 지체 없이 투자자에게 통지해야 함
　㉣ 투자 광고 특례 : 온라인 소액투자 중개업자가 개설한 홈페이지 이외의 수단을 통해서 투자 광고하는 행위를 금지함

4. 투자자

(1) 전문투자자

① 정의 : 금융투자상품에 관한 전문성 및 소유자산 규모 등에 비추어 투자에 따른 위험 감수 능력이 있는 투자자를 말하며, 개념상 절대적 전문투자자와 상대적 전문투자자, 자발적 전문투자자로 구분
② 전문투자자의 종류
　㉠ 절대적 전문투자자 : 국가, 한국은행, 금융기관(예 보험, 은행, 금융투자업자, 증권금융, 금융지주, 새마을금고 연합 등), 기타기관(예 예금보험공사, 한국자산관리공사, 협회, 한국거래소 등), 외국 정부, 외국중앙은행, 국제기구 등
　㉡ 상대적 전문투자자 : 일반투자자 대우를 받겠다는 의사를 금융투자업자에게 서면으로 통지한 경우 일반투자자로 간주
　　• 주권상장법인, 지방자치단체, 기타기관 및 자발적 전문투자자

- 주권상장법인 등이 장외파생상품 거래를 하는 경우에는 별도 의사를 표시하지 아니하면, 일반투자자로서 전문투자자 대우를 받기 위해서는 그 내용을 서면으로 금융투자업자에게 통지해야 함
- 상대적 전문투자자는 일반투자자로 대우받기를 원하는 경우 또는 장외파생상품 거래를 위해 전문투자자로 대우받기를 원하는 경우에는 그 내용을 서면으로 금융투자업자에게 통지해야 함
- 금융투자업자는 정당한 사유 없이 상대적 전문투자자에 해당하는 주권상장법인이나 기타 기관 등이 서면 요청을 거부할 수 없음

ⓒ 자발적 전문투자자 : 일정 요건을 갖춘 법인 혹은 개인이 전문투자자로 대우받고자 하는 경우 금융위에 신고하여야 하며, 금융위 확인 후 2년간 전문투자자 대우를 받을 수 있음

> **TIP 자발적 전문투자자의 필요 충족 요건**
> - 지정신청일 전일 기준 금융투자상품 잔고가 100억원 이상인 법인 또는 단체
> - 다음의 투자 경험 요건과 그 외 요건을 충족해야 함[예 1)+2), 1)+3), 1)+4)]
>   1) 투자 경험 : 최근 5년 중 1년 이상의 기간 동안 금융위가 정하여 고시하는 금융투자상품을 월말 평균 잔고 기준으로 5천만원 이상 보유한 경험이 있을 것
>   2) 소득 기준 : 본인의 직전년도 소득액이 1억원 이상이거나 본인과 그 배우자의 직전년도 소득액의 합계금액이 1.5억원 이상일 것
>   3) 자산 기준 : 총자산에서 거주 부동산, 임차보증금 및 총부채 금액을 차감한 금액이 5억원 이상
>   4) 전문성 : 해당 분야에서 1년 이상 종사한, 회계사, 감평사, 변호사, 변리사, 세무사, 투자 운용인력, 재무위험관리사 등 시험합격자, 금융투자업 주요 직무 종사자

(2) 일반투자자

① 정의 : 전문성 및 소유자산 규모 등에 비추어 투자에 따른 위험 감수 능력이 없는 투자자를 말하며, 절대적 일반투자자와 상대적 일반투자자로 구분

② 일반 투자자의 분류

ⓐ 절대적 일반투자자 : 전문투자자가 아닌 투자자

ⓑ 상대적 일반투자자 : 상대적 전문투자자로서 일반 투자자 대우를 받겠다는 의사를 금융투자업자에게 서면으로 통지한 자

개념확인문제

01 다음 중 금융투자상품에 해당하지 않는 것은?

① 파생상품
② 주식
③ 사채
④ 원화 표시 양도성예금증서(CD)

해설 | 금융투자상품이란 이익을 얻거나 손실을 회피할 목적으로 현재 또는 장래의 특정 시점에 금전, 그 밖의 재산적 가치가 있는 것을 지급하기로 약정함으로써 취득하는 권리를 의미하며, 그 권리를 취득하기 위하여 지급하였거나 지급하여야 할 금전 등의 총액이 그 권리로부터 회수하였거나 회수할 수 있는 금전 등의 총액을 초과하게 될 위험이 있는 것을 말한다. 따라서 금융투자상품은 원본 손실 가능성이 존재하는 금융상품이지만 원화 표시 양도성예금증서(CD)는 원본 손실 가능성이 없으므로 금융투자상품으로 분류할 수 없다.

02 다음 중 금융투자상품의 회수금액 산정 시 제외되는 항목은?

① 환매수수료
② 세금
③ 거래상대방이 채무불이행으로 지급하지 않은 미지급액
④ 투자자가 지급하는 판매 수수료

해설 | 회수금액 산정 시 투자자가 중도해지 등에 따라 지급하는 환매, 해지 수수료, 각종 세금, 발행인, 거래상대방이 채무불이행으로 지급하지 않은 미지급액 등이 포함된다. 투자자가 지급하는 판매 수수료는 제외된다.

03 다음 중 금융투자상품 불인정 대상이 아닌 것은?

① 전환사채
② 양도성예금증서
③ 관리형 신탁의 수익권
④ 주식매수 선택권

해설 | 금융투자상품 불인정 대상은 원화 표시 양도성예금증서(CD), 수탁자에게 신탁재산의 처분 권한이 부여되지 않은 관리형 신탁의 수익권, 주식매수 선택권(스톡옵션)이다.

04 다음 중 금융투자업에 대한 분류로 적절하지 않은 것은?

① 투자매매업
② 투자중개업
③ 여신전문금융업
④ 신탁업

해설 | 금융투자업은 투자매매업, 투자중개업, 집합투자업, 투자자문업, 투자일임업, 신탁업으로 분류할 수 있다.

정답 | 01 ④ 02 ④ 03 ① 04 ③

05 다음 중 금융투자업에 대한 설명으로 적절하지 않은 것은?

① 투자매매업은 명의와 관계없이 자기의 계산으로 금융투자상품의 매매, 증권의 발행, 인수 또는 그 청약의 권유, 청약, 청약의 승낙을 영업으로 하는 것이다.
② 투자중개업은 명의와 관계없이 타인의 계산으로 금융투자상품의 매매 등을 영업으로 하는 것이다.
③ 집합투자업은 투자자 또는 기금관리 주체로부터 일상적인 운용지시를 받는다.
④ 투자자문업은 금융투자상품에 대한 투자 판단에 관하여 자문에 응하는 것을 영업으로 하는 것이다.

해설 | 집합투자업은 2인 이상의 투자자로부터 모은 금전 등 또는 국가재정법에 따른 기금관리 주체 등으로부터 위탁받은 금전 등을 투자자 또는 기금관리 주체 등으로부터 일상적인 운용지시를 받지 않고 재산적 가치가 있는 투자대상 자산을 취득, 처분, 그 밖의 방법으로 운용하고, 그 결과를 투자자 또는 기금관리 주체 등에게 배분하여 귀속시키는 것을 의미한다.

06 다음 중 전담중개업무(프라임 브로커)가 할 수 있는 업무 내용이 아닌 것은?

① 증권의 대여
② 증권의 중개 · 주선이나 대리업무
③ 금전의 융자
④ 금전의 수신

해설 | 전담중개업무(프라임 브로커)가 할 수 있는 업무는 증권의 대여 또는 그 중개 · 주선이나 대리업무, 금전의 융자, 그 밖의 신용공여, 일반 사모집합투자기구 등의 재산 보관 및 관리 등이다.

07 다음 중 투자자의 분류기준에 대한 설명으로 적절하지 않은 것은?

① 국가, 한국은행, 금융기관은 절대적 전문투자자로 분류할 수 있다.
② 주권상장법인은 전문투자자 대우를 받겠다는 의사를 금융투자업자에게 서면으로 통지한 경우 전문투자자로 간주한다.
③ 일정 요건을 갖춘 법인 또는 개인이 전문투자자로 대우받고자 할 경우 금융위에 신고해야 한다.
④ 비상장기업이 전문투자자로 대우받기 위해서는 금융투자상품 잔고 100억원 이상을 보유해야 한다.

해설 | 주권상장법인은 상대적 전문투자자로 분류되며 일반투자자 대우를 받겠다는 의사를 금융투자업자에게 서면으로 통지한 경우 일반투자자로 간주한다.

정답 | 05 ③ 06 ④ 07 ②

TOPIC 03 금융투자업자에 대한 규제 감독

1. 금융투자업 인가·등록

(1) 금융투자업의 개요
① **진입 규제 원칙** : 금융투자업은 인가 부여 또는 등록 승인을 통해서 사업을 할 수 있음
② **인가대상 금융투자업** : 투자매매업, 투자중개업, 집합투자업, 신탁업
③ **등록대상 금융투자업** : 투자자문업, 투자일임업, 온라인 소액투자중개업, 일반사모 집합투자업

(2) 금융투자업의 인가 절차
① **예비인가 단계** : 절차 안내 → 예비 인가 신청 → 예비인가 심사 → 예비인가(2개월 소요)
② **인가 단계** : 인가 신청 → 인가 심사 및 확인 → 인가(3개월, 예비 인가를 받았을 때는 1개월 소요)

2. 금융투자업의 인가 요건

① **법인격 요건** : 상법에 따른 주식회사, 금융기관이거나 외국금융투자업자로서 지점 또는 영업소를 설치한 자
② **자기자본 요건** : 인가업무 단위별 5억원과 대통령령에서 정한 금액 중 큰 금액 이상
③ **인력에 관한 요건**
  ㉠ 임원의 자격 : 다음 중 어느 것에도 해당하지 않아야 함
   • 미성년자, 피성년후견인, 피한정후견인
   • 파산선고를 받은 자로서 복권되지 아니한 자
   • 금고 이상의 실형 선고를 받거나 「지배구조법」 또는 금융 관계법령에 따라 벌금 이상의 형을 선고받고 그 집행이 종료되거나 집행이 면제된 날부터 5년이 지나지 않은 자
   • 금고 이상의 형의 집행유예의 선고를 받고 그 유예기간에 있는 자
   • 건전경영과 신용 질서를 해칠 우려가 있는 경우로 대통령령으로 정하는 자
  ㉡ 최소 전문인력 요건
   • 집합투자업 및 신탁업 : 각 필요업무에 2년 이상 종사한 경력이 있는 전문인력 요건을 충족하여야 함
   • 집합투자증권의 투자매매업자, 투자중개업자 : 투자권유 자문 인력을 5인 이상 갖추어야 함(전문투자자만을 대상으로 하는 경우 3인 이상)
④ **물적 시설에 관한 요건** : 투자자의 보호가 가능하고 그 영위하고자 하는 금융투자업을 영위하기에 충분한 전산 설비, 그 밖의 물적 설비를 갖출 것

⑤ **사업계획** : 다음 사항을 충족시킬 수 있을 만큼 건전하고 타당할 것
  ㉠ 수지 전망이 타당하고 실현 가능성이 있을 것
  ㉡ 위험관리와 금융사고 예방 등을 위한 적절한 내부통제 장치가 마련되어 있을 것
  ㉢ 투자자 보호에 적절한 업무 방법을 갖출 것
  ㉣ 법령을 위반하지 아니하고 건전한 금융거래 질서를 해칠 염려가 없을 것

⑥ **대주주에 대한 요건** : 대주주나 신청인이 충분한 출자능력, 건전한 재무 상태 및 사회적 신용을 갖출 것
  ㉠ 심사대상 대주주의 범위 : 최대 주주, 주요 주주, 최대 주주의 특수관계인인 주주, 최대 주주가 법인일 때 그 법인의 최대 주주이거나 대표자
  ㉡ 대주주 요건 : 대주주의 형태에 따라 별도의 요건 규정
  ㉢ 대주주 요건의 완화 : 겸영 금융투자업자의 경우와 금융투자업자가 다른 회사의 합병, 분할, 분할합병을 하는 경우 금융위가 그 요건을 완화할 수 있음

⑦ 대통령령으로 정하는 건전한 재무 상태와 사회적 신용을 갖출 것
⑧ **이해 상충 방지체계 요건** : 이해 상충 방지를 위한 장치를 구비해야 함

3. 인가 요건 유지의무

① 금융투자업자는 인가, 등록을 받은 이후에도 인가, 등록 요건을 계속 유지해야 함
② **위반 시 제재** : 인가 요건을 유지하지 못하는 경우 금융위의 인가가 취소될 수 있음
③ **자기자본 요건** : 단위별 최저 자기자본의 70% 이상을 유지, 다음 회계연도 말까지 자본보완이 이루어지는 경우 요건을 충족한 것으로 간주함
④ **대주주 요건**
  ㉠ 대주주의 출자능력, 재무 건전성, 부채비율 요건은 출자 이후인 점을 감안하여 인가 요건 유지의무에서 배제
  ㉡ 최대 주주의 경우 최근 5년간 5억원 이상의 벌금형만을 적용
  ㉢ 금산법에 따라 부실 금융기관으로 지정된 금융기관의 최대 주주, 주요 주주 또는 그 특수관계인이 아닐 것

4. 금융투자업 등록 요건

① **법인격 요건** : 상법에 따른 주식회사, 대통령령으로 정하는 금융기관 및 외국 투자자문업자로서 투자자문업의 수행에 필요한 지점, 그 밖의 영업소를 설치한 자
② **자기자본 요건** : 등록업무 단위별 일정 수준 이상의 자기자본을 갖출 것
③ **인력에 대한 요건**
  ㉠ 임원의 자격 : 인가대상 금융투자업의 임원에 대한 요건과 동일함

ⓒ 금융투자 전문인력을 확보할 것 : 투자자문업의 경우 1인 이상, 투자일임업의 경우 2인 이상을 확보해야 하며, 둘 다 영위할 경우 각각의 인력을 모두 확보해야 함(3인 이상)

④ **대주주 요건** : 투자자문, 투자일임업을 등록하고자 하는 회사의 대주주는 다음의 요건에 적합할 것
  ㉠ 최근 5년간 자본시장법, 금융 관련 법령 등을 위반하여 벌금형 이상에 상당하는 형사처벌을 받은 사실이 없을 것
  ㉡ 최근 5년간 채무불이행 등으로 건전한 신용 질서를 해친 사실이 없을 것
  ㉢ 금산법에 따라 부실 금융기관으로 지정되었거나 자본시장법 등에 따라 영업의 허가, 인가 등이 취소된 금융기관의 대주주 또는 특수관계인이 아닐 것
  ㉣ 그 밖에 금융위가 정하는 건전한 금융거래 질서를 해친 사실이 없을 것
  ㉤ 대통령령으로 정하는 건전한 재무 상태와 사회적 신용을 갖출 것

⑤ **이해 상충 방지체계 요건** : 이해 상충 방지를 위한 장치를 구비할 것

5. 건전성 규제

(1) 회계처리

① 회계처리의 기준
  ㉠ 금융투자업자는 한국채택 국제회계기준에 따르고, 한국채택 국제회계기준에서 정하지 않은 사항은 금융투자업 규정 및 시행세칙에 따라야 하며, 투자중개업자는 투자자의 예탁재산과 투자중개업자의 자기 재산을 구분계리해야 함
  ㉡ 금융투자업자는 반기별로 가결산을 실시해야 함
  ㉢ 신탁 부문은 고유부문과 분리하여 독립된 계정으로 회계처리를 해야 함

② 적용기준
  ㉠ 별도의 규정이 있는 것을 제외하고 종속회사와 연결되지 아니한 금융투자업자의 재무제표를 대상으로 함
  ㉡ 금융투자업자가 작성한 재무제표가 외부감사인이 수정한 재무제표와 일치하지 않을 때는 외부감사인의 수정 후 재무제표를 기준으로 산정함
  ㉢ 금융투자업자가 실질적으로 자신의 계산과 판단으로 운용하는 금전 기타 재산을 제3자의 명의로 신탁한 경우에는 그 금전 등을 해당 금융투자업자가 소유하고 있는 것으로 간주

(2) 자산 건전성

① 분류
  ㉠ 금융투자업자는 매 분기 자산 및 부채에 대한 건전성을 정상, 요주의, 고정, 회수 의무, 추정 손실의 5단계로 분류하며, 매 분기 말 고정 이하로 분류된 채권에 대하여 적정한 회수 예상 가액을 산정해야 함

ⓒ 금융투자업자는 회수의문 또는 추정 손실로 분류된 자산을 조기에 상각하여 자산의 건전성을 확보해야 함

ⓓ 금융투자업자는 자산 건전성 분류기준의 설정 및 변경, 동 기준에 따른 자산 건전성 분류 결과 및 대손충당금 등 적립 결과를 감독원장에게 보고해야 함

② 충당금의 적립기준
ⓐ 매출채권, 가지급금, 미수수익, 채무보증 등에 대해서 한국채택 국제회계기준에 따라 대손충당금을 적립함
ⓑ 정상 분류자산은 0.5%, 요주의 분류자산은 2%, 고정분류자산은 20%, 회수의문 분류자산은 75%, 추정손실분류자산은 100%로 계산하여 충당하며, 그 합계액이 미달할 경우 미달액을 대손준비금으로 적립해야 함

(3) 순자본비율 규제
① 의의 및 중요성
ⓐ 의의 : 자기자본 규제인 순자본비율 제도의 의의는 급변하는 시장 환경하에서 금융투자업자의 재무 건전성을 도모함으로써 궁극적으로는 투자자를 보호하는 데 있음
ⓑ 중요성 : 순자본비율 제도는 금융감독의 주요 감독 수단이며, 금융투자업자의 경영활동에도 중요함
ⓒ 적기시정조치의 기준 비율
- 자본적정성 유지를 위해 순자본비율 100% 이상을 유지
- 순자본비율 100% 이상을 유지하지 못하는 경우 경영 개선 조치를 취함

순자본비율 50% 이상 100% 미만	경영 개선 권고
순자본비율 0% 이상 50% 미만	경영 개선 요구
순자본비율 0% 미만	경영 개선 명령

② 기본구조 및 기본원칙
ⓐ 기본구조 : 금융투자업자가 파산할 경우 고객이나 이해관계자에게 손실을 입히지 않기 위해서는 위험손실을 감안한 현금화 가능 자산의 규모가 상환 의무가 있는 부채의 규모보다 항상 크게 유지되어야 함
ⓑ 기본원칙
- 순자본비율의 기초가 되는 금융투자업자의 자산, 부채, 자본은 연결 재무제표에 계상된 장부가액을 기준으로 함
- 시장위험과 신용위험을 동시에 내포하는 자산에 대해서는 시장 위험액과 신용 위험액을 모두 산정함
- 영업용순자본 차감 항목에 대하여는 원칙적으로 위험액을 산정하지 않음
- 영업용순자본의 차감 항목과 위험액 산정대상 자산 사이에 위험회피 효과가 있는 경우에는 위험액 산정대상 자산의 위험액을 감액할 수 있음

• 부외자산과 부외부채에 대해서도 위험액을 산정하는 것을 원칙으로 함

③ 세부산정방식

㉠ 영업용순자본 = 자산 - 부채 - 차감 항목 + 가산항목
• 재무상태표상 순재산액을 기준으로 출발함
• 차감항목 : 재무상태표상 즉시 현금화하기 곤란한 자산
• 가산항목 : 부채로 계상되었으나 실질적으로 채무이행의 의무가 없거나 자본의 보완적 기능을 하는 항목

㉡ 총위험액 = 시장 위험액 + 신용 위험액 + 운영 위험액
㉢ 필요 유지 자기자본 : 금융투자업자가 영위하는 인가업무 또는 등록업무 단위별로 요구되는 자기자본을 합계한 금액
㉣ 순자본비율 = (영업용순자산 - 총위험액)/필요 유지 자기자본

④ 특수관계인 관련사항 : 특수관계인에 대한 금전 또는 증권에 관한 청구권과 특수관계인이 발행한 증권은 전액 영업용순자본에서 차감

⑤ 산정 및 보고 시기

㉠ 최소한 일별로 순자본비율을 산정함
㉡ 매월 말 기준 1개월 이내에 업무보고서를 통하여 금감원장에게 제출
㉢ 반기별로 순자본비율에 대한 외부감사인의 검토보고서를 첨부하여 금감원장에게 제출·보고
㉣ 순자본비율이 100%(영업용순자본비율의 경우 150%) 미만이 된 경우에는 지체 없이 금감원장에게 보고해야 함

(4) 레버리지 규제

① 당기순손실 등 경영실적이 저조하면서 외부차입 비중이 높아 부실 우려가 있는 경영 부진 회사에 대한 선제적 경영 개선을 유도하기 위해, 증권사 및 선물사에 대해 레버리지 비율을 일정 수준 이하로 유지하도록 요구
② 레버리지 비율 = 총자산/자기자본

(5) 경영실태평가 및 적기시정조치

① 경영실태평가

㉠ 금융투자업자의 경영 및 재무 건전성을 판단하기 위한 조사
㉡ 공통부문과 업종부문으로 구분하여 평가하고 그 결과를 감안하여 종합 평가함
㉢ 경영실태평가는 금융투자업자의 본점, 해외 현지법인 및 해외지점을 대상으로 하며 1등급(우수), 2등급(양호), 3등급(보통), 4등급(취약), 5등급(위험)의 5단계 등급으로 구분됨

② 적기시정조치

경영 개선 권고	1) 순자본비율이 100% 미만인 경우
	2) 경영실태평가 결과가 종합평가등급을 3등급 이상, 자본 적정성 부문의 평가등급을 4등급 이하로 판정받은 경우
	3) 거액의 금융사고 또는 부실채권의 발생으로 위 1) 또는 2)의 기준이 되는 것이 명백한 경우
	4) 2년 연속 적자이면서 레버리지 비율이 900%를 초과하는 경우
	5) 레버리지비율이 1,100%를 초과하는 경우
	6) 조치
	  • 인력 및 조직 운영 개선, 경비 절감, 점포관리의 효율화, 부실 자산의 처분, 영업용순자본 감소행위의 제한, 신규업무진출의 제한, 자본금 증액 또는 감액, 특별대손충당금의 설정 등의 조치를 권고
	  • 순자본비율이 100%에 미달하는 경우 지체 없이 감독원장에게 보고하고 순자본비율이 100% 이상에 이를 때까지 매달 순자본비율을 다음 달 20일까지 감독원장에게 보고해야 함

경영 개선 요구	1) 순자본비율이 50% 미만인 경우 2) 경영실태평가 결과 종합평가등급을 4등급 이하로 판정받은 경우 3) 거액의 금융사고 또는 부실채권의 발생으로 1) 또는 2)의 기준이 되는 것이 명백한 경우 4) 2년 연속 적자이면서 레버리지 비율이 1,100%를 초과하는 경우 5) 레버리지비율이 1,300%를 초과하는 경우 6) 조치 : 고위험자산 보유 제한 및 자산처분, 점포폐쇄, 통합, 신설 제한 조직의 축소 자회사 정리, 임원진 교체 요구, 영업의 일부 정지 합병, 제3자인수 등 금융지주회사의 자회사로의 편입에 관한 계획 수립 등의 조치 이행 수립 등의 조치 이행
경영 개선 명령	1) 순자본비율이 0% 미만인 경우 2) 부실 금융기관에 해당하는 경우 3) 조치 : 주식의 일부 또는 전부 소각, 임원의 직무 집행 정지 및 관리인 선임, 합병, 금융지주회사의 자회사로의 편입, 영업의 전부 또는 일부 양도, 제3자의 당해 금융투자업 인수 6개월 이내의 영업정지, 계약의 전부 또는 일부의 이전 등의 조치를 이행하도록 명령 4) 적기시정조치의 유예 : 자본의 확충 또는 자산의 매각 등으로 단기간 내에 적기시정조치의 요건에 해당하지 않을 수 있다고 판단되는 경우에는 일정기간에 조치를 유예할 수 있음
경영 개선 계획의 제출 및 평가 등	1) 적기시정조치를 받은 금융투자업자는 조치일로부터 2개월의 범위에서 당해 조치권자가 정하는 기한 내에 당해 조치의 내용이 반영된 경영 개선 계획을 감독원장에게 제출해야 함 2) 적기시정조치를 받은 금융투자업자가 제출한 경영 개선 계획에 대하여는 금융위가 각각 당해 경영 개선 계획을 제출받은 날로부터 1개월 이내에 승인 여부를 결정해야 함 3) 경영 개선 계획 이행 기간은 경영 개선 권고를 받으면 경영 개선 계획의 승인일로부터 6개월 이내, 경영 개선 요구를 받은 경우 경영 개선 계획의 승인일로부터 1년 이내, 경영 개선 명령을 받은 경우에는 금융위가 결정 4) 경영 개선 승인을 받은 금융투자업자는 매 분기 말부터 10일 이내에 동 계획의 분기별 이행실적을 감독원장에게 제출
긴급조치	1) 발행한 어음 또는 수표가 부도가 되거나 은행과의 거래가 정지 또는 금지되는 경우 2) 유동성이 일시적으로 급격히 악화되어 투자자예탁금 등의 지급불능 사태 3) 휴업 또는 영업의 중지 등으로 돌발사태가 발생하여 정상적인 영업이 불가능 혹은 어려운 경우 (투자자예탁금 등의 일부 또는 저분의 반환 명령 또는 지급정지, 투자자예탁금 등의 수탁 금지 또는 다른 금융투자업자로서의 이전 채무변제행위 금지 경영 개선 명령 조치 증권 및 파생상품의 매매 제한 등의 조치를 할 수 있음)

(6) 위험관리

① 개요 : 독립적인 리스크 평가와 통제를 위한 리스크 관리 체제 구축이 필요

② 위험관리체제 구축

 ㉠ 각종 거래에서 발생하는 제반 위험을 적시에 인식, 평가, 감시, 통제하는 등 위험관리를 위한 체제를 갖추고, 위험을 효율적으로 관리하기 위하여 부서별, 거래별 또는 상품별 위험부담한도, 거래 한도 등을 적절히 설정하여 운영해야 함

 ㉡ 이사회를 통해 경영전략에 부합하는 위험관리 기본방침 수립, 부담할 위험 수준 결정, 적정투자한도 또는 손실허용한도 승인 등을 해야 함

③ 위험관리지침 마련 : 내부적인 위험관리 지침을 마련해야 함

④ 외국환 업무 취급 금융투자업자의 위험관리

 ㉠ 국가별 위험, 거액신용위험, 시장위험 등 외국환거래에 따르는 위험의 종류별로 관리기준을 자체적으로 설정·운용

 ㉡ 그 관리기준을 설정·변경하거나 동 기준을 초과하여 외국환거래를 취급하고자 하는 경우에는 위험 관리조직의 결정을 거쳐야 함

(7) 외환 건전성

① 외화 유동성 비율

 ㉠ 외화자산 및 외화부채를 각각 잔존만기별로 구분하여 관리

 ㉡ 잔존만기 3개월 이내 부채에 대한 잔존만기 3개월 이내 자산의 비율을 80/100 이상으로 유지

 ㉢ 외화자산 및 외화부채의 만기불일치 비율을 유지

 ㉣ 총자산에 대한 외화부채 비율이 1/100에 미달하는 경우는 외국환 업무 취급 금융투자업자에 대해서 외화 건전성 기준을 적용하지 않음

② 외국환포지션 한도

 ㉠ 종합 매입 초과 포지션의 합계액과 종합 매각 초과 포지션 합계액 중에 큰 것으로 함

 ㉡ 포지션은 전월 말 자기자본의 50/100에 상당하는 금액을 한도로 함

③ 한도 관리

 ㉠ 외국환포지션 한도 준수 여부를 매 영업일 잔액을 기준으로 확인

 ㉡ 외국환포지션 한도를 위반한 경우에는 위반한 날로부터 3영업일 이내에 금감원장에게 보고해야 함

(8) 업무 보고 및 경영공시

① **업무보고서 제출**: 사업연도 개시일부터 3개월, 6개월, 9개월, 12개월간의 업무보고서를 작성하여 그 기간 경과 후 45일 이내에 금융위에 제출해야 함
② **결산서류의 제출**: 감사보고서, 재무제표 및 부속명세서, 순자본비율보고서 또는 영업용순자본비율보고서 및 자산부채 비율보고서, 해외 점포의 감사보고서 등을 금융감독원장이 요청할 경우 제출해야 함
③ **경영공시**: 금융투자업자는 상장법인의 공시 의무사항이 발생

(9) 대주주나 특수관계인 발행 증권의 소유 제한

① **대주주 발행증권 소유 제한**: 원칙적으로 금융투자업자는 대주주가 발행한 증권을 소유할 수 없음. 단, 다음의 경우는 금융위가 정하는 기간까지 소유할 수 있음
  ㉠ 담보권의 실행 등 권리행사에 필요한 경우
  ㉡ 안정조작 또는 시장조성을 하는 경우
  ㉢ 대주주가 변경됨에 따라 이미 소유하고 있는 증권이 대주주가 발행한 증권인 경우
  ㉣ 인수와 관련하여 해당 증권을 취득하는 경우
  ㉤ 관련 법령에 따라 사채보증 업무를 할 수 있는 금융기관이 원리금의 지급을 보증하는 사채권을 취득하는 경우
  ㉥ 특수채증권을 취득하는 경우 등

② **계열회사 발행증권 등 소유 제한**: 금융투자업자의 계열회사가 발행한 주식, 채권 등을 자기자본의 8%를 초과하여 소유할 수 없음

> **TIP 대주주 신용공여 제한**
> 금융투자업자는 대주주 및 대주주 특수관계인에게 신용공여가 금지되며, 대주주 및 대주주의 특수관계인은 금융투자업자로부터 신용공여를 받는 것이 금지되나 다음의 경우는 예외로 허용함
> • 임원에 대한 제한적 신용공여
> • 해외현지법인에 대한 채무보증 등
> • 계열회사 발행증권 예외취득

  ㉠ 계열회사 증권을 한도 초과하여 취득하거나, 대주주 등에게 신용공여를 할 경우 재적이사 전원의 찬성에 의한 이사회 결의를 통해 예외적으로 할 수 있음
  ㉡ 단일거래금액이 자기자본의 10/10,000과 10억원 중 적은 금액일 때 이사회 결의는 불필요
  ㉢ 대주주, 계열사 주식을 예외적으로 취득한 경우 분기마다 금융위에 보고하고, 인터넷 홈페이지 등에 공시해야 함

③ 대주주의 부당한 영향력 행사 금지

7. 영업행위 규제

① 공통 영업행위 규제

신의성실의무 등	• 금융투자업자는 신의성실 원칙에 따라 공정하게 금융투자업을 영위해야 함 • 금융투자업자는 정당한 사유 없이 투자자의 이익을 해하면서 자기 또는 제3자의 이익을 추구해서는 안 됨
상호규제	금융투자업자가 아닌 자가 금융투자업자로 오인될 수 있는 문자를 상호에 사용하는 것을 금지함
명의대여 금지	금융투자업자는 자기의 명의를 대여하여 타인에게 금융투자업을 영위하게 해서는 안 됨
겸영제한	금융투자업자는 다른 금융 업무를 겸영하고자 하는 경우 그 업무를 영위하기 시작한 날부터 2주 이내에 이를 금융위에 보고해야 함
부수업무 영위	• 금융투자업자는 금융투자업에 부수하는 업무를 영위하고자 하는 경우 영위하기 시작한 날부터 2주 이내에 금융위에 보고 • 제한, 시정명령 : 금융위는 부수업무 신고 내용이 경영 건전성을 저해하거나, 투자자 보호에 지장을 초래하거나 금융시장의 안정성을 저해하는 경우에는 그 부수업무의 영위를 제한하거나 시정을 명할 수 있음

업무위탁	• 영위업무의 일부를 제3자에게 위탁할 수 있음
	• 본질적 업무를 위탁하는 경우에는 위탁받는 자가 해당 업무 수행에 필요한 인가, 등록한 자여야 함
	• 준법감시인 및 위험관리책임자의 업무 등 내부통제업무는 위탁이 금지됨
	• 재위탁제한 : 원칙적으로 재위탁은 금지되나, 단순 업무 및 외화자산 운용, 보관업무는 위탁자의 동의를 받아 재위탁할 수 있음
	• 기타 업무위탁 관련 규제
	  - 제3자에게 업무 위탁하는 경우 위탁계약을 체결해야 하며, 실제 업무 수행일 7일 전까지 금융위에 보고해야 함
	  - 업무위탁한 내용을 계약서류, 투자설명서에 기재해야 하며, 사후에 그 내용을 변경한 경우 투자자에게 통보해야 함
	  - 위탁업무의 범위 내에서 투자자의 금융투자상품 매매 등에 관한 정보를 제공할 수 있음

이해상충관리	• 일반규제
	  - 신의성실의무, 투자자의 이익을 해하면서 자기 또는 제3자의 이익도모 금지, 직무관련 정보이용금지, 선관주의의무
	  - 선관주의의무는 자산관리 업자에게만 적용(예 집합투자업, 신탁업, 투자자문, 일임업)
	• 직접규제 : 선행매매금지, 과당매매금지
	  - 이해관계인과의 투자자 재산 거래 제한
	  - 정보교류 차단장치(Chinese Wall) : 사내외 정보차단벽 간 정보제공 임직원 겸직, 사무공간, 전산설비 공동이용 등 정보교류 금지
	• 이해상충 관리의무
	  - 이해상충의 발생 가능성을 파악, 평가하고 내부통제 기준이 정하는 방법과 절차에 따라 이를 적절히 관리
	  - 이해상충이 발생할 가능성이 있다고 인정되는 경우에는 투자자에게 그 사실을 미리 알리고, 이해상충이 발생할 가능성을 내부통제 기준에 따라 투자자 보호에 문제가 없는 수준으로 낮춘 후에 거래해야 함
	  - 이해상충수준을 낮추기 어렵다고 판단되는 경우에는 해당 거래를 해서는 안 됨

정보교류 차단장치	다음의 정보교류는 원칙적으로 금지됨 • 미공개 중요정보 • 투자자의 금융상품 매매 또는 소유 현황에 관한 정보로서 불특정 다수가 알 수 있도록 공개되기 전의 정보 • 집합투자재산 투자일임재산 및 신탁재산 구성 내역과 운용에 관한 정보로서 불특정 다수인이 알 수 있도록 공개되기 전의 정보 등

② 투자권유 영업행위규제
  ㉠ 공통규제
    • 투자권유 : 특정 투자자를 상대로 금융투자상품의 매매, 투자자문계약, 투자일임 계약, 신탁계약의 체결을 권유하는 것
    • 적합성 원칙
      − 적합성 원칙의 주요 내용은 금융소비자 보호법으로 이관됨
      − 고객파악의무 : 투자권유를 하기 전에 면담 등을 통해 투자목적, 재산상황, 투자경험 등의 정보를 파악하고, 투자자로부터 서명 등의 방법으로 확인받아 유지·관리하며, 확인받는 내용을 일반금융소비자에게 제공해야 함
      − 적합성의 원칙에 따라 일반금융소비자에게 투자권유를 하는 경우, 해당 투자자의 투자목적 등에 비추어 적합하지 않다고 인정되는 투자권유를 해서는 안 됨
    • 적정성 원칙
      − 파생상품 등 고난도의 금융투자상품에 대한 판매 전에 면담, 질문 등을 통해 해당 투자자의 금융상품에 대한 이해도, 기대이익 및 기대손실을 고려한 위험에 대한 태도 등의 정보를 파악해야 함
      − 해당 상품이 적정하지 않다고 판단되는 경우 그 사실을 투자자에게 알리고, 투자자로부터 서명 등의 방법으로 확인을 받아야 함
    • 설명의무
      − 투자자에게 금융상품의 내용을 투자자가 이해할 수 있도록 설명해야 하며, 금융소비자가 이를 이해하였음을 서명 등의 방법으로 확인해야 함
      − 설명의무를 위반하여 발생한 손해를 금융투자업자는 배상할 책임이 있음
    • 부당권유의 금지
      − 거짓, 불확실한 사항에 대해 단정적 판단을 제공하거나 오인할 수 있는 소지가 있는 내용을 알리는 것은 금지
      − 투자권유의 요청을 받지 않고 방문, 전화 등 실시간 대화의 방법을 이용하여 장외파생상품의 투자 권유를 하는 행위 금지
      − 계약체결을 거부하는 금융소비자가 이를 거부하는 의사표시를 했음에도 불구하고 계약의 체결 권유를 계속하는 행위 금지. 단, 1개월 경과 후 투자권유 및 다른 종류의 금융투자상품에 대한 투자권유는 가능
      − 금융상품의 내용의 일부에 대하여 비교대상 및 기준을 밝히지 않거나 객관적인 근거 없이 다른 금융상품과 비교하여 해당 금융상품이 우수하거나 유리하다고 알리는 행위 금지
      − 금융상품 가치에 중대한 영향을 미치는 사항을 미리 알고 있으면서, 금융소비자에게 이를 알리지 않는 행위 금지

- 투자권유준칙
  - 금융투자업자는 투자권유를 함에 있어서 임직원이 준수해야 할 구체적인 기준 및 절차를 정해야 함
  - 파생상품 등에 대해서는 일반투자자의 투자목적 등을 고려하여 투자자 등급별로 차등화된 투자권유 준칙을 마련해야 함
  - 협회는 표준투자권유준칙을 정할 수 있음
  - 금융투자업자는 투자권유준칙을 제정하거나 변경한 경우 인터넷 홈페이지 등을 통하여 이를 공시해야 함
- ⓒ 투자권유대행인
  - 자격
    - 투자권유자문인력, 투자운용인력 시험에 합격한 자 또는 보험모집에 종사하고 있는 보험설계사, 중개사, 대리점 등록 요건을 갖춘 자로서 협회가 정한 교육을 이수한 자
    - 1사 전속, 등록이 취소된 경우 그 등록이 취소된 날부터 3년이 경과한 자
  - 투자권유대행인의 금지행위
    - 위탁한 금융투자업자를 대리하여 계약을 체결하는 행위
    - 투자자로부터 금전, 증권 등의 재산을 수취하는 행위
    - 투자권유대행업무를 제3자에게 재위탁하는 행위
    - 둘 이상의 금융투자업자와 투자권유 위탁계약을 체결하는 행위
    - 보험설계사가 소속 보험회사가 아닌 보험회사와 투자권유 위탁계약을 체결하는 행위
- ⓒ 투자권유대행인은 투자권유를 대행함에 있어 금융투자업자의 명칭, 금융투자업자를 대리하여 계약을 체결할 권한이 없다는 사실, 투자자로부터 금전, 재산 등을 수취할 수 없다는 사실 등을 투자자에게 알려야 하며, 자신이 투자권유대행인이라는 사실을 나타내는 표지를 제시하거나 증표를 내보여야 함
- ⓔ 금융투자업자는 투자권유대행인이 투자권유함에 있어 법령을 준수하도록 하며, 투자권유대행인이 투자권유를 대행함에 있어서 투자자에게 손해를 끼친 경우 민법상의 사용자의 배상책임이 준용됨
- ⓜ 검사·조치 : 투자권유대행 관련 업무 및 재산상황에 대하여 금감원장의 검사를 받아야 함

③ 직무 관련 정보의 이용 금지 등
  - ⓐ 직무 관련 정보의 이용 금지 : 금융투자업자는 직무상 알게 된 정보로서 외부에 공개되지 아니한 정보를 정당한 사유 없이 자기 또는 제3자의 이익을 위하여 이용해서는 안 됨
  - ⓑ 손실보전 등의 금지 : 금융투자업자 및 그 임직원은 금융투자상품의 거래와 관련하여 사전손실보전 약속 또는 사후손실보전, 사전이익 보장 또는 사후이익 제공을 해서는 안 됨

④ **약관**
  ㉠ 금융투자업자의 신고, 공시 : 금융투자업자는 금융투자업 영위와 관련하여 약관을 제정, 변경하고 자하는 경우 미리 금융위에 신고해야 함
  ㉡ 표준약관을 그대로 사용하거나 약관 내용 중에 투자자의 권리, 의무와 관련이 없는 사항을 변경하는 경우, 다른 금융투자업자가 신고한 약관과 동일하게 약관을 제정, 변경하는 경우, 전문투자자만을 대상으로 약관을 제정, 변경하는 경우, 그 일이 있은 후 7일 이내에 금융위 및 협회에 보고해야 함
  ㉢ 협회는 표준약관을 제정, 변경하고자 하는 경우에는 미리 금융위에 신고해야 함
  ㉣ 금융위는 약관이 법령에 위배되거나 투자자 이익을 침해할 우려가 있는 경우에는 금융투자업자 또는 협회에 약관의 변경을 명할 수 있음

⑤ **자료의 기록 유지** : 영업 및 재무관련자료는 10년, 내부통제자료는 5년 보관
⑥ **소유증권 예탁** : 고유재산으로 소유하는 증권 및 원화 CD를 예탁결제원에 예탁
⑦ **금융투자업 폐지 공고** : 금융투자업을 폐지하거나 지점, 영업소를 폐지하는 경우 폐지 30일 전에 일간신문에 공고하고, 채권자에게는 각각 통지해야 함
⑧ **임직원의 금융투자상품 매매** : 금융투자업 직무 수행임직원은 자기 계산으로 특정 금융투자상품을 매매하는 경우 자기의 명의로 하나의 투자중개업자(투자중개업자의 임직원은 그가 소속된 투자중개업자에 한함)를 통하여 하나의 계좌로 매매해야 하며 매매명세를 분기별로 소속회사에 통지해야 함
⑨ **손해배상책임**
  ㉠ 법령, 약관, 집합투자규약, 투자설명서를 위반하거나 그 업무를 소홀히 하여 투자자에게 손해를 발생시킨 경우 배상책임이 있음
  ㉡ 금융투자업자가 손해배상책임을 지는 경우, 관련 임원에게도 귀책사유가 있는 경우에는 금융투자업자와 연대하여 손해배상책임이 있음

⑩ **외국금융투자업자의 특례**
  ㉠ 지점, 영업소는 영업기금과 부채액의 합계액에 상당하는 자산을 국내에 두어야 함
  ㉡ 지점, 영업소가 청산, 파산하는 경우 국내자산은 국내채무 변제에 우선충당해야 함

개념확인문제

01 다음 중 금융투자업 인가와 관련된 설명으로 적절하지 않은 것은?

① 예비인가를 받은 경우 인가를 얻기까지는 1개월이 소요된다.
② 인가업무 단위별 10억원과 대통령령에서 정한 금액 중 큰 금액 이상으로 정한다.
③ 여러 사업 인가를 복수로 받은 경우 사업 인가에 필요한 각각의 자기자본 합산 금액의 자기자본 금액을 갖추고 있어야 한다.
④ 투자매매업, 투자중개업, 집합투자업, 신탁업은 인가대상이다.

해설 | 인가업무 단위별 5억원과 대통령령에서 정한 금액 중 큰 금액 이상으로 정한다.

02 다음 중 금융투자업의 건전성 규제와 관련한 설명으로 적절하지 않은 것은?

① 한국채택국제회계기준에 따라야 한다.
② 매 분기마다 자산 및 부채에 대한 건전성을 5단계로 구분 및 분류하고 이에 대한 회수예상가액을 산정해야 한다.
③ 고정으로 분류된 경우 해당 자산의 100분의 30에 해당하는 금액의 대손준비금을 적립해야 한다.
④ 금융투자업자는 회수의문 또는 추정손실로 분류된 자산을 조기에 상각해야 한다.

해설 | 고정으로 분류된 경우 해당 자산의 100분의 20에 해당하는 금액의 대손준비금을 적립해야 한다.

03 다음 중 신용공여 시 담보로 제공된 증권의 평가와 관련하여 잘못된 것은?

① 상장주식 : 당일종가
② 청약주식 : 취득가액
③ 집합투자증권 : 당일고시가격
④ 상장채권 : 1개 이상의 채권평가회사가 제공한 가격정보를 바탕으로 산정한 가격

해설 | 상장채권의 경우 2개 이상의 채권평가회사가 제공한 가격정보를 바탕으로 자체적으로 산정해야 한다.

정답 | 01 ② 02 ③ 03 ④

04 다음 중 금융투자업 인가 요건 유지의무에 대한 설명으로 적절하지 않은 것은?

① 금산법 상 부실금융기관으로 지정된 금융기관의 최대 주주는 금융투자업의 대주주가 될 수 없다.
② 단위별 최저 자기자본의 70% 이상을 유지해야 한다.
③ 만약 최저 자기자본 요건을 충족하지 못한 경우에는 2년 동안 자본보완이 이루어지면 요건을 충족한 것으로 간주한다.
④ 금융투자업자는 인가 및 등록을 받은 이후에도 일반적인 요건을 충족해야 한다.

해설 | 만약 최저 자기자본 요건을 충족하지 못한 경우 다음 회계연도 말까지 자본보완이 이루어지면 요건을 충족한 것으로 간주한다.

05 다음 중 순자본비율 규제에 대한 공식으로 적절하지 않은 것은?

① 영업용순자본 = 자산 − 부채
② 총위험액 = 시장위험액 + 신용위험액 + 운영위험액
③ 순자본비율 = (영업용순자본 − 총위험액)/필요유지자기자본
④ 영업용순자본비율 = 영업용순자본/필요유지자기자본

해설 | 영업용순자본은 자산에서 부채를 차감한 후 재무상태표상 즉시 현금화하기 곤란한 자산을 차감하고, 부채로 계상되었지만 실질적으로 채무이행의무가 없거나 자본의 보완적 기능을 하는 항목을 가산하여 산출한다.

06 다음 중 순자본비율 규제에 대한 설명으로 적절하지 않은 것은?

① 순자본비율이 100% 미만이 된 경우 지체 없이 금감원장에게 보고해야 한다.
② 순자본비율이 50% 이상 100% 미만인 경우 경영 개선 권고를 받는다.
③ 금융투자업자가 파산할 경우 고객 및 이해관계자에게 손실을 입히지 않기 위해 현금화 가능 자산 규모가 상환의무가 있는 부채의 규모보다 항상 크게 유지되어야 한다.
④ 특수관계인에 대한 금전 또는 증권에 관한 청구권과 특수관계인이 발행한 증권은 50% 영업용순자본에서 차감한다.

해설 | 특수관계인에 대한 금전 및 증권에 관한 청구권과 특수관계인이 발행한 증권은 전액 영업용순자본에서 차감한다.

07 다음 중 금융투자업 인가와 관련하여 적절하지 않은 것은? ★★★

① 법인격 요건은 상법에 따른 주식회사, 금융기관 혹은 외국금융투자업자로서 지점 또는 영업소를 설치한 자를 대상으로 한다.
② 파산선고를 받고 아직 복권되지 않은 자는 임원이 될 수 없다.
③ 집합투자업 및 신탁업의 경우 각 필요업무에 2년 이상 종사한 경력이 있는 전문인력 요건을 충족해야 한다.
④ 심사대상 대주주가 법인인 경우 해당 법인을 대상으로 심사를 수행한다.

해설 | 심사대상 대주주가 법인인 경우 해당 법인의 최대 주주 및 대표자를 대상으로 심사를 수행한다.

08 다음 중 금융투자업자의 건전성 규제와 관련된 설명으로 적절하지 않은 것은? ★★★

① 금융투자업자는 매 분기마다 자산 및 부채에 대한 건전성을 정상, 요주의, 고정, 회수의문, 추정손실의 5단계로 구분해야 한다.
② 매 분기 말 요주의 이하로 분류된 채권에 대해 적정한 회수예상가액을 산정해야 한다.
③ 금융투자업자는 자산건전성 분류기준의 설정 및 변경에 대해 금융감독원장에게 보고해야 한다.
④ 금융투자업자가 실질적으로 자신의 계산과 판단으로 운용하는 금전을 제3자의 명의로 신탁한 경우 그 금전을 해당 금융투자업자가 소유하고 있는 것으로 본다.

해설 | 매 분기 말 고정 이하로 분류된 채권에 대해 적정한 회수예상가액을 산정해야 한다.

09 다음 중 금융투자업자의 순자본비율 규제에 대한 설명으로 적절하지 않은 것은? ★★★

① 금융투자업자는 최소한 일별로 순자본비율을 산정해야 한다.
② 금융투자업자는 매월 말 기준 1개월 이내에 업무보고서를 통해 금감원장에게 제출해야 한다.
③ 연간 순자본비율에 대한 외부감사인의 검토보고서를 첨부하여 금감원장에게 제출해야 한다.
④ 영업용순자본 계산 시 부외자산과 부외부채에 대해서도 위험액을 산정해야 한다.

해설 | 분기별로 순자본비율에 대한 외부감사인의 검토보고서를 첨부하여 금융감독원장에게 제출해야 한다.

10 다음 중 적기시정조치 – 경영 개선 권고를 받을 상황으로 적절하지 않은 것은?

① 순자본비율이 100% 미만인 경우
② 경영실태 평가결과 종합평가등급을 3등급 이상, 자본적정성 부문 평가등급을 4등급 이하로 판정받은 경우
③ 거액의 금융사고 또는 부실채권이 발생한 경우
④ 2년 연속 적자이면서 레버리지 비율이 800%를 초과한 경우

해설 | 2년 연속 적자이면서 레버리지 비율이 900%를 초과하는 경우는 경영 개선 권고를 받을 상황이다.

11 다음 중 금융투자업자의 리스크 관리에 대한 설명으로 적절하지 않은 것은?

① 금융투자업자는 독립적인 리스크 평가와 통제를 위한 리스크 관리 체제를 구축할 필요가 있다.
② 내부적으로 위험관리 지침을 마련해야 한다.
③ 각종 거래에서 발생하는 제반 위험을 적시에 인식, 평가, 감시, 통제하는 등 위험관리를 위한 체제를 갖추어야 한다.
④ 주주총회를 통해 경영전략에 부합하는 위험관리 기본방침 수립, 부담할 위험수준 결정, 적정투자한도 또는 손실허용한도 승인 등을 해야 한다.

해설 | 경영전략에 부합하는 위험관리 기본방침 수립, 부담할 위험수준 결정, 적정투자한도 또는 손실허용한도 승인 등을 해야 하는 기관은 이사회이다.

12 다음 중 공통영업행위 규칙에 해당하지 않는 것은?

① 업무위탁 : 금융투자업자는 영업업무의 일부를 제3자에게 위탁할 수 없음
② 상호규제 : 금융투자업자가 아닌 자가 금융투자업자로 오인할 수 있는 문자를 상호에 사용하는 것을 금지
③ 명의대여 금지 : 금융투자업자는 자기의 명의를 대여하여 타인에게 금융투자업을 영위하게 해서는 안 됨
④ 이해상충 관리 : 투자자의 이익을 해하면서 자기 또는 제3자의 이익도모 금지

해설 | 금융투자업자는 영업업무의 일부를 제3자에게 위탁할 수 있으며 본질적 업무를 위탁하는 경우 위탁받는 자가 해당 업무 수행에 필요한 인가 및 등록한 업자이어야 한다.

13 다음 중 대주주 및 특수관계인과의 거래 제한에 대한 설명으로 적절하지 않은 것은?

① 대주주이거나 특수관계인 발행증권의 경우 소유가 제한된다.
② 금융투자업자의 계열회사가 발행한 주식, 채권 등을 자기자본의 10%까지 보유할 수 있다.
③ 계열회사 증권을 한도를 초과하여 취득하려는 경우에는 재적이사 전원의 찬성에 의한 이사회 결의를 통해 예외적으로 할 수 있다.
④ 대주주, 계열사 주식을 예외적으로 취득한 경우 분기마다 금융위에 보고하고 인터넷 홈페이지 등에 공시해야 한다.

해설 | 금융투자업자의 계열회사가 발행한 주식, 채권 등을 자기자본의 8%까지 보유할 수 있다.

정답 | 10 ④ 11 ④ 12 ① 13 ②

TOPIC 04　투자매매업자 및 투자중개업자에 대한 영업행위규제

1. 매매 또는 중개업무 관련 규제

(1) 매매형태의 명시

① 투자매매업자 또는 투자중개업자는 투자자로부터 금융투자상품의 매매에 관한 청약 또는 주문을 받는 경우에는 사전에 그 투자자에게 자기가 투자매매업자인지 투자중개업자인지 밝혀야 함(알리는 방법은 제한 없음)
② 매매형태의 명시의무를 위반하여 투자자의 주문을 받은 투자매매업자 또는 투자중개업자는 1년 이하의 징역 또는 3천만원 이하의 벌금에 처할 수 있음

(2) 자기계약 금지

① 금융상품에 관한 같은 매매에 있어서 자신이 본인이 됨과 동시에 상대방의 투자중개업자가 될 수 없음
② 예외
　㉠ 증권시장 또는 파생상품시장을 통하여 매매가 이루어지도록 한 경우
　㉡ 투자자 보호 및 건전한 거래 질서를 해할 우려가 없는 경우로서 대통령령으로 정한 경우
　㉢ 자기가 판매하는 집합투자증권을 매수하는 경우
　㉣ 다자간매매체결회사를 통하여 매매가 이루어지도록 한 경우
　㉤ 종합금융투자사업자가 금융투자상품의 장외매매가 이루어지도록 한 경우
　㉥ 그 밖에 공정한 가격형성과 매매, 거래의 안정성과 효율성 도모 및 투자자의 보호에 우려가 없는 경우로서 금융위가 정하여 고시하는 경우

(3) 최선집행의무

① 개요 : 금융투자상품의 매매에 관한 투자자의 청약 또는 주문을 처리하기 위하여 대통령령으로 정하는 바에 따라 최선의 거래조건으로 집행하기 위한 기준을 마련하고 이를 공표해야 함
② 최선집행기준 : 금융투자상품의 가격, 투자자가 매매체결과 관련하여 부담하는 수수료 및 그 밖에 비용, 그 밖에 청약 또는 주문의 규모 및 매매체결의 가능성 등을 고려하여 최선의 거래조건으로 집행하기 위한 방법 및 그 이유 등이 포함되어야 함
　㉠ 최선집행기준이 적용되지 않는 거래 : 증권시장에 상장되지 아니한 증권의 매매, 장외파생상품의 매매, 증권시장에 상장된 증권 또는 장내파생상품의 어느 하나에 해당하는 금융투자상품 중 복수의 금융투자상품시장에서의 거래 가능성 및 투자자 보호의 필요성 등을 고려하여 총리령으로 정하는 금융투자상품의 매매
　㉡ 최선집행기준이 적용되지 않는 금융투자상품 : 채무증권, 지분증권(주권 제외), 수익증권, 투자계약증권, 파생결합증권, 증권예탁증권(주권과 관련된 것은 제외), 장내파생상품

③ 자기주식의 예외적 취득 : 투자매매업자는 투자자로부터 그 투자매매업자가 발행한 자기주식으로서 증권시장의 매매 수량 단위 미만의 주식에 대하여 매도의 청약을 받는 경우에는 이를 증권시장 밖에서 취득할 수 있으며, 취득한 자기주식은 취득일로부터 3개월 이내에 처분해야 함

④ 임의매매금지 : 투자매매업자 또는 투자중개업자는 투자자나 그 대리인으로부터 금융투자상품의 매매 청약 또는 주문을 받지 아니하고는 투자자로부터 예탁받은 재산으로 금융투자상품의 매매를 할 수 없음

2. 불건전 영업행위 금지

(1) 개요

영업의 영위와 관련하여 투자자 보호 또는 건전한 거래 질서를 해칠 우려가 있는 행위를 할 수 없으며, 이를 위반한 금융투자업자 및 그 임직원은 손해배상책임과 행정조치뿐만 아니라 형사벌칙의 대상이 됨

(2) 금지 사항

① 선행매매의 금지 : 투자자로부터 금융투자상품의 가격에 중대한 영향을 미칠 수 있는 매수 또는 매도의 청약이나 주문을 받거나 받게 될 가능성이 큰 경우 고객의 주문을 체결하기 전에 자기의 계산으로 매수 또는 매도하거나 제3자에게 매수 또는 매도를 권유하는 행위(Front-running)를 할 수 없음

② 조사분석자료 공표 후 매매 금지 : 특정 금융상품의 가치에 대한 주장이나 예측을 담고 있는 자료를 투자자에게 공표하면서 그 조사분석자료의 내용이 사실상 확정된 때부터 공표 후 24시간이 경과하기 전까지 그 조사분석자료의 대상이 된 금융투자상품을 자기의 계산으로 매매할 수 없음

> **TIP 조사분석자료 공표 후 매매 금지 예외사항**
> - 조사분석자료의 내용이 직접 또는 간접으로 특정 금융투자상품의 매매를 유도하는 것이 아닌 경우
> - 조사분석자료 공표로 인한 매매 유발이나 가격변동을 의도적으로 이용하였다고 볼 수 없는 경우
> - 해당 조사분석자료가 이미 공표한 조사분석자료와 비교하여 새로운 내용을 담고 있지 아니한 경우

③ 조사분석자료 작성자에 대한 성과보수 금지

㉠ 조사분석자료 작성을 담당하는 자에 대해서는 일정한 기업금융업무와 연동된 성과보수를 지급할 수 없음

㉡ 성과보수 연동이 금지되는 기업금융업무 : 인수업무, 모집, 사모, 매출의 주선업무, 기업의 인수 및 합병의 중개, 주선 또는 대리업무, 기업의 인수, 합병에 관한 조언업무, 경영참여형 사모집합투자기구 집합투자재산 운용업무, 프로젝트금융의 자문 또는 주선업무, 자문 또는 주선에 수반되는 프로젝트 금융

④ 모집, 매출과 관련된 조사분석자료의 공표, 제공 금지
  ㉠ 주권 등 일정한 증권의 모집 또는 매출과 관련된 계약을 체결한 날부터 그 증권이 최초로 증권시장에 상장된 후 40일 이내에 그 증권에 대한 조사 분석자료를 공표하거나 특정인에게 제공할 수 없음
  ㉡ 대상 증권 : 주권, 전환사채, 신주인수권부사채, 교환사채(예 주권, CB, BW, EB)
⑤ 투자권유대행인(외부 인력), 투자권유자문인력(내부 인력) 이외의 자의 투자권유 금지
  ㉠ 투자권유대행인 또는 투자권유자문인력이 아닌 자에게 투자권유를 할 수 없음
  ㉡ 금융투자업자가 투자권유를 외부에 위탁하는 경우, 투자권유대행인만 투자권유를 할 수 있음
  ㉢ 금융투자업자가 투자권유를 내부 직원에게 위탁하는 경우, 투자권유자문인력만 투자권유를 할 수 있음
⑥ 일임매매의 금지 : 투자자로부터 금융투자상품에 대한 투자판단의 전부 또는 일부를 일임받아 투자자별로 구분하여 금융투자상품의 취득, 처분, 그 밖의 방법으로 운용하는 행위. 즉, 일임매매를 할 수 없음
⑦ 기타 불건전영업행위의 금지
  ㉠ 서면으로 일반투자자와 같은 대우를 받겠다고 통지한 전문투자자의 요구에 정당한 사유 없이 동의하지 않는 행위(절대적 전문투자자 제외)
  ㉡ 일반투자자 중 투자목적, 재산상황 및 투자경험 등의 정보를 파악한 결과 판매상품이 적합하지 않거나 적정하지 않다고 판단되는 사람 또는 65세 이상인 사람을 대상으로 금융투자상품을 판매하는 경우

> **TIP 불건전영업행위의 금지 경우**
> 다음 중 하나라도 해당하면 불건전영업행위에 해당함
> • 판매과정을 녹취하지 않거나 투자자의 요청에도 불구하고 녹취 파일을 제공하지 않는 행위
> • 금융투자상품의 판매과정에서 매매에 관한 청약 또는 주문을 철회할 수 있는 기간에 대해 안내하지 않는 행위
> • 투자권유를 받고 금융투자상품의 청약 등을 한 투자자에게 2영업일 이상의 숙려기간을 부여하지 않는 행위
> • 숙려기간 동안 투자자에게 투자에 따르는 위험, 투자원금 손실 가능성, 최대 원금 손실 가능금액 및 그 밖에 금융위원회가 정하여 고시하는 사항을 고지하지 않거나 청약 등을 집행하는 행위
> • 숙려기간이 지난 후 서명, 기명날인, 녹취 또는 그 밖에 금융위원회가 정하여 고시하는 방법으로 금융투자상품의 매매에 관한 청약 등의 의사가 확정적임을 확인하지 않고 청약 등을 집행하는 행위
> • 청약 등을 집행할 목적으로 투자자에게 그 청약 등의 의사가 확정적임을 표시해줄 것을 권유하거나 강요하는 행위

  ㉢ 투자자 또는 거래 상대방 등에게 업무와 관련하여 금융위가 정하여 고시하는 기준을 위반하여 직접 또는 간접으로 재산상 이익을 제공하거나 이들로부터 재산상의 이익을 제공받는 행위
  ㉣ 증권의 인수업무 또는 모집, 사모, 매출의 주선업무와 관련한 행위
    • 증권신고서 중 중요사항에 관하여 거짓의 기재 또는 표시를 하거나 중요사항을 기재 또는 표시하지 않는 것을 방지하는 데 필요한 적절한 주의를 기울이지 않는 행위

- 증권의 발행인, 매출인 또는 그 특수관계인에게 증권의 인수를 대가로 모집, 사모, 매출 후 그 증권을 매수할 것을 사전에 요구하거나 약속하는 행위
- 인수하는 증권의 배정을 대가로 그 증권을 배정받은 자로부터 그 증권의 투자로 인하여 발생하는 재산상의 이익을 직접 또는 간접으로 분배받거나 그 자에게 그 증권의 추가적인 매수를 요구하는 행위
- 인수하는 증권의 청약자에게 증권을 정당한 사유 없이 차별하여 배정하는 행위

ⓜ 금융투자상품의 가치에 중대한 영향을 미치는 사항을 미리 알고 있으면서 이를 투자자에게 알리지 아니하고 해당 금융투자상품의 매수나 매도를 권유하여 해당 금융투자상품을 매도하거나 매수하는 행위
ⓗ 금융투자상품의 매매, 그 밖의 거래와 관련하여 투자자의 위법한 거래를 감추어 주기 위하여 부정한 방법을 사용하는 행위
ⓢ 금융투자상품의 매매, 그 밖의 거래와 관련하여 결제가 이행되지 아니할 것이 명백하다고 판단되는 경우임에도 정당한 사유 없이 그 매매, 그 밖의 거래를 위탁받는 행위
ⓞ 투자자에게 자기주식의 매매를 권유하는 행위
ⓙ 집합투자증권을 매수하거나 그 중개, 주선 또는 대리하는 행위
ⓒ 손실보전 금지 및 불건전영업행위 금지 등을 회피할 목적으로 하는 행위로서 장외파생상품거래, 신탁계약, 연계거래 등을 이용하는 행위
ⓚ 채권자로서 그 권리를 담보하기 위하여 백지수표나 백지어음을 받는 행위
ⓣ 집합투자증권의 판매업무와 집합투자증권의 판매업무 외의 업무를 연계하여 정당한 사유 없이 고객을 차별하는 행위
ⓟ 종합금융투자사업자가 단기금융업무를 하는 행위

3. 신용공여에 관한 규제

(1) 개요

① 증권과 관련하여 금전의 융자 또는 증권 대여의 방법으로 투자자에게 신용을 공여하는 것이며, 그 종류로는 청약자금대출, 신용거래 융자와 신용거래 대주, 예탁증권담보융자가 있음
② 신용공여행위는 투자매매업자 또는 투자중개업자의 고유업무는 아니지만, 증권과 관련된 경우에는 예외적으로 허용함

(2) 신용공여의 기준과 방법

① 투자매매업자 또는 투자중개업자는 다음의 어느 하나에 해당하는 방법으로만 투자자에게 신용을 공여할 수 있음
   ㉠ 해당 투자매매업자 또는 투자중개업자에게 증권매매 거래계좌를 개설하고 있는 자에 대하여 증권의 매매를 위한 매수대금을 융자하거나 매도하려는 증권을 대여하는 방법
   ㉡ 전자등록증 또는 증권을 담보로 금전을 융자하는 방법

② 구체적인 기준과 담보 비율 및 징수 방법은 다음의 금융위 규정으로 정함
　　㉠ 신용공여 계약의 체결 : 투자자 본인의 기명날인 또는 서명을 받거나 본인임을 확인 필요
　　㉡ 신용공여의 회사별 한도 : 총 신용공여 규모는 자기자본의 범위 이내로 함
　　㉢ 담보의 징구 : 청약자금대출, 신용거래융자 및 신용거래대주, 예탁증권담보융자
　　㉣ 담보 비율 : 신용공여금액의 140/100 이상에 상당하는 담보를 징수
　　㉤ 담보로 제공된 증권의 평가
　　　　• 청약주식 : 취득원가로 평가(상장된 후에는 당일 종가)
　　　　• 상장주권, 상장지수집합투자기구의 집합투자증권 : 당일종가
　　　　• 상장채권 및 공모파생결합증권 : 2 이상의 채권평가회사가 제공하는 가격정보 기초로 투자매매업자 또는 투자중개업자가 산정한 가격
　　　　• 집합투자증권 : 당일에 고시된 기준가격

③ 임의상환 방법
　　㉠ 채무상환, 추가 담보나 수수료를 납입하지 않았을 때 그다음 영업일에 투자자 계좌에 예탁된 현금을 투자자의 채무변제에 우선 충당하고, 담보증권, 그 밖의 증권의 순서로 필요한 수량만큼 임의처분하여 투자자의 채무변제에 충당할 수 있음
　　㉡ 증권시장에 상장된 증권을 처분하는 경우에는 증권시장에서 시가 결정에 참여하는 호가에 따라 처분해야 함
　　㉢ 처분대금 : 처분제비용, 연체이자, 이자, 채무원금의 순서로 충당함

④ 신용거래 등의 제한 : 투자자가 신용거래에 의해 매매할 수 있는 증권은 증권시장에 상장된 주권 및 상장지수집합투자기구 증권(ETF)으로 하며 다음 증권은 제외함
　　㉠ 거래소 투자경고종목, 투자위험종목, 관리종목으로 지정한 증권
　　㉡ 거래소가 매매호가 전 예납조치 또는 결제 전 예납조치를 취한 증권에 대해서는 신규 신용거래를 할 수 없음

⑤ 신용공여 관련 조치 : 신용공여 상황의 급격한 변동 등 투자자 보호가 필요한 경우 신용공여 한도의 변경, 신용공여 방법 등의 변경, 신용거래 금지 등을 취할 수 있음

(3) 인수증권에 대한 신용공여 제한

① 투자매매업자는 증권의 인수일부터 3개월 이내에 투자자에게 그 증권을 매수하게 하기 위하여 그 투자자에게는 금전의 융자외의 신용공여를 할 수 없음
② 위반 시 제재 : 형사상의 제재는 없으며, 회사 및 임직원에 대한 금융위의 행정조치 대상

4. 투자자 재산 보호를 위한 규제

(1) 개요

투자자들이 이들에게 예탁하거나 보관을 의뢰한 금전 또는 증권이 파산재단에 속하게 되는 경우 투자자를 보호하기 위하여 사전에 예탁금 및 예탁증권을 별도로 보관하도록 하고 있음

(2) 투자자예탁금의 예치

① **투자자예탁금의 별도 예치** : 투자자예탁금은 투자자로부터 금융투자상품의 매매, 그 밖의 거래와 관련하여 예탁받은 금전을 의미하며, 투자매매업자 또는 투자중개업자는 이를 고유재산과 구분하여 증권금융회사에 예치하거나 신탁업자에 신탁해야 함

  ㉠ 신탁업자에게 신탁할 수 있는 금융투자업자는 은행, 한국산업은행, 중소기업은행, 보험회사이며, 신탁법 제2조에도 불구하고 자기계약을 할 수 있음

  ㉡ 투자매매업자 또는 투자중개업자는 증권금융회사 또는 신탁업자에게 투자자예탁금을 예치 또는 신탁하는 경우에는 그 투자자예탁금이 투자자의 재산이라는 점을 명시해야 함

② **상계 또는 압류의 금지** : 누구든지 예치기관에 예치 또는 신탁한 투자자예탁금을 상계·압류하지 못하며, 투자자예탁금을 예치 또는 신탁한 투자매매업자 또는 투자중개업자는 시행령으로 정하는 경우 외에는 예치기관에 예치 또는 신탁한 투자자예탁금을 양도하거나 담보로 제공할 수 없음

③ **투자자예탁금의 우선 지급**

  ㉠ 다음의 어느 하나에 해당하게 된 경우 예치기관에 예치 또는 신탁한 투자자예탁금을 인출하여 투자자에게 우선하여 지급해야 함

  - 인가취소
  - 해산결의
  - 파산선고
  - 투자매매업 또는 투자중개업 전부 양도·전부 폐지가 승인된 경우 및 전부 정지 명령을 받은 경우

  ㉡ 예치금융투자업자는 사유 발생일부터 2개월 이내에 그 사실과 투자자예탁금의 지급시기, 지급장소, 그 밖에 투자자예탁금의 지급과 관련된 사항을 둘 이상의 일간신문에 공고하고, 인터넷 홈페이지 등을 이용하여 공시해야 함

  ㉢ 예치기관이 인가취소, 파산 등 예치 금융투자업자의 우선지급 사유와 동일한 사유에 해당되는 경우에는 예치 금융투자업자에게 예치 또는 신탁받은 투자자예탁금을 우선하여 지급

④ **기타**

  ㉠ 예치기관은 예치 또는 신탁받은 투자자예탁금을 자기 재산과 구분하여 신의에 따라 성실하게 관리해야 함

  ㉡ 그 밖에 투자자예탁금의 범위, 예치 또는 신탁의 시기, 주기, 비율, 방법, 인출 및 관리 등을 위하여 필요한 세부사항은 금융위가 정함

5. 투자자 예탁증권의 예탁

투자매매업자 또는 투자중개업자는 금융투자상품의 매매, 그 밖의 거래에 따라 보관하게 되는 투자자 소유의 증권을 예탁결제원에 지체 없이 예탁

6. 다자간매매체결회사에 관한 특례

(1) 개요

① 다자간매매체결회사는 정보통신망이나 전자정보처리장치를 이용하여 다수의 투자자 간에 자본시장법상 매매체결대상상품의 매매 또는 그 중개, 주선이나 대리업무를 수행하는 투자매매업자 또는 투자중개업자를 통칭
② 다자간매매체결회사는 대체 거래시스템이라고도 불리며, 정규거래소 이외에 매수자와 매도자 간에 매매를 체결시켜주는 다양한 형태의 증권거래시스템을 말함

(2) 인가 및 업무

① 다자간매매체결회사의 인가 요건은 기본적으로 투자매매업자 및 투자중개업자의 그것과 동일하지만, 업무 인가단위와 소유 한도에서 차이가 있음
② 매매체결대상상품은 모두 전문투자자를 대상으로 한다는 점에서 동일하나, 투자매매업의 경우 자기 자본은 300억원이고, 투자중개업의 경우에는 200억원이라는 점에서 차이가 있음
③ 다자간매매체결회사의 주식 소유에 대하여는 일정한 경우를 제외하고 다자간매매체결회사의 의결권 있는 발행주식 총수의 15%를 초과하여 소유할 수 없음

7. 종합금융투자사업자에 관한 특례

(1) 의의

① 종합금융투자사업자는 투자매매업자 또는 투자중개업자 중 금융위로부터 종합금융투자사업자의 지정을 받은 자를 말함
② 한국형 헤지펀드라고 할 수 있는 일반 사모집합투자기구에 대한 신용공여, 증권대차, 재산의 보관과 관리 등 헤지펀드에 대하여 투자은행업무를 종합적으로 서비스하는 것이 주된 기능임

(2) 종합금융투자사업자의 지정

① 지정요건
  ㉠ 상법에 따른 주식회사
  ㉡ 증권에 관한 인수업을 영위할 것
  ㉢ 3조원 이상의 자기자본
  ㉣ 적절한 내부통제기준과 이해상충 방지 체계를 갖출 것

② 지정절차 및 지정취소
　　㉠ 지정요건을 갖추어 금융위에 지정신청서를 제출
　　㉡ 종합금융투자사업자가 거짓 등 부정한 방법으로 지정받은 경우 등에는 금융위는 지정취소 가능

(3) 종합금융투자사업자의 업무

① 전담중개업무
　　㉠ 개요 : 일반 사모집합투자기구(헤지펀드) 등에 대하여 증권대차, 재산의 보관 및 관리, 금전융자, 신용공여 등 각종 금융서비스를 연계하여 제공하는 투자은행 업무
　　㉡ 제공 대상
　　　• 일반 사모집합투자기구, 시행령에서 정하는 은행, 한국산업은행, 중소기업은행, 한국수출입은행, 농업협동조합중앙회 및 농협은행, 수산업협동조합중앙회, 보험회사, 금융투자업자, 증권 금융회사, 종합금융회사, 자금중개 회사, 금융지주회사, 여신전문금융회사, 상호저축은행 및 해당 은행의 중앙회, 산림조합중앙회, 새마을금고연합회, 신용협동조합중앙회 등
　　　• 법률에 따라 설립된 기금 및 그 기금을 관리, 운용하는 법인과 법률에 따라 공제사업을 경영하는 법인
　　　• 기관전용 사모집합투자기구(PEF)
　　　• 사모투자집합기구에 상당하는 외국 집합투자기구
　　　• 단, 종합금융투자사업자는 그와 계열회사의 관계에 있는 법인에 대하여 신용공여를 하거나 그 법인이 운용하는 일반 사모집합투자기구에 대하여 전담중개업무를 제공할 수 없음

② 신용공여업무
　　㉠ 기업에 대한 신용공여업무를 영위할 수 있음
　　㉡ 신용공여업무는 대출, 기업어음증권에 해당하지 않는 어음의 할인, 매입을 말함
　　㉢ 신용공여를 하는 경우에는 신용공여의 총 합계액이 자기자본의 200%를 초과하여서는 안 되며, 기업금융업무 관련 신용공여, 중소기업에 대한 신용공여를 제외한 신용공여의 합계액이 자기자본의 100%를 초과해서는 안 됨
　　㉣ 기업에 신용공여를 할 때 공정거래법에 해당하는 기업집단에 대해서는 종합금융투자사업자의 자기자본의 25% 범위를 초과하여 신용공여를 할 수 없음
　　㉤ 종합금융투자사업자의 계열회사가 운용하고 있는 일반사모집합투자기구에 대하여 전담중개업무를 제공하면 안 됨

개념확인문제

01 다음 중 투자매매업에 대한 설명으로 적절하지 않은 것은?

① 투자매매업자는 누구의 명의로 하든지 자기의 계산으로 금융투자상품의 매매, 증권의 발행, 인수 또는 청약의 권유, 청약, 청약의 승낙을 영업으로 하는 자이다.
② 금융투자업자 본인이 스스로 증권을 발행하는 경우에는 투자매매업으로 볼 수 없다.
③ 투자매매업자를 거래 상대방으로 하거나 투자중개업자를 통해 금융투자상품을 매매하는 경우는 투자매매업으로 볼 수 없다.
④ 투자매매업자는 투자자로부터 금융투자상품의 매매에 관한 청약 또는 주문을 받은 경우 해당 업을 영위하지 않으므로 투자자에게 그러한 사실을 알릴 필요가 없다.

해설 | 투자매매업자는 투자자로부터 금융투자상품의 매매에 관한 청약 또는 주문을 받은 경우 본인이 투자매매업자인지 투자중개업자인지 방법에 불문하고 알려야 한다.

02 다음 중 투자자의 청약 또는 주문을 처리하는 과정에서의 최선집행의무에 대한 설명으로 적절하지 않은 것은?

① 금융투자상품의 매매에 관한 투자자의 청약 또는 주문을 처리하기 위하여 대통령령으로 정하는 바에 따라 최선의 거래조건으로 집행하기 위한 기준을 마련하고 이를 공표해야 한다.
② 증권시장에 상장되지 않은 비상장 증권을 거래하는 경우 최선집행기준이 적용되지 않는다.
③ 채무증권은 최선집행기준을 적용하여 거래해야 한다.
④ 최선집행기준의 내용에는 금융투자상품의 가격, 투자자가 매매체결과 관련하여 부담하는 수수료 및 그 밖에 비용, 그 밖에 청약 또는 주문의 규모 및 매매체결의 가능성 등을 고려하여 최선의 거래조건으로 집행하기 위한 방법 및 그 이유 등이 포함되어야 한다.

해설 | 채무증권은 최선집행기준의 적용을 받지 않는다.

03 다음 중 불건전 영업행위에 대한 설명으로 적절하지 않은 것은?

① 투자매매업자는 조사분석자료의 내용이 사실상 확정된 때부터 공표 후 24시간이 경과하기 전까지 그 조사 분석자료의 대상이 된 금융투자상품을 자기의 계산으로 매매할 수 없다.
② 조사분석자료의 내용이 직접 또는 간접으로 특정 금융투자상품의 매매를 유도하는 것이 아닌 경우에는 조사분석자료 공표 후 매매금지가 적용되지 않는다.
③ 조사분석자료 작성자에 대한 성과보수는 지급할 수 없다.
④ 금융투자업자가 투자권유를 외부에 위탁하는 경우에는 투자권유대행인 이외의 자가 투자권유를 하는 것도 허용된다.

해설 | 금융투자업자가 투자권유를 외부에 위탁하는 경우에는 투자권유대행인에게만 권유하도록 하여야 한다는 의미이고, 내부 직원에게 위탁하는 경우에는 투자권유자문인력에게만 권유하도록 하여야 한다는 의미이다. 따라서 투자권유 부문을 외부에 위탁하더라도 일정한 자격을 갖춘 투자권유대행인만 투자권유를 할 수 있다.

04 다음 중 투자자 재산 보호를 위한 규제에 대한 설명으로 적절하지 않은 것은?

① 금융투자업자는 투자자예탁금을 금융투자업자 고유재산과 구분하여 증권금융회사에 예치하거나 신탁업자에 예치해야 한다.
② 금융투자업자는 증권금융회사 또는 신탁업자에게 투자자예탁금을 예치 또는 신탁하는 경우에는 그 투자자예탁금이 투자자의 재산이라는 점을 명시해야 한다.
③ 투자자의 채권자가 원하는 경우를 제외하고는 일반적으로는 예치기관에 예치 또는 신탁된 투자자예탁금을 상계·압류할 수 없다.
④ 금융투자업자의 인가가 취소되는 경우 예치기관에 예치 또는 신탁한 투자자예탁금을 인출하여 투자자에게 우선하여 지급해야 한다.

해설 | 누구든지 예치기관에 예치 또는 신탁된 투자자예탁금을 상계하거나 압류할 수 없다.

05 다음 중 종합금융투자사업자의 지정요건이 아닌 것은?

① 자본시장법에 따른 상장회사
② 3조원 이상의 자기자본
③ 증권에 관한 인수업을 영위
④ 적절한 내부통제기준 및 이해상충 방지체계를 갖출 것

해설 | 종합금융투자사업자 지정요건은 상법에 따른 주식회사, 증권에 관한 인수업을 영위할 것, 3조원 이상의 자기자본, 적절한 내부통제기준과 이해상충 방지체계를 갖추고 있을 것 등이다.

정답 | 01 ④ 02 ③ 03 ④ 04 ③ 05 ①

06 다음 중 금융투자업자의 불공정영업행위 금지사항으로 적절하지 않은 것은?

① 위탁매매 금지
② 일임매매 금지
③ 모집, 매출과 관련된 조사분석자료의 공표 및 제공 금지
④ 선행매매 금지

해설 | 불공정영업행위는 영업의 영위와 관련하여 투자자 보호 또는 건전한 거래 질서를 해칠 우려가 있는 행위를 의미한다. 위탁매매는 불공정영업행위로 볼 수 없는 투자중개업자 고유의 업이다.

07 다음 중 금융투자업자의 신용공여에 대한 설명으로 적절하지 않은 것은?

① 해당 금융투자업자에게 증권매매거래계좌를 개설하고 있는 자에 대하여 증권의 매매를 위한 매수대금을 융자하거나 매도하려는 증권을 대여하는 방법에 의한 신용공여는 허용된다.
② 신용공여금액의 140분의 100 이상에 상당하는 담보를 징구해야 한다.
③ 총신용공여규모는 자기자본 범위 이내로 제한한다.
④ 청약주식의 경우 상장되고 난 직후에는 변동성이 심하므로 상장 후 일정기간 동안에는 취득원가로 계속 해당 주식을 평가한다.

해설 | 청약주식의 경우 상장 전에는 취득원가로 평가하지만 상장된 후에는 당일 종가로 평가한다.

08 다음 중 종합금융투자사업자의 업무에 대한 설명으로 옳지 않은 것은?

① 일반 사모집합투자기구 등에 대해 증권대차, 재산의 보관 및 관리, 금전융자, 신용공여 등 각종 금융서비스를 연계하여 제공하는 전담중개업무를 수행할 수 있다.
② 기업에 대한 신용공여 업무를 제공할 수 있다.
③ 종합금융투자사업자의 계열회사가 운용하고 있는 사모집합투자기구에 대해서 신용공여업무는 제공할 수 없지만 전담중개업무를 제공할 수 있다.
④ 기관전용 사모집합투자기구도 전담중개업무의 제공 대상이 된다.

해설 | 종합금융투자사업자의 계열회사가 운용하고 있는 사모집합투자기구에 대해서는 신용공여 및 전담중개업무를 제공할 수 없다.

09 다음 중 금융투자업자의 불건전영업행위 금지에 대한 설명으로 적절하지 않은 것은?

① 서면으로 일반투자자와 같은 대우를 받겠다고 통지한 상대적 전문투자자 및 절대적 전문투자자의 요구에 정당한 사유 없이 동의하지 않는 행위는 금지된다.
② 일반투자자 중 판매상품이 적합하지 않다고 판단되는 사람에 대해 금융투자상품을 판매하는 경우 주문을 철회할 수 있는 기간에 대해 안내하지 않는 행위는 금지된다.
③ 일반투자자 중 판매상품이 적합하지 않다고 판단되는 사람에 대해 금융투자상품을 판매하는 경우 녹취된 파일을 제공하지 않는 행위는 금지된다.
④ 증권의 인수업무 또는 모집, 사모, 매출의 주선업무와 관련하여 증권신고서 중 중요사항에 관해 거짓의 기재 또는 표시를 하는 행위는 금지된다.

해설 | 서면으로 일반투자자와 같은 대우를 받겠다고 통지한 상대적 전문투자자의 요구에 정당한 사유 없이 동의하지 않는 행위는 금지되지만, 절대적 전문투자자는 일반투자자로 전환할 수 없으므로 동의가 필요 없다.

정답 | 06 ① 07 ④ 08 ③ 09 ①

TOPIC 05 증권 발행시장 공시제도

1. 증권신고서제도

(1) 개요

① 불특정 다수인을 상대로 증권시장 밖에서 증권을 새로이 발행하거나 이미 발행된 증권을 매도하는 경우 해당 증권에 관한 사항과 증권의 발행인에 관한 사항을 투자자에게 알리기 위한 제도
② 발행공시제도는 투자설명서(투자자에게 교부됨)와 증권신고서제도(투자자에게 제공되는 정보의 진실성을 확보하기 위함)로 구성

(2) 모집 또는 매출의 개념과 대상 행위

① **적용대상** : 증권과 관련된 모든 발행 또는 매도가 아니라 일정한 요건에 해당하는 모집 또는 매출만 해당

② **모집 또는 매출의 의미**
　㉠ 모집 : 일정한 방법에 따라 산출한 50인 이상의 투자자에게 새로 발행되는 증권취득의 청약을 권유하는 것
　㉡ 매출 : 증권시장 밖에서 일정한 방법에 따라 산출한 50인 이상의 투자자에게 이미 발행된 증권 매도의 청약을 하거나 매수의 청약을 권유하는 것

③ **50인의 산정 방법** : 50인을 산출하는 경우에는 청약의 권유를 하는 날 이전 6개월 이내에 해당 증권과 같은 종류의 증권에 대하여 모집이나 매출에 의하지 아니하고 청약의 권유를 받은 자를 합산하되, 다음에 해당하는 자는 제외함

전문가	• 국가, 한국은행 등 전문투자자 • 회계법인, 신용평가업자 • 발행인에게 회계 자문 등의 용역을 제공하고 있는 공인회계사, 감정인, 변호사, 변리사 세무사 등 공인된 자격증을 가지고 있는 자 • 발행인의 재무상황이나 사업내용 등을 잘 알 수 있는 전문가로서 금융위가 정하여 고시하는 자
연고자	• 발행인의 최대 주주와 발행주식 총수의 5/100 이상을 소유한 주주 • 발행인의 임원 및 우리 사주조합원 • 발행인의 계열회사와 임원 • 발행인이 주권비상장법인인 경우에는 그 주주 • 외국법령에 따라 설립된 외국 기업인 발행인이 종업원의 복지증진을 위한 주식 매수제도 등에 따라 국내 계열회사의 임직원에게 해당 외국 기업의 주식을 매각하는 경우에는 해당 국내 계열회사의 임직원 • 발행인이 설립 중인 회사인 경우에는 그 발기인

④ **간주모집** : 청약의 권유를 받은 자의 수가 50인 미만으로 증권의 모집에 해당하지 않더라도 해당 증권이 발행일부터 1년 이내에 50인 이상의 자에게 양도될 수 있는 경우 모집으로 간주

⑤ 청약권유 : 권유받는 자에게 증권을 취득하도록 하기 위하여 증권취득 청약의 권유 혹은 증권 매도 청약이나 매수청약의 권유 등 증권을 발행하거나 매도한다는 사실을 알리고 취득의 절차를 안내하는 활동(예 신문, 방송, 잡지 등을 통한 광고 또는 안내문, 홍보 전단 등 인쇄물의 배포, 투자설명회의 개최, 전자통신 등의 방법)

(3) 적용면제증권

① 의의 : 국채증권, 지방채증권 혹은 대통령령으로 정하는 법률에 따라 직접 설립된 법인이 발행한 채권, 그 밖에 다른 법률에 따라 충분한 공시가 행하여지는 등 투자자 보호가 이루어지고 있다고 인정되는 증권을 의미하며 대통령령으로 정하는 증권에 대해서는 증권신고서 관련 규정이 적용되지 않음

② 적용면제증권 종류
  ㉠ 국가 또는 지방자치단체가 원리금 지급을 보증한 채무증권
  ㉡ 국가 또는 지방자치단체가 소유하는 증권을 미리 금융위와 협의하여 매출의 방법으로 매각하는 경우 해당 증권
  ㉢ 도시철도의 건설 및 운영과 주택건설사업을 목적으로 설립된 지방공사가 발행하는 채권
  ㉣ 국제금융기구가 금융위와의 협의를 거쳐 기획재정부장관의 동의를 받아 발행하는 채권
  ㉤ 한국주택금융공사가 발행한 주택저당증권 및 학자금 대출증권
  ㉥ 전자단기사채 등으로 만기가 3개월 이내인 증권

(4) 신고

① 신고대상 모집 또는 매출 금액
  ㉠ 신고대상 : 과거 1년간 동일 증권에 대한 모집 또는 매출가액이 10억원 이상인 경우 신고 필요(10억원 미만이면 신고하지 않음)
  ㉡ 소액공모 공시제도
    • 증권신고서 제출의무가 없는 모집 또는 매출의 경우에도 발행인은 투자자 보호를 위하여 재무상태에 관한 사항 등 일정한 사항을 공시하는 등의 조치를 취해야 함
    • 발행인은 재무상태와 영업실적을 기재한 서류를 금융위에 제출할 것(회계감사인의 회계감사를 받거나 공인회계사의 확인과 의견표시받은 것을 제출)
    • 청약을 권유하는 경우에는 모집 또는 매출에 관한 사항, 발행인에 관한 사항, 청약기간, 납부기간 등을 인쇄물 등에 기재하거나 표시할 것
    • 모집 또는 매출실적에 관한 결과를 금융위에 보고(변경된 경우도 동일)

② 신고의무자 : 해당 증권의 발행인

③ 신고서의 수리 : 원칙적으로 신고서의 효력이 발생한 후 투자설명서를 사용하여 청약의 권유를 해야 하지만, 신고서 제출 시 예비투자설명서 또는 간이투자설명서를 첨부하여 제출한 경우에는 이를 이용한 청약 권유행위는 가능

④ 효력 발생
　　㉠ 금융위에 제출된 증권신고서를 수리 전과 수리 후 효력 발생 전까지 심사할 수 있고, 심사결과 수리를 거부하거나 정정 요구를 할 수 있음
　　㉡ 금융위가 증권별로 정해진 효력 발생 기간 동안 별도로 조치하지 않는 한 증권신고서 효력이 발생됨
　　㉢ 효력 발생은 제출된 신고서 및 첨부 서류가 형식상 또는 내용상 문제가 없다는 것을 의미하며, 신고서 내용이 진실 또는 정확하다는 것을 인정하거나 정부가 보증 또는 승인하는 효력을 가지지 않음

⑤ 거래의 제한 : 증권 신고 효력이 발생하지 않은 증권의 취득 또는 매수의 청약이 있는 경우에 그 증권의 발행인, 매출인과 그 대리인은 그 청약의 승낙을 할 수 없음

⑥ 특수한 신고제도

일괄 신고서제도	• 의미 : 같은 종류의 증권을 지속적으로 발행하는 회사가 향후 일정기간 동안 발행 예정인 증권을 일괄하여 신고하고 실제 발행 시 추가서류의 제출만으로 증권신고서를 제출한 것과 동일한 효과를 갖도록 하여 증권의 발행 또는 매도를 원활하게 할 수 있도록 하는 제도 • 일괄신고 제출 가능 증권 　－주권, 주권 관련 사채 및 이익참가부사채권 　－고난도금융투자상품이 아닌 파생결합증권 　－고난도금융투자상품 중 오랫동안 반복적으로 발행된 것으로 기초자산의 구성 및 수익 구조가 금융위가 정하여 고시하는 기준에 부합하는 파생결합증권 　－개방형 집합투자증권
정정 신고서제도	• 정정신고서 : 이미 제출한 증권신고서의 기재사항을 정정하고자 하는 경우 또는 금융위로부터 정정 요구를 받은 경우 제출한 증권신고서 • 정정신고서가 수리된 날에 당초 제출한 증권신고서가 수리된 것으로 봄
철회 신고서제도	증권 발행인은 증권신고를 철회하고자 하는 경우, 그 증권신고서에 기재된 증권의 취득 또는 매수의 청약일 전날까지 철회신고서를 금융위에 제출할 수 있음

2. 발행신고서 관련 세부 규정

(1) 청약권유대상자에서 제외되는 자

① 전문가로서 제외되는 자(전문가로 보지 않는 자) : 발행인의 재무상황이나 사업내용 등을 잘 알 수 있는 전문가 중 제외되는 자
　㉠ 중소기업창업투자회사
　㉡ 기타 전문가와 유사한 자로 감독원장이 정하는 자

② 발행인의 연고자 중 제외되는 자
　㉠ 발행인의 제품을 원재료로 직접 사용하거나 발행인에게 자사 제품을 원재료로 직접 공급하는 회사 및 그 임원
　㉡ 발행인과 대리점계약 등에 의하여 발행인의 제품 판매를 전업으로 하는 자 및 그 임원

ⓒ 발행인이 협회 등 단체의 구성원이 언론, 학술 및 연구등 공공성 또는 공익성이 있는 사업을 영위하기 위하여 공동으로 출자한 회사인 경우 해당 단체의 구성원

(2) 전매 가능성 판단 기준

① **증권별 전매 가능성 기준**
  ㉠ 지분증권 : 같은 종류의 증권이 모집 또는 매출된 실적이 있거나 증권시장에 상장된 경우
  ㉡ 지분증권 이외의 증권 : 50매 이상으로 발행되거나 발행 후 50매 이상으로 권면 분할되어 거래될 수 있는 경우
  ㉢ 전환권 등의 권리가 부여된 증권 : 위의 ㉠, ㉡ 경우에 해당하는 경우
  ㉣ 기업어음증권 : 다음의 요건 중 어느 하나라도 해당하는 경우
    • 50매 이상으로 발행되는 경우
    • 기업어음의 만기가 365일 이상인 경우
    • 특정금전신탁에 편입되는 경우

② **전매제한조치** : 다음의 경우에는 전매기준에 해당하지 않음
  ㉠ 증권을 발행한 후 지체 없이 한국예탁결제원에 예탁하고 그 예탁일로부터 1년간 해당 증권을 인출하거나 매각하지 않기로 하는 내용의 예탁계약을 예탁결제원과 체결한 후 그 예탁계약을 이행하는 경우
  ㉡ 50매 미만으로 발행되는 경우에는 증권의 권면에 발행 후 1년 이내 분할금지특약을 기재하는 경우
  ㉢ 전환권 등이 부여된 경우에는 권리행사금지기간 발행 후 1년 이상으로 정하는 경우
  ㉣ 기업어음 및 파생결합증권이 특정금전신탁에 편입되는 경우 : 발행인이 특정 금전 신탁의 위탁자를 합산하여 50인 이상이 될 수 없다는 뜻을 인수계약서와 취득계약서에 기재하고, 발행인 또는 기업어음 등을 인수한 금융투자업자가 그러한 발행조건의 이행을 담보할 수 있는 장치를 마련한 경우
  ㉤ 단기사채로 만기가 3개월 이내인 경우
  ㉥ 우리사주조합을 통해 취득한 주식을 수탁기관에 예탁하고 그 예탁일로부터 1년간 해당 주식을 인출하거나 매각하지 않기로 하는 내용의 예탁계약을 수탁기관과 체결한 후 그 예탁계약을 이행하는 경우
  ㉦ 온라인소액투자중개를 통해 지분증권을 모집한 발행인이 일정한 요건을 모두 충족하는 경우
  ㉧ 국내 환류 가능성이 있는 해외발행증권에 해당되는 경우에는 발행 당시 또는 발행일로부터 1년 이내에 해당 증권을 거주자에게 양도할 수 없다는 뜻을 해당 증권의 권면, 인수계약서, 취득계약서 등에 기재하고 발행인 또는 인수한 금융투자업자가 취득자로부터 그러한 발행조건의 이행을 담보할 수 있는 장치를 강구한 경우

③ 보호예수된 증권의 인출사유 : 다음 중 어느 하나의 사유가 발생한 경우 발행인의 신청에 의해 해당 증권의 인출을 허용
  ㉠ 통일규격증권으로 교환하기 위한 경우
  ㉡ 전환권, 신주인수권 등 증권에 부여된 권리행사를 위한 경우
  ㉢ 회사의 합병, 분할, 분할합병 또는 주식의 포괄적 교환, 이전에 따라 다른 증권으로 교환하기 위한 경우
  ㉣ 액면 또는 권면의 분할 또는 병합에 따라 새로운 증권으로 교환하기 위한 경우
  ㉤ 전환형 조건부자기자본증권을 주식으로 전환하기 위한 경우
  ㉥ 기타 금감원장이 인정하는 경우

(3) 효력 발생시기의 특례

① 금융위가 따로 정하는 효력 발생시기
  ㉠ 일괄신고서의 정정신고서는 수리된 날부터 3일이 경과한 날에 그 효력이 발생함. 다만, 일괄신고서의 정정신고서가 수리된 날부터 3일이 경과한 날이 당초의 일괄신고서의 효력이 발생하는 날보다 먼저 도래하는 경우에는 당초의 일괄신고서의 효력이 발생하는 날에 그 효력이 발생
  ㉡ 발행인에 관한 사항이 이미 제출한 사업보고서 · 반기보고서 및 분기보고서 또는 신고서와 동일한 내용의 신고서를 제출하는 경우 무보증사채권의 발행을 위한 신고서는 수리된 날부터 5일, 보증사채권 · 담보부사채권의 발행을 위한 신고서는 수리된 날부터 3일이 경과한 날에 각각 효력이 발생
  ㉢ 사채권의 발행을 위하여 신고서를 제출한 자가 사채거래수익률 등의 변동으로 인한 발행가액의 변경 또는 발행이자율의 변경을 위하여 정정신고서를 제출하는 경우에는 정정신고서가 수리된 다음 날에 그 효력이 발생
  ㉣ 금적립계좌 발행을 위하여 제출한 일괄신고서가 효력이 발생한 후에 제출하는 정정신고서는 수리된 날에 그 효력이 발생

② 효력 발생기간에 영향을 미치지 않는 정정신고서
  ㉠ 신고서를 제출한 자가 다음의 어느 사유로 정정신고서를 제출한 경우 당초의 신고서 효력 발생일에 영향을 미치지 않음
    • 모집 또는 매출할 증권수를 당초에 제출한 신고서의 모집 또는 매출할 증권수의 100분의 80 이상과 100분의 120 이하에 해당하는 증권수로 변경하는 경우
    • 초과배정옵션계약을 추가로 체결하거나 초과배정 수량을 변경하는 경우
    • 공개매수의 대가로 교부하기 위하여 신주를 발행함에 있어서 발행예정주식수가 변경되는 경우
    • 채무증권을 모집 또는 매출하는 경우로서 모집가액 또는 매출가액의 총액을 당초에 제출한 신고서의 모집가액 또는 매출가액 총액의 100분의 80 이상과 100분의 120 이하에 해당하는 금액으로 변경하는 경우

ⓒ 사소한 문구 수정 등 투자자의 투자판단에 크게 영향을 미치지 않는 경미한 사항을 정정하기 위하여 정정신고서를 제출하는 경우
　　ⓓ 국제금융기구가 원화표시채권을 발행하기 위하여 증권신고서를 제출하는 경우에는 그 증권신고서가 수리된 날부터 5일이 경과한 날에 효력이 발생함

　③ **효력 발생기간의 계산**
　　㉠ 효력 발생기간을 계산하며 금융위가 신고서를 수리하면 접수된 날에 수리된 것으로 간주
　　㉡ 금융위가 신고서를 수리했을 때는 신고서를 제출한 발행인에게 이를 서면으로 통지

4. 증권분석기관

(1) 의의

증권분석기관이란 모집가액 또는 매출가액의 적정성 등 증권의 가치를 평가하는 기관으로서 다음의 어느 하나에 해당하는 자를 의미
① 인수업무, 모집, 사모, 매출의 주선업무를 수행하는 자
② 신용평가업자, 회계법인, 채권평가회사

(2) 분석업무의 평가 제한

증권분석기관이 공모를 하려는 법인과 다음의 어느 하나의 관계가 있는 경우에는 평가할 수 없음
① 증권분석기관이 해당 법인에 그 자본금의 100분의 3 이상을 출자하고 있는 경우 및 그 반대의 경우
② 증권분석기관에 그 자본금의 100분의 5 이상을 출자하고 있는 주주와 해당 법인에 100분의 5 이상을 출자하고 있는 주주가 동일인이거나 특수관계인인 경우
③ 증권분석기관의 임원이 해당 법인에 그 자본금의 100분의 1 이상을 출자하고 있거나 해당 법인의 임원이 증권분석기관에 100분의 1 이상을 출자하고 있는 경우
④ 증권분석기관 또는 해당 법인의 임원이 해당 법인 또는 증권분석기관의 주요 주주의 특수관계인인 경우
⑤ 동일인이 증권분석기관 및 해당 법인에 대하여 임원의 임면 등 법인의 주요 경영사항에 대하여 사실상 영향력을 행사하는 관계가 있는 경우

(3) 분석업무의 금지 및 제한

① **분석업무의 금지** : 금융위로부터 관련 업무의 정지조치를 받은 경우 그 정지기간 중에 증권분석 업무를 할 수 없으며 회계법인이 특정회사에 대한 감사업무제한 조치를 받은 경우에는 그 제한기간 중 해당 특정 회사에 대한 증권분석 업무를 할 수 없음
② 다음 중 어느 하나에 해당하는 경우 일정한 기간을 정하여 제한함
　㉠ 공정한 평가에 필요한 적절한 주의의무를 기울이지 아니하였거나 평가내용 중 허위의 표시 또는 중요 사실에 대한 오해를 유발할 수 있는 표시를 한 경우로서 금감원장이 인정하는 경우

ⓒ 증권분석기관의 임직원이 평가와 관련하여 알게 된 기밀을 누설 또는 업무 외에 이용한 사실이 있는 경우로서 금감원장이 인정하는 경우

(4) 증권분석기관의 평가의견 생략

소액공모를 하는 경우 또는 모집설립의 경우로 다음의 어느 하나에 해당하는 경우 평가의견 생략
① 금융위의 금융기관 신설을 위한 예비인가를 받은 경우
② 금융위의 금융지주회사 신설을 위한 예비인가를 받은 경우
③ 회사 설립 시에 발행하는 지분증권 중 상당 부분을 정부 또는 지방자치단체가 취득 예정인 경우
④ 특별법에 따라 정부로부터 영업인가 또는 허가를 받은 경우
⑤ 그 밖 사업 내용에 비추어 국민경제 발전을 위하여 필요하다고 금감원장이 인정하는 경우

(5) 안정조작의 기준가격(금융위가 정하는 평균 거래 가격)

① 의미 : 증권시장에서 거래가 형성된 증권의 경우 다음 각 방법에 따라 산정된 가격의 산술평균
  ㉠ 안정조작기간의 초일 전일부터 과거 20일간 공표된 매일의 증권시장에서 거래된 최종시세 가격을 실물거래에 의한 거래량을 가중치로 하여 가중산술평균한 가격
  ㉡ 안정조작기간의 초일 전일부터 과거 7일간 공표된 매일의 증권시장에서 거래된 최종시세 가격을 실물거래에 의한 거래량을 가중치로 하여 가중산술평균한 가격
② 증권시장에서 거래가 형성되지 아니한 주식의 경우 해당 법인의 자산 상태, 수익성 기타의 사정을 참작하여 금감원장이 정하는 가격

5. 투자설명서제도

(1) 개요

① 모집 또는 매출에 대한 증권신고서는 최종적으로 투자자에게 청약의 권유문서이자 투자권유문서인 투자설명서를 교부하기 위한 심사청구서류임
② 투자자에게 실제로 교부되는 것은 증권신고서가 아니라 투자설명서이며, 투자설명서는 증권신고서의 제출 및 효력 발생이라는 진행단계에 따라 간이투자설명서, 예비투자설명서, 투자설명서 등의 형태로 이용

(2) 투자설명서의 작성 및 공시

① 작성
  ㉠ 투자설명서에는 증권신고서에 기재된 내용과 다른 내용을 표시하거나 그 기재사항을 누락할 수 없음

ⓒ 다만, 기업경영 등 비밀 유지와 투자자 보호와의 형평 등을 고려하여 기재를 생략할 필요가 있는 사항(예 군사기밀, 발행인의 기업 비밀)으로 금융위의 확인을 받은 사항에 대하여는 그 기재를 생략할 수 있음

② 공시
　　ⓐ 발행인은 증권을 모집하거나 매출하는 경우 투자설명서 및 간이투자설명서를 증권 신고의 효력이 발생하는 날에 금융위에 제출하여야 하며, 이를 총리령으로 정하는 장소에 비치하고 일반인이 열람할 수 있도록 하여야 함
　　ⓑ 발행인은 투자설명서 및 간이투자설명서를 해당 증권 발행인의 본점, 금융위, 거래소, 청약사무취급장소에 비치 및 공시하여야 함

(3) 개방형 집합투자증권 및 파생결합증권에 대한 특례

개방형 집합투자증권 및 파생결합증권의 발행인은 다음의 구분에 따라 투자설명서, 간이투자설명서를 금융위에 추가로 제출 필요
① 투자설명서 및 간이투자설명서를 제출한 후 1년마다 1회 이상 다시 고친 투자설명서 및 간이투자설명서를 제출할 것
② 변경등록을 한 경우 변경등록의 통지를 받은 날부터 5일 이내에 그 내용을 반영한 투자설명서 및 간이투자설명서를 제출할 것
③ 단, 개방형 집합투자증권 및 파생결합 증권의 모집 또는 매출을 중지한 경우에는 제출, 비치 및 공시를 하지 않을 수 있음

(4) 정당한 투자설명서의 교부의무

① 교부의무
　　ⓐ 누구든지 증권신고의 효력이 발생한 증권을 취득하고자 하는 자에게 투자설명서를 미리 교부하지 아니하면 그 증권을 취득하거나 매도할 수 없음
　　ⓑ 전자문서에 의해 투자설명서를 받은 것을 동의 등을 하면 교부한 것으로 간주
　　ⓒ 투자설명서의 교부가 면제되는 자
　　　• 전문투자자 등 일정한 전문가
　　　• 투자설명서 받기를 거부한다는 의사를 서면, 전화 등으로 표시한 자
　　　• 이미 취득한 것과 같은 집합투자증권을 계속하여 추가로 취득하려는 자

② 투자설명서의 사용방법 : 다음의 하나의 방법에 따라 투자설명서를 사용
　　ⓐ 증권신고의 효력이 발생한 후 투자설명서를 사용하는 방법
　　ⓑ 증권신고서가 수리된 후 신고의 효력이 발생하기 전에 예비투자설명서를 사용하는 방법
　　ⓒ 증권신고서가 수리된 후 신문, 방송, 잡지 등을 이용한 광고를 통하여 간이투자설명서를 사용하는 방법(예 안내문, 홍보 전단, 전자 전달매체)

개념확인문제

01 ★★☆ 다음 중 증권신고서제도에 대한 설명으로 적절하지 않은 것은?

① 모집의 50인 산정기준에 국가, 한국은행 등의 전문투자자는 제외한다.
② 청약의 권유를 받은 자의 수가 50인 미만이더라도 해당 증권이 발행일로부터 1년 이내에 50인 이상의 자에게 양도될 수 있는 경우 모집으로 볼 수 있다.
③ 50인을 산출하는 경우에는 청약의 권유를 하는 날 이전 6개월 이내에 해당 증권과 같은 종류의 증권에 대하여 모집이나 매출에 의하지 아니하고 청약의 권유를 받은 자를 합산한다.
④ 광고, 안내문 등의 배포 행위는 50인 산정기준의 적용을 받지 않는다.

해설 | 광고, 안내문, 홍보 전단 등 인쇄물의 배포, 투자설명회의 개최, 전자통신 등의 방법으로 증권취득청약의 권유를 하는 경우 공모로 발행해야 한다.

02 ★★★ 다음 중 투자설명서 제도에 대한 설명으로 적절하지 않은 것은?

① 원칙적으로 신고서의 효력이 발생한 후 투자설명서를 사용하여 청약의 권유를 해야 한다.
② 신고서 제출 시 예비투자설명서 또는 간이투자설명서를 첨부하여 제출한 경우에는 이를 이용한 청약 권유행위는 가능하다.
③ 금융위의 조치가 없으면 증권신고서의 효력은 발생하지 않는다.
④ 효력 발생은 제출된 신고서 및 첨부 서류가 형식상 또는 내용상 문제가 없다는 것을 의미하며, 신고서 내용에 대한 부분을 정부가 보증 또는 승인한다는 의미는 아니다.

해설 | 금융위의 조치가 없더라도 효력발생기간 동안 별도의 조치가 없는 경우 증권신고서 효력이 발생한다.

03 ★★★ 다음 중 증권신고서 관련 규정이 적용되지 않는 채권이 아닌 것은?

① 국가 또는 지방자치단체가 원리금 지급을 보증한 채무증권
② 국가 또는 지방자치단체가 소유하는 증권을 미리 금융위와 협의하여 매출의 방법으로 매각하는 경우의 증권
③ 전자단기사채로 만기가 1년 이내인 증권
④ 한국주택금융공사가 발행한 주택저당증권 및 학자금 대출증권

해설 | 전자단기사채로 만기가 3개월 이내인 증권의 경우 증권신고서 관련 규정이 적용되지 않는다.

04 다음 중 투자설명서 교부를 하지 않아도 되는 경우가 아닌 것은?

① 전문투자자
② 투자설명서 받기를 거부한다는 의사를 서면, 전화 등으로 표시한 자
③ 이미 취득한 집합투자증권을 계속 추가로 취득하려는 자
④ 외국법인

해설 | 투자설명서의 교부가 면제되는 자
- 전문투자자 등 일정한 전문가
- 투자설명서 받기를 거부한다는 의사를 서면, 전화 등으로 표시한 자
- 이미 취득한 것과 같은 집합투자증권을 계속하여 추가로 취득하려는 자 등

05 다음 중 전매기준에 해당하지 않는 경우와 가장 거리가 먼 것은?

① 증권을 발행한 후 지체 없이 한국예탁결제원에 1년간 예탁하기로 한 경우
② 50매 미만으로 발행되는 경우 1년 이내 분할금지특약을 기재하는 경우
③ 전환권 등이 부여된 경우 권리행사 금지기간을 발행 후 1년 이상으로 정하는 경우
④ 단기사채로 만기가 1년 이내인 경우

해설 | 전매기준에 해당하지 않는 단기사채는 만기가 3개월 이내이다.

06 다음 중 증권분석기관이 공모를 하려는 법인에 대해 평가를 할 수 있는 상황은?

① 증권분석기관이 해당 법인에 그 자본금의 4%를 출자하고 있는 경우
② 증권분석기관에 그 자본금의 6%를 출자하고 있는 주주
③ 증권분석기관의 직원이 해당 법인에 그 자본금의 2%를 출자하고 있는 경우
④ 증권분석기관 또는 해당 법인의 임원이 해당 법인 또는 증권분석기관의 주요 주주의 특수관계인인 경우

해설 | 증권분석기관의 직원이 해당 법인에 자본금의 2%를 출자하고 있는 경우에는 평가를 할 수 있다. 다만, 증권분석기관의 임원이 해당 법인 자본금의 1% 이상을 출자하고 있는 경우에는 평가할 수 없다.

정답 | 01 ④ 02 ③ 03 ③ 04 ④ 05 ④ 06 ③

07 다음 중 증권분석기관이 될 수 없는 기관은?

① 인수업무, 모집, 사모, 매출의 주선업무를 수행하는 자
② 신탁업자
③ 신용평가업자
④ 회계법인

해설 | 증권분석기관이란 모집가액 또는 매출가액의 적정성 등 증권의 가치를 평가하는 기관이다. 인수업무, 모집, 사모, 매출의 주선업무를 수행하는 자, 신용평가업자, 회계법인, 채권평가회사가 해당된다.

08 다음 중 투자설명서에 대한 설명으로 적절하지 않은 것은?

① 투자설명서에는 증권신고서에 기재된 내용과 다른 내용을 표시하거나 그 기재사항을 누락할 수 없다.
② 투자자에게는 증권신고서와 투자설명서가 동시에 제공된다.
③ 투자설명서에는 기업경영 등 비밀 유지와 투자자 보호와의 형평 등을 고려하여 기재를 생략할 필요가 있는 사항(예 군사기밀, 발행인의 기업 비밀)은 금융위의 확인을 받았다면 생략할 수 있다.
④ 발행인은 증권을 모집하거나 매출하는 경우 투자설명서 및 간이투자설명서를 증권신고의 효력이 발생하는 날 금융위에 제출해야 한다.

해설 | 투자자에게는 투자설명서가 제공된다.

09 다음 중 증권신고서에 대한 설명으로 적절하지 않은 것은?

① 금융위원회의 정정 요구가 있었으나, 그 요구를 받은 후 3개월 내로 정정신고서를 제출하지 않으면 해당 증권신고서를 철회한 것으로 간주한다.
② 일괄신고서의 정정신고서는 수리된 날부터 3일이 경과한 날에 그 효력이 발생한다.
③ 사소한 문구 수정 등 투자자의 투자 판단에 크게 영향을 미치지 않는 경미한 사항을 정정하기 위해 정정신고서를 제출하는 경우 수리된 날부터 5일이 경과한 후 효력이 발생한다.
④ 증권신고서에 대한 정정 요구가 있는 경우 정정신고서를 제출해야 하며, 정정신고서가 수리된 날에 해당 증권신고서가 수리된 것으로 본다.

해설 | 사소한 문구 수정 등 투자자의 투자판단에 크게 영향을 미치지 않는 경미한 사항을 정정하는 경우 효력 발생 기간에 영향을 미치지 않는다.

10 다음 중 일괄신고서제도에 대한 설명으로 적절하지 않은 것은?

① 같은 종류의 증권을 지속적으로 발행하는 회사가 향후 일정기간 동안 발행 예정인 증권을 일괄하여 신고한 경우 일괄신고서 제도를 적용할 수 있다.
② 일괄신고서 제출 후 실제 증권 발행 시 추가서류의 제출만으로 증권신고서를 제출한 것과 동일한 효과를 갖는다.
③ 주권, 주권 관련 사채 및 이익참가부사채권의 경우 일괄신고 제출이 가능한 증권이다.
④ 고난도금융투자상품에 해당하는 파생결합증권은 일괄신고 제출이 가능하다.

해설 | 고난도금융투자상품이 아닌 파생결합증권은 일괄신고서 제도 적용이 가능하지만, 고난도금융투자상품에 해당하는 경우 일괄신고 제출을 할 수 없다.

정답 | 07 ② 08 ② 09 ③ 10 ④

TOPIC 06 증권 유통시장 공시제도

1. 정기공시제도

① **제출 대상** : 주권상장법인과 다음의 법인은 사업보고서, 반기보고서, 분기보고서를 일정한 기한 내에 금융위와 거래소에 제출해야 함

> 다음의 어느 하나에 해당하는 증권을 증권시장에 발행한 발행인
> 1) 주권 외의 지분증권, 무보증사채, 전환사채, 신주인수권부사채, 이익참가부사채 또는 교환사채, 신주인수권이 표시된 것, 증권예탁증권, 파생결합증권 등
> 2) 위 1)에 언급한 법인 외에 외부감사대상법으로 위에 해당하는 증권별로 금융위가 정하여 고시하는 방법에 따라 계산한 증권의 소유자 수가 500인 이상의 발행인

② **제출면제** : 다음 중 하나에 해당하는 법인은 사업보고서 등의 제출이 면제
  ㉠ 파산으로 인하여 사업보고서 제출 등이 사실상 불가능한 경우
  ㉡ 해산 사유가 발생한 법인 : 최근 사업연도의 사업보고서의 제출이 사실상 불가능한 법인
  ㉢ 상장폐지요건에 해당하는 발행인 : 해당 법인에게 책임이 없는 사유로 사업보고서의 제출이 불가능하다고 금융위의 확인을 받은 경우
  ㉣ 일정한 증권을 모집, 매출한 법인 : 같은 증권별로 각각의 증권마다 소유자 수가 모두 25인 미만인 경우로 금융위가 인정한 경우(단, 그 소유자 수가 25인 미만으로 감소된 날이 속하는 사업연도의 사업보고서는 제출해야 함)
  ㉤ 주주 수가 500인 기준에 해당된 발행인 : 각각의 증권마다 소유자 수가 모두 300인 미만인 경우(단, 그 소유자 수가 300인 미만으로 감소된 날이 속하는 사업연도의 사업보고서는 제출해야 함)

③ **제출기한**
  ㉠ 사업보고서 등 제출 대상 법인의 경우 사업보고서는 사업연도 경과 후 90일 이내, 반기보고서·분기보고서의 경우 반기 및 분기 종료일부터 45일 내에 금융위와 거래소에 제출
  ㉡ 최초로 사업보고서를 제출해야 하는 법인은 사업보고서 제출 대상 법인에 해당하게 된 날로부터 5일 이내에 그 직전 사업연도의 사업보고서를 금융위와 거래소에 제출

④ **기재사항** : 사업보고서 제출 대상 법인은 회사의 목적, 상호, 사업내용, 임원 보수, 임원 개인별 보수와 구체적인 산정기준 및 방법, 보수총액 기준 상위 5명의 개인별 보수와 그 구체적인 산정기준 및 방법, 재무에 관한 사항 등을 기재해야 하고 시행령에서 정한 다음의 사항을 포함해야 함
  ㉠ 대표이사와 제출업무를 담당하는 이사의 서명
  ㉡ 회사의 개요, 이사회 등 회사의 기관 및 계열회사에 관한 사항, 주주에 관한 사항, 회계감사인의 감사의견 등

⑤ 연결재무제표 등에 관한 특례
  ㉠ 연결재무제표 제출 대상 법인 : 사업보고서 기재사항 중 재무에 관한 사항과 그 부속명세서, 그 밖에 금융위가 정하여 고시하는 사항은 연결재무제표를 기준으로 기재하되, 그 법인의 재무제표를 포함해야 함. 회계감사인의 감사의견은 연결재무제표와 그 법인의 재무제표에 대한 감사의견을 기재해야 함
  ㉡ 연결재무제표 제출 대상 법인이 아닌 법인 : 해당 법인의 재무제표를 기준으로 재무에 관한 사항과 그 부속명세, 그 밖의 금융위가 정하여 고시하는 사항을 기재하고, 그 법인의 재무제표에 대한 회계감사인의 감사의견을 기재한 사업보고서를 사업연도 종료일부터 90일 내에 제출할 수 있음

⑥ 사업보고서 등의 제출에 관한 특례 : 외국 법인 등의 경우에는 다음의 기준 및 방법에 따라 제출의무를 면제하거나 제출기한을 달리할 수 있음
  ㉠ 사업보고서에 관한 규정의 적용을 면제하는 경우 : 외국 정부, 외국 지방자치단체, 공익사업을 영위하는 외국 공공단체 등
  ㉡ 외국 법인 등은 사업보고서를 법에서 정하는 기간이 지난 후 30일 이내에 제출할 수 있고, 반기보고서 및 분기보고서는 법에서 정한 기간이 지난 후 15일 이내에 제출할 수 있음

2. 주요사항 보고제도

(1) 개요
① 주요 경영사항 신고 중 회사 존립, 조직 재편성, 자본 증감 등의 사항과 특수공시사항은 해당 사유 발생 다음 날까지 금융위에 주요사항 보고서를 제출
② 그 외의 공시사항에 대해서는 거래소가 운영하는 자율공시제도인 수시공시제도로 이원화
③ 수시공시 사항에 대해서는 거래소와 사업보고서 제출 대상 법인 간의 자율공시 사항으로서 거래소의 공시규정에 정하는 바에 따르게 되었으며, 위반 시에도 법적인 제재는 불가능

(2) 제출 대상
① 주요사항 보고제도는 정기적으로 제출되는 사업보고서, 반기보고서, 분기보고서를 보완하기 위한 제도이기 때문에 제출 대상은 사업보고서 제출 대상과 동일
② 주권상장법인 외의 법인 역시 보고 의무를 부담할 수 있음에 유의

(3) 제출 사유 및 제출기한
① 기한 : 주요 보고 사유에 해당하는 사항이 발생한 경우 그 사실이 발생한 날의 다음 날까지 금융위에 주요사항 보고서를 제출

② 주요 제출 사유
  ㉠ 발행한 어음 또는 수표가 부도로 되거나 은행과의 당좌거래가 정지 또는 금지된 때
  ㉡ 영업활동의 전부 또는 중요한 일부가 정지되거나 그 정지에 관한 이사회의 결정이 있을 때

ⓒ 회생절차개시의 신청이 있을 때
ⓒ 해산 사유가 발생한 때
ⓒ 자본증가 또는 자본감소에 관한 이사회 결의가 있을 때
ⓒ 중요한 영업 또는 자산을 양수하거나 양도할 것을 결의할 때
- 최근 사업연도 말 현재 자산총액의 10% 이상인 영업 양수, 양도
- 최근 사업연도 말 현재 매출액의 10% 이상인 영업 양수, 양도
- 영업양수로 인해 인수할 부채액이 최근 사업연도 말 현재 부채총액의 10% 이상인 양수
- 양수, 양도하려는 자산액이 최근 사업연도 말 자산총액의 10% 이상인 양수, 양도(단, 일상적인 영업활동에서 발생한 행위는 제외)
ⓒ 자기주식을 취득 또는 처분할 것을 결의할 때
ⓒ 기타 : 이에 준하는 사유가 발생한 때

3. 수시공시제도

(1) 개요

① 투자자들의 정확한 투자 판단을 위해 기업에 관한 중요한 변화가 발생하는 경우 이를 지체 없이 거래소에 신고할 수 있게 하는 수시공시제도를 운영
② 기업의 신고가 있는 경우 거래소는 이를 지체 없이 금융위에 송부

(2) 수시공시의 유형

① **주요 경영사항의 신고ㆍ공시(의무공시)** : 공시규정이 정하는 주요 경영사항에 해당하는 사실 또는 결정이 있는 경우에는 그 내용을 사유 발생 당일 혹은 사유 발생 다음 날까지 거래소에 신고해야 함
② **자율공시**
 ㉠ 기업의 자율적인 판단 및 책임하에 공시하는 것을 의미
 ㉡ 상장기업이 주요 경영사항 외에 투자판단에 중대한 영향을 미칠 수 있거나 투자자에게 알릴 필요가 있다고 판단되는 사항의 발생 또는 결정이 있는 때에는 그 내용을 거래소에 신고할 수 있음
 ㉢ 신고는 사유 발생일 다음 날까지 해야 함
 ㉣ 일단 자율공시를 하기만 하면 그 법적 효과는 주요 경영사항 공시와 동일
③ **조회공시**
 ㉠ 기업의 주요 경영사항 또는 그에 준하는 사항에 관한 풍문 또는 보도의 사실 여부 또는 당해기업이 발행한 주권 등의 가격이나 거래량에 현저한 변동이 있는 경우, 거래소가 상장 기업에게 중요한 정보의 유무에 대한 답변을 요구하고 당해 기업은 이에 응하여 공시하도록 하는 제도
 ㉡ 조회공시대상이 풍문 또는 보도와 관련한 경우에는 요구 시점이 오전일 때는 당일 오후까지, 오후일 때는 다음 날 오전까지 답변해야 함
 ㉢ 시황급변과 관련한 경우에는 요구받은 날부터 1일 이내에 다음 날까지 답변해야 함

④ 공정공시제도
- ㉠ 상장기업이 증권시장을 통해 공시되지 않은 중요정보를 금융투자상품분석가, 기관투자자 등 특정인에게 선별적으로 제공하고자 하는 경우, 모든 시장 참가자들이 동 정보를 알 수 있도록 그 특정인에게 제공하기 전에 증권시장을 통해 공시하도록 하는 제도
- ㉡ 공정공시를 이행하였다고 해서 다른 수시공시 의무가 무조건적으로 면제되는 것은 아님

4. 유통시장 공시관련 세부 규정

(1) 사업보고서 제출 대상

외감대상 법인으로서 증권의 소유자 수가 500인 이상인 발행인 해당 여부의 기준이 되는 증권의 소유자 수는 해당 증권별로 최근 사업연도 말을 기준으로 하여 다음의 방법에 따라 산정
① 주권의 경우에는 주주명부 및 실질주주명부상의 주주 수로 함
② 주권 외의 증권의 경우에는 모집 또는 매출에 의하여 증권을 취득한 자의 수로 하되, 2회 이상 모집 또는 매출을 한 경우에는 각각의 수를 모두 더하고 중복되는 자를 공제함

(2) 주요 사항 보고서의 공시

중요한 자산양수도 중 주요 사항 보고대상에서 제외되는 것은 해당 법인의 사업목적을 수행하기 위하여 행하는 영업행위로서 다음의 어느 하나에 해당하는 것
① 상품, 원재료, 저장품 또는 그 밖에 재고자산의 매입, 매출 등 일상적인 영업활동으로 인한 자산의 양수, 양도
② 영업활동에 사용되는 기계 등의 주기적 교체를 위한 자산의 취득과 처분
③ 법 등에 따른 자기주식의 취득 또는 처분
④ 자산유동화에 관한 법률에 따른 자산유동화
⑤ 공개매수에 의한 주식 등의 취득, 공개매수청약에 의한 주식 등의 처분
⑥ 법률에 의해 직접 설립된 법인이 발행한 출자증권의 양수 혹은 양도

(3) 외국 법인 등의 공시

① 개별재무제표 미제출 사유 : 연결재무제표에 상당하는 서류를 제출한 외국 법인 등이 개별재무제표를 제출하지 않을 수 있는 경우가 해당(설립 근거가 되는 국가 또는 증권이 '상장된 국가의 법률'에 따라 '해당 외국 법인 등의 재무제표 및 그 재무제표에 대한 외국 회계 감사인의 감사보고서'의 제출이 의무화되지 않는 경우)

② 제출자료의 작성 방법
- ㉠ 외국 법인 등이 법, 영 또는 규정에 따라 금융위, 증선위에 제출하거나 신고하는 신청서 또는 신고서류 등은 한글로 작성해야 함(예외적으로 영문으로 제출할 수 있음)
- ㉡ 공시서류는 전자문서 제출을 원칙으로 함

개념확인문제

01 다음 중 금융투자업자의 업무보고 및 경영공시에 대한 설명으로 적절하지 않은 것은?

① 금융투자업자는 감사보고서, 재무제표 및 부속명세서 등을 금융감독원장이 요청할 경우 제출해야 한다.
② 금융투자업자는 매 사업연도 특정 기간 동안의 업무보고서를 작성하여 금융위원회에 제출해야 한다.
③ 주요 경영사항 신고 중 회사 존립, 조직 재편성, 자본 증감 등의 사항과 특수공시사항은 그 사유 발생 다음 날까지 금융위에 주요 사항보고서를 제출해야 한다.
④ 기업 주가가 대폭 하락한 경우 주요 사항보고서를 제출해야 한다.

해설 | 기업 주가가 대폭 하락한 경우는 주요 사항보고서 제출 대상에 해당하지 않는다.

02 다음 중 정기공시에 대한 설명으로 적절하지 않은 것은?

① 주권상장법인은 사업보고서, 감사보고서 등을 일정한 기간 내에 금융위와 거래소에 제출해야 하는 의무가 있다.
② 사업보고서에는 대표이사와 제출업무를 담당하는 이사의 서명이 포함되어야 한다.
③ 해산 사유가 발생한 법인으로 최근 사업연도의 사업보고서 제출이 사실상 불가능한 법인의 경우 사업보고서 제출이 면제된다.
④ 주주 수가 500인 기준에 해당하다가 300인 미만으로 감소한 경우 감소된 날이 속하는 사업연도의 사업보고서부터 제출하지 않아도 된다.

해설 | 주주 수가 500인 기준에 해당하다가 300인 미만으로 감소한 경우 사업보고서 제출 의무가 면제되나, 300인 미만으로 감소된 날이 속하는 사업연도의 사업보고서는 제출해야 한다.

03 다음 중 주요 사항보고서를 제출해야 하는 경우가 아닌 것은?

① 발행한 어음 또는 수표가 부도로 되거나 은행과의 당좌거래가 정지 또는 금지
② 회생절차 개시의 신청
③ 최근 사업연도 말 현재 자산총액의 100분의 20 이상인 영업의 양수도
④ 자기주식의 취득 및 처분

해설 | 최근 사업연도 말 현재 자산총액의 100분의 10 이상인 영업의 양수도가 주요 사항보고서 제출 대상이 된다.

04 다음 중 공시와 관련한 설명으로 적절하지 않은 것은?

① 수시공시제도는 크게 의무공시, 자율공시, 조회공시, 공정공시제도가 있다.
② 자율공시는 기업의 자율적인 판단 및 책임하에 공시하는 것으로 자율공시 후 법적 효과는 주요 경영사항과 동일하지 않다.
③ 공정공시제도 사유가 발생하여 공정공시를 이행했다고 하더라도 수시공시 의무가 면제되는 것은 아니다.
④ 공시규정이 정하는 주요 경영사항에 해당하는 사실 또는 결정이 있는 경우에는 그 내용을 사유발생 당일 혹은 사유 발생 다음 날까지 거래소에 신고해야 한다.

해설 | 자율공시는 기업의 자율적인 판단 및 책임하에 공시하는 것으로 자율공시 후에 발생하는 법적효과는 주요 경영사항과 동일하게 적용받는다.

05 다음 중 주요 사항 보고서 공시 대상에서 제외되는 항목은 총 몇 개인가?

> ㉠ 영업활동에 사용되는 기계의 대규모 교체를 위한 자산의 취득과 처분
> ㉡ 법 등에 따른 자기주식의 취득 또는 처분
> ㉢ 자산유동화에 관한 법률에 따른 자산유동화
> ㉣ 공개매수에 의한 주식 등의 취득, 공개매수청약에 의한 주식 등의 처분
> ㉤ 법률에 의해 직접 설립된 법인이 발행한 출자증권의 양수 혹은 양도

① 4개　　② 5개
③ 3개　　④ 2개

해설 | ㉠ 영업활동에 사용되는 기계의 대규모 교체를 위한 자산의 취득과 처분을 제외한 ㉡~㉤이 모두 공시 대상 제외 항목에 해당한다.

주요 사항보고서 공시 대상에서 제외되는 항목
- 상품, 원재료, 저장품 또는 그 밖에 재고자산의 매입, 매출 등 일상적인 영업활동으로 인한 자산의 양수, 양도
- 영업활동에 사용되는 기계 등의 주기적 교체를 위한 자산의 취득과 처분
- 법 등에 따른 자기주식의 취득 또는 처분
- 자산유동화에 관한 법률에 따른 자산유동화
- 공개매수에 의한 주식 등의 취득, 공개매수청약에 의한 주식 등의 처분
- 법률에 의해 직접 설립된 법인이 발행한 출자증권의 양수 혹은 양도

정답 | 01 ④　02 ④　03 ③　04 ②　05 ①

TOPIC 07　기업의 인수합병(M&A) 관련 제도

1. 공개매수제도

(1) 개요

증권시장 밖에서 불특정 다수를 대상으로 이루어지는 주식 등의 장외 매수에 대해 매수 절차, 방법 등을 규정하고 그 내용을 공시하도록 하는 제도

(2) 의의 및 적용대상

① **공개매수의 의의** : 공개매수란 불특정 다수인에 대하여 의결권 있는 주식 등 매수의 청약을 하거나 매도의 청약을 권유하고 증권시장 및 다자간매매 체결회사 밖에서 그 주식 등을 매수하는 것을 말함

② **공개매수 의무** : 주식 등을 6개월 동안 증권시장 밖에서 10인 이상의 자로부터 매수 등을 하고자 하는 자는 그 매수 등을 한 후에 본인과 그 특별관계자가 보유하게 되는 주식수의 합계가 그 주식 등의 총수의 5% 이상이 되는 경우에는 공개매수를 하여야 함

③ **적용대상증권** : 의결권 있는 주식 및 그와 관계있는 다음의 증권이 공개매수 대상이 됨

> 1) 주권상장법인이 발행한 증권으로서 다음의 어느 하나에 해당하는 증권, 주권, 신주인수권이 표시된 것
>   - 전환사채권, 신주인수권부사채권, 교환사채권
>   - 해당 증권을 기초자산으로 하는 파생결합증권(권리행사도 해당 증권을 취득하는 것만 해당)
> 2) 주권상장법인 외의 자가 발행한 증권으로서 다음의 어느 하나에 해당하는 증권
>   - 위 1)의 증권과 관련된 증권예탁증권
>   - 교환을 청구할 수 있는 교환사채권 등

④ **공개매수 의무자**

　㉠ 공개매수 해당 여부를 판단하기 위한 지분의 계산은 특정인에 한정되지 않고, 그 특정인과 일정한 관계가 있는 자까지 확대(특별관계자는 특수관계인과 공동보유자를 의미)

　㉡ 특수관계인은 다음의 어느 하나에 해당하는 자를 말함
- 본인이 개인인 경우 : 배우자, 6촌 이내의 혈족, 4촌 이내의 인척 등
- 본인이 법인이나 단체인 경우 : 임원, 계열회사 및 해당 회사 임원 등

　㉢ 공동보유자 : 본인과 합의나 계약 등에 따라 다음의 어느 하나에 해당하는 행위를 할 것을 협의한 자를 의미
- 주식 등을 공동으로 취득하거나 처분하는 행위
- 주식 등을 공동 또는 단독으로 취득한 후 그 취득한 주식을 상호양도하거나 양수하는 행위
- 의결권을 공동으로 행사하는 행위

　㉣ 특수관계인이 소유하는 주식 등의 수가 1,000주 미만이거나 공동보유자에 해당하지 아니함을 증명하는 경우에는 공개매수 및 5% 보고제도를 적용할 때 특수관계인으로 보지 않음

(3) 적용면제

매수 등의 목적, 유형, 그 밖에 다른 주주의 권익침해 가능성 등을 고려하여 다음에 해당하는 매수 등의 경우에는 공개매수 외의 방법으로 매수 등을 할 수 있음

① 소각을 목적으로 하는 주식 등의 매수
② 주식매수청구에 응한 주식의 매수
③ 신주인수권이 표시된 것, 전환사채권, 신주인수권부사채권 또는 전환사채권의 권리행사에 따른 주식 등의 매수 등
④ 파생결합증권의 권리행사에 따른 주식 등의 매수 등
⑤ 특수관계인으로부터 주식 등의 매수 등

(4) 절차

① **공개매수의 공고** : 공개매수를 하고자 하는 자는 공개매수신고서 제출에 앞서 공개매수에 관한 다음의 사항을 일간신문 또는 경제 분야의 특수 일간신문 중 전국을 보급지역으로 하는 둘 이상의 신문에 공고

　㉠ 공개매수를 하고자 하는 자
　㉡ 공개매수할 주식 등의 발행인
　㉢ 공개매수의 목적
　㉣ 공개매수할 주식 등의 종류 및 수
　㉤ 공개매수기간, 가격, 결제일 등 공개매수조건
　㉥ 매수자금의 명세, 그 밖에 투자자 보호를 위하여 필요한 다음의 사항
　　• 공개매수자와의 그 특별관계자 현황
　　• 공개매수 사무취급자에 관한 사항
　　• 공개매수의 방법
　　• 공개매수 대상 회사의 임원이나 최대 주주와 사전협의가 있었는지와 사전협의가 있는 경우에는 그 협의 내용
　　• 공개매수가 끝난 후 공개매수 대상 회사에 관한 장래 계획
　　• 공개매수공고 전에 해당 주식 등의 매수 등의 계약을 체결하고 있는 경우에는 그 계약 사실 및 내용
　　• 공개매수신고서 및 공개매수설명서의 열람 장소

② **공개매수신고서의 제출** : 공개매수공고일에 금융위와 거래소에 공개매수기간, 가격, 결제일 등 공개매수조건을 기재한 공개매수신고서를 제출하고 신고서 사본은 공개매수대상 회사에 송부

③ **발행인의 의견 표명**
　㉠ 공매매수신고서 사본의 송부 및 공고
　　• 공개매수자는 공개매수신고서를 제출하거나 정정신고서를 제출한 경우 지체 없이 그 사본을 공개매수 할 주식 등의 발행인에게 송부해야 함
　　• 공개매수자가 정정신고서를 제출한 경우에는 지체 없이 그 사실과 정정한 내용을 공고

ⓒ 발행인의 의견표명 방법 : 공개매수신고서가 제출된 주식 등의 발행인은 다음의 방법에 따라 그 공개매수에 관한 의견을 표명할 수 있음
- 광고, 서신, 그 밖의 문서에 의해야 함
- 공개매수에 대한 발행인의 찬성, 반대 또는 중립의 의견에 관한 입장과 그 이유가 포함되어야 하며, 의견표명 이후에 그 의견에 중대한 변경이 있는 경우에는 지체 없이 위의 방법으로 그 사실을 알려야 함
- 발행인이 의견을 표명한 경우에는 그 내용을 기재한 문서를 지체 없이 금융위와 거래소에 제출해야 함

(5) 공개매수

① 기간 : 공개매수 기간은 공개매수신고서의 제출일로부터 20일 이상 60일 이내
② 공개매수설명서의 작성
  ㉠ 공개매수자는 공개매수를 하고자 하는 경우 그 공개매수에 관한 설명서를 작성하여 공개 매수 공고일에 금융위와 거래소에 제출해야 하며, 이를 공개매수 사무취급자의 본점과 지점, 그 밖의 영업소, 금융위 및 거래소에 비치하고 일반인이 열람할 수 있도록 하여야 함
  ㉡ 공개매수설명서에는 공개매수신고서에 기재된 내용과 다른 내용을 표시하거나 그 기재사항을 누락할 수 없음

③ 공개매수설명서의 교부
  ㉠ 공개매수자는 공개매수할 주식 등을 매도하고자 하는 자에게 공개매수 설명서를 미리 교부하지 않으면 그 주식 등을 매수할 수 없음
  ㉡ 공개매수기간 중 별도 매수의 금지
  ㉢ 공개매수자는 공개매수공고일부터 그 매수기간이 종료하는 날까지 그 주식 등을 공개매수에 의하지 아니하고는 매수 등을 하지 못함

④ 전부매수의무 : 공개매수자는 공개매수신고서에 기재한 매수조건과 방법에 따라 응모한 주식 등의 전부를 공개매수기간이 종료하는 날의 다음 날 이후 지체 없이 매수해야 함

전부매수의무 예외의 경우

아래 조건 중 해당하는 조건을 공개매수공고에 게재하고 공개매수신고서에 기재한 경우에는 그 조건에 따라 응모한 주식 등의 전부 또는 일부를 매수하지 않을 수 있음
- 응모한 주식 등의 총수가 공개매수 예정주식 등의 수에 미달할 경우 응모주식 등의 전부를 매수하지 않는다는 조건
- 응모한 주식 등의 총수가 공개매수 예정주식 등의 수를 초과하는 경우에는 공개매수 예정주식 등의 수의 범위에서 비례하게 배분하여 매수하고, 그 초과 부분의 전부 또는 일부를 매수하지 않는다는 조건
- 공개매수자가 공개매수를 하는 경우 그 매수가격은 균일해야 함

⑤ 공개매수의 철회
  ㉠ 공개매수자는 공개매수공고일 이후에는 공개매수를 철회할 수 없음
  ㉡ 예외 : 다음 경우는 공개매수기간 말일까지 철회할 수 있음
    - 대항 공개매수가 있는 경우
    - 공개매수자가 사망, 해산, 파산한 경우
    - 그 밖에 투자자 보호를 해할 우려가 없는 경우
    - 공개매수자가 발행한 어음 또는 수표가 부도로 되거나 은행과의 당좌거래가 정지 또는 금지된 경우
    - 공개매수대상 회사에 다음의 어느 하나의 사유가 발생한 경우에 공개매수를 철회할 수 있다는 조건을 공개매수 공고 시 개제하고 이를 공개매수신고서에 기재한 경우로서 그 기재한 사유가 발생한 경우
      - 합병, 분할, 분할합병, 주식의 포괄적 이전 또는 포괄적 교환
      - 중요한 영업이나 자산의 양도, 양수
      - 해산 및 파산, 발행한 어음이나 수표의 부도, 은행과의 당좌거래의 정지 또는 금지
      - 주식 등의 상장폐지, 천재지변, 전시 등으로 인해 자산총액의 10% 이상의 손해 발생
  ㉢ 공개매수 철회 방법 : 공개매수자가 공개매수를 철회하고자 하는 경우 철회신고서를 금융위와 거래소에 제출하고 그 내용을 공고해야 하며, 사본을 공개매수를 철회할 주식 등의 발행인에게 송부해야 함
⑥ **응모주주 철회** : 공개매수대상 주식 등 매수의 청약에 대한 승낙 또는 매도의 청약을 한 자는 공개매수기간 중에는 언제든지 응모를 취소할 수 있음. 이 경우 공개매수자는 응모주주에 대하여 응모취소에 대한 손해배상 등을 청구할 수 없음
⑦ **공개매수결과보고서의 제출** : 공개매수자는 공개매수가 종료했을 때 지체 없이 공개매수로 취득한 공개매수자의 보유주식 등의 수, 지분율 등을 기재한 공개매수결과보고서를 금융위와 거래소에 제출해야 함

2. 주식 등의 대량보유상황 보고제도

(1) 개요

① 주식 등의 대량보유상황 보고제도는 주권상장법인의 주식 등을 발행주식 총수의 5% 이상 보유하게 되는 경우와 보유지분의 변동 및 보유목적의 변경 등 M&A와 관련된 주식 등의 보유상황을 공시하도록 하는 제도
② 5% Rule 또는 5% 보고제도라고도 함

(2) 적용대상

① 보고대상증권은 주식 등으로 공개매수의 주식 등의 개념과 동일함
② 보고의무자는 본인과 특별관계자를 합하여 주권상장법인의 주식 등을 5% 이상 보유하게 된 자 또는 보유하고 있는 자

(3) 보고제도

① 신규보고와 변동보고

신규보고	새로 5% 이상을 보유하게 되는 경우
변동보고	• 5% 이상 보유자가 보유 비율의 1% 이상이 변동되는 경우 • 신규보고 및 변동보고자의 보유목적의 변경, 보유주식 등에 대한 신탁, 담보계약, 그 밖의 주요 계약 내용의 변경, 보유 형태의 변경

② 보고의무의 면제 : 다음의 경우에는 변동보고의무를 면제함
  ㉠ 보유주식 등의 수가 변동되지 아니한 경우
  ㉡ 주주가 가진 주식 수에 따라 배정하는 방법으로, 신주를 발행하는 경우로서 그 배정된 주식 수만을 취득하는 경우
  ㉢ 주주가 가진 주식 수에 따라 배정받는 신주인수권에 의하여 발행된 신주인수권증서를 취득하는 것만으로 보유주식 등의 수가 증가하는 경우
  ㉣ 자본감소로 보유주식 등의 비율이 변동된 경우
  ㉤ 신주인수권이 표시된 것, 신주인수권부사채, 전환사채권 또는 교환사채권에 주어진 권리행사로 발행 또는 교환되는 주식 등의 발행가격 또는 교환가격 조정만으로 보유주식 등의 수가 증가하는 경우

(4) 보고내용

보고의무자는 보유상황, 보유목적, 보유주식 등에 관한 주요 계약 내용과 다음 사항을 보고해야 함
① 대량보유자와 그 특별관계자에 관한 사항, 보유주식 등의 발행인에 관한 사항, 변동 사유, 취득 또는 처분 일자, 가격 및 방법, 보유 형태, 취득에 필요한 자금이나 교환 대상 물건의 조성 내역
② 보유목적이 발행인의 경영권에 영향을 주기 위한 것이 아닌 경우와 특례적용 전문투자자의 경우에는 보고 시 약식보고서에 의할 수 있음
③ 보유목적이 회사의 경영에 영향을 주기 위한 경우 : 회사나 그 임원에 대하여 사실상 영향력을 행사하는 것을 의미
④ 보유목적이 경영권에 영향을 주기 위한 것이 아닌 경우 : 주식 등의 수와 관계없이 법률에 따라 보장되는 권리만을 행사하기 위할 때는 단순투자목적으로 분류하여 최소한의 공시의 무를 부과함
⑤ 적극적인 유형의 주주 활동의 경우(임원 보수, 배당 관련 주주 제안 등 경영권 영향 목적은 없음) : 상대적으로 단순투자 목적에 비하여 강한 공시 의무를 부과하는 등 분류를 세분화

(5) 보고기준일

① 의의 : 주식 등의 대량보유자가 주식 등의 보유상황이나 변동 내용을 보고하여야 하는 경우 보고기한 계산의 기산일

② 보고기준일에 해당하는 날
  ㉠ 주권비상장법인이 발행한 주권이 증권시장에 상장된 경우에는 그 상장일
  ㉡ 흡수합병이 된 경우에는 합병을 한 날, 신설합병의 경우에는 그 상장일
  ㉢ 증권시장에서 주식 등을 매매한 경우에는 그 계약체결일
  ㉣ 증권시장 외에서 주식 등을 취득하는 경우에는 그 계약체결일
  ㉤ 유상증자로 배정되는 신주를 취득하는 경우에는 주금납입일의 다음 날

(6) 보유지분 산정 방법

① 주식 등의 수는 다음의 구분에 따라 계산한 수로 함
  ㉠ 주권인 경우 : 그 주식의 수
  ㉡ 신주인수권인 경우 : 신주인수권의 목적인 주식의 수
  ㉢ 전환사채권인 경우 : 권면액을 전환하여 발행할 주식의 발행가격으로 나누어 얻은 수
  ㉣ 신주인수권부사채의 경우 : 신주인수권의 목적인 주식의 수

② 주식의 대량보유 여부를 판단할 때 주식 등의 총수는 의결권 있는 발행주식 총수와 대량보유를 하게 된 날에 본인과 그 특별관계자가 보유하는 주식 등의 수를 합하여 계산한 수로 함

③ **주식매수선택권을 부여받은 경우** : 주식 등의 수와 주식 등의 총수에 해당 주식매수선택권 행사에 따라 매수할 의결권 있는 주식을 각각 더해야 함

(7) 냉각기간

① 의의 : 5% 보고 시 보유목적을 발행인의 경영권에 영향을 주기 위한 것으로 보고하는 자는 그 보고하여야 할 사유가 발생한 날부터 보고한 날 이후 5일까지 그 발행인의 주식 등을 추가로 취득하거나 보유주식 등에 대하여 그 의결권을 행사할 수 없음

② 이를 위반하여 추가로 취득한 주식 등에 대해서는 의결권의 행사가 금지되며, 금융위는 6개월 내의 기간을 정하여 추가 취득분에 대해 처분명령을 할 수 있음

3. 의결권 대리행사 권유제도

(1) 개요

① 의결권 대리행사권유제도 : 회사의 경영진이나 주주 기타 제3자가 주주총회에서 다수의 의결권을 확보할 목적으로 기존 주주에게 의결권 행사의 위임을 권유하는 경우, 권유절차, 권유방법 등을 규정하고 그 내용을 공시하도록 하는 제도

② 피권유자의 합리적인 의사결정을 지원하여 공정한 기업지배권 경쟁을 유도하는 기능 수행

(2) 적용범위

① 적용대상자

㉠ 상장주권에 대하여 다음의 어느 하나에 해당하는 행위를 하고자 하는 자
- 자기 또는 제3자에게 의결권의 행사를 대리시키도록 권유하는 행위
- 의결권의 행사 또는 불행사를 요구하거나 의결권 위임의 철회를 요구하는 행위
- 의결권의 확보 또는 그 취소 등을 목적으로 주주에게 위임장 용지를 송부하거나 그 밖의 방법으로 의견을 제시하는 행위

㉡ 적용제외 및 적용특례
- 다음의 어느 하나에 해당하는 경우에는 이 법에 의한 의결권대리행사 권유로 보지 않음
  - 해당 상장주권의 발행인과 그 임원외의 자가 10인 미만의 상대방에게 그 주식의 의결권 대리행사의 권유를 하는 경우
  - 신탁, 그 밖의 법률관계에 의하여 타인의 명의로 주식을 소유하는 자가, 그 타인에게 해당주식의 의결권 대리행사의 권유를 하는 경우
  - 신문, 방송, 잡지 등 불특정 다수인에 대한 광고를 통하여 대리행사 권유에 해당하는 행위를 하는 경우로서 그 광고내용에 해당 상장주권의 발행인의 명칭, 광고의 이유, 주주총회의 목적사항과 위임장 용지, 참고서류를 제공하는 장소만을 표시하는 경우

- 국가기간산업 등 국민경제상 중요한 산업을 영위하는 상장법인으로서 다음의 요건을 모두 충족하는 법인 중에서 금융위가 관계 부처장관과의 협의와 국무회의 보고를 거쳐 지정하는 법인의 경우에는 그 공공적 법인만이 그 주식의 의결권 대리행사의 권유를 할 수 있음
  - 경영기반이 정착되고 계속적인 발전 가능성이 있는 법인일 것
  - 재무구조가 견실하고 높은 수익이 예상되는 법인일 것
  - 해당 법인의 주식을 국민이 광범위하게 분산 보유할 수 있을 정도로 자본금 규모가 큰 법인일 것

(3) 권유방법

① 위임장용지ㆍ참고서류의 교부 : 의결권 권유자는 의결권 피권유자에게 의결권 대리행사 권유 이전이나 그 권유와 동시에 다음의 어느 하나에 해당하는 방법으로 위임장 용지 및 참고서류를 교부해야 함

㉠ 의결권 권유자가 의결권 피권유자에게 직접 내어주는 방법
㉡ 우편 또는 모사전송에 의한 방법
㉢ 전자우편을 통한 방법
㉣ 주주총회 소집 통지와 함께 보내는 방법
㉤ 인터넷 홈페이지를 이용하는 방법

② 위임장용지·참고서류의 비치 및 열람 : 의결권 권유자는 의결권 피권유자에게 위임장 용지 및 참고서류를 제공하는 날의 2일 전까지 위임장 용지 및 참고서류를 금융위와 거래소에 제출하고 다음의 장소에 비치하여 일반인이 열람할 수 있도록 해야 함
    ㉠ 주권상장법인의 본점과 지점, 그 밖의 영업소
    ㉡ 명의개서대행회사, 금융위, 거래소

③ 발행인의 의견표명 : 의결권 대리행사 권유대상이 되는 상장주권의 발행인은 의결권 대리행사의 권유에 대하여 의견을 표명한 경우에는 그 내용을 기재한 서면을 지체 없이 금융위와 거래소에 제출해야 함

(4) 의결권대리행사의 권유

① 참고서류에는 의결권대리행사의 권유의 개요를 비롯하여 주주총회의 각 목적사항 및 의결권대리행사를 권유하는 취지를 기재하되 항목별로 적절한 표제를 붙여야 함
② 권유자 및 그 대리인 등에 관한 다음의 어느 하나에 해당하는 사항을 기재
    ㉠ 권유자 및 그 특별관계자의 성명, 권유자와 특별관계자가 소유하고 있는 주식의 종류와 수
    ㉡ 권유자의 대리인 설명, 그 대리인이 소유하고 있는 주식의 종류 및 수
    ㉢ 피권유자의 범위
    ㉣ 권유자 및 그 대리인과 회사와의 관계
③ 주주총회의 목적사항의 기재와 관련하여 권유자가 해당 상장주권의 발행회사, 그 임원 또는 대주주가 아닌 경우 또는 주주총회 목적사항에 반대하고자 하는 자인 경우에는 주주총회의 목적사항의 제목만 기재할 수 있음

(5) 발행인과 의결권 권유자와의 관계

발행인이 아닌 의결권 권유자는 발행인이 의결권 대리행사의 권유를 하는 경우에는 그 발행인에 대하여 다음의 행위를 요구할 수 있으며 요구받은 날부터 2일 이내에 응해야 함
① 발행인이 아닌 의결권 권유자에 대하여 주주명부의 열람, 등사를 허용하는 행위
② 발행인이 아닌 의결권 권유자를 위하여 그 의결권 권유자의 비용으로 위임장용지 및 참고서류를 주주에게 송부하는 행위를 요구

5. 기타 주식의 대량취득 관련 세부규정

(1) 주식의 대량취득 승인 절차

취득한도를 초과하여 공공적법인 발행주식을 취득하고자 하는 자는 대량주식취득 승인신청서에 다음의 서류를 첨부하여 금융위에 그 신청을 해야 함
① 가족관계등록부 기본증명서 또는 법인등기부등본
② 주식취득의 사유 설명서

③ 해당 주식 발행인의 최대 주주의 소유비율을 초과하여 주식을 취득하고자 하는 경우에는 최대 주주의 의견서

(2) 주식 대량취득의 승인 간주

다음의 어느 하나의 사유로 취득한도를 초과하여 취득한 주식은 금융위의 승인을 얻어 이를 취득한 것으로 간주함
① 합병, 상속 또는 유증
② 준비금의 자본전입 또는 주식배당
③ 유상증자
④ 대주주 외의 주주가 실권한 주식의 인수
⑤ 정부 소유 주식에 대한 정부로부터의 직접취득
⑥ 정부의 취득

(3) 주식의 대량취득보고

금융위의 승인을 얻어 주식을 취득한 자는 취득기간의 종료일로부터 10일 이내에 금융위에 대량주식 취득보고서를 제출

개념확인문제

01 ★★★ 다음 중 공개매수제도에 대한 설명으로 적절하지 않은 것은?

① 공개매수제도는 증권시장 밖에서 불특정 다수를 대상으로 이루어지는 주식 등의 장외 매수에 대해 매수 절차, 방법 등을 규정하고 그 내용을 공시하도록 하는 제도이다.
② 의결권 있는 주식 및 의결권 있는 주식과 관련 있는 증권이 공개매수대상이 된다.
③ 공개매수 해당 여부를 판단하기 위한 지분의 계산은 특정인으로 한정한다.
④ 소각을 목적으로 하는 경우에는 공개매수 외의 방법으로 주식을 매수할 수 있다.

해설 | 공개매수 해당 여부를 판단하기 위한 지분의 계산은 특정인뿐만 아니라 특정한 관계에 있는 자(특별관계자)까지 확대하고 있다.

02 ★★★ 다음 중 공개매수제도 시 신문에 공고할 필요가 없는 사항은?

① 공개매수의 목적
② 공개매수 실패 시 추가 대책
③ 공개매수를 하고자 하는 자
④ 공개매수의 방법

해설 | 공개매수 시 신문에 공고해야 하는 내용은 다음과 같다.
- 공개매수를 하고자 하는 자
- 공개매수할 주식 등의 발행인
- 공개매수의 목적
- 공개매수할 주식 등의 종류 및 수
- 공개매수기간, 가격, 결제일 등 공개매수조건
- 매수자금의 명세, 그 밖에 투자자 보호를 위하여 필요한 사항
  - 공개매수자와의 그 특별관계자 현황
  - 공개매수 사무취급자에 관한 사항
  - 공개매수의 방법
  - 공개매수 대상 회사의 임원이나 최대 주주와 사전협의가 있었는지와 사전협의가 있는 경우에는 그 협의 내용
  - 공개매수가 끝난 후 공개매수 대상 회사에 관한 장래 계획
  - 공개매수공고 전에 해당 주식 등의 매수 등의 계약을 체결하고 있는 경우에는 그 계약 사실 및 내용
  - 공개매수신고서 및 공개매수설명서의 열람 장소

정답 | 01 ③ 02 ②

03 다음 중 공개매수제도에 대한 설명으로 적절하지 않은 것은?

① 공개매수기간은 공개매수신고서의 제출일로부터 20일 이상 60일 이내여야 한다.
② 공개매수신고서가 제출된 주식 등의 발행인은 공개매수에 관한 의견을 표명할 수 있다.
③ 공개매수자는 매도하는 자에게 이미 공개매수 사항에 대해 광고하였으므로 추가적으로 해야 하는 절차는 없다.
④ 공개매수자는 공개매수공고일부터 그 매수기간이 종료하는 날까지 그 주식 등을 공개매수에 의하지 않고는 매수 등을 하지 못한다.

해설 | 공개매수자는 매도하는 자에게 공개매수설명서를 미리 교부하지 않으면 그 주식 등을 매수할 수 없다.

04 다음 중 공개매수제도의 특별관계인에 해당하지 않는 자는?

① 본인이 개인인 경우에는 배우자, 6촌 이내의 혈족, 4촌 이내의 인척
② 본인이 법인이나 단체인 경우 임원, 계열회사 및 해당 회사 임원 등
③ 공동보유자
④ 공개매수 의무자가 법인인 경우 그 해당 주식을 800주 보유하고 있는 자

해설 | 특수관계인이 소유하는 주식 등의 수가 1,000주 미만인 경우 특수관계인으로 보지 않는다.

05 다음 중 주식의 대량보유상황 보고제도에 대한 설명으로 적절하지 않은 것은?

① 주식 등의 대량보유상황보고제도는 주권상장법인의 주식 등을 발행주식 총수의 5% 이상 보유하게 되는 경우 적용한다.
② 대량보유상황보고제도의 적용을 받는 대상자의 보유지분변동 및 보유목적의 변경 등의 사유가 발생한 경우에도 공시해야 한다.
③ 변동보고는 5% 이상 지분을 보유하고 있는 자가 보유 비율이 1주 이상 변동하는 경우 공시해야 한다.
④ 주식의 보유목적이 변경된 경우 변경보고를 해야 한다.

해설 | 대량보유상황보고제도는 5% 이상 지분을 보유하고 있는 자의 보유 비율이 1% 이상 변동하는 경우 공시하는 제도이다.

06 다음 중 보고내용에 포함되지 않는 사항은?

① 대량보유자와 그 특별관계자에 관한 사항
② 추후 해당 지분의 처분 계획
③ 보유목적
④ 보유형태

해설 | 보고의무자가 보고해야 하는 보유상황, 보유목적, 보유주식 등의 보고 사항은 다음과 같다.
- 대량보유자와 그 특별관계자에 관한 사항
- 보유주식 등의 발행인에 관한 사항
- 변동 사유
- 취득 또는 처분 일자, 가격 및 방법
- 보유형태
- 취득에 필요한 자금이나 교환 대상 물건의 조성 내역

07 다음 중 의결권 대리행사 권유제도에 대한 설명으로 적절하지 않은 것은?

① 의결권 대리행사 권유 시 주주총회 목적 사항에 반대하고자 하는 자의 경우 주주총회의 목적 사항의 제목 및 그 내용을 기재해야 한다.
② 의결권 대리행사 권유제도는 회사의 경영진이나 주주 기타 제3자가 주주총회에서 다수의 의결권을 확보할 목적으로 기존 주주에게 의결권 행사의 위임을 권유하는 경우, 권유절차, 권유방법 등을 규정하고 그 내용을 공시하도록 하는 제도이다.
③ 의결권 대리행사 권유대상이 되는 상장주권의 발행인은 의결권 대리행사 권유에 대해 의견을 표명한 경우 그 내용을 금융위와 거래소에 제출해야 한다.
④ 발행인이 아닌 의결권 권유자는 발행인에 대해 주주명부의 열람 및 등사를 허용하게 하는 행위를 요청할 수 있다.

해설 | 의결권 대리행사 시 참고서류에는 의결권 대리행사의 권유의 개요를 비롯하여 주주총회의 각 목적 사항 및 의결권 대리행사를 권유하는 취지를 기재하되 항목별로 적절한 표제를 붙여야 한다. 단, 의결권 대리행사 권유 시 주주총회 목적 사항에 반대하고자 하는 자의 경우 주주총회의 목적 사항의 제목만 기재하여도 무방하다.

정답 | 03 ③ 04 ④ 05 ③ 06 ② 07 ①

TOPIC 08　장외거래 및 주식 소유 제한

1. 장외거래

(1) 개요

거래소 시장 및 다자간매매체결회사 외에서 증권이나 장외파생상품을 매매하는 경우에는 협회를 통한 비상장주권의 장외거래 및 채권중개 전문회사를 통한 채무증권의 장외거래를 제외하고는 단일의 매도자와 매수자 간에 매매하는 방법으로 해야 함

(2) 비상장주권의 장외거래

① 협회가 증권시장에 상장되지 아니한 주권의 장외 매매거래에 관한 업무를 수행하거나 종합금융투자사업자가 증권시장에 상장되지 아니한 주권의 장외 매매거래에 관한 업무를 수행하는 경우에는 다음의 기준을 준수해야 함
　㉠ 동시에 다수의 자를 각 당사자로 하여 당사자가 매매하고자 제시하는 주권의 종목, 매수하고자 제시하는 가격 또는 매도하고자 제시하는 가격과 그 수량을 공표할 것
　㉡ 주권의 종목별로 금융위가 정하여 고시하는 단일의 가격 또는 당사자 간의 매도호가와 매수호가가 일치하는 경우에는 그 가격으로 매매거래를 체결시킬 것
　㉢ 매매거래 대상주권의 지정, 해제기준, 매매거래방법, 결제 방법 등에 관한 업무 기준을 정하여 금융위에 보고하고, 이를 일반인이 알 수 있도록 공표할 것
　㉣ 금융위가 정하여 고시하는 바에 따라 재무상태, 영업실적 또는 자본의 변동 등 발행인의 현황을 공시할 것

② 협회 또는 종합금융투자사업자 외의 자는 증권시장 및 다자간매매체결회사 외에 ①의 방법으로 주권매매의 중개업무를 해서는 안 됨

(3) 채권 장외거래

① **채권중개 전문회사** : 전문투자자만을 대상으로 채무증권에 대한 투자중개업 인가를 받은 투자중개업자가 증권시장 외에서 채무증권 중개업무를 하는 경우 다음의 기준을 준수해야 함
　㉠ 채무증권 매매의 중개는 매매의 중개대상이 되는 채무증권에 관하여 다음의 어느 하나에 해당하는 자 간의 매매 중개일 것
　　• 전문투자자
　　• 체신관서
　　• 그 밖에 금융위가 정하여 고시하는 자
　㉡ 동시에 다수의 자를 각 당사자로 하여 당사자가 매매하고자 제시하는 채무증권의 종목, 매수호가 또는 매도호가와 그 수량을 공표할 것

ⓒ 채무증권의 종목별로 당사자 간의 매도호가와 매수호가가 일치하는 가격으로 매매거래를 체결시킬 것
② **채권전문 자기매매업자** : 채권을 대상으로 하여 투자매매업을 하는 자가 소유하고 있는 채권에 대하여 매도호가 및 매수호가를 동시에 제시하는 방법으로 해당 채권의 거래를 원활하게 하는 역할을 수행하는 자로서 금융위가 지정하는 자

(4) 환매조건부 매매
① 의미 : 증권을 일정기간 후에 환매수할 것을 조건으로 매도하는 환매조건부 매도와 증권을 일정기간 후에 환매도할 것을 조건으로 매수하는 환매조건부 매수
② 투자매매업자가 일반투자자와 환매조건부 매매를 하는 경우 다음의 기준을 준수해야 함
  ㉠ 국채증권, 지방채증권, 특수채증권 그 밖에 금융위가 정하여 고시하는 증권을 대상
  ㉡ 일반투자자 및 전문투자자를 대상으로 증권에 대한 투자매매업을 인가받은 겸영금융투자
  ㉢ 업자는 일반투자자 등을 상대로 환매조건부매수 업무를 할 수 없음

(5) 증권 대차거래
① 개요 : 투자매매업자 또는 투자중개업자는 증권의 대차거래 또는 그 중개, 주선이나 대리업무를 하는 경우 대차거래 기준을 준수해야 함
② 대차거래 기준
  ㉠ 금융위가 정하여 고시하는 방법에 따라 차입자로부터 담보를 받는 것. 다만, 증권의 대여자와 차입자가 합의하여 조건을 별도로 정하는 대차거래로 투자매매업자 또는 투자중개업자가 필요하다고 인정하는 대차거래 중개인의 경우에는 담보를 받지 않을 수 있음
  ㉡ 금융위가 정하여 고시하는 방법에 따라 그 대상 증권의 인도와 담보의 제공을 동시에 이행하는 것. 다만, 외국인 간의 대차거래의 경우에는 예외
  ㉢ 증권의 대차거래 내역을 협회를 통하여 당일에 공시할 것

(6) 기업어음증권 장외거래
투자매매업자 또는 투자중개업자는 기업어음증권을 매매하거나 중개, 주선 또는 대리하는 경우에는 다음의 기준을 준수해야 함
① 둘 이상의 신용평가업자로부터 신용평가를 받은 기업어음증권일 것
② 기업어음증권에 대하여 직접 또는 간접의 지급보증을 하지 아니할 것

(7) 기타 장외거래
① 해외시장 거래
  ㉠ 일반투자자는 해외증권시장이나 해외파생상품시장에서 외화증권 및 장내파생상품의 매매거래를 하려는 경우에는 투자중개업자를 통해 거래해야 함

ⓛ 투자중개업자가 일반투자자로부터 해외 증권시장 또는 해외 파생상품시장에서의 매매거래를 수탁하는 경우 : 외국 투자중개업자 등에 자기 계산에 의한 매매거래 계좌와 별도로 매매거래 계좌를 개설해야 함

② 그 밖에 증권의 장외거래
ⓐ 투자매매업자가 아닌 자는 보유하지 아니한 증권을 증권시장 및 다자간매매체결회사 외에서 매도할 수 없음
ⓛ 투자매매업자는 투자자로부터 증권시장 및 다자간매매체결회사의 매매수량 단위 미만의 상장주권에 대하여 증권시장 및 다자간매매체결회사 외에서 매매주문을 받은 경우에는 이에 응해야 함

(8) 장외파생상품의 매매

① 투자매매업자 또는 투자중개업자는 장외파생상품을 대상으로 하여 투자매매업 또는 투자중개업을 하는 경우에는 다음의 기준을 준수해야 함
ⓐ 장외파생상품의 매매 및 그 중개, 주선 또는 대리의 상대방이 일반투자자인 경우 : 일반투자자가 위험회피 목적의 거래를 하는 경우에 한함
ⓛ 장외파생상품의 매매에 따른 위험액이 금융위가 정하는 한도를 초과하지 않을 것
ⓒ 장외파생상품의 매매를 할 때마다 파생상품업무책임자의 승인을 받을 것
ⓓ 월별 장외파생상품의 매매, 그 중개, 주선 또는 대리의 거래 내역을 다음 달 10일까지 금융위에 보고할 것

② 장외파생상품 거래의 매매에 따른 위험관리, 그 밖에 투자자를 보호하기 위해 필요한 사항은 금융위가 정함
③ 금감원장은 투자매매업자 및 투자중개업자의 장외파생상품의 매매 등과 관련하여 기준 준수 여부를 감독
④ 장외거래의 청산 의무 존재

2. 공공적 법인의 주식 소유 제한

(1) 공공적 법인

① 의미 : 자본시장법상 공공적 법인이라고 하면 국가기간산업 등 국민경제상 중요한 산업을 영위한 법인
② 다음의 요건을 모두 충족하는 법인 중에서 금융위가 지정하는 상장법인을 의미
ⓐ 경영기반이 정착되고 계속적인 발전 가능성이 있는 법인일 것
ⓛ 재무구조가 견실하고 높은 수익이 예상되는 법인일 것
ⓒ 해당 법인의 주식을 국민이 광범위하게 분산 보유할 수 있을 정도로 자본금 규모가 큰 법인일 것

(2) 주식 소유 제한 내용

① 누구든지 공공적 법인이 발행한 주식을 누구의 명의로 하든지 자기의 계산으로 다음의 기준을 초과하여 소유할 수 없음(이 경우 의결권 없는 주식은 발행주식총수에 포함되지 않고, 그 특수관계인의 명의로 소유하는 때에는 자기의 계산으로 취득한 것으로 봄)
  ㉠ 그 주식이 상장된 당시에 발행주식 총수의 10% 이상을 소유한 주주의 소유 비율
  ㉡ 위의 ㉠에 따른 주주 외의 자는 발행주식 총수의 3% 이내에서 정관이 정하는 비율(다만, 소유 비율 한도에 관하여 금융위의 승인을 받은 경우에는 그 소유 비율 한도까지 공공적 법인이 발행한 주식을 소유할 수 있음)
② 위 기준을 초과하여 사실상 주식을 소유하는 자는 그 초과분에 대하여는 의결권을 행사할 수 없음
③ 금융위는 그 기준을 초과하여 사실상 주식을 소유하고 있는 자에 대하여 6개월 이내의 기간을 정하여 그 기준을 충족하도록 시정할 것을 명할 수 있음

3. 외국인의 증권 소유 제한

(1) 외국인의 증권 소유

① 외국인의 증권 또는 장내파생상품 거래의 제한
  ㉠ 외국인은 국내에 6개월 이상 주소 또는 거소를 두지 않은 개인을 말하며, 외국 법인 등은 다음의 어느 하나에 해당하는 자를 말함
    • 외국 정부
    • 외국 지방자치단체, 외국 공공단체
    • 외국법령에 따라 설립된 외국 기업
    • 조약에 따라 설립된 국제기구 등
  ㉡ 외국인 또는 외국 법인 등에 의한 증권 또는 장내파생상품의 매매, 그 밖의 거래에 관하여는 다음의 기준 및 방법에 따라 그 취득 한도 등을 제한할 수 있음

> 누구의 명의로든지 자기의 계산으로 다음에서 정한 취득 한도를 초과하여 공공적 법인이 발행한 지분증권을 취득할 수 없음(단, 외국인 또는 외국 법인 등 금융위가 정하여 고시하는 경우 제외)
> • 종목별 외국인 또는 외국 법인 등의 1인 취득 한도 : 해당 공공적 법인의 정관에서 정한 한도
> • 종목별 외국인 및 외국 법인 등의 전체 취득 한도 : 해당 종목의 지분증권 총수의 40%

(2) 외국인의 투자등록

외국인 또는 외국 법인 등은 상장증권 또는 증권시장에 상장하기 위하여 모집 또는 매출하는 증권 등 상장이 예정된 증권을 취득 또는 처분하려는 경우에는 미리 본인의 인적사항 등을 금융위에 등록해야 함

개념확인문제

01 다음 중 증권대차거래의 기준으로 적절하지 않은 것은?

① 증권대차거래에서의 대차거래는 차입자로부터 담보를 수령해야 한다.
② 증권대차거래의 대상증권의 담보를 먼저 수령 후 대상 증권을 인도해야 한다.
③ 증권의 대차거래 내역을 협회를 통해 당일에 공시해야 한다.
④ 증권의 대여자와 차입자가 합의하여 조건을 별도로 정하는 대차거래는 담보를 수령하지 않을 수 있다.

해설 | 증권대차거래상 대상증권의 인도와 담보의 제공을 동시에 이행해야 한다.

02 다음 중 환매조건부매매와 관련한 설명으로 적절하지 않은 것은?

① 환매조건부매매란 증권을 일정기간 후에 환매수할 것을 조건으로 매도하는 환매조건부 매도와 증권을 일정기간 후에 환매도할 것을 조건으로 매수하는 환매조건부 매수를 의미한다.
② 국채증권, 지방채증권, 특수채증권 등 금융위가 정하여 고시하는 증권을 대상으로 환매조건부매매를 해야 한다.
③ 투자자 제한 없이 환매조건부 매수 및 매도가 가능하다.
④ 환매조건부매매는 투자매매업자만 매매를 할 수 있다.

해설 | 일반투자자 및 전문투자자를 대상으로 증권에 대한 투자매매업을 인가받은 겸영금융투자업자는 일반투자자 등을 상대로 환매조건부매수 업무를 할 수 없다. 따라서, 일반투자자의 경우 환매조건부 매수는 할 수 없다.

정답 | 01 ② 02 ③

TOPIC 09 불공정 거래행위에 대한 규제

1. 개요

증권 불공정거래는 자본시장법에서 요구하는 각종 의무를 이행하지 않고 주식을 거래하거나 거래상대방을 속여 부당한 이득을 취하는 일체의 증권거래 행위를 의미

불공정거래 예시

시세 조종, 미공개정보 이용, 부정거래행위, 시장질서 교란행위, 단기매매차익거래, 주식 소유 및 대량보고의무 위반, 공시의무 위반 등

2. 미공개정보 이용(내부자거래) 규제

(1) 의미
① 협의의 의미 : 상장회사의 내부자 등이 당해 회사의 미공개 중요정보를 당해 회사의 증권거래에 이용하는 것을 금지하는 것(미공개 중요정보 이용행위의 금지)을 의미
② 광의의 의미 : 미공개 시장정보의 이용행위 규제를 포함하여 내부자 등의 미공개 중요사적 이용행위의 금지, 공개매수 관련 정보 이용행위 금지, 대량취득 처분 관련 정보 이용행위 금지, 단기매매차익반환제도 임원 및 주요 주주의 특정 증권 등 상황보고제도, 장내파생상품 대량보유 보고제도 등의 의미를 포함

(2) 내부자거래 규제의 특징
① 증권 및 파생상품시장에서의 정보의 비대칭을 야기하는 행위를 사전적 또는 사후적으로 방지하기 위한 제도
② 증권 거래자 사이에 내부정보의 사적 이용을 금지하고 그에 대한 공시의무를 강화함으로써 정보의 비대칭으로 시장의 신뢰가 훼손되는 것을 예방하는 데 그 목적이 있음

(3) 미공개 중요정보 이용행위의 금지
① 적용대상 : 내부자거래 규제의 적용대상 법인은 상장법인(6개월 내 상장 예정 법인 포함)
② 규제대상 : 내부자거래 규제의 대상증권은 다음의 특정증권 등을 포함
　㉠ 당해 법인이 발행한 증권에 한정되지 않고 당해 법인과 관련한 증권을 기초자산으로 하는 금융투자 상품이 포함됨
　㉡ 국내 기업이 외국에서 발행한 증권예탁증권, ELS, ELW과 같은 파생결합증권, 파생상품의 매매도 당해법인과 관련한 증권만을 기초자산으로 하는 경우 규제대상에 포함됨

ⓒ 상장법인이 발행한 증권 중 다음의 것은 제외함 : CB, BW, PB, EB 이외의 채무증권, 수익증권, 파생결합증권
ⓔ 법인의 증권을 기초자산으로 하는 증권예탁증권 및 기타 주식으로 전환될 수 있는 증권 등

③ 규제대상자 : 내부거래 규제대상자는 다음의 어느 하나에 해당하는 자를 의미

내부자	• 그 법인 및 그 법인의 임직원, 대리인으로서 그 직무와 관련하여 미공개 중요정보를 알게 된 자 • 그 법인의 주요 주주로서 그 권리를 행사하는 과정에서 미공개 중요정보를 알게 된 자
준내부자	• 그 법인에 대하여 법령에 따른 허가, 인가, 지도, 감독, 그 밖의 권한을 가지는 자로서 그 권한을 행사하는 과정에서 미공개 중요정보를 알게 된 자 • 그 법인과 계약을 체결하고 있거나 체결을 교섭하고 있는 자로서 그 계약을 체결, 교섭 또는 이행 하는 과정에서 미공개 중요정보를 알게 된 자 • 내부자와 준내부자의 대리인, 사용인, 그 밖의 종업원으로서 그 직무와 관련하여 미공개 중요정보를 알게 된 자
정보수령자	내부자, 준내부자 중 어느 하나에 해당하는 자로부터 미공개 중요정보를 받은 자

※ 자본시장법은 종전 증권거래법상 규제대상자에 공정거래법상 계열회사 임직원, 주요 주주, 당해법인과 계약체결을 교섭 중인 자, 당해 법인의 임직원, 대리인이 법인인 경우 그 법인의 임직원 및 대리인 등을 추가하여 규제범위를 확대함

(4) 규제대상행위

① 업무 등과 관련된 미공개 중요정보를 특정 증권 등의 매매, 그 밖의 거래에 이용하거나 타인에게 이용하게 하는 행위(증권의 매매거래 자체가 금지되는 것이 아닌, 미공개 중요정보의 이용행위가 금지)

② 미공개 중요정보란 투자자의 투자판단에 중대한 영향을 미칠 수 있는 정보로서 해당 법인 또는 그 법인 또는 그 법인의 자회사가 다음의 어느 하나에 해당하는 방법으로 공개하고 해당 사항에 따라 정한 기간이나 시간이 지나는 방법으로 불특정 다수인이 알 수 있도록 공개하기 전의 것을 말함

㉠ 법령에 따라 금융위 또는 거래소에 신고되거나 보고된 서류에 기재되어 있는 정보 : 그 내용이 기재 되어 있는 서류가 금융위 또는 거래소가 정하는 바에 따라 비치된 날부터 1일

㉡ 금융위 또는 거래소가 설치, 운영하는 전자전달매체를 통하여 그 내용이 공개된 정보 : 공개된 때부터 3시간

㉢ 일반 일간신문 또는 경제분야의 특수일간 신문 중 전국을 보급지역으로 하는 둘 이상의 신문에 그 내용이 게재된 정보 : 게재된 날의 다음 날 0시부터 6시간, 단, 전자간행물의 형태로 게재된 경우에는 게재된 때부터 6시간

㉣ 방송 중 전국을 가시청권으로 하는 지상파방송을 통하여 그 내용이 방송된 정보 : 방송된 때부터 6시간

㉤ 연합뉴스사를 통하여 그 내용이 제공된 정보 : 제공된 때부터 6시간

3. 공개매수 관련 정보의 이용행위 금지

① **규제대상자** : 주식 등의 공개매수와 관련하여 다음의 어느 하나에 해당하는 자
  ㉠ 공개매수 예정자 및 공개매수 예정자의 임직원, 대리인으로서 그 직무와 관련하여 공개매수의 실시 또는 중지에 관한 미공개정보를 알게 된 자
  ㉡ 공개매수 예정자의 주요 주주로서 그 권리를 행사하는 과정에서 공개매수의 실시 또는 중지에 관한 미공개정보를 알게 된 자
  ㉢ 공개매수 예정자에 대하여 법령에 따른 허가, 인가, 지도, 감독, 그 밖의 권한을 가지는 자로서 그 권한을 행사하는 과정에서 공개매수의 실시 또는 중지에 관한 미공개정보를 알게 된 자
  ㉣ 공개매수 예정자와 계약을 체결하고 있거나 체결을 교섭하고 있는 자로서 그 계약을 체결, 교섭 또는 이행하는 과정에서 공개매수의 실시 또는 중지에 관한 미공개정보를 알게 된 자
  ㉤ 두 번째부터 네 번째까지의 어느 하나에 해당하는 자의 대리인, 사용인, 그 밖의 종업원으로서 그 직무와 관련하여 공개매수의 실시 또는 중지에 관한 미공개정보를 알게 된 자
  ㉥ 공개매수 예정자 또는 ㉠부터 ㉤까지의 어느 하나에 해당하는 자로부터 공개매수의 실시 또는 중지에 관한 미공개정보를 받은 자

② **규제대상 행위** : 주식 등에 대한 공개매수의 실시 또는 중지에 관한 미공개정보를 그 주식 등과 관련된 특정 증권 등의 매매, 그 밖의 거래에 이용하거나 타인에게 이용하게 하는 행위

4. 대량취득 및 처분 관련 정보 이용행위 금지

① **규제대상자** : 주식 등의 대량, 취득처분과 관련하여 다음의 어느 하나에 해당하는 자
  ㉠ 대량취득, 처분을 하려는 자 및 대량취득, 처분을 하려는 자의 임직원, 대리인으로서 그 직무와 관련하여 대량취득 처분의 실시 또는 중지에 관한 미공개정보를 알게 된 자
  ㉡ 대량취득, 처분하려는 자의 주요 주주로서 그 권리를 행사하는 과정에서 대량취득, 처분실시 또는 중지에 관한 미공개정보를 알게 된 자
  ㉢ 대량취득, 처분하려는 자에 대하여 법령에 따른 허가, 인가, 지도, 감독, 그 밖의 권한을 가지는 자로서 그 권한을 행사하는 과정에서 대량취득, 처분 실시 또는 중지에 관한 미공개정보를 알게 된 자
  ㉣ 대량취득, 처분하려는 자와 계약을 체결하고 있거나 체결을 교섭하고 있는 자로서 그 계약을 체결, 교섭 또는 이행하는 과정에서 대량취득, 처분 실시 또는 중지에 관한 미공개정보를 알게 된 자
  ㉤ ㉡부터 ㉣까지의 어느 하나에 해당하는 자의 대리인, 사용인, 그 밖의 종업원으로서 그 직무와 관련하여 대량취득, 처분 실시 또는 중지에 관한 미공개정보를 알게 된 자

② **규제대상 행위**
  ㉠ 주식 등에 대량취득, 처분의 실시 또는 중지에 관한 미공개정보를 그 주식 등과 관련된 특정 증권 등의 매매, 그 밖의 거래에 이용하거나 타인에게 이용하게 하는 행위

ⓒ 주식 등의 대량취득, 처분은 다음에서 정하는 요건을 모두 충족하는 주식 등의 취득, 처분을 말함
- 회사나 그 임원에 대하여 사실상 영향력을 행사할 목적의 취득
- 금융위가 정하는 고시 비율 이상의 대량취득, 처분일 것
- 그 취득, 처분이 5% 보고대상에 해당할 것

5. 내부자의 단기매매차익 반환제도

① 의의 : 일정 범위의 내부자에 대해 미공개 중요정보의 이용 여부와 관계없이 특정 증권 등의 단기매매거래에 따른 이익을 회사에 반환하도록 하여 내부자의 미공개 중요정보 이용행위를 예방하는 제도

② 반환대상자 : 단기매매차익 반환대상자를 증권상장법인의 주요 주주, 임원 및 직원으로 규정. 다만, 직원의 경우 다음의 어느 하나에 해당하는 자로서 증권선물위원회가 미공개 중요정보를 알 수 있는 자로 인정한 자에 한함
  ⊙ 그 법인에서 주요사항보고 대상에 해당하는 사항의 수립, 변경, 추진, 공시, 그 밖에 이와 관련된 업무에 종사하고 있는 직원
  ⓒ 그 법인의 재무, 회계, 기획, 연구개발에 관련된 업무에 종사하고 있는 직원

③ 반환대상
  ⊙ 특정 증권 등의 단기매매차익
  ⓒ 주권상장법인의 특정 증권 등을 매수한 후 6개월 이내에 매도하거나 특정 증권 등을 매도한 후 6개월 이내에 매수하여 얻은 이익

④ 단기매매차익 반환의 예외 : 임직원 또는 주요 주주로서 행한 매도 또는 매수의 성격, 그 밖의 사정 등을 고려하여 정한 다음의 경우 및 주요 주주가 매도, 매수한 시기 중 어느 한 시기에 있어서 주요 주주가 아닌 경우에는 적용하지 않음
  ⊙ 법령에 따라 불가피하게 매수하거나 매도하는 경우
  ⓒ 정부의 허가, 인가, 승인 등이나 문서에 의한 지도, 권고에 따라 매수하거나 매도하는 경우
  ⓒ 안정조작이나 시장조성을 위하여 매수, 매도 또는 매도, 매수하는 경우
  ② 모집, 사모, 매출하는 특정 증권 등의 인수에 따라 취득하거나 인수한 특정 증권 등을 처분하는 경우
  ⑩ 주식매수선택권의 행사에 따라 주식을 취득하는 경우
  ⑪ 우리사주조합원에게 우선 배정된 주식의 청약에 따라 취득하는 경우
  ⑦ 주식매수청구권의 행사에 따라 주식을 처분하는 경우
  ⑥ 공개매수에 응모함에 따라 주식 등을 처분하는 경우

⑤ 단기매매차익에 대한 공시 : 증선위는 단기매매차익의 발생 사실을 알게 된 경우에는 해당 법인에 이를 통보함. 이 경우 그 법인은 통보받은 내용을 인터넷 홈페이지 등을 이용하여 공시해야 함

⑥ 투자매매업자에 대한 준용 : 단기매매차익 반환제도는 주권상장법인이 모집, 사모, 매출하는 특정 증권 등을 인수한 투자매매업자에 대하여 당해 투자매매업자가 인수계약을 체결한 날부터 3개월 이내에 매수

또는 매도하여 그날부터 6개월 이내에 매도 또는 매수하는 경우

※ 안정조작 : 투자매매업자가 모집 또는 매출의 청약기간 종료일 전 20일부터 그 청약기간의 종료일까지의 기간 동안 증권의 가격을 안정시켜 증권의 모집 또는 매출을 원활하게 하는 매매

6. 임원 및 주요 주주의 특정 증권 등 소유상황 보고

① 주권상장법인의 임원 또는 주요 주주는 임원 또는 주요 주주가 된 날부터 5일 이내에 누구의 명의로 하든지 자기의 계산으로 소유하고 있는 특정 증권 등의 소유상황을 그 특정 증권 등의 소유상황에 변동이 있는 경우에는 그 변동이 있는 날부터 5영업일까지 그 내용을 증선위와 거래소에 보고해야 함
② **보고대상자** : 주권상장법인의 임원 및 주요 주주
③ **보고방법** : 임원 또는 주요 주주가 된 날부터 5영업일 이내에 누구의 명의로든 자기의 계산으로 소유하고 있는 특정 증권 등의 소유상황을, 그 특정 증권 등의 소유상황에 변동이 있는 경우에는 누적변동수량이 1,000주 이상이거나, 누적취득금액이 1천만원 이상인 경우 그 변동이 있는 날부터 5영업일까지 증선위와 거래소에 보고
④ **보고서 기재사항** : 보고자, 해당 주권상장법인, 특정 증권 등의 종류별 소유현황 및 그 변동에 관한 사항

7. 장내파생상품의 대량보유 보고

① 동일 품목의 장내파생상품을 금융위가 정하여 고시하는 수량 이상으로 보유하게 된 자는 그날부터 5일 이내에 그 보유상황 등을 금융위와 거래소에 보고해야 하며, 그 보유 수량이 금융위가 정하여 고시하는 수량 이상으로 변동된 경우에는 그 변동된 날부터 5일 이내에 그 변동 내용을 금융위와 거래소에 보고해야 함
② **파생상품 관련 정보의 누설금지 등** : 파생상품시장에서 시세에 영향을 미칠 수 있는 정보를 업무와 관련하여 알게 된 자와 그 자로부터 그 정보를 전달받는 자는 그 정보를 누설하거나, 장내파생상품 및 그 기초자산의 매매나 그 밖의 거래에 이용하거나, 타인으로 하여금 이용하게 할 수 없음
③ 위반에 대한 제재
   ㉠ 형사책임 : 다음의 어느 하나에 해당하는 자는 1년 이상의 유기징역 또는 그 위반행위로 얻은 이익 또는 회피한 손실액의 3배에서 5배 이상에 상당하는 벌금
      • 상장법인의 업무 등과 관련된 미공개 중요정보를 특정 증권 등의 매매, 그 밖의 거래에 이용하거나 타인에게 이용하게 한 자
      • 주식 등에 대한 공개매수의 실시 또는 중지에 관한 미공개정보를 그 주식 등과 관련된 특정 증권 등의 매매, 그 밖의 거래에 이용하거나 타인에게 이용하게 한 자
      • 주식 등의 대량취득, 처분의 실시 또는 중지에 관한 미공개정보를 그 주식 등과 관련된 특정 증권등의 매매, 그 밖의 거래에 이용하거나 이용하게 한 자
   ㉡ 손해배상책임 : 손해배상청구권은 청구권자가 그 위반한 행위가 있었던 사실을 안 날부터 2년간 또는 그 행위가 있었던 날로부터 5년간 행사하지 않으면 시효로 인해 소멸됨

8. 시세조종행위 규제

① **개요** : 시세조종행위란 협의의 의미로서 증권시장 및 파생상품시장에서 시장기능에 의하여 자연스럽게 형성되어야 할 가격이나 거래동향을 인위적으로 변동시킴으로써 부당이득을 취하는 행위

② **규제대상**

㉠ 위장거래에 의한 시세조종 : 누구든지 상장증권 또는 장내파생상품의 매매에 관하여 그 매매가 성황을 이루고 있는 듯이 잘못 알게 하거나, 그 밖에 타인에게 그릇된 판단을 하게 할 목적으로 다음의 어느 하나에 해당하는 행위 및 그 행위를 위탁하거나 수탁할 수 없음

- 통정매매 : 자기가 매도·매수하는 것과 같은 시기에 그와 같은 가격 또는 약정수치로 타인이 그 증권 또는 장내파생상품을 매수할 것을 사전에 그 자와 서로 계획한 후 매도하는 행위
- 가장매매 : 그 증권 또는 장내파생상품의 매매를 함에 있어서 그 권리의 이전을 목적으로 거짓으로 꾸민 매매를 하는 행위

㉡ 현실거래에 의한 시세조종 : 상장 증권 또는 장내파생상품의 매매를 유인할 목적으로 그 증권 또는 장내파생상품의 매매가 성황을 이루고 있는 듯이 잘못 알게 하거나 그 시세를 변동시키는 매매 또는 그 위탁이나 수탁을 하는 행위를 할 수 없음

㉢ 허위표시 등에 의한 시세조종

- 증권 또는 장내파생상품의 시세가 자기 또는 타인의 시장 조작에 의하여 변동한다는 말을 유포하는 행위
- 증권 또는 장내파생상품의 매매를 함에 있어서 중요한 사실에 관하여 거짓의 표시 또는 오해를 유발시키는 표시를 하는 행위

㉣ 가격 고정 또는 안정조작 행위 : 시세를 고정시키거나 안정시킬 목적으로 일련의 매매 또는 위탁이나 수탁을 하는 행위를 할 수 없음

> **TIP 가격 고정 또는 안정조작행위의 금지의 예외**
> - 증권의 모집 또는 매출의 청약기간의 종료일 전 20일부터 그 청약기간의 종료일까지의 기간 동안 증권의 가격을 안정시킴으로써 증권의 모집 또는 매출을 원활하게 하기 위한 매매거래를 하는 경우
> - 투자매매업자가 모집 또는 매출한 증권의 수요·공급을 그 증권이 상장된 날부터 1개월 이상 6개월 이내에서 인수계약으로 정한 기간동안 조성하는 매매거래를 하는 경우
> - 모집 또는 매출되는 증권 발행인의 임원 등이 투자매매업자에게 안정조작을 위탁하는 경우
> - 투자매매업자가 안정조작을 수탁하는 경우
> - 모집 또는 매출되는 증권의 인수인이 투자매매업자에게 시장조성을 위탁하는 경우
> - 투자매매업자가 시장조성을 수탁하는 경우

ⓜ 현·선 연계 시세조종 행위 : 누구든지 상장증권 또는 장내파생상품의 매매와 관련하여 다음의 어느 하나에 해당하는 행위를 할 수 없음

현·선 연계 시세조종	• 장내파생상품 매매에서 부당한 이익을 얻거나 제3자에게 부당한 이익을 얻게 할 목적으로 그 장내파생상품의 기초자산의 시세를 변동 또는 고정시키는 행위 • 장내파생상품의 기초자산의 매매에서 부당한 이익을 얻거나 제3자에게 부당한 이익을 얻게 할 목적으로 그 장내파생상품의 시세를 변동 또는 고정시키는 행위
현·현 연계 시세조정	• 전환사채권이나 신주인수권부사채인 경우 연계증권 • 교환사채권인 경우 연계증권

③ 위반 시 제재
  ㉠ 형사책임
    • 시세조종금지를 위반한 자에 대해서는 1년 이상의 유기징역 또는 그 위반행위로 얻은 이익 또는 손실회피액의 3배 이상 5배 이하에 상당하는 벌금에 처함
    • 그 위반행위로 얻은 이익 또는 회피한 손실액이 없거나 산정하기 곤란한 경우 또는 그 위반행위로 얻은 이익 또는 회피한 손실액의 5배에 해당하는 금액이 5억원 이하인 경우에는 벌금 상한액을 5억원으로 함
  ㉡ 손해배상책임 : 시세조정행위 금지 위반으로 인해 손해를 끼치면 이에 대한 손해배상책임이 있음

9. 부정거래 행위 및 시장질서 교란행위 규제

① 개요 : 증권시장에서 발생하는 불공정행위 수법은 매우 다양하며 새로운 유형의 불공정 거래 행위가 지속적으로 등장하고 있어 자본시장법은 포괄적으로 부정거래행위를 금지하고 있음
② 위반 시 제제
  ㉠ 형사처벌
    • 부정거래행위 금지에 위반한 자에 대해서는 1년 이상의 유기징역 또는 그 위반행위로 얻은 이익 또는 회피한 손실액의 3배 이상 5배 이하에 상당하는 벌금에 처함
    • 그 위반행위로 얻은 이익 또는 회피한 손실액이 없거나 산정하기 곤란한 경우 또는 그 위반행위로 얻은 이익 또는 회피한 손실액의 5배에 해당하는 금액이 5억원 이하인 경우에는 벌금 상한액을 5억원으로 함
  ㉡ 손해배상책임 : 부정거래행위 금지에 위반한 자는 그 위반행위로 인한 손해배생책임 존재

10. 시장질서 교란행위 규제

① **정보이용 교란행위** : 다음의 자가 상장증권, 장내파생상품 또는 이를 기초자산으로 하는 파생상품의 매매, 그 밖의 거래에 미공개정보를 이용하거나 타인에게 이용하게 하는 행위
  ㉠ 내부자 등으로부터 나온 미공개정보인 점을 알면서 이를 받거나 전득한 자
  ㉡ 직무와 관련하여 미공개정보를 생산하거나 알게 된 자

ⓒ 해킹, 절취, 기망, 협박 등 부정한 방법으로 정보를 알게 된 자
ⓓ 위의 3가지 방법으로 나온 정보인 것을 알면서 이를 받거나 전득한 자

② **시세 관련 교란행위**
ⓐ 거래성립 가능성이 희박한 호가를 대량으로 제출하거나 호가를 제출한 후 해당 호가를 반복적으로 정정·취소
ⓑ 권리 이전을 목적으로 하지 않고 거짓으로 꾸민 매매(가장매매)
ⓒ 손익 이전 또는 조세회피 목적으로 타인과 서로 짜고 하는 매매
ⓓ 풍문을 유포하거나 거짓으로 계책을 꾸며 상장증권 등의 수급상황이나 가격에 대하여 오해를 유발하거나 가격을 왜곡할 우려가 있는 행위

③ **과징금 부과** : 5억원 이하의 과징금을 부과할 수 있으며, 위반행위와 관련된 거래로 얻은 이익 등의 1.5배가 5억원을 넘는 경우 그 금액 이하의 과징금을 부과할 수 있음

개념확인문제

01 다음 중 불공정거래에 대한 사례로 적절하지 않은 것은?
① 시세조종
② 미공개정보 이용
③ 시장조성
④ 단기매매차익거래

해설 | 시장조성의 경우 유동성공급자(LP)가 금융상품의 유동성을 공급하여 금융상품의 거래를 원활하게 하기 위한 것으로 불공정거래라고 볼 수 없다.

02 다음 중 미공개 중요정보 이용행위의 금지에 대한 설명으로 적절하지 않은 것은?
① 좁은 의미의 미공개 중요정보 이용행위는 상장회사의 내부자들이 해당 회사의 미공개 중요정보를 해당 회사의 증권거래에 이용하는 것을 금지하는 것을 의미한다.
② 내부자거래 규제의 적용대상 법인은 상장법인으로 6개월 내 상장 예정 법인을 포함한다.
③ 규제대상자는 내부자와 준내부자이며, 정보수령자의 경우 이익을 얻은 경우 처벌하는 것으로 제한하였다.
④ 규제대상행위는 업무 등과 관련된 미공개 중요정보를 특정 증권 등의 매매, 그 밖의 거래에 이용하거나 타인에게 이용하게 하는 행위이다.

해설 | 규제대상자는 내부자와 준내부자이며, 내부자와 준내부자로부터 정보를 받은 정보수령자의 경우에도 해당 미공개 중요정보를 사용하는 것을 금지하였다.

03 다음 중 내부자의 단기매매차익 반환제도에 대한 설명으로 적절하지 않은 것은?
① 일정 범위의 내부자들이 그 회사의 미공개 내부정보를 이용하여 이익이 발생한 경우 적용한다.
② 회사의 영업에 종사하고 있는 직원이 회사의 주식을 매입하여 단기에 이익을 거둔 경우 규제대상이 된다.
③ 반환대상은 주권상장법인의 특정 증권 등을 매수한 후 6개월 이내에 매도하거나 특정 증권 등을 매도한 후 6개월 이내에 매수하여 얻은 이익이다.
④ 주요 주주가 매도, 매수한 시기 중 어느 한 시기에 있어서 주요 주주가 아닌 경우에는 적용하지 않는다.

정답 | 01 ③ 02 ③ 03 ②

해설 | 회사의 영업에 종사하고 있는 직원이 회사의 주식을 매입하여 단기에 이익을 거둔 경우에는 규제대상이 되지 않는다. 회사의 임직원 중 반환대상자는 다음과 같다.

회사의 임직원 중 반환대상자에 해당하는 자
- 단기매매차익 반환대상자를 증권상장법인의 주요 주주, 임원 및 직원으로 규정함. 다만, 직원의 경우 다음의 어느 하나에 해당하는 자로서 증권선물위원회가 미공개 중요정보를 알 수 있는 자로 인정한 자에 한함
- 법인에서 주요사항 보고대상에 해당하는 사항의 수립, 변경, 추진, 공시, 그 밖에 이와 관련된 업무에 종사하고 있는 직원
- 법인의 재무, 회계, 기획, 연구개발에 관련된 업무에 종사하고 있는 직원

04 다음 중 금융소비자보호법상 옳은 내용은 무엇인가?

① 금융소비자보호법상 6대 원칙을 세우고 있으며, 6대 원칙은 적합성 원칙, 적정성 원칙, 설명의무, 불공정 영업행위금지, 부당권유행위금지, 광고규제를 들 수 있다.
② 투자 권유 시 금융소비자가 일반금융소비자인지, 전문금융소비자인지 확인해야 하는 것은 적합성 원칙이다.
③ 금융상품의 내용을 사실과 다르게 알리는 행위는 부당권유행위금지에 해당한다.
④ 일반금융소비자의 재산상황, 금융상품 취득, 처분 경험 등에 비추어 부적합한 금융상품 계약체결의 권유를 금지하는 것은 적정성 원칙이다.

해설 | 일반금융소비자의 재산상황, 금융상품 취득, 처분 경험 등에 비추어 부적합한 금융상품 계약체결의 권유를 금지하는 것은 적합성 원칙이다. 금융상품판매업자 등은 위험성의 정도가 높은 투자성 상품 또는 대출성 상품에 대해서는 계약체결의 권유가 없는 경우에도 해당 일반금융소비자에게 적정한지를 살펴보고 적정성 여부를 일반 금융소비자에게 알리도록 하는 것이다.

05 다음 중 공개매수 및 대량취득, 처분과 관련 정보이용행위 금지에 대한 설명으로 옳지 않은 것은?

① 공개매수 정보를 이용하여 해당 주식을 매매하거나 타인의 매매에 이용하게 하는 행위를 하면 안 된다.
② 공개매수 예정자 및 공개매수 예정자의 임직원, 대리인으로서 그 직무와 관련하여 공개매수의 실시 또는 중지에 관한 미공개정보를 알게 된 자는 공개매수 관련 정보를 이용해서는 안 된다.
③ 지분 0.5%를 확보하고 있는 임원이 0.01%의 지분을 단순투자 목적으로 추가로 확보하려 하는 사실을 알게 된 직원은 해당 정보를 이용하는 경우 주식 등의 대량취득 · 처분에 해당되어 금지된다.
④ 신문에 난 기사를 통해 공개매수를 예측하고 해당 증권을 매수한 자는 미공개 정보에 해당하지 않는다.

해설 | 지분 0.5%를 확보하고 있는 임원이 0.01%의 지분을 단순투자의 목적으로 취득, 처분하는 경우는 5% 보고대상에 해당하지 않으므로 해당 정보를 미리 알았다고 하여 대량취득, 처분으로 제재할 수는 없다.

06 ★★★ 다음 중 내부자의 단기매매차익 반환제도와 관련한 설명으로 올바르지 않은 것은?

① 단기매매차익 반환대상자는 주권상장법인의 주요 주주, 임원 및 직원으로 규정한다.
② 주권상장법인의 특정 증권 등을 매수한 후 6개월 이내에 매도하거나 특정 증권 등을 매도한 후 6개월 이내에 매수하여 얻은 이익이 반환대상 이익이다.
③ 재무, 회계, 기획, 연구개발에 종사하고 있는 직원도 반환대상자에 해당한다.
④ 주식매수선택권의 행사에 따라 주식을 취득하는 경우라도 단기매매차익 반환제도의 적용이 된다.

해설 | 주식매수선택권의 행사에 따라 주식을 취득하는 경우는 단기매매차익 반환제도의 적용이 되지 않는다.

07 ★★★ 다음 중 임원 및 주요 주주의 특정 증권 소유상황보고에 대한 설명으로 적절하지 않은 것은?

① 주권상장법인의 임원 또는 주요 주주는 임원 또는 주요 주주가 된 날부터 5일 이내에 누구의 명의로 하든지 자기의 계산으로 소유하고 있는 특정 증권 등의 소유상황을 증선위와 거래소에 보고해야 한다.
② 특정 증권 등의 소유상황에 변동이 있는 경우에는 그 변동이 있는 날부터 5영업일까지 그 내용을 증선위와 거래소에 보고해야 한다.
③ 특정 증권 소유상황보고의 대상자는 주권상장법인의 임원 및 주요 주주이다.
④ 특정 증권 소유상황보고의 보고대상은 의결권 있는 지분에 한정한다.

해설 | 특정 증권 소유상황보고의 보고대상은 특정 증권 등의 종류별 소유현황 및 그 변동에 관한 사항으로 의결권 있는 지분에 한정을 두지 않는다.

정답 | 04 ④ 05 ③ 06 ④ 07 ④

TOPIC 10 금융기관 검사 및 제재에 관한 규정

1. 검사 개요

검사대상기관의 업무운영과 관련한 공정성을 확보하고 사회적 책임의 이행을 유도

2. 검사 실시

① 금감원장은 금융기관의 업무 및 재산상황 또는 특정 부문에 대한 검사를 실시
② **검사의 종류** : 종합검사와 부문검사로 구분
③ **검사의 실시** : 현장검사 또는 서면검사
④ 금감원장은 매년 당해 연도의 검사업무의 기본방향과 당해 연도 중 검사를 실시할 금융기관, 검사의 목적과 범위 및 검사실시 기간 등이 포함된 검사계획을 금융위에 보고

3. 검사의 방법 및 절차

(1) 검사의 사전통지

① 금감원장은 현장검사를 실시하는 경우에는 검사목적 및 검사기간 등이 포함된 검사 사전예고통지서를 당해 금융기관에 검사착수일 1주일 전까지 통지해야 함(종합검사는 1달 전 통지)
② 검사의 사전통지에 따라 검사목적 달성이 어려워질 우려가 있는 경우에는 그러하지 않음
  ㉠ 사전에 통지할 경우 : 자료, 장부, 서류 등의 조작, 인멸, 대주주의 자산 은닉 우려 등으로 검사목적 달성에 중요한 영향을 미칠 것으로 예상되는 경우
  ㉡ 검사 실시 사실이 알려질 경우 : 투자자 및 예금자 등의 심각한 불안 초래 등 금융시장에 미치는 악영향이 클 것으로 예상되는 경우
  ㉢ 긴급한 현안사항 점검 등 사전통지를 위한 시간적 여유가 없는 불가피한 경우
  ㉣ 기타 검사목적 달성이 어려워질 우려가 있는 경우로서 감독원장이 정하는 경우

(2) 검사방법

① **현장검사** : 검사대상기관에 실제로 임하여 필요한 사항을 조사
② **서면검사** : 장부, 서류를 제출받아 그 내용을 조사, 검토
③ **종합검사** : 대부분 현장검사의 방법으로 실시

(3) 검사절차

사전조사 → 검사실시 → 결과보고 → 검사결과조치 → 사후관리

4. 검사결과의 처리

① 금감원장은 검사결과를 검사서에 의해 당해 금융기관에 통보하고 필요한 조치를 취하거나 당해 금융기관의 장에게 이를 요구할 수 있음
② 검사결과 조치는 금융위 심의, 의결을 거쳐 조치하되, 금감원장 위임사항은 금감원장이 직접 조치함
③ 금융투자업자 또는 그 임직원에 대한 과태료 부과, 자본시장법에 의한 조치, 명령 등은 증선위의 사전 심의를 거쳐 조치함

5. 제재 절차

(1) 심의회의 설치

① 금감원장은 제재에 관한 사항을 심의하기 위하여 제재심의위원회를 설치·운영함. 다만, 금감원장이 필요하다고 인정하는 때에는 심의회의 심의를 생략함
② 검사결과 적출된 지적사항에 대하여는 심사, 조정 또는 심의회의 심의를 거쳐 금융위에 제재를 건의하거나 금감원장이 조치함

(2) 사전통지 및 의견진술 등

① 금감원장이 제재조치를 하는 때에는 위규행위 사실, 관련 법규, 제재 예정내용 등을 제재 대상에게 구체적으로 사전통지하고 상당한 기간을 정하여 구술 또는 서면에 의한 진술 기회를 주어야 함
② 단, 당해 처분의 성질상 의견청취가 현저히 곤란하거나 명백히 불필요하다고 인정될 만한 상당한 이유가 있는 경우에는 사전통지를 하지 않을 수 있음

(3) 불복절차

금융기관 또는 그 임직원에 대하여 제재를 하는 경우 금감원장은 그 제재에 관하여 이의신청, 행정심판, 행정소송의 제기, 기타 불복을 할 수 있는 권리에 관한 사항을 제재대상자에게 알려 주어야 함

(4) 이의신청

① 제재를 받은 금융기관 또는 그 임직원은 당해 제재처분 또는 조치요구가 위법 또는 부당하다고 인정하는 경우에는 금융위 또는 금감원장에게 이의를 신청할 수 있음
② 이의신청 처리결과에 대하여는 다시 이의신청할 수 없음

(5) 제재내용의 이사회 등 보고

금융기관의 장은 제재조치를 받은 경우 금감원장이 정하는 바에 따라 이사회 보고 또는 주주총회 부의 등 필요한 절차를 취해야 함

6. 내부통제

금융기관은 금융사고의 예방 등을 위하여 내부통제제도를 자체 실정에 맞게 수립·운영해야 함

7. 자체감사

금융기관은 부당영업행위 및 금융사고의 예방 등을 위하여 연간 감사계획을 수립하고 자체 감사를 실시하여야 하며, 금감원장이 요구하는 경우 연간 또는 분기 감사계획을 제출해야 함

8. 금융사고

금융기관은 다음의 정보사항을 즉시 금감원장에게 보고해야 함
① 그 소속 임직원이나 소속 임직원 이외의 자가 위법, 부당한 행위를 함으로써 당해 금융기관 또는 금융거래자에게 손실을 초래하게 한 경우
② 금융질서를 문란하게 한 경우

9. 주요 정보사항 보고

금융기관은 다음의 정보사항을 금감원장에게 보고해야 함
① 민사소송에서 패소가 확정되거나, 소송물 가액이 최근 분기 말 현재 자기자본의 100분의 1 또는 100억원을 초과하는 민사소송에 피소된 경우
② 금융사고에 해당되지 않으나 금융기관이 보고할 필요가 있다고 판단하는 중요한 사항

10. 자본시장 조사업무규정

(1) 규정 개요

① 종전 증권거래법 등에 의한 증권선물조사업무규정은 자본시장법 제정에 따라 자본시장조사업무규정으로 변경
② 법률적으로 조사는 자본시장법령 또는 금융위의 규정이나 명령에 위반된 불공정 거래가 있는지의 여부 및 공익 또는 투자자 보호를 위하여 필요하다고 인정되는 사항을 조사하여 필요한 조치를 취하는 업무로 정의됨

(2) 주요 조사대상

① 미공개정보 이용행위
② 시세조정 등 불공정거래행위
③ 내부자의 단기매매차익 취득
④ 상장법인의 공시의무 위반

⑤ 상장법인 임원 등의 특정 증권 등 및 변동상황 보고의무 위반 등
⑥ 주식의 대량보유 등의 보고(5% Rule)

(3) 조사실시

① **조사대상** : 금융위는 다음의 어느 하나에 해당하는 경우에는 조사를 실시할 수 있음
  ㉠ 금융위 및 금감원의 업무와 관련하여 위법행위의 혐의사실을 발견한 경우
  ㉡ 한국거래소로부터 위법행위의 혐의사실을 이첩받은 경우
  ㉢ 각급 검찰청의 장으로부터 위법행위에 대한 조사를 요청받거나 그 밖의 행정기관으로부터 위법행위의 혐의사실을 통보받은 경우
  ㉣ 위법행위에 관한 제보를 받거나 조사를 의뢰하는 민원을 접수한 경우
  ㉤ 기타 공익 또는 투자자 보호를 위하여 조사의 필요성이 있다고 인정하는 경우

② **면제대상** : 다음의 경우 조사대상에 해당함에도 불구하고 조사를 실시하지 아니할 수 있음
  ㉠ 당해 위법행위에 대한 충분한 증거가 확보되어 있고 다른 위법행위의 혐의가 발견되지 않은 경우
  ㉡ 당해 위법행위와 함께 다른 위법행위의 혐의가 있으나 그 혐의내용이 경미하여 조사의 실익이 없다고 판단되는 경우
  ㉢ 공시자료, 언론보도 등에 의하여 널리 알려진 사실이나 풍문만을 근거로 조사를 의뢰하는 경우
  ㉣ 민원인의 사적인 이해관계에서 당해 민원이 제기된 것으로 판단되는 등 공익 및 투자자 보호와 직접적인 관련성이 적은 경우
  ㉤ 당해 위법행위에 대한 제보가 익명 또는 가공인 명의의 진정, 탄원, 투서 등에 의해 이루어지거나 그 내용이 조사 단서로서 가치가 없다고 판단되는 경우
  ㉥ 당해 위법행위와 동일한 사안에 대하여 검찰이 수사를 개시한 사실이 확인된 경우

(4) 조사결과 조치

① **형사벌칙 대상 행위** : 금융위는 조사결과 발견된 위법행위로서 형사벌칙의 대상이 되는 행위에 대해서는 관계자를 고발 또는 수사기관에 통보해야 함
② 시정명령 및 처분명령
③ 과태료 부과, 단기매매차익 발생 사실의 통보 등
④ 상장법인 및 피검사기관에 대한 조치
  ㉠ 1년 이내의 범위에서 증권의 발행 제한
  ㉡ 임원에 대한 해임 권고, 인가, 등록 취소 등
⑤ 과징금 부과
  ㉠ 과징금 부과대상일 경우 과징금을 부과할 수 있음
  ㉡ 주요 사항보고서의 과징금 기준금액 및 주가 변동률 산정 시 공시위반사항 외의 다른 요소가 주가에 개입되지 않도록 산정대상기간을 종전 공시의무 발생일 전후 3개월간에서 공시의무발생일 전후 15거래일간으로 단축

개념확인문제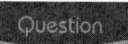

01 다음 중 금융기관 검사에 대한 설명으로 옳지 않은 것은?

① 금감원장은 금융기관의 업무 및 재산상황 또는 특정 부문에 대한 검사를 실시할 수 있다.
② 금융기관에 대한 검사는 종합검사와 부문검사로 구분할 수 있다.
③ 금융기관에 대한 검사는 방법에 따라 현장검사 또는 서면검사로 구분할 수 있다.
④ 금융기관에 대한 종합검사는 검사 시행 1달 전 통지해야 하며, 주로 서면검사의 방법으로 시행한다.

해설 | 금융기관에 대한 종합검사는 검사 시행 1달 전 통지해야 하며, 주로 종합검사로 실시한다. 종합검사가 아닌 현장검사의 경우 검사목적 및 검사기간 등이 포함된 검사 사전예고 통지서를 해당 금융기관에 검사착수 1주일 전까지 통지해야 한다.

02 다음 중 금융기관에 대한 검사 방법, 절차, 검사 결과의 처리에 대한 설명으로 적절하지 않은 것은?

① 제재를 받은 금융기관은 해당 제재처분 또는 조치요구가 위법 또는 부당하다고 인정하는 경우 금융위 또는 금감원장에게 이의를 신청할 수 있다.
② 검사절차는 사전조사 → 검사실시 → 결과보고 → 검사결과조치 → 사후관리 순으로 이루어진다.
③ 금감원장이 제재조치를 하는 때에는 위규행위 사실, 관련 법규, 제재 예정내용 등을 제재대상에게 통지해야 하며 금융기관은 이에 대해 진술을 할 기회는 주어지지 않는다.
④ 금융기관의 장은 제재조치를 받은 경우 금감원장이 정하는 바에 따라 이사회 보고 또는 주주총회 부의 등 필요한 절차를 취해야 한다.

해설 | 금감원장이 제재조치를 하는 때에는 위규행위 사실, 관련 법규, 제재 예정내용 등을 제재대상에게 통지해야 하며 금융기관은 이에 대해 구술 혹은 서면으로 진술할 기회를 부여받는다. 해당 진술 후에도 위법 또는 부당하다고 인정되는 경우에는 금융위 또는 금감원장에게 이의를 신청할 수 있다.

03 다음 중 자본시장 조사업무규정 중 주요 조사대상이 아닌 것은?

① 금융기관의 주가 하락
② 미공개정보 이용행위
③ 상장법인의 공시의무 위반
④ 주식의 대량보유 등의 보고(5% Rule)

해설 | 자본시장 조사업무규정 중 주요 조사대상은 미공개정보 이용행위, 시세조정 등 불공정거래행위, 내부자의 단기매매차익 취득, 상장법인의 공시의무 위반, 상장법인 임원 등의 특정 증권 및 변동상황 보고의무 위반, 주식의 대량보유 등의 보고(5% Rule)이다.

04 다음 중 검사결과에 대한 제재로 적절하지 않은 것은?

① 금융기관이 이의를 신청하고 결과를 받은 경우 해당 사항에 대해서는 다시 이의신청할 수는 없다.
② 금감원장은 제재에 관한 사항을 심의하기 위하여 제재심의위원회를 설치·운영한다.
③ 금감원장은 검사결과를 검사서에 의해 당해 금융기관에 통보하고 필요한 조치를 취하거나 해당 금융기관의 장에게 이를 요구할 수 있다.
④ 금융투자업자 또는 그 임직원에 대한 과태료 부과, 자본시장법에 의한 조치, 명령 등은 금감원장에 대한 위임사항이다.

해설 | 금융투자업자 또는 그 임직원에 대한 과태료 부과, 자본시장법에 의한 조치, 명령 등은 증선위와 사전심의를 거쳐 조치해야 한다.

정답 | 01 ④ 02 ③ 03 ① 04 ④

TOPIC 11 　금융소비자보호법

1. 재정배경

① 국내외 금융위기를 겪으면서 금융소비자의 권익신장 및 금융산업에 대한 국민적 신뢰제고를 위한 통합된 금융규제체계 마련을 적극적으로 모색하기 시작함
② 외국의 경우에도 금융소비자를 우선적으로 보호하려는 경향으로 금융정책의 패러다임이 금융소비자보호 중심으로 변화하고 있음

2. 금융소비자보호법 개관

(1) 금융소비자보호법의 내용상 주요 체계

① **동일기능** : 동일규제 원칙이 적용될 수 있도록 금융상품 및 판매업 등의 유형을 재분류
② **금융상품 구분** : 투자성 상품 및 대출성 상품

구분	투자성 상품	대출성 상품
정의	일반금융소비자의 정보를 파악한 결과 손실감수능력이 적정 수준	일반금융소비자의 정보를 파악한 결과 상환능력이 적정 수준
파악해야 하는 일반금융소비자 정보 내용	• 금융상품 취득 및 처분 목적 • 재산상황(부채 포함) • 금융상품의 취득 및 처분 경험 • 소비자의 연령 • 금융상품에 대한 이해도 • 기대이익(손실) 등을 고려한 위험에 대한 태도 등	• 재산상황(부채 포함) • 신용 및 변제계획 • 소비자의 연령 • 계약 체결의 목적

(2) 금융소비자보호법의 적용 예외

① 개별법률에 따라 사모의 방법으로 금전 등을 모아 운용, 배분하는 상품에 대해서는 적용을 하지 않음
② 단, 자본시장법상 적격투자자 중 일반금융소비자가 요청한 경우 적합성 원칙을 적용하도록 되어 있음

3. 적용원칙

(1) 적합성 원칙

① 금융상품판매업자 등은 투자권유 또는 자문업무를 하는 경우 금융소비자가 일반금융소비자인지 전문금융소비자인지 확인해야 함
② 일반금융소비자의 재산상황, 금융상품 취득, 처분 경험 등에 비추어 부적합한 금융상품 계약체결의 권유 금지

③ 금융투자상품 및 변액보험에만 도입되어 있었으나, 이를 대출성 상품, 대통령령으로 정하는 보장성 상품 등으로 확대하여 적용

(2) 적정성 원칙

① 금융상품판매업자 등은 위험성의 정도가 높은 투자성 상품 또는 대출성 상품에 대해서는 계약체결의 권유가 없는 경우에도 해당 일반금융소비자에게 적정한지를 살펴보고 적정성 여부를 일반 금융소비자에게 알리도록 함
② 단, 일반 사모펀드 판매 시에는 원칙적으로 적용하지 않지만, 자본시장법상 적격투자자 중 일반금융소비자가 이를 요청할 경우 적정성 원칙을 적용

(3) 설명의무

① 금융상품 계약 체결을 권유하거나 일반금융소비자가 설명을 요청할 경우 상품의 중요한 사항을 설명해야 함(전문금융소비자에 대해서는 설명의무 면제)
② 금융상품 유형별로 필수 설명사항을 세부적으로 규율하고, 이를 일반금융소비자가 이해할 수 있도록 설명을 의무화함

(4) 불공정영업행위 금지

① 판매업자 등이 금융상품을 판매하는 경우 우월적 지위를 이용하여 금융소비자의 권익을 침해하는 행위 금지
② 불공정영업행위 유형
  ㉠ 대출과 관련하여 다른 금융상품 계약을 강요하는 행위
  ㉡ 대출과 관련하여 부당한 담보를 요구하는 행위
  ㉢ 대출과 관련하여 제3자의 연대보증을 요구하거나 편익을 요구하는 행위
  ㉣ 연계 및 제휴서비스를 부당하게 축소 및 변경하는 행위 등

(5) 부당권유행위 금지

① 금융상품 계약체결 권유 시 금융소비자가 오인할 수 있는 허위 사실 등을 알리는 행위 금지
② 부당권유행위 유형
  ㉠ 불확실한 사항에 대해 단정적 판단을 제공하거나 확실하다고 오인하게 할 소지가 있는 내용을 알리는 행위
  ㉡ 금융상품의 내용을 사실과 다르게 알리는 행위
  ㉢ 금융상품의 가치에 중대한 영향을 미치는 사항을 미리 알고 있으나 금융소비자에게 알리지 않는 행위
  ㉣ 금융상품 내용의 일부에 대해 비교대상 및 기준을 밝히지 않거나 객관적 근거 없이 다른 금융상품과 비교하는 행위

(6) 광고규제

① 금융상품 또는 판매업자 등의 업무에 관한 광고 시 필수적으로 포함해야 하는 사항과 금지행위 등을 규제
② **효과** : 허위 과장 광고로부터 금융소비자 보호

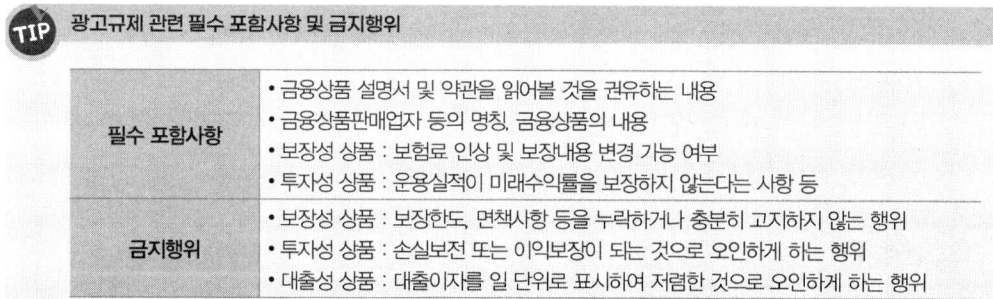

4. 금융소비자 권익강화제도

① **계약서류 제공의무**
  ㉠ 금융상품직접판매업자 및 금융상품자문업자는 금융소비자(일반 또는 전문)와 금융상품 또는 금융상품자문 계약을 체결하는 경우 금융소비자에게 계약서류를 지체 없이 교부
  ㉡ 계약서류의 제공 사실에 관하여 금융소비자와 다툼이 있는 경우에는 금융상품을 직접 판매업자 및 금융상품자문업자가 이를 증명해야 함

② **자료의 기록 및 유지, 관리 등**
  ㉠ 금융상품판매업자 등은 금융상품판매업 등의 업무와 관련한 자료를 기록하고 유지·관리하며 금융소비자(일반 또는 전문)의 요구에 응해 열람하게 함으로써 금융소비자의 권리구제 등을 지원
  ㉡ 원칙은 10년간 유지·관리, 내부통제기준의 제정 및 운영 등의 관련자료는 5년간 보관

③ 금융소비자는 분쟁조정 또는 소송의 수행 등을 위하여 금융상품판매업자 등에게 자료의 열람(사본의 제공 또는 청취 등)을 요구할 수 있으며, 이때 금융소비자는 열람요구서를 금융상품판매업자에게 제출해야 함
  ㉠ 금융상품판매업자 등은 금융소비자로부터 자료열람의 요구를 받은 날로부터 6일 이내에 금융소비자가 해당 자료를 열람하도록 해야 함
  ㉡ 금융상품판매업자 등은 금융소비자에게 열람제한 사유를 알리고 열람을 제한하거나 거절할 수 있음

④ **청약의 철회**
  ㉠ 일반금융소비자가 금융상품 등 계약의 청약을 한 후 일정기간 내에 청약과정 등에 하자가 없음에도 불구하고 일반금융소비자에게 청약철회권을 부여함

- ⓒ 투자성 상품 : 일반금융소비자는 투자성 상품 중 청약철회가 가능한 상품에 한하여 다음의 어느 하나에 해당되는 날로부터 7일 내에 청약의 철회를 할 수 있음
  - 계약서류를 제공받은 날
  - 계약 체결일
- ⓒ 청약철회의 효력 발생 : 일반금융소비자가 금융상품판매업자등에게 청약철회의 의사를 서면, 전자우편, 휴대전화 문자메세지 등의 방법으로 발송한 때 청약철회의 효력이 발생하며, 일반금융소비자가 서면 등을 발송한 때에는 지체 없이 그 발송 사실을 해당 금융상품판매업자 등에게 알려야 함
  - 청약철회권 배제 : 투자성 상품에 관한 계약의 경우 일반금융소비자가 예탁한 금전을 지체 없이 운용하는 데 동의한 경우에는 청약철회권을 행사하지 못함
  - 금전 등의 반환 : 금융상품판매업자 등은 청약의 철회를 접수한 날로부터 3영업일 이내에 이미 받은 금전, 재화 및 해당 상품과 관련하여 수취한 보수, 수수료 등을 반환
  - 청약철회가 가능한 투자성 상품 : 고난도금융투자상품, 고난도투자일임계약, 고난도금전신탁계액, 비금전신탁
  - 대출성 상품
    - 금융투자회사와 관련하여 신용공여가 대표적인 청약철회의 대상임
    - 일반금융소비자는 다음의 어느 하나에 해당되는 날로부터 14일 내에 청약의 철회를 할 수 있음

    > - 계약서류를 제공받은 날
    > - 계약 체결일

⑤ **금융분쟁의 조정**
  - ㉠ 금융소비자 및 그 밖의 이해관계인은 금융과 관련하여 분쟁이 있을 때에는 금융감독원장에게 분쟁조정을 신청할 수 있으며, 분쟁의 당사자가 조정안에 대해 수락할 경우 재판상 화해와 동일한 효과를 볼 수 있음
  - ㉡ 시효중단효과 : 분쟁조정의 신청은 시효중단의 효력이 있음

⑥ **소송중지제도** : 분쟁신청 전, 후에 소가 제기되면, 법원은 조정이 있을 때까지 소송절차를 중지할 수 있고, 법원이 소송절차를 중지하지 않으면 조정위원회가 조정절차를 중지해야 함

⑦ **소액사건 조정이탈금지제도** : 금융회사는 일반금융소비자가 신청한 소액(2천만원 이내) 분쟁사건에 대하여 조정안 제시 전까지 소 제기 불가

⑧ **손해배상책임**
  - ㉠ 금융상품판매업자 등의 손해배상책임을 규정하면서 금융소비자의 입증책임을 완화하고 금융상품판매대리, 대리업자와 관련된 손해에 대하여 금융상품직접판매업자에게도 손해배상책임을 부과함으로써 금융소비자를 실질적으로 보호함
  - ㉡ 입증책임전환 : 설명의무를 위반하여 금융소비자(일반 또는 전문)에게 손해를 입힌 경우 금융상품판매업자 등에게 손해배상책임을 부과함

ⓒ 금융소비자는 금융상품판매업자 등의 설명의무 위반사실, 손해발생 등의 요건만 입증하면 되고, 반면에 금융상품판매업자 등은 자신에게 고의 또는 과실이 없음을 입증하지 못하면 손해배상책임을 면할 수 없음

ⓒ 금융상품직접판매자의 사용자책임 금융상품판매대리, 중개업자등이 판매과정에서 소비자에게 손해를 발생시킨 경우, 금융상품직접판매업자에게도 손해배상책임을 부과

5. 판매원칙 위반 시 제제 강화 – 위법계약 해지권

① 금융소비자(일반 또는 전문)는 판매규제를 위반한 계약에 대해 일정기간 내에 해당 계약을 해지할 수 있는 권리(해지수수료, 위약금 등 불이익 없음)를 지님

② **행사요건**
  ㉠ 금융상품판매업자 등이 1) 판매규제를 위반하여, 2) 금융상품 계약을 체결한 경우, 3) 일정기간 내에 계약해지 요구 가능
  ㉡ 판매규제위반 : 적합성 원칙, 적정성 원칙, 설명의무, 불공정영업행위금지, 부당권유행위금지를 위반한 경우

③ **적용상품** : 계속적 거래가 이루어지고 금융소비자가 해지 시 재산상 불이익이 발생하는 금융상품으로 투자일임계약, 금전신탁계약, 금융상품자문계약 등이 해당

④ **적용제외상품** : P2P업자와 체결하는 계약, 자본시장법상 원화표시 양도성예금증서, 자본시장법상 표지어음

⑤ **행사방법**
  ㉠ 금융소비자는 금융상품직접판매업자 또는 자문업자에게 1) 금융상품명칭과 2) 법 위반사실이 기재된 계약해지요구서를 제출
  ㉡ 수락통지 : 금융상품판매업자 등은 10일 이내에 금융소비자의 해지요구에 대한 수락여부를 통지해야 하며, 거절 시 거절 사유도 함께 통지해야 함

> **TIP 정당한 거절사유**
> • 금융소비자가 근거자료를 제시하지 않거나, 거짓으로 제시
> • 계약체결 당시에는 위반이 없으나, 계약 후에 발생한 사정변경으로 위반하는 경우
> • 금융소비자의 동의를 받아 위반사항을 시정한 경우
> • 계약해지를 요구받은 날부터 10일 이내에 법위반 사실이 없음을 확인하는 데 필요한 합리적이고 객관적인 근거자료를 제시한 경우
> • 금융소비자가 금융상품판매업자 등의 행위에 법 위반 사실이 있다는 사실을 계약을 체결하기 전에 알았다고 볼 수 있는 명백한 사유가 있는 경우

⑥ **위법계약해지의 효력**
  ㉠ 해당 계약은 장래에 대하여 효력 상실
  ㉡ 금융상품판매업자 등은 원상회복 의무는 없으나, 해지 관련 비용 요구 불가

⑦ **판매제한 명령** : 금융상품의 판매과정에서 소비자 피해가 가시화되거나 확대되는 것을 미연에 방지하여 소비자 피해를 최소화하기 위해 금융위원회가 해당 금융상품에 대해 판매제한 또는 금지를 명할 수 있는 제도

6. 징벌적 과징금

① 금융상품직접판매업자 또는 금융상품자문업자가 주요 판매원칙을 위반할 경우 위반행위로 인한 수입 등의 50%까지 과징금 부과
② **적용되는 위반행위**
  ㉠ 설명의무 위반, 불공정영업행위, 부당권유행위, 광고규제 등이 적용되며 적합성 원칙·적정성 원칙 위반은 징벌적 과징금 대상이 아님
  ㉡ 만약 수입이 없거나 산정이 곤란한 경우 10억원 이내의 범위에서 과징금 부과 가능

7. 과태료

① 6대 판매원칙 위반, 내부통제기준 미수립, 계약서류 제공의무 위반 등은 과태료 부과대상임
② 과태료는 위반한 자에게 부과함

TIP 과징금과 과태료 비교

구분	과징금	과태료
부과목적	부당이득 환수로 징벌적 목적	의무위반에 부과(행정처분)
부과대상	• 금융상품직접판매업자(원칙적으로 소속 임직원, 대리, 중개업자 위반행위 시에도 책임) • 금융상품자문업자	규정 위반자(부과대상에 제한 없음)
부과사유	• 설명의무 위반 • 불공정영업행위금지 위반 • 부당권유금지 위반 • 광고규제 위반	• 내부통제기준 미수립 • 설명의무 위반 • 불공정영업행위금지 위반 • 부당권유금지 위반 • 광고규제 위반 • 계약서류제공의무 위반 • 자문업자 영업행위준칙 위반 • 자료유지업무 위반 • 검사거부·방해·기피
법정 한도	• 업무정지처분에 갈음한 과징금 • 업무정지기간(6월 내) 동안 얻을 이익	• 3천만원 : 적합성 및 적정성 원칙 위반, 판매대리, 중개업자 금지업무 및 고지업무 위반 • 1천만원 : 변동보고의무 위반

개념확인문제

01 다음 중 불공정영업행위 유형으로 적절하지 않은 것은?

① 대출과 관련하여 다른 금융상품 계약을 강요하는 행위
② 대출과 관련하여 부당한 담보를 요구하는 행위
③ 대출과 관련하여 제3자의 연대보증을 요구하거나 편익을 요구하는 행위
④ 전문금융소비자에 대해 금융상품에 대한 적절한 설명을 하지 않고 계약 체결을 권유하는 행위

해설 | 불공정영업행위 유형은 다음과 같다.
- 대출과 관련하여 다른 금융상품 계약을 강요하는 행위
- 대출과 관련하여 부당한 담보를 요구하는 행위
- 대출과 관련하여 제3자의 연대보증을 요구하거나 편익을 요구하는 행위
- 연계 및 제휴서비스를 부당하게 축소 및 변경하는 행위 등

02 다음 중 금융소비자의 권익을 강화하기 위한 제도로 적절하지 않은 것은?

① 금융상품판매업자는 금융소비자와 금융상품 계약을 체결하는 경우 금융소비자에게 계약서류를 지체 없이 교부해야 한다.
② 금융상품판매업자는 금융상품판매업 등의 업무와 관련한 자료를 기록하고 해당 기록을 유지 및 관리해야 한다.
③ 금융소비자는 분쟁조정 또는 소송의 수행 등을 위하여 금융상품판매업자 등에게 자료의 열람(사본의 제공 또는 청취 등)을 요구할 수 있다.
④ 일반금융소비자는 투자성 상품 중 청약철회가 가능한 상품에 한해 14일 이내에 청약의 철회를 할 수 있다.

해설 | 일반금융소비자는 투자성 상품 중 청약철회가 가능한 상품에 한해 7일 이내에 청약의 철회를 할 수 있다.

03 다음 중 금융소비자와 금융투자업자 간 분쟁이 발생할 경우 적절하지 않은 설명은?

① 금융소비자와 금융투자업자 간 분쟁조정이 신청되더라도 시효는 계속 이어진다.
② 금융소비자 및 그 밖의 이해관계인은 금융과 관련하여 분쟁이 있을 때에는 금융감독원장에게 분쟁조정을 신청할 수 있다.
③ 분쟁신청 전·후 소가 제기될 경우 법원은 조정이 있을 때까지 소송절차를 중지할 수 있다.
④ 금융투자업자는 일반금융소비자가 신청한 소액(2천만원 이내) 분쟁사건에 대하여 조정안 제시 전까지 소 제기는 불가하다.

해설 | 금융소비자와 금융투자업자 간 분쟁조정이 신청될 경우 시효중단의 효력이 있다.

정답 | 01 ④ 02 ④ 03 ①

CHAPTER 02 회사법

PART 04_ 증권법규 및 직무윤리

TOPIC 01 주식회사

1. 상법상 회사의 종류 및 특징(사원의 책임 정도에 따라 구분)

구분	합명회사	유한책임회사	유한회사	주식회사
기업 형태	2인 이상의 무한책임 사원	1인 이상의 유한책임사원		
특징	인적결합이 강한 소수인의 공동기업	투자펀드, 컨설팅업 등	소수인에 의한 중소규모 기업	대규모 기업
	감사 선임 불요	감사 선임 불요	선임 (임의적 기관)	선임
	모두 법인격이 있음			

2. 주식회사의 특징

① 자본금
  ㉠ 의의 : 주주의 출자로 형성되는 일정한 기금으로서 회사의 재산을 회사에 보유시키는 최소한도의 기준
   • 액면주식 자본금 : 발행주식 수×1주당 액면가액
   • 무액면주식 자본금 : 주식발행가액의 2분의 1 이상의 금액으로 이사회에서 정한 금액
   • 자본금 이외의 금액은 자본준비금으로 계상함
   • 상법상 액면주식 혹은 무액면주식 둘 중 하나만 발행하며, 동시 발행은 안 됨(전환 안 됨)
  ㉡ 주식회사의 자본원칙

자본확정의 원칙	• 회사 설립 시 발행하는 주식 총수는 정관의 절대적 기재사항 • 인수가액을 전액 납입해야 함(채권자 보호를 위함)
자본충실의 원칙	• 설립 시 혹은 존속 중에 자본액에 상당하는 재산을 실질적으로 확보하고 있어야 한다는 원칙 • 이익배당의 제한, 주식의 액면미달발행의 제한, 변태 설립에 대한 엄격한 조사와 감독, 발기인의 주식인수 납입담보 책임. 법정준비금제도 등
자본불변의 원칙	회사의 자본금은 주주총회의 특별결의와 채권자 보호절차 등 엄격한 법정절차에 의하지 않고는 변경(감소)할 수 없다는 원칙

② **지분의 균일성** : 주식회사에 있어서 지분은 균등한 비율적 단위로 구분된 주식으로 표현됨(동일한 액면가액)
③ **주주의 유한책임** : 주주는 회사에 대하여 주주가 가지는 주식의 인수가액을 한도로 출자의무를 부담하며, 그 이상 회사에 출연할 책임을 지지 않음

3. 주식회사의 설립절차

(1) 설립절차

'발기인 → 정관작성 → 실체구성(주식인수, 출자이행, 기관의 구성) → 설립등기' 4단계 구성

(2) 발기인

① 발기인이 정관을 작성해야 함(발기인 : 회사의 설립사무를 주관하는 자)
② 발기인의 자격의 제한은 없으며, 발기인은 1주 이상의 주식을 인수해야 함(법인도 가능)
③ 회사설립 과정에서 제3자에게 손해를 끼친 경우 손해배상 책임을 짐
④ 2인 이상의 발기인이 있을 경우 발기인 조합이 성립되며, 이들의 합의에 의해 진행
  → 일반적으로 과반수 이상의 의사결정으로 하나, 정관작성, 회사설립 시에 발행하는 주식에 관한 결정에 대해서는 전원 동의 필요

4. 정관

① **의의** : 회사의 목적과 조직, 활동에 관하여 규정한 근본규칙(서면으로 되어 있음)
② **기재사항**

절대적 기재사항	• 상법상 꼭 정관에 기재해야 하는 사항 • 목적, 상호, 회사가 발행할 주식의 총수, 액면주식을 발행하는 경우 1주의 금액, 회사 설립 시에 발행하는 주식의 총수, 본점소재지, 회사가 공고하는 방법, 발기인의 성명, 주민등록번호 주소(무액면주식은 1주당 금액이 없음) • 절대적 기재사항이 없으면 정관의 효력이 없음 • 그 기재에 흠결이 있거나 그 내용이 위법한 경우 정관이 무효가 됨
상대적 기재사항	• 정관에 기재되어야 회사와의 관계에서 효력이 발생함 • 변태설립사항 – 발기인이 받을 특별이익과 이를 받을 자의 성명 – 현물출자를 하는 자의 성명과 그 목적인 재산의 종류·수량·가격 및 이에 대하여 부여할 주식의 종류와 수 – 회사 성립 후에 양수할 것을 약정한 재산의 종류·수량·가격 및 그 양도인의 성명 – 회사가 부담할 설립비용과 발기인이 받을 보수액 등 • 원시정관은 공증받아야 효력이 있으나, 자본금 총액이 10억원 미만인 회사를 발기설립하는 방법으로 설립하는 경우에는 발기인들의 기명날인 또는 서명이 있으면 공증인의 인증이 없더라도 정관의 효력이 발생함

5. 실체구성

(1) 주식발행사항의 결정

① 주식의 종류와 수
② 액면주식의 경우 액면 이상의 주식을 발행할 때에는 그 수와 금액
③ 무액면주식을 발행하는 경우에는 주식의 발행가액과 주식의 발행가액 중 자본금으로 계상하는 금액
④ 정관에 정하지 않았으면 발기인 전원의 동의로 정해야 함

(2) 발기설립

① 발기인이 설립 시 발행하는 주식을 모두 인수하는 방법(소규모 설립)
② 전액 납입 후 주식발행 및 인수 후 의결권의 과반수로 이사, 감사 선임
③ 의결권은 1주당 1개로 함

(3) 모집설립

① 설립 시 발행하는 주식의 일부를 발기인이 인수하고 나머지는 주주 모집(대규모)을 함
② 반드시 주식청약서에 따라 청약을 하고, 주주에게 배정함
③ 출자 완료 후에 창립총회를 설립하고 출석한 주식인수인의 의결권의 2/3 이상, 인수된 주식 총수 과반에 해당하는 다수로 해야 함

(4) 설립절차의 감독

① 설립절차의 감독은 이사, 감사가 담당함
② 이사, 감사는 취임 후 회사설립에 관한 사항이 법령 또는 정관의 규정에 위반하지 않았는지 조사하여 발기인(발기설립)과 창립총회(모집설립)에 보고함
③ 변태설립에 대해서는 검사인의 선임을 법원에 청구하고, 검사인은 변태설립사항과 현물출자의 이행에 관한 사항을 조사하고, 발기설립의 경우에는 법원, 모집설립에 관해서는 창립총회에 이를 보고해야 함
④ 변태설립사항에 대한 조사는 공증인의 조사, 보고와 공인된 감정인의 감정으로 대체할 수도 있음
⑤ 발기설립 시 현물출자, 재산인수와 관련하여 재산 총액이 자본금의 5분의 1을 초과하지 않고, 재산이 시세가 있는 경우 그 시세를 초과하지 않을 때는 검사인의 조사 및 보고절차를 생략할 수 있음

6. 설립등기

① 실체 구성절차 종료 후 2주 내에 설립등기를 해야 함(법인격 취득)
② 설립등기 후에는 주식청약서의 요건흠결을 이유로 주식인수를 취소할 수 없음
③ 설립등기 후에 주권발행이 허용되고, 권리주 양도의 제한이 해제됨
④ 주식회사 설립에 하자가 있을 경우에는 설립무효소송만 인정됨(설립취소소송 불가)
⑤ 설립무효 사유는 강행법규 등을 위반한 중대한 경우이며 주주, 이사, 감사가 회사를 상대로 회사 성립일로부터 2년 내에 소송의 방법에 의하여서만 주장할 수 있음
⑥ 원고 승소한 경우 판결의 효력은 대세적 효력(소송당사자 외에 제3자까지 영향을 줌)이 있으나 소급하지 않음(설립 후 회사와 제3자의 계약이나 의무는 유효함)

7. 회사설립에 관한 책임

(1) 발기인의 책임

① 회사가 성립된 경우의 책임
  ㉠ 회사에 대한 책임 : 자본충실책임
    • 인수되지 않은 주식은 발기인이 인수하며 미납입 시 연대 납입
    • 발기인의 이러한 의무를 하지 않으면 발기인은 회사에 대하여 연대하여 손해배상 책임
  ㉡ 제3자에 대한 책임 : 악의 또는 중과실로 업무를 해태할 때 제3자에 대하여 연대하여 손해배상 책임을 짐

② 회사가 성립되지 않은 경우 책임 : 발기인 전원이 연대하여 회사의 설립에 관하여 지급한 비용 일체를 부담

(2) 이사 · 감사 등의 책임

① 업무를 게을리하여 회사나 제3자에게 손해를 끼치면 발기인과 연대하여 배상책임
② 주주 전원의 동의로 면제할 수 있음

개념확인문제

01 ★★☆ 다음 중 주식회사의 자본원칙으로 적절하지 않은 것은?

① 자본확정의 원칙
② 자본고정의 원칙
③ 자본충실의 원칙
④ 자본불변의 원칙

해설 | 주식회사의 자본원칙은 자본확정의 원칙, 자본충실의 원칙, 자본불변의 원칙이다.

02 ★★☆ 다음 중 회사의 형태에 대한 설명으로 적절하지 않은 것은?

① 합명회사는 2인 이상의 무한책임사원으로 구성된다.
② 주식회사는 유한책임으로 구성된 주주로 구성되며, 법인격을 보유하고 있다.
③ 유한회사는 중소기업에 적합한 기업 형태이다.
④ 유한책임회사는 감사의 선임이 필요하다.

해설 | 유한책임회사는 감사의 선임이 필요하지 않다.

03 ★★★ 다음 중 발기인의 의무에 대한 설명으로 적절하지 않은 것은?

① 발기인은 정관을 작성해야 하는 의무가 있다.
② 회사설립과정에서 제3자에게 손해를 끼친 경우 손해배상 책임을 진다.
③ 인수되지 않은 주식은 발기인이 인수해야 하며, 미납입 시 발기인은 연대 납입을 한다.
④ 회사가 성립되지 않은 경우 과실이 있는 발기인이 회사의 설립 관련 지급한 비용 일체를 부담한다.

해설 | 회사가 성립하지 않은 경우 발기인 전원이 연대하여 회사의 설립에 관해 지급한 비용 일체를 부담한다.

04 ★★★ 다음 중 주식회사의 설립에 대한 설명으로 적절하지 않은 것은?

① 회사의 실체 구성절차 종류 후 2주 내에 설립 등기를 해야 한다.
② 회사의 설립절차에 대한 감독은 발기인이 담당한다.
③ 주식회사 설립에 하자가 있는 경우 설립무효소송만 인정된다.
④ 모집설립은 발행하는 주식의 일부만 발기인이 인수하고 나머지는 신규 주주를 모집하여 발행한다.

해설 | 회사의 설립절차에 대한 감독은 이사 및 감사가 담당한다.

정답 | 01 ② 02 ④ 03 ④ 04 ②

05 다음 중 주식회사의 설립절차 순서에 대한 설명으로 올바른 것은?

① 발기인 → 정관작성 → 실체구성 → 설립등기
② 정관작성 → 발기인 → 실체구성 → 설립등기
③ 정관작성 → 발기인 → 설립등기 → 실체구성
④ 정관작성 → 실체구성 → 발기인 → 설립등기

해설 | 주식회사의 설립절차는 '발기인 → 정관작성 → 실체구성 → 설립등기'이다.

06 다음 중 정관의 절대적 기재사항이 아닌 것은?

① 회사의 목적
② 회사 설립 시 조달한 부채의 규모
③ 본점소재지
④ 발기인의 성명

해설 | 정관의 절대적 기재사항은 목적, 상호 회사가 발행할 주식의 총수, 액면 주식을 발행하는 경우 1주의 금액, 회사 설립 시에 발행하는 주식의 총수, 본점소재지 회사가 공고하는 방법, 발기인의 성명, 주민등록번호 주소(무액면주식은 1주당 금액이 없음)이다. 따라서 회사 설립 시 조달한 부채의 규모는 해당되지 않는다.

정답 | 05 ① 06 ②

TOPIC 02 주식과 주주

1. 주식과 주권

(1) 주식의 개념
① 주식회사의 자본구성 및 조달과 관련하여 그 단위로서의 의미
② 주주의 회사에 대한 권리, 의무의 단위인 주주권을 의미

(2) 주식의 종류
① 액면주식·무액면주식
  ㉠ 상법상 액면주식 또는 무액면주식 둘 중 하나만 발행이 가능함
  ㉡ 액면주식은 1주당 액면금액이 100원 이상이어야 함(정관에 정해야 함)
  ㉢ 액면주식을 전부 무액면으로 전환, 무액면주식을 전부 액면으로 전환이 가능함(정관에 규정이 있어야 하고, 정관변경이 필요하며, 자본금은 변경하지 못함)

② 기명주식 무기명주식
  ㉠ 기명주식 : 주주의 성명이 주주명부와 주권에 표시되고, 주주명부상의 주주가 회사에 대한관계에 있어서 주주로 인정되는 주식
  ㉡ 무기명주식 : 주주명부나 주권에 주주의 성명이 표시되지 않고, 주권을 점유하는 자가 주주의 자격을 인정받음(2014년에 폐지)

③ 종류주식
  ㉠ 폐우선주 : 일정한 권리에 대하여 특수한 내용을 부여한 주식
  ㉡ 보통주식
  ㉢ 우선주식, 열후주식, 혼합주식
   • 보통주보다 이익의 배당, 잔여재산의 분배에 우선함 : 우선주식
   • 보통주보다 후순위인 주식 : 열후주식(후배주식)
   • 재산에 따라 보통주보다 우선 혹은 어떤 재산에 대해서는 후순위 : 혼합주식
  ㉣ 의결권 배제, 제한에 관한 종류주식도 발행 가능
  ㉤ 주식의 상환에 관한 종류주식도 발행 가능(보통주도 의결권이 없으면 상환 가능)
  ㉥ 주식의 전환에 대한 종류주식도 발행 가능(다른 종류주식으로 전환 가능)

(3) 주권

① 의의 : 주주의 지위를 표창하는 유가증권(이미 발생한 주주의 지위인 주식을 증권화)

② 주권의 발행
  ㉠ 회사 성립 후 또는 신주의 납입기일 후 지체 없이 주권을 발행해야 함(위반 시 과태료 부과)
  ㉡ 주권의 발행 대신 정관으로 정하는 바에 따라 전자등록기관의 전자등록부에 주식 등록 가능

③ 주권의 불소지 : 주주가 주권불소지의 뜻을 회사에 신고하면 주식을 발행하지 않을 수 있으나, 주주의 마음이 바뀌어서 주권을 요청할 경우 발행 가능

2. 주주의 권한

(1) 주주

① 주식을 인수 또는 양수함으로써 주식이 표창하는 권리, 의무의 주체가 되는 자
② 주주인지 여부는 실질적 법률관계에 의하여 정해짐
③ 회사와의 관계에 있어서는 주주명부상의 주주만이 주주로서의 지위를 가짐

(2) 주주의 자격

① 자격에는 제한이 없으며 법인, 외국인도 가능함
② 1인 주주의 회사도 인정함

(3) 주주평등의 원칙

① 회사와 주주 사이의 법률관계에 있어서 주주는 그 소유주식의 수에 따라 평등하게 대우해야 함
② 주주평등원칙을 위반한 정관의 규정이나 주주총회의 결의는 무효임
③ 정관의 규정에 의한 예외를 인정함
  예 이익배당 및 잔여재산분배에 관한 종류주식, 의결권 배제, 제한에 관한 종류주식, 주식의 상환에 관한 종류주식, 주식의 전환에 관한 종류주식 등

(4) 주주의 권리와 의무

① 자익권 : 주주의 재산적 이익을 위하여 인정한 개인적 권리(이익배당청구권, 잔여재산분배청구권, 신주인수권, 주권교부청구권, 주식자유양도권)
② 공익권 : 주주가 자기의 이익뿐만 아니라 회사 또는 주주 공동의 이익을 위하여 행사하는 권리(단독 주주권, 소수 주주권)

단독 주주권	• 주주가 단독으로 행사할 수 있는 주주권 • 의결권, 설립무효판결청구권, 총회결의취소판결청구권, 정관, 감자무효판결청구권, 신주발행유지 청구권, 재무제표 등의 열람권, 총회결의무효 또는 부존재판결의청구권
소수 주주권	• 주주권의 남용을 방지하기 위하여 발행 주식 총수에 대한 일정 비율의 주식을 가진 주주만이 행사할 수 있도록 규정한 것 • 원칙 : 6개월 이상의 주식 보유 • 일반법인 : 주주총회소집청구권(3%), 업무재산상태검사청구권(3%), 회계장부열람청구권(3%), 위법행위유지청구권(1%), 대표소송제기권(1%), 다중대표소송제기권(1%), 집중투표청구권(3%, 6개월 보유 요건 없음) 등, 이사 등 해임청구권 3%, 주주제안권 3% • 상장회사 특례(자본금 1천억원 이상 상장회사) : 주주총회소집청구권(1.5%), 업무재산상태검사청구권(1.5%), 회계장부열람청구권(0.1%), 위법행위유지청구권(0.05%), 대표소송제기권(0.01%), 다중대표소송제기권(0.5%), 집중투표청구권(1%, 6개월 보유 요건 없음) 등, 이사 등 해임청구권 0.5%, 주주제안권 1%

(5) 주요 주주 등 이해관계인과의 거래 제한

① 신용공여의 금지
  ㉠ 상장회사는 주요 주주 및 그 특수관계인, 이사 및 집행임원, 감사를 상대방으로 하거나 이러한 자를 위하여 신용공여를 하면 안 됨
  ㉡ 다만, 이사, 집행임원 또는 감사에 대한 금전대여로서 학자금, 주택자금 또는 의료비 등 복리후생을 위하여 회사가 정하는 바에 따라 3억원의 범위 안에서 금전을 대여하는 행위, 다른 법령에서 허용하는 신용공여, 그 밖의 상장회사의 경영건전성을 해칠 우려가 없는 금전대여 등은 가능함

② 대주주와의 거래 제한
  ㉠ 최근 사업연도 말 자산총액이 2조원 이상인 상장회사는 최대 주주, 그의 특수관계인 및 그 상장회사의 특수관계인을 상대방으로 하거나 그를 위하여 단일거래 규모가 금융기관인 상장회사의 경우 최근 사업연도 말 자산총액의 1/100 이상, 매출총액의 1/100 이상인 거래를 하기 위해서는 이사회의 승인을 받아야 함
  ㉡ 특정인과의 여러 거래의 경우 거래총액이 자산총액의 5/100 혹은 매출총액의 5/100 이상인 거래를 하기 위해서는 이사회의 승인을 받아야 함
  ㉢ 이러한 결의에 대해서는 이사회 결의 후 처음으로 소집되는 정기주주총회에 해당 거래의 목적, 상대방, 거래의 내용, 일자, 기간 및 조건, 해당 사업연도 중 거래 상대방과의 거래유형별 총 거래 금액 및 거래잔액을 보고해야 함
  ㉣ 다만 일상적인 거래, 총거래액을 이사회에서 승인받고 그 규모 안에서 하는 거래는 이사회 승인을 받지 않고 할 수 있고, 주주총회에도 보고하지 않을 수 있음

3. 주주명부

① 주주 및 주권에 관한 사항을 명확히 하기 위하여 법률상 작성이 강제되는 회사의 장부임
② 주주와 회사채권자는 영업시간 내에는 언제나 주주명부 열람 혹은 등사를 청구할 수 있음

③ 주주명부의 폐쇄
　㉠ 일정한 시기에 주주 또는 질권자로서 권리를 행사할 자를 확정하기 위하여 일정기간 동안 주주명부의 기재변경(명의개서)을 정지시키는 것
　㉡ 폐쇄기간을 정한 때에는 그 기간의 2주 전에 이를 공고해야 하며, 정관에 그 기간을 정한 때에는 공고가 필요 없음
　㉢ 주주명부 폐쇄기간에도 전환사채 등의 전환은 가능하나, 그 기간 중에 열리는 총회에서는 의결권을 행사할 수 없음
④ **주주명부의 기준일** : 일정일에 주주명부에 기재되어 있는 주주이며 그 일정일이 기준일임
⑤ **실질주주명부**
　㉠ 예탁결제원은 자신에게 예탁된 주권을 가지고 자기의 이름으로 명의개서함
　㉡ 예탁결제원은 그 주식의 실질주주의 명단을 발행회사에 통지하고, 발행회사는 이를 근거하여 실질주주명부를 작성해야 함

4. 주식양도

① **주식양도 자유의 원칙** : 법률 또는 정관에 의하지 않고는 주식양도를 제한하지 못함
② **주식양도에 대한 제한**
　㉠ 법률에 의한 제한
　　• 권리주의 양도제한
　　• 주권 발행 전의 주식양도제한(회사 설립 후 혹은 신주납입기일 6개월이 경과하면 주권 발행 전의 주식양도도 효력을 인정함, 상장주식의 경우 실물주권의 교부가 없는 주식양도 가능)
　㉡ 자기주식 취득규제
　　• 배당가능이익 범위 내에서 자기주식 취득 가능
　　• 회사가 자기주식을 취득하고자 하는 경우 취득할 수 있는 주식의 종류 및 수, 취득가액의 총액의 한도, 1년을 초과하지 않는 범위에서 자기주식을 취득할 수 있는 기간 등을 미리 주주총회 결의로 정해야 함(이익배당의 경우 정관의 규정 있으면 이사회결의로 가능)
　　• 취득가능금액 : 배당가능이익을 한도로 함
　　• 위법한 취득의 금지 : 해당 연도의 결산기에 대차대조표상의 순자산가액이 자본금 및 적립금 등의 합계액에 미치지 못할 우려가 있는 경우에는 자기주식을 취득하면 안 됨
　　• 취득방법 : 주주에게 공평한 기회를 줌(거래소 매수 또는 공개매수)
　　• 특정 목적에 의한 자기주식 취득 : 배당가능이익을 재원으로 하지 않아도 됨(회사합병, 타 회사 영업전부의 양수 등)
　　• 금지위반의 효과 : 무효
　　• 자기주식의 처분 : 처분할 주식의 종류, 수, 처분가액, 처분방법 등은 이사회가 결정
　　• 자기주식의 법적 지위 : 의결권이 없으며, 공익권과 자익권도 없음

ⓒ 상호주식의 취득 금지
- 모자관계의 경우 자회사가 모회사 지분을 취득할 수 없음(주식의 포괄적 교환·이전, 합병 등 제외)
- 예외사항에 해당된 모회사 주식 취득은 취득일로부터 6개월 내 이를 모두 처분
- 모회사 : 자회사 지분 직접적으로 50% 초과, 자회사와 공동으로 50% 이상 초과
- 모회사, 자회사가 타 회사 발행주식 총수의 1/10을 초과하여 주식을 갖는 경우, 다른 회사가 가지고 있는 회사 또는 모회사 주식의 의결권은 없음(비모자회사 간 상호주에 대한 의결권 제한의 지분비율은 1/10 초과로 되어 있음)

ⓔ 정관에 의한 제한
- 원칙적으로는 양도자유이나, 회사가 필요한 경우 주식양도에 이사회 승인을 얻어야 하는 것을 정관에 규정으로 할 수 있음
- 이 경우 주주는 회사에게 주식을 매수해달라고 요청할 수 있음(양도 상대방지정청권, 주식매수청구권)

③ **명의개서** : 주식을 취득한 자가 회사에 대하여 주주의 지위를 주장하려면 주주명부에 기재해야 함
④ **주식의 선의 취득** : 인정함(양도제한이 있는지 모르고 구입한 경우 → 인정)

5. 주식의 담보(질권 설정 방법)

① **약식질** : 주주명부에 기재 없이 질권설정의 합의와 주권의 교부에 의해서만 효력이 발생
② **등록질** : 주주의 청구에 의해 질권자의 성명, 주소를 주주명에 기재하는 방법

6. 주식의 소각, 병합, 분할

① 주식의 소각
  ⓐ 의의
    - 회사의 존속 중에 특정한 주식을 절대적으로 소멸시키는 회사의 행위
    - 자본감소절차에 의한 주식소각, 자기주식소각 등이 있음
  ⓑ 방법

액면주식	자본금이 감소됨
무액면주식	자본금이 꼭 감소된다고 볼 수 없음
자기주식소각	이사회 결의를 통해 소각 가능

② **주식의 병합** : 여러 개의 주식을 합하여 그보다 적은 수의 주식으로 하는 것
③ **주식의 분할**
  ⓐ 회사의 자본이나 재산의 증가 없이 하나의 주식을 두 개 이상의 주식으로 나누는 것
  ⓑ 주주총회의 특별결의를 해야 함(주식수 등이 변하기 때문에 정관 변경 필요)
  ⓒ 액면주식은 최저가가 100원이므로 100원 미만으로 못함

7. 주식매수선택권(스톡옵션)

(1) 의의
① 회사의 설립, 경영 및 기술혁신 등에 기여하거나 기여할 수 있는 회사의 이사 집행임원, 감사 또는 피용자에게 미리 정한 가액으로 신주를 인수하거나 자기의 주식을 매수할 수 있는 권리
② 단, 회사발행 주식총수의 10/100 이상을 가진 주주, 이사, 집행임원, 회사에 영향력을 행사하는 자, 이들의 배우자와 직계존비속에게는 주식매수선택권을 부여할 수 없음
③ 상장사는 당해 회사의 임직원 외에 일정한 관계회사의 이사, 집행임원, 감사 또는 피용자에게도 주식 매수선택권을 부여할 수 있음
④ 주식매수선택권부여 주식 수는 회사 발행주식의 10/100 이내이어야 함
⑤ 단, 상장회사는 발행주식의 20/100까지 대통령령의 한도 내에서 발행할 수 있음(현재는 15/100, 대통령령)

(2) 행사
① 정관의 규정과 주주총회 특별결의로 주식매수 선택권 부여할 수 있음
② 기간 : 주주총회 특별결의일 등으로부터 최소 2년 이상 재임 또는 재직 → 단, 상장회사의 경우 주식매수선택권을 부여받은 자의 사망, 본인 귀책사유가 아닌 사유의 퇴임, 퇴직은 제외(정년으로 인한 퇴임, 퇴직은 본인의 책임이 아닌 사유에 포함되지 않음)
③ **행사가액** : Max(선택권 부여일 현재 주식의 실질가액, 주식의 권면액) 이상 자기주식을 교부할 경우 실질가액 이상으로 행사가격을 결정해야 함
④ 주식매수선택권 부여하기로 주총 혹은 이사회에서 결의한 경우 지체 없이 금융위원회와 거래소에 신고해야 함
⑤ 주식매수선택권은 양도할 수 없음(상속은 인정함)
⑥ 부여된 주식매수선택권은 정관에서 정하는 바에 따라 이사회 결의로 취소할 수 있음(본인의 의사에 따른 사임, 사직, 고의 또는 중대한 과실로 회사에 손해, 회사의 파산 등)

8. 주식의 포괄적 교환 · 이전

① **의의** : 주식의 포괄적 교환이란 회사가 다른 회사의 발행주식 전부와 자기회사의 주식을 교환함으로써 완전 자회사의 주식은 완전 모회사로 된 회사에 이전하고, 완전 자회사로 된 회사의 주주는 완전 모회사로 된 회사가 발행한 신주를 배정받아 그 회사의 주주로 되는 것
② **주주총회 승인** : 주식교환계약서를 작성하고 주주총회의 특별결의에 의한 승인이 필요하며 지배 주주에 의한 소수 주주의 전부를 취득함
③ **주식교환의 효력 발생** : 주식의 포괄적 교환으로 인한 주식이전과 주식배정은 주식교환일에 그 효력 발생
④ **반대주주의 주식매수청구권** : 반대하는 주주는 회사에 대하여 주식매수청구권 행사 가능(소규모 주식교환은 불가)

9. 지배 주주에 의한 소수주식의 전부 취득

① **지배 주주의 매도청구** : 회사의 발행주식 총수의 95/100 이상을 자기의 계산으로 보유하고 있는 주주는 회사의 경영상의 목적을 달성하기 위하여 필요한 경우에 회사의 다른 주주에게 그가 보유하고 있는 주식의 매도를 청구할 수 있음(주주총회의 승인을 받고, 매매가액을 공정하게 결정, 2개월 이내 매도)

② **소수 주주의 매수청구** : 지배 주주가 (95/100 이상) 있는 회사의 소수 주주는 보유주식을 언제든지 지배 주주에게 매수해 줄 것을 청구할 수 있음(2개월 이내 매수)

개념확인문제

01 다음 중 주주의 식별 및 권한으로 적절하지 않은 것은?

① 회사와의 관계에 있어서의 주주의 지위는 실질적 법률관계에 의해 정해진다.
② 주주는 본인의 재산적 이익을 위하여 인정한 개인적 권리인 자익권을 가진다.
③ 주주는 회사와 주주 사이의 관계에 있어서 그 소유주식에 따라 평등하게 대우받는다.
④ 원칙적으로 주주평등의 원칙에 위배된 정관의 규정이나 주주총회의 결의는 무효이다.

해설 | 회사와의 관계에 있어서는 주주명부상의 주주만이 주주로서의 지위를 가진다.

02 다음 중 주식회사에 대한 설명으로 적절하지 않은 것은?

① 상장회사는 주요 주주 및 그 특수관계인 등에게 신용공여를 할 수 없다.
② 의결권, 설립무효판결청구권, 재무제표 등의 열람권은 단독주주권이다.
③ 최근 사업연도 말 자산총액이 2조원 이상인 상장회사는 최대 주주 및 그와 특수관계인과의 거래 규모가 일정 범위를 벗어나는 경우, 거래를 할 수 없다.
④ 회사가 자기주식을 취득하려고 하는 경우 배당가능이익을 한도로 해야 한다.

해설 | 최근 사업연도 말 자산총액이 2조원 이상인 상장회사는 최대 주주, 그의 특수관계인 및 그 상장회사의 특수관계인을 상대방으로 하거나 그를 위하여 단일거래 규모가 금융기관인 상장회사의 경우 최근 사업연도 말 자산총액의 1/100 이상, 매출총액의 1/100 이상인 거래를 하기 위해서는 이사회의 승인을 받아야 한다. 즉, 거래가 금지되는 것은 아니다.

03 다음 중 주식회사의 자기주식 취득규제와 관련된 설명으로 적절하지 않은 것은?

① 회사가 자기주식을 취득하기 위해서는 거래소 매수 또는 공개매수를 통해 주주에게 공평한 기회를 제공해야 한다.
② 자기주식 취득 과정에서 금지 위반이 발생한 경우 해당 취득은 무효이다.
③ 자기주식 처분 시 처분할 주식의 종류, 수, 처분가액, 처분방법 등은 이사회가 결정한다.
④ 자기주식의 경우 공익권과 자익권은 해당되지 않지만, 의결권은 보유하는 것으로 한다.

해설 | 자기주식의 경우 의결권이 없으며, 공익권과 자익권도 없다고 본다.

04 다음 중 주식의 포괄적 교환 및 이전에 대한 설명으로 옳지 않은 것은?

① 주식교환을 위해서는 일반적으로는 주주총회의 특별결의에 의한 승인이 필요하다.
② 주식의 포괄적 교환으로 인한 주식이전과 주식배정은 해당 교환에 대한 등기일에 그 효력이 발생한다.
③ 주식의 포괄적 교환 시 반대하는 주주는 주식매수청구권 행사가 가능하다.
④ 주식교환을 통해 완전 자회사의 주식은 완전 모회사로 된 회사로 이전된다.

해설 | 주식의 포괄적 교환으로 인한 주식이전과 주식배정은 주식교환일에 그 효력이 발생한다.

정답 | 01 ① 02 ③ 03 ④ 04 ②

TOPIC 03 주식회사의 기관

1. 개요

주주총회, 이사회, 대표이사, 감사(감사위원회), 상법은 이사회중심주의를 채택함

2. 주주총회

(1) 의의

회사 경영상의 중요사항에 관한 주주의 의사를 집약하여 회사 내부에서 회사의 의사를 결정하는 필요적 상설기관(법률이나 정관에 없는 내용 결의 → 무효)

(2) 권한

① 법률과 정관에 기재된 사항만을 결의 가능
② 전속적인 권한(주총에서만 결의)
　예 임원의 보수총액한도(세부사항은 이사회결의)
　㉠ 보통결의사항
　　• 출석한 주주 의결권의 과반수, 발행주식 총수의 1/4 이상 찬성
　　• 지배 주주의 매도청구, 이사, 감사, 청산인의 선임과 보수결정, 재무제표 승인, 주식배당, 총회의 연기, 속행 등
　㉡ 특별결의사항
　　• 출석한 주주 의결권의 2/3 이상, 발행주식 총수의 1/3 이상
　　• 정관 변경, 주식의 포괄적 교환·이전, 이사, 감사의 해임, 구조변경, 영업의 전부 혹은 중요한 일부의 양수도, 임의해산 결의, 자본의 실질적 감소, 사후 설립, 주식의 할인발행, 합병·분할의 승인 등
　㉢ 특수결의
　　• 총 주주의 동의(의결권 없는 주주 포함)
　　• 이사의 회사에 대한 책임 면제, 유한회사로의 조직변경 등

(3) 주주총회 소집

① 소집권자
　㉠ 이사회 : 주주총회를 소집결의(대표이사가 실행)하여 일시, 장소, 의안 등을 결의함
　㉡ 소수 주주 : 발행주식 총수의 3/100 이상 해당하는 주식을 가진 소수 주주는 회의의 목적사항, 소집의 이유를 기재한 서면 또는 전자문서를 이사회에 제출하여 임시 주주총회 소집을 청구할 수 있음(이사회가 하지 않을 경우, 법원에 청구해서 직접소집 가능)

ⓒ 감사 : 회의 목적사항과 소집이유를 기재한 서면을 이사회에 제출하여 임시주총소집을 하되, 이사회가 임시주총소집을 하지 않을 경우 소수 주주와 동일한 절차로 소집함
ⓔ 법원 : 소수 주주 등의 청구가 있으면 대표이사에게 총회의 소집을 명령함

② 소집시기
 ㉠ 정기주총 : 연 1회
 ㉡ 임시주총 : 수시로

③ 소집장소 : 정관에 다른 정함이 없는 한 본점소재지 또는 인접한 지역

④ 소집절차
 ㉠ 2주 전 서면 또는 전자문서 통지(합병, 분할 등에 관해서 반대주주는 주식매수청구권 사항도 명시)
 ㉡ 주주명부상 주주의 주소에 계속 3년간 통지가 도달하지 않은 경우 통지하지 않음
 ㉢ 자본금 10억원 미만인 주식회사(소규모회사)는 주주총회일 10일 전에 각 주주에게 서면으로 통지 또는 전자문서 통지 주주 전원의 동의가 있으면 소집절차 없이 총회를 개최할 수 있으며 서면결의로 주주총회 결의 갈음이 가능함
 ㉣ 상장회사의 1% 이하 주주에게는 총회 2주 전에 2개 이상의 일간 신문에 각각 2회 이상 공고 또는 금융감독원, 한국거래소가 운용하는 전자공시시스템을 통한 공고로 갈음이 가능함

(4) 주주제안권
① 주주가 일정한 사항을 주주총회의 목적사항으로 할 것을 제안할 수 있는 권리(발행주식 총수의 3/100 이상인 주주만 가능)
② 의제제안권(주제를 정하는 것), 의안제안권(구체적 결의사항 제안) 모두 가능함
③ 총회일 6주 전에 주주가 서면 또는 전자문서로 이사에게 청구함

(5) 의결권
① 의의 : 주주가 주주총회에 출석하여 결의에 참가할 수 있는 권리(1주당 1개의 의결권)
② 의결권 행사
 ㉠ 의결권 행사의 자격 : 주주명부에 명의개서가 되어야 함
 ㉡ 의결권의 대리행사 : 가능
 ㉢ 의결권 불통일 행사 : 가능(회의일 3일 전에 의결권 불통일 행사의 뜻과 이유를 통지)
 ㉣ 서면투표도 정관에 규정되어 있으면 가능
 ㉤ 전자투표도 가능(서면과 전자투표 둘 중에 하나만 가능하며 둘 다 동시에 할 수 없음)
 ㉥ 의결권 행사제한
  • 총회의 결의에 관하여 특별한 이해관계가 있는 자는 의결권을 행사하지 못함
  • 자기주식에 대해서도 의결권을 행사하지 못함

- 회사, 모회사 및 자회사 또는 자회사가 다른 회사의 발행주식 총수 1/10을 초과하는 주식에 대해서 의결권을 행사하지 못함(자회사가 모회사 주식 취득한 것도 의결권 행사 못함)
- 감사의 선임에 있어서 발행주식 총수의 3/100을 초과하는 수의 주식을 가진 주주는 그 초과하는 주식에 대해서는 의결권을 행사하지 못함
- 자산총액 2조원 이상인 상장회사가 정관으로 집중투표를 배제하거나 배제된 정관을 변경하려는 경우에는 3/100을 초과하는 주식은 의결권을 행사할 수 없음

③ 의결권의 행사와 이익공여 금지 등 : 의결권을 행사하면서 이에 대한 대가로 이익공여는 금지함

(6) 의사와 의결

주주총회 결의에 하자를 다루는 소를 의미

구분	주식회사			
	결의 취소의 소	무효확인의 소	부존재확인의 소	부당결의 취소·변경의 소
소의 원인	소집절차, 결의 방법의 법령, 정관 위반 또는 현저히 불공정한 결의 내용의 정관 위반(형성의 소)	결의 내용의 법령 위반(확인의 소)	소집절차, 결의 방법의 총회 결의가 존재한다고 볼 수 없을 정도의 중대한 하자(확인의 소)	특별이해관계인이 주주를 배제한 결의 내용이 현저히 부당(형성의 소)

3. 이사회 및 업무집행기관(사내, 사외, 기타 비상무이사)

(1) 이사의 종류

① 이사 : 이사회의 구성원으로서 회사의 업무집행에 관한 의사결정에 참여 및 이사회를 통하여 대표이사 및 집행임원 등의 업무집행을 감독할 권한을 가진 자로, 회사와 이사의 관계는 위임관계(선량한 관리자의 주의의무를 다해야 함)
  ㉠ 주주총회에서 선임(주주총회의 전속권, 보통결의)
  ㉡ 집중투표제를 통해서 이사를 선임할 수 있음
  ㉢ 이사의 원수, 임기 : 이사는 3인 이상(자본금 10억원 미만인 회사는 1인, 2인도 가능)
  ㉣ 임기는 3년을 초과하지 못하며, 연임에는 제한이 없음
  ㉤ 이사의 자격 원칙적으로 자연인만 가능하나, 특별법상 주식회사에 대해서는 법인도 가능
  ㉥ 이사의 종임 : 위임의 일반적 종료 사유에 의해 종임(이사의 사직, 회사의 해고, 임기만료)
  ㉦ 주주총회 특별결의로 임기만료 전 이사해임이 가능하며, 정당한 사유 없이 해임당한 이사는 회사에 손해배상청구소송 가능

② 사외이사
　㉠ 회사의 상무에 종사하지 않는 이사(회사, 대주주와의 이해관계가 독립)
　㉡ 상장회사는 이사 총수의 1/4 이상, 단 자산총액 2조원 이상의 상장회사는 3인 이상으로 하며, 전체 이사총수의 과반수 이상이어야 함
　㉢ 임기는 3년을 초과하지 못함
　㉣ 보수는 정관에 정하지 않으면 주주총회 결의로 함
　㉤ 해임은 주주총회 특별결의로 언제든지 가능
　㉥ 자산총액 2조원 이상의 회사는 사외이사추천위원회를 설치해야 함

③ 기타 비상무이사 : 회사에 상근하지 않는 이사로서 그 자격에 제한이 없음

(2) 이사의 의무

① 충실의무 : 직무를 충실히 수행함
② 경업금지의무 : 이사회 승인 없이 회사와 경쟁관계에 있는 곳의 무한책임사원이나 이사가 될 수 없음
③ 회사의 기회 및 자산유용 금지의무 : 이사회의 2/3의 결의가 있으면 가능함(자본금 총액 10억원 미만인 회사는 주주총회 결의로 승인 가능)
④ 자기거래 금지의무 : 회사의 사전 승인 없이 자기 또는 제3자의 계산으로 회사와 거래할 수 없음(이사회의 2/3 이상 결의가 있을 때는 가능)
⑤ 비밀유지의무 : 퇴임 이후에도 지켜야 함
⑥ 이사회 보고의무 : 대표이사, 다른 이사에게 업무에 대해서 이사회에 보고 요구가 가능하며 자신도 3개월에 1회 이상 이사회에 보고함
⑦ 손해보고의무 : 회사에 현저하게 손해를 미칠 염려가 있는 사실 발견 시 감사에게 보고함

(3) 이사의 보수

주주총회에서 총액을 정하고(정관에 없으면) 이사의 개별보수는 이사회에서 정함

(4) 이사의 책임

① 회사에 대한 책임
　㉠ 손해배상책임 : 고의, 과실로 회사에 손해를 입히면 회사에 손해배상 결의 시 반대하지 않은 이사와 연대해서 손해배상
　㉡ 자본충실의 책임 : 신주발행 시 인수가 되지 않은 주식은 이사가 연대해서 인수함

② 제3자에 대한 책임 : 회사의 손해배상책임과 동일

③ 책임의 소멸
  ㉠ 총주주의 동의로 면제할 수 있음
  ㉡ 결산에 대한 책임은 정기주주총회에서 재무제표 승인 후 2년 내에 다른 결의가 없고 이사 또는 감사의 다른 부정행위가 없을 경우, 회사는 이사, 감사의 책임을 면제한 것으로 봄
  ㉢ 불법행위 안 날부터 3년 또는 불법행위를 한 날부터 10년이 경과하면 소멸

(5) 이사회

① 의의
  ㉠ 이사 전원으로 구성되는 회의체(주식회사의 필요적 상설기관)
  ㉡ 1인 이사를 둔 회사에는 이사회가 존재하지 않음

② 이사회 소집
  ㉠ 각 이사가 하는 것이 원칙
  ㉡ 이사회 결의로 소집이사를 따로 정한 경우 소집이사가 함
  ㉢ 다른 이사도 소집이사에 소집을 요구하거나, 소집이사가 소집요구에 대해서 거부하면 다른 이사가 이사회 소집을 할 수 있음
  ㉣ 소집 1주일 전에 각 이사 및 감사에게 통지해야 하며, 정관으로 소집기간을 단축시킬 수 있음(이사, 감사 전원 동의가 있으면 소집절차 없이 언제든지 회의 가능)

③ 이사회 결의
  ㉠ 이사 과반수의 출석과 출석이사 과반수로 함(정관에서 비율을 높일 수 있음)
  ㉡ 결의에 대해서 이해관계가 있는 이사는 결의할 수 없으며, 결의 정족수에서도 제외
  ㉢ 서면, 위임결의는 허용하지 않으나 원격통신수단으로 결의하는 것은 허용함

④ 이사회권한
  ㉠ 대표이사 선임, 공동대표의 결정, 신주발행, 사채발행, 중요한 자산의 처분·양도, 대규모 자산의 차입, 지배인의 선임 또는 해임, 지점의 설치·이전 또는 폐지 등 주주총회 소집결정 등
  ㉡ 업무감독권

⑤ 이사회 의사록 : 의사록을 작성하여야 함

⑥ 이사회 결의의 하자 : 결의 무효확인의 소

⑦ 이사회 내 위원회
  ㉠ 전체 이사회의 결의와 위원회의 결의의 효력은 같음
  ㉡ 주주총회에서 승인을 요하는 사항, 대표이사 선임 및 해임, 위원회 설치와 그 위원의 선임 및 해임, 정관에서 정하는 사항은 위원회에 위임할 수 없음
  ㉢ 위원회는 2인 이상의 이사로 구성되며, 감사위원회는 3인 이상으로 구성
  ㉣ 이사회는 위원회가 결의한 사항에 대하여 다시 결의할 수 있음

4. 대표이사 및 집행임원

(1) 대표이사
① 주식회사의 대외적 대표기관 및 대내적 업무집행을 담당함
② 대표이사 선임
　㉠ 이사회의 결의로 선임함(대표이사는 등기사항)
　㉡ 정관으로 주주총회에서 선정할 수도 있음

③ 공동대표이사
　㉠ 여러 명의 대표이사가 공동으로 회사를 대표할 것을 정할 수 있음
　㉡ 각자 대표이사(자기의 결정이 곧 대표이사의 결정), 공동대표이사(대표이사가 합의해야 의사결정이 가능함)

④ 대표이사 권한 : 업무집행권, 대표권

(2) 집행임원
① 대표이사와 동일하며, 대표이사를 선임한 곳은 집행임원을 둘 수 없음
② 집행임원을 선임한 회사는 대표이사를 둘 수 없음
③ 집행임원의 임기는 정관에서 달리 정하고 있지 않으면 2년을 초과하지 못함

5. 감사

① 감사의 개요
　㉠ 이사 또는 집행임원의 직무의 집행을 감독하는 주식회사의 필요적 상설기관
　　→ 단, 자본금 총액이 10억원 미만인 회사는 감사를 선임하지 않을 수 있음
　㉡ 주주총회가 이사 또는 집행임원의 업무 및 재산상태에 관하여 직접, 감독과 지시를 함
　㉢ 최근 사업연도 말 자산총액 1천억원 이상의 상장회사는 주주총회에서 감사를 선임하고 상근감사 1명을 두어야 함. 감사위원회가 있는 곳은 감사를 선임하지 않아도 됨
　㉣ 자산총액 2조원 이상인 대규모 상장회사의 경우에는 감사에 갈음하여 감사위원회를 의무적으로 두어야 함(3명 이상이며, 2/3 이상은 사외이사로 구성)
　㉤ 회사와 이사가 소송할 경우, 감사는 소송에서 회사를 대리함
　㉥ 주총에서 감사를 선임할 때 발행주식 3/100을 초과하는 주주는 초과하는 주식에 대하여 의결권을 행사하면 안 됨
　㉦ 임기 : 3년이며, 최종의 결산기에 관한 정기주주총회의 종결 시까지임
　㉧ 감사는 등기사항이므로 감사의 보수에 대한 의안은 이사의 보수의안과 별도로 내야 함
　㉨ 회사의 해산 후에도 청산 중인 회사를 감독하기 위하여 종임되지 않음(이사와 다름)

② **업무감사** : 이사회와 업무감사권의 차이점은 다음과 같음
  ㉠ 이사회는 자율적 감독기구이나, 감사는 타율적 감독임
  ㉡ 이사회는 이사회결의사항을 감사할 수 없으나, 감사는 가능함
  ㉢ 이사회는 업무감사결과를 주주총회에 보고하지 않으나, 감사는 반드시 주주총회에 보고해야 함

③ **감사의 권한**
  ㉠ 영업보고청구권, 업무・재산상태조사권, 자회사 감사권, 이사회참석권, 손해보고수령권
  ㉡ 이사에 대한 유지청구권, 주주총회 및 이사회 소집청구권, 감사 해임에 대한 의견진술권, 이사・회사 간 소송의 회사대표권, 각종의 소권

④ **감사의 의무** : 감사보고서 작성, 이사회에 대한 보고의무, 감사록 작성
⑤ **감사위원회** : 감사위원회는 3인 이상의 이사로 구성(사외이사 2/3 이상)

6. 준법지원인

① **자산총액이 5천억원 이상인 상장회사** : 준법통제기준 마련 및 이사회 결의로 준법지원인을 1인 이상 두어야 함. 준법지원인을 두지 않는 것에 대하여 별도의 벌칙이나 불이익을 상법에서는 규정하지 않음
② **준법통제기준** : 법령을 준수하고 회사경영을 적정하게 하기 위하여 임직원이 그 직무를 수행할 때 따라야 할 준법통제에 관한 기준 및 절차
③ **준법지원인** : 준법통제기준의 준수에 관한 업무를 담당하며, 준법통제기준의 준수여부를 점검하고 그 결과를 이사회에 보고해야 함
④ **임기** : 3년이며, 상근임
⑤ **자격** : 변호사 자격 보유, 법률학을 가르치는 조교수 이상의 직에서 5년 이상 근무 등
⑥ 준법지원인의 직무수행에 따른 인사상 불이익이 없어야 함

개념확인문제

01 ★★★ 다음 중 주주총회 특별결의사항에 해당하지 않는 것은?

① 정관 변경
② 주식의 포괄적 교환·이전
③ 재무제표 승인
④ 주식의 할인발행

해설 | 재무제표 승인은 보통결의사항이다.

02 ★★★ 다음 중 주주총회의 보통결의사항에 해당하지 않는 것은?

① 이사의 보수결정
② 주식배당의 결정
③ 지배 주주의 매도청구
④ 이사의 회사에 대한 책임 면제

해설 | 이사의 회사에 대한 책임 면제는 특수결의사항이다.

03 ★★★ 다음 중 이사에 대한 설명으로 적절하지 않은 것은?

① 이사는 주주총회에서 선임되며 집중투표제를 통해 이사를 선임할 수 있다.
② 사외이사의 임기는 3년을 초과할 수 없다.
③ 이사는 사적 이익 추구를 제한하기 위해 회사와 거래할 수 없다.
④ 이사가 고의, 과실로 회사에 손해를 입힐 경우 반대하지 않은 이사와 연대하여 손해배상 책임을 져야 한다.

해설 | 사전에 이사회의 2/3 이상 결의가 있을 경우 회사와 자기거래를 할 수 있다.

04 ★★★ 다음 중 이사회에 대한 설명으로 적절하지 않은 것은?

① 이사회 결의는 이사 과반수의 출석과 출석이사 과반수로 한다.
② 이사회 소집 1주일 전에 각 이사 및 감사에게 통지해야 한다.
③ 결의에 대해 이해관계가 있는 이사는 결의할 수 없으며, 결의 정족수에서도 제외된다.
④ 서면, 위임 결의, 원격통신수단 결의는 허용되지 않는다.

해설 | 서면, 위임 결의는 허용되지 않으나 원격통신수단 결의는 허용된다.

정답 | 01 ③ 02 ④ 03 ③ 04 ④

05 다음 중 감사에 대한 설명으로 적절하지 않은 것은?

① 최근 사업연도 말 자산총액 1천억원 이상의 상장회사는 주주총회에서 감사를 선임하고 상근감사 1명을 두어야 한다.
② 최근 사업연도 말 자산총액 1천억원 이상의 상장회사가 감사위원회를 설치하는 경우 감사를 비상근으로 임명해야 한다.
③ 회사와 이사가 소송할 경우, 감사는 소송에서 회사를 대리한다.
④ 감사는 이사 또는 집행임원의 직무의 집행을 감독하는 주식회사의 필요적 상설기관이다.

해설 | 최근 사업연도 말 자산총액 1천억원 이상의 상장회사의 경우 감사위원회를 설치할 때 감사를 선임하지 않아도 된다.

06 다음 중 주식회사의 필요적 상설기관이 아닌 것은?

① 주주총회   ② 이사회
③ 감사   ④ 노동조합

해설 | 노동조합은 주식회사의 필요적 상설기관에 해당하지 않는다.

정답 | 05 ② 06 ④

TOPIC 04 신주의 발행

1. 신주의 발행

① **의의** : 신주발행은 회사가 실질적인 자본의 증가를 위하여 주식을 발행하는 것을 의미
② **결정** : 이사회(정관에 별도 규정이 있으면 이를 따름)
　㉠ 신주의 종류와 수
　㉡ 신주의 발행가액과 납입기일
　㉢ 무액면주식 : 자본금은 주식 발행가액의 1/2 이상의 금액으로 이사회에서 결정

2. 주주가 되는 시기

① 신주의 인수인은 납입 또는 현물출자의 이행을 한 때 : 납입기일의 다음 날부터 주주의 권리, 의무가 발생
② 신주의 인수인이 납입기일에 납입 또는 현물출자의 이행을 하지 않을 때 : 권리 상실
③ 납입기일로부터 본점소재지는 2주 내, 지점소재지는 3주 내 등기(발행주식총수, 자본총액 등)

3. 신주인수권

① 회사가 신주를 발행하는 경우에 우선적으로 그 신주의 인수를 청구할 수 있는 권리
② 정관에 정함이 있는 경우를 제외하고 원칙적으로 주주가 가진 주식수에 따라서 신주의 배정을 받을 권리가 있음
③ 상장회사는 발행주식 총수의 20/100 범위 내에서 우리사주조합원에게 신주의 배정을 할 수 있음
④ **제3자의 신주인수권** : 주주 외의 자가 신주발행의 경우에 일정한 신주에 대하여 우선적으로 배정을 받을 권리, 정관에 정하는 경우에만 부여 가능
⑤ 신기술의 도입이나 재무구조의 개선 등 회사의 경영상의 목적 달성에 필요한 경우에 국한하여 제3자 배정이 가능(상장회사는 정관이 정하는 바에 따라 이사회 결의로 신주를 발행할 수 있음)

4. 신주발행의 절차

① **발행사항의 결정** : 정관에 별도의 규정이 없으면 이사회가 결정함
② 신주배정일의 지정, 공고
③ **신주인수권자에 대한 최고, 공고** : 주주가 청약하지 않으면 신주인수권리를 잃음
④ 주주의 모집
⑤ 주식인수의 청약
⑥ 신주의 배정과 인수

⑦ 출자의 이행
　㉠ 납입기일에 그 인수한 주식의 대금을 전액 납입
　㉡ 회사가 동의하면 회사채무와 상계 가능

⑧ 신주발행의 효력 발생 : 납입기일 다음 날부터 주주의 권리, 의무 발생
⑨ 등기 : 발행주식총수, 자본의 총액 등 등기(본점 : 2주 내, 지점 : 3주 내)
⑩ 기타
　㉠ 부당한 신주 인수에 대한 책임(발행가액 불공정, 신주인수인과 이사의 통모)
　㉡ 공정한 발행가액과 인수한 가액과의 차이를 회사에 지급해야 함(추가 출자 의무)

개념확인문제

01 다음 중 신주발행과 관련한 내용으로 적절하지 않은 것은?

① 신주의 주주가 되는 시기는 납입 또는 현물출자의 이행을 한 후 납입기일의 다음 날부터 주주로서의 권리, 의무가 발생한다.
② 기존 주주는 청약기일이 지나더라도 본인 몫의 신주인수권을 청구할 수 있다.
③ 신주의 발행은 정관에 별도의 규정이 없는 경우 이사회가 결정한다.
④ 신주 발행 시 신기술의 도입이나 재무구조의 개선 등 회사의 경영상의 목적 달성에 필요한 경우에 국한하여 제3자 배정이 가능하다.

해설 | 기존 주주의 경우 청약 기일 내에 청약하지 않는 경우 신주인수권리를 상실한다.

02 다음 중 신주발행에 대한 설명으로 적절하지 않은 것은?

① 출자의 이행 이후 자본의 총액 등에 대한 등기를 한다.
② 등기를 통해 신주발행의 효력이 발생한다.
③ 만약 공정한 발행가액과 인수한 가액이 차이가 날 경우 해당 차이를 회사에 납부하여야 한다.
④ 만약 회사에 채권이 있는 경우 회사가 동의할 때 회사 채무와 상계가 가능하다.

해설 | 납입기일의 다음 날부터 신주발행의 효력이 발생하여 주주의 권리, 의무가 부여된다.

정답 | 01 ② 02 ②

TOPIC 05 자본금의 감소

1. 자본금 감소의 의의

회사의 자본금액을 일정한 방법에 의하여 감소시키는 것

2. 자본금 감소의 방법

(1) 액면주식 발행회사의 감소

① 1주당 금액의 감소
  ㉠ 환급 : 납입한 주금액의 일부를 주주에게 반환하는 실질적인 자본금 감소
  ㉡ 절기 : 주금액 중 이미 납입한 부분의 일부를 손실로 처리해서 주금액에서 삭제하고 나머지 납입액을 주금액으로 하는 방법(주금액이 100원 이상의 경우만 가능)

② 주식수의 감소
  ㉠ 주식의 소각 : 회사가 특정 자기주식을 취득하여 소멸시키는 행위(강제소각, 임의소각, 유상소각, 무상소각 등)
  ㉡ 주식의 병합 : 여러 개의 주식을 합하여 그보다 적은 수의 주식으로 바꾸는 것

(2) 무액면주식 발행회사의 자본금 감소

① 주식수와 연계 없이 자본금만 감소
② 각 주주가 이미 납입한 금액의 일부를 주주에게 반환하는 방법으로 자본금 감소 가능

3. 자본금 감소의 절차

(1) 주주총회 결의

① 자본금 감소는 주주총회의 특별결의(채권자 보호)
② 단, 결손보전을 위한 자본금 감소는 주주총회의 보통결의로 할 수 있음
③ 자본금 감소의 결의에서는 그 감소의 방법을 정해야 함
④ 자본금 감소를 위한 총회소집의 통지와 공고에는 자본금 감소에 관한 의안의 내용을 작성해야 함

(2) 채권자보호절차

① 자본금 감소 결의일로부터 2주 내에 회사채권자에 대하여 이의가 있으면 일정기간(1개월 이상) 내에 이의를 제출할 것을 공고, 관련 내용을 알고 있는 채권자에게는 최고
② 결손보전의 자본금 감소는 채권자보호절차 생략 가능
③ 이의를 제기한 채권자 : 회사는 변제 또는 상당한 담보를 제공하거나, 이를 목적으로 하여 상당한 재산을 신탁회사에 신탁

4. 효력 발생과 등기

자본금 감소 절차가 끝났을 때 효력이 발생하며 효력이 생긴 때로부터 본점 소재지는 2주 내, 지점은 3주 내 등기(자본금 감소 변경등기)

5. 자본금 감소의 무효

① 자본금 감소 무효의 소만으로 주장할 수 있음
② **무효의 원인** : 그 절차 또는 내용에 중대한 하자가 있을 경우 무효 가능
③ 주주, 이사, 감사, 청산인, 파산관재인 또는 자본금의 감소를 승인하지 않은 채권자에 한하여 자본금 감소로 인한 변경등기가 된 날부터 6개월 내에 소만으로 주장 가능
④ 감자무효의 소를 제기하는 경우 회사의 청구에 의하여 법원은 소를 제기한 사람에게 상당한 담보의 제공을 명할 수 있음
⑤ 감자무효판결의 효력은 제3자에게도 미치는 대세적 효력이 있으며 소급효를 가짐

개념확인문제

01 다음 중 자본금 감소와 관련한 내용으로 적절하지 않은 것은?

① 자본금 감소의 방법은 크게 1주당 금액을 감소시키는 방법과 주식수를 감소시키는 방법으로 나뉜다.
② 자본금 감소는 주주총회의 특별결의 사항이다.
③ 자본금 감소의 무효는 그 절차 또는 내용에 중대한 하자가 있을 경우에만 소만으로 주장할 수 있다.
④ 결손보전을 목적으로 하는 자본금 감소의 경우에도 채권자보호절차를 거쳐야 한다.

해설 | 결손보전을 목적으로 하는 자본금 감소의 경우 채권자보호절차를 거치지 않아도 된다.

02 다음 중 채권자보호절차에 대한 설명으로 적절하지 않은 것은?

① 회사가 자본금 감소를 하기 위해서는 감소 결의일로부터 2주 내에 회사 채권자에 대해 이의가 있으면 일정 기간 내에 이의를 제출할 것을 공고해야 한다.
② 자본금 감소를 알고 있는 채권자에 대해서는 최고 절차를 거쳐야 한다.
③ 만약 자본금 감소에 이의를 제기한 채권자가 있는 경우 회사는 변제 또는 상당한 담보를 제공해야 한다.
④ 자본금 감소 승인 여부와 관계없이 채권자는 자본금 감소로 인한 변경등기가 된 날부터 6개월 내에 소를 통해 자본금 감소의 무효에 대한 소를 제기할 수 있다.

해설 | 자본금 감소 무효의 소는 채권자 중 자본금 감소에 대한 승인을 하지 않은 채권자에 한하여 제기할 수 있다.

정답 | 01 ④ 02 ④

TOPIC 06 회사의 회계

1. 재무제표 및 영업보고서

① **재무제표**
　㉠ 대차대조표, 손익계산서, 그 밖의 회사의 재무상태와 경영성과를 표시하는 것
　㉡ 정기총회일의 6주 전에 감사에게 제출해야 함
　㉢ 지배회사–종속회사 관계에 있는 기업은 연결재무제표를 작성해야 함
　㉣ 주주총회의 승인
　　• 이사는 재무제표를 정기주주총회에 제출하여 그 승인 요구 및 영업보고서를 정기총회에 제출하여 그 내용을 보고
　　• 주주총회의 승인을 얻는 경우 이사는 지체 없이 대차대조표를 공고해야 함
　㉤ 재무제표 등의 비치 : 이사는 정기총회일의 1주 전부터 재무제표 및 영업보고서와 감사보고서를 본점에 5년간, 그 등본을 지점에 3년간 비치해야 함(상업장부는 10년간 보존)

② **이사와 감사의 책임해제** : 정기총회에서 승인한 후 2년 내에 다른 결의가 없으면 회사는 이사와 감사의 책임을 해제한 것으로 봄(부정한 행위가 있는 경우에는 해제되지 않음)

2. 준비금

① **정의** : 회사는 법률, 정관 또는 총회의 결의로써 자산이 자본액을 초과하는 금액 중에 일정액을 회사에 보유해야 하며, 이때 유보된 금액을 준비금이라고 함

② **종류**
　㉠ 법정준비금
　　• 법률에 따라 강제적으로 적립하는 준비금
　　• 이익준비금, 자본준비금
　　• 결손의 전보, 자본전입
　㉡ 이익준비금
　　• 매 결산기에 이익배당액을 기준으로 적립하는 준비금(손실전보와 영업상태 등의 악화에 대비하기 위한 준비자금)
　　• 자본금의 1/2이 될 때까지 매 결산기 이익배당액의 1/10 이상을 이익준비금으로 적립
　　• 주식배당은 제외함(사외유출에 대해서만 이익준비금 적립)
　　• 현물배당도 인정하므로 이익배당액을 기준으로 하여 적립해야 함
　㉢ 자본준비금
　　• 자본거래에서 생긴 잉여금을 재원으로 하여 적립하는 준비금으로 주주의 출자의 일부 또는 기타 자본에 준하는 성질의 특수 재원을 적립하는 것

- 주주에게 이익으로 배당할 수 없으며, 별도의 적립한도를 정함이 없음(자본잉여금 같은 것)
  ② 임의준비금
  - 법정준비금 외에 정관 또는 주총결의에 따라 임의적으로 적립한 준비금
  - 사업확장, 사채상환적립금, 별도적립금, 정관 또는 주총결의로 회사가 자유롭게 결정
  ⑩ 비밀준비금 : 대차대조표에 준비금 명목으로 계상하지 않지만 실질적 준비금, 부채를 많이 잡고, 자산을 과소하게 잡은 경우 실제가액과의 차이를 말함

3. 이익배당

① **의의** : 이익배당의 방법으로 금전 또는 현물에 의한 배당, 주식에 의한 배당을 인정하고 있음
② **요건**
   ㉠ 배당 가능 이익이 있어야 함
   ㉡ 자본금의 액에 다음의 금액을 공제한 차액
   - 그 결산기까지 적립된 자본준비금과 이익준비금의 합계액
   - 그 결산기에 적립해야 할 이익준비금액
   - 대통령령으로 정하는 미실현 이익
③ **결산배당** : 매 영업연도 말 결산에 따른 손익확정 후 배당
④ **중간배당 및 분기배당**
   ㉠ 중간배당 : 연 1회 결산기를 정한 회사는 영업연도 중 1회에 한하여 이사회 결의로 일정한 날을 정하여 그날의 주주에게 이익을 금전 또는 현물로 배당할 수 있음(정관에 있는 경우에 가능)
   ㉡ 분기배당 : 연 1회의 결산기를 정한 상장회사는 자본시장법에 따라 정관으로 정하는 바에 따라 사업 연도 중 그 사업연도 개시일부터 3월, 6월, 9월 말일 당시의 주주에게 이사회 결의로써 금전으로 이익 배당이 가능함
⑤ **배당금 지급 청구권**
   ㉠ 주주총회 또는 이사회의 이익처분안을 포함한 재무제표의 승인결의에 의해 발생
   ㉡ 이익배당은 주주총회나 이사회 결의를 한 날부터 1개월 이내 지급함(지급시기를 따로 정한 경우에는 이에 따름)
   ㉢ 주주의 배당금 지급청구권은 5년간 이를 행사하지 않으면 소멸시효가 완성됨

4. 주식배당

① **개요** : 이익의 배당을 금전이나 현물이 아닌 새로이 발행하는 주식으로 하는 것
② **요건**
   ㉠ 배당 가능 이익의 존재
   ㉡ 주식배당의 한도

- 주식에 의한 배당은 이익배당총액의 1/2에 해당하는 금액을 초과할 수 없음
- 단, 상장회사는 이익배당총액까지 주식배당으로 가능(그러나 주식의 시가가 액면가에 미치지 못하는 경우 이익배당총액의 1/2까지만 가능)
- 발행예정 주식의 총수 가운데 미발행 주식이 남아 있는 범위 내에서 가능

③ 절차
  ㉠ 주주총회의 결의
  ㉡ 발행가액 : 권면액으로 하며, 종류주식이 있을 때는 각각 그와 같은 종류의 주식으로 할 수 있음

④ 효과 : 자본의 증가, 질권의 효력, 일할 배당 등

5. 주주의 경리검사권

① 개요 : 소수 주주권으로 회계장부 및 서류를 열람 또는 등사할 수 있는 권리
② 종류
  ㉠ 재무제표 열람권
  ㉡ 회계장부열람권 : 발행주식 총수의 3/100 이상에 해당하는 주주가 서면으로 회계장부와 서류의 열람 또는 등사를 청구할 수 있음
  ㉢ 업무와 재산상태의 검사권 : 회사의 업무집행에 관하여 부정행위 또는 법령위반이 의심될 경우 발행주식 총수의 3/100 이상인 주주가 청구

6. 이익공여의 금지

회사는 누구에게든지 주주의 권리행사와 관련하여 재산상의 이익을 공여해서는 안 됨

개념확인문제

01 다음 중 이익배당에 대한 설명으로 적절하지 않은 것은?

① 이익배당은 배당 가능 이익이 있어야 할 수 있다.
② 이익배당의 방법으로 금전, 현물, 주식에 의한 배당이 가능하다.
③ 이익배당은 매 영업연도 말에 결산하여 손익을 확정한 후 할 수 있으나, 정관에 해당 내용이 있는 경우 영업연도 중 2회에 한하여 이사회 결의로 주주에게 이익을 지급할 수 있다.
④ 상장회사의 경우 정관에 해당 내용이 있는 경우 사업연도 개시일부터 3, 6, 9월 말일 당시 주주에게 이사회 결의로서 금전으로 이익 배당이 가능하다.

해설 | 중간배당은 정관에 해당 내용이 있는 경우 연 1회 결산기를 정한 회사는 영업연도 중 1회에 한하여 이사회 결의로 일정한 날을 정하여 그날의 주주에게 이익을 금전 또는 현물로 배당할 수 있다.

02 다음 중 법률에 따라 강제적으로 적립해야 하는 준비금이 아닌 것은?

① 이익준비금
② 자본준비금
③ 자본전입
④ 사업확장준비금

해설 | 사업확장준비금은 임의준비금으로 정관 혹은 주총결의에 따라 임의로 적립한 적립금이다.

정답 | 01 ③ 02 ④

TOPIC 07 사채

1. 사채의 발행방법

① **직접발행**
  ㉠ 회사가 직접 발행하는 것
  ㉡ 방법 : 직접모집, 매출발행(일반주식회사는 매출발행이 안 되며, 특수은행은 가능)

② **간접발행**
  ㉠ 중개자를 개입하여 발행하는 것
  ㉡ 방법 : 위탁모집, 인수모집(잔액인수)

③ **사채총액의 인수** : 인수인이 총액을 인수하여 매출 내지 채권의 매매를 자기책임으로 하는 것

2. 사채발행의 절차

① **사채 발행의 결정**
  ㉠ 이사회 결의(사채 총액과 종류, 금액, 이율, 상환방법 등)
  ㉡ 정관에 정할 경우 대표이사에게 사채의 금액 및 종류를 정하여 1년을 초과하지 않는 기간 내에 사채를 발행하는 것을 위임할 수 있음

② **사채계약 및 납입** : 이사는 지체 없이 인수인에 대하여 사채의 전액 또는 제1회의 납입시켜야 함(대물변제, 분할납입 가능)

3. 사채의 유통

① 사채 전액의 납입이 완료된 후가 아니면 채권을 발행하지 못함
② **채권**
  ㉠ 사채를 표창하는 유가증권으로 요식증권임
  ㉡ 기명식과 무기명식으로 발행 가능 → 일반적으로 무기명식이 많이 이용됨
③ 사채권자는 언제든지 기명식의 채권을 무기명식으로, 무기명식의 채권을 기명식으로 할 것을 회사에 청구할 수 있음
④ 단, 채권을 기명식 또는 무기명식으로 제한하는 것으로 정한 때에는 상호전환권이 인정되지 않음

4. 사채관리회사

(1) 개요
① 사채발행회사는 사채관리회사를 정하여 변제의 수령, 채권의 보전, 그 밖에 사채의 관리를 위탁할 수 있음(사채 발행회사의 임의적인 선택)
② 사채관리회사는 은행, 신탁회사, 그 밖에 대통령령으로 정하는 자만 될 수 있음
③ 사채인수인, 사채발행회사와 특수한 이해관계가 있는 자는 사채관리회사가 될 수 없음

(2) 사채관리회사의 사임 및 해임
① 사임 : 사채관리회사는 사채를 발행한 회사와 사채권자집회의 동의를 받거나, 부득이한 사유가 있어 법원의 허가를 받은 경우 사임이 가능함
② 해임 : 사채관리회사가 그 사무를 처리하기에 적임이 아니거나, 그 밖에 정당한 사유가 있을 때에는 법원은 사채를 발행하는 회사 또는 사채권자집회의 청구에 의하여 사채관리 회사를 해임할 수 있음

(3) 사채관리회사의 권한
① **사채의 변제를 위한 권한** : 사채권자를 위하여 사채에 관한 채권을 변제받거나 채권의 실현을 보전하기 위하여 필요한 재판상 또는 재판 외의 모든 행위를 할 수 있음
② **사채발행회사 업무 및 재산상태 조사권** : 사채를 발행한 회사에 대한 정확한 파악이 필요하며, 법원의 허가를 받아 사채발행회사의 업무와 재산상태를 조사할 수 있음
③ 선량한 관리자의 주의로 사채를 관리해야 함
④ 사채를 발행한 회사와 사채관리회사가 계약으로 보수를 정함

5. 사채의 이자지급과 상환

① **사채의 이자지급**
  ㉠ 사채계약에서 정한 이율에 의하여 결정됨
  ㉡ 사채의 이자지급 청구권과 공제액 지급 청구권은 5년간 행사하지 않으면 소멸시효가 완성됨
② **사채의 상환** : 사채발행회사가 사채권자에게 채무를 변제하여 사채의 법률관계를 종료시키는 것

6. 사채권자집회

① **의의** : 사채보유자들의 법률상의 회의체
② **소집**
  ㉠ 사채발행회사 또는 사채관리회사가 소집
  ㉡ 사채의 종류별로 해당 종류의 사채총액의 1/10 이상의 사채권자는 서면, 전자문서를 사채 발행회사, 사채관리 회사에 제출하여 사채권자집회의 소집 청구가 가능

③ 결의사항
　㉠ 상법에서 규정하고 있는 사항 및 사채권자의 이해관계가 있는 사항에 관하여 결의
　㉡ 사채관리회사의 사임 및 해임, 사채관리회사의 사무승계자 선정, 사채발행회사 대표자의 출석요구, 자본감소의 경우 이의 제기 등

④ 결의요건 및 결의효력
　㉠ 사채권자가 보유하는 사채금액의 합계액에 따라 의결권을 가짐
　㉡ 출석한 의결권의 2/3 이상, 총의결권의 1/3 이상의 수로 결의
　㉢ 단, 사채관리회사의 사임과 해임, 사채관리회사의 사무승계자 지정, 사채발행회사 대표자의 출석청구 등은 출석한 의결권의 과반수로 가능
　㉣ 서면, 전자적 방법으로 의결권 행사도 가능
　㉤ 사채권자집회의 결의는 법원의 인가를 얻어야 효력이 생기나, 그 종류의 사채권자 전원의 동의가 있는 결의는 법원의 인가가 필요하지 않음

7. 특수사채

(1) 전환사채

① 개요 : 일정한 요건에 따라 사채권자에게 사채발행회사의 주식으로 전환할 수 있는 권리가 부여된 사채
② 발행의 결정
　㉠ 정관에 규정이 없으면 이사회에서 결정함
　㉡ 제3자에게 발행하며, 정관에 규정이 없으면 주주총회 특별결의로 정함
　㉢ 신기술의 도입, 재무구조개선 등 회사의 경영상 목적을 달성하기 위하여 필요한 경우에 한함
　㉣ 등기사항(납입완료일 후 2주 내 본점소재지)
　㉤ 권리행사 : 전환 청구 시 채권자에서 주주로 전환됨

(2) 신주인수권부사채

① 사채권자에게 신주인수권이 부여된 사채
② 발행의 결정 : 전환사채와 동일함
③ 신주인수권과 사채의 분리가 가능하거나 혹은 분리하지 못하는 두 가지로 발행 가능
④ 신주인수권의 발행가액의 전액을 납입한 때 주주가 됨

개념확인문제

01 다음 중 사채발행과 관련한 내용으로 올바르지 않은 것은?

① 회사가 사채를 발행하는 방법은 크게 직접발행과 간접발행으로 구분할 수 있다.
② 사채의 이자는 사채계약에서 정한 이율에 의해 결정된다.
③ 정관에 정할 경우 대표이사에게 사채의 금액 및 종류를 정하여 1년을 초과하지 않는 기간 내에 사채를 발행하는 것을 위임할 수 있다.
④ 일반적으로 사채 발행은 주주총회 결의 사항이다.

해설 | 일반적으로 사채는 이사회 결의 사항이다.

02 다음 중 사채권자집회에 대한 설명으로 적절하지 않은 것은?

① 사채권자집회는 사채보유자들의 법률상의 회의채이다.
② 사채권자집회의 결의는 사채권자 전원의 동의가 있다고 하더라도 법원의 인가를 얻어야 효력이 발생한다.
③ 사채권자집회는 사채발행회사 또는 사채관리회사가 소집 가능하다.
④ 일반적인 안건의 경우 출석한 의결권의 2/3 이상, 총의결권의 1/3 이상의 수로 결의 가능하다.

해설 | 사채권자집회의 결의는 일반적으로는 법원의 인가를 얻어야 하지만 사채권자 전원의 동의가 있는 경우 법원의 인가가 필요하지 않다.

정답 | 01 ④ 02 ②

TOPIC 08 　회사의 합병, 분할

1. 회사의 합병

(1) 정의
① 두 개 이상의 회사가 계약에 의하여 합병 절차에 따라 청산절차를 거치지 않고 한 회사로 합동하는 것
② 주주의 책임을 가중시키는 방법으로 합병할 수는 없음

(2) 합병의 종류
① 신설합병 : A+B=C
② 흡수합병 : A+B=A

(3) 합병의 절차
① 합병계약
② 합병결의(주주총회 특별결의) : 소규모, 간이합병 시 이사회 결의로 가능
　㉠ 소규모 합병 시 : 합병발행주식수 10/100 이하, 합병교부금이 대차대조표의 5/100 이하
　㉡ 간이합병 시 : 총 주주의 동의, 90/100 이상 소유
③ 합병반대주주의 주식매수청구권
④ 회사채권자보호
⑤ 합병등기(합병효력 발생요건, 본점 : 2주 내, 지점 : 3주 내)

(4) 합병의 효과
① 회사의 소멸 : 존속회사를 제외한 당사회사는 소멸
② 회사의 변경 또는 설립 : 흡수합병일 경우 존속회사의 정관변경, 신설합병일 경우 새로운 회사가 성립
③ 권리의무의 포괄적 이전 : 존속회사 또는 신설회사는 소멸회사의 권리 의무를 포괄적으로 승계
④ **합병반대주주의 주식매수청구권** : 합병결의에 반대하는 주주는 주주총회 전에 회사에 대하여 서면으로 반대의사 통지 후 그 총회 결의일로부터 20일 이내에 자기소유 주식을 매수청구하며, 해당 법인은 매수청구기간 종료일부터 2개월 이내에 그 주식을 매수해야 함(상장법인 1개월 이내)
⑤ 합병은 무효의 소를 통해서만 주장할 수 있음(대세적 효력, 비소급효)

2. 회사의 분할

(1) 정의

하나의 회사를 2개 이상의 회사로 분리하고, 회사 재산의 일부가 포괄 승계되며, 반대급부로 주식이 교부되는 현상

(2) 분할의 종류

① 인적분할 : 분할에 의한 재산 양수회사가 발행주식을 양도회사의 주주에게 교부
② 물적분할 : 양수회사가 그 발행주식을 양도회사 자체에 교부하는 분할(모자회사)
③ 단순분할, 분할합병

(3) 분할의 요건 및 절차

① 주식회사만 인정됨
② 분할계획서 혹은 분할합병계약서 승인(주주총회 특별결의)
③ 단, 소규모 분할은 이사회 결의로 갈음할 수 있음

(4) 분할의 효과

분할 또는 분할합병으로 인하여 설립되는 회사 또는 존속하는 회사는, 분할하는 회사 권리와 의무를 분할계획서 또는 분할합병계약서가 정하는 바에 따라 승계함

개념확인문제

01 다음 중 회사의 분할과 합병에 대한 설명으로 적절하지 않은 것은?

① 회사의 합병은 두 개 이상의 회사가 계약에 의해 합병절차에 따라 청산절차를 거치지 않고 한 회사로 합병하는 것이다.
② 원칙적으로 분할은 주식회사만 가능하다.
③ 합병으로 인해 존속회사 또는 신설회사에 소멸회사의 권리의무가 포괄적으로 승계된다.
④ 합병 시 권리의무가 포괄적으로 승계되므로 채권자보호절차를 거치지 않아도 된다.

해설 | 합병을 하는 경우 채권자보호절차를 거쳐야 한다.

02 다음 중 합병 및 분할에 대한 설명으로 적절하지 않은 것은?

① 소규모 합병이나 간이합병의 경우 이사회 결의로 합병이 가능하다.
② 인적분할은 분할에 의한 재산을 양수하는 회사가 발행하는 주식을 양도회사의 주주에게 교부하는 것이다.
③ 인적분할 후 양도회사와 양수회사는 모자회사의 관계가 성립한다.
④ 합병은 무효의 소를 통해서만 주장할 수 있으며, 대세적 효력이 있다.

해설 | 분할 후 모자회사의 관계가 성립하는 것은 물적분할이다.

정답 | 01 ④ 02 ③

CHAPTER 03 금융투자업 직무윤리

PART 04_ 증권법규 및 직무윤리

TOPIC 01 직무윤리에 대한 이해

1. 도덕적 딜레마 상황

① 각각으로 보면 모두가 그 나름대로 정당한 이유를 가지지만, 동시에 두 가지를 모두 할 수 없기 때문에 이러지도 저러지도 못하게 되는 상황을 말함
② 판단근거는 우리가 습득하게 된 '옳고 그름의 판단기준.' 즉, 도덕적인 규칙 또는 윤리기준이 됨

2. 법과 윤리

(1) 법과 윤리의 개념

① 법의 의미
  ㉠ 법은 반드시 지켜야 하고, 어긴 사람에게는 책임을 묻는 규범
  ㉡ 법이란 정당한 사회관계를 규정하기 위하여 강제력을 갖는 여러 규범의 종합
  ㉢ 사회질서의 수호를 전제로 한 윤리의 실현 → 있는 그대로의 법

② 윤리의 의미
  ㉠ 그 사회 내에서 정해진 인간이 인간으로서 마땅히 해야 할 도리 혹은 규범
  ㉡ 좀 더 개인적이고 내면적인 규범일 경우 '도덕'이라고 하고, 사회적인 범위로 확장될 경우 '정의'라고 함
  ㉢ 절대다수의 합의를 전제로 하는 일종의 '문화현상' → 있어야 할 법

③ 법적 강제와 윤리적 자율성
  ㉠ 법과 윤리 모두 인간이 공동생활을 함에 있어 필요한 규범임
  ㉡ 법은 필요한 한도 내에서 윤리를 스스로의 영역 속에 채택하여 이를 강권으로 보장하는 동시에 일반적으로 윤리를 전제로 하면서 이 윤리와 더불어 사회 질서 유지에 임함
  ㉢ 따라서 윤리나 인간애를 강조한 나머지 인위적이고 강권적인 법을 무조건 배척하거나, 반대로 합법적이기만 하면 무조건 책임을 문제 삼지 않으려는 법 만능주의는 바람직하지 않음
  ㉣ 무임편승자를 견제하기 위해 계약을 감독하고 그 불이행에 대해서는 처벌을 행하는 강권적 존재가 요청됨. 이는 사회 계약론자들이 내세우는 정부의 존재 근거가 됨

　　　　ⓜ 그러나 이 경우에서 감독기관이나 감독자들 자신을 감독해야 하는 문제가 발생하며 나아가서 그 감독자를 감시하는 사람을 또 감독해야 하는 등 무한소급의 문제가 발생함

　④ 현대 사회에서의 법과 윤리
　　ⓐ 사회가 변함에 따라 윤리관도 급격하게 변화함
　　ⓑ 법은 그 성격상 특히 '보수적'이며, 이런 이유로 현대 사회에서는 '낡은' 법과 '새로운' 윤리가 충돌하는 경우가 많음
　　ⓒ 법과 윤리가 시대의 변화에 따라 함께 변해야 하는 것은 당연하지만, 그 절대적 기준에는 변함이 없다는 점에 주목해야 함. 즉, 법의 수단은 현실에 따라 얼마든지 변할 수 있지만, 법의 목적은 결코 변함이 없음

(2) 직무윤리와 윤리경영

　① 기업윤리
　　ⓐ 경영환경에서 발생할 수 있는 모든 도덕적, 윤리적 문제들에 대한 판단 기준
　　ⓑ 경영 전반에 걸쳐 조직의 모든 구성원에게 요구되는 윤리적 행동을 강조하는 포괄적인 개념

　② 직무윤리
　　ⓐ 조직구성원 개개인들이 자신이 맡은 업무를 수행하면서 지켜야 하는 윤리적 행동과 태도를 구체화한 것
　　ⓑ 추상적인 선언에 그칠 수 있는 윤리의 개념을 업무와 직접적인 관련성을 높임으로써 실질적인 의미를 갖게 한 것

　③ 기업윤리가 거시적인 개념이라면 직무윤리는 미시적인 개념임
　④ 통상 국내에서 포괄적 개념인 기업윤리는 '윤리강령' 등의 형태를 지닌 추상적인 선언문 형태를 지니고 있는 반면, 직무와 연결된 구체적인 기준을 담고 있는 직무윤리는 '임직원 행동강령' 등으로 그 형태를 조금 달리함
　⑤ 윤리강령은 직무윤리를 기업의 경영방식에 도입하는 것으로 간단히 정의될 수 있음

(3) 윤리경영과 직무윤리가 강조되는 이유

　① 윤리경쟁력의 시대
　　ⓐ 윤리경쟁력이란 기업의 윤리경영 도입 여부와 해당 기업 조직구성원의 직무윤리 준수 여부를 의미
　　ⓑ 윤리경영과 직무윤리가 강조되는 이유 : 윤리경쟁력이 해당 기업을 평가하는 하나의 잣대가 됨, 윤리경쟁력이 기업의 지속적인 생존 여부 직결됨

환경의 변화	• 미래의 세계는 고도의 정보와 기술에 의한 사회이며, 매우 복잡한 시스템에 의하여 운영되는 사회로 변화함 • 이러한 고도의 정보와 기술이나 시스템이 잘못 사용될 경우 사회적·국가적으로 엄청난 파국과 재난을 불러올 가능성이 있기 때문에 이를 다루는 자들에게 고도의 직무윤리가 요구되고 있음
위험과 거래비용	• 개별 경제주체는 눈에 보이는 비용 이외에 상대방이 자신의 이익에 반하는 행동을 할 경우에 발생하는 위험비용까지를 거래비용에 포함시켜 그 거래비용이 가장 작은 쪽을 선택하게 됨 • 개인은 위험을 통제함으로써 가장 작은 거래비용이 발생할 수도 있도록 거래와 관련된 자들에게 직무윤리를 요구함
생산성 제고	• 직무윤리가 전통적인 윤리규범을 공공재로 만들게 되고 이는 더 많은 경제적 효용의 산출을 위하여 필요한 투입이라는 인식이 기업을 중심으로 보편화되고 있음 • 생산성의 제고를 통한 장기적 생존의 목적으로 윤리경영의 중요성이 강조되고 있음
신종 자본	• 직무윤리는 오늘날 새로운 무형의 자본이 되고 있음 • 현재는 신용 또는 믿음이 새로운 무형의 자본으로 인정되기까지 함 • 특히, 금융산업은 서비스산업으로서 신용에 바탕을 두고 있으며 신용도가 그 기업의 가장 중요한 자산으로 판단됨
인프라 구축	• 윤리는 공정하고 자유로운 경쟁의 전제 조건임 • 윤리는 지속적인 성장을 위한 인프라의 하나로서 윤리 인프라가 됨
사회적 비용의 감소	• 비윤리적인 행동은 더 큰 사회적 비용을 가져오며, 이를 규제하기 위한 법적 규제와 같은 타율적인 규제가 증가하게 됨 • 이를 통해 규제법령의 준수를 위한 기관과 조직의 운영비용이 증가하게 되어 결과적으로 사회 전체의 비용이 증가하게 됨

② 금융투자업에서의 직무윤리
  ㉠ 산업의 고유 속성 : 금융투자업은 고객의 자산을 위탁받아 운영·관리하는 것을 주요 업무로 하므로 그 속성상 고객자산을 유용하거나 고객의 이익을 침해할 가능성이 다른 어느 산업보다 높음
  ㉡ 상품의 특성
    • 자본시장에서는 취급하는 상품의 특성상 직무윤리가 더욱 중요시됨
    • 자본시장에서 취급하는 금융투자상품은 대부분 '투자성', 즉 '원본손실의 위험'을 내포하고 있음
    • 고객과의 분쟁 가능성이 상존하고, 더욱이 자본시장이 침체국면에 빠져 있는 경우에는 집단적인 분쟁으로 확대될 소지가 있음
    • 그러므로 평소 관련 법령 및 이에 근거한 규정 등을 준수함은 물론이고 철저한 직무윤리의 준수를 통해 고객과 돈독한 신뢰관계를 구축해 두어야 함

③ 금융소비자의 질적 변화
  ㉠ 오늘날은 전문가조차도 금융투자상품의 정확한 내용을 파악하기가 어려울 정도로 전문화, 복잡화, 다양화되고 있음
  ㉡ 그에 따라 금융소비자에게 제공하는 정보의 정확성이 담보되는 것만으로는 불충분하며, 보다 적극적으로 금융소비자보호를 위한 노력과 법이 요구하는 최소한의 수준 이상의 윤리적인 업무자세가 요구됨

④ 안전장치
  ㉠ 직무윤리를 준수하는 것은 금융투자업 종사자들을 보호하는 안전장치로서의 역할을 함
  ㉡ 직무윤리 기준을 준수하도록 하는 것은 외부의 부당한 요구로부터 금융투자업 종사자 스스로를 지켜주는 안전판 혹은 자위수단이 됨

3. 직무윤리의 기초사상 및 국내외 동향

(1) 직무윤리의 사상적 배경 및 역사

① 칼뱅의 금욕적 생활윤리는 초기 자본주의 발전의 정신적 토대가 된 직업윤리의 중요성을 강조하고 있음
② 칼뱅은 모든 신앙인은 노동과 직업이 신성하다는 소명을 가져야 할 것을 역설하였으며 근검, 정직, 절제를 통하여 부를 잇는 행위는 신앙인의 정당하고 신성한 의무라는 점을 강조함
③ 칼뱅의 금욕적 생활윤리는 자본주의의 발전의 정신적 원동력이자 지주로서의 역할을 하였을 뿐만 아니라 서구사회의 건전한 시민윤리의 토대를 이룸
④ 베버는 프로테스탄티즘의 윤리와 자본주의 정신에서 서구의 문화적 속성으로 합리성, 체계성, 조직성, 합법성을 들고, 이는 세속적 금욕생활과 직업윤리에 의해 형성되었다고 설명함

(2) 윤리경영의 국제적 환경

① OECD는 2000년 국제공통의 기업윤리강령을 발표하고, 각국의 기업으로 하여금 이에 준하는 윤리강령을 제정하도록 요구함
② 국제 공통의 기업윤리강령은 강제 규정은 아니지만 이에 따르지 않는 기업에 대해서는 불이익을 주고 있음
③ 국제투명성기구는 1995년 이래 매년 각 국가별 부패인식지수(CPI)를 발표(공무원들과 정치인들의 부패 수준이 어느 정도인지에 대한 인식의 정도를 지수로 나타낸 것)
④ 우리나라의 경우 여전히 경제규모에 비하여 윤리 수준이 낮게 평가됨으로써 국제신인과 국제경쟁력에 부정적인 영향을 미치고 있는 실정임
⑤ 영국의 BITC와 사회적 책임을 평가는 CR Index 역시 윤리경영을 평가하는 지수로 사용됨

(3) 윤리경영의 국내적 환경

① 2008년 2월 29일 부패방지와 국민의 권리보호 및 규제를 위하여 국민권익위원회를 출범시켰고, 국민권익위원회는 2016년 9월 28일 「부정청탁 및 금품수수 등의 금지에 관한 법률」을 시행하여 공직자 등에 대한 부정청탁 행위 및 부당한 금품 등을 제공하는 행위 등을 강력하게 금지하고 있음
② 「부정청탁 및 금품수수 등의 금지에 관한 법률」은 공직자 등이 거액의 금품 등을 수수하더라도 대가성 등이 없다는 이유로 처벌받지 않아 국민들의 불신이 증가하고 있다는 데에 착안하여 공직자 등이 직무관련성, 대가성 등이 없더라도 금품 등의 수수를 하는 경우에는 제재가 가능하도록 함으로써 국민의 신뢰를 회복하고자 제정된 법임

③ 「청탁금지법」은 단순히 공직자 등에게만 국한된 것이 아니라 일반 국민 전체를 적용 대상으로 하고 있다는 점에서 그 영향력은 매우 크며, 위반 시 제재 조치 또한 강력하여 우리나라의 투명성 제고는 물론 국민들의 인식 변화에 큰 도움이 될 것으로 보이며 이에 따른 국가경쟁력이 강화될 것으로 예상됨

④ 2003년 개발된 산업정책연구원의 KoBEX(Korea Business Ethics Index)가 대표적인 윤리경영지표이며, 이 지표는 공통지표(CI)와 추가지표(SI)로 구성됨

  ㉠ 공통지표
   • 공기업과 민간기업에 상관없이 모든 조직에 적용되는 지표
   • CEO, 작업장, 지배구조, 협력업체, 고객, 지역사회로 구성하여 평가, 총 52개 항목이 개발됨
  ㉡ 추가지표
   • 공기업과 민간기업의 특성에 따라 추가로 개발된 지표를 말함
   • 작업장, 지배구조, 협력업체, 고객, 자본시장, 지역사회로 구분하여 총 32개 항목이 개발됨

⑤ 전국경제인연합에서는 2007년 '윤리경영자율진단지표'를 개발함
  ※ 자율진단영역은 윤리경영제도 및 시스템, 고객, 종업원, 주주 및 투자자, 경쟁업체, 협력업체 및 사업파트너, 지역 및 국제사회 등 7대 부문으로 구성됨

⑥ 기존 지표와는 다르게 기업이 공통적으로 적용할 수 있는 공통항목 외에 업종별로 각기 다른 사업환경과 특성을 감안하여 생산재 제조업, 소비재 제조업, 금융업 건설업, 유통서비스업 등 5대 업종별로 나누어 구체적인 차별화를 시도

⑦ 2010년 서강대 경영전문대학원 경영연구소가 서강대 윤리경영지표를 개발

(4) 기업의 사회적 책임이 강조되는 시대상

① 기업은 한 사회의 구성원으로서 그 책임을 다하기 위해 영리활동을 통하여 얻은 이익의 일부를 수익의 원천이 되는 사회에 환원하여야 함

② 윤리성이 결여된 자본주의 경제는 결국 체제 몰락과 붕괴로 갈 수밖에 없음을 인식한 결과로 강조된 시대상임

(5) 직무윤리의 적용 대상

① 직무윤리 및 직무윤리기준은 금융투자업의 경우 금융투자업 종사자 내지 금융투자전문인력의 직무행위 전반에 대하여 적용함

② 직무윤리는 투자 관련 직무에 종사하는 일체의 자를 적용 대상으로 함

③ **적용 대상** : 투자권유자문인력, 투자권유대행인, 투자자산운용사, 금융투자분석사, 재무위험관리사 등 관련 전문자격증을 보유하고 있는 자뿐만 아니라, 이상의 자격을 갖기 이전에 관련 업무에 실질적으로 종사하는 자, 그리고 직·간접적으로 이와 관련되어 있는 자를 포함하고, 회사와의 위임계약관계 또는 고용계약관계 및 보수의 유무, 고객과의 법률적인 계약관계 및 보수의 존부를 불문함

※ 회사와 정식 고용관계에 있지 않은 자나 무보수로 일하는 자도 직무윤리를 준수하여야 하며, 아직 계약관계를 맺지 않은 잠재적 고객에 대해서도 직무윤리를 준수하여야 함

(6) 직무윤리의 성격

① 직무윤리는 대부분의 경우 윤리가 법규의 취지 또는 근본이 되거나 법조문에서 규정하고 있지 않은 부분을 보완하는 역할
② 법규와 윤리는 서로 보완해 나가는 주체로서 불가분의 관계에 있음
③ 그러나 법규 또는 윤리기술을 위반하는 경우 그 제재의 정도에 따른 강제성의 측면에서는 그 성격이 달라짐
④ 법규를 위반하는 경우 벌금의 부과, 면허나 자격 등의 취소, 재산이나 권리의 제한 등을 포함하여 중대한 위반행위가 있는 경우 신체의 자유를 구속하는 투옥 등 그 위반행위에 대한 책임을 묻는 제재 규정이 직접적으로 명확히 존재함. 반면, 직무윤리 및 직무윤리기준은 일정의 자율규제로서의 성격을 지니고 있어 위반 시 위반행위에 대한 명시적인 제재가 존재하지 않을 수도 있음
⑤ 직무윤리는 자율적 준수라는 장점이 있지만, 법규에 비하여 강제수단이 미흡하다는 취약점이 있음. 이 때문에 직무윤리의 준수가 단순한 구호에 그치기 쉬우므로, 직무윤리 위반행위에 대한 실효성 있는 제재 및 구제 수단을 자율적으로 확보하는 것이 요구됨
⑥ 직무윤리는 법규와 불가분의 관계를 가지고 있는 만큼 직무윤리를 위반한 경우 단순히 윤리적으로 잘못된 것이라는 비난에 그치지 않고 동시에 실정법 위반행위로서 국가기관에 의한 행정제재, 민사 배상책임, 형사책임 등의 타율적 규제와 제재의 대상이 되려는 경우가 많음을 의미함
⑦ **직무윤리의 핵심** : 우리는 '고객우선의 원칙'과, '신의성실의 원칙'이라는 책임적이고 가장 근본이 되는 2가지 원칙, 즉 직무윤리의 핵심을 도출하게 됨

개념확인문제

01 직무윤리에 대한 역사적 배경으로 적절하지 않은 것은?

① 칼뱅의 금욕적 생활윤리는 초기 자본주의 발전의 정신적 토대가 되었다.
② 칼뱅은 모든 신앙인은 노동과 직업이 신성하다는 소망을 가져야 한다고 역설하였다.
③ 칼뱅은 노동과 직업의 중요성을 강조하였지만, 부를 잇는 행위는 부정적으로 보았다.
④ 베버는 프로테스탄티즘의 윤리와 자본주의 정신에서 서구의 문화적 속성으로 합리성, 체계성, 조직성, 합법성을 들었다.

해설 | 칼뱅은 근검, 정직, 절제를 통해 부를 잇는 행위는 신앙인의 정당하고 신성한 의무라고 강조하였다.

02 다음 중 직무윤리 적용대상에 대한 설명으로 적절하지 않은 것은?

① 직무윤리 및 직무윤리기준은 금융투자업이 경우 금융투자업 종사자 내지 금융투자전문인력의 직무행위 전반에 대해 적용된다.
② 투자권유자문인력, 투자권유대행인, 투자자산운용사, 금융투자분석사 등의 투자 관련 직무에 종사하는 자는 적용대상에 포함된다.
③ 보수를 받지 않고 무보수로 일하는 자는 직무윤리 준수의무가 없다.
④ 아직 계약을 맺지 않은 잠재적 고객도 직무윤리를 준수해야 한다.

해설 | 보수를 받지 않고 무보수로 일하는 자일지라도 직무윤리 준수의무가 부여된다.

정답 | 01 ③ 02 ③

TOPIC 02 금융투자업 종사자 기본원칙

1. 개요

① 금융투자업 종사자는 금융소비자 사이에서 기본적으로 신임관계에 있으며, 이에 따라 금융소비자에 대하여 신임의무가 발생

② 신임의무
  ㉠ 위임자로부터 '신임'을 받은 수임자가 재산에 신뢰를 부여한 위임자에 대하여 진실로 충실하고 또한 직업적 전문가로서 충분한 주의를 가지고 업무를 처리하여야 할 의무
  ㉡ 신임의무가 특히 문제되는 상황은 수임자와 신임자의 이익이 서로 충돌하는 경우로, 이때 수임자는 자기의 이익을 우선하는 것을 금지하고 신임자의 이익을 우선시하여야 할 의무를 지님

③ 선관주의의무
  ㉠ 수임자가 지켜야 할 신임의무이며, 이는 선량한 관리자로서의 주의의무임
  ㉡ 모든 금융투자업자에게 적용되는 공통적인 직무윤리이자 가장 높은 수준의 기준
  ㉢ 금융투자업에서 준수해야 할 가장 중요한 두 가지 직무윤리인 '고객우선의 원칙'과 '신의성실의 원칙'의 기본적인 근거가 됨

2. 고객우선의 원칙

① 「**금융투자회사의 표준윤리준칙**」 제2조 : "회사와 임직원은 항상 고객의 입장에서 생각하고 고객에게 더 나은 금융서비스를 제공하기 위해 노력하여야 한다."
② 금융소비자는 본인의 투자금액 이외에 판매수수료 및 해지수수료 등 추가적인 비용을 금융투자회사에게 지불해야 함
③ 금융투자상품은 금융소비자가 일정한 대가를 바라고 지불한 금액보다 기대했던 대가가 적어질 수 있는 위험성을 내포하고 있는 상품임
④ 금융투자업 종사자는 신임의무에 근거하여 자신의 이익보다 상대방인 금융소비자의 이익을 우선적으로 보호해야 함. 즉, 고객의 입장에서 생각하라는 것이 「금융투자회사의 표준윤리준칙」 제1조에서 규정하고 있는 사항임

3. 신의성실의 원칙

① 「**금융투자회사의 표준윤리준칙**」 제4조 : "회사와 임직원은 정직과 신뢰를 가장 중요한 가치관으로 삼고, 신의성실의 원칙에 입각하여 맡은 업무를 충실히 수행하여야 한다."
② 금융투자업에서 신의성실은 단순히 윤리적 원칙에 그치지 않고 법적의무로 승화되어 있음
③ 신의성실의 원칙은 금융투자회사의 임직원이 준수해야 할 직무윤리이면서 동시에 법적 의무이기도 함

④ 금융투자업 종사자가 그 평가의 기준인 선관주의의무 혹은 충실의무를 위반하는 경우 불법행위에 대한 손해배상책임을 부담하게 됨

4. 이해상충 방지의무

(1) 개요

① 「자본시장법」 제37조 제2항 : "금융투자업자는 금융투자업을 영위함에 있어서 정당한 사유 없이 투자자의 이익을 해하면서 자기의 이익을 얻거나 제3자가 이익을 얻도록 하여서는 아니 된다."
② 금융소비자의 이익을 최우선으로 한다는 것은 금융소비자의 입장에서 최선의 이익을 추구한다는 의미
③ 소극적으로는 금융소비자의 희생 위에 자기 또는 회사나 주주 등을 포함한 제3자의 이익을 도모해서는 안 된다는 것, 적극적으로는 금융소비자의 이익을 위하여 실현 가능한 최대한의 이익을 추구해야 한다는 것을 의미함(최선집행의무)
④ 결과에 있어서 최대의 수익률을 얻어야 한다는 것은 아니며, 결과와 과정 양자 모두에 있어서 최선의 결과를 얻도록 노력해야 한다는 의미

(2) 이해상충의 발생 원인

① 금융투자업자 내부의 문제로서 금융투자업을 영위하는 회사 내의 공적 업무영역에서 사적 업무영역의 정보를 이용하는 경우 이해상충이 발생함
  ㉠ 공적 업무영역 : 자산관리, 증권중개 등 공개된 정보에 의존하거나 이러한 정보를 이용하여 투자 권유 혹은 거래를 하는 부서 및 소속직원
  ㉡ 사적 업무영역 : 기업 인수합병, 주선업무 등 미공개 주요 정보를 취득할 수 있는 부서 및 소속직원
② 금융투자업자와 금융소비자 간의 문제로서 이들 사이에는 정보의 비대칭이 존재하여 금융투자업자가 금융소비자의 이익을 희생하여 자신이나 제3자의 이익을 추구할 가능성이 높음
③ 법률적 문제로서 「자본시장법」에서 발달하고 있는 금융투자업에 대해 복수의 금융투자업 간 겸영업무의 허용범위를 넓혀주고 있어 이해상충이 발생할 위험성이 더욱 높아지고 있음

(3) 이해상충 방지체계

① 이해상충 발생 가능성의 파악 등 관리의무
② 이해상충 발생 가능성 고지 및 저감 후 거래의무
③ 이해상충 발생 회피의무
④ 정보교류의 차단(Chinese Wall 구축)의무
⑤ **조사분석자료의 작성 대상 및 제공의 제한** : 조사분석 대상법인의 제한을 통해 금융투자업자 자신이 발행하였거나 관련되어 있는 대상에 대한 조사분석자료의 공표와 제공을 원천적으로 금지

⑥ 자기계약(자기거래)의 금지
  ㉠ 투자매매업자 또는 투자중개업자는 금융투자상품에 관한 동일한 매매에 있어 자신이 본인이 됨과 동시에 상대방의 투자중개업자가 되어서는 안 됨
  ㉡ 다만, 다음의 경우 예외적으로 자기 매매 가능
    • 투자중개업자가 투자자로부터 증권시장, 파생상품시장 또는 다자 간 매매체결회사에서의 매매의 위탁을 받아 증권시장, 파생상품시장 또는 다자 간 매매체결회사를 통하여 매매가 이루어지도록 한 경우
    • 투자매매업자 또는 투자중개업자가 자기가 판매하는 집합투자증권을 매수하는 경우
    • 그 밖에 공정한 가격 형성과 거래의 안정성, 효율성 도모 및 투자자 보호에 우려가 없는 경우로서 금융위가 정하여 고시하는 경우

5. 금융소비자보호의무

(1) 개요

① 기본개념
  ㉠ 금융투자업 종사자는 일반인에 요구되는 것 이상의 전문가로서의 주의를 기울여 그 업무를 수행해야 함. 즉, 신중한 투자자의 원칙이 그 기준으로 산정됨
  ㉡ 전문가로서의 의미는 주의를 기울이는 정도와 수준에 있어서 일반인 혹은 평균인 이상의 당해 전문가 집단에 평균적으로 요구되는 수준의 주의가 요구된다는 의미임
  ㉢ '주의'는 업무를 수행하는 데 있어서 관련된 요소에 기울여야 하는 마음가짐과 태도를 의미함 (신임관계 유무, 대가 유무와 관련 없이 요구됨)
  ㉣ 금융투자업 종사자가 고의 또는 과실로 인해 전문가로서의 주의의무를 다하여 업무를 집행하지 않는 경우 채무불이행위험과 불법행위책임 등과 같은 법적 책임이 있음
  ㉤ 전문가로서의 주의의무는 금융소비자가 금융투자상품을 매수하는 거래 이전과 매수 이후에 모두 적용되며, 금융회사가 판매할 제품을 개발하는 단계부터 적용됨

② 금융소비자보호 관련 국내외 동향
  ㉠ 국제 동향
    • 2010년 G20 정상회의에서 금융소비자보호 강화를 향후 추진 이슈로 선정
    • 2011년 칸에서 열린 G20 정상회의에서 OECD가 제안한 금융소비자보호에 관한 10대 원칙을 채택하였고, 이는 각국의 금융소비자보호 관련 법규 제정 등의 기초가 되고 있음
  ㉡ 국내 동향
    • 금융감독원은 2006년 9월 금융소비자보호 모범규준을 제정하여 소비자 불만을 예방하고 금융피해를 신속히 구제하기 위한 노력을 시작
    • 2021년 9월 금융소비자보호 총괄책임자 지정, 금융상품의 개발부터 사후관리까지 전 과정에서의 내부통제 강화 추가

- 모범규준은 상대적으로 그 강제성이 제한되어 있으나, 금융소비자보호를 더욱 강화하기 위해 2020년 3월 「금융소비자 보호법」이 제정되어 2021년 3월 25일부터 시행 중
- 기존의 금융소비자보호 모범규준에서 정한 사항들이 법적인 의무사항으로 강화되었고, 「자본시장법」에서 제한적으로 적용되던 금융소비자 보호에 관한 사항이 금융상품 전체로 확대되었으며, 금융소비자 보호를 위한 제도 등이 추가로 도입되어 금융소비자를 위한 보호정책은 점차 강화되는 추세임

③ 금융소비자보호 내부통제체계
  ㉠ 이사회 : 금융소비자보호 표준내부통제기준에 따라 이사회는 최고 의사결정 기구로서 회사의 금융소비자보호에 관한 내부통제체제의 구축 및 운영에 관한 기본방침을 정함
  ㉡ 대표이사 : 이사회가 정한 내부통제체계의 구축 및 운영에 관한 기본방침에 따라 금융소비자보호와 관련한 내부통제체계를 구축, 운영해야 함
  ㉢ 금융소비자보호 내부통제위원회 : 내부통제위원회는 매 반기마다 1회 이상 의무적으로 개최해야 하며, 개최결과를 이사회에 보고하고, 최소 5년 이상 관련 기록을 유지해야 함
  ㉣ 금융소비자보호 총괄기관
    - 각 회사는 책임과 권한을 가지고 금융소비자보호에 관한 내부통제 업무를 수행하기 위하여 필요한 조직으로서 금융소비자보호 총괄기관을 설치해야 함
    - 금융소비자보호 총괄기관은 소비자보호와 영업부서 업무 간의 이해상충 방지 및 회사의 소비자보호 업무역량 제고를 위하여 금융상품 개발, 판매업무로부터 독립하여 업무를 수행해야 하고, 대표이사 직속기관으로 두어야 함
  ㉤ 금융소비자보호 총괄책임자(COO ; Chief Consumer Officer) : 금융회사는 금융소비자보호를 위해 총괄책임자를 지정해야 하며, COO는 대표이사 직속의 독립적 지위를 지님

(2) 상품 단계별 금융소비자보호

① 상품 개발 단계의 금융소비자보호
  ㉠ 사전협의절차 : 사전협의는 통상 금융상품을 개발하는 부서와 해당 금융상품에 대한 마케팅을 수립하는 부서 및 금융소비자보호 총괄기관 간에 이루어짐
  ㉡ 사전협의절차 이행 모니터링 : 총괄기관은 상품개발 또는 마케팅 정책 수립 부서 등이 정해진 사전협의절차를 충실히 이행하고 있는지의 여부를 정기적으로 점검해야 함
  ㉢ 금융상품 개발관련 점검
    - 상품개발부서는 새로운 상품을 출시하거나 상품의 중요내용을 변경하는 경우, 금융소비자보호 총괄기관에서 제공한 점검 항목에 따라 해당 상품이 금융소비자보호 측면에서 적절한지의 여부를 자체적으로 점검해야 함
    - 금융소비자보호 총괄기관과 사전협의 시 이를 제공함으로써 적정성 여부를 판단받을 수 있음

- 외부 의견 청취 : 회사는 금융소비자보호 표준내부통제기준에 따라 금융상품개발 초기 단계부터 금융소비자 불만 예방 및 피해의 신속한 구제를 위해 이전에 발생한 민원, 소비자 만족도 등 금융소비자 의견이 적극 반영될 수 있도록 업무절차를 마련하여 운영해야 함

② **상품 판매 이전 단계의 금융소비자 보호**
  ㉠ 금융상품판매자에 대한 금융상품별 교육체계를 갖추고, 금융상품별 판매자격기준을 마련하여 운용해야 함
  ㉡ 교육체계의 마련
    - 수시 혹은 정기적으로 전 임직원을 대상으로 하여 집합교육 또는 온라인 교육을 통한 개별 교육을 실시했으나 현재는 이러한 교육을 의무적으로 실시하도록 명시
    - 교육을 받지 않은 임직원의 경우 금융상품을 판매할 수 없도록 하는 등 금융상품의 판매 전 교육을 통해 불완전판매가 발생하지 않도록 함
  ㉢ 판매자격의 관리
    - 회사의 임직원 등이 금융상품을 판매하기 위한 자격요건을 규정하고 있음
    - 이를 위해 자격증 취득 여부, 교육 이수 여부 등을 기본으로 확인
    - 추가적으로 회사가 취급하는 금융상품에 대하여 회사가 정한 기준에 따른 평가 결과, 전문성과 숙련도가 낮은 판매임직원 및 기타 불완전판매 관련 민원이 회사가 정한 기준 이상으로 발생하여 회사가 개별적으로 판매를 제한하는 판매임직원 등일 경우에는 금융상품의 판매를 제한해야 함

③ **상품 판매 단계의 금융소비자보호** : 신의성실의 원칙과 고객우선의 원칙에 입각 → 윤리를 넘어 법적으로 의무화되어 있음
  ㉠ 적합성 원칙
    - 금융소비자에게 투자를 권유하는 경우 투자목적, 투자경험, 자금력, 위험에 대한 태도 등에 비추어 가장 적합한 투자를 권유해야 함
    - KYC(Know Your Customer rule) : 당신의 고객 상황을 이해하고 파악하라
      - 투자권유를 하기에 앞서 해당 금융소비자가 투자권유를 원하는지, 원하지 않는지 확인
      - 일반금융소비자인지 전문금융소비자인지 확인
      - 일반금융소비자인 경우 계약체결을 권유하는 금융상품별 항목에 대하여 면담·질문 등을 통해 해당 금융소비자의 정보를 파악
      - 파악된 정보를 서명·기명날인·녹취 또는 이와 비슷한 전자통신·우편·전화 자동응답시스템의 방법으로 확인
      - 확인받은 내용을 해당 금융소비자에게 지체 없이 제공
  ㉡ 적정성 원칙 : 금융투자업 종사자가 일반금융소비자에게 금융상품의 계약체결을 권유하지 않고, 해당 일반금융소비자가 투자성 상품 등에 대해 계약체결을 원하는 경우 적용됨

ⓒ 설명의무
- 중요한 사항을 설명하지 않거나, 설명서를 사전에 제공하지 않거나, 설명하였음을 금융소비자로부터 확인받지 아니한 경우 금융회사에 대해 해당 금융상품의 계약으로 얻는 수입의 최대 50% 이내에서 과징금을 부과할 수 있으며, 최대 과태료도 5천만원에서 1억원으로 인상하여 부과할 수 있도록 하였음
- 금융회사는 일반금융소비자에게 설명의무를 이행한 경우, 설명한 내용을 일반금융소비자가 이해하였음을 서명, 기명날인, 녹취 또는 그 밖에 대통령령으로 정하는 방법으로 확인을 받고 해당 기록을 유지, 보관할 의무가 있음

ⓔ 설명 시 유의사항
- 거짓으로 설명하거나, 불확실한 사항에 대한 단정적 판단을 제공하거나, 확실하다고 오인하게 할 소지가 있는 내용을 알리는 행위를 해서는 안 됨
- 정확한 설명을 해야 하며 금융소비자에게 제공하는 자료는 다음의 기준을 준수해야 함
  - 알기 쉽도록 간단, 명료하게 작성
  - 객관적인 사실에 근거해서 작성하고, 금융소비자가 오해할 우려가 있는 정보를 작성해서는 안 됨
  - 금융회사 간 공정경쟁을 해치거나 사실을 왜곡하는 내용을 포함해서는 안 됨
  - 공시내용에 대한 담당부서, 담당자를 지정하고 이를 명확하게 표시해야 함
  - 시의성 있는 정보를 제공해야 함 : 정보 변경 시 지체 없이 정확한 정보 제공
  - 접근성 및 용이성이 있어야 함 : 일상 어휘, 그림 등 시각자료 활용
  - 청약 철회 가능(청약철회권) : 금융회사가 고의 또는 과실 여부 등 귀책사유가 없더라도 일반금융소비자가 행사할 수 있는 법적 권리(투자성 상품, 대출성 상품)

④ 불공정영업행위의 금지
ⓐ 금융회사가 자신의 우월적 지위를 이용하여 금융상품의 계약체결에 있어 금융소비자에게 불리한 행위를 요구하는 것
ⓑ 설명의무와 동일하게 위반하는 금융회사는 금융상품의 계약으로 얻는 수입의 최대 50% 이내에서 과징금을 부과할 수 있으며, 최대 1억원의 과태료를 부과할 수 있음

⑤ 부당권유 행위금지
ⓐ 금융회사가 부당권유 행위금지를 위반할 경우 금융상품의 계약으로 얻는 수입의 최대 50% 이내에서 과징금을 부과할 수 있으며, 최대 1억원의 과태료를 부과할 수 있음
- 불확실한 사항에 대하여 단정적 판단을 제공하거나 확실하다고 오인하게 할 소지가 있는 내용을 알리는 행위
- 금융상품의 내용을 사실과 다르게 알리는 행위
- 금융상품의 가치에 중대한 영향을 미치는 사항을 미리 알고 있으면서 금융소비자에게 알리지 않는 행위

- 금융상품 내용의 일부에 대하여 비교대상 및 기준을 밝히지 않거나 객관적인 근거 없이 다른 금융상품과 비교하여 해당 금융상품이 우수하거나 유리하다고 알리는 행위
- 금융소비자로부터 계약의 체결권유를 해줄 것을 요청받지 않고 방문, 전화 등 실시간 대화의 방법을 이용하는 행위
- 계약의 체결을 권유받은 금융소비자가 이를 거부하는 취지의 의사를 표시하였음에도 계약의 체결권유를 계속하는 행위

ⓒ 부당권유금지 법규의 상세 내용
- 합리적 판단 : 유사한 상황에서 유사한 지식을 보유한 자가 대부분 선택할 수 있어야 함 (선량한 관리자로서의 주의의무와 연결)
- 투자성과 보장에 대한 것은 개별적인 사안에서 구체적으로 판단해야 함
- 운용실적을 좋게 보이게 하기 위한 자료의 자의적인 취사선택 금지, 수탁된 자산규모 부풀리기 금지, 운용실적이 좋은 펀드매니저를 대표 펀드매니저로 제시 금지, 운용실적을 제시한 기간을 조작함으로써 실제 이상의 과장하는 것 금지
- 특히, 고위험 금융투자상품(장외파생상품)은 요청하지 않은 투자권유를 해서는 안 됨. 다만, 투자자 보호 및 건전한 거래질서를 해할 우려가 없는 행위로서 증권과 장내파생상품의 투자를 권유하는 경우에는 허용함

ⓒ 손실보전 등을 금지하나, 예외적으로 다음에 해당하는 행위가 허용됨
- 회사가 자신의 위법행위 여부가 불명확한 경우 사적 화해의 수단으로 손실을 보상하는 행위
- 회사의 위법행위로 인하여 회사가 손해를 배상하는 행위
- 분쟁조정 또는 재판상의 화해절차에 따라 손실을 보상하거나 손해를 배상하는 경우
- 기타 부당권유행위
  - 내부통제기준에 따른 직무수행 교육을 받지 않은 자로 하여금 계약체결 권유와 관련된 업무를 하게 하는 행위
  - 일반금융소비자의 정보를 조작하여 권유하는 행위
  - 투자성 상품에 관한 계약의 체결을 권유하면서 일반금융소비자가 요청하지 않은 다른 대출성 상품을 안내하거나 관련 정보를 제공하는 행위

⑥ 광고 관련 준수사항 : 광고의 주체는 금융상품판매업자 등만이 금융상품 또는 업무에 관한 광고를 할 수 있음
⑦ 계약서류의 제공 의무 : 지체 없이 제공함

(3) 상품 판매 이후 단계의 금융소비자보호

① 보고 및 기록의무
ⓘ 금융투자업 종사자는 금융소비자로부터 위임받은 업무를 처리한 경우 그 결과를 금융소비자에게 지체 없이 보고하고 그에 따라 필요한 조치를 취해야 함

ⓛ 보고의 방법은 제한이 없으나, 보고의 내용에 대하여 객관적인 증빙을 남겨둘 수 있는 것이 바람직하며, 보고는 단순 통지가 아니라 금융소비자가 업무처리 내용을 구체적으로 알 수 있고, 그에 따라 금융소비자가 적절한 지시를 할 수 있는 정도여야 함

> **TIP 매매명세의 통지 보고 사항 예시**
> - 매매가 체결된 후 지체 없이 매매의 유형, 종목, 수량, 가격, 수수료 등 모든 비용, 그 밖에의 거래내용을 통지
> - 매매가 체결된 날의 다음 달 20일까지 월간 매매 내역, 손익내역, 월간 현재 잔액 현황, 미체결 약정 현황 등을 통지할 것

② 기록 및 유지, 관리의무
  ㉠ 기록 열람의 승인 및 연기
    - 열람요구서를 금융회사에 제출하여 자료 열람 등을 요구할 수 있음
    - 열람요구를 받은 날로부터 6일 이내에 해당 자료를 열람할 수 있게 해야 함
    - 열람승인에 대해 통지할 때는 문서로 하는 것이 원칙이나 예외적으로 전화, 팩스, 전자우편, 휴대전화 메시지 등을 통해 통지 가능
    - 요구자료가 6일 이내에 열람이 불가능할 경우 정당한 사유가 있을 경우에는 열람연기 사유를 알리고, 열람할 수 있게 된 때에 지체 없이 자료를 열람할 수 있게 해야 함
  ㉡ 열람의 제한 및 거절 : 제한 또는 거절로 판단될 때는 거절 사유를 포함한 문서를 통해 통지해야 함
  ㉢ 비용의 청구 : 금융소비자가 우편 등을 통해 열람을 청구할 경우, 금융회사는 우송료 등을 금융소비자에게 청구할 수 있음, 열람을 승인한 자료의 생성 등에 추가 비용 등이 발생하는 경우에도 해당 수수료를 청구할 수 있음

③ 정보의 누설 및 부당이용금지 : 금융소비자에 대한 개인정보는 금융소비자에 귀속되며, 업무상 금융소비자의 신용정보 등을 보관할 때에는 이를 임의로 누설, 이용하거나 처분할 수 없음

④ 관련 제도
  ㉠ 판매 후 모니터링 제도(해피콜) : 금융소비자와 판매계약을 맺은 날로부터 7영업일 이내에 판매직원이 아닌 제3자가 해당 금융소비자와 통화하여 해당 판매직원이 설명의무 등을 적절히 이행하였는지 여부를 확인하는 절차로 해당 금융소비자와 연결되지 않은 경우, 추가 문의에 대한 문자메시지를 발송하여 금융소비자를 보호하려는 노력을 해야 함
  ㉡ 고객의 소리
  ㉢ 청약철회권, 위법계약해지권
    - 청약철회권 : 청약 과정 중에 청약을 철회하는 것(최종 계약이 성립하지 않은 상태)
    - 위법계약해지권
      - 금융회사의 귀책사유가 있고, 계약이 최종적으로 체결된 이후 계약체결일 5년 내, 금융소비자가 위법계약의 사실을 안 날로부터 1년 내, 만약 금융소비자가 위법계약 사실을 안 날 계약이 체결일로부터 5년이 경과한 이후에는 동 금융상품의 계약체결에 대한 위법계약해지를 요구할 수 없음
      - 계약해지요구서와 이를 증명할 수 있는 서류를 같이 제출해야 함

- 해지 요구의 수락 및 거절 : 해지요구가 있은 날로부터 10일 이내에 해지 요구의 수락 여부를 결정하여 통지해야 함
      ② 미스터리 쇼핑
- 개별회사가 자체적으로 실시하거나 금융감독원 등 외부기관에서 실시함
- 외부기관에서 실시할 경우 미스터리 쇼핑 결과를 공표하여 개별회사와 금융소비자에게 유용한 정보를 제공하고 있음
      ⑩ 기타 금융소비자의 사후구제를 위한 법적 제도
- 법원의 소송중지 : 분쟁조종 진행 중 소송을 하더라도 법원은 분쟁조종이 끝날 때까지 소송절차를 개시하지 않을 수 있음
- 소액분쟁사건의 분쟁조정 이탈 금지 : 분쟁조정이 진행 중, 일반소비자가 신청, 금액이 2천만원 이하인 경우 해당 분쟁사건과 관련해서 금융회사는 소송제기를 하지 못함
- 손해배상책임 : 설명의무 위반 시 손해배상책임이 있으며, 입증의무는 금융회사가 부담함

6. 본인, 회사 및 사회에 대한 윤리

(1) 본인에 대한 윤리

① 법규준수
  ㉠ 「금융투자회사의 표준윤리준칙」 제3조(법규준수) : "회사와 임직원은 업무를 수행함에 있어 관련 법령 및 제 규정을 이해하고 준수해야 한다."
  ㉡ 자신의 업무와 관련한 법, 인접법, 자율기관의 각종 규정 등, 해당 법 정신과 취지도 포함함

② 자기혁신
  ㉠ 「금융투자회사의 표준윤리준칙」 제7조(자기혁신) : "회사와 임직원은 경영환경 변화에 유연하게 적응하기 위하여 창의적 사고를 바탕으로 끊임없이 자기혁신에 힘써야 한다."
  ㉡ 전문능력을 배양하고 유지·향상해야 함
  ㉢ 윤리경영 실천에 대한 의지를 스스로 제고하기 위해 노력해야 함

③ 품위유지
「금융투자회사의 표준윤리준칙」 제13조(품위유지) : "임직원은 회사의 품위나 사회적 신뢰를 훼손할 수 있는 일체의 행위를 하여서는 아니 된다."

④ 공정성 및 독립성 유지-법적의무
  ㉠ 「금융소비자 보호법」 제14조(신의성실의무 등)
- "금융상품판매업자 등은 금융상품 또는 금융상품자문에 관한 계약의 체결, 권리의 행사 및 의무의 이행을 신의성실의 원칙에 따라 하여야 한다."

- "금융상품판매업자 등은 금융상품판매업 등을 영위할 때 업무의 내용과 절차를 공정히 하여야 하며, 정당한 사유 없이 금융소비자의 이익을 해치면서 자기의 이익을 얻거나 제3자가 이익을 얻도록 해서는 아니 된다."
  - ⓒ 상급자는 본인의 직위를 이용하여 하급자에게 부당한 명령이나 지시를 하지 않아야 하며, 부당한 명령이나 지시를 받은 직원은 이를 거절해야 함

⑤ 사적 이익추구 금지
  - ⊙ 「금융투자회사의 표준윤리준칙」 제14조(사적 이익추구 금지) : "임직원은 회사의 재산을 부당하게 사용하거나 자신의 지위를 이용하여 사적 이익을 추구하여서는 아니 된다."
  - ⓒ 부당한 금품 등의 제공 및 수령 금지
    - 금융투자협회는 재산상 이익의 제공 및 수령 등에 관한 한도규제를 폐지하였음
    - 대신, 내부통제절차를 강화함
      - 공시의무 신설 : 거래 상대방에게 제공하거나 거래상대방으로부터 수령한 재산상의 이익의 가액이 10억원을 초과하는 즉시 인터넷 홈페이지를 통해 공시하도록 의무화
      - 재산상 이익의 제공에 대한 적정성 평가 및 점검 : 금액과 무관하게 건수에 대해 그 제공에 대한 적정성을 평가하고 점검해야 함
      - 이사회의 사전승인 : 이사회가 정한 금액 이상을 초과하여 동일한 거래상대방과 재산상 이익을 제공하거나 수령하려는 경우 이사회의 사전승인을 받아야 함
      - 제공(수령)내역 요청 시 임직원의 동의 의무 : 회사 및 임직원이 재산상 이익을 제공 및 수령 하는 경우 해당 사항을 기록하고 5년 이상의 기간 동안 관리, 유지해야 할 의무가 있음. 거래상대방에게 해당 내역의 제공을 요청하려는 경우에는 소속 임직원의 동의를 반드시 받은 후 대표이사 명의의 서면으로 요청해야 함
  - ⓒ 직무관련 정보를 이용한 사적 거래 제한 : 직무수행 중 알게 된 중요 미공개 정보를 이용하여 재산상 거래, 투자를 하거나, 다른 사람에게 그러한 정보를 제공하여 재산상 거래 또는 투자를 도와주는 행위를 하면 안 됨
  - ② 직위의 사적 이용금지
    - 직무의 범위를 벗어나 사적 이익을 위하여 회사의 명칭이나 직위를 공표, 게시하는 등의 방법으로 자신의 직위를 이용하거나 이용하게 해서는 안 됨
    - 단, 일상적이고 특정인의 이익을 위한 목적이 아닌 경우에는 직무윤리 위반행위로 볼 수 없으며, 대표적으로 경조사 봉투 및 화환 등에 회사명 및 직위를 기재하는 행위는 위반행위에 해당하지 않음

(2) 회사에 대한 윤리

① 상호존중
- ㉠ 「금융투자회사의 표준윤리준칙」 제8조(상호존중) : "회사는 임직원 개개인의 자율과 창의를 존중하고 삶의 질 향상을 위하여 노력하여야 하며, 임직원은 서로를 존중하고 원활한 의사소통과 적극적인 협조 자세를 견지하여야 한다."
- ㉡ 성희롱 방지도 넓은 의미의 품위유지 의무에 해당하나 그 이상의 것이 포함됨
- ㉢ 정부의 권고에 따라 매년 1회 이상 성희롱 예방 등에 관한 교육을 정기적으로 실시

② 공용재산의 사적 사용 및 수익 금지
- ㉠ 회사의 업무용 차량, 부동산 등 회사 소유의 재산을 부당하게 사용하거나 정당한 사유 없이 사적인 용도로 사용하여서는 아니 됨
- ㉡ 회사의 영업기밀 및 영업기회를 가로채는 행위도 금지
- ㉢ 회사 비품이나 자재를 사적인 용도로 사용, 업무와 무관한 인터넷사이트 및 이메일 사용 등은 형사법상 처벌의 대상이 될 수 있음

③ 경영진의 책임
- ㉠ 「금융투자회사의 표준윤리준칙」 제11조(경영진의 책임) : "회사의 경영진은 직원을 대상으로 윤리교육을 실시하는 등 올바른 윤리문화 정착을 위하여 노력하여야 한다."
- ㉡ 경영진은 해당 회사 소속 업무종사자가 관계법규 등을 위반되지 않고 직무윤리를 준수하도록 필요한 지도와 지원을 해야 함
- ㉢ 중간책임자도 자신의 지위와 직제를 통하여 지도와 지원을 해야 함
- ㉣ 필요한 지도 부족으로 소속 업무담당자가 업무수행과 관련하여 직무윤리를 위반하고 타인에게 손해를 끼친 경우, 회사와 경영진은 사용자로서 피해자에게 배상책임(사용자 책임)을 질 수 있음
- ㉤ 회사가 임직원의 윤리의식 제고를 위한 교육을 반드시 실시하고 교육을 이수하지 않은 자들에 대한 관리방안을 의무적으로 마련하도록 강제하고 있음

④ 정보보호
- ㉠ 「금융투자회사의 표준윤리준칙」 제6조(정보보호) : "회사와 임직원은 업무수행 과정에서 알게 된 회사의 업무정보와 고객정보를 안전하게 보호하고 관리해야 한다."
- ㉡ 비밀정보의 범위 : 다음에 해당하는 미공개 정보는 기록 형태나 기록 유무와 관계없이 비밀정보로 판단함
  - 회사의 재무건전성이나 경영 등에 중대한 영향을 미칠 수 있는 정보
  - 고객 또는 거래상대방에 관한 신상정보, 매매거래내역, 계좌번호, 비밀번호 등에 관한 정보
  - 회사의 경영전략이나 새로운 상품 및 비즈니스 등에 관한 정보
  - 위 내용에 준하는 미공개 정보

ⓒ 비밀정보의 관리
- 정보차단벽이 설치된 사업부서 또는 사업기능 내에서 발생한 정보는 우선적으로 비밀이 요구되는 비밀정보로 간주되어야 함
- 비밀정보는 회사에서 정한 기준에 따라 정당한 권한을 보유하고 있거나 권한을 위임받은 자만이 열람할 수 있음
- 임직원은 비밀정보 열람권이 없는 자에게 비밀정보를 제공하거나 보안유지가 곤란한 장소에서 이를 공개해서는 안 됨
- 비밀정보가 포함된 서류는 필요 이상의 복사본을 만들거나 안전이 보장되지 않는 장소에 보관해서는 안 됨
- 임직원은 회사에서 부여한 업무의 수행과 관련 없는 비밀정보를 다른 임직원에게 요구하여서는 안 됨
- 특정한 정보가 비밀정보인지 불명확한 경우, 그 정보를 이용하기 전에 준법감시인에게 사전 확인을 받아야 하며, 사전 확인을 받기 전까지는 비밀정보로 분류, 관리해야 함

ⓔ 비밀정보의 제공 절차
- 그 필요성이 인정되는 경우에 한하여 회사가 정하는 사전승인 절차에 따라 이루어져야 함
- 사전승인 절차에는 비밀정보 제공의 승인을 요청한 자, 비밀정보를 받을 자의 소속부서 및 성명, 비밀정보 제공 필요성 또는 사유, 제공의 방법 및 절차, 제공일시 등이 포함되어야 함

ⓜ 정보교류의 차단

⑤ 위반행위의 보고
ⓐ 「금융투자회사의 표준윤리준칙」 제12조(위반행위의 보고) : "임직원은 업무와 관련하여 법규 또는 윤리강령의 위반 사실을 발견하거나 그 가능성을 인지한 경우 회사가 정하는 절차에 따라 즉시 보고하여야 한다."
ⓑ 내부제보(Whistle Blower) 제도
- 내부제보 시 육하원칙에 따른 정확한 사실만을 제보해야 하며, 제보자의 비밀이 유지되어야 하고, 내부제보로 인한 업무상 차별이 없어야 함
- 차별을 받을 시에는 준법감시인에게 이에 대한 원상회복 등을 요구할 수 있으며, 준법감시인은 내부제보자를 포상 추천할 수 있음

⑥ 대외활동
ⓐ 「금융투자회사의 표준윤리준칙」 제16조(대외활동) : "임직원이 외부강연이나 기고, 언론매체 접촉, SNS 등 전자통신수단을 이용한 대외활동을 하는 경우 다음의 사항을 준수해야 한다."
- 회사의 공식의견이 아닌 경우 사견임을 명백히 표현해야 함
- 대외활동으로 인하여 회사의 주된 업무수행에 지장을 주어서는 아니 됨
- 대외활동으로 인하여 금전적인 보상을 받게 되는 경우 회사에 신고하여야 함

- 공정한 시장질서를 유지하고 건전한 투자문화 조성을 위해 최대한 노력해야 함
- 불확실한 사항을 단정적으로 표현하거나 다른 금융투자회사를 비방하여서는 아니 됨

ⓛ 대외활동의 범위
- 외부강연, 연설, 교육, 기고 등의 활동
- 신문, 방송 등 언론매체 접촉 활동
- 회사가 운영하지 않는 온라인 커뮤니티, 웹사이트 등을 이용한 대외 접촉 활동
- 기타 이에 준하는 사항으로 회사에서 대외활동으로 정한 사항

ⓒ 허가 등의 절차 및 준수사항 : 해당 활동의 목적, 성격, 기대효과, 회사 또는 금융소비자와의 이해 상충의 정도 등에 따라 소속 부점장, 준법감시인 또는 대표이사의 사전승인을 받아야 함

ⓔ 금지사항 및 중단
- 회사가 승인하지 않은 중요자료나 홍보물 등을 배포하거나 사용하는 행위
- 불확실한 사항을 단정적으로 표현, 오해를 유발할 수 있는 주장이나 예측 제공
- 합리적인 논거 없이 시장이나 특정 금융상품의 가격 또는 증권발행기업 등에 영향을 미칠 수 있는 내용을 언급하는 행위
- 자신이 책임질 수 없는 사안에 대해 언급하는 행위
- 주가 조작 등 불공정거래나 부당권유 소지가 있는 내용을 제공하는 행위
- 경쟁업체의 금융투자상품, 인력 및 정책 등에 대하여 사실과 다르거나 명확한 근거가 없이 부정적으로 언급하는 행위

  ※ 대외활동으로 본업활동을 충실히 이행하지 못하거나 고객, 주주 회사 등과의 이해상충이 확대되는 경우 그 대외활동 중단을 요구할 수 있으며, 해당 임직원은 회사의 요구에 즉시 따라야 함

ⓜ 언론기관과의 접촉 : 업무 관련 정보를 제공하게 될 경우 담당부서(홍보부 등)와 사전에 충분한 협의를 해야 함
- 제공하는 정보가 거짓의 사실 또는 근거가 희박하거나, 일반인의 오해를 유발할 수 있는 주장이나 예측을 담고 있는지의 여부
- 전체적 맥락에서 당해 정보가 불필요한 오해를 유발할 소지가 있는지의 여부
- 정보제공자가 언급하고자 하는 주제에 대하여 충분한 지식과 자격을 갖추고 있는지의 여부
- 내용의 복잡성이나 전문성에 비추어 언론기관 등을 통한 정보 전달이 적합한지의 여부

ⓗ 전자통신수단의 사용 : 다음의 사항을 숙지하고 준수해야 함
- 임직원과 고객과의 이메일은 사용장소와 관계없이 표준내부통제기준 및 관계법령 등의 적용을 받음
- 임직원의 사외 대화방 참여는 공중포럼으로 간주되어 언론기관과 접촉할 때와 동일한 윤리기준을 준수해야 함
- 임직원이 인터넷 게시판이나 웹사이트 등에 특정 금융상품에 대한 분석이나 권유와 관련된 내용을 게시하고자 하는 경우 사전에 준법감시인이 정하는 절차와 방법에 따라야 함. 단, 자료의 출처를 명시하고 그 내용을 인용하거나 기술적 분석에 따른 투자권유의 경우에는 그러하지 않음

⑦ 고용계약 종료 후의 의무
  ㉠ 「금융투자회사의 표준윤리준칙」 제15조(고용계약 종료 후의 의무) : "임직원은 회사를 퇴직하는 경우 업무 관련 자료의 반납 등 적절한 후속조치를 취하여야 하며, 퇴직 이후에도 회사와 고객의 이익을 해치는 행위를 하여서는 아니 된다."
  ㉡ 고용관계가 종료된 이후에도 합리적인 기간 동안 선관주의의무는 지속됨
  ㉢ 금융투자업 종사자는 퇴직하는 경우 업무인수인계 등 적절한 후속조치를 취해야 함
  ㉣ 고용기간이 종료된 이후에도 회사로부터 명시적으로 서면에 의한 권한을 부여받지 않으면 비밀정보를 출간, 공개 또는 제3자가 이용하도록 하여서는 안 됨
  ㉤ 고용기간의 종료와 동시에 또는 회사의 요구가 있을 경우에는 보유하고 있거나 자신의 통제하에 있는 기밀정보를 포함한 모든 자료를 회사에 반납해야 함
  ㉥ 고용기간이 종료되면 어떠한 경우나 이유로도 회사명, 상표, 로고 등을 사용하여서는 안 되고, 고용기간 동안 본인이 생산한 지적생산물은 회사의 재산으로 반환해야 하며, 고용기간이 종료한 후라도 지적재산물의 이용이나 처분 권한은 회사가 가지는 것이 원칙

(3) 사회 등에 대한 윤리

① 시장질서 존중
  ㉠ 「금융투자회사의 표준윤리준칙」 제5조(시장질서 존중) : "회사의 임직원은 공정하고 자유로운 시장경제 질서를 존중하고, 이를 유지하기 위해 노력해야 한다."
  ㉡ 미공개 정보이용 금지 : 내부자, 준내부자, 1차 수령자 및 이를 알고 받은 자까지 포함
  ㉢ 과거에는 목적성을 갖고 시세에 영향을 주는 행위가 불공정 행위였으나, 현재는 목적성이 없어도 시세에 부당한 영향을 주는 행위를 불공정 행위로서 포괄적으로 규정하고 있어, 프로그램 오류 등으로 대량 매매거래가 체결되어 시세의 급변을 초래한 경우라도 시장질서 교란행위로 판단하여 제재할 수 있음
  ㉣ 시장질서 교란행위의 대상이 되는 정보는 다음의 두 가지 조건을 모두 충족해야 함
    • 상장증권, 장내파생상품 및 이를 기초자산으로 하는 파생상품의 매매 등 여부 또는 매매 등의 조건에 중대한 영향을 줄 가능성이 있을 것
    • 금융소비자들이 알지 못하는 사실에 관한 정보로서 불특정 다수인이 알 수 있도록 공개되기 전일 것
  ㉤ 시장질서 교란행위를 할 경우 금융위원회는 5억원 이하의 과징금을 부과할 수 있음. 이때, 위반행위로 얻은 금액 혹은 회피한 손실의 1.5배에 해당하는 금액이 5억원을 초과하는 경우에는 그에 상당하는 금액 이하로 과징금을 부과할 수 있음
  ㉥ 시장질서 교란행위에 대한 과징금 계산
    • 시장질서 교란행위에 따른 이익 또는 '손실회피액×1.5'가 5억원 이하 : 5억원 이하 과징금
    • 시장질서 교란행위에 따른 이익 또는 '손실회피액×1.5'가 5억원 초과 : 이익 또는 손실회피액

② 「금융투자회사의 표준윤리준칙」 제9조(주주가치 극대화) : "회사와 임직원은 합리적인 의사결정과 투명한 경영활동을 통하여 주주와 기타 이해관계자 가치를 극대화하기 위하여 최선을 다하여야 한다."

③ 「금융투자회사의 표준윤리준칙」 제10조(사회적 책임) : "회사와 임직원 모두 시민사회의 일원임을 인식하고, 사회적 책임과 역할을 다하여야 한다."

개념확인문제

01 다음 중 금융투자업에서의 직무윤리와 윤리경영에 대한 설명으로 옳지 않은 것은?

① 기업윤리는 경영환경에서 발생할 수 있는 모든 도덕적, 윤리적 문제들에 대한 판단기준이 된다.
② 기업윤리는 경영 전반에 걸쳐 조직의 모든 구성원에게 요구되는 윤리적 행동을 강조하는 포괄적인 개념이다.
③ 직무윤리는 조직 구성원 개개인들이 자신이 맡은 업무를 수행하면서 지켜야 하는 윤리적 행동과 태도를 구체화한 것이다.
④ 기업윤리는 추상적인 선언문 형태인 '임직원 행동강령'과 관련이 있다.

해설 | 기업윤리는 '윤리강령' 등의 형태를 지닌 추상적인 선언문 형태를 지니고 있는 반면, 직무와 연결된 구체적인 기준을 담고 있는 직무윤리는 '임직원 행동강령' 등으로 그 형태를 조금 달리하고 있다. 따라서 기업윤리와 관련 있는 강령은 윤리강령이다.

02 다음 중 직무윤리의 사상적 배경 및 역사에 대한 설명으로 적절하지 않은 것은?

① 칼뱅의 금욕적 생활윤리는 초기 자본주의 발전의 정신적 토대가 된 직업윤리의 중요성을 강조하고 있다.
② 칼뱅은 모든 신앙인은 노동과 직업이 신성하다는 소명을 가져야 할 것을 역설하였다.
③ 칼뱅의 금욕적 생활윤리는 서구사회의 건전한 시민윤리의 토대를 이루었다.
④ 베버는 프로테스탄티즘의 윤리와 자본주의정신에서 서구의 문화적 속성으로 합리성, 체계성, 개인성, 합법성을 들고, 이는 세속적 금욕생활과 직업윤리에 의해 형성되었다고 설명한다.

해설 | 베버는 서구의 문화적 속성으로 합리성, 체계성, 조직성, 합법성을 들고, 이는 세속적 금욕생활과 직업윤리에 의해 형성되었다고 설명하였다.

03 다음 중 직무윤리의 주요 원칙으로 적절하지 않은 것은?

① 선관주의 의무   ② 겸업금지 원칙
③ 고객우선 원칙   ④ 신의성실 원칙

해설 | 직무윤리의 주요 원칙으로는 신임의무, 선관주의 의무, 고객우선의 원칙, 신의성실 원칙 등을 들 수 있다.

04 다음 중 직무윤리 적용 대상자에 해당하지 않는 것은?

① 금융투자업 임직원
② 퇴사자
③ 투자관련 업무 종사자
④ 금융소비자

해설 | 금융소비자의 경우 금융투자업 종사자와 신임관계에 있으며 직무윤리 적용 대상자로 볼 수는 없다.

05 다음 중 선관주의 의무에 대한 설명으로 적절하지 않은 것은?

① 수임자가 지켜야 할 신임의무이며, 선량한 관리자로서의 주의의무이다.
② 모든 금융투자업자에게 적용되는 공통적인 직무윤리이다.
③ 금융투자업에서 준수해야 할 원칙인 고객우선의 원칙과 신의성실원칙의 기본이 된다.
④ 수임자와 신임자 사이의 이익 충돌 시 선관주의에 따라 수임자는 자신의 이익을 우선하는 것을 금지하고 신임자의 이익을 우선시하여야 한다.

해설 | 수임자와 신임자 사이의 이익 충돌 시 선관주의가 아닌 신임의무에 따라 수임자는 자신의 이익을 우선하는 것을 금지하고 신임자의 이익을 우선시하여야 한다.

06 다음 중 이해상충 방지의무에 대한 설명으로 적절하지 않은 것은?

① 금융투자업자는 정당한 사유 없이 투자자의 이익을 해하면서 자기의 이익이나 제3자의 이익을 추구해서는 안 된다.
② 최선의 이익을 추구한다는 것은 결과에 있어서 최대한의 수익을 얻어야 한다는 것을 의미한다.
③ 금융소비자의 이익을 최우선으로 한다는 것은 금융소비자의 입장에서 최선의 이익을 추구한다는 의미이다.
④ 과정에 대해서도 최선의 결과를 추구해야 한다.

해설 | 최선의 이익을 추구한다는 것은 결과에 있어서 최대의 수익률을 얻어야 한다는 것을 의미하는 것은 아니다.

정답 | 01 ④ 02 ④ 03 ② 04 ④ 05 ④ 06 ②

07 다음 중 고객우선 원칙과 신의성실 원칙에 대한 설명으로 적절하지 않은 것은?

① 고객우선의 원칙은 금융투자업자의 임직원은 항상 고객의 입장에서 생각하고 고객에게 보다 나은 금융서비스를 제공해야 한다는 것을 의미한다.
② 금융투자업자에게 부과되는 신의성실 원칙은 법적인 의무가 부과되지는 않는다.
③ 신의성실 원칙상 금융투자업자의 회사 및 임직원은 정직과 신뢰를 가장 중요한 가치관으로 설정해야 한다.
④ 금융투자업 종사자는 고객 우선의 원칙에 따라 자신의 이익보다 상대방인 금융소비자의 이익을 우선적으로 보호해야 한다.

해설 | 금융투자업자에게 부과되는 신의성실 원칙은 법적인 의무로 승화되었다.

08 다음 중 이해상충 방지체계로 적절하지 않은 것은?

① 자기거래 금지
② 투자중개업자가 투자자로부터 위탁을 받아 증권시장에서 자기와 거래하는 행위 금지
③ 정보교류 차단(Chinese Wall)
④ 이해상충 발생 가능성 고지 및 저감 후 거래 의무

해설 | 투자중개업자가 투자자로부터 증권시장, 파생상품시장 또는 다자 간 매매체결회사에서의 매매의 위탁을 받아 증권시장, 파생상품시장 또는 다자 간 매매체결회사를 통하여 매매가 이루어지도록 하는 경우 예외적으로 자기매매가 가능하다.

09 다음 중 적합성 원칙에 대한 설명으로 옳지 않은 것은?

① 투자권유를 하기 앞서 해당 금융소비자가 투자권유를 원하는지 아닌지를 파악해야 한다.
② KYC를 수행한 결과 고객에게 적합하지 않다고 판단되면 고객에게 해당 금융상품에 대한 계약체결을 권유할 수 없다.
③ 일반금융소비자인지 전문금융소비자인지 파악하는 것이 중요하다.
④ 파악된 정보를 금융소비자에게 구두, 서명, 기명날인 등으로 확인한다.

해설 | 파악된 정보를 서명, 기명날인, 녹취 또는 이와 비슷한 전자통신, 우편, 전화 자동응답시스템의 방법으로 확인해야 하며 확인받은 내용을 해당 금융소비자에게 지체 없이 제공해야 한다.

10 다음 중 상품판매 이후의 금융소비자보호제도에 해당하지 않는 것은?

① 판매 후 모니터링 제도
② 고객의 소리
③ 청약철회권
④ 손실보전

해설 | 금융투자상품은 손실보전을 금지하고 있다.

11 다음 중 금융투자업자의 임직원 본인이 지켜야 하는 윤리에 해당하지 않는 것은?

① 법규를 준수해야 한다.
② 끊임없이 자기혁신을 하여 전문능력을 배양해야 한다.
③ 특정한 정보가 비밀정보인지 불명확한 경우 해당 정보를 공공의 이익을 위해 활용한다.
④ 금융투자업자의 임직원은 회사의 품위나 사회적 신뢰를 훼손할 수 있는 일체의 행위를 해서는 안 된다.

해설 | 특정한 정보가 비밀정보인지 불명확한 경우 해당 정보에 대해 준법감시인의 사전 확인을 받아야 하며, 사전 확인을 받기 전까지는 비밀정보로 분류 및 관리해야 한다.

12 다음 중 임직원의 대외활동에 대한 설명으로 적절하지 않은 것은?

① 임직원이 대외활동 시 회사의 공식의견이 아닌 경우 사견임을 명백히 표현해야 한다.
② 임직원은 대외활동으로 인해 회사의 주된 업무 수행에 지장을 주어서는 안 된다.
③ 회사가 승인하지 않은 중요자료나 홍보물 등을 배포하거나 사용해서는 안 된다.
④ 언론기관과의 접촉을 통해 업무 관련 정보를 제공할 경우 직무윤리에 비추어 적합한 수준에서 정보를 제공해야 한다.

해설 | 언론기관과의 접촉을 통해 업무 관련 정보를 제공할 경우 담당부서와 사전에 충분한 협의를 해야 한다.

정답 | 07 ② 08 ② 09 ④ 10 ④ 11 ③ 12 ④

13 다음 중 금융투자업자가 지켜야 하는 사회에 대한 윤리로 적절하지 않은 것은?

① 프로그램 오류에 따른 실수로 시장질서 교란행위가 발생하는 경우 시장질서 교란행위로 보지 않는다.
② 미공개된 정보를 이용하는 것은 금지되었다.
③ 목적성을 가지고 시세에 영향을 주는 시장질서교란행위는 금지된다.
④ 시장질서를 항상 존중해야 한다.

해설 | 목적성에 관계없이 프로그램 오류에 따른 실수로 시장질서 교란행위가 발생하는 경우 시장질서 교란행위로 판단하여 제재할 수 있다.

정답 | 13 ①

TOPIC 03 직무윤리의 준수절차 및 위반 시의 제재

1. 직무윤리의 준수절차

(1) 개요

① 내부통제는 회사의 임직원이 업무수행 시 법규를 준수하고 조직운영의 효율성 제고 및 재무보고의 신뢰성을 확보하기 위하여 회사 내부에서 수행하는 모든 절차와 과정을 말함

② 금융투자업자는 효과적인 내부통제 활동을 수행하기 위한 조직구조, 위험평가, 업무분장 및 승인절차, 의사소통, 모니터링, 정보시스템 등의 종합적 체제로서 내부통제체제를 구축해야 함

③ 이는 사전적이며 상시적으로 통제·감독하는 장치이며, 신의성실의 원칙과 고객우선의 원칙 의무를 다하기 위함을 목적으로 함

④ 사전적, 상시적 사고 예방 등의 목적을 위해 도입된 내부통제 시스템은 국내에 2000년에 도입됨

⑤ 「지배구조법」에서는 금융투자업자에 대하여 내부통제기준을 마련하여 운영할 것을 법적 의무로 요구함

⑥ 내부통제기준을 제정하거나 변경하려는 경우 이사회의 결의 등 공식적인 절차를 거쳐야 함

⑦ 준법감시인은 내부통제기준을 기초로 내부통제의 구체적인 지침, 컴플라이언스 매뉴얼, 임직원 윤리강령 등을 제정, 시행할 수 있음

(2) 내부통제의 주체별 역할

① **이사회** : 내부통제의 근간이 되는 내부통제체제 구축 및 운영에 관한 기준을 정함

② **대표이사** : 내부통제체제 구축 및 운영에 필요한 제반사항을 수행, 지원하고 적절한 내부통제 정책을 수립하여야 함

③ **준법감시인**
　㉠ 준법감시인을 임면하려는 경우 이사회의 의결을 거쳐야 함
　㉡ 해임할 경우에는 이사 총수의 3분의 2 이상의 찬성으로 의결해야 함
　㉢ 임기는 2년 이상이고, 임원급이어야 함
　㉣ 금융투자회사가 준법감시인을 임면할 때는 임명일로부터 7영업일 이내에 금융위에 보고하고 준법감시인 성과는 회사의 재무적 경영성과와 연동하지 않아야 함(별도의 보수, 평가)

④ **내부통제위원회**
　㉠ 내부통제기준의 운영과 관련하여 최고경영자를 위원장으로 하는 내부통제위원회를 두어야 함
　㉡ 내부통제위원회는 매 반기별 1회 이상 회의를 개최해야 함
　㉢ 예외 : 다음의 금융투자회사는 내부통제위원회를 두지 않을 수 있음
　　• 자산총액이 7천억원 미만인 상호저축은행
　　• 자산총액이 5조원 미만인 금융투자업자
　　• 자산총액이 5조원 미만인 보험회사

⑤ 준법감시부서
　㉠ 준법감시인 및 준법감시부서의 직원이 자신의 직무를 공정하게 수행할 수 있도록 업무의 독립성을 보장해야 하며, 그 직무수행과 관련된 사유로 부당한 인사상의 불이익을 주어서는 안 됨
　㉡ 준법감시인 및 준법감시부서의 직원은 회사의 본질적 및 부수 업무를 해서는 안 되며, 해당 업무를 병행할 수 있는 예외대상의 금융회사라 할지라도 해당 회사가 주권상장 법인으로서 최근 사업연도 말 자산총액이 2조원 이상인 경우는 위험관리 업무를 같이 수행할 수 없음

(3) 준법감시체제의 운용

① 임직원의 업무수행 공정성 제고 및 위법, 부당행위의 사전 예방 등에 필요한 효율적인 준법감시체제를 구축, 운영해야 함
② 준법감시 관련 업무 우수자가 있는 경우 준법감시인은 인사상 또는 금전적 혜택을 부여하도록 회사에 요청할 수 있음

(4) 관련 제도

① 준법서약
　㉠ 회사가 정하는 준법서약서를 작성하여 준법감시인에게 제출해야 함
　㉡ 회사는 임직원이 관계법령 등과 내부통제기준에서 정하는 금지사항 및 의무사항의 이해에 필요한 교육과정을 수립하고, 정기, 비정기적으로 필요한 교육을 실시해야 함

② 윤리강령의 제정 및 운영
③ 임직원 겸직에 대한 평가, 관리
　㉠ 해당 회사의 임직원이 다른 회사의 임직원을 겸직하려는 경우 겸직 개시 전에 겸직의 내용이 다음의 사항(㉡)에 해당하는지를 검토하고, 주기적으로 겸직 현황을 관리해야 함
　㉡ 회사의 경영건전성을 저해하는지 여부, 고객과의 이해상충을 초래하는지 여부, 금융시장의 안전성을 저해하는지 여부, 금융거래질서를 문란하게 하는지 여부
　㉢ 준법감시인은 보고를 받아 검토한 결과 필요하다고 인정하는 경우 겸직내용의 시정 및 겸직 중단 등의 조치를 취할 것을 요구할 수 있음

④ 내부제보(고발)제도 : 준법감시인은 내부제보 우수자를 선정하여 인사상 또는 금전적 혜택을 부여하도록 회사에 요청할 수 있으나, 내부제보자가 원하지 않는 경우에는 요청하지 않을 수 있음
⑤ 명령휴가제도
　㉠ 금융사고 발생 우려가 높은 업무를 수행하고 있는 임직원을 대상으로 일정기간 휴가를 명령하고, 동 기간 중 해당 임직원의 업무수행의 적정성을 점검하는 제도임
　㉡ 회사는 임직원의 위법, 부당한 행위를 사전에 방지하기 위하여 명령휴가제도를 운영해야 함

⑥ 직무분리기준 및 신상품 도입 관련 업무절차
　㉠ 회사는 입·출금 등 금융사고 발생 우려가 높은 단일거래에 대해 복수의 인력이 참여하도록 하거나, 해당 업무를 일선, 후선 통제절차 등으로 분리하여 운영하도록 하는 직무분리기준을 마련, 운영해야 함
　㉡ 새로운 금융상품 개발 및 금융상품 판매 과정에서 금융소비자보호 및 시장질서유지 등을 위하여 준수하여야 할 업무절차를 마련, 운영해야 함

(5) 영업점에 대한 내부통제

① 준법감시인은 영업점에 대한 내부통제를 위하여 권한을 위임하는 영업점별 영업관리자에 대해서는 그 자격을 엄격히 규정하고 있음
　㉠ 영업점에서 1년 이상 근무한 경력이 있거나 준법감시, 감사업무를 1년 이상 수행한 경력이 있는 자로서 당해 영업점에 상근하고 있을 것
　㉡ 본인이 수행하는 업무가 과다하거나 수행하는 업무의 성격으로 인하여 준법감시 업무에 곤란을 받지 아니할 것
　㉢ 영업점장이 아닌 책임자급일 것. 다만, 당해 영업점의 직원 수가 적어 영업점장을 제외한 책임자급이 없을 경우에는 그러하지 아니함
　㉣ 준법감시업무를 효과적으로 수행할 수 있는 충분한 경험과 능력, 윤리성을 갖추고 있을 것

② 다음의 요건을 모두 충족하는 경우 예외적으로 1명의 영업관리자가 2 이상의 영업점을 묶어 영업관리자의 업무를 수행할 수 있음
　㉠ 감독대상 영업직원 수, 영업 규모와 내용 및 점포의 지역적 분포가 단일 영업관리자만으로 감시, 감독하는 데 특별한 어려움이 없을 것
　㉡ 해당 영업관리자가 대상 영업점 중 1개의 영업점에 상근하고 있을 것
　㉢ 해당 영업관리자가 수행할 업무의 양과 질이 감독업무 수행에 지장을 주지 아니할 것

③ 준법감시인은 영업점별 영업관리자에 대하여 연간 1회 이상 법규 및 윤리 관련교육을 실시하여야 함
④ 회사는 영업관리자의 임기를 1년 이상으로 하여야 하고, 영업점별 영업관리자가 준법감시업무로 인하여 인사, 급여 등에서 불이익을 받지 아니하도록 해야 하며, 영업점별 영업관리자에게 업무수행 결과에 따라 적절한 보상을 지급할 수 있음

⑤ **내부통제활동** : 만약 회사가 특정금융소비자를 위하여 전용공간을 제공하는 경우에는 다음 각 사항을 준수해야 함
　㉠ 당해 공간은 직원과 분리되어야 하며, 영업점장 및 영업점 영업관리자의 통제가 용이한 장소에 위치
　㉡ 사이버룸의 경우 반드시 사이버룸을 명기하고 외부에서 내부를 관찰할 수 있도록 개방형 형태로 설치할 것

ⓒ 회사는 다른 고객이 사이버룸 사용 고객을 직원으로 오인하지 않도록 사이버룸 사용 고객에게 명패, 명칭, 개별 직통전화 등을 사용하도록 하거나 제공하여서는 안 됨
　　ⓔ 영업점장 및 영업관리자는 사이버룸 등 고객 전용 공간에서 이루어지는 매매거래의 적정성을 모니터링하고 이상매매가 발견되는 경우 지체 없이 준법감시인에게 보고

(6) 내부통제기준 위반 시 회사의 조치 및 제재

① 개인에 대한 조치 : 내부 절차에 따라 징계 조치
② 회사에 대한 조치
　ⓐ 1억원 이하의 과태료 부과
　　• 내부통제기준을 마련하지 아니한 경우
　　• 준법감시인을 두지 아니한 경우
　　• 사내이사 또는 업무집행책임자 중에서 준법감시인을 선임하지 않은 경우
　　• 이사회 결의를 거치지 아니하고 준법감시인을 임면한 경우
　　• 금융위원회가 위법, 부당한 행위를 한 회사 또는 임직원에 내리는 제재조치를 이행하지 않은 경우
　ⓑ 3천만원 이하의 과태료 부과
　　• 준법감시인에 대한 별도의 보수지급 및 평가기준을 마련, 운영하지 않은 경우
　　• 준법감시인이 다음의 업무를 겸직하거나 이를 겸직하게 한 경우
　　　－자산운용에 관한 업무
　　　－해당 금융회사의 본질적 업무 및 그 부수업무
　　　－해당 금융회사의 겸영업무
　　　－자회사 등의 업무
　　　－기타 이해가 상충할 우려가 있거나 내부통제 및 위험관리업무에 전념하기 어려운 경우로서 대통령령으로 정하는 업무
　ⓒ 2천만원 이하의 과태료 부과 : 준법감시인의 임면 사실을 금융위원회에 보고하지 않은 경우

2. 직무윤리 위반행위에 대한 제재

(1) 자율규제

① **금융투자협회** : 회원 간의 건전한 영업질서 유지 및 투자자 보호를 위한 자율규제 업무를 담당
② **협회** : 회원인 금융투자업자와 그 소속 임직원이 관련 법령과 직무윤리를 준수하도록 하며, 그 위반행위에 대해서는 주요 직무 종사자의 등록 및 관리권과 회원의 제명 또는 그 밖의 제재권을 발동할 수 있음

(2) 행정제재

① 금융감독기구인 금융위원회, 증권선물위원회 등에 의한 제재가 중심이 됨
② 금융투자업자에 대한 제재권
　㉠ 금융위원회의 조치명령권 : 금융투자회사에 대해 필요한 조치를 명령할 수 있음
　㉡ 금융투자업 인가 또는 금융투자업 등록의 취소
③ 금융투자업자의 임직원에 대한 조치권
　㉠ 금융위는 금융투자업자의 임원에 대해서는 해임 요구, 6개월 이내의 직무정지, 문책경고, 주의적 경고, 주의, 그 밖에 위법행위를 시정하거나 방지하기 위하여 필요한 조치로서 「자본시장법」 및 「지배구조법」의 각 시행령으로 정하는 조치 등을 할 수 있음
　㉡ 금융위는 금융투자업자의 직원에 대해서 면직, 6개월 이내의 정직, 감봉, 견책, 경고, 주의, 그 밖에 위법행위를 시정하거나 방지하기 위하여 필요한 조치로서 「자본시장법 시행령」으로 정하는 조치 등을 취할 수 있음
④ 청문 및 이의신청
　㉠ 금융위가 처분 또는 조치를 하고자 하는 경우에는 「자본시장법」에 따라 반드시 청문을 실시해야 함
　㉡ 금융위의 처분 또는 조치에 대해 불복하는 자는 해당 처분 또는 조치의 고지를 받은 날로부터 30일 이내에 그 사유를 갖추어 금융위원회에 이의신청을 할 수 있음
　㉢ 금융위는 이의신청에 대해 60일 이내에 결정을 하여야 하며, 부득이한 사정으로 그 기간 내에 결정할 수 없을 경우에는 30일의 범위에서 그 기간을 연장할 수 있음

(3) 민사책임

① 법률행위 실효
　㉠ 법률행위에 하자가 있는 경우, 그 하자의 경중에 따라 중대한 하자가 있는 경우에는 무효로 하고, 가벼운 하자가 있는 경우에는 취소할 수 있음
　㉡ 계약당사자 일방의 채무불이행으로 계약 목적을 달성할 수 없을 경우, 그것이 일시적인 거래인 경우에는 계약을 해제할 수 있고, 계속적인 거래일 경우에는 계약을 해지할 수 있음
　㉢ 계약을 해제하면 계약이 소급적으로 실효되어 원상복귀의무가 발생하고, 계약을 해지하면 해지시 점부터 계약이 실효됨
② **손해배상** : 불법행위의 책임은 계약관계의 존부를 불문하고, 고의 또는 과실의 위법행위로 타인에게 손해를 가한 경우를 말하며, 가해자는 피해자에게 발생한 손해를 배상해야 함
③ **형사책임** : 형사처벌은 법에서 명시적으로 규정하고 있는 것에 한정하며, 그 절차는 「형사소송법」에 의하며 또 행위자와 법인 양자 모두를 처벌하는 양벌규정을 두는 경우가 많음
④ **시장의 통제** : 법적 제재가 없는 위반이라도 시장에서 신뢰를 잃을 경우 만회가 어려움

개념확인문제

01 다음 중 내부통제의 주체별 역할이 적절하게 연결되지 않은 것은?

① 이사회 : 내부통제의 근간이 되는 내부통제체제 구축 및 운영에 관한 기준을 제정
② 대표이사 : 내부통제 구축 및 운영에 필요한 제반사항을 수행, 지원
③ 준법감시인 : 내부통제 관련 준법 여부를 감시
④ 내부통제위원회 : 준법감시인을 위원장으로 내부통제기준의 운영과 관련한 통제 활동 수행

해설 | 내부통제위원회는 최고경영자를 위원장으로 하여 반기별 1회 이상 회의를 개최하여 내부통제기준의 운영과 관련된 부분을 협의한다.

02 다음 중 영업점에서의 내부통제 제도에 대한 설명으로 적절하지 않은 것은?

① 일반적으로는 영업점장이 영업점에 대한 내부통제를 책임진다.
② 준법감시인은 본인이 수행하는 업무가 과다하지 않은 관리자를 대상으로 영업점에 대한 내부통제 관련 권한을 위임한다.
③ 일반적으로는 1명의 영업관리자는 1개의 영업점을 담당한다.
④ 영업점에 대한 내부통제를 위한 담당자는 준법감시업무를 효과적으로 수행할 수 있는 충분한 경험과 능력, 윤리성을 갖추고 있을 것을 요구한다.

해설 | 일반적으로 영업점장이 아닌 책임자급이 영업점에 대한 내부통제를 담당하지만, 해당 영업점의 직원 수가 적은 경우 영업점장이 담당한다.

03 다음 중 직무윤리를 위반할 경우의 제재로 적절하지 않은 것은?

① 자율규제 : 금융투자협회 차원에서 회원사에 대한 자율규제
② 행정규제 : 금융위원회, 증권선물위원회에 의한 제재
③ 민사책임 : 불법행위로 인한 손해배상 책임 등
④ 형사책임 : 행위자와 금융투자업자 중 행위자에 대한 일방적 처벌

해설 | 직무윤리를 위반한 사항이 형사책임과 연결된 경우 행위자와 회사 모두 처벌받는 양벌규정을 두고 있는 경우가 많다.

정답 | 01 ④ 02 ① 03 ④

PART 05

실전모의고사

01회 실전모의고사
02회 실전모의고사
03회 실전모의고사
01회 실전모의고사 정답 및 해설
02회 실전모의고사 정답 및 해설
03회 실전모의고사 정답 및 해설

01회 실전모의고사

001 다음 중 수익률에 대한 설명으로 옳지 않은 것은?

① 단리이자율은 초기투자액에 대해서만 이자를 지급한다.
② 복리이자율은 초기투자액 및 발생한 이자에 대해서도 이자를 지급하며 보편적으로 사용된다.
③ 기간수익률은 기말가치에서 기초가치를 차감한 차액을 기초가액으로 나누어 계산한다.
④ 항상 기하평균은 산술평균보다 크다.

002 다음 중 왜도에 대한 설명으로 적절한 것은?

① 왜도는 자료의 분포 모양이 어떻게 치우쳐 있는지 나타내는 척도로 왜도가 0보다 작은 경우 우측으로 긴 꼬리 모양이 나타난다.
② 왜도가 0인 경우 좌우대칭을 나타낸다.
③ 왜도가 음수인 경우 작은 극단값이 존재하며 평균값이 가장 크게 나타난다.
④ 왜도가 양수인 경우 큰 극단값이 존재하며 빈도값이 가장 크게 나타난다.

003 다음 중 공분산이 0인 경우 두 변수의 관계에 대한 설명으로 적절한 것은?

① 두 변수는 같은 방향으로 변동
② 두 변수는 관계가 없음
③ 두 변수는 완전 동일하게 변동
④ 두 변수는 반대 방향으로 변동

004 다음 중 이산확률분포가 아닌 것은?

① 정규분포
② 이항분포
③ 포아송분포
④ 기하분포

005 다음 중 t분포의 특성에 대한 설명으로 적절하지 않은 것은?
① 확률분포변수 t는 자유도가 $n-1$인 t분포를 따른다.
② t분포는 종 모양의 형태로 표준 정규분포와 대체로 같은 모양을 가지며 평균은 1의 값을 가진다.
③ t분포의 분산은 항상 1보다 크다.
④ t분포는 변수 n이 커질 때 표준정규분포와 유사해진다.

006 A국가의 GDP가 100, GNI가 110인 경우 적절한 것은?
① A국가 국외에서 A국가 사람들이 생산한 부가가치는 30, A국가 국내에서 타 국가 사람들이 생산한 부가가치는 20이다.
② A국가 사람들이 생산한 부가가치의 총합은 100이다.
③ A국가 국내에서 생산한 부가가치의 총합은 110이다.
④ GNI에 국외순수치요소소득을 더하면 GDP를 산출할 수 있다.

007 다음 중 절대소득가설의 주요 특징으로 적절하지 않은 것은?
① 소비는 현재의 가처분소득의 증감에 영향을 받는다.
② 평균소비성향은 한계소비성향보다 항상 크다.
③ 저소득자일수록 소득 중 소비가 차지하는 비중이 작다.
④ 경기 수축기의 소비성향은 경기 확장기의 소비성향보다 크다.

008 다음 중 정책에 대한 학파별 관점에 대한 설명으로 적절하지 않은 것은?
① 케인즈학파에 따르면 세금을 감면하면 가처분소득이 증가하여 소비가 증가하며, 국민소득이 증가함에 따라 정책 효과가 발생한다.
② 통화주의학파에 따르면 일시적 세금감면은 항상 소비에 일시적으로 영향을 줄 수 있다.
③ 통화주의학파에 따르면 정부지출이 발생하더라도 구축효과가 발생하여 결국은 정책 효과가 발생하지 않는다.
④ 리카르도 불변정리에 의하면 단기 세금 인하는 장기적인 미래 세금 인상을 의미하여 소비 증가 효과가 발생하지 않는다.

009 다음 중 $AD-AS$모형상 재정정책 및 통화정책을 적용할 경우 적절하지 않은 것은?
① 고전학파 관점에서는 정부지출을 증가시키면 세금감소에 의해 일시적으로 IS곡선을 오른쪽으로 이동시켜 초과수요를 발생시키지만, 물가의 상승으로 원래의 국민소득으로 다시 이동시켜 국민소득의 변동은 발생하지 않는다.
② 케인즈학파 관점에서는 정부지출 증가 시 IS곡선의 우측이동으로 초과수요가 발생하고 LM곡선의 변동이 발생하지 않아 국민소득이 증가한다.
③ 고전학파 관점에서는 통화정책을 적용하는 경우 화폐의 중립성이 성립하여 국민소득에는 아무 영향도 미치지 못한다.
④ 케인즈학파 관점에서는 통화정책을 적용하는 경우 화폐의 중립성이 성립하지 않아 국민소득의 증가를 발생시킬 수 있다.

010 통화승수 8, 초과 지급준비율 5%일 때 본원통화가 100 증가한 경우 통화량의 증가량은?
① 100
② 760
③ 1,000
④ 800

011 다음 중 피구효과가 발생하는 경우 발생할 수 있는 상황이 아닌 것은?
① 불황 발생 시 물가 하락 및 실질보유 화폐가치 증가
② 화폐가치 증가 시 부의 증가
③ 부의 증가에 따른 소비 증가
④ 소비 증가에 따른 유동성함정 진입

012 경기 변동 국면별 발생할 수 있는 상황으로 적절하지 않은 것은?
① 경기확장국면 시 단기적으로는 기업 매출이 증가하여 기업 내부 유보금이 증가한다.
② 경기확장국면 시 장기적으로는 투자와 생산규모를 확장함에 따른 자금이 많이 소모됨에 따라 내부 자금 부족 현상이 발생한다.
③ 경기확장국면 시 단기적으로는 이자율이 상승한다.
④ 경기불황국면 시 단기적으로는 내부 유보금 감소로 인해 외부자금 수요가 증가한다.

013 다음 중 노동의 공급과정에서 소득효과보다 대체효과가 더 큰 경우, 임금 상승 발생 시 발생할 수 있는 상황으로 적절한 것은?

① 여가에 대한 기회비용이 감소한다.
② 임금 상승으로 인한 소득 증가로 여가 소비가 증가한다.
③ 임금 상승으로 인한 노동시간 증가가 발생한다.
④ 노동시간과 여가시간은 함께 증가한다.

014 A국가는 총인구가 200명, 경제활동인구는 150명, 취업자는 135명, 실업자는 15명, 비경제활동인구는 30명, 15세 미만 인구는 20명이다. 이때 실업률은 몇 %인가?

① 7.5%
② 10%
③ 16.7%
④ 11.8%

015 다음 중 선행종합지수가 아닌 것은?

① 재고순환지표
② 경제심리지수
③ 코스피
④ 취업자 수

016 다음 중 대리 문제에 대한 설명으로 적절하지 않은 것은?

① 주식회사의 소유와 경영이 분리됨에 따라 경영자와 주주 사이의 대리 문제가 발생한다.
② 주식회사의 주주와 채권자 사이에도 대리 문제가 발생할 수 있다.
③ 대리 문제는 대리 문제가 발생하지 않도록 방지책을 사전에 설정함으로써 완벽한 제거가 가능하다.
④ 주주와 경영자 간의 대리 문제를 방지하기 위해서 성과급제 형태의 보상체계를 설계할 수 있다.

017 다음과 같은 투자안이 있다고 가정할 경우, 적절하지 않은 것은?

구분	최초	1년	2년	3년	4년	5년
A투자안	(−)200	(+)100	(+)50	(+)60	(+)20	(+)20
B투자안	(−)250	(+)60	(+)60	(+)60	(+)100	(+)20

① 회사에서 정한 회수 기간이 3년인 경우 회수 기간법을 적용하면 A투자안을 채택하고 B투자안을 기각한다.
② 회수 기간법을 적용하는 경우 화폐의 시간적 가치를 고려한다.
③ 회계적 이익률법을 B투자안에 적용할 경우, 회계적 이익률은 1.2로 산출된다.
④ 회수 기간법을 적용하는 경우 투자안에 대한 위험 보상을 고려하지 않지만, 회계적 이익률법을 적용하는 경우 위험 보상을 고려한다.

018 다음 중 NPV법과 IRR법에 대한 설명으로 적절하지 않은 것은?

① NPV법상으로는 특정 투자안의 순현가가 0보다 크면 투자안을 채택한다.
② NPV법상 NPV는 그 자체로 기업가치의 증가분을 의미한다.
③ 투자안의 내부수익률이 투자안의 자본비용보다 큰 경우, 결과적으로 기업가치를 증가시킨다.
④ 단일 투자안의 경우라도 NPV법과 IRR법의 결과가 다를 수 있다.

019 타인자본비용이 10%, 법인세율이 20%, 자기자본비용이 12%, 부채비율이 150%인 경우 $WACC$는?

① 9.6%
② 10.0%
③ 12.0%
④ 15.0%

020 다음 중 MM의 자본구조 이론에 대한 설명으로 옳지 않은 것은?

① MM의 1958년 모형은 재무구조로 인해 기업가치는 변화하지 않는다는 사실을 완전자본시장 가정하에서 증명하였다.
② MM의 1958년 모형과는 달리 MM의 1963년 모형은 법인세를 예외로 허용할 경우 타인자본의 사용에 따라 절세효과로 인해 기업가치가 증가한다고 보았다.
③ 밀러의 1977년 모형은 완전자본시장 가정하에서 법인세와 개인소득세를 예외로 허용하면 타인자본의 사용과 관계없이 기업가치는 무관하다고 정의하였다.
④ MM의 1958년 모형상 자기자본비용은 부채비율의 영향을 받지 않는다.

021 다음 중 준강형 효율적 시장가설에 대한 비효율성을 주장하는 근거로 적절하지 않은 것은?
① 주말효과
② 저 PER 효과
③ 기업규모 효과
④ 소외기업 효과

022 최적투자의사 결정과정에 대한 설명으로 옳지 않은 것은?
① 평균 – 분산 지배원리에 의해 분산이 동일하면 수익률이 더 큰 투자안이 수익률이 더 낮은 투자 안을 지배한다.
② 평균 – 분산 지배원리에 의해 도출된 투자조합을 연결한 선이 효율적 포트폴리오이다.
③ 투자위험은 투자수익의 변동 가능성을 의미한다.
④ 선택된 투자대상 중 효용곡선과 만나는 투자대상을 선택하며 투자자는 모두 동일한 투자대상을 선택한다.

023 다음 $M\&A$의 전략 중 적대적 인수·합병 시 대상 기업의 기존 주주에게 잔존기업의 주식을 할인 매입할 수 있는 권리를 부여한 전략은 무엇인가?
① 황금낙하산전략
② 독약전략
③ 억지전략
④ 초토화전략

024 SML선과 CML선에 대한 설명으로 옳지 않은 것은?
① 효율적 포트폴리오만 CML선상에 위치하며, 개별 증권의 경우 CML 아래에 위치한다.
② 비효율적인 개별증권은 SML선상에 위치하며 개별자산의 총 위험을 고려한다.
③ SML선보다 위에 위치한 개별자산의 경우 매입하면 초과이익을 달성할 수 있다.
④ SML선에서 개별 투자자산의 β가 1보다 큰 경우 체계적 위험이 시장포트폴리오의 위험보다 큰 것을 의미한다.

025 다음 중 $CAPM$ 모형과 APM(차익가격결정) 모형을 비교한 것으로 적절하지 않은 것은?
① $CAPM$ 모형은 투자대상 수익률의 확률분포가 정규분포인 것을 가정하지만, APM 모형은 특별한 가정이 없다.
② $CAPM$ 모형과 APM 모형 모두 시장포트폴리오를 필요로 한다.
③ $CAPM$ 모형에서는 무위험자산에 대한 가정이 필요하지만, APM 모형에서는 무위험자산에 대한 가정이 필요하지 않다.
④ $CAPM$ 모형은 APM 모형과 달리 다기간모형으로 확장하는 것이 어렵다.

026 다음 중 증권시장 중 발행시장의 장점이 아닌 것은?

① 안정성 있는 생산자금화 가능
② 기업 재무구조 개선 가능
③ 투자자의 분산투자로 투자위험 감소 가능
④ 소유와 경영의 일치

027 마이클 포터의 5가지 힘의 모형으로 산업을 분석할 때 5가지 특성으로 적절하지 않은 것은?

① 진입장벽은 규모의 경제로 인해 나타날 수 있다.
② 경쟁기업의 수가 많을수록 경쟁강도는 상승한다.
③ 구매자의 후방계열화 가능성이 높을 경우 구매자의 교섭력은 올라간다.
④ 교체비용이 소요될 경우 공급자의 교섭력은 낮아진다.

028 다음 중 듀퐁분석상 ROE를 구성하는 요인이 아닌 것은?

① 수익성 비율
② 활동성 비율
③ 유동성 비율
④ 안정성 비율

029 A기업의 이익 성장률이 10%, 자기자본비용이 12%, 현재 EPS는 10,000원이 발생하고 있다. 배당성향이 60%일 경우 기업의 1주당 주가는 얼마인가?

① 82,500원
② 85,000원
③ 80,000원
④ 75,000원

030 다음 중 PER에 대한 설명으로 적절하지 않은 것은?

① PER는 기업 간 상대적 주가 수준을 비교 평가하기에 유용하다.
② 저PER 주식의 경우 과대평가되어 있는 경우가 있으므로 해당 주식을 보유하고 있는 경우 투자수익률이 낮아질 수 있다.
③ 주당이익이 음수로 계산될 경우 PER를 산출할 수 없다.
④ 경기순환에 취약한 기업이나 적은 이익을 낸 기업의 PER는 변동성이 커서 신뢰성이 하락한다.

031 다음 정보를 활용하여 (주)토마토의 FCF를 계산하면?

계정명	금액	계정명	금액
감가상각비	300	매입채무 증가	50
법인세율	20%	차입금 증가	500
영업이익	1,000	배당금지급	100
자본적지출(감가상각비 제외)	500	이자비용 지급	50
매출채권 증가	100	외환차손 지급	50
재고자산 감소	50		

① 500
② 600
③ 1,000
④ 1,300

032 다음 중 정률 성장 모형의 가정으로 옳지 않은 것은?

① 성장에 필요한 자금은 내부자금과 외부에서 유상증자하는 것을 포함하여 가정한다.
② 투자자금의 재투자수익률은 항상 일정하다.
③ 기업 내 유보율과 배당성향은 항상 일정하다.
④ 요구수익률이 일정하며, 요구수익률은 항상 성장률보다 크다.

033 다음 자료를 이용하여 A기업의 $EV/EBITDA$ 비율을 구하면 얼마인가?

영업이익	100,000원	현재 A기업의 주가	10,000원
감가상각비	50,000원	총발행주식 수	100
상각비	30,000원	부채총액	2,000,000원
대손상각비	20,000원	차입금	1,000,000원
현금 및 현금성 자산	200,000원	비이자발생부채	1,000,000원

① 10
② 12
③ 13
④ 14

034 다음 중 가장 우선적으로 처리될 주식 주문은 무엇인가?

구분	시간	매도 주문	수량
A	10:00	10,000	100주
B	10:00	10,100	1,000주
C	10:02	9,900	500주
D	10:02	12,000	10,000주

① A
② B
③ C
④ D

035 다음 중 증권의 발행방식에 대한 설명으로 옳지 않은 것은?
① 총액인수는 인수기관이 증권발행에 대한 모든 위험을 부담한다.
② 잔액인수는 일정기간 동안 발행자를 대신하여 신규로 발행하는 증권의 모집 혹은 위탁판매하지만 기간 경과 후에는 미판매분이 있는 경우 자기 책임으로 인수하여 투자자에게 매각한다.
③ 모집주선 업무는 인수기관이 발행에 따른 위험을 부담하지 않고 모집에 대한 주선과 발행업무만을 담당한다.
④ 주식 발행은 사모와 공모의 방식으로 할 수 있으며, 사모는 발행절차가 간단하지만 발행비용이 많이 드는 단점이 있다.

036 채권 가격에 영향을 미치는 변수에 대한 설명으로 옳지 않은 것은?
① 채권 가격은 수익률과 반대 방향으로 움직인다.
② 채권의 잔존기간이 길수록 동일한 수익률 변동에 대한 가격 변동률은 커진다.
③ 채권의 잔존기간이 길어짐으로써 발생하는 가격 변동률은 체증한다.
④ 동일한 크기의 수익률 변동 발생 시, 수익률 하락으로 인한 가격 상승폭은 수익률 상승으로 인한 가격 하락폭보다 크다.

037 다음 중 듀레이션에 영향을 주는 요인들과 듀레이션과의 관계에 대한 설명으로 옳지 않은 것은?
① 만기 시 채권의 듀레이션은 채권의 잔존기간과 동일하다.
② 표면이율이 낮을수록 듀레이션이 커지지만 듀레이션이 커지더라도 잔존기간보다는 작다.
③ 이표채는 만기수익률이 높을수록 듀레이션은 커진다.
④ 잔존기간이 길수록 듀레이션은 커진다.

038 채권가격변동률이 -5%, 이자율 변동이 +1%인 경우 수정듀레이션은 얼마인가?
① 5
② -5
③ 2.5
④ -2.5

039 다음 중 채권에 대한 설명으로 옳지 않은 것은?
① 보증사채는 원리금에 대한 상환을 발행회사 이외의 제3자가 보증하는 사채를 의미한다.
② 무보증사채는 3개 이상의 복수의 신용기관으로부터 신용평가를 받아야 한다.
③ 수의상환사채는 발행자가 원하는 경우 만기 이전이라도 임의로 상환할 권리가 주어진 사채이다.
④ 할인채는 이자를 선지급하는 구조이다.

040 다음 중 채권의 직접발행에 대한 설명으로 옳지 않은 것은?
① 매출발행은 채권 발행조건을 미리 정한 후 일정기간 내에 개별적으로 투자자들에게 매출하는 방식이다.
② 공모입찰방식은 미리 발행조건을 정하지 않는다.
③ 경쟁입찰방식에는 복수가격 경매방식, 단일가격 경매방식, 차등가격 경매방식 등이 있다.
④ 위탁발행도 직접발행의 한 종류이다.

041 다음 중 채권 유통시장의 기능으로 옳지 않은 것은?
① 채권에 유동성을 부여한다.
② 채권의 공정한 가격형성에 기여한다.
③ 채권의 발행가격결정에 대한 지표를 제공한다.
④ 자금이 필요한 기업에 자금을 제공한다.

042 다음 중 수익률 곡선 이론에 대한 설명으로 옳지 않은 것은?
① 불편기대 가설상 장기채권의 수익률은 미래의 단기채권 수익률의 기하평균과 동일하다.
② 불편기대 가설상 현재의 수익률 곡선에는 미래의 단기 수익률에 대한 기대가 반영되어 있다.
③ 유동성 선호 가설상 단기채에 프리미엄이 반영된다.
④ 시장분할 가설상 채권 시장은 만기에 따라 여러 개의 시장으로 구분된다.

043 다음 중 채권의 적극적 투자전략이 아닌 것은?
① 수익률 곡선타기 전략
② 수익률 예측 전략
③ 바벨형 투자전략
④ 나비형 투자전략

044 다음 중 전환사채에 대한 설명으로 옳지 않은 것은?
① 전환사채는 투자자가 일정기간동안 일정한 가격으로 발행기업의 주식으로 바꿀 수 있는 권리가 부여된 채권이다.
② 채권을 지분으로 전환하더라도 일정기간 동안은 채권에 대한 이자를 수취할 수 있다.
③ 전환가치는 패리티가치라고 하며 주식의 시장가격과 전환주수를 곱하여 산출한다.
④ 전환프리미엄은 전환사채의 시장가격에서 전환가치를 차감하여 산출한다.

045 다음 중 볼록성에 대한 설명으로 옳지 않은 것은?
① 볼록성은 채권의 가격과 만기수익률의 관계를 나타낸다.
② 만기수익률과 잔존기간이 일정할 경우 표면이율이 낮아질수록 볼록성은 작아진다.
③ 만기수익률과 표면이율이 일정할 경우 잔존기간이 길어질수록 볼록성은 커진다.
④ 표면이율과 잔존기간이 일정할 경우 만기수익률의 수준이 낮을수록 볼록성은 커진다.

046 다음 중 선도와 선물거래에 대한 설명으로 옳지 않은 것은?
① 선물거래는 계약 체결일로부터 일정기간 후에 거래대상물과 대금이 교환되는 매매예약 거래이다.
② 선물거래는 거래소를 통한 거래(선물)와 거래소를 통하지 않는 거래(선도)로 구분할 수 있다.
③ 금융선물거래의 경우 계약 체결방법이 다양한 것이 특징이다.
④ 금융선물거래는 대부분 만기 이전에 청산된다.

047 다음 중 선물가격의 주요 특성에 대한 설명으로 적절한 것은?
① 선물가격은 현물가격에서 해당 현물의 재고유지비용을 차감하여 계산한다.
② 선물가격은 해당 인도기일이 가까워질수록 현물가격과 괴리가 발생한다.
③ 금융선물시장에서는 투기적인 기대요소가 작용한다.
④ 금융선물시장의 거래량은 현물시장의 거래량보다 크게 하회하는 수준이다.

048 투자자는 2개의 주식으로 구성된 포트폴리오를 운영하고 있다. A주식은 베타가 0.5이며, 총 보유금액은 50억원, B주식은 베타가 1.5이며, 총 보유금액은 100억원이다. 헤지 대상으로는 KOSPI 200 선물이 있으며, KOSPI 200 선물 지수는 300으로, 선물 한 계약당 200,000원이다. 보유하고 있는 포트폴리오 총금액의 75%를 헤지하려고 할 때 KOSPI 200 선물을 이용하여 올바르게 헤지한 방법은?

① 219계약 매도 ② 219계약 매수
③ 200계약 매수 ④ 200계약 매도

049 다음 중 기초자산의 가격이 10,000원, 행사가격이 11,000원이고 만기가 1년인 콜옵션이 있다. 이 콜옵션과 행사가격 및 기초자산이 동일한 풋옵션의 가치가 2,500원이고, 무위험이자율이 10%인 경우 콜옵션의 가치는?

① 2,500원 ② 2,000원
③ 0원 ④ 1,000원

050 다음 중 옵션에 대한 설명 중 옳지 않은 것은?

① 아메리카 옵션은 옵션 만기일에만 옵션을 행사할 수 있다.
② 옵션매입자는 옵션매도자에게 옵션 프리미엄 대금을 지급한다.
③ 행사가격이 상승하면 풋옵션의 가격은 상승한다.
④ 옵션의 가격은 내재가치와 시간가치로 구성되어 있다.

051 다음 중 옵션 가격에 영향을 미치는 요인과 그 영향이 적절하지 않은 것은?

① 잔존기간이 길수록 옵션 프리미엄은 상승한다.
② 기초자산의 가격변동성이 높을수록 옵션 프리미엄은 상승한다.
③ 무위험이자율이 상승하는 경우 풋옵션 프리미엄은 상승한다.
④ 기초자산 가격이 상승할 경우 콜옵션 프리미엄은 상승한다.

052 다음 자료를 바탕으로 선물가격을 산출하면 얼마인가?

• 현재 현물가격 : 10,000원   • 단기 시장이자율 : 5%
• 채권표면이자율 : 6%   • 계약 기간 : 1년

① 9,900원   ② 10,000원
③ 10,500원   ④ 10,600원

053 다음 중 헤지거래에 대한 설명으로 적절하지 않은 것은?
① 매도헤지 : 현재 현물을 보유하고 있거나 미래에 현물을 불확실한 가격으로 팔아야 하는 경우 해당 현물에 대응하는 선물을 팔기로 계약하는 거래
② 직접헤지 : 현물상품과 동일한 상품을 통해 헤지
③ 교차헤지 : 유사한 선물 상품이 존재하는 경우 유사한 현물에 대응하는 선물을 이용한 헤지
④ 선물거래를 통한 헤지 : 현물 포지션과 반대되는 포지션을 선물시장에서 취하며 현물 가격변동위험을 헷지함과 동시에 유리한 가격변동으로부터 얻을 수 있는 기대이익도 반영

054 다음 중 투기거래에 대한 설명으로 적절하지 않은 것은?
① 베이시스매입 : 채권 현물 매입, 선물 매도
② 베이시스매도 : 채권 현물 매도, 선물 매입
③ 강세스프레드 : 만기가 먼 선물계약 매입, 만기가 가까운 선물계약 매도
④ 상품 간 스프레드 : 서로 다른 상품이지만 경제적으로 관련되어 있는 두 상품에 대해 만기가 같은 각각의 선물계약 이용

055 다음 중 블랙숄즈옵션 가격 모형의 가정으로 적절하지 않은 것은?
① 옵션 잔존기간 동안 무위험이자율은 변동하지 않는다.
② 가격의 변동성은 옵션의 잔존기간 동안 지속적으로 변동한다.
③ 기초자산의 일일 가격변동은 로그 정규분포를 따른다.
④ 기초자산의 가격은 지속적으로 변동한다.

056 다음 중 ELW의 특징에 대한 설명으로 적절하지 않은 것은?
① 레버리지 효과
② 한정된 손실 위험
③ 가격 변동 위험
④ 유동성 보장

057 다음 자료를 바탕으로 콜ELW의 손익분기점을 적절히 계산하면?

- 행사가격 : 10,000원
- ELW가격 : 2,000원
- 전환비율 : 0.1
- 기초자산가격 : 11,000원

① 10,200원
② 11,000원
③ 11,200원
④ 12,000원

058 다음 중 ELW에 대한 설명으로 적절하지 않은 것은?
① ELW를 발행하는 경우 원칙적으로는 발행 시마다 매번 증권신고서를 제출해야 한다.
② 기본적인 상장절차는 주식 상장절차와 동일하다.
③ ELW의 발행조건은 표준화되어 있다.
④ ELW의 기초자산이 될 수 있는 주가지수는 KOSPI 200, KOSDAQ 150, 다우존스지수 등이 있다.

059 다음 중 ETN에 대한 설명으로 적절하지 않은 것은?
① ETN은 상장지수증권으로 기초지수 변동과 수익률이 연동되도록 증권회사가 발행하는 파생결합증권이다.
② ETN은 신상품에 대한 접근성이 낮은 것이 단점이다.
③ ETN은 발행사가 제시한 가격을 보장하여 공모펀드 대비 추적오차를 최소화하였다.
④ ETN의 경우 증권거래세가 면제되었다.

060 다음 중 ELS, ELD(주가연동예금), ELF(주가연계펀드)를 비교한 것으로 적절하지 않은 것은?
① ELS는 금융투자업자(증권사)가 발행한다.
② ELD는 은행이 발행하며 예금에 대해서 보장을 하는 것이 특징이다.
③ ELS, ELD, ELF의 만기수익률은 사전에 약정한 약정수익률을 지급한다.
④ ELF의 경우 원금에 대해서 보장하지 않는다.

061 다음 중 재무제표 작성 및 표시를 위해 고려해야 할 사항이 아닌 것은?
① 공정한 표시
② 계속기업의 가정
③ 중요성과 통합표시
④ 현금주의 적용

062 다음 중 금융부채에 대한 설명으로 적절하지 않은 것은?
① 금융부채는 거래상대방에게 현금 등 금융자산을 인도하기로 한 계약상 의무가 있을 때 발생할 수 있다.
② 금융리스자산과 금융리스채권은 각각 금융자산과 금융부채가 될 수 없다.
③ 발행자가 특정 시점에 상환하기로 약정하였거나 보유자의 선택에 의해 상환해야 하는 우선주는 발행자가 금융부채 및 자본 계상 여부를 선택할 수 있다.
④ 현금으로 상환할 수 있는 권리가 발행자에게 있는 우선주는 지분상품으로 분류한다.

063 다음 중 재고자산의 손상이 발생할 상황이 아닌 것은?
① 물리적인 손상
② 완전히 또는 부분적인 진부화
③ 판매가격 하락
④ 도난으로 인한 수량 감소

064 다음 중 무형자산에 대한 설명으로 적절하지 않은 것은?
① 내부적으로 창출된 영업권은 무형자산으로 인정되지 않는다.
② 무형자산의 경제적 내용연수가 5년, 통제가능연수가 4년인 경우 무형자산의 상각기간은 4년이다.
③ 무형자산은 내용연수 경과 후 자산을 매각할 수 있는 활성시장, 혹은 매각하는 약정이 있지 않은 한 잔존가치는 0으로 본다.
④ 내용연수가 비한정인 무형자산은 매년 상각을 수행함과 동시에 매 보고기간 말 및 손상 시사 징후가 있을 때마다 회수 가능액과 장부금액을 비교하여 손상검사를 수행한다.

065 다음 자료를 바탕으로 리스이용자의 최소 리스료를 구하면 얼마인가?

- 해당 자산의 현재가치 : 1,000,000원
- 해당 자산에 대한 리스기간 동안 지급할 금액의 명목금액 : 1,100,000원
- 해당 자산에 대한 지급할 금액의 현재가치 : 900,000원
- 예상잔존가치 : 200,000원(다만, 이 중 이용자가 보증한 잔존가치는 100,000원이다.)

① 1,200,000원
② 1,100,000원
③ 1,000,000원
④ 900,000원

066 다음 자료를 바탕으로 차입원가 자본화 금액을 구하면 얼마인가?

- 연평균 순지출액 : 2,000,000원
- 특정 차입금 : 1,000,000원(이자율 5%)
- 일반 차입금 : 2,000,000원(자본화 이자율 6%)
- 기간은 1월 1일부터 12월 31일까지로 가정한다.

① 50,000원
② 60,000원
③ 110,000원
④ 120,000원

067 다음 중 주식기준보상에 대한 설명으로 적절하지 않은 것은?
① 가득기간은 주식보상 약정에서 지정하는 가득조건이 충족되어야 하는 기간을 의미한다.
② 용역제공조건은 시장조건과 비시장조건으로 나눌 수 있다.
③ 보상원가는 부여한 지분 상품의 공정가치로 측정한다.
④ 주식기준보상 거래에서 제공한 기업은 재화나 용역을 제공받는 날에 해당 거래를 인식한다.

068 다음 중 수익에 대한 설명으로 적절하지 않은 것은?
① 수익은 기업이 일정기간 동안 창출한 경영성과 중 제품, 상품, 용역 등에서 발생된 수익을 의미한다.
② 일반적으로는 물건을 인도하는 시점에 수익을 인식한다.
③ 수익으로 인식하기 위해서는 수익 금액을 신뢰성 있게 측정할 수 있어야 한다.
④ 용역제공이 장기간일 경우 용역의 완료 시점에 수익을 인식한다.

069 다음 자료를 바탕으로 매출원가 관련 현금흐름을 계산하면?

- 매출 : 1,500,000원
- 매출원가 : 1,000,000원
- 전기 말 매입채무 : 500,000원, 당기 말 매입채무 : 300,000원
- 전기 말 재고자산 : 1,000,000원, 당기 말 재고자산 : 900,000원

① (−)700,000원
② 700,000원
③ (−)1,100,000원
④ 1,100,000원

070
(주)지배는 지분 100%를 보유하고 있는 완전 자회사인 (주)종속에게 100,000원(매출총이익률 20%, 아직 제3자에게 판매하기 전 상당의 매출을 하고 (주)지배의 매출로 인식하였다. 반대로 (주)종속은 (주)지배에게 용역을 제공하고 200,000원을 수취한 후 매출로 인식하였으며 해당 비용은 (주)지배 입장에서는 수수료 항목으로 비용으로 인식하였다. (주)지배의 연결재무제표 상 영업이익에 위의 거래들이 미치는 영향으로 적절한 것은?

① 영업이익 20,000원 감소
② 영업이익 20,000원 증가
③ 영업이익 220,000원 감소
④ 영업이익 180,000원 증가

071 다음 중 PER계산 방법에 대한 설명으로 적절하지 않은 것은?
① 순이익이 적자인 경우 PER계산 방법을 적용할 수 없다.
② 순이익 외에 시장지배력 등의 변수들을 고려할 수 없다.
③ 기업 간 회계처리가 다른 경우 PER을 적용하기 어렵다.
④ 유형자산이 적은 IT 등 서비스기업은 분석 결과가 왜곡될 수 있다.

072 A기업의 자료가 다음과 같을 때 PBR을 계산하면 얼마인가?

- A기업의 자본총액 : 1,000,000원
- 당기순이익 : 500,000원
- 발행주식수 : 100주
- A기업의 현재 주가 : 12,000원

① 1.2
② 2.4
③ 1.0
④ 2

073 다음 중 상대가치법의 단점으로 적절하지 않은 것은?
① DCF보다 상대적으로 단기간에 비교만을 통해 가치평가가 이루어져서 기업 고유의 영업, 재무 위험과 성장 가능성 등 가치평가의 핵심요소가 간과될 수 있다.
② 비교대상 기업이 너무 많은 경우 비교대상 기업과 평가대상 주식의 차이를 비교하기 어렵다.
③ 평가자 편의의 존재 가능성이 존재한다.
④ 주식매매가 쉽지 않은 비상장주식의 평가에 있어서 단순한 배수적용에 의한 가치평가는 실제 개별기업의 가치를 반영하기 어렵다.

074 A기업의 자료가 다음과 같을 때 $EV/EBITDA$를 구하면 얼마인가?

- 현금 및 현금성 자산 : 200,000원, 자산총액 : 4,000,000원
- 이자발생부채 : 2,000,000원, 부채총액 : 2,500,000원
- 시가총액 : 5,000,000원, 매출액 : 6,000,000원
- 영업이익률 : 10%, 감가상각비 및 상각비 : 200,000원

① 8 ② 8.5
③ 9 ④ 9.5

075 다음 중 현금흐름할인법으로 기업가치를 구하는 방법으로 적절하지 않은 것은?
① 특정기간까지 FCF(잉여현금흐름)을 계산한다.
② 영구현금흐름의 가정으로 명시적 추정 기간 이후의 Terminal Value를 추정한다.
③ 기업가치에는 영업현금흐름이 중요하므로 비영업용자산의 가치는 포함하지 않는다.
④ 기업가치에서 채권자 가치를 차감하여 주주가치를 산출한다.

076 다음 자료를 바탕으로 A기업의 $FCFF$를 구하면 얼마인가?

- 매출액 : 10,000,000원
- 영업이익률 : 10%, 법인세율 : 20%,
- 감가상각비 : 1,000,000원, 전기 운전자본 : 200,000원, 당기 운전자본 : 300,000원
- 추가 $CAPEX$ 지출액 : 500,000원

① 1,200,000 ② 1,600,000
③ 1,300,000 ④ 1,500,000

077 다음 자료를 바탕으로 A기업의 EVA를 계산하면 얼마인가?

• 투하자본 : 10,000,000원, 세전영업이익 : 2,000,000원
• 법인세율 : 20%, A기업의 $WACC$: 10%

① 600,000
② 800,000
③ 1,000,000
④ 1,200,000

078 다음 중 RIM모형과 EVA모형을 비교한 것으로 적절하지 않은 것은?
① EVA모형은 기업 전체 관점에서, RIM모형은 주주 관점에서 가치를 평가한 것이다.
② RIM은 당기순이익에서 자기자본과 자기자본요구수익률을 곱한 금액을 차감하여 계산할 수 있다.
③ 기업가치를 산출할 때 EVA는 영업투하자본과 미래 EVA의 현재가치의 합(MVA)으로 계산한다.
④ RIM모형은 자기자본의 장부가액을 활용하여 추정의 주관성을 최소화하여 DCF의 단점을 보완하였지만 FCF가 음수인 경우에는 적용할 수 없다.

079 공모주식에 대한 설명으로 적절하지 않은 것은?
① 공모주식을 할 경우 현재는 IPO하는 회사가 완전 자율 시장에 의해 공모가를 결정한다.
② 공모주식의 평가에는 주로 상대 가치평가법을 많이 적용하며, 해외기업의 경우 신뢰성이 떨어져 비교대상기업으로 적용하지 않는다.
③ 실무적으로 주식 공모 시 상대 가치는 과거 2개년 사업연도를 각각 산정하는 것이 일반적이다.
④ 공모가격은 여러 가치평가 방법으로 산정하며 할인율을 활용하여 기준공모가격을 결정한다.

080 다음 중 본질가치에 대한 설명으로 적절하지 않은 것은?
① 본질가치를 구성하는 자산가치와 수익가치의 가중치로 획일적으로 적용함으로써 이론적 근거가 취약하다.
② 자산가치는 경제적 관점에서 공정가치로 평가되어야 하나, 일부 항목에 대해서만 조정하고 있다.
③ 부동산 과다 보유법인이나 비상장주식 과다 보유법인의 경우에는 적합한 자산가치를 산정하는 데 한계점이 있다.
④ 본질가치를 계산할 때 자산가치는 1.5, 수익가치는 1로 가중치를 부여하여 계산한다.

081 다음 중 자본시장법의 사항에 대한 설명으로 적절하지 않은 것은?
① 금융상품의 개념을 추상적으로 정의하는 포괄주의로 규제체계를 전환하였다.
② 원금 손실 가능성(투자성)이 있는 금융상품을 금융투자상품으로 정의하였다.
③ 감독당국은 투자자의 피해를 최소화하기 위해 투자권유대행인의 자격 제한, 금융투자업자의 배상책임 부여 등 안전장치를 마련하였다.
④ 기능별 규제에서 금융투자업자별로 규제하는 기관별 투자로 변경되었다.

082 다음 중 금융투자자와 관련한 설명으로 적절하지 않은 것은?
① 상대적 전문투자자가 일반투자자로 대우를 받겠다는 의사를 금융투자업자에게 서면으로 통지한 경우 일반투자자로 간주한다.
② 금융투자업자는 이해 상충 여지가 발생하지 않도록 내부통제 등 이해 상충 방지체계를 마련해야 한다.
③ 주권상장법인은 일반투자자로 분류된다.
④ 일반투자자는 전문성 및 소유자산 규모 등에 비추어 투자에 따른 위험 감수 능력이 없는 투자자를 말하며, 절대적 일반투자자와 상대적 일반투자자로 구분할 수 있다.

083 다음 중 자산 건전성 분류기준에 대한 설명으로 적절하지 않은 것은?
① 정상분류자산은 0.5/100, 요주의 분류자산은 2/100, 고정분류자산은 20/100, 회수의문분류자산은 75/100, 추정손실분류자산은 100/100으로 계산하여 충당하며 그 합계액이 설정된 충당금보다 미달인 경우 미달액을 대손준비금으로 적립해야 한다.
② 금융투자업자는 고정 이하로 분류된 자산을 조기에 상각하여 자산의 건전성을 확보해야 한다.
③ 금융투자업자는 매 분기마다 자산 건전성을 평가해야 한다.
④ 금융투자업자는 자산 건전성 분류기준의 설정 및 변경, 동 기준에 따른 자산건전성 분류 결과 및 대손충당금 등 적립 결과를 감독원장에게 보고해야 한다.

084 다음 중 공시제도에 대한 설명으로 적절하지 않은 것은?
① 사업보고서 등 제출 대상 법인의 경우 사업보고서는 사업연도 경과 후 90일 이내에 제출해야 한다.
② 주권 외의 지분증권, 무보증사채, 전환사채, 신주인수권부사채, 이익참가부사채 또는 교환사채, 신주인수권이 표시된 것, 증권예탁증권, 파생결합증권 등을 발행한 법인은 사업보고서를 제출해야 한다.
③ 조회 공시는 기업의 주요 경영사항 또는 그에 준하는 사항에 관한 풍문 또는 보도의 사실 여부 또는 당해 기업 이 발행한 주권 등의 가격이나 거래량에 현저한 변동이 있는 경우, 거래소가 상장기업에게 중요한 정보의 유무에 대한 답변을 요구하고 당해 기업은 이에 응하여 공시해야 하는 제도이다.
④ 공정공시제도는 상장기업이 증권시장을 통해 공시되지 않은 중요정보를 특정인에게 선별적으로 제공하고자 하는 경우, 모든 시장 참가자들이 해당 정보를 함께 알 수 있도록 그 특정인에게 제공하기 전에 증권시장을 통해 공시하도록 하는 제도로 공정공시를 이행할 경우 수시공시의무가 면제된다.

085 다음 중 사업보고서의 필수적 기재사항으로 적절하지 않은 것은?
① 대표이사와 제출 업무를 담당하는 이사의 서명
② 사업내용
③ 회계감사인의 감사의견
④ 보수총액 기준 상위 3명의 개인별 보수총액

086 다음 공개매수제도에 대한 설명으로 적절하지 않은 것은?
① 공개매수자는 공개매수공고일부터 그 매수기간이 종료하는 날까지 그 주식 등을 공개매수에 의하지 아니하고는 매수 등을 하지 못한다.
② 공개매수자는 공개매수신고서에 기재한 매수조건과 방법에 따라 응모한 주식 등의 전부를 공개매수기간이 종료하는 날의 다음 날 이후 지체 없이 매수해야 한다.
③ 공개매수자는 공개매수공고일 이후에 공고한 경우 공개매수를 철회할 수 있다.
④ 공개매수를 하고자 하는 자는 공개매수신고서 제출에 앞서 공개매수에 관한 다음의 사항을 일간신문 또는 경제 분야의 특수 일간신문 중 전국을 보급지역으로 하는 둘 이상의 신문에 공고해야 한다.

087 다음 중 미공개 중요정보 이용행위 금지 제도에 대한 설명으로 적절하지 않은 것은?
① 미공개 중요정보 이용행위 금지 대상이 되는 내부자는 기업 내부의 임직원과 그 대리인으로서 직무와 관련한 주요 정보를 알게 된 자이다.
② 준내부자 및 정보수령자도 미공개 정보를 알게 된 경우 미공개 중요정보 이용행위 금지 대상이 된다.
③ 미공개 중요정보를 이용하여 이익을 거둔 경우에만 제재 대상이 된다.
④ 금융위 또는 거래소가 설치, 운영하는 전자전달 매체를 통하여 그 내용이 공개된 정보의 경우 공개된 때부터 3시간이 지난 경우 미공개 정보로 보지 않는다.

088 다음 중 시세조정 행위 규제대상이 아닌 것은?
① 통정매매
② 투자매매업자의 안정 조작
③ 가장매매
④ 허위표시

089 다음 중 적합성 원칙에 대한 설명 중 옳지 않은 것은?
① 금융상품판매업자 등은 투자권유 또는 자문업무를 하는 경우 금융소비자가 일반금융소비자인지 전문금융소비자인지 확인해야 한다.
② 금융상품판매업자 등은 위험성의 정도가 높은 투자성 상품 또는 대출성 상품에 대해서는 해당 일반금융소비자에게 적정한지를 살펴보고 적정성 여부를 일반 금융소비자에게 알려야 한다.
③ 일반금융소비자의 재산상황, 금융상품 취득, 처분 경험 등에 비추어 부적합한 금융상품 계약체결의 권유를 금지한다.
④ 금융투자상품 및 변액보험에만 도입되어 있었으나, 이를 대출성 상품, 대통령령으로 정하는 보장성 상품 등으로 확대 적용되었다.

090 다음 중 금융소비자 권익 강화제도가 아닌 것은?
① 계약서류 제공의무
② 징벌적 과징금
③ 자료의 기록 및 유지 관리
④ 청약의 철회

091 다음 중 발기인에 대한 설명으로 적절하지 않은 것은?
① 발기인이 정관을 작성해야 한다.
② 발기인 자격에 제한은 없으며, 법인도 가능하다. 또한, 발기인은 1주 이상의 주식을 인수해야 한다.
③ 회사설립 과정에서 제3자에게 손해를 끼친 경우 아직 회사 설립 전이므로 손해배상책임에서 면제된다.
④ 2인 이상의 발기인이 있을 경우 발기인 조합이 성립되며, 이들의 합의에 의해 설립이 진행된다.

092 다음 중 주식회사의 자본에 대해 지켜야 하는 원칙으로 적절하지 않은 것은?
① 자본확정의 원칙
② 자본충실의 원칙
③ 자본불변의 원칙
④ 자본고정의 원칙

093 다음 중 정관의 절대적 기재사항으로 적절하지 않은 것은?
① 목적
② 상호
③ 회사가 발행할 주식의 총수
④ 변태설립사항

094 다음 중 주주에 대한 설명으로 적절하지 않은 것은?
① 주주는 주식을 인수 또는 양수함으로써 주식이 표창하는 권리, 의무의 주체가 되는 자를 말한다.
② 주주의 자격에는 제한이 없으며 법인, 외국인도 가능하다.
③ 1인 주주의 회사는 인정되지 않으며 회사로 인정되기 위해서는 최소한 2인 이상의 주주가 필요하다.
④ 회사와 주주 사이의 법률관계에 있어서 주주는 그 소유주식의 수에 따라 평등하게 대우해야 한다.

095 다음 중 소수 주주권과 필요 지분율에 대한 연결이 적절하지 않은 것은?
① 주주총회소집청구권 : 3%
② 위법행위 유지청구권 : 3%
③ 회계장부 열람청구권 : 3%
④ 집중투표청구권 : 3%

096 다음 중 직무윤리에 대한 설명으로 적절하지 않은 것은?
① 추상적인 선언에 그칠 수 있는 윤리의 개념을 업무와 직접적인 관련성을 높임으로써 실질적인 의미를 갖도록 만든 것이다.
② 직무와 연결된 구체적인 기준을 담고 있는 직무윤리는 임직원 행동강령 등이다.
③ 기업윤리가 거시적인 개념이라면, 직무윤리는 미시적인 개념이다.
④ 경영환경에서 발생할 수 있는 모든 도덕적, 윤리적 문제들에 대한 판단 기준이 된다.

097 다음 중 직무윤리에 대한 사상적 배경 및 역사에 대한 설명으로 적절하지 않은 것은?
① 칼뱅의 금욕적 생활윤리는 초기 자본주의 발전의 정신적 토대가 된 직업윤리의 중요성을 강조하고 있다.
② 칼뱅은 모든 신앙인은 노동과 직업이 신성하다는 소명을 가져야 할 것을 역설하였으며, 근검, 정직, 절제를 통하여 부를 잇는 행위는 신앙인의 정당하고 신성한 의무라는 점을 강조하였다.
③ 칼뱅의 금욕적 생활윤리는 자본주의 발전의 정신적 원동력이자 지주로서의 역할을 하였을 뿐만 아니라 서구사회의 건전한 시민윤리의 토대를 이루었다.
④ 베버는 공리주의의 윤리와 자본주의 정신에서 서구의 문화적 속성으로 합리성, 체계성, 조직성, 합법성을 바탕으로 세속적 금욕생활과 직업윤리에 대해 형성되었다고 설명한다.

098 다음 중 직무윤리의 성격으로 적절하지 않은 것은?
① 직무윤리는 대부분의 경우 윤리가 법규의 취지 또는 근본이 되거나 법조문에서 규정하고 있지 않은 부분을 보완하는 역할을 한다.
② 법규와 윤리는 서로 보완해 나가는 주체로서 불가분의 관계에 있다.
③ 직무윤리를 위반하는 경우 위반행위에 대한 명시적인 제재가 존재하지만, 법규에 비해 자율규제 성격이 강하다.
④ 직무윤리는 자율적 준수라는 장점이 있지만, 법규에 비하여 강제수단이 미흡하다는 취약점이 있다.

099 다음 중 금융투자업 종사자가 지켜야 하는 기본원칙으로 적절하지 않은 것은?
① 신임의무
② 선관주의의무
③ 고객 우선 원칙
④ 실질의 중시

100 다음 중 고객과의 이해 상충 방지체계에 해당하는 것은 총 몇 개인가?

> ㉠ 이해 상충 발생 가능성의 파악 등 관리의무
> ㉡ 이해 상충 발생 가능성 고지 및 저감 후 거래의무
> ㉢ 이해 상충 발생 회피의무
> ㉣ 정보교류의 차단(Chinese Wall 구축)의무
> ㉤ 자기계약(자기거래)의 금지
> ㉥ 조사분석자료의 작성 대상 및 제공의 제한

① 6개
② 5개
③ 4개
④ 3개

02회 실전모의고사

001 다음과 같은 채권을 1년간 보유하는 경우 실제 수령하게 되는 이자는 얼마인가?

- 발행가 : 1,000,000원
- 표면이자율 : 10%
- 이자지급주기 : 분기에 1회 지급
※ 해당 채권은 복리를 가정한다.

① 100,000원　　　　　② 105,000원
③ 103,813원　　　　　④ 101,813원

002 다음 중 사칙연산이 가능한 척도는 무엇인가?
① 명목척도　　　　　② 비율척도
③ 구간척도　　　　　④ 서열척도

003 다음 중 표준정규분포에 대한 설명으로 적절하지 않은 것은?
① 분포의 첨도가 0인 경우 표준정규분포와 뾰족한 정도가 같다.
② 일반적으로 표준정규분포를 따르는 확률변수를 Z로 나타내며, $Z \sim N(0, 1)$로 표현한다.
③ 어떠한 분포의 값이라도, Z값으로 전환할 경우 평균은 0, 표준편차는 1로 전환할 수 있다.
④ 분포의 첨도가 0보다 작은 경우 표준정규분포보다 뾰족해진다.

004 다음 중 표본 추출과 관련한 설명으로 적절하지 않은 것은?
① 표본을 추출하는 과정에서 발생하는 오차를 표본추출오차라고 한다.
② 비표본추출오차는 표본에 대한 측정과정에서 발생하는 오차이다.
③ 단순확률추출법과 층별표본추출법은 확률표본추출법이다.
④ 군집표본추출법은 비확률표본추출법이다.

005 다음 중 비모수적 검증을 사용하는 경우가 아닌 것은?

① 분석의 대상이 되는 자료가 모수적 방법의 가정을 만족시키지 못하는 경우
② 자료가 비율로 되어 있는 경우
③ 답을 요하는 질문이 모수와는 무관한 경우
④ 조사연구의 시간 제약이 있는 경우

006 다음 중 환율에 대한 설명으로 적절하지 않은 것은?

① 고전적인 환율 결정 이론은 구매력 평가설로 환율은 양국 통화의 구매력 비율 변화에 의해 변동한다.
② 통화론적 모형의 경우 화폐도 일반 재화와 마찬가지로 수요와 공급에 의해 결정된다고 보았다.
③ 고정환율제도는 국제수지 불균형 발생 시 불균형이 자동적으로 조절되는 장점이 있다.
④ 변동환율제도는 국제수지를 고려하지 않고 재정 및 금융정책의 실시가 가능하다는 장점이 있다.

007 다음 중 $AD-AS$곡선에 대한 설명으로 적절하지 않은 것은?

① 고전학파에 따르면 확대재정정책은 국민소득의 변동 없이 이자율과 물가만 상승시킨다.
② 고전학파에 따르면 통화정책을 사용하는 경우 국민소득은 단기적으로 증가하지만, 장기적으로는 원래의 균형 수준으로 돌아온다.
③ 케인즈학파에 따르면 확대재정정책을 사용하는 경우 화폐중립성이 성립하는 것으로 보았다.
④ 통화정책을 사용하는 경우 케인즈학파는 구축효과가 발생하긴 하지만 국민소득을 일부 증가시킬 수 있는 것으로 보았다.

008 다음 중 투자에 대한 설명으로 적절하지 않은 것은?

① 기업의 내부자금 또는 유동성이 적정 자본량을 결정하는 요인이 된다.
② 케인즈에 따르면 투자는 투자의 한계효율인 내부수익률에 의해 투자가 결정된다고 보았다.
③ 신고전학파에서는 기업의 생산량을 노동과 자본의 생산함수로 표현하였고 자본의 한계생산물의 가치와 자본비용이 일치할 때까지 투자를 집행한다고 보았다.
④ 케인즈에 따르면 투자는 투자의 한계효율에 영향을 받으며, 해당 한계효율은 모든 투자자에게 있어 일정하므로 시장이자율과 비교하여 내부수익률이 큰 경우 모든 투자자는 투자를 선택한다고 가정하였다.

009 다음 중 $IS-LM$모형에서 정부정책의 효과에 대한 설명으로 적절하지 않은 것은?

① 케인즈는 LM곡선이 수평 상태에 있다고 보아 재정정책의 국민소득에 미치는 효과가 극대화된다고 보았다.
② 케인즈는 통화정책도 국민소득에 일부 효과가 있는 것으로 보았지만 재정정책보다는 효과가 반감된다고 보았다.
③ 고전학파는 LM곡선이 완전 수직 상태에 있다고 보아 재정정책은 완전구축효과가 발생하여 국민소득에 효과가 없는 것으로 보았다.
④ 고전학파는 LM곡선이 완전 수직 상태인 것으로 감안하므로 통화정책은 단기적으로는 효과가 있을 수 있다고 보았다.

010 고전학파의 화폐수요이론에 따르면 통화증가율이 5%, 인플레이션율이 3%인 경우 경제성장률은 몇 %인가?

① 1% ② 2%
③ 3% ④ 4%

011 다음 중 피셔효과와 이자율 변동에 대한 설명으로 적절하지 않은 것은?

① 이자율을 조정하기 위한 통화정책은 단기적으로는 효과가 있지만, 장기적으로는 실질이자율에 영향을 미치지 못하고 명목이자율만 상승시킨다.
② 피셔효과에 따르면 기대인플레이션율이 2%, 명목이자율이 8%인 경우 실질이자율은 6%이다.
③ 피셔효과에 따르면 현재의 물가상승은 장래의 물가상승 예상을 발생시켜 명목이자율을 상승시킨다.
④ 프리드만에 따르면 확장적 통화정책 시 발생하는 이자율 하락은 장기간 지속되는 것으로 가정하였다.

012 다음 중 인플레이션에 대한 설명으로 옳지 않은 것은?

① 인플레이션은 물가가 지속적으로 상승하는 현상을 의미한다.
② 필립스곡선은 실업률과 실질임금상승률 사이의 관계를 의미한다.
③ 통화주의 학파는 필립스곡선을 장기와 단기로 구분하여 장기적으로는 실업율과 인플레이션이 아무 관계가 없다고 판단하였다.
④ 스태그플레이션은 실업율과 물가가 동시에 상승하는 것으로 스태그플레이션이 등장함에 따라 필립스곡선의 안정성은 하락하였다.

013 다음 중 우리나라의 경기순환에 대한 설명으로 적절하지 않은 것은?
① 우리나라는 확장국면과 수축국면으로 구분되는 2분법을 적용하였다.
② 경기지수는 경기동향을 알기 위해 작성되는 지수로 선행종합지수, 동행종합지수, 후행종합지수로 나눌 수 있다.
③ 대표적인 동행종합지수는 내수출하지수 등이 있다.
④ 경기순환 이후 변동하는 것은 후행종합지수로 비농림어업취업자수가 대표적인 항목이다.

014 다음 중 헤르드-도마 모형에 대한 설명으로 적절하지 않은 것은?
① 생산함수는 레온티에프 생산함수를 가정하였다.
② 저축은 산출량의 일정 비율로 발생한다.
③ 헤르드-도마 모형은 자연성장률과 보증성장률이 일치하는 수준에서 최적 성장경로는 결정된다고 보았다.
④ 헤르드-도마 균형조건에서 이탈되면 주요 변수를 내생적으로 통제할 수 있으므로 회복이 가능한 것으로 보았다.

015 다음 중 신슘페터 모형에 대한 설명으로 적절하지 않은 것은?
① 신고전학파 모형의 완전경쟁 가정을 적용하였다.
② 신슘페터 모형에서는 기술진보를 내생적인 것으로 가정하며, 기술진보는 기업들의 이윤추구 과정에서 발생하는 연구개발투자의 결과로 간주하였다.
③ 신슘페터 모형에 따르면 개발된 기술은 특허 및 지적재산권에 의해 독점권이 부여된다고 가정하였다.
④ 신슘페터 모형으로 인적 자본량이 많고 연구부문의 생산성이 높은 선진국이 후진국에 비해 성장률이 높을 수 있는 이유를 설명하였다.

016 다음 중 자본예산 분석 방법에 대한 설명으로 적절하지 않은 것은?
① NPV의 값을 0으로 만드는 할인율은 자본비용인 k이다.
② 내부수익률법은 비교 대상인 자본비용이 단위 기간별로 다른 경우 어떤 자본비용과 내부수익률을 비교해야 하는지 불명확한 단점이 있다.
③ 회계적 이익률법은 이해하기 쉬운 장점이 있다.
④ NPV는 재투자수익률을 내부수익률로 가정한다.

017 다음 자료를 바탕으로 타인자본비용을 산출하면 얼마인가?

- $WACC$: 10%
- 자기자본비용 : 12%
- 법인세율 : 20%
- 부채비율 : 100%

① 10%
② 11%
③ 12%
④ 8%

018 다음 중 MM의 1963년 모형에 대한 설명으로 적절하지 않은 것은?
① 완전자본시장에서 법인세를 예외적으로 허용하면 타인자본의 사용에 따라 기업가치가 증가한다고 가정하였다.
② 완전자본시장을 가정하였다.
③ 법인세와 개인소득세가 존재하는 것으로 가정하였다.
④ 타인자본을 사용하면 기업가치가 증가하며 무차입을 사용한 기업의 가치는 타인자본을 사용하는 기업가치를 능가할 수 없다고 보았다.

019 다음 중 M&A 방어기법이 아닌 것은?
① 그린메일
② 황금낙하산
③ 포이즌필
④ 왕관의 보석

020 다음 중 배당정책에 대한 설명으로 적절하지 않은 것은?
① 배당을 증가시키는 경우 주가 상승을 유도하는 것보다 주주에게 더 높은 효용을 제공해줄 수 있다.
② 일반적으로는 주가차익에 의한 세율이 배당에 비해 높으므로 주주에게는 항상 배당으로 수익을 얻는 것이 이득이다.
③ MM의 1961년 모형에 따르면 완전자본시장을 전제로 배당정책은 기업가치를 증가시키지 않는다.
④ 기업은 일반적으로는 배당정책을 빈번하게 변경하지 않는다.

021 다음 중 지배원리에 의한 효율적 투자자산은 어떤 것인가?

① A – 분산 5%, 평균수익률 10%
② B – 분산 6%, 평균수익률 10%
③ C – 분산 5%, 평균수익률 9%
④ D – 분산 6%, 평균수익률 9%

022 다음 중 APM 모형과 $CAPM$ 모형을 비교한 것으로 적절하지 않은 것은?

① $CAPM$ 모형은 투자자의 효용이 2차 함수의 형태를 띠는 것으로 가정하지만, APM 모형은 특별한 가정이 존재하지 않는다.
② $CAPM$ 모형은 시장 포트폴리오를 가정하지만, APM 모형은 시장포트폴리오가 필요하지 않고 잘 분산된 포트폴리오만 있어도 적용 가능하다.
③ $CAPM$은 무위험자산에 대한 가정이 필요하지만, APM 모형은 무위험자산에 대한 가정이 필요하지 않다.
④ $CAPM$ 모형은 많은 가정이 필요함에 따라 APM 모형을 투자의사결정에 더 많이 사용한다.

023 A기업은 최근 2공장을 건설하기 위해 20억원을 투자할 계획이며, 투자의 효과는 3년간 지속되며, 자본비용은 10%이다. 2공장 건설로 인해 매년 10억원의 현금흐름이 유입된다고 가정할 경우 수익성지수를 구하면 얼마인가? (단 3년, 10%의 연금현가계수 : 2.49)

① 0.21
② 0.25
③ 0.27
④ 0.3

024 다음 두 투자안이 있는 경우, 투자안의 채택과 관련하여 적절한 설명은?

종류	NPV(순현가)	IRR(내부수익률)
A투자안	200	10%
B투자안	100	12%

① 상호독립적인 투자안인 경우 A, B투자안 모두 채택한다.
② 상호배타적인 투자안의 경우 B투자안을 채택한다.
③ 상호독립적인 투자안의 경우 B투자안은 기각한다.
④ 상호독립적인 투자안의 경우 A투자안은 기각한다.

025 다음 중 소극적 투자관리 방법이 아닌 것은?
① 포뮬러플랜
② 단순한 매입·보유 전략
③ 인덱스전략
④ 평균투자법

026 다음 중 증권의 간접발행이 아닌 것은?
① 위탁모집
② 총액인수
③ 잔액인수
④ 모집주선

027 다음 중 증권시장의 기능에 대해 잘못 설명한 것은?
① 일반투자자들의 유휴자금이 장기의 안정성 있는 생산자금화로 전환시킬 수 있다.
② 증권시장을 통해 적은 자본으로 많은 기업을 지배·소유가 가능하다.
③ 증권 유통시장이 발달할 경우 다양한 포트폴리오 구성이 가능해져 위험분산 및 투자효과가 커질 수 있다.
④ 증권시장을 통해 전체적인 경제력이 중소기업으로 분산될 수 있다.

028 다음 중 증권 유통시장에 대한 설명으로 적절하지 않은 것은?
① 유가증권시장에서는 상장주식, 상장채권 등을 취급한다.
② 코스닥시장에서는 거래소회원만 직접 참여할 수 있다.
③ 조직화된 시장의 경우 경쟁매매 방식으로 매매가 이루어진다.
④ 코넥스 시장과 K-OTC시장의 경우 시장 규모가 작아 가격발견이 발생하지 않는다.

029 다음 중 우리나라의 증권거래 관리에 대한 설명으로 적절하지 않은 것은?
① 증권의 경우 1일 최대 가격변동폭은 전일 종가대비 15%이다.
② 주가지수가 일정폭 이상 급락하는 경우 매매거래를 일시적으로 중단한다.
③ 상장폐지 사유가 발생하는 경우 해당 종목은 관리대상으로 지정한다.
④ 8시 30분부터 9시까지는 집중거래제도를 적용하여 동시호가 매매제도를 적용한다.

030 **다음 중 경제현황과 기업분석과의 관계에 대한 설명으로 적절하지 않은 것은?**
① 이자율이 상승하는 경우 주가는 하락한다.
② 인플레이션 발생 시 명목 매출액이 과대계상될 우려가 존재한다.
③ 환율이 상승하는 경우 주가는 일반적으로 상승한다.
④ 연평균 주가상승률은 명목 GDP 성장률에 근접할 것으로 기대한다.

031 **다음 중 기업가치 분석에 있어서 잔존가치를 추정할 때 고려할 요소가 아닌 것은?**
① 명시적 예측기간 이후의 현금흐름의 현재가치를 추정하는 것이다.
② 잔존가치 추정을 위해서는 먼저 명시적 예측기간이 설정되어야 한다.
③ 잔존가치는 일반적으로 ROE와 $WACC$이 일치되는 시점까지를 명시적 예측기간으로 설정한다.
④ 경쟁우위 유지 가능 기간까지를 명시적 예측기간으로 설정한다.

032 **다음 자료를 바탕으로 PER를 계산하면 얼마인가?**

• 당기순이익 : 1,000,000원	• 발행주식수 : 1,000주
• BPS : 2,000원	• PBR : 2배

① 4　　② 5
③ 6　　④ 7

033 **PER의 유용성과 한계에 대한 설명으로 적절하지 않은 것은?**
① 기업 간 상대적 주가 수준 평가 시 유용하다.
② 저 PER주식의 경우 과소평가된 것으로 해석할 수 있다.
③ 음의 EPS가 발생하더라도 PER를 적용할 수 있다.
④ PER는 국가 간 회계처리방법, 세제 등의 요인으로 인해 차이가 발생할 수 있다.

034 **현재 회사 설립 후 영업손실만 계속 나는 벤처회사인 A기업에 대한 가장 적합한 평가방법을 고르면?**
① PER　　② PBR
③ $EV/EBITDA$　　④ PSR

035 A기업의 자료가 다음과 같을 경우 A기업의 주가를 구하면 얼마인가?

- 작년 말 1주당 순수익(EPS) : 3,000원
- ROE : 10%
- 내부유보율 : 40%
- 주주의 요구수익률 : 10%

① 30,000원 ② 31,200원
③ 32,200원 ④ 33,200원

036 다음 중 채권의 분류에 대한 설명으로 적절하지 않은 것은?
① 특별법에 의해 설립된 법인이 발행한 채권을 특수채라 한다.
② 국채, 지방채, 특수채는 유가증권신고서의 제출이 면제된다.
③ 만기가 1년 이하인 채권을 단기채로 분류하며, 통화안정증권과 금융채 일부가 단기채에 속한다.
④ 수의상환청구채권은 만기상환일 이전 채권의 보유자가 발행자에게 원금의 상환을 요구할 수 있는 채권으로 일반채권 대비 가격이 비싸다.

037 다음 중 국고채 전문딜러에 대한 설명으로 적절하지 않은 것은?
① 일정규모 이상 인수할 수 있는 능력을 갖춘 기관투자자만이 국고채 인수에 참여할 수 있다.
② 국고채 전문딜러는 국고채 입찰에 독점적으로 참여할 수 있는 권한이 부여된다.
③ 국고채 전문딜러는 국고채 발행 예정물량의 40%까지 인수 가능하다.
④ 국고채 전문딜러는 시장조성의무가 부여된다.

038 다음 중 채권 매매방법이 대한 설명으로 적절하지 않은 것은?
① 일반채권시장은 증권시장과 마찬가지로 매매시간은 오전 9시부터 오후 3시 30분까지 거래된다.
② 일반채권시장의 매매호가는 10,000원이며, 가격제한폭 제도는 존재하지 않는다.
③ 증권시장과 마찬가지로 일반 채권 시장은 가격우선, 시간우선 원칙이 적용된다.
④ 일반 채권 유통시장의 경우 일반투자자 중심의 시장으로 볼 수 있다.

039 다음 중 전환사채와 신주인수권부사채를 비교한 것으로 적절하지 않은 것은?
① 전환사채는 일정기간 동안 일정한 가격으로 채권을 발행기업 주식으로 바꿀 수 있는 권리가 부여된 채권이다.
② 전환사채는 전환 후 해당 채권은 소멸한다.
③ 신주인수권부사채의 경우 신주인수권 행사 후에도 사채는 존속한다.
④ 신주인수권부사채의 경우 사채와 신주인수권은 분리할 수 없다.

040 다음 중 수익률 곡선 이론에 대한 설명으로 옳지 않은 것은?
① 불편기대가설의 경우 장기채권의 수익률은 미래의 단기채권 수익률의 기하평균과 동일하다.
② 유동성 선호가설은 채권의 만기가 일정기간을 벗어나는 경우 유동성 프리미엄은 일정한 것으로 가정하였다.
③ 시장분할가설은 채권 만기에 따라 몇 개의 시장으로 채권 시장이 분리되며 각 시장의 수요와 공급에 따라 채권의 수익률이 결정되는 것으로 보았다.
④ 불편기대가설에는 현재의 채권 수익률 곡선에는 미래의 단기 수익률에 대한 기대가 반영된 것으로 보았다.

041 다음 중 채권 가격 결정 방법에 대한 설명으로 적절하지 않은 것은?
① 채권 가격은 수익률과 반대방향으로 움직인다.
② 표면이율이 낮을수록 동일 크기의 수익률 변동에 대한 가격 변동률은 작아진다.
③ 채권의 잔존기간이 길어짐으로써 발생하는 가격 변동률은 체감한다.
④ 동일한 크기의 수익률 변동 발생 시, 수익률 하락으로 인한 가격 상승폭은 수익률 상승으로 인한 가격 하락폭보다 크다.

042 시장 이자율이 10%이고, 만기가 존재하지 않는 영구채의 듀레이션은 얼마인가?
① 11
② 10
③ 12
④ 15

043 현재 채권가격은 10,000원, 볼록성은 6, 이자율변동은 1%일 경우 채권가격변동액을 구하면 얼마인가?

① 3 ② 6
③ 9 ④ 12

044 수정듀레이션이 3, 시장이자율이 2% 상승한 경우 채권가격변동률은?

① −3% ② −6%
③ 3%   ④ 6%

045 다음 중 채권의 소극적 투자전략에 대한 설명으로 옳지 않은 것은?

① 만기보유전략은 매입 후 만기까지 보유하는 전략이다.
② 면역전략은 투자기간과 채권포트폴리오의 듀레이션을 일치시키는 전략이다.
③ 바벨형 운용전략은 단기채와 장기채 두 가지 잔존만기 형태로만 채권을 보유한다.
④ 상황대응적 면역전략의 경우 복합전략으로 목표수익률보다 낮은 수익 달성 시 적극적 투자전략을 구사한다.

046 다음 중 금융선물거래의 특성으로 적절하지 않은 것은?

① 계약 체결방법이 정형화
② 가격 변동폭 제한 없음
③ 청산기관 존재
④ 공개경쟁입찰 방식에 의한 거래

047 다음 정보를 이용하여 주가지수 선물의 이론가격을 올바르게 계산하면 얼마인가?

- 현재 주가지수 기초자산 가격 = 10,000포인트
- 무위험이자율 : 5%
- 배당수익률 : 10%
- 만기 : 1년

① 9,500   ② 10,000
③ 10,500 ④ 11,000

048 동일한 현물을 기초자산으로 하는 만기가 2년인 선물계약과 만기가 4년인 선물계약이 존재한다. 향후 만기 2년 선물계약의 가격이 상승할 것으로 예상하는 경우 어떠한 거래 구조를 만들어야 하는가?

① 강세스프레드
② 약세스프레드
③ 상품간스프레드
④ NOB스프레드

049 주식에 대한 풋옵션이 있으며, 이 풋옵션의 프리미엄은 20원이다. 현재 해당 주식의 행사가격은 1,000원이며, 만기 때 해당 주가는 1,100원인 경우 풋옵션 보유자의 손익은?

① 0
② -20원
③ 980원
④ 1,120원

050 행사가격 1,000원인 콜옵션의 현재 주가는 800원이며, 시장에서 해당 콜옵션은 100원으로 거래되고 있다. 해당 콜옵션에 대한 설명으로 적절한 것은?

① 현재 콜옵션은 내가격 상태이다.
② 현재 콜옵션의 시간가치는 100원이다.
③ 콜옵션의 만기 시점이 도래하는 경우 주가에 변동이 없다면 콜옵션 보유자는 해당 콜옵션을 실행한다.
④ 콜옵션 만기 시점에 외가격 상태에 이르게 된다면 보유자의 손익은 0이다.

051 다음 중 옵션가격에 영향을 미치는 변수에 대한 설명으로 적절하지 않은 것은?

① 변동성 증가 → 옵션 가치 상승
② 기초자산 가격 상승 → 콜옵션 가격 상승
③ 잔존만기 증가 → 옵션 가치 하락
④ 행사가격 상승 → 풋옵션 가격 상승

052 다음 중 선물거래를 통한 헤지에 대한 설명으로 적절하지 않은 것은?

① 선물거래를 통한 헤지는 기본적으로 현물 포지션과 반대되는 포지션을 선물시장에서 취하는 것이다.
② 매입헤지는 미래 현물을 불확실한 가격으로 매입할 상황에서 현물에 대응하는 선물을 매입하기로 하는 거래이다.
③ 현물헤지는 현재 보유하고 있는 현물의 가격 변동 위험을 헷지하는 것이다.
④ 헤지비율은 계약단위와 단위 선물가격변동액의 곱한 값을 현물수량과 단위현물가격변동액의 곱한 값으로 나누어 산출한다.

053 다음 자료를 바탕으로 주가지수 선물을 이용한 헤지를 할 경우의 포지션 및 필요 선물계약 단위수를 구하면 얼마인가?

- 현재 현물주식을 가까운 미래에 보유할 예정이다.
- 보유 포트폴리오와 선물가격의 비율 : 1.2
- 희망헤지비율 : 80%
- 선물계약승수 : 2
- 보유 포트폴리오베타 : 1.5

① 0.72단위 매도
② 0.72단위 매수
③ 1.5단위 매도
④ 1.5단위 매수

054 다음 중 이항모형에 대한 설명으로 적절하지 않은 것은?

① 이항모형은 옵션의 가치는 주가가 상승 또는 하락할 확률과는 무관하게 결정된다.
② 이항모형은 옵션의 가치는 투자자들의 위험선호도와 관계없이 결정된다.
③ 이항모형은 옵션의 가치를 설명하는 확률변수는 기초자산의 가격만 존재한다.
④ 이항모형은 다기간 이항모형으로 확장가능하며 매기간 주가는 4번 변동하는 것으로 가정한다.

055 다음 중 옵션 최초 투자 시점에 추가적인 자금이 지출되는 거래는?

① Covered Call
② 보호적 풋
③ 펜스 전략
④ 콜옵션 매도

056 다음 중 주요 파생결합증권에 대한 설명으로 적절하지 않게 연결된 것은?
① ELW : 특정주가 또는 주가지수의 변동과 연계하여 미리 정해진 방법에 따라 만기 시 주권의 매매 또는 현금 수수 권리가 부여된 증권
② ELS : 주식시장에서 거래되는 주권의 가격이나 주가지수의 변동과 연계하여 증서의 가치에 해당하는 금전의 지급청구권이 표시된 증권
③ ETN : 기초자산 변동과 수익률이 연동되도록 증권회사가 발행한 파생결합증권
④ 파생결합사채 : 기초자산의 변동과 연계하여 원리금이 변동하는 채무증권

057 다음 자료를 바탕으로 콜 ELW의 내재가치를 구하면 얼마인가?

- 전환비율 : 0.4
- 행사가격 : 8,000원
- 주가 : 10,000원

① 800원
② 1,000원
③ 1,200원
④ 2,000원

058 다음 중 ELW의 발행절차 및 상장절차에 대한 설명으로 적절하지 않은 것은?
① ELW의 상장절차는 주식 상장절차와 동일하다.
② ELW의 발행조건은 표준화되어 있고 결제방식은 현금결제방식을 택한다.
③ 원칙적으로는 ELW를 발행하는 경우 발행할 때마다 매번 증권신고서를 제출해야 한다.
④ ELW의 경우 발행사는 LP(유동성공급자)에게 발행물량의 100%를 청약하게 하는 방식과 일반시장에 공모 방식으로 발행하는 두 가지 방법 중 선택하여 ELW를 발행한다.

059 다음 중 ELW의 상장폐지 요건에 해당하지 않는 것은?
① 발행인의 순자본비율이 100%에 미달하는 경우
② 권리행사기간이 만료된 경우
③ 유동성공급자가 없어진 경우
④ 발행인, 유동성공급자 혹은 제3자가 해당 ELW를 전부 보유하고 전부 보유한 날부터 1개월 이내에 매매가 전혀 없는 경우

060 다음 중 ETN에 대한 설명으로 적절하지 않은 것은?
① ETN의 유동성 공급자는 발행된 ETN을 최초로 투자자에게 매도(매출)하며 상장 이후에는 추가적인 시장 조성 절차를 수행하지 않는다.
② ETN의 기초자산 구성종목은 5종목 이상이다.
③ ETN은 맞춤형 지수 등 신규 개발지수 활용 중심이다.
④ ETN은 신용등급, 재무안정성 등이 우수한 증권회사가 발행한다.

061 다음 중 영업현금흐름표에서 별도로 표시하는 항목이 아닌 것은?
① 이자의 수취 및 지급
② 배당금 수취
③ 배당금 지급
④ 법인세 납부

062 다음 자료를 바탕으로 A기업의 영업활동으로 인한 현금흐름을 구하면 얼마인가?

- 당기순이익 : 1,000,000원
- 감가상각비 : 200,000원
- 금융자산평가이익 : 300,000원
- 영업활동 자산부채의 변동 : (−)200,000원

① 700,000원
② 800,000원
③ 900,000원
④ 1,000,000원

063 다음 금융자산 회계처리에 대한 설명으로 옳지 않은 것은?
① 금융자산의 사업모형은 크게 계약상 현금흐름을 수취하기 위해 금융자산을 보유하는 모형과 계약상 현금흐름의 수취와 금융자산의 매도 둘 다를 통해 목적을 이루는 사업모형, 이외의 사업모형으로 구분할 수 있다.
② 지분상품으로 분류된 FVOCI금융자산을 처분하는 경우 FVOCI금융자산평가손익 누적액을 당기손익으로 대체한다.
③ 금융자산의 손상은 채무상품에만 적용되며, 지분상품은 손상 규정을 적용하지 않는다.
④ FVPL로 분류되는 금융자산을 취득한 경우 취득 과정에서 발생하는 비용은 발생 즉시 당기비용으로 처리한다.

064 다음은 A기업의 재고자산 목록이다. A기업의 기말재고는 얼마인가?

항목	취득원가	순실현가치
반도체	1,000,000원	1,200,000원
반도체 원재료	800,000원	700,000원
휴대폰	500,000원	400,000원

① 2,100,000원 ② 2,200,000원
③ 2,400,000원 ④ 2,300,000원

065 다음 중 유형자산의 원가를 구성하는 항목으로 적절하지 않은 것은?
① 취득원가
② 후속적인 증설 관련 원가
③ 유형자산의 정기적 교체가 필요한 경우의 원가
④ 새로운 상품과 서비스를 소개하는 데 소요되는 원가

066 다음 중 재무제표 작성 및 표시를 위한 고려 사항으로 적절하지 않은 것은?
① 공정한 표시 : 재무제표는 기업의 재무상태, 재무성과 및 현금흐름을 공정하게 표시해야 한다.
② 상계 : 회계기준에서 요구하지 않는 경우 자산과 부채, 수익과 비용은 상계하지 않고 구분하여 표시한다.
③ 비교정보 : 당기 재무제표에 보고되는 모든 금액에 대해서는 전기 비교정보를 표시한다(서술형 정보 제외).
④ 표시의 계속성 : 재무제표 항목의 표시와 분류는 다른 표시나 분류방법이 더 적절한 것이 명백한 경우 등을 제외하고는 매기 동일해야 한다.

067 다음 중 충당부채에 대한 설명으로 적절하지 않은 것은?
① 충당부채는 과거사건에 의해 발생하였으며, 경제적 효익을 갖는 자원이 기업으로부터 유출됨으로써 이행될 것으로 예상되는 현재의 의무이나, 자원의 지출 시기 또는 금액이 불확실한 부채를 의미한다.
② 법적의무 및 의제의무가 있는 경우 충당부채로 인식할 수 있다.
③ 우발부채는 주석 및 재무제표에 표시하지 않고 기업이 충당부채로 인식할 때까지 내부적으로 관리해야 한다.
④ 일반적으로 자원의 유출 가능성이 50%를 초과하는 경우 자원이 유출될 가능성이 높다고 보고 있다.

068 다음 중 법인세회계에 대한 설명으로 적절하지 않은 것은?
① 법인세회계는 재무회계와 세법의 차이로 인한 법인세 비용의 차이를 의미한다.
② 이연법인세자산과 부채는 원칙적으로 상계하지 않으며, 관할 세무서가 동일하면 이연법인세자산과 부채는 상계할 수 있다.
③ 가산할 일시적 차이는 현재 법인세를 많이 지급하여 미래에 세금을 적게 부담하는 것으로 해당 항목은 이연법인세자산으로 인식한다.
④ 이연법인세자산이 있는 경우 미래 충분한 이익 혹은 일시적 차이가 있는지 확인해야 한다.

069 다음 중 연결재무제표와 별도 재무제표에 대한 설명으로 적절하지 않은 것은?
① 연결재무제표는 지배기업과 그 종속기업의 자산, 부채, 자본, 수익, 비용, 현금흐름을 하나의 경제적 실체로 표시하는 연결실체의 재무제표이다.
② 연결재무제표는 지배기업에게 귀속되지 않는 지분인 비지배지분을 포함하여 작성한다.
③ 별도재무제표는 투자자산을 투자자들이 직접적인 지분투자를 했다고 가정하고 회계처리하여 표시한 재무제표이다.
④ 종속기업이나 관계기업의 회계처리는 원가법을 적용한다.

070 다음 중 지분법을 적용하기 위한 유의적인 영향력을 보유하고 있다고 할 수 없는 것은?
① 피투자자의 이사회나 이에 준하는 의사결정기구에 참여
② 배당이나 다른 분배에 관한 의사결정에 참여하는 것을 포함하여 정책결정과정에 참여
③ 기업과 피투자자 사이의 중요한 거래
④ 기업과 피투자자 사이의 외주 용역 계약

071 다음 중 기업가치평가방법에 대한 설명으로 적합하지 않은 것은?
① 수익가치평가법은 미래 수익가치를 반영하여 이론적으로 우수하다.
② 상대가치평가법은 평가방법이 용이한 장점이 있다.
③ 상증법상 평가방법은 이론적인 기반이 없다는 단점이 있다.
④ 벤처기업의 경우 아직 수익이 많이 발생하지 않았으므로 자산가치평가법을 적용하여 기업가치를 평가하는 것이 적합하다.

072 A기업은 PBR이 1보다 작은 상황이다. 해당 상황에서 취할 행동으로 적절하지 않은 것은?
① 해당 A기업의 주가는 장부상 순자산가치에도 못 미치고 있는 상황으로 저평가되어 있는지 확인해야 한다.
② 우발부채가 유의적으로 있는 경우 PBR이 1보다 작더라도 투자를 할 수 없다.
③ 해당 A기업의 주가는 고평가되었을 여지가 있으므로 공매도 수단을 탐색해야 한다.
④ 해당 기업의 PBR이 일시적으로 1 미만으로 인식되었는지 과거 재무 데이터 및 주가 데이터를 확인한다.

073 A기업과 유사한 기업의 $EV/EBITDA$ 비율은 8배이다. A기업은 차입금이 10억원이 있으며, 현금은 2억원이 있다. A기업의 매출액은 20억원, 매출액영업이익률 10%, 매년 감가상각비는 1억원씩 발생한다. 이때 A기업의 시가총액은 얼마인가?
① 16억원
② 8억원
③ 12억원
④ 24억원

074 다음 자료를 활용하여 A기업의 적정 주주가치는 얼마인가?

- 미래 5년간 $FCFF$로 추정한 A기업의 현금흐름의 현재가치 합 : 100억원
- 미래 6년 이후의 잔존가치 : 200억원
- 순차입금 : 100억원

① 200억원
② 100억원
③ 300억원
④ 400억원

075 다음 중 EVA로 기업가치를 계산할 때 고려해야 할 사항이 아닌 것은?
① $ROIC$는 감가상각에 영향을 많이 받으며 감가상각이 많이 진행된 자산을 보유할 경우 EVA는 높게 평가된다.
② EVA는 장기간에 걸친 기업가치를 일정기간 동안의 성과평가를 위해 기간별로 분해한 것이기 때문에 특정 연도의 EVA의 수치만으로는 기업의 장래 경영성과나 가치 창출여부를 제대로 파악하기 어렵다.
③ EVA는 증가된 부가가치의 크기를 금액이 아닌 비율로 표시하므로 기업규모에 따른 효과도 고려해야 한다.
④ 미래 EVA의 현재가치의 합(MVA)를 통해 미래 기업가치를 평가할 수 있다.

076 A기업과 B기업은 모두 상장회사이다. 두 회사가 합병하는 경우 A기업의 기준주가는 얼마인가?

[A기업의 주가]
- 1개월 평균종가 : 10,000원
- 1주일 평균종가 : 9,500원
- 기산일 종가 : 12,000원

① 9,500원
② 10,000원
③ 10,500원
④ 12,000원

077 다음 중 공모주식의 가치평가 시 고려해야 할 사항이 아닌 것은?

① 공모주식은 IPO할 때 해당 주식을 평가하는 방법이다.
② 공모주식을 평가하는 경우 주관사와 발행회사가 협의하여 완전 자율에 의해 공모가를 결정한다.
③ 공모가격의 할인율은 대략 10~40%를 적용한다.
④ 공모희망가격은 주관사가 수요 예측 시 제시하는 가격으로 공모기준가격대비 약 90~110% 수준이다.

078 다음 중 RIM모형에 대한 설명으로 적절하지 않은 것은?

① RIM모형은 초과이익을 통해 기업가치를 평가하는 모형이다.
② 초과이익의 지속성 계수가 0보다 작을 경우 초과이익은 시간이 경과되며 점차 소멸되어 간다.
③ 자기자본의 장부가액을 활용하여 추정의 주관성을 최소화하여 DCF의 단점을 보완하였다.
④ 배당의 예측이 어려운 경우에도 RIM모형을 적용할 수 있는 장점이 있다.

079 다음 자료를 바탕으로 A기업의 $FCFF$를 구하면 얼마인가?

- 매출총이익 : 10,000,000원
- 감가상각비 : 3,000,000원
- 운전자본변동 : (−)1,000,000원
- 판매 및 관리비 : 5,000,000원
- 당기 $CAPEX$투자액 : 6,000,000원
- 법인세율 : 20%

① 0
② (−)1,000,000
③ 1,000,000
④ 3,000,000

080 다음 중 상대가치평가의 단점으로 적절하지 않은 것은?
① DCF보다 상대적으로 단기간에 비교만을 통해 가치평가가 이루어져서 기업 고유의 영업, 재무 위험과 성장 가능성 등의 가치평가의 핵심요소가 간과될 수 있다.
② 시장에서 비교평가의 기준이 되는 기업이 일시적으로 과대평가되거나 과소평가되는 경우, 그러한 기준치에서 출발한 상대가치 평가도 일관성이 떨어지는 모습을 보일 수 있다.
③ 상대가치평가법은 업종특성 및 시장상황을 반영하지 못하는 단점이 존재한다.
④ 주식매매가 쉽지 않은 비상장주식의 평가에 있어서 단순한 배수적용에 의한 가치평가는 실제 개별기업의 가치를 반영하기 어렵다.

081 다음 중 자본시장법의 금융투자업자에 대한 업무범위 확장에 대한 설명으로 적절하지 않은 것은?
① 엄격히 제한되어 있던 금융투자업 간 겸업을 허용하고 열거주의로 제한하던 부수 업무의 범위를 포괄주의로 전환하였다.
② 집합투자업자가 증권업을 추가로 겸영이 가능하도록 하였다.
③ 투자권유대행인 제도를 도입하여 판매망 확충이 가능하도록 하였다.
④ 금융투자업자는 고객의 이익을 저해시키는 이해상충이 발생하지 않도록 필요한 준법감시 및 내부통제 체계를 갖추도록 하였다.

082 다음 중 자본시장 및 기업회계와 관련된 주요 업무를 수행하기 위하여 설치된 의결기구는?
① 금융위원회
② 증권선물위원회
③ 금융감독원
④ 한국거래소 시장감시위원회

083 다음 중 금융투자업 분류에 대한 설명으로 적절하지 않은 것은?
① 투자매매업자는 누구의 명의로 하든지 자기의 계산으로 금융투자상품의 매매, 증권의 발행, 인수 또는 그 청약의 권유, 청약, 청약의 승낙을 영업으로 하는 자이다.
② 투자중개업자는 누구의 명의로 하든지 타인의 계산으로 금융투자상품의 매매, 그 중개나 청약의 권유, 청약, 청약의 승낙 또는 증권의 발행, 인수에 대한 청약의 권유, 청약, 청약의 승낙을 영업으로 하는 자이다.
③ 집합투자업자는 투자자로부터 일상적인 운용지시를 받으면서 펀드를 운용하고 그 결과를 투자자에게 배분하여 귀속시키는 자이다.
④ 투자자문업자는 금융투자상품, 그 밖의 대통령령으로 정하는 투자대상 자산의 가치 또는 금융투자상품에 대한 투자판단에 관하여 자문에 응하는 것을 영업으로 하는 자이다.

084 다음 중 인가대상금융투자업이 아닌 것은?
① 투자매매업
② 투자일임업
③ 신탁업
④ 집합투자업

085 다음 중 금융투자업자에게 적용되는 충당금 적립 기준으로 적절하지 않은 것은?
① 정상 분류자산 : 0.5%
② 요주의 분류자산 : 5%
③ 고정분류자산 : 20%
④ 추정손실분류자산 : 100%

086 다음 중 사업보고서를 제출하지 않아도 되는 법인은?
① 주권상장법인
② 전환사채를 발행한 법인
③ 잠재적인 증권까지 포함하여 증권의 소유자가 300명인 법인
④ 교환사채를 발행한 법인

087 다음 중 투자설명서에 대한 설명으로 옳지 않은 것은?
① 증권에 대한 모집 또는 매출에 대한 증권신고서는 최종적으로 투자자에게 청약의 권유문서이자 투자권유문서인 투자설명서를 교부하기 위한 심사청구서류로 실제로 투자자에게 배포되는 것은 투자설명서이다.
② 투자설명서에는 원칙적으로는 증권신고서에 기재된 내용을 누락할 수 없다.
③ 증권을 취득하고자 하는 자에게 투자설명서를 미리 교부하지 아니하면 그 증권을 취득하게 하거나 매도할 수 없다.
④ 전문투자자의 경우에도 투자설명서를 배포해야 증권을 발행 혹은 매도할 수 있다.

088 다음 중 증권에 대한 매매 또는 중개업무와 관련한 규제에 대한 설명으로 적절하지 않은 것은?

① 투자매매업자 또는 투자중개업자는 투자자로부터 금융투자상품의 매매에 관한 청약 또는 주문을 받는 경우 사전에 그 투자자에게 자기가 투자매매업자인지 투자중개업자인지 밝혀야 한다.
② 원칙적으로 금융상품에 관한 같은 매매에 있어서 자신이 본인이 됨과 동시에 상대방의 투자중개업자가 될 수 없다.
③ 원칙적으로 투자자로부터 금융투자상품의 가격에 중대한 영향을 미칠 수 있는 매수 또는 매도의 청약이나 주문을 받거나 받게 될 가능성이 큰 경우 고객의 주문을 체결하기 전에 자기의 계산으로 매수 또는 매도하는 행위를 할 수 없다.
④ 조사분석자료가 새로운 내용을 담고 있지 않는다 할지라도 그 조사분석자료의 내용이 사실상 확정된 때부터 공표 후 24시간이 경과하기 전까지 그 조사분석자료의 대상이 된 금융투자상품을 자기의 계산으로 매매할 수 없다.

089 다음 중 금융상품에 대한 광고에 필수적으로 포함되어야 하는 사항이 아닌 것은?

① 금융상품판매업자 등의 명칭, 금융상품의 내용
② 투자자의 예상 수익률
③ 금융상품 설명서 및 약관을 읽어볼 것을 권유하는 내용
④ 보장성 상품의 경우 보험료 인상 및 보장내용 변경 가능 여부

090 다음 중 금융투자업자와 일반투자자 사이에 분쟁이 발생한 경우에 대한 설명으로 적절하지 않은 것은?

① 금융소비자는 분쟁이 발생한 경우 금융감독원장에게 분쟁조정을 신청할 수 있다.
② 분쟁조정을 신청하고 금융감독원장이 시효 중단을 받아들이는 경우 시효 중단의 효력이 발생한다.
③ 금융회사는 일반금융소비자가 신청한 소액(2천만원 이내) 분쟁사건에 대하여 조정안 제시 전까지 소 제기가 불가하다.
④ 금융상품판매업자는 금융소비자에게 손해가 발생한 경우 자신에게 고의 또는 과실이 없음을 입증하지 못하면 손해배상책임을 면할 수 없다.

091 다음 중 주식회사의 자본금에 대한 설명으로 옳지 않은 것은?
① 주식회사의 자본금은 주주의 출자로 형성되는 일정한 기금으로서 회사의 재산을 회사에 보유시키는 최소한도의 기준이다.
② 상법상 액면주식과 무액면주식은 혼합하여 발행할 수 있다.
③ 무액면주식의 경우 주식발행가액의 2분의 1 이상의 금액으로 이사회에서 정한 금액을 자본금으로 정할 수 있다.
④ 주식회사의 자본금은 발행주식수와 1주당 액면가를 곱하여 산출할 수 있다.

092 다음 중 회사의 설립등기 효과로 적절하지 않은 것은?
① 설립등기 후에는 인수인이 주식청약서의 요건흠결을 이유로 주식인수를 취소할 수 없다.
② 설립등기 후에 주권발행이 허용되고, 권리주 양도의 제한이 해제된다.
③ 설립등기 후에는 주식회사 설립에 하자가 있을 경우에는 설립무효소송과 설립취소소송이 가능해진다.
④ 설립등기 후에 제기할 수 있는 설립무효소송의 사유는 강행법규 등을 위반한 중대한 경우로 한정한다.

093 다음 중 주권에 대한 설명으로 적절하지 않은 것은?
① 주권은 주주의 지위를 표창하는 유가증권이다.
② 주주는 주권불소지의 뜻을 회사에 전달하면 주식을 발행하지 않을 수 있으나, 추후 다시 발행받을 수는 없다.
③ 회사가 성립 혹은 신주의 납입기일 후 지체 없이 주권을 납입해야 한다.
④ 정관으로 정하는 경우 전자등록기관의 전자등록부에 주식 등록이 가능해진다.

094 다음 중 주주명부에 대한 설명으로 옳지 않은 것은?
① 주주명부는 주주 및 주권에 관한 사항을 명확히 하기 위해 법률 상 작성이 강제되는 회사의 장부이다.
② 주주명부의 폐쇄는 일정한 시기에 주주 또는 질권자로서 권리를 행사할 자를 확정하기 위하여 일정기간 동안 주주명부의 명의개서를 정지시키는 것이다.
③ 주주명부 폐쇄기간에도 전환사채의 전환은 가능하며, 그 기간 중에 열리는 총회에서 의결권을 행사할 수 있다.
④ 예탁결제원에 예탁된 주권의 경우 예탁결제원은 자신에게 예탁된 주권을 가지고 자기의 이름으로 명의개서를 한다.

095 다음 중 의결권에 대한 설명으로 적절하지 않은 것은?
① 의결권을 행사하기 위해서는 주주명부에 명의개서가 되어야 한다.
② 총회의 결의에 관하여 특별한 이해관계가 있는 자는 가지고 있는 주권의 의결권 대비 1/10까지만 행사할 수 있다.
③ 의결권의 대리행사 및 불통일 행사는 가능하다.
④ 감사의 선임에 있어서 발행주식 총수의 3/100을 초과하는 수의 주식을 가진 주주는 그 초과하는 주식에 대해서는 의결권을 행사하지 못한다.

096 다음 중 직무윤리에 대한 설명으로 옳지 않은 것은?
① 직무윤리는 윤리가 법규의 취지 또는 근본이 되거나 법조문에서 규정하고 있지 않은 부분을 보완하는 역할을 한다.
② 법규와 윤리는 서로 보완해 나가는 주체로서 불가분의 관계에 있다.
③ 법규와 직무윤리는 위반하는 경우 그 제재에 대한 강제성 측면에서는 다르게 주어진다.
④ 직무윤리의 경우 핵심은 고객우선의 원칙, 신의성실의 원칙, 실질우선의 원칙의 3가지 원칙이 핵심이다.

097 다음 중 신의성실의 원칙에 대한 설명으로 적절하지 않은 것은?
① 금융투자업자의 회사와 임직원은 정직과 신뢰를 가장 중요한 가치관으로 삼고, 신의성실의 원칙에 입각하여 맡은 업무를 충실히 수행하여야 한다.
② 금융투자업에서 신의성실은 단순히 윤리적 원칙에 그치지 않고 법적의무로 승화되어 있다.
③ 신의성실의 원칙은 금융투자회사의 임직원이 준수해야 할 직무윤리이면서 동시에 법적 의무이다.
④ 금융투자업 종사자가 그 평가의 기준인 선관주의의무 혹은 충실의무를 위반하는 경우 금융투자협회 차원에서 징계가 발생한다.

098 다음 중 적합성의 원칙에 따라 KYC(Know Your Customer)와 관련한 설명으로 적절하지 않은 것은?
① 투자권유를 하기에 앞서 해당 금융소비자가 투자권유를 원하는지, 원하지 않는지 확인
② 파악된 정보를 고객이 원하는 경우 서명, 기명날인, 녹취 또는 이와 비슷한 전자통신, 우편, 전화자동응답시스템의 방법으로 확인
③ 일반금융소비자인지 전문금융소비자인지 확인
④ 일반금융소비자인 경우 계약체결을 권유하는 금융상품별 항목에 대하여 면담, 질문 등을 통해 해당 금융소비자의 정보를 파악해야 함

099 다음 중 금융투자업자의 임직원 본인 스스로 지켜야 하는 직무윤리로 적절하지 않은 것은?
① 법규준수
② 자기혁신
③ 상호존중
④ 공정성 및 독립성 유지

100 다음 중 금융투자업자의 임직원이 외부강연이나 기고, 언론매체 접촉, SNS 등 전자통신수단을 이용한 대외활동을 하는 경우 준수해야 하는 사항으로 적절하지 않은 것은?
① 회사의 공식의견이 아닌 경우 사견임을 명백히 표현해야 한다.
② 대외활동으로 인하여 상당한 수준의 금전적인 보상을 받게 되는 경우 회사에 신고하여야 한다.
③ 대외활동으로 인하여 회사의 주된 업무 수행에 지장을 주어서는 아니 된다.
④ 불확실한 사항을 단정적으로 표현하거나 다른 금융투자회사를 비방하여서는 아니 된다.

03회 실전모의고사

001 철수와 영희가 동전던지기를 10회 수행하기로 하였다. 해당 놀이를 분포로 표현할 경우 가장 적합한 분포는?

① 베르누이분포 ② 포아송분포
③ 정규분포 ④ 이항분포

002 다음 중 정규분포와 표준정규분포에 대한 설명으로 적절하지 못한 것은?

① 정규분포의 하단 총면적의 합은 1이다.
② 정규분포에서 평균과 중앙값과 최빈값은 동일하다.
③ 표준정규분포는 평균과 분산이 1인 정규분포를 따른다고 한다.
④ 정규분포의 곡선은 종 모양으로 평균값에 대해 대칭하는 모양을 가진다.

003 다음 중 해당 빈칸에 대한 설명으로 옳지 않은 것은?

구분		실제	
		귀무가설이 사실	대립가설이 사실
의사결정	귀무가설이 사실	(a)	(b)
	대립가설이 사실	(c)	(d)

① a는 올바른 의사결정이다.
② b는 1종 오류(α)이다.
③ d는 올바른 의사결정이다.
④ 표본의 크기가 증가한다면, b와 c 모두 감소한다.

004 다음 중 중심극한정리에 대한 설명으로 적절하지 않은 것은?
① 중심극한정리는 평균이 μ, 표준편차가 σ인 모집단으로부터 선택된 표본 크기 n이 클 때 모집단에서 어떤 표본을 추출하더라도 표본평균은 모집단의 평균으로 접근한다는 내용이다.
② 이항분포에서 n이 무한히 커지더라도 표준정규분포에 접근할 수는 없다.
③ 자유도는 주어진 여건하에서 일련의 변수 중에서 자유롭게 변할 수 있는 변수의 수이다.
④ t분포는 종 모양의 형태로 표준정규분포와 대체로 같은 모양을 띈다.

005 다음 중 추정치의 특성으로 적절하지 않은 것은?
① 불편성 : 추정량의 기댓값은 모수와 일치
② 효율성 : 불편 추정량 중 효율성을 위해서는 추정량의 분산(변화폭)이 가장 작은 것을 선택
③ 일치성 : 표본의 크기가 점차 커짐에 따라 추정량의 값이 모수와 거의 일치하게 되는 성질
④ 대표성 : 표본이 커짐에 따라 추정량이 점차 표본을 대표하게 되는 성질

006 다음 중 생애주기가설에 대한 설명으로 적절하지 않은 것은?
① 소비자들은 일생에 걸친 소득의 할인가치에 근거하여 소비를 결정한다.
② 개인의 소득은 인생의 중기에 비해 초기와 말기에 상대적으로 작은 경향이 있다.
③ 소비자들은 소비의 경우 소득의 흐름에 비해 서서히 증가하기를 원한다.
④ 개인의 소비는 생애주기와 함께 동류집단의 소비에도 영향을 받는다.

007 다음 정책의 유효성에 대한 설명으로 옳지 않은 것은?
① 케인즈학파의 경우 세금감면은 소비 증가 및 국민소득의 증가를 발생시킨다.
② 통화주의 학파의 경우 일시적 세금감면은 구축효과로 인해 국민소득에 영향을 주지 못한다.
③ 리카르도 불변정리에서는 단기 세금 인하는 장기적인 미래 세금 인상을 의미하므로 일시적으로는 국민소득의 증가 및 소비의 증가가 발생하지만, 미래 세금을 내기 위해 세금 인하로 발생한 자금을 대부분 저축하여 소비 증가 효과는 장기적으로는 존재하지 않는다고 하였다.
④ 장기적으로는 소득효과와 피셔효과로 인해 정부의 경기부양 정책효과는 존재하지 않는다.

008 다음 중 통화량의 조절 방식과 영향이 적절히 연결되지 않은 것은?

① 본원통화 증가 : 통화량 증가
② 지준율 인하 : 통화량 증가
③ 재할인율 증가 : 통화량 증가
④ 중앙은행의 국채 판매 : 통화량 감소

009 다음 중 화폐수요 이론에 대한 설명으로 적절하지 않은 것은?

① 케인즈에 따르면 화폐의 수요는 거래적, 예비적, 투기적 동기로 구분할 수 있다.
② 케인즈에 따르면 소득 및 지출이 증가하는 경우 거래적 화폐수요는 증가한다.
③ 보몰－토빈의 거래적 화폐수요 이론에 따르면 화폐를 재고로 간주하고 화폐와 예금 간의 적정 배분 문제를 통해 화폐수요를 설명하였다.
④ 보몰－토빈의 거래적 화폐수요 이론에 따르면 화폐는 소득과 음의 상관관계를 보인다.

010 다음 중 실업에 대한 학파별 설명으로 적절하지 않은 것은?

① 고전학파는 실업은 마찰적·자발적 요인에 의해 발생하며, 비자발적 실업은 없는 것으로 보았다.
② 케인즈학파는 명목임금의 하방 경직성으로 인해 실업이 발생하는 것으로 보았다.
③ 고전학파에 따르면 노동자는 물가를 완전히 예측할 수 있으며 명목임금은 물가에 신축적으로 반응한다.
④ 고전학파에 따르면 노동시장의 정보는 완전히 공개되어 있으며, 노동시장은 균형에 위치한다.

011 다음 중 마샬－러너 조건에 대한 설명으로 적절하지 않은 것은?

① 마샬－러너 조건에 따르면 환율로 인한 외국의 수입 수요 탄력성(자국 수출)과 자국의 수입 수요 탄력성(자국 수입)의 합이 1보다 크면(환율 변동에 충분히 반응) 외환시장의 안정조건이 성립한다.
② 환율을 평가절하하는 경우 무역수지가 개선되기 이해서는 양국 수입 수요의 탄력성 합이 절댓값 1보다 커야 한다.
③ J－Curve 효과에 따르면 환율 평가절하가 발생하는 경우 무역수지가 개선되지만, 장기적으로는 국내 화폐량이 감소하여 무역수지가 악화된다.
④ J－Curve 효과에 따르면 정부의 환율 평가절하가 발생하는 경우 단기적으로는 무역수지가 개선된다.

012 다음 중 경기확장 시기의 움직임으로 적절하지 않은 것은?
① 경기확장 시기에 단기적으로는 기업 매출이 증가하며 내부 유보금 증가에 따라 이자율이 증가한다.
② 경기확장 시기에 장기적으로는 투자와 생산규모 확장에 따른 내부자금부족으로 외부자금 수요가 증가한다.
③ 경기확장 시기에는 가계소득이 증가함에 따라 저축이 증가하고 대부자금 공급이 증가한다.
④ 경기확장 시기에는 투자 및 생산규모 증가에 따라 대부자금 수요가 증가한다.

013 소비가 100, 기업의 투자가 50, 정부지출이 100, 수출이 50, 수입이 30 발생하였다. 이때 국민소득은 얼마인가?
① 200
② 270
③ 300
④ 250

014 다음 중 경기변동의 특징으로 적절하지 않은 것은?
① 경기변동은 국내총생산, 소비, 투자, 고용, 이자율, 물가 등 주요한 거시경제변수들이 같은 방향으로 움직이는 현상이다.
② 경기변동은 확장, 수축국면으로 이루어지며 경기국면이 한번 시작되면 오랜 기간 지속된다.
③ 경기변동은 확장국면과 수축국면이 서로 같은 패턴을 보이는 것이 특징이다.
④ 경기변동은 수축과 확장국면을 반복하는 주기성을 가지는 것이 특징이다.

015 최근 50개 기업의 경영자들을 대상으로 경기 예측에 대한 설문을 진행한 결과 30개 기업의 경영자들은 긍정적으로 평가하였으며 20개 기업의 경영자들은 부정적으로 평가하였다. 이때 BSI지수는 얼마인가?
① 20
② 120
③ 100
④ 110

016 A기업은 10억원의 부채를 사용하고 있으며 부채에 대한 이자율은 5%이다. 법인세는 현재 20%가 적용되며, A기업은 현재의 부채 규모를 지속적으로 유지하려고 하고 있다. MM의 1963년 모형에 따르면 A기업의 가치는 A기업과 총자산의 크기가 동일한 무부채 기업 대비 얼마나 증가하는가?
① 1억원 ② 2억원
③ 3억원 ④ 5억원

017 다음 중 신호효과 및 대리비용 문제에 대한 설명으로 적절하지 않은 것은?
① 정보불균형 상태에서는 경영자와 내부주주는 대리비용을 최소화하기 위해 노력한다.
② 일반적으로 타인자본의 증가는 실물투자안이 있는 것으로 해석하여 긍정적인 신호를 투자자에게 줄 수 있다.
③ 채권자와 주주 간에도 대리비용 문제가 발생하여 NPV가 0보다 큰 경우에도 투자하지 않는 경우가 발생할 수 있다.
④ 경영자와 주주 간에 발생하는 대리문제는 주식회사의 소유과 경영이 분리되지 않을수록 더 크게 나타날 수 있다.

018 다음 중 $CAPM$모형의 주요 가정에 대한 설명으로 적절하지 않은 것은?
① 투자자는 기대수익과 분산기준에 의해 포트폴리오를 선택한다.
② 개인투자자는 자본시장에서 가격 순응자이며, 거래비용과 세금이 발생한다.
③ 무위험자산이 존재한다.
④ 자본시장이 균형상태에 존재한다.

019 현재 무위험자산의 기대수익률은 5%, A기업의 베타는 1.2, 시장포트폴리오의 기대수익률은 8%이다. SML으로 계산한 경우 현재 A기업의 기대수익률은 얼마인가?
① 8% ② 8.6%
③ 9.6% ④ 10%

020 CML선과 SML선에 대한 설명으로 적절하지 않은 것은?
① SML선은 개별 투자자산의 총 위험과 기대수익의 관계를 표현한다.
② CML선은 균형 자본시장에서 효율적 포트폴리오의 기대수익과 위험의 선형관계를 표시한다.
③ CML에서 효율적 포트폴리오는 일부는 무위험자산에, 나머지는 위험이 포함된 자산에 투자하는 것으로 시장에 존재하는 모든 투자자산을 포함한다.
④ 개별증권의 경우 CML선상 아래에 위치하며, 비효율적인 개별증권은 SML선상에 위치한다.

021 다음 중 효율적 시장가설에 대한 설명으로 옳지 않은 것은?
① 약형 효율적 시장이 성립하는 경우 현재의 주가는 과거 역사적 정보를 완전히 반영하여 과거 역사적 정보를 분석해서는 초과수익을 얻을 수 없다고 가정하였다.
② 준강형 효율적 시장이 성립하는 경우 현재의 주가는 현재 공개된 모든 정보(공시자료 등)가 완전히 반영되어 있어, 현재 공개된 모든 정보를 이용해서는 초과수익을 얻을 수 없다고 하였다.
③ 효율적 시장이 성립하는 경우 전문투자자라 할지라도 의미있는 초과수익률을 달성하기는 어렵다.
④ 효율적 시장이 성립하는 경우 새로운 정보가 주가에 바로 반영되므로 무작위적으로 변하는 Random Walk는 발생하지 않는다고 보았다.

022 현재 A포트폴리오의 자료는 다음과 같다. A포트폴리오의 샤프지수를 계산한 것으로 적절한 것은?

• A포트폴리오의 수익률 : 10%	• 무위험자산의 무위험수익률 : 5%
• A포트폴리오의 베타 : 1.5	• 시장포트폴리오의 수익률 : 8%
• A포트폴리오의 분산 : 0.04	• A포트폴리오의 표준편차 : 0.2

① 0.25
② 1.25
③ 0.033
④ 0.2

023 다음 중 투자자의 최적 투자결정 방법에 대한 설명으로 옳지 않은 것은?
① 투자자는 기대수익과 위험요인에 의해 투자안을 선택한다.
② 투자위험은 투자수익에 대해 손실을 입을 가능성을 의미한다.
③ 투자자는 동일한 투자대상들 중에서는 위험이 가장 낮은 투자대상을 선택한다.
④ 지배원리를 충족시키는 효율적 포트폴리오 하에서는 투자자의 위험에 대한 태도에 따라 투자안을 최종 선택한다.

024 다음 두 자산의 결합으로 인한 분산투자 효과가 가장 큰 상관계수의 값은 얼마인가?
① 1
② 0
③ −0.3
④ −1

025 다음 중 내부수익률법(IRR)의 단점이 아닌 것은?
① IRR로 투자의사결정을 할 경우 주주가치 극대화에 부합하지 않을 수 있다.
② 내부수익률(r)은 단일해를 보장하지 않는다.
③ 현금흐름 양상에 따라 IRR의 경제적 의미가 달라질 수 있으며, 잘못된 투자판단을 유도할 수 있다.
④ 단일투자안을 가정할 경우 내부수익률이 투자안의 적정 자본비용보다 크더라도 그 자체가 기업가치 증가분을 의미하지 않을 수 있다.

026 다음 중 마이클 포터의 5Forces Model에서 진입장벽이 높은 경우가 아닌 것은?
① 진입 소요자금이 큰 경우
② 기존 판매망이 견고함
③ 제품차별화
④ 정부의 규제 완화

027 다음 중 미래이익 예측 시 고려해야 할 사항으로 적절하지 않은 것은?
① 과거 자료뿐만 아니라 여러 질적 요인들도 고려해야 한다.
② 회계적 이익이 아닌 경제적 이익을 바탕으로 예측해야 한다.
③ 예측의 신뢰성을 높이기 위해 정상적 주당이익에 근거해야 한다(Normalized EPS).
④ 미래이익 예측은 초과수익을 높일 수 있는 방안 중 하나이다.

028 다음 중 주식매매 방법에 대한 설명으로 옳지 않은 것은?
① 지정가주문 : 지정한 가격 혹은 이보다 유리한 가격으로 매매거래하는 주문이다.
② 조건부지정가주문 : 매매거래시간 중에는 지정가주문으로 참여하지만 잔여수량은 종가 결정 시 목표가주문으로 자동 전환된다.
③ 최유리지정가주문 : 상대방 최우선호가로 즉시 체결이 가능하도록 주문 시점 상대방 최우선호가 가격으로 지정하고 매도 시 가장 낮은 매도주문 가격/매수 시 가장 높은 매수주문 가격으로 지정한다.
④ 시장가 매매 : 종목과 수량은 지정하지만, 가격은 지정하지 않는 유형으로 현시점에서 가장 유리한 가격조건 또는 시장에서 형성되는 가격으로 즉시 매매거래를 하는 주문이다.

029 다음 자료를 바탕으로 A기업의 주가를 추정하면 얼마인가?

> A기업은 전기 말 배당금이 1,000,000원, 자본비용 10%, ROE 10%, 전기까지는 배당성향이 50% 였지만, 당기 회사는 회사의 배당정책을 변경하여 이익의 100%를 배당하기로 하였다.

① 10,000,000원
② 11,000,000원
③ 21,000,000원
④ 20,000,000원

030 다음 중 주식 발행자가 미판매분에 대한 위험을 부담하지 않는 발행 방식은?

① 잔액인수
② 모집주선
③ 자기모집
④ 위탁모집

031 A기업은 주주들에게 무상증자를 하기로 약속하였다. 1주당 0.2주의 신주가 지급되며, 무상증자 전 주가가 10,000원이라 할 경우 권리락 주가는?

① 10,000원
② 8,333원
③ 9,000원
④ 8,000원

032 다음 중 주식에 대한 설명으로 적절하지 않은 것은?

① 보통주는 회사의 관리와 경영에 참여할 수 있는 권리와 경제적 이익을 얻을 수 있는 권리를 나타내는 주식이다.
② 우선주는 일반적으로 보통주 대비 재산적 이익을 얻는 데 있어서 보통주 주주보다 우선하는 주식이다.
③ 상법상 무액면주식은 발행할 수 없다.
④ 기명주식은 주권과 주주명부에 주주의 이름이 표시되는 것이며, 2014년 무기명주식이 폐지됨에 따라 주식은 기명주식만 발행할 수 있다.

033 다음 중 정상적 PER 계산 방법이 아닌 것은?

① 동류 위험을 지닌 주식들의 PER 이용
② 우리나라 전체 기업의 평균 PER 적용
③ 과거 수년간의 평균 PER 적용
④ 배당평가모형을 이용하여 PER 계산

034 다음 중 주가지수에 대한 설명으로 옳지 않은 것은?
① 주가지수를 구성하는 종목을 선정하기 위한 기준은 전반적인 주가 움직임을 잘 대변하는 종목이어야 한다.
② 우리나라 종합주가지수는 전 종목을 채택한다.
③ 우리나라 종합주가지수는 주식가격 가중방법을 채택하고 있어 시가총액이 높은 종목이 지수에 많이 반영되어 현실을 반영한다고 할 수 있다.
④ KOSPI 200은 전체 시가총액의 70% 이상이 되도록 선정한다.

035 다음 중 유상증자와 무상증자에 대한 설명으로 옳지 않은 것은?
① 유상증자는 무상증자와 달리 실제로 주금의 납입을 받는다.
② 무상증자가 발생한 경우 권리락 주가를 적용해야 한다.
③ 회사는 사모의 방법으로 유상증자를 하는 경우 제한 없이 주주배정과 제3자 배정 중에 선택할 수 있다.
④ 유상증자의 신주를 발행하는 경우 현재 기존주가 대비 30% 범위 내에서 할인하여 발행할 수 있다.

036 다음 중 채권투자 시 발생할 수 있는 위험이 아닌 것은?
① 채무불이행 위험
② 기한이익상실 위험
③ 가격변동위험
④ 인플레이션 위험

037 다음 자료를 바탕으로 듀레이션의 값을 구하면 얼마인가?

- 채권가격변동률 : 5%
- 수익률 : 3%
- 만기수익률변동폭 : 1%

① 5.15
② -5.15
③ 5
④ -5

038 다음 중 듀레이션에 대한 설명으로 적절하지 않은 것은?
① 듀레이션은 채권에서 발생하는 현금흐름을 각기 발생하는 해당 기간으로 가중하여 현재가치의 값을 채권의 가격으로 나눈 것이다.
② 듀레이션은 채권에 투자된 원금의 가중평균 회수기간으로 볼 수 있다.
③ 듀레이션은 수익률 변동이 크더라도 실제 채권 가격 변동치와 비교하여 오차가 크지 않는 장점이 있다.
④ 수정듀레이션은 수익률이 1% 포인트가 변화할 때의 가격 변동률의 추정치를 의미한다.

039 다음 중 자산유동화증권에 대한 설명으로 적절하지 않은 것은?
① 자산유동화증권은 유동화의 대상이 되는 각종 자산에서 발생하는 현금흐름을 기초로 원리금을 상환하는 증서이다.
② 기초자산 보유자와는 분리된 기초자산 자체의 현금흐름으로 유동화증권의 신용이 결정된다.
③ 일반적으로는 유동화증권의 신용은 자산보유자의 신용보다는 낮게 형성된다.
④ 발행자 입장에서는 자금조달 수단을 다변화할 수 있는 장점이 있다.

040 향후 시장 금리가 인하될 것으로 예상되는 경우 보유자 입장에서 가장 수익률이 높은 채권은 어느 것인가?
① 수의상환채권
② 할인채
③ 금리변동부채권
④ 전환사채

041 현재 A기업은 전환사채를 발행하였다. 자료가 다음과 같을 때 해당 전환사채의 패리티를 구하면 얼마인가?

- 채권 액면금액 : 10,000,000원
- 전환가격 : 채권 액면금액 100,000원당 1주
- 현재 A기업의 주가 : 150,000원

① 100
② 150
③ 200
④ 250

042 다음 중 채권투자 전략 중 성격이 다른 하나는?
① 수익률 곡선 타기 전략
② 역나비형 투자전략
③ 나비형 투자전략
④ 수익률 예측전략

043 다음 중 채권을 발행할 수 없는 대상은 누구인가?
① 정부
② 지방자치단체
③ 한국전력
④ 상법상 유한회사

044 다음 중 재투자 위험이 존재하지 않는 채권은?
① 이표채
② 할인채
③ 복리채
④ 단기채

045 다음 채권에 대한 설명 중 적절하지 않은 것은?
① 채권의 사모발행은 주로 기관투자자를 대상으로 하며 50인 미만을 대상으로 모집한다.
② 채권을 직접발행하는 경우 매출발행, 공모입찰발행 등의 방식으로 채권을 발행할 수 있다.
③ 금리변동부채권은 지표금리의 변동에 연동되므로 일반채권에 비해 수익률 변동 위험에서 헤지된다.
④ 채권 사모 발행 조건인 50인 모집에 전문투자자도 포함된다.

046 현재 A기업의 주가는 1,100원이다. 1기간 후 A기업의 주가는 1,200원이 되거나 800원이 된다. 1년간의 무위험 이자율은 5%, 행사가격이 1,100원인 콜옵션의 기초자산 위험중립 상승 확률은 약 얼마인가?
① 89%
② 80%
③ 75%
④ 84%

047 다음 중 기초자산의 변동에 따른 옵션가격 변동을 나타내는 관리지표는?
① 델타
② 감마
③ 베가
④ 쎄타

048 투자자 A씨는 미래 주가 변동과 관계없이 옵션을 이용하여 포트폴리오의 가치를 일정하게 유지하고 싶어 한다. 적절하지 않은 포지션은?

① 콜옵션 매입
② 주식매입
③ 콜옵션 발행
④ 풋옵션 매입

049 다음 중 옵션의 변동성에 대한 설명으로 적절하지 않은 것은?

① 옵션의 변동성은 관찰하기 어렵다.
② 변동성이 과대평가되어 있는 경우 옵션의 시장가격도 과대평가, 변동성이 과소평가되어 있는 경우 옵션의 시장가격도 과소평가되어 있다.
③ 주식옵션의 경우 만기일까지의 잔존기간이 긴 옵션의 변동성은 잔존기간이 짧은 옵션의 변동성보다 작다.
④ 변동성은 과거 옵션 기초자산 가격 변화로부터 변동성을 추정하는 방법과, 옵션 가격을 이용하여 내재된 변동성을 추정하는 방법으로 계산한다.

050 다음 자료를 바탕으로 델타헤지에 필요한 계약수를 구하면 얼마인가?

- 포트폴리오 베타 : 1.3
- 포트폴리오가치 : 100p
- 지수가치 : 80p
- 기초자산 변동에 따른 옵션가격 변화율 : 80%

① 2
② 3
③ 4
④ 5

051 다음 중 주가지수선물에 대한 설명으로 적절하지 않은 것은?

① 시장이 균형상태인 경우 베이시스와 보유비용은 일치한다.
② 콘탱고 시장은 베이시스가 +이며, 선물지수는 현물지수에 비해 프리미엄이 가산된다.
③ 주가지수선물 이론가격을 구하기 위해서 현물 주가지수에서 배당수익은 가산해 주고 이자비용은 차감한다.
④ 지수선물 만기시점에는 베이시스가 0으로 수렴한다.

052 우리나라 국채선물 상품에 대한 설명으로 적절하지 않은 것은?

① 최종 결제방법은 현금결제 방식 혹은 실물인도 방식을 통해 이루어진다.
② 거래단위는 액면가 1억원이다.
③ 6개월 이표지급 방식의 3년/5년/10년 만기 국채가 기초자산이다.
④ 표면금리는 연 5%이다.

053 다음 중 주가지수선물 가격 결정 요소에 대한 설명으로 적절하지 않은 것은?

① 현물주가지수가 상승하는 경우 선물가격은 상승한다.
② 이자율이 상승하는 경우 선물가격은 상승한다.
③ 배당률이 증가할수록 선물가격은 하락한다.
④ 잔존만기가 길어질수록 선물가격은 하락한다.

054 다음 중 선물거래의 경제적 기능으로 적절하지 않은 것은?

① 가격 변동 위험의 전가
② 가격 발견
③ 현물 시장의 유동성 공급
④ 금융상품거래 활성화

055 현재 주가가 8,000원인 행사가격 10,000원인 콜옵션 상품이 있다. 해당 콜옵션의 가치가 500원인 경우 적절하지 않은 설명은?

① 현재 해당 콜옵션은 외가격 상태에 있다.
② 만약 현재 만기가 도래할 경우 투자자는 해당 콜옵션을 행사하지 않을 것이다.
③ 현재 해당 콜옵션의 내재가치는 0이지만, 행사가격이 10,000원에서 내려가는 경우 비례하여 내재가치가 발생한다.
④ 현재 해당 콜옵션의 시간가치는 500원이다.

056 다음 중 파생결합증권의 발행과 관련한 설명으로 적절하지 않은 것은?
① 파생결합증권을 발행하기 위해서는 발행자는 증권신고서를 작성 및 제출해야 한다.
② 파생결합증권을 발행하기로 한 증권신고서는 수리된 날로부터 15일 경과 후 효력이 발생한다.
③ 회계감사의견이 적정이며, 최근 1년간 모집 실적이 있고 최근 1년 이내에 증권발행 제한을 받은 사실이 없는 경우 일괄신고서를 제출하여 발행기간을 단축할 수 있다.
④ 파생결합증권은 공모의 방법으로만 발행할 수 있다.

057 다음 중 주식옵션과 ELW의 차이점에 대한 설명으로 적절하지 않은 것은?
① ELW는 일정요건을 충족한 금융투자회사가 발행할 수 있지만, 주식옵션은 포지션 매도자가 발행할 수 있으며 개인도 가능하다.
② ELW와 주식옵션의 의무이행자는 발행자로 동일하다.
③ ELW는 유동성공급자가 존재하지만, 주식옵션의 경우 시장의 수요와 공급에 따라 결정한다.
④ ELW는 현금 또는 실물로 결제하지만 주식옵션은 현금으로만 결제한다.

058 다음 자료를 바탕으로 ELW의 프리미엄을 계산하면 얼마인가?

- 콜 ELW의 행사가격 : 8,000
- 콜 ELW의 기초자산 가격 : 10,000
- 전환비율 : 0.3
- 콜 ELW의 현재가격 : 1,000

① 3 ② 4
③ 5 ④ 6

059 다음 중 ETN 발행과 관련한 내용 중 적절하지 않은 것은?
① ETN은 증권 및 장외파생상품 매매업 인가를 받은 금융투자업자가 발행할 수 있다.
② KRX시장에서 거래되는 기초자산의 가격 변동을 종합적으로 나타내는 지수 등이 기초자산이 될 수 있다.
③ 발행총액은 최소 70억원 이상, 발행증권수는 10만 증권 이상으로 ETN 발행자의 자기자본 50% 한도 내에서 발행할 수 있다.
④ ETN은 유동성공급계약을 체결해야 하며 본인이 유동성 공급을 할 수는 없다.

060 다음 중 ELS의 상품구조에 대한 설명으로 적절하지 않은 것은?
① Bull Sread구조로 ELS가 설정된 경우 주가가 낮은 행사가격 이하로 가격이 형성된 경우 원금만 수령하게 된다.
② 리버스 컨버터블 구조는 풋옵션 매도 포지션으로 수수료 수익을 얻을 수 있지만, 원금 손실 가능성이 있다.
③ Up-and-Out Call with Rebate에서는 기준가격 이상 올라간 적이 없는 경우 원금과 콜옵션 현금흐름을 수령한다.
④ Down-and Out Put 구조에서는 만기까지 기초자산 가격이 기준 이하로 내려간 적 있는 경우엔 원금과 고정된 현금흐름만 수령한다.

061 다음 중 건설계약에 대한 설명으로 옳지 않은 것은?
① 건설계약의 계약수익은 수령하였거나 수령할 대가의 공정가치로 측정한다.
② 공사 내용의 변경이나 보상금에 양자가 합의한 경우 계약수익을 변경할 수 있다.
③ 총 계약수익보다 총 계약원가가 더 크게 예상되어 손실이 예상되는 경우 해당 예상 손실을 전체 공사 기간으로 배분한다.
④ 건설계약 전 지출이더라도 공사체결과 직접적인 관련이 있고 건설계약의 체결가능성이 높은 경우 계약원가로 식별한다.

062 다음 중 내재파생상품의 요건으로 적절하지 않은 것은?
① 복합상품의 현금흐름 중 일부가 독립적인 파생상품의 경우와 유사하게 변동한다.
② 내재파생상품은 주계약과 함께 인식한다.
③ 내재파생상품의 경제적 특성 및 위험이 주계약의 경제적 특성 및 위험과 밀접하게 관련되어 있지 않아야 한다.
④ 전환사채, 신주인수권부사채 등이 대표적인 내재파생상품이다.

063 임원 A씨는 회사로부터 3년간 근무 시 스톡옵션을 지급받게 된다. 다음 자료를 바탕으로 3년 중 2년차 때 인식할 보상원가는 얼마인가? (단, 현금결제형으로 해당 스톡옵션계약을 체결하였다.)

- 1년차 스톡옵션의 1주 지분에 대한 공정가치 : 10,000원, 부여주식수 : 10주
- 2년차 스톡옵션의 1주 지분에 대한 공정가치 : 9,500원, 부여주식수 : 10주

① 30,000원
② 33,333원
③ 63,333원
④ 60,000원

064 다음 중 자산손상에 대한 설명으로 적절하지 않은 것은?

① 손상차손이 발생한 경우 발생 즉시 당기손익으로 인식한다.
② 내용연수가 비한정인 무형자산, 영업권에 대해서는 손상 징후가 있을 때마다 검사를 실시한다.
③ 순공정가치 혹은 사용가치 중 하나라도 자산의 장부금액보다 크면 자산이 손상되지 않는다.
④ 만약 손상차손환입이 발생한다면 손상이 없었을 경우의 장부가액이 한도가 된다.

065 다음 중 금융리스로 분류할 수 있는 상황이 아닌 것은?

① 리스기간 종료 시점에 리스자산의 소유권이 리스 이용자에게 이전된다.
② 염가매수권이 부여가 되어 있고 종료 시점에 리스 이용자가 행사할 가능성이 높다.
③ 리스기간이 리스자산의 경제적 내용연수의 상당부분을 차지한다.
④ 최소리스료(리스금액+보증잔존가치+무보증잔존가치)의 현재가치가 리스자산 공정가치의 대부분을 차지한다.

066 다음 중 종업원급여에 대한 설명으로 옳지 않은 것은?

① 종업원급여는 크게 퇴직급여, 해고급여, 단기종업원급여, 상여금 등으로 나눌 수 있다.
② 확정기여제도에서는 기업이 별개의 기금에 고정된 기여금을 납부하고 해당 기금에 대한 운용은 종업원이 한다.
③ 확정급여제도에서는 기업이 약정한 급여를 종업원에게 지급함에 따라 운용수익이 퇴직급여에 미달하는 경우 해당 차액을 부채로 인식한다.
④ 확정기여제도에서는 보험수리적손익을 통해 퇴직급여를 계산한다.

067 다음 자료를 바탕으로 A기업의 희석주당이익을 계산하면 얼마인가?

- 당기순이익 : 1,000,000원
- 보통주 주식 수 : 100주
- A기업은 전환사채를 발행했으며 전환사채로 인한 이자비용이 50,000원이 발생하였고 전환 시 10주가 전환된다.

① 9,545원
② 10,000원
③ 9,645원
④ 10,900원

068 다음 중 화폐성 항목이 아닌 것은?
① 현금
② 매출채권
③ 유형자산
④ 매입채무

069 다음 중 환율변동효과에 대한 설명으로 옳지 않은 것은?
① 기능통화는 실제 영업이 이루어지는 국가의 영업통화이다.
② 표시통화는 재무제표를 만들 때 사용하는 통화이다.
③ 해외사업장의 재무제표를 보고기간의 재무제표에 포함하기 위해 해외사업장의 경영성과와 재무상태를 해외사업장의 기능통화와 다른 표시통화로 환산해야 한다.
④ 해외사업장의 재무제표를 환산하는 과정에서 재무상태표와 손익계산서의 환산에서 생기는 외환 차이는 당기손익으로 인식한다.

070 다음 중 사업결합 과정에 대한 설명으로 옳지 않은 것은?
① 사업결합에서 중요한 것은 먼저 취득자를 식별하는 것으로 취득자는 지배력을 소유한 기업이다.
② 식별 가능한 피취득회사의 자산과 부채를 공정가치로 측정해야 하며, 우발부채는 파악 후 주석에 기재한다.
③ 취득과정에서 발생하는 자문비용은 즉시 당기 비용 처리한다.
④ 식별 가능한 순자산 공정가치와 인수대가의 차이는 영업권 혹은 염가매수차익으로 인식한다.

071 다음 A포트폴리오의 정보를 바탕으로 A포트폴리오의 기업가치를 구하면 얼마인가?

- 총투자금액 : 1,500,000원
- $WACC$: 8%
- 영업이익 : 300,000원
- 법인세율 : 20%
- 투자금액 조달 시 부채비율 : 150%

매년 발생하는 EVA의 성장은 없는 것으로 가정하고 영구적으로 발생한다고 가정한다.

① 1,500,000원
② 1,000,000원
③ 3,000,000원
④ 3,200,000원

072 현재 A기업의 당기순이익은 8,000,000원이며, 발행주식수는 10,000주이다. A기업의 비교대상 회사의 PER가 10배이며 A기업의 현재 주가는 7,000원이다. PER를 통해 평가할 경우 A기업의 적정가치와 투자자의 합리적인 행동으로 적절한 것은?

① 8,000원, 매입
② 8,000원, 추가 행동 없음
③ 7,000원, 공매도
④ 6,000원, 매입

073 다음 중 PBR에 대한 설명으로 적절하지 않은 것은?

① 경기변동이 큰 기업일지라도 순자산가치는 잘 변동하지 않으므로 PER보다는 평가의 신뢰성이 있다.
② 적자가 누적되어 완전자본잠식이 발생한 경우 PBR은 사용할 수 없다.
③ PBR이 1보다 작은 경우에도 무조건 저평가되었다고는 볼 수 없다.
④ 일반적으로 ROE와 PBR은 음의 상관관계가 있다.

074 A기업은 벤처기업으로 자료는 다음과 같다. A기업의 적정 기업가치는 얼마인가?

- 매출액 : 1,000,000원
- 영업손실 : 200,000원
- 발행주식수 : 100주
현재 A기업의 유사 상장회사의 PSR은 20배이다.

① 2,000,000원
② 20,000,000원
③ 0
④ 1,000,000원

075 자본시장법상 합병가액을 산정하는 방식으로 적절하지 않은 것은?

① 상장법인 간 합병에는 기준주가를 적용한다.
② 상장법인과 비상장법인 간 합병은 상장법인은 기준주가를, 비상장법인의 자산가치와 수익가치의 가중평균을 적용한다.
③ 비상장법인의 본질가치를 산정하기 위해서는 자산가치와 수익가치가 필요하며, 자산가치를 평가하기 위해 모든 자산항목에 대해 조정을 해야 한다.
④ 비상장법인 간 합병의 경우 규정이 없으며, 따라서 당사자 간 자율에 의해 결정한다.

076 다음 중 *PER*가 차이 나는 요인이 아닌 것은?
① 기업의 미래성장률 차이
② 기업의 영업, 투자, 재무위험 차이
③ 회계처리 방법의 차이
④ 시장에서의 경쟁력 지위 차이

077 다음 자료를 바탕으로 A기업의 *ROIC*를 구하면 얼마인가?

- A기업의 영업고정자산 : 1,000,000원
- A기업의 순운전자본 : 500,000원
- A기업의 투자자산 : 800,000원
- A기업의 건설 중인 자산 : 300,000원
- A기업의 영업이익 : 200,000원
- 법인세율 : 20%

① 10%   ② 11%
③ 9%   ④ 6%

078 다음 중 *FCF*모형의 장점이 아닌 것은?
① *FCF*모형은 영업활동에서 창출되는 현금흐름이 기업가치를 결정짓는 원천적 현금흐름이다.
② 배당정책이 변경되는 경우 해당 사항을 신속하게 반영할 수 있다.
③ 특정 부문이나 특정 사업부의 가치를 따로 추정할 수 있다.
④ 실증적으로 영업현금흐름은 어느 지표보다 주가와 높은 상관관계를 보인다.

079 다음 중 수익가치로 기업가치를 평가하는 것이 아닌 것은?
① *DCF*   ② *EVA*
③ *DDM*   ④ *EV/EBITDA*

080 다음 중 상대가치법의 장점 및 특성이 아닌 것은?
① *DCF*보다 더 적은 가정을 통해 기업가치 평가가 가능하다.
② 상대적으로 단기간에 적용이 가능하다.
③ 바이오, IT 등의 산업보다 제조업 등의 산업에 있어 적용가능성이 높다.
④ *DCF*보다 더 적은 변수도입으로 설명이 쉽고 이해가능성이 높다.

081 다음 중 금융감독원에 대한 설명으로 적절하지 않은 것은?
① 금융감독원은 금융위 및 중선위의 지도·감독을 받아 금융기관에 대한 검사·감독업무를 수행한다.
② 금융감독원은 무자본 특수법인으로, 정부, 한국은행 예금보험공사 등의 출연금, 금융회사가 지급하는 감독분담금, 기타수입으로 경비를 충당한다.
③ 금융감독원은 금융기관의 업무 및 재산상황에 대한 검사, 검사결과에 관련한 제재, 금융위·중선위 사무처에 대한 업무지원, 금융민원 해소 및 금융분쟁 조정 업무를 수행한다.
④ 금융감독원은 자본시장의 불공정거래를 조사하는 것도 주된 업무 중 하나이다.

082 다음 중 자본시장법의 기본철학에 대한 설명으로 옳지 않은 것은?
① 열거주의에서 금융상품의 개념을 추상적으로 정의하는 포괄주의로 규제체계를 전환하였다.
② 엄격히 제한되어 있던 금융투자업 간 겸업을 허용하였다.
③ 원칙 중심에서 규칙 중심으로 투자자 보호제도를 변경하였다.
④ 금융투자업자는 고객의 이익을 저해시키는 이해상충이 발생하지 않도록 필요한 준법감시 및 내부통제 체계를 갖추도록 하였다.

083 다음 중 전담중개업무(프라임 브로커)가 할 수 없는 업무는?
① 일반 사모집합투자기구 등에 대한 증권의 대여 또는 그 중개·주선이나 대리업무
② 일반 사모집합투자기구 등에 대한 금전의 융자
③ 일반 사모집합투자기구 등의 재산의 신탁
④ 일반 사모집합투자기구 등에 대한 신용공여

084 다음 중 금융투자업 인가요건이 아닌 것은?
① 법인격 요건
② 자기자본 요건
③ 영업망 요건
④ 인력에 관한 요건

085 다음 중 자본시장법상 금융투자업자의 경영개선사항 발생 요건이 아닌 것은?
① 순자본비율이 100% 미만인 경우
② 경영실태 종합평과 종합평가등급이 3등급 이상인 경우
③ 레버리지 비율이 1,100%를 초과하는 경우
④ 자본적정성 부문의 평가등급이 3등급 이하로 부여받은 경우

086 다음 중 대주주 및 특수관계인의 금융투자업자에 대한 발행증권 소유제한에 저촉되는 부분이 아닌 것은?
① 원칙적으로는 금융투자업자는 대주주가 발행한 증권을 소유할 수 없다.
② 금융투자업자의 계열회사가 발행한 주식, 채권 등을 자기자본의 8%를 초과하여 소유할 수 없다.
③ 해외현지법인에 대한 채무보증은 금지된다.
④ 대주주는 부당한 영향력은 금지된다.

087 다음 중 사모로 증권을 발행할 수 없는 경우는?
① 절대적 전문투자자 법인 60개 회사에 해당 증권의 취득을 권유하였다.
② 총 55명에게 해당 증권의 취득을 권유하였으며, 그중 10명은 공인회계사이다.
③ 총 22명에게 최초로 발행되었지만, 보호예수조항이 설정되어 있지 않아 취득 직후 바로 해당 주식을 대중에게 매각할 수 있다.
④ 발행인의 임원 7명을 포함하여 52명에게 해당 증권의 취득을 권유하였다.

088 다음 중 공개매수 제도에 대한 설명으로 적절하지 않은 것은?
① 공개매수기간 동안 혼란을 야기하지 않기 위해 공개매수신고서가 제출된 주식 등의 발행인은 그 공개매수에 관한 의견을 표명할 수 없다.
② 공개매수란 불특정 다수인에 대하여 의결권 있는 주식 등의 매수 청약을 하거나 매도의 청약을 권유하고 증권시장 및 다자간매매체결회사 밖에서 그 주식 등을 매수하는 것을 말한다.
③ 공개매수 의무 여부를 판정하기 위해 지분을 계산하는 경우 특정인에 한정되지 않고, 그 특정인과 일정한 관계가 있는 자까지 확대하여 특별관계인을 계산한다.
④ 공개매수를 하고자 하는 자는 공개매수신고서 제출에 앞서 공개매수에 관한 다음의 사항을 일간신문 또는 경제분야의 특수 일간신문 중 전국을 보급지역으로 하는 둘 이상의 신문에 공고해야 한다.

089 다음 중 부당권유금지에 해당하지 않는 것은?
① 불확실한 사항에 대해 단정적 판단을 제공하거나 확실하다고 오인하게 할 소지가 있는 내용을 알리는 행위
② 금융상품의 내용을 사실과 다르게 알리는 행위
③ 금융상품의 가치에 중대한 영향을 미치는 사항을 미리 알고 있으며 금융소비자에게 알리지 않는 행위
④ 객관적 근거를 바탕으로 다른 금융상품과 비교하는 행위

090 다음 중 금융소비자 권익 강화 제도로 적절하지 않은 것은?
① 금융상품직접판매업자 및 금융상품자문업자는 금융소비자(일반 또는 전문)와 금융상품 또는 금융상품자문에 관한 계약을 체결하는 경우 금융소비자에게 계약서류를 지체 없이 교부해야 한다.
② 계약서류의 제공 사실에 관하여 금융소비자와 다툼이 있는 경우에는 금융상품직접판매업자 및 금융상품자문업자가 이를 증명해야 한다.
③ 금융투자업자는 금융상품판매업 등의 업무와 관련한 자료를 기록, 유지, 관리하며 제한 사유가 없는 경우 금융소비자(일반 또는 전문)의 열람 요구에 응해야 한다.
④ 일반금융소비자가 금융상품 등 계약의 청약을 한 후 경미한 하자가 있는 경우 일정기간 내에 일반금융소비자에게 청약철회를 할 수 있는 권리를 일반금융소비자에게 부여하였다.

091 다음 중 모집설립과 발기설립에 대한 설명으로 적절하지 않은 것은?
① 모집설립은 반드시 주식청약서에 따라 청약을 하고, 주주에게 배정해야 한다.
② 발기설립의 경우 회사의 설립을 위한 이사, 감사를 선임하는 과정에서 의결권은 불통일행사를 감안하여 1주당 2개가 주어진다.
③ 모집설립의 경우 출자 완료 후에 창립총회를 설립하고 출석한 주식인수인의 의결권의 2/3 이상, 인수된 주식 총수 과반에 해당하는 다수로 창립총회의 의결을 해야 한다.
④ 발기설립은 발기인이 설립 시 발행하는 주식을 모두 인수하는 방법이다.

092 다음 중 소수 주주권에 대한 설명으로 적절하지 않은 것은?
① 소수 주주권은 단독주주권과 달리 주주권의 남용을 방지하기 위하여 발행 주식 총수에 대한 일정비율의 주식을 가진 주주만이 행사할 수 있도록 규정한 것이다.
② 소수 주주권을 행사하기 위해서는 일반적으로 6개월 이상 해당 주식을 보유하고 있어야 한다.
③ 신주발행유지청구권은 단독주주권이다.
④ 집중투표청구권의 경우 상장법인 특례가 적용되는 경우에는 6개월 이상 해당 주식 보유 원칙을 지켜야 한다.

093 다음 중 주식양도에 관한 설명으로 적절하지 않은 것은?
① 일반적으로 법률 또는 정관에 의하지 않고는 주식양도를 제한하지 못한다.
② 예외적으로 주권 발행 전의 주식에 대해서는 양도가 제한된다.
③ 예외적으로 정관에 의해 회사가 필요한 경우 주식양도에 이사회 승인을 얻어야 하는 것을 정관에 규정으로 할 수 있다.
④ 정관에 의해 주식양도가 제한된 경우라도 주주는 회사에게 주식매수청구권을 제시할 수 없다.

094 다음 중 주식의 포괄적 교환 및 이전에 대한 설명으로 적절하지 않은 것은?
① 주식의 포괄적 교환 및 이전을 하기 위해서는 먼저 주식교환계약서를 작성하고 주주총회의 특별결의에 의한 승인이 필요하다.
② 주식의 포괄적 교환으로 인한 주식이전과 주식배당은 주식교환일에 그 효력이 발생한다.
③ 해당 주식의 포괄적 교환 및 이전에 반대하는 주주의 경우 회사에 대하여 주식매수청구권 행사가 가능하다.
④ 주식의 포괄적 교환 및 이전이 발생한 경우 완전 모회사의 주주는 완전 자회사의 주주가 된다.

095 다음 중 이사에 대한 설명으로 옳지 않은 것은?
① 이사는 이사회를 구성하며, 주주총회에서 선임된다.
② 집중투표제를 배제하는 규정이 정관에 없는 경우 집중투표제를 통해 이사를 선임할 수 있다.
③ 이사는 일반적으로는 3인 이상으로 구성되어야 하며, 임기는 3년을 초과할 수 없다.
④ 주주총회 보통결의를 통해 임기가 만료되지 않은 이사의 해임이 가능하다.

096 다음 중 금융투자업자가 지켜야 하는 설명의무에 대해 포함될 수 없는 것은?
① 금융투자업자가 설명을 위해 제시하는 자료는 알기 쉽게 간단명료하게 작성되어야 한다.
② 금융소비자에게 확인받지 않더라도 정황상 설명한 것이 확실하다면 설명의무 위반에 대한 과태료는 부과되지 않는다.
③ 금융투자업자가 설명을 위해 제시하는 자료는 금융소비자가 오해할 우려가 있는 정보를 포함해서는 안 된다.
④ 금융투자업자가 설명을 위해 제시하는 자료는 공시내용에 대한 담당부서, 담당자를 지정하고 이를 명확하게 표시해야 한다.

097 다음 중 직무윤리 준수절차에 대한 설명으로 적절하지 않은 것은?
① 금융투자업자는 효과적인 내부통제 활동을 수행하기 위한 조직구조, 위험평가, 업무분장 및 승인절차, 의사소통, 모니터링, 정보시스템 등의 종합적 체제로서 내부통제체제를 구축해야 한다.
② 내부통제제도는 사전적이며 상시적으로 통제·감독하는 장치이며, 신의성실의 원칙과 고객우선의 원칙에 대한 의무를 다하기 위함을 목적으로 한다.
③ 대표이사는 내부통제기준을 기초로 내부통제의 구체적인 지침, 컴플라이언스 매뉴얼, 임직원 윤리강령 등을 제정, 시행할 수 있다.
④ 지배구조법에서는 금융투자업자에 대하여 내부통제기준을 마련하여 운영할 것을 법적 의무로 요구하고 있다.

098 다음 중 회사 내부의 준법감시체제에서 시행하는 제도가 아닌 것은?
① 준법서약
② 윤리강령의 제정 및 운영
③ 민사책임
④ 명령휴가

099 다음 중 임직원이 업무와 관련한 위반행위를 발견한 경우의 설명으로 적절하지 않은 것은?
① 금융투자회사의 표준윤리준칙에 따르면 임직원은 업무와 관련하여 법규 또는 윤리강령이 위반 사실을 발견하거나 그 가능성을 인지한 경우 회사가 정하는 절차에 따라 즉시 보고하여야 한다.
② 내부제보 시 육하원칙에 따른 정확한 사실만을 제보해야 한다.
③ 내부제보로 인해 차별을 받을 시에는 인사담당자에게 이에 대한 원상회복 등을 요구할 수 있다.
④ 내부제보 시 제보자의 비밀이 유지되어야 하고, 내부제보로 인한 업무상 차별이 없어야 한다.

100 다음 중 윤리경영과 직무윤리가 강조되어야 하는 이유가 아닌 것은?
① 환경의 변화
② 처벌 강화 목적
③ 위험과 거래비용
④ 생산성 제고

01회 실전모의고사 해답 및 해설

PART 05

001	002	003	004	005	006	007	008	009	010
④	②	②	①	②	①	③	②	②	②
011	012	013	014	015	016	017	018	019	020
④	③	③	②	④	③	②	④	①	④
021	022	023	024	025	026	027	028	029	030
①	④	②	②	②	④	②	②	①	②
031	032	033	034	035	036	037	038	039	040
②	①	①	③	④	③	③	①	②	④
041	042	043	044	045	046	047	048	049	050
④	③	③	②	②	③	③	①	①	①
051	052	053	054	055	056	057	058	059	060
③	①	④	③	②	③	①	④	②	③
061	062	063	064	065	066	067	068	069	070
④	③	④	④	①	③	③	④	③	①
071	072	073	074	075	076	077	078	079	080
④	①	②	②	②	①	①	④	③	④
081	082	083	084	085	086	087	088	089	090
④	③	②	④	④	③	③	②	②	②
091	092	093	094	095	096	097	098	099	100
③	④	④	③	②	④	④	③	④	①

001 답 ④

항상 산술평균은 기하평균보다 크다.

002 답 ②

① 왜도가 0보다 작은 경우 좌측으로 긴 꼬리가 나타난다.
③ 왜도가 음수인 경우 작은 극단값이 존재하며 평균값이 가장 작게 나타난다(평균<중앙값<빈도).
④ 왜도가 양수인 경우 큰 극단값이 존재하며 평균값이 가장 크게 나타난다(평균>중앙값>빈도).

003 답 ②

공분산이 양수 → 두 변수는 같은 방향으로 변동, 공분산 0 → 두 변수관계가 독립적(관계가 없음), 공분산이 음수 → 두 변수는 반대 방향으로 변동

004 답 ①

이산확률분포는 베르누이분포, 이항분포, 포아송분포, 기하분포 등이 있다. 정규분포는 연속확률분포이다.

005 답 ②

t분포는 종 모양의 형태로 표준 정규분포와 대체로 같은 모양을 가지며 평균은 0의 값을 가진다.

006 답 ①

- GDP(국내총생산) : 경제지역을 기준으로 생산한 재화와 서비스를 대상
- GNI(국민총소득) : 경제주체의 국적을 기준으로 자국민이 생산한 재화와 서비스를 대상
- GNI = GDP + NFI(국외순수치 요소소득)으로 구성

따라서 국외순수치 요소소득(NFI)은 100이며, NFI 100이 산출되는 것은 국외에서 A국가 사람들이 생산한 부가가치 30 − A국가 국내에서 타 국가 사람들이 생산한 부가가치 20인 ①이다.

007　답 ③

저소득자일 때는 소득 중 소비 차지 비중이 크다. 반면 고소득자일 때는 점차 소득 중 소비 차지 비중이 점차 감소한다.

008　답 ②

통화주의학파에 따르면 일시적 세금감면은 항상 소비에 영향을 주지 않는다(소비와 소득에 영향 없음).
※ 정부지출 증가 → 이자율 상승 → 민간투자 위축 → 국민소득 감소(구축효과)

009　답 ②

케인즈학파 관점에 따르면 확대재정정책에 의한 IS곡선의 우측이동은 초과수요 발생 → 물가상승 → LM곡선이 일부만 좌측으로 초과수요가 없어질 때까지 이동 → 국민소득 증가로 이어진다.

010　답 ②

$M = \left[\dfrac{1}{c+\delta(1-c)}\right] \times (H-ER)$

M = 통화승수 8 × (본원통화 100 − 초과지급준비금 5) = 760

011　답 ④

피구효과 존재 시 경제주체의 부를 증가시켜 유동성함정에서 탈출할 수 있다.

012　답 ③

경기확장국면 시 발생할 수 있는 상황
- 단기 : 기업 매출 증가 → 내부 유보금 증가 → 외부자금 수요 감소 → 이자율 하락
- 장기 : 투자와 생산규모 확장 → 내부 자금 부족 → 외부자금 수요 증가 → 이자율 증가

013　답 ③

- 임금 상승 → 대체효과 및 소득효과 발생
- 대체효과 > 소득효과 : 노동시간 증가
- 대체효과 < 소득효과 : 여가시간 증가

따라서 대체효과가 더 큰 경우 노동시간은 증가한다.

014　답 ②

실업률은 실업자/경제활동인구로 계산한다. 즉, 15/150이므로 10%이다.

015　답 ④

취업자 수는 후행종합지수이다.

016　답 ③

대리 문제는 주인과 대리인 사이에 존재할 수밖에 없는 정보 불균형으로 인해 발생하므로 완벽한 제거는 불가능하다.

017　답 ②

회수 기간법을 적용하는 경우 화폐의 시간적 가치는 고려하지 않는다.
① 회수 기간법을 적용할 경우 A투자안은 회수 기간 3년, B투자안은 4년으로 A투자안을 채택한다.

018　답 ④

단일투자안의 경우 NPV법과 IRR법의 결과는 동일하게 산출된다.

019　답 ①

$WACC = 10\% \times (1-20\%) \times 3/5 + 12\% \times 2/5 = 9.6\%$

020　답 ④

MM의 1958년 모형은 부채비율이 증가하는 경우 자기자본비용이 비례적으로 증가한다고 보았다.

021　답 ①

주말효과는 1월 효과와 함께 약형 효율적 시장의 비효율성에 대한 근거가 된다.

022　답 ④

지배원리를 충족시키는 효율적 포트폴리오하에서 투자자의 위험에 대한 태도에 따라 투자안을 최종 선택한다. 따라서 모든 투자사가 동일한 투자인을 선택하는 것은 아니다(주관적).

023 답 ②

독약 전략은 적대적 인수·합병 시 대상 기업의 기존 주주가 잔존기업의 주식을 할인 매입할 수 있는 권리를 부여한 전략이다.

024 답 ②

비효율적인 개별증권은 SML선상에 위치하며 개별자산의 체계적 위험만 고려한다.

025 답 ②

$CAPM$ 모형은 시장포트폴리오를 필요로 하지만 APM 모형은 잘 분산된 포트폴리오만 있어도 적용 가능하므로 시장포트폴리오가 필요하지 않다.

026 답 ④

발행시장을 통해 소유와 경영의 분리가 가능하다.

027 답 ④

교체비용이 소요될 경우 공급자의 교섭력은 높아진다.

028 답 ③

ROE는 다음과 같이 분해할 수 있다.

```
ROE = 당기순이익/자기자본
    = 당기순이익/매출액×매출액/총자산×총자산/자기자본
    = 매출액 순이익률×총자산 회전율×부채비율
    = 수익성 비율×활동성 비율×안정성 비율
```

따라서, 유동성 비율은 ROE에 포함되지 않는다.

029 답 ①

배당평가모형은 배당수익률과 이익성장률을 합하여 자기자본비용으로 측정하는 것이다.
- 성장률 : $0.1 \times 0.4 = 0.04$
- 1기 배당액 : $10,000 \times 1.1 \times 0.6 = 6,600$
- $P = 82,500$
∴ $12\% = 6,600/P + 0.04$

030 답 ②

저PER주식의 경우 과소평가되어 있는 경우가 있으므로 해당 주식을 보유하고 있으면 투자수익률을 높일 수 있다.

031 답 ②

$FCF = 1,000 \times (1 - 20\%) + 300 - 500 = 600$

032 답 ①

성장에 필요한 자금은 내부에서 조달하는 것으로 가정한다.

033 답 ①

- EV : $10,000 \times 100 + (1,000,000 - 200,000) = 1,800,000$
- $EBITDA$: $100,000 + 50,000 + 30,000 = 180,000$
∴ $EV/EBITDA$: $1,800,000 \div 180,000 = 10$

034 답 ③

가격우선 원칙 → 시간우선 원칙 → 수량우선 원칙 순이므로, 가장 낮은 가격으로 매도하는 C 주문을 먼저 처리한다.

035 답 ④

주식 발행은 사모와 공모의 방식으로 할 수 있으며, 사모는 공모에 비해 발행절차가 간단하고 발행비용이 적게 드는 장점이 존재한다.

036 답 ③

채권의 잔존기간이 길어짐으로써 발생하는 가격 변동률은 체감한다.

037 답 ③

이표채는 만기수익률이 높을수록 듀레이션은 작아진다.

038 답 ①

$\Delta P/P$(채권가격변동률)
$= -Duration/(1 + r) \times \Delta r$(시장만기수익률 변동폭) $= -5\%$
$= 수정듀레이션 \times 1\%$
따라서, 수정듀레이션은 5이다.

039 답 ②

무보증사채는 2개 이상의 복수의 신용기관으로부터 신용평가를 받아야 한다.

040 답 ④
위탁발행의 경우 간접발행으로 분류된다.

041 답 ④
자금이 필요한 기업에 자금을 제공하는 것은 발행시장의 기능이다.

042 답 ③
장기채에 투자하기 위해서는 유동성을 포기해야 하므로 이에 대한 프리미엄이 반영되며, 채권의 만기가 길어질수록 프리미엄도 증가한다. 따라서 유동성 선호 가설상으로는 장기채가 프리미엄이 반영되어 채권 수익률 곡선이 우상향한다.

043 답 ③
적극적 투자전략은 수익률 예측전략, 채권교체전략, 수익률 곡선타기 전략, 나비형 투자전략, 역나비형 투자전략 등이 있다. 바벨형 투자전략은 소극적 투자전략이다.

044 답 ②
채권을 지분으로 전환하는 경우 더 이상 부채로 존재하는 것이 아닌 자본으로 전환됨에 따라 이자가 발생하지 않는다.

045 답 ②
만기수익률과 잔존기간이 일정할 경우 표면이율이 낮아질수록 볼록성은 커진다.

046 답 ③
금융선물거래의 경우 계약 체결방법이 정형화, 표준화되어 있다.

047 답 ③
① 선물가격은 현물가격에서 해당 현물의 재고 유지비용을 가산하여 계산한다.
② 선물가격은 해당 인도기일이 가까워질수록 현물가격에 가까워진다.
④ 금융선물시장의 거래량은 현물시장의 거래량을 크게 상회하여 거래량 면에서 선물시장은 현물시장의 수급에 영향을 미쳐 현물시장 가격을 선도할 수 있다.

048 답 ①
- 필요선물계약 수 = [(포트폴리오 가치 × 희망헤지비율)/(선물가격 × 선물계약승수)] × 보유포트폴리오의 베타
- 보유포트폴리오의 베타
  = 0.5 × 50억/150억 + 1.5 × 100억/150억 = 1.17
  = (150억원 × 75%)/(300 × 200,000원) × 1.17 = 219
- 현물을 보유하고 있으므로 헤지하기 위해서는 매도하는 것이 필요

049 답 ①
풋콜패리티를 이용하여 계산하면

$$P + S = C + PV(X)$$
$$C = P + S - PV(X)$$

2,500 + 10,000 − 11,000/1.1 = 2,500(원)
참고로 현재 콜옵션의 행사가격이 기초자산 가격보다 높으므로 내재가치는 없는 외가격상태이며 콜옵션의 가치는 모두 시간가치로 구성된다.

050 답 ①
옵션 만기일에만 옵션을 행사할 수 있는 옵션은 유로피언 옵션이다.

051 답 ③
무위험이자율이 상승하는 경우 풋옵션 프리미엄은 하락한다.

052 답 ①

F = 현물가격 + (현물가격 × 차입이자율) + 보관비용
F = 현물가격 + 순보유비용
$F = S[(1 + r - d) \times t]$
F : 예상선물가격, S : 현물가격, r : 단기 시장이자율
d : 채권표면이자율, t : 계약 기간

∴ 선물가격 = 10,000원(1 + 5% − 6%) × 1 = 9,900원

053 답 ④
선물거래를 통해 헤지를 하는 경우 현물가격 변동위험을 헷지함과 동시에 유리한 가격변동으로부터 얻을 수 있는 기대이익도 포기한다.

054　답 ③

강세스프레드의 경우 만기가 가까운 선물계약을 매입하며, 만기가 먼 선물계약을 매도한다.

055　답 ②

블랙숄즈모형상 옵션 가격의 변동성은 옵션의 잔존기간 동안 고정되었다고 가정한다.

056　답 ③

ELW의 특징은 레버리지 효과, 한정된 손실 위험, 위험 헤지, 양방향성 투자수단, 유동성의 보장 등을 들 수 있다.

057　답 ①

콜 ELW 손익분기점 : 행사가격+ELW가격/전환비율
10,000원+2,000원×10%=10,200원

058　답 ④

ELW의 기초자산이 될 수 있는 주가는 KOSPI 200, KOSDAQ 150, 홍콩 항생지수, 일본 니케이 225 지수 등이 있다.

059　답 ②

ETN의 특징으로는 신상품에 대한 접근성, 유연성, 신속성, 추적오차 최소화, 유통시장, 가격 투명성 등을 들 수 있다.

060　답 ③

ELS, ELD는 사전 약정 수익률을 제시하지만, ELF는 실적배당으로 투자자에게 수익을 배분한다.

061　답 ④

재무제표 작성 시 발생주의를 적용하여 작성한다.

062　답 ③

발행자가 특정 시점에 상환하기로 약정하였거나 보유자의 선택에 의해 상환해야 하는 우선주는 형식은 우선주이지만 부채로 분류한다.

063　답 ④

도난으로 인한 수량 감소는 감모 손실로 적용되며, 정상적인 감모 손실은 매출원가로, 비정상적인 감모 손실은 기타비용으로 회계처리한다.

064　답 ④

내용연수가 비한정인 무형자산은 상각을 하지 않으며 매 보고기간 말 및 손상 시사 징후가 있을 때마다 회수 가능액과 장부금액을 비교하여 손상검사를 수행한다. 또한, 비한정이라는 평가를 계속 적용할 수 있는지 매 회계기간에 검토한다.

065　답 ①

최소 리스료는 리스이용자가 리스기간 동안 지급할 금액과 보증 잔존가치의 합이다. 따라서, 지급할 금액은 1,100,000+100,000 =1,200,000원이다.

066　답 ③

특정 차입금 부분 : 1,000,000원×5%=50,000원
일반 차입금 부분 : (2,000,000−1,000,000)×6%=60,000원
∴ 차입가 자본화 금액 : 50,000+60,000=110,000원

특정 차입금과 일반 차입금
- 특정 차입금 : 적격자산 취득과 관련한 직접적인 차입금(이자비용−이자수익)
- 일반 차입금 : 적격자산 취득으로 추가로 증가한 차입금
  − 차입원가=(적격자산 연평균 순지출액−특정 차입금 지출액)×자본화 이자율
  − 자본화 이자율=일반차입금에 대한 연평균 차입원가/일반 차입금 연평균 차입액

067　답 ③

보상원가는 거래 상대방으로부터 제공받는 재화나 용역의 원가를 적용한다.

보상원가
- 기업이 주식기준 보상거래를 통해서 거래 상대방으로부터 제공받는 재화나 용역의 원가
- 기업이 제공받는 재화나 용역의 공정가치로 측정
- 보상원가를 신뢰성 있게 측정할 수 없을 경우 부여한 지분상품의 공정가치로 측정

068　답 ④

용역제공이 장기간에 걸쳐 진행될 경우 용역제공 기간 동안 진행기준으로 수익을 인식한다.

069 답 ③

매출원가 관련 현금흐름은 먼저 매출원가 1,000,000원에 관련 자산 부채 변동을 가감한다.
- 매입채무(부채) : 500,000 → 300,000, 부채 감소 200,000 원(현금 지급)
- 재고자산(자산) : 1,000,000 → 900,000, 자산 감소(현금 증가)
∴ 현금흐름 = (-)1,000,000원 - 200,000원 + 100,000원
  = (-)1,100,000원

070 답 ①

용역제공건은 (주)종속의 재무제표를 합치는 과정에서 동액의 매출과 비용이 사라져 효과가 없다. 다만, 내부거래의 경우 제3자에게 판매하기 전까지는 매출로 인식할 수 없으므로 해당 영업이익 20,000원(100,000원×매출총이익률 20%)을 차감해야 한다.

071 답 ④

유형자산이 평가에 크게 영향을 미치는 분석기법은 순자산장부가치를 적용하는 PBR이다.

072 답 ①

- BPS(주당순자산) = 1,000,000원/100주 = 10,000원
- PBR : 주가 12,000원/ BPS 10,000원 = 1.2

073 답 ②

비교대상 기업이 많은 경우 좀 더 정확하게 비교대상 기업과 평가대상 주식의 차이를 비교할 수 있다.

074 답 ②

- EV : 시가총액 5,000,000원 + 이자발생부채 2,000,000원 - 현금 및 현금성 자산 200,000원 = 6,800,000원
- $EBITDA$: 매출액 6,000,000×영업이익률 10% + 200,000 = 800,000원
∴ $EV/EBITDA$ = 6,800,000원/800,000원 = 8.5

075 답 ③

기업가치는 영업가치와 비영업가치의 합으로 추정한다.

076 답 ①

$FCFF$ = 영업이익×(1-t) + 감가상각비 - $CAPEX$
  + △운전자본
  = 1,000,000×(1-20%) + 1,000,000 - 500,000
  + (200,000 - 300,000) = 1,200,000

077 답 ①

EVA = 세후영업이익 - 자본비용
  = 세후영업이익 - 영업투하자본× $WACC$
  = [(세후영업이익/영업투하자본) - $WACC$]×영업투하자본
  = [$ROIC$ - $WACC$]×영업투하자본
따라서, 2,000,000×(1-20%) - 10,000,000×10%
  = 600,000

078 답 ④

RIM모형은 배당의 예측이 어렵거나 FCF가 음수인 경우에도 적용 가능하다.

079 답 ③

공모주식의 평가에는 주로 상대 가치평가법을 많이 사용하며, 비교대상회사로 해외기업도 많이 사용한다.

080 답 ④

본질가치를 계산할 때에는 자산가치는 1, 수익가치는 1.5로 가중치를 부여한다.

081 답 ④

자본시장법은 기존의 기관별 규제에서 기능별 규제로 변경되었다.

082 답 ③

주권상장법인은 상대적 전문투자자로 간주한다.

083 답 ②

금융투자업자는 회수의문 이하로 분류된 자산을 조기에 상각하여 자산의 건전성을 확보해야 한다.

084 답 ④
공정공시를 이행하더라도 기존의 의무인 수시공시의무가 면제되지 않는다.

085 답 ④
보수총액 기준 상위 5명의 개인별 보수총액에 대해 기재해야 한다.

086 답 ③
공개매수자는 공개매수공고일 이후에 공고한 경우 공개매수를 철회할 수 없다.

087 답 ③
이익 여부와 관계없이 미공개 중요정보를 이용하여 특정 증권 등의 매매, 그 밖의 거래에 이용하거나 타인에게 이용하게 하는 행위가 금지된다.

088 답 ②
투자매매업자의 안정 조작은 해당 금융상품에 유동성을 공급해주기 위해 투자매매업자가 호가 등을 제공하는 것으로 정당한 행위이다.

089 답 ②
②는 적정성 원칙에 해당한다. 적정성 원칙에 따르면 금융상품 판매업자 등은 위험성의 정도가 높은 투자성 상품 또는 대출성 상품에 대해서는 해당 일반금융소비자에게 적정한지를 살펴보고 적정성 여부를 일반 금융소비자에게 알려야 한다.

090 답 ②
징벌적 과징금은 금융투자업자에게 부과되는 것으로 권익 강화보다는 금융투자업자에 대한 제재로 볼 수 있다. 금융소비자 권익 강화제도는 계약서류 제공의무, 자료의 기록 및 유지관리, 청약의 철회, 금융분쟁의 조정, 손해배상책임 등을 들 수 있다.

091 답 ③
회사 설립 과정에서 제3자에게 손해를 끼친 경우 발기인끼리 연대하여 책임을 진다.

092 답 ④
주식회사의 자본에 대해 지켜야 하는 원칙으로는 자본확정의 원칙, 자본충실의 원칙, 자본불변의 원칙이 있다.

093 답 ④
변태 설립사항은 정관의 절대적 기재사항이라 할 수 없다.
정관의 절대적 기재사항
목적, 상호 회사가 발행할 주식의 총수, 액면 주식을 발행하는 경우 1주의 금액, 회사 설립 시에 발행하는 주식의 총수, 본점 소재지 회사가 공고하는 방법, 발기인의 성명, 주민등록번호 주소

094 답 ③
1인 주주의 회사도 인정된다.

095 답 ②
위법행위 유지청구권은 1%의 지분율을 요구한다.

096 답 ④
④는 기업윤리에 대한 설명이다.

097 답 ④
베버는 프로테스탄티즘의 윤리와 자본주의 정신에서 서구의 문화적 속성으로 합리성, 체계성, 조직성, 합법성을 바탕으로 세속적 금욕생활과 직업윤리에 대해 형성되었다고 설명한다.

098 답 ③
직무윤리를 위반하는 경우 위반행위에 대한 명시적인 제재가 존재하지 않을 때도 있으며, 법규에 비해 자율규제 성격이 강하다.

099 답 ④
실질의 중시는 기본원칙이 아니다.

100 답 ①
㉠~㉥ 모두 이해 상충 방지체계에 해당한다.

02회 실전모의고사 해답 및 해설

001	002	003	004	005	006	007	008	009	010
③	②	④	④	②	③	③	④	②	②
011	012	013	014	015	016	017	018	019	020
④	②	④	④	①	④	①	③	①	②
021	022	023	024	025	026	027	028	029	030
①	④	②	①	①	①	④	④	①	③
031	032	033	034	035	036	037	038	039	040
③	①	③	④	②	④	③	④	④	②
041	042	043	044	045	046	047	048	049	050
②	①	①	②	④	②	①	①	②	②
051	052	053	054	055	056	057	058	059	060
③	④	①	④	②	④	①	④	④	①
061	062	063	064	065	066	067	068	069	070
③	①	②	②	④	③	③	③	④	④
071	072	073	074	075	076	077	078	079	080
④	③	①	①	③	④	③	②	①	③
081	082	083	084	085	086	087	088	089	090
②	②	③	②	②	③	④	④	②	②
091	092	093	094	095	096	097	098	099	100
②	③	②	③	②	④	④	②	③	②

001 답 ③

1,000,000원 × $[1+(10\%/4)^4]$ = 1,103,813원. 따라서 이자는 103,813원이다.

002 답 ②

비율척도는 명목척도, 서열척도, 구간척도를 포함하며, 숫자 간의 비율이 산술적 의미를 가지고, 사칙연산도 가능하다.

003 답 ④

첨도는 자료의 분포 모양 중간 위치의 뾰족한 정도를 나타내는 척도로 분포의 첨도가 0보다 작은 경우 표준정규분포보다 납작해진다.

004 답 ④

비확률표본추출법은 판단추출, 편의추출 등이며 군집표본추출법은 확률표본추출법이다.

005 답 ②

자료가 비율로 되어 있는 경우에는 모수적 검증을 사용할 수 있다. 자료가 순위로 되어 있는 경우에 비모수적 검증을 사용한다.

006 답 ③

고정환율제도는 국제수지 불균형 발생 시 불균형이 자동적으로 조절이 어렵고 조절하기 위해서는 비용을 과도하게 소모해야 하는 단점이 있다.

007 답 ③

케인즈학파에 따르면 확대재정정책을 사용하는 경우 화폐중립성이 성립하지 않으며 이자율, 물가상승과 함께 국민소득을 증가시킬 수 있는 것으로 가정하였다.

008 답 ④

케인즈에 따르면 투자는 투자의 한계효율에 영향을 받고, 해당 한계효율, 즉 내부수익률은 투자자의 동물적 감각인 주관적인 요소에 의해 결정된다고 보았다. 따라서, 모든 투자자가 시장이자율과 비교하여 동일한 선택을 취하지는 않는다.

009 답 ②

케인즈의 경우 LM곡선이 수평인 유동성함정인 상태를 가정하므로 통화정책을 사용하는 경우 효과는 없는 것으로 가정하였다.

010 답 ②

고전학파의 화폐수요이론에 따르면 $MV = PY$이며 해당 식을 다시 미분하면 $\hat{M} + \hat{V} = \hat{P} + \hat{Y}$이다($\hat{M}$: 통화증가율, $\hat{P}$: 인플레이션율, $\hat{Y}$: 경제성장률, $\hat{V} = 0$).
따라서, 경제성장률 = 통화증가율 5% - 인플레이션율 3% = 2%

011 답 ④

프리드만에 따르면 확장적 통화정책 시 발생하는 이자율 하락은 일시적으로만 발생한다고 보았다.

012 답 ②

필립스곡선은 실업률과 명목임금상승률 사이의 관계를 의미한다.

013 답 ④

비농림어업취업자수는 대표적인 동행종합지수 항목이다.

014 답 ④

해로드 - 도마 균형조건에서 이탈되면 주요 변수가 외생적으로 결정되어 회복이 불가능하며, 이러한 점 때문에 해로드 - 도마 균형조건을 면도날 균형이라고도 한다.

015 답 ①

신슘페터 모형은 신고전학파 모형의 완전경쟁 가정을 포기하고 기업이 독점이윤을 얻을 수 있는 불완전경쟁모형을 설정한 것이 특징이다. 완전경쟁 가정을 포기했으므로 파레토 최적도 달성되지 않는다.

016 답 ④

NPV는 재투자수익률을 자본비용으로 가정한다.

017 답 ①

$k_{wacc} = \dfrac{D}{D+E} \times k_d + \dfrac{E}{D+E} \times k_e$ (k_d : 타인자본, k_e : 자기자본, D : 타인자본, E : 자기자본)
부채비율이 100%라고 하였으므로 부채와 자본의 크기는 동일하다. 따라서 타인자본비용을 구하면 10% = 1/2 × 타인자본비용 × (1 - 20%) + 1/2 × 12%
타인자본비용 = 10%

018 답 ③

법인세는 존재하는 것으로 보았지만, 개인소득세는 존재하지 않는 것으로 가정하였다.

019 답 ①

그린메일의 경우 경영권 인수보다는 주가차익을 목적으로 적대적 M&A를 이용하는 것으로 M&A의 공격기법 중 하나이다.

020 답 ②

일반적으로는 주가차익에 의한 세율이 배당에 비해 낮으므로 배당금 세후 실소득은 주가차익으로 실현한 세후 수익보다 낮아 주주에게는 주가차익으로 이익을 얻는 것보다 손실을 발생시킨다.

021 답 ①

상대적으로 타 투자자산 대비 분산(리스크)이 낮으며, 평균수익률이 큰 A기업이 지배원리에 의한 효율적 투자자산이 된다.

022 답 ④

APM모형은 공통요인을 찾기 어려움에 따라 실제로 투자의사결정에 사용되는 모형은 $CAPM$ 모형이다.

023 답 ②

수익성지수는 NPV/투자금액으로 구할 수 있다.
따라서, NPV를 먼저 구하면
10억원 × 2.49 - 20억원 = 4.9억원
∴ 수익성지수 = 4.9억원/20억원 = 0.25

024 답 ①

상호독립적인 투자안의 경우 두 투자안의 NPV가 모두 0보다 크므로 두 투자안 모두 채택한다.

025 답 ①

포뮬러플랜의 경우 적극적 투자관리기법이다.

026 답 ①

위탁모집은 직접발행이다.

027 답 ④

증권시장을 통해 대기업으로의 경제력 집중화 및 독점화가 발생할 수 있는 단점이 존재한다.

028 답 ④

코넥스 시장과 K-OTC시장의 경우에도 가격발견이 발생한다.

029 답 ①

증권의 경우 1일 최대 가격변동폭은 전일 종가대비 30%이다.

030 답 ③

환율이 상승하는 경우 자국 통화 가치 절하로 수입제품의 원가 상승 등으로 일반적으로 주가와는 (−)의 관계에 있다.

031 답 ③

잔존가치는 일반적으로 $ROIC$와 $WACC$가 일치하는 시점까지를 명시적 예측기간으로 설정한다.

032 답 ①

- EPS : 1,000,000원÷1,000주 = 1,000원
- PBR 2배 = 주가÷BPS 2,000원 ∴ 주가 : 4,000원
- PER : 주가 4,000원÷EPS 1,000원 = 4

033 답 ③

음의 EPS가 발생하는 경우 PER를 적용할 수 없는 단점이 있다.

034 답 ④

A기업은 영업손실만 계속하여 인식된 회사이므로 주당매출액을 활용하는 PSR 평가방법을 선택해야 한다.

035 답 ②

- A기업의 작년 기준 배당액 = 3,000×60% = 1,800원
- A기업의 배당성장률 = ROE 10%×유보율 40% = 4%
- A기업의 현재 주가 = 1,800원×(1+4%)/(10%−4%)
  = 31,200원

036 답 ④

수의상환청구채권은 만기상환일 이전 채권의 보유자가 발행자에게 원금의 상환을 요구할 수 있는 권리가 주어진 채권으로 옵션 프리미엄을 보유자가 발행자에게 지급하는 구조를 고려할 때 일반채권 대비 가격이 저렴하다.

※ 수의상환청구채권은 보유자가 중도상환을 청구할 수 있는 권리를 가지고 있으므로 보유자가 옵션을 매입했다고 할 수 있으며, 따라서 보유자가 발행자에게 옵션 매입 프리미엄을 지급하므로 원 표현이 올바름

037 답 ③

국고채 전문딜러는 국고채 발행 예정물량의 30%까지 인수 가능하다.

038 답 ④

일반 채권 유통시장의 경우 기관투자자 중심의 시장이다.

039 답 ④

신주인수권부사채의 경우 사채와 신주인수권을 분리할 수 있는 분리형, 분리할 수 없는 비분리형 모두 발행할 수 있다.

040 답 ②

유동성 선호가설상 채권의 만기가 길어질수록 프리미엄은 증가하는 것으로 가정하였다.

041 답 ②

말킬의 채권가격 정리상 채권의 표면이율이 높을수록 동일 크기의 수익률 변동에 대한 가격 변동률은 작아진다.

042　답 ①

영구채의 듀레이션은 (1+r)/r로 계산된다. 따라서 영구채의 듀레이션은 (1+10%)/10% = 11이다.

043　답 ①

볼록성을 이용한 채권가격변동을 계산하면 다음과 같다.

$$\Delta P = \frac{1}{2} \times P \times Convexity \times (\Delta r)^2$$

채권가격 변동액 = 1/2 × 10,000 × 6 × (1%)² = 3

044　답 ②

채권가격변동률은 '-수정듀레이션 × 시장이자율변동분'으로 계산한다. 따라서, -3 × 2% = (-)6%

045　답 ④

상황대응적 면역전략은 목표수익률보다 높은 수익 달성 시 적극적 투자전략, 목표수익률보다 낮은 수익 달성 시 면역전략을 구사하는 복합전략이다.

046　답 ②

금융선물거래는 가격 변동폭의 제한이 존재한다.

047　답 ①

F = 10,000포인트 × (1 + 5% - 10%) × 1년 = 9,500

048　답 ①

동일한 현물에 대해 만기가 다른 두 선물의 가격 차이를 이용하여 거래하는 경우 결제 월간 스프레드 거래를 사용해야 하며, 만기가 근월물(2년)인 선물계약의 가치가 상승할 것으로 예상하므로 근월물 매입(2년물 매입), 원월물 매도(4년물 매도) 전략을 구사하는 강세스프레드 전략을 구성해야 한다.

049　답 ②

풋옵션의 경우 만기 때 행사가격이 주가보다 높아야 풋옵션에서의 이익이 발생한다. 현재 해당 상황에서는 만기 때의 주가가 행사가격보다 높으므로 풋옵션의 만기 시점에서의 가치는 존재하지 않는다. 다만, 보유자는 풋옵션을 처음 매입할 때 프리미엄 20원을 지급하였을 것이므로 손익은 (-)20원이다.

050　답 ②

① 현재 콜옵션은 주가보다 행사가격이 더 높으므로 외가격 상태이다.
③ 콜옵션의 만기 시점이 도래하는 경우 주가에 변동이 없다면 콜옵션 보유자는 해당 콜옵션을 실행하지 않는다.
④ 콜옵션 만기 시점에 외가격 상태에 이르게 된다면 보유자는 콜옵션 매입 시 지급하는 프리미엄으로 인해 손실을 인식하게 된다.

051　답 ③

잔존만기가 늘어나는 경우 시간가치의 상승으로 옵션 가치는 상승한다.

052　답 ④

해지비율은 현물수량과 단위현물가격변동액의 곱한 값을 계약단위와 단위 선물가격변동액의 곱한 값으로 나누어 산출한다.

053　답 ①

현재 현물을 가까운 미래에 보유할 예정이므로 보유 현물에 대한 헤지이므로 선물계약을 매도해야 한다.
필요선물계약 단위수는

$$\frac{보유 포트폴리오 가격 \times 희망 헤지 비율}{선물가격 \times 선물계약승수} \times 보유 포트폴리오 베타$$

로 산출한다.
따라서, 1.2 × 80% ÷ 2 × 1.5 = 0.72단위, 주가지수선물 매도

054　답 ④

이항모형은 다기간 이항모형으로 확장가능하며 매 기간 주가는 1번만 변동하는 것으로 가정한다.

055　답 ②

보호적 풋의 경우 기초자산을 보유하고 기초자산을 매도할 수 있는 풋을 매수하는 것으로 초기 풋을 매수하는 과정에서 프리미엄을 지급해야 한다.
① 커버드콜(Covered Call)의 경우 기초자산을 보유하고 기초자산과 연동된 콜옵션을 매도한다.
③, ④ 펜스전략은 기초자산을 보유하고 행사가격이 외가격인 풋옵션을 매입하고 높은 행사가격의 등가격 콜을 매도하는 전략이다.

056 답 ④

파생결합사채는 기초자산 변동과 연계하여 이자가 변동하며 원금은 보장되는 채무증권이다.

057 답 ①

콜 ELW=(기초자산가격-행사가격)×전환비율=(10,000원-8,000원)×0.4=800원

058 답 ④

ELW는 현실적으로 발행사는 LP(유동성공급자)에게 발행물량의 100%를 청약하게 한다.

059 답 ④

발행인, 유동성공급자가 해당 ELW를 전부 보유하고 전부 보유한 날부터 1개월 이내에 매매가 전혀 없는 경우 상장폐지 요건에 해당한다.

060 답 ①

ETN의 유동성 공급자는 발행된 ETN을 최초로 투자자에게 매도(매출)하며 상장 이후에도 지속적으로 유동성 공급호가를 제출하여 시장 조성 절차를 수행한다.

061 답 ③

배당금 지급 현금흐름은 재무활동 현금흐름으로 분류된다.

062 답 ①

영업활동으로 인한 현금흐름=당기순이익 1,000,000원+감가상각비 200,000원-금융자산평가이익 300,000원-영업활동자산부채의 변동 200,000원=700,000원

063 답 ②

지분상품으로 분류된 FVOCI금융자산을 처분하는 경우 FVOCI금융자산평가손익 누적액을 당기손익으로 하지 않고 기타포괄손익에 그대로 인식한다(재분류조정을 하지 않음). 채무상품으로 분류된 FVOCI 금융자산을 처분하는 경우 FVOCI 금융자산평가손익 누적액을 당기손익으로 대체하는 재분류조정을 수행한다.

064 답 ②

- 반도체 : 취득원가보다 순실현가능가치가 더 높으므로 저가법을 적용하지 않고 1,000,000원의 기말재고를 그대로 인식한다.
- 반도체 원재료 : 순실현가능가치가 취득원가대비 감소하였지만, 완제품(반도체)의 가치가 순실현가치가 장부가치보다 높으므로 저가법을 인식하지 않고 기존 장부가 800,000원을 그대로 인식한다.
- 휴대폰 : 순실현가능가치가 장부가 대비 100,000원 하락하였으므로 100,000원 만큼 장부가액을 감액하여 400,000원으로 기말재고를 인식한다.
- ∴ A기업의 기말재고=1,000,000원+800,000원+400,000원=2,200,000원

065 답 ④

새로운 상품과 서비스를 소개하는데 소요되는 원가는 유형자산의 원가를 구성할 수 없다.

066 답 ③

비교정보는 당기 재무제표에 보고되는 모든 금액에 대해서는 전기 비교정보를 표시해야 하며 목적 적합한 경우 서술형 정보의 경우에도 비교정보를 표시해야 한다.

067 답 ③

우발부채는 재무제표에 표시하지 않고 주석에 해당 내용을 기재해야 한다.

068 답 ③

가산할 일시적 차이는 현재 법인세를 적게 납부하여 미래에 세금을 더 많이 부담하는 것으로 주로 이연법인세부채로 인식한다.

069 답 ④

종속기업이나 관계기업의 회계처리는 원가법, 공정가치법, 지분법 등을 적용한다.

070 답 ④

유의적인 영향력을 끼칠 수 있는 상황 예시
- 피투자자의 이사회나 이에 준하는 의사결정기구에 참여
- 배당이나 다른 분배에 관한 의사결정에 참여하는 것을 포함하여 정책결정과정에 참여
- 기업과 피투자자 사이의 중요한 거래
- 경영진의 상호교류
- 필수적 기술정보의 제공

071 답 ④

벤처기업의 경우 미래 수익가치가 중요한 회사이지만 자산가치평가법은 미래 수익가치를 반영할 수 없으므로 자산가치평가법을 적용하여 벤처기업을 평가하는 것은 부적합하다.

072 답 ③

PBR이 1보다 작다는 것은 주가가 장부상 순자산에도 못 미치는 상황으로 저평가되었을 여지가 존재한다. 하지만 부외부채, 우발부채가 존재할 수 있으므로 해당 부분을 면밀히 검토해야 한다.

073 답 ①

- 순차입금 : 10억원 − 2억원 = 8억원
- $EBITDA$: 20억원 × 10% + 1억원 = 3억원
- EV = 3억원 × 8배 = 24억원

따라서, 시가총액 = EV − 순차입금 = 24억원 − 8억원 = 16억원

074 답 ①

$FCFF$로 추정한 A기업의 현금흐름의 현재가치 : 100억원 + 200억원 = 300억원
A기업가치 300억원에서 순차입금 100억원을 차감하는 경우 주주가치는 200억원으로 산출된다.

075 답 ③

EVA는 증가된 부가가치의 크기를 비율이 아닌 금액으로 표시하므로 기업규모에 따른 효과도 고려해야 한다.

076 답 ③

상장법인 기준주가 = Min[산술평균(1개월 평균종가, 1주일 평균종가, 기산일 종가), 기산일 종가] = Min[Avg(10,000, 9,500, 12,000), 12,000] = 10,500원

077 답 ③

공모가격의 할인율은 대략 10~30%를 적용한다.

078 답 ②

초과이익의 지속성 계수가 1보다 작을 경우 초과이익은 시간이 경과되며 점차 소멸되어 간다.

079 답 ①

$FCFF$ = 영업이익 × (1 − t) + 감가상각비 − $CAPEX$ + 운전자본변동 = (10,000,000원 − 5,000,000원) × (1 − 20%) + 3,000,000원 − 6,000,000원 − 1,000,000원 = 0

080 답 ③

상대가치평가법은 시장상황을 잘 반영할 수 있는 장점이 존재한다.

081 답 ②

증권회사는 선물업 및 집합투자업을 추가적으로 겸영이 가능하도록 허용하였다.

082 답 ②

증권선물위원회에 대한 설명이다.

083 답 ③

집합투자업자는 투자자로부터 일상적인 운용지시를 받지 않고 펀드를 운용한 후 해당 결과를 투자자에게 배분하여 귀속시키는 자이다.

084 답 ②

인가대상금융투자업은 투자매매업, 투자중개업, 집합투자업, 신탁업이다. 투자일임업은 등록대상 금융투자업이다.

085 답 ②

요주의 분류자산의 충당금 적립 %는 2%이다.

086 답 ③

외부감사대상법으로 문제에 해당하는 증권별로 금융위가 정하여 고시하는 방법에 따라 계산한 증권의 소유자 수가 500인 이상의 회사가 대상이므로 300명인 경우 대상에 해당하지 않는다.

087 답 ④

전문투자자의 경우에는 투자설명서의 교부의무가 면제되는 자이다.

088 답 ④

조사분석자료에 새로운 내용이 없는 경우에는 공표 후 24시간 전이라도 금융투자상품을 자기의 계산으로 매매할 수 있다.

089 답 ②

필수적으로 포함되어야 하는 사항
- 금융상품 설명서 및 약관을 읽어볼 것을 권유하는 내용
- 금융상품판매업자 등의 명칭
- 금융상품의 내용
  - 보장성 상품 : 보험료 인상 및 보장내용 변경 가능 여부
  - 투자성 상품 : 운용실적이 미래수익률을 보장하지 않는다는 사항

090 답 ②

분쟁조정을 신청하는 경우 시효 중단의 효력이 발생한다.

091 답 ②

상법상 액면주식과 무액면 주식은 둘 중 하나만 발행 가능하며 동시 발행은 할 수 없다.

092 답 ③

설립등기 후에는 주식회사 설립에 하자가 있을 경우에는 설립무효소송만 가능해진다.

093 답 ②

주주는 주권불소지의 뜻을 회사에 전달하면 주식을 발행하지 않을 수 있으나, 추후 의사가 바뀌는 경우 다시 발행받을 수 있다.

094 답 ③

주주명부 폐쇄기간에도 전환사채의 전환은 가능하며, 그 기간 중에 열리는 총회에서는 해당 주권의 의결권을 행사할 수 없다.

095 답 ④

총회의 결의에 관하여 특별한 이해관계가 있는 자는 가지고 있는 주권의 의결권을 행사할 수 없다.

096 답 ④

직무윤리의 핵심은 '고객우선의 원칙'과, '신의성실의 원칙'의 2가지 원칙이 존재한다.

097 답 ④

금융투자업 종사자가 그 평가의 기준인 선관주의의무 혹은 충실의무를 위반하는 경우 불법 행위에 대한 손해배상책임을 부담하게 된다.

098 답 ②

파악된 정보를 고객이 원하는 것과 관계없이 서명, 기명날인, 녹취 또는 이와 비슷한 전자통신, 우편, 전화 자동응답시스템의 방법으로 확인해야 하며, 고객에게 확인받은 내용을 지체 없이 제공해야 한다.

099 답 ③

상호존중은 금융투자업자의 임직원과 회사 간에 적용되는 윤리이다. 금융투자업자 임직원이 본인에 대해 지켜야 하는 윤리는 법규준수, 자기혁신, 품위유지, 공정성 및 독립성 유지, 사적이익추구금지 등이다.

100 답 ②

대외활동으로 인하여 금전적인 보상을 받게 되는 경우 보상 수준에 관계없이 회사에 신고해야 한다.

03회 실전모의고사 해답 및 해설

001	002	003	004	005	006	007	008	009	010
④	③	②	②	④	④	③	②	④	④
011	012	013	014	015	016	017	018	019	020
③	①	②	③	②	②	④	②	②	①
021	022	023	024	025	026	027	028	029	030
④	①	②	④	④	④	②	②	③	①
031	032	033	034	035	036	037	038	039	040
②	③	②	③	③	②	②	③	③	②
041	042	043	044	045	046	047	048	049	050
②	④	④	②	④	①	①	①	③	①
051	052	053	054	055	056	057	058	059	060
③	①	④	②	③	④	②	②	④	④
061	062	063	064	065	066	067	068	069	070
③	②	①	②	④	②	①	③	④	②
071	072	073	074	075	076	077	078	079	080
③	①	④	②	③	②	②	②	④	③
081	082	083	084	085	086	087	088	089	090
④	③	③	③	④	③	③	①	④	④
091	092	093	094	095	096	097	098	099	100
②	④	④	④	④	②	③	③	③	②

001 답 ④

베르누이 시행(두 가지 결과 중 하나의 값을 가짐)을 여러 번 할 경우의 분포는 이항분포가 적합하다.

002 답 ③

표준정규분포는 평균이 0, 분산이 1인 정규분포를 의미하며, N(0, 1)으로 표시한다.

003 답 ②

a, d는 올바른 의사결정이다. 의사결정은 귀무가설(기각하고자 하는 가설)을 설정하였지만, 실제는 대립가설이 사실인 경우 b이며 해당 영역은 2종 오류(β)이다. 의사결정은 대립가설(귀무가설 기각 시 받아들여지는 가설)을 설정했지만, 실제는 귀무가설이 사실인 경우 c에 해당하며 해당 영역은 1종 오류(α)이다. 표본의 크기가 증가한다면 1종 오류와 2종 오류 모두 감소한다. 따라서 ② b는 2종 오류(β)이다.

004 답 ②

이항분포에서 n이 무한히 커지는 경우 표준정규분포를 따르게 된다.

005 답 ④

추정치의 특성으로는 불편성, 효율성, 일치성이 있다.

006 답 ④

동류집단의 소득과 소비에 영향을 받는 것은 상대소득가설이다.

007 답 ③

리카르도 불변정리에 따르면 단기 세금 인하는 장기적인 미래 세금 인상을 의미하므로 일시소득에 불과하며, 사람들은 미래 세금을 내기 위해 해당 세금 인하로 인한 부분을 저축하여 아무런 효과도 발생하지 않는다.

008 답 ③

금융기관에 대한 재할인율이 증가하는 경우 시중은행이 중앙은행으로부터 조달하는 대출 금리가 상승하여 시중은행의 조달액이 감소함에 따라 민간 보유 통화량은 감소한다.

009 답 ④

화폐수요의 경우 소득과 양의 상관관계를 보이며, 이자율과는 음의 상관관계를 보인다.

010 답 ④

고전학파에 따르면 노동시장은 균형에 위치하고 있으며 노동시장의 정보의 불완전성으로 인해 일시적으로 실업이 발생하는 것으로 보았다.

011 답 ③

J-Curve 효과에 따르면 정부의 평가절하 → 무역수지가 개선(단기) → 수출↑, 수입↓ 로 외환 유입량이 증가 → 국내 화폐량이 증가 → 인플레이션 발생 → 무역수지 악화 순서로 무역수지가 개선되었다가 다시 악화한다.

012 답 ①

경기확장 시기에 단기적으로는 기업 매출이 증가하며 내부 유보금 증가에 따라 외부자금 수요가 감소하여 이자율이 감소한다.

013 답 ②

국민소득 항등식은 다음과 같다. Y(국민소득)= C(소비)+ I(투자)+ G(정부지출)+$(X-M)$(해외수요, X : 수출, M : 수입)
따라서, 국민소득 = $100+50+100+(50-30)=270$

014 답 ③

경기변동은 확장국면과 수축국면이 서로 다른 패턴을 보이는 비대칭성을 가지는 것이 특징이다.

015 답 ②

기업경기실사지수(BSI)=(긍정적 기업수 - 부정적 기업수)/전체 기업수 $\times 100+100=(30-20)/50 \times 100+100=120$

016 답 ②

MM의 1963년 모형에 따르면 부채기업은 무부채기업 대비 부채 사용으로 인한 절세효과만큼 기업가치가 상승한다고 보았다. 따라서, A기업은 무부채기업 대비 10억원×20%=2억원만큼 기업가치가 증가한다.

017 답 ④

경영자와 주주 간에 발생하는 대리문제는 주식회사의 소유과 경영이 분리될수록 크게 나타날 수 있다. 따라서 지분이 분산되지 않아 소유와 경영이 분리되지 않은 경우에는 주주가 경영자를 하는 경우가 많으며 정보불균형이 발생하지 않음에 따라 대리비용이 발생하지 않을 수 있다.

018 답 ②

$CAPM$ 모형에서는 완전자본시장을 가정하므로 거래비용과 세금이 발생하지 않는다.

019 답 ②

$E(R_i) = R_f + [E(R_m) - R_f] \times \beta_i$ 이므로
A기업의 기대수익률 = $5\% + (8\%-5\%) \times 1.2 = 8.6\%$

020 답 ①

SML선은 개별 투자자산의 체계적 위험과 기대수익의 관계를 표현한다.

021 답 ④

효율적 시장이 성립하는 경우 새로운 정보가 주가에 바로 반영되어 과거 변화와 현재 주가의 변화와는 아무 상관관계가 없게 됨에 따라 Random Walk식으로 변화한다고 보았다.

022 답 ①

샤프지수는 (포트폴리오의 수익률-무위험수익률)/포트폴리오의 표준편차로 계산할 수 있다. 따라서 $(10\%-5\%)/0.2=0.25$

023 답 ②

투자위험은 투자수익에 대한 실제 결과가 기대 예상과 다를 가능성으로 손실을 입을 가능성 뿐만 아니라 이익을 얻을 가능성까지 포함한다.

024 답 ④
분산투자 효과가 가장 큰 상관계수는 -1이다.

025 답 ④
단일 투자안을 가정할 경우 *NPV*법과 *IRR*법의 결과는 동일하며, 투자안의 내부수익률이 적정 자본비용보다 큰 경우 기업가치 증가를 가져오게 된다.

026 답 ④
정부의 규제가 있는 경우 진입장벽이 높아지지만, 정부의 규제 완화가 이루어지는 경우 진입장벽이 높다고 할 수 없다.

027 답 ②
경제적 이익이 아닌 회계적 이익을 바탕으로 미래 예측을 해야 한다.

028 답 ②
조건부지정가주문은 매매거래시간 중에는 지정가주문으로 참여하지만 잔여수량은 종가 결정 시 시장가주문으로 자동 전환된다.

029 답 ③
전기 말 배당금 1,000,000원은 배당성향 50%에서 발생한 배당금이므로 *EPS*는 2,000,000원으로 볼 수 있다. 전기말 회사 내 유보분 1,000,000원에서 이익 10%가 발생했을 것이므로 100,000이 추가로 반영된 당기말 이익 및 배당금은 2,100,000원이며, 앞으로는 모든 이익을 배당하기로 하였으므로 성장기회가 없는 경우의 가치를 구하면 된다.
따라서, A기업 주가 = 2,100,000 ÷ 10% = 21,000,000원

030 답 ①
잔액인수는 일정기간 동안 발행자를 대신하여 신규로 발행하는 증권의 모집 혹은 위탁판매하지만 기간경과 후에는 미판매분이 있는 경우 자기 책임으로 인수하여 투자자에게 매각하는 방식으로 발행자는 미판매분에 대한 우려를 하지 않아도 된다.

031 답 ②
권리락 주가 = 권리부주가/(1 + 무상증자비율)로 무상증자비율은 0.20이다.
∴ 권리락 주가 = 10,000원/(1 + 0.2) = 8,333원

032 답 ③
상법상 무액면주식은 발행가액의 1/2 이상의 금액으로 이사회에서 정한 금액을 자본금으로 정하며 주식을 발행할 수 있다.

033 답 ②
우리나라 전체 기업의 평균 *PER*를 적용하는 경우 산업 범위가 너무 광범위하여 적용할 수 없다.

034 답 ③
우리나라 종합주가지수는 시가총액 가중방법을 채택하고 있어 시가총액이 높은 종목이 지수에 많이 반영되어 현실을 반영한다고 할 수 있다.

035 답 ③
사모의 방식으로 제3자 배정을 하는 경우 주주총회의 특별결의가 있거나 정관에 제3자 배정이 명시되어 있을 때만 특정인에게 배정할 수 있다.

036 답 ②
채권투자 시 발생할 수 있는 위험은 채무불이행 위험, 가격변동위험, 재투자위험, 유동성위험, 인플레이션 위험, 환율변동위험, 수의상환위험 등이 있다. 기한이익상실은 채무불이행 등의 사유로 발생하는 것이지 그 자체가 채권투자 시 발생할 수 있는 위험으로 볼 수는 없다.

037 답 ②
△P/P(채권가격변동률) = -Duration/(1 + r) × △r(시장만기수익률 변동폭)
5% = -Duration/(1 + 3%) × 1%, 5 × (1 + 3%)
    = -Duration, Duration = -5.15

038 답 ③
듀레이션은 수익률 변동이 클 경우 실제가격 변동치와 비교하여 오차가 증가하는 한계점이 존재한다.

039 답 ③
일반적으로는 유동화증권의 신용은 신용보강 등으로 자산보유자의 신용보다는 높게 형성된다.

040 답 ②

할인채의 경우 금리 하락 시 채권 가격이 상승하여 수익률이 높을 수 있다.

041 답 ②

전환가치는 곧 패리티가치이며 주식의 시장가격과 전환주수를 곱하여 계산한다.
- 전환주수 = 10,000,000원/100,000원 = 100주
- 패리티 = (150,000원/100,000원) × 100 = 150

042 답 ④

수익률 곡선 타기 전략, 역나비형 전략, 나비형 투자전략은 모두 수익률 곡선의 형태를 이용한 전략이다. 이에 비해 수익률 예측 전략은 수익률을 예측하여 투자하는 전략으로 차이가 있다.

043 답 ④

유한회사는 채권을 발행할 수 없고 주식회사가 채권을 발행할 수 있다.

044 답 ②

할인채의 경우 만기 시까지의 이자를 선지급하고 만기시점에 액면가격을 지급하므로 재투자 위험이 존재하지 않는다.

045 답 ④

전문투자자는 50인 모집 조건에 포함되지 않는다.

046 답 ①

[1,200원×p+(1−p)×800원]/(1+5%) = 1,100원
1,155원 = 400p + 800원, p = 88.75%

047 답 ①

기초자산의 변동에 따른 옵션가격 변동은 델타로 표시한다.

048 답 ①

풋콜패리티상 $(S+P-C)e^{rt} = X$로 콜옵션 매입은 해당하지 않는다.

049 답 ③

주식옵션의 경우 만기일까지의 잔존기간이 긴 옵션의 변동성은 잔존기간이 짧은 옵션의 변동성보다 크다.

050 답 ①

델타헤지에 필요한 옵션 수를 구하면 다음과 같다.
옵션계약수 = 포트폴리오 베타×(포트폴리오 가치/지수가치)
            ×1/델타(헤지비율)
          = 1.3×(100p/80p)×1/0.8 = 2

051 답 ③

주가지수선물 이론가격은 현물 주가지수에서 순보유비용을 가산하여 계산하며 순보유비용을 계산하는 과정에서 배당수익은 차감하고 이자비용은 가산하여 계산한다.

052 답 ①

최종 결제방법은 현금결제방법만 허용된다.

053 답 ④

잔존만기가 길어질수록 선물가격은 상승한다.

054 답 ③

선물거래의 경제적 기능으로는 가격 변동 위험의 전가, 가격 발견, 금융상품거래 활성화, 효율적 자원 배분이 있다.

055 답 ③

해당 콜옵션의 내재가치는 0이며, 행사가격이 8,000원에 도달하기 전까지는 해당 콜옵션의 내재가치는 0이다.

056 답 ④

파생결합증권은 공모와 사모의 방법 모두 발행 가능하다.

057 답 ②

ELW의 의무이행자는 발행자이지만, 주식옵션의 경우 의무 이행 시점의 매도 포지션 보유자이다.

058 답 ②

프리미엄 = $\frac{\text{ELW가격} - \text{내재가치}}{\text{기초자산가격}} \times 100$

= (1,000 − 600)/10,000 × 100 = 4

콜 ELW의 내재가치 = (S − X) × 전환비율
= (10,000 − 8,000) × 0.3 = 600

059 답 ④

ETN을 발행하는 경우 유동성공급계약을 체결해야 하며, 금융투자업자 본인이 유동성 공급을 할 수 있다.

060 답 ④

Down – and Out Put 구조에서는 만기까지 기초자산 가격이 기준 이하로 내려간 적 있는 경우엔 원금 현금흐름만 수령한다.

061 답 ③

총 계약수익보다 총 계약원가가 더 크게 예상되어 손실이 예상되는 경우 해당 예상 손실을 즉시 비용으로 인식한다.

062 답 ②

내재파생상품은 주계약과 분리하여 인식한다.

063 답 ①

- 1년차 인식할 보상원가 = 10,000원 × 10주 × 1/3 − 0
  = 33,333원
- 2년차 인식할 보상원가 = 9,500원 × 10주 × 2/3 − 33,333원
  = 30,000원

064 답 ②

내용연수가 비한정인 무형자산, 영업권에 대해서는 손상 징후와 관계없이 매년 손상검사를 수행한다.

065 답 ④

최소리스료(리스금액 + 보증잔존가치)의 현재가치가 리스자산 공정가치의 대부분을 차지한다.

066 답 ④

보험수리적손익을 이용하여 퇴직급여를 계산하는 것은 확정급여제도이다.

067 답 ①

희석주당이익은 행사가능한 전환사채, 신주인수권부사채가 있는 경우 이를 고려하여 계산해야 한다. 따라서 기초에 전환사채가 전환된 것으로 가정하고 해당 주식 수를 분모에, 관련 이자비용을 분자에 가산한다.

∴ (1,000,000원 + 50,000원)/(100주 + 10주) = 9,545원

068 답 ③

화폐성 항목은 마감환율로 환산하며 현금, 매출채권, 유동부채 등이 있다. 유형자산은 역사적 환율 혹은 공정가치가 결정된 환율을 적용한다.

069 답 ④

해외사업장의 재무제표를 환산하는 과정에서 재무상태표와 손익계산서의 환산에서 생기는 외환 차이는 기타포괄손익으로 인식한다.

070 답 ②

식별 가능한 피취득회사의 자산과 부채를 공정가치로 측정해야 하며, 우발부채도 함께 공정가치를 측정해야 한다.

071 답 ③

EVA = 300,000원 × (1 − 20%) − 1,500,000원 × 8% = 120,000원

EVA의 추가적인 성장은 없고 매년 동일한 EVA가 발생한다고 가정하면,

MVA = 120,000/0.08 = 1,500,000원

∴ 포트폴리오 가치
= 투하자본 1,500,000원 + MVA 1,500,000원
= 3,000,000원

072 답 ①

- A기업의 EPS : 8,000,000원/10,000주 = 800원
- A기업의 예상 적정 주가 800 × 10배 = 8,000원
- A기업의 현재 주가는 7,000원이므로 과소평가되어 있고 투자자는 해당 주식을 매입해야 한다.

073 답 ④

ROE가 높을수록 순자산 대비 수익이 많이 난다는 것을 의미하므로 일반적으로는 주가에 해당 내용이 반영되어있을 가능성이 높다. 따라서, ROE가 높을수록 PBR도 함께 상승하는 양의 상관관계가 있다고 가정한다.

074 답 ②

- A기업의 SPS : 1,000,000원÷100주=10,000원
- A기업의 예상 적정 주가 : 10,000원×20배=200,000원
- A기업의 적정 기업가치 : 200,000원×100주=20,000,000원

075 답 ③

자산가치 평가를 위해서는 일부 항목에 대해서만 조정한다.

076 답 ②

기업의 영업, 재무위험의 차이가 PER가 차이 나는 요인이 될 수 있다.

077 답 ②

$ROIC$(투하자본 대비 세후영업이익률)는 $NOPLAT$/투하자본으로 계산할 수 있다.
$NOPLAT = 200,000 \times (1-20\%) = 160,000$원
투하자본 = 1,000,000원 + 500,000원 = 1,500,000원
∴ $ROIC = 11\%$

078 답 ②

주주 몫의 현금흐름(배당 등)은 배당정책 등에 영향을 받지만 FCF모형은 배당정책과 무관하게 기업가치를 평가할 수 있다.

079 답 ④

$EV/EBITDA$는 상대가치로 기업가치를 평가하는 방법이다.

080 답 ③

제조업 같은 사업보다 미래 수익성을 추정하기 어려운 바이오, IT 등의 산업에 적용가능성이 높다.

081 답 ④

자본시장의 불공정거래를 조사하는 것은 증권선물위원회의 주된 업무이다.

082 답 ③

자본시장법은 원칙 중심 투자자 보호제도를 도입하였다.

083 답 ③

일반 사모집합투자기구의 재산의 보관 및 관리는 가능하지만, 신탁은 불가능하다.

084 답 ③

금융투자업 인가요건은 크게 법인격 요건, 자기자본 요건, 물적시설에 관한 요건, 사업계획, 인력에 관한 요건, 대주주 요건이 있다.

085 답 ④

자본적정성 부문의 평가등급이 4등급 이하로 부여받은 경우 경영개선사항으로 지적받는다.

086 답 ③

원칙적으로 대주주의 신용공여는 금지되지만, 예외적으로 해외 현지법인에 대한 채무보증 등은 허용된다.

087 답 ③

총 22명에게 최초로 발행되었지만, 보호예수조항이 설정되어 있지 않아 취득 직후 일반투자자 50명 이상에게 매각될 가능성이 있는 경우에는 사모로 분류할 수 없다.

088 답 ①

공개매수신고서가 제출된 주식 등의 발행인은 그 공개매수에 관한 의견을 표명할 수 있다.

089 답 ④

객관적 근거를 바탕으로 다른 금융상품과 비교하는 행위는 허용된다. 다만, 비교대상 및 기준을 밝히지 않거나 객관적 근거 없이 다른 금융상품과 비교하는 행위는 금지된다.

090　답 ④
일반금융소비자가 금융상품 등 계약의 청약을 한 후 일정기간(7일) 내에 청약과정 등에 하자가 없더라도 청약철회를 할 수 있는 권리를 일반금융소비자에게 부여하였다.

091　답 ②
발기설립의 경우 회사의 설립을 위한 이사, 감사를 선임하는 과정에서 의결권은 불통일행사를 감안하여 1주당 1개가 주어진다.

092　답 ④
집중투표청구권의 경우 상장법인 특례가 적용되는 경우에도 6개월 이상 해당 주식 보유 원칙을 지킬 필요가 없다.

093　답 ④
정관에 의해 주식양도가 제한된 경우 주주는 회사에게 해당 주식을 매수해달라고 요청할 수 있다.

094　답 ④
주식의 포괄적 교환 및 이전이 발생한 경우 완전자회사의 주식은 모회사로 이전되고 완전 자회사의 주주는 완전 모회사의 주주가 된다.

095　답 ④
임기가 만료되지 않은 이사의 해임은 주주총회 특별결의를 통해 해임할 수 있다.

096　답 ②
금융투자업자는 설명을 다 하였음을 금융소비자에게 확인받지 않는 경우 과징금 및 과태료가 부과된다.

097　답 ③
준법감시인은 내부통제기준을 기초로 내부통제의 구체적인 지침, 컴플라이언스 매뉴얼, 임직원 윤리강령 등을 제정, 시행할 수 있다. 따라서 대표이사가 아닌 준법감시인이 해당 권한을 보유하고 있다.

098　답 ③
회사 내부의 준법감시에서 시행하는 제도는 준법서약, 윤리강령의 제정 및 운영, 임직원 겸직에 대한 평가 및 관리, 내부제보, 명령휴가 등이 있다. 민사책임의 경우 사후적으로 처벌하는 것으로 사전적으로 예방하는 준법감시체제와는 상관이 없다.

099　답 ③
내부제보로 인해 차별을 받을 시에는 준법감시인에게 이에 대한 원상회복 등을 요구할 수 있다.

100　답 ②
강조되어야 하는 이유는 환경의 변화, 위험과 거래 비용, 생산성 제고, 신종자본, 인프라 구축, 사회적 비용의 감소 등이다.

MEMO

■ 고퀄리티 방송 강의 컨텐츠, 합리적인 가격 ■

금융 무역 교육의 새로운 대세는
토마토패스입니다.

합격률 1위

68회 74회 79회 AFPK 합격률 1위
39회 신용분석사 대학생 수석 합격자 배출
39회 42회 45회 은행텔러 수석합격자 배출
53회 자산관리사 수석합격자 배출

만족도 1위

2020 하반기 수강생 만족도 96.4점
(2020.06.01~ 수강후기 평점 기준)
2020 보세사 강의만족도 100%
(수강후기 별점 기준)
2020 물류관리사 강의만족도 100%
(수강후기 별점 기준)

인기도 1위

2019.05 자산관리사 교재 온라인서점 판매량 1위
2019.03 신용분석사 교재 인터파크 판매량 1위
2019.06 신용분석사 교재 교보문고 판매량 1위
2021.02 은행텔러 교재 교보문고·예스24 인기도 1위
2021.09 보험심사역 교재 알라딘· 예스24· 교보문고 인기도 및 판매량 1위
2021.09 투자자산운용사 교재 알라딘 인기도 1위

| 한국 FPSB 지정교육기관 | ■ | 국가보훈처 지정교육기관 | ■ | 고용노동부 인증 직업능력개발 훈련기관 | ■ | 한국 FP협회 지정교육기관 |

www.tomatopass.com

01 증권경제전문 토마토TV가 만든 교육브랜드

토마토패스는 24시간 증권경제 방송 토마토TV · 인터넷 종합언론사 뉴스토마토 등을 계열사로 보유한 토마토그룹에서 출발한 금융전문 교육브랜드 입니다.
경제 · 금융 · 증권 분야에서 쌓은 경험과 전략을 바탕으로 최고의 금융교육 서비스를 제공하고 있으며 현재 무역 · 회계 · 부동산 자격증 분야로 영역을 확장하여 괄목할만한 성과를 내고 있습니다.

뉴스토마토	TomatotV	토마토증권통	e Tomato
www.newstomato.com	tv.etomato.com	stocktong.io	www.etomato.com
싱싱한 정보, 건강한 뉴스	24시간 증권경제 전문방송	가장 쉽고 빠른 증권투자!	맛있는 증권정보

02 차별화된 고품질 방송강의

토마토 TV의 방송제작 장비 및 인력을 활용하여 다른 업체와는 차별화된 고품질 방송강의를 선보입니다.
터치스크린을 이용한 전자칠판, 핵심내용을 알기 쉽게 정리한 강의 PPT,
선명한 강의 화질 등으로 수험생들의 학습능력 향상과 수강 편의를 제공해 드립니다.

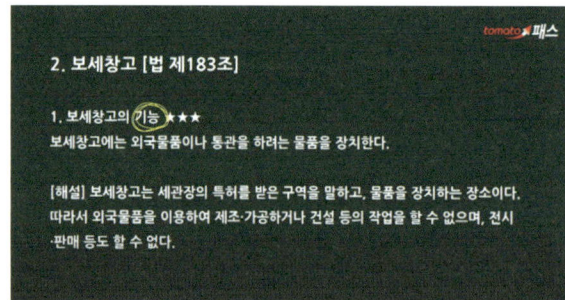

03 최신 출제경향을 반영한 효율적 학습구성

토마토패스에서는 해당 자격증의 특징에 맞는 커리큘럼을 구성합니다.
기본서의 자세한 해설을 통해 꼼꼼한 이해를 돕는 정규이론반(기본서 해설강의) · 핵심이론을 배우고
실전문제에 바로 적용해보는 이론 + 문제풀이 종합형 핵심종합반 · 실전감각을 익히는
출제 예상 문제풀이반 · 시험 직전 휘발성 강한 핵심 항목만 훑어주는 마무리특강까지!
여러분의 합격을 위해 최대한의 효율을 추구하겠습니다.

정규이론반   핵심종합반   문제풀이반   마무리특강

04 가장 빠른 1:1 수강생 학습 지원

토마토패스에서는 가장 빠른 학습지원 및 피드백을 위해 다음과 같이 1:1 게시판을 운영하고 있습니다.
· Q&A 상담문의 (1:1) ㅣ 학습 외 문의 및 상담 게시판, 24시간 이내 조치 후 답변을 원칙으로 함 (영업일 기준)
· 강사님께 질문하기(1:1) ㅣ 학습 질문이 생기면 즉시 활용 가능, 각 자격증 전담강사가 직접 답변하는 시스템
이 외 자격증 별 강사님과 함께하는 오픈카톡 스터디, 네이버 카페 운영 등 수강생 편리에 최적화된
수강 환경 제공을 위해 최선을 다하고 있습니다.

05 100% 리얼 후기로 인증하는 수강생 만족도

2020 하반기 수강후기 별점 기준 (100으로 환산)

토마토패스는 결제한 과목에 대해서만 수강후기를 작성할 수 있으며,
합격후기의 경우 합격증 첨부 방식을 통해 100% 실제 구매자 및 합격자의 후기를 받고 있습니다.
합격선배들의 생생한 수강후기와 만족도를 토마토패스 홈페이지 수강후기 게시판에서 만나보세요!
또한 푸짐한 상품이 준비된 합격후기 작성 이벤트가 상시로 진행되고 있으니,
지금 이 교재로 공부하고 계신 예비합격자분들의 합격 스토리도 들려주시기 바랍니다.

강의 수강 방법
PC

01 토마토패스 홈페이지 접속

www.tomatopass.com

02 회원가입 후 자격증 선택
· 회원가입시 본인명의 휴대폰 번호와 비밀번호 등록
· 자격증은 홈페이지 중앙 카테고리 별로 분류되어 있음

03 원하는 과정 선택 후 '자세히 보기' 클릭

04 상세안내 확인 후 '수강신청' 클릭하여 결제
· 결제방식 [무통장입금(가상계좌) / 실시간 계좌이체 / 카드 결제] 선택 가능

05 결제 후 '나의 강의실' 입장

06 '학습하기' 클릭

07 강좌 '재생' 클릭
· IMG Tech 사의 Zone player 설치 필수
· 재생 버튼 클릭시 설치 창 자동 팝업

강의 수강 방법
모바일

탭 · 아이패드 · 아이폰 · 안드로이드 가능

01 토마토패스 모바일 페이지 접속

WEB · 안드로이드 인터넷, ios safari에서 www.tomatopass.com 으로 접속하거나

 Samsung Internet (삼성 인터넷)

 Safari (사파리)

APP · 구글 플레이 스토어 혹은 App store에서 합격통 혹은 토마토패스 검색 후 설치

 Google Play Store

 앱스토어   합격통

02 존플레이어 설치 (버전 1.0)
· 구글 플레이 스토어 혹은 App store에서 '존플레이어' 검색 후 버전 1.0 으로 설치
  (***2.0 다운로드시 호환 불가)

03 토마토패스로 접속 후 로그인

04 좌측   아이콘 클릭 후
     '나의 강의실' 클릭

05 강좌 '재생' 버튼 클릭

· **기능소개**
과정공지사항 : 해당 과정 공지사항 확인
강사님께 질문하기 : 1:1 학습질문 게시판
Q&A 상담문의 : 1:1 학습외 질문 게시판
재생 : 스트리밍, 데이터 소요량 높음, 수강 최적화
다운로드 : 기기 내 저장, 강좌 수강 시 데이터 소요량 적음
PDF : 강의 PPT 다운로드 가능

토마토패스
금융투자분석사 핵심정리문제집

초 판 발 행	2021년 06월 25일
개정4판1쇄	2025년 07월 10일
편 저 자	김경동
발 행 인	정용수
발 행 처	(주)예문아카이브
주　　소	서울시 마포구 동교로 18길 10 2층
T E L	02) 2038-7597
F A X	031) 955-0660
등 록 번 호	제2016-000240호
정　　가	31,000원

- 이 책의 어느 부분도 저작권자나 발행인의 승인 없이 무단 복제하여 이용할 수 없습니다.
- 파본 및 낙장은 구입하신 서점에서 교환하여 드립니다.

홈페이지 http://www.yeamoonedu.com

ISBN   979-11-6386-484-4   [13320]